KB093027

입문부터 실무까지 한 방에 끝내는

파이썬
프로그래밍

입문부터 실무까지 한 방에 끝내는

파이썬
프로그래밍

개정 증보판 인쇄일 2019년 5월 24일
개정 증보판 발행일 2019년 5월 31일

지은이 조인석
발행인 박정모
등록번호 제9-295호
발행처 도서출판 혜지원
주소 (10881) 경기도 파주시 회동길 445-4(문발동 638) 302호
전화 031)955-9221~5 팩스 031)955-9220
홈페이지 www.hyejiwon.co.kr

기획 · 진행 박민혁
디자인 전은지
영업마케팅 황대일, 서지영
ISBN 978-89-8379-992-0
정가 27,000원

이 도서의 국립중앙도서관 출판예정도서목록(CIP)은 서지정보유통지원시스템 홈페이지(http://seoji.nl.go.kr)와
국가자료공동목록시스템(http://www.nl.go.kr/kolisnet)에서 이용하실 수 있습니다.(CIP제어번호 : CIP2019021014)

입문부터 실무까지 한 방에 끝내는

파이썬
프로그래밍

조인석 지음

PYTHON
PROGRAMMING

혜지원

이 책은 2015년 여름에 파이썬 3.4.3 버전으로 집필하기 시작하여 2016년에 초판을 출간한 이후로 지금까지 수천 명의 독자들이 읽은 책의 개정 증보판입니다. 얼마 전 4쇄를 추가로 인쇄하자는 제안에 필자는 오히려 파이썬의 버전을 업그레이드하고 초판에서 다루지 않았던 몇 가지 주제를 추가하여 개정 증보판을 내자고 하였습니다. 프로그래밍 세계는 하루가 멀다 하고 바뀌고 있기에 4년 전에는 다루지 않았던 영역을 다뤄 보고자 하는 욕심이 생겼기 때문입니다.

초판을 출간하고 나서 필자는 2개의 파이썬 관련 책을 집필 및 번역하였고, 매년 새롭게 출간하는 책들을 주의 깊게 살펴보았습니다. 그동안 프로그래밍 입문자를 위한 쉬운 책들은 많이 출간되었지만, 아쉽게도 실무에서 다루는 내용을 담은 책은 거의 본 적이 없었습니다. 파이썬을 배워서 실무에 적용하고 싶은 분들에게는 정말 아쉬운 부분입니다.

하지만 이 책은 파이썬의 기초 문법부터 시작하여 다른 책에서는 쉽게 찾아볼 수 없는 **객체 지향의 개념과 클래스, 로깅, 예외 처리, 단위테스트 및 디버깅 방법, 정규식 표현, 파일 다루기, 데이터베이스/웹 프로그래밍 맛보기, 데이터 분석 맛보기** 등을 담고 있습니다. 또한 필자가 십수 년간 현장에서 배운 실무 경험을 바탕으로 반드시 알아야 할 기본 상식들도 여기저기 담아 놨습니다. 곳곳에 파이썬과 자바를 비교한 내용도 흥미롭습니다. 물론 이 책으로 모든 것을 섭렵할 수는 없지만, 최소한 **실무에서 반드시 필요한 기초 개념을 쉽게 설명하고 이를 가볍게 경험할 수 있는 기회를 제공하여 독자 여러분이 파이썬으로 필요한 프로그램을 어떻게 만들 수 있는지 방향을 제시**하고 있습니다.

이번 개정 증보판에서는 단순히 버전을 업그레이드하는 것을 넘어서, 그동안 독자 여러분에게 받은 질문과 요청에 따라 몇 가지 내용을 추가하였습니다. 변경 및 추가된 상세 사항은 아래와 같습니다.

- 버전 업그레이드

분류	변경 전	변경 후
파이썬	3.4.3	3.7.2
운영 체제	윈도우 7	윈도우 10
	맥OS 10.9.5	맥OS 10.14.3
파이참	5.0.1	2018.3.5
장고	1.9	2.1.7
아나콘다	2.4.1	2018.12

- 내용 보완

위치	추가 내용
12장 2절	f-string 예시 추가
17장 7절	데이터베이스 프로그래밍 콘텍스트 관리 사용 방법(with문)
17장 8절	데이터베이스 네비게이터 플러그인 활용하기
18장 5절	파이썬 웹 프로그래밍 데이터베이스 활용하기
18장 wrap-up	파이썬 웹 프로그래밍 추천 도서
19장 wrap-up	데이터 분석 프로그래밍 추천 도서

이러한 내용을 입문 단계에서 실무 수준까지 다루고 있는 책은 흔치 않을 것이라고 장담합니다. 파이썬 입문 서적을 읽고 나서도 파이썬을 어떻게 실무에서 활용해야 하는지 감이 잘 오지 않는 분이라면, 이 책을 통해 한 단계 성장하는 데 큰 도움이 되리라 기대합니다. 물론, 파이썬을 전혀 모르는 분도 쉽게 파이썬 프로그래밍의 세계에 빠질 수 있습니다.

마지막으로 독자 여러분과 소통할 수 있는 소셜 미디어 주소를 아래 공유해 드립니다. 저는 독자 여러분과의 소통이 무척 중요하다고 생각합니다. 책에 관한 질문이나 피드백이 있다면 언제든지 방문해 주시기 바랍니다. 책 이외의 고민 상담도 환영합니다 :)

- 페이스북 파이썬 멘토 페이지 : https://www.facebook.com/pythonmento

그럼, 건투를 빕니다. 행복한 코딩하세요!!

2019년 봄, 여전히 아름다운 광교산에서
조 인 석 드림

필자가 대학을 다녔던 90년대 말에 주로 배웠던 언어는 C, C++이었습니다. 대부분의 강의가 C, C++ 위주로 되어 있었고, 그 당시 조금 낯설었던 자바Java를 학교 수업을 통해 접할 기회가 무척 적었습니다. 그래서 자바에 관심이 많았던 소수의 학생들끼리 조그마한 스터디 그룹을 만들어서 쉬운 교재를 선택해서 자바 코딩을 했었던 기억이 납니다. 이렇게 배운 자바는 대학을 졸업하고, 10년 넘게 현장에서 사용하고 있는 저의 주 무기가 되었습니다. 학교에서는 배우지 못했던 것들을 몸에 익히기 위해 부단히 노력했고, 수많은 시행착오를 겪으면서 생각했었습니다.

- 왜 학교에서는 실무에서 가장 많이 쓰는 기술에 대한 커리큘럼이 많지 않았을까?
- 학교에서 선택한 교재는 왜 이리도 읽기 힘들고, 이해하기 힘든 걸까?
- 지금 배우는 것이 실무에서 어떻게 활용되는 것인가?

필자가 이번 책을 통해서 독자 여러분께 소개해 드릴 파이썬Python은 위에서 언급한 자바보다 4년 먼저 세상에 나왔으며 전세계의 다양한 필드에서 전산 전공 지식이 없는 사람들조차 부담 없이 쉽게 배워서 사용하고 있는 프로그래밍 언어입니다. 보통, 컴퓨터 관련 서적을 보면 이해를 돕기 위해 사용하는 수도코드가 있습니다. 이 수도코드는 실제로 실행이 되는 코드는 아니지만 논리 흐름을 표현하기 위해 읽기 편한 형태를 띄우고 있는데 파이썬은 '실행이 가능한 수도코드 Executable Pseudo-code'라고도 불립니다. 처음 프로그래밍 세계에 발을 딛는 초보 프로그래머나, 회사에서 본인의 업무를 더욱 효율적으로 수행하기 위해 프로그래밍을 처음 배우고 싶어하는 회사원이나, 연구실에서 본인의 연구 결과의 통계 처리 및 분석을 위해 프로그래밍이 필요한 연구원이나, 그저 컴퓨터 프로그래밍에 관심이 있어 한 번 해 보고 싶다는 일반인, 심지어 어린 자식에게 프로그래밍을 가르치려는 분들까지... 파이썬은 이러한 분들에게 컴퓨터와 처음 대화를 나누는 환상적인 첫 경험에 더할 나위 없이 좋은 친구라고 생각합니다.

2014년 7월의 한 조사에 따르면, 미국 상위 10위권 컴퓨터과학과의 80%가, 또한 미국 상위 39위권 안의 컴퓨터과학과의 69%의 학교가 파이썬을 컴퓨터과학을 소개하는 첫 강의에서 활용하고 있는 것이 이에 대한 반증이라고 볼 수 있겠습니다. 아직 국내에서는 파이썬 기반의 강의가 많지는 않지만 데이터 분석이나 웹 프로그래밍에서도 파이썬의 활용 사례가 많아지면서 대학 커리큘

럼의 일부로 포함되고 있는 것을 심심치 않게 볼 수 있기에 머지않아 파이썬으로 수업을 진행하는 것이 보편화되지 않을까 조심스럽게 예상해 봅니다.

필자는 파이썬을 배우는 데 있어서 앞서 말씀 드린 질문에 대한 해결책을 이 책을 통해 제시하려고 합니다. 처음 프로그램에 도전하는 분들도 쉽게 이해할 수 있도록 쉬운 말을 이용하여 독자 여러분의 궁금한 곳을 시원하게 해결하는 것이 필자의 목표입니다. 그리고 기초적인 내용을 기반으로 실제 실무에서도 활용할 수 있는 여러 실습 프로젝트를 통하여 현장에서 사용하는 파이썬을 소개하겠습니다. 독자 여러분께서는 이 책의 내용을 단순히 이해하려고만 하지 말고, 각 장의 예제들을 하나씩 직접 작성하고 실행해 보면서 책의 내용들을 머리가 아닌 손으로 익히는 귀한 경험을 하길 당부합니다.

책의 완성도를 높이고자 집필하는 기간에 베타 리더들을 모집하여 모든 원고에 대한 리뷰 및 피드백을 받아서 반영하였습니다. 베타 리더들은 현재 컴퓨터를 전공하고 있는 대학생부터 수학 전공 출신의 강사, 국내 대기업 IT업체에 계신 분들이 주를 이루고 있지만 대부분 파이썬을 처음 접한 분들입니다. 이 분들의 도움 덕분에 독자 여러분에게 조금 더 다가갈 수 있는 책을 만들 수 있었습니다.

마지막으로 독자 여러분과의 커뮤니케이션을 위하여 공식 페이스북 페이지 주소를 공유합니다. 책에 대한 의견이나 질문, 조언 등이 있다면 주저하지 말고 연락 주기 바랍니다. 대한민국에서 함께 IT 세상을 이끌어가는 동료로 좋은 인연이 되었으면 합니다.

• 공식 페이스북 페이지 : https://www.facebook.com/pythonmento

그럼, 시작해 볼까요!

2015년 12월, 광교산 언저리에서 아쉬움을 뒤로 한 채...
조 인 석 드림

이 책은 말이죠?!

1. 파이썬 버전 및 운영체제

파이썬은 특이하게도 안정적인 릴리즈 버전을 두 개(파이썬 3, 파이썬 2)로 관리하고 있으며 두 버전이 호환이 되지 않는다. 이는 같은 소스 코드라도 양쪽에서 활용할 수 없는 부분이 있다는 뜻이다. 2015년 4월, 몬트리올Montreal에서 열린 PyCon에서 파이썬의 창시자인 귀도 반 로섬Guido van Rossum의 키노트를 살펴보면 파이썬 3은 이미 운영 환경에서 사용할 준비가 되었으며 5,000여 개의 라이브러리가 파이썬 2에서 파이썬 3으로 업데이트가 완료되었다고 한다. 물론 아직도 일부 라이브러리가 파이썬 3과 호환이 되지 않지만 언급한 5,000여 개의 업데이트가 완료된 라이브러리들 중에는 가장 많이 사용하고 있는 Top 1,000개의 라이브러리가 포함되어 있기 때문에 현 시점(2019년)에서 파이썬 3을 사용하는 데에 큰 문제가 없어 보인다. 또한 커뮤니티에 지속적으로 업데이트 활동에 참여해 달라는 걸 보니 머지않아 대부분의 라이브러리들이 파이썬 3과 호환이 될 것이고, 2020년에는 파이썬 2 지원이 중단될 예정이다. 그래서 이 책은 "**파이썬 3.7.x**"를 기준으로 집필되었다. 기술 서적 특성상, 파이썬 자체의 버전이나 관련 라이브러리들의 버전이 꾸준히 업그레이드가 되는 것으로 인해, 작성한 예제들이 실행이 안되는 경우가 있을 수 있다. 이 책의 예제를 문제 없이 수행하기 위해서 설치 시 파이썬 3.7.x 버전으로 설치를 해 주기 바란다.

그리고 모든 예제는 2019년 2월 기준으로 여전히 전세계 운영체제의 약 75%를 차지하고 있는 윈도우 운영체제 중 절반 이상의 점유율을 자랑하는 윈도우 10 기준으로 집필하였다. 맥OS나 리눅스를 사용하는 독자 여러분들께서는 어느 정도 컴퓨터를 다룰 줄 안다고 가정하며, 본문의 내용에서는 설치 과정을 제외한 나머지 내용은 운영체제와 큰 연관이 없다. 설치 과정에 대해서는 위에서 언급한 세 개 운영체제에 대하여 설명한다.

2. 책의 범위 및 대상 독자

이 책은 파이썬의 기초를 다루는 책이다. 파이썬의 특징 및 적용 사례 등을 살펴보고, 파이썬 실행 환경을 준비한 다음에 가장 기초적인 튜토리얼Tutorial을 예제와 함께 실행하는 형태로 구성이 되어 있다. 후반부에는 튜토리얼에서 배운 기술들을 활용하여 여러 가지 예제들을 직접 실습해 보는 형태로 진행한다.

이 책은 파이썬 프로그래밍이 가능한 개발자를 초보자[Novice] – 중급자[Intermediate] – 상급자[Advanced] – 전문가[Expert]로 나눈다고 보면 첫 단계인 초보자가 파이썬의 기본기를 익힌 다음, 실무에서 반드시 필요한 내용들을 익혀서 바로 실무에 뛰어 들어갈 준비를 도와주는 목표로 집필되었다. 컴퓨터에 대한 기본 지식이 없어도 무관하다. 프로그래밍을 배우고 싶다는 열정 그리고 실습을 할 수 있는 컴퓨터를 가지고 있는 독자라면 누구든지 환영한다. 만약 여러분이 파이썬에 대한 고급 활용이 어느 정도 가능하다면 책의 수준이 다소 낮을 수도 있다. 가령 네트워크 관련 프로그래밍은 다루고 있지 않으며 데이터베이스, 데이터 분석, 웹 애플리케이션 프로그래밍 등은 맛보기 정도로만 다루고 있으니 참고하기 바란다. 이 책의 과정을 여러분의 것으로 만든다면 초보자에서 전문가의 문턱까지 올라갈 수 있을 거라 확신한다.

3. 파이썬 라이선스

파이썬은 오픈 소스이며 파이썬에 관한 모든 것을 관장하고 있는 비영리 단체인 PSF[Python Software Foundation]에 의해 관리되고 있다. 이 책의 모든 소스 및 공식 튜토리얼에 대한 권한은 PSF 라이선스인 'PSF LICENSE AGREEMENT FOR PYTHON 3.7.2' 아래 보호된다. 라이선스 전문은 아래 링크를 통해 확인할 수 있다.

https://docs.python.org/3.7/license.html

책 읽는 방법

책의 목차 중 1장을 제외한 나머지 장은 모두 실습이 가능하게 구성하였다. 독자 여러분들께서는 실습이 가능한 컴퓨터를 꼭 준비해 주기 바란다. 간단한 예제들을 실습할 예정이기 때문에 고사양일 필요는 없다. 웹 서핑이 가능한 수준이면 충분하다.

LEVEL 1 - BEGINNER (Chapter 01 ~ 02) : 준비 단계

파이썬을 처음 접하는 독자 여러분을 위한 준비 단계이다. 파이썬에 대한 소개와 특징에 대해서 알아보고, 대표적인 적용 사례 및 파이썬의 인기에 대해서 살펴본다. 파이썬의 설치 과정을 따라 해 보고, 이 책의 실습을 진행할 개발 환경을 구축한다. 여기서 구축한 파이썬 기본 개발 환경인 IDLE를 가지고 실습을 시작한다.

LEVEL 2 - NOVICE (Chapter 03 ~ 07) : 초보자 단계

파이썬을 처음 접하는 초보 개발자를 위한 단계이다. 프로그래밍을 처음 시작하는 개발자를 위한 프로그래밍의 기본 개념(함수, 변수, 주석, 블록문과 들여쓰기 등)에 대해 설명한다. 파이썬의 가장 기초적인 문법들을 배워 본다. 다양한 데이터 타입과 데이터 구조에 대해서 알아보고 if문, for문, while문과 같은 제어문에 대해서 살펴본다. 이렇게 배운 기초 지식을 가지고 가벼운 실습 프로젝트 I을 수행해 본다.

LEVEL 3 - INTERMEDIATE (Chapter 08 ~ 11) : 중급자 단계

중급자 단계로 앞에서 배운 여러 기초 지식을 기반으로 독자 여러분이 직접 함수나 클래스, 모듈 등을 만들어 본다. 이를 통해 효율적으로 파이썬 소스 코드를 작성하는 기본적인 지식들을 익히게 된다. 이 단계에서 배운 지식들을 활용하여 실습 프로젝트 II를 수행한다.

LEVEL 4 - ADVANCED (Chapter 12 ~ 15) : 상급자 단계

이번 단계에서는 상급자 단계로 파이썬을 활용한 실무 환경에서 반드시 알아야 할 기본 지식들을 학습하게 된다. 단순한 표준 출력문을 벗어나 문자열 입/출력에 대한 개선된 방법을 살펴보고, 소스 코드의 동작 방식을 추적하기 위하여 로그를 남기는 방법을 살펴본다. 또한 소스 코드에서 에러가 발생하였을 때 어떤 식으로 예외 처리하는지 살펴본다. 추가로 실무에서 흔히 사용하는 파이썬 전문 개발 도구인 파이참 Pycharm을 설치한 뒤, 파이참을 활용하여 소스 코드의 에러 코드인 버그를 없애는 디버깅 작업을 직접 실습해 본다.

LEVEL 5 – EXPERT (Chapter 16 ~ 19) : 전문가 단계

마지막 전문가 단계이다. 파이썬 프로그래밍에서 만들어진 데이터를 영구적으로 보관하기 위해 파일을 통하여 저장하고 읽는 방법을 살펴본다. 이때 잘 알려진 데이터 포맷인 JSON 포맷에 대해서도 살펴본다. 더 나아가 데이터베이스 프로그래밍을 맛보기 위하여 파이썬에 내장되어 있는 SQLite3을 활용한 데이터베이스 프로그래밍의 기초적인 부분을 다뤄본다. 이후에는 파이썬의 웹 프레임워크인 장고를 활용하여 파이썬으로 어떻게 웹 애플리케이션을 개발할 수 있는지 가볍게 살펴본다. 마지막으로 근래에 빅데이터로 인해 인기를 얻고 있는 데이터 분석을 파이썬으로 수행하는 방법에 대해 알아본다.

책 본문 내용의 이해를 돕기 위해 내용 중간 중간에 몇 가지 장치를 심어 놓았다. 파이썬과 직접적인 연관이 없다 하더라도 프로그래밍을 하기 위해 필요한 내용들을 고민해서 집어 넣었으니, 함께 읽어 주길 바란다. 앞으로 뛰어난 개발자가 되기 위해 필요한 소양이 쌓일 것이다.

구분	설명
잠시만요!	책의 내용 중 다소 어려운 용어나 예상되는 질문 사항 등을 담았다.
tip	책의 내용 중 더 깊은 이해를 돕기 위한 링크 정보라든지, 추가적인 지식이나 정보들을 담았다.
주의하세요!	주의 사항으로 배운 내용 중 오해할 소지가 있거나 실수 등을 할 수 있는 부분을 짚었다.

소스 코드 실행하는 방법

본문 내용 중 다수의 실습을 하기 위한 소스 코드가 기재되어 있다.

파이썬에서는 소스 코드를 실행 하는 방법이 크게 두 가지이다. 하나는 〈Enter〉 키를 누르면 바로 바로 실행 결과를 알 수 있게 파이썬 실행 환경에서 바로 실행하는 방법이고 또 하나는 파이썬 소스 파일(확장자.py)을 생성하여 실행시키는 방법이다. 아래와 같이 소스 코드에 '〉〉〉' 표기가 있는 것은 전자인 파이썬 실행 환경에서 실행하는 경우이다.

```
1   >>> print('Hello, world!')
```

만약 '〉〉〉' 표기가 없다면 파이썬 파일을 실행해야 하는 경우이다.

[소스 hello.py]

```
1   print('Hello, world!')
```

이 부분에 대해서는 본문 내용에서 계속 언급하고 있으니 참고하기 바란다.

그리고 이 책의 모든 소스 코드는 아래 링크를 통해 확인할 수 있다.

- 필자 개인 깃허브 레파지토리 : https://github.com/insukcho/pythonmento
- 혜지원 출판사 자료실 : http://www.hyejiwon.co.kr (바로가기 : https://goo.gl/nvRLas)

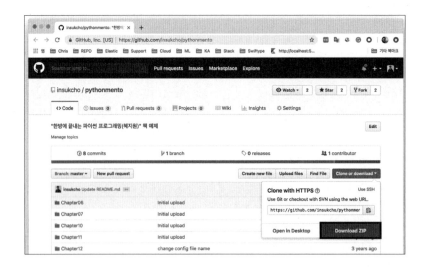

4차 산업혁명으로 대변하는 오늘날의 소프트웨어의 발전 속도는 눈부시다. 물리적인 현실 세계에 속한 사람과 기계의 센서 및 작동기가 인터넷 서비스, 인공지능 시스템, 각종 정보망이 존재하는 사이버 세계와 연결이 되고 있다. 먼 미래의 일인 줄 알았던 무인 자율주행 자동차, 스마트 홈, 스마트 그리드와 같이 스스로 알아서 제어하는 자율 생태계는 이미 일상 생활에 친숙한 위치까지 깊숙한 자리에 자리 잡았으며, 로봇의 권리에 대한 논의도 쉽게 접할 수 있게 되었다. 영화에서나 볼 듯한 일들이 가능해진 것은 기존에 존재하던 아날로그 데이터를 디지털화하여 소프트웨어를 통해 활용하게 되었기 때문이다.

본인은 대한민국 컴퓨터과학도의 1세대로, 그리 길지 않은 대한민국 ICT 역사의 대부분을 현장에서 보내왔다. 현재는 너무나도 익숙하게 쓰는 윈도우가 없던 시절, 런타임 운영체제를 한국으로 들여오기 위해 내부 소스 코드까지 한 줄 한 줄 읽으면서 고군분투 하던 시절이 지금도 많이 그립다. 그 당시에 프로그래밍은 쉽지 않은 것이었다. 컴퓨터에게 내가 원하는 명령을 내리기 위한 방법이 너무나도 어렵고, 오랜 기간 동안 스스로 공부하고 익히지 않은 이상 간단한 소프트웨어도 개발하기에 어려움이 많았다. 하지만 요즘은 어떠한가? 이해하기 쉬운 언어들이 도처에 널렸고, 배울 수 있는 방법도 무척 다양하다. 이러한 가운데 오랜 기간 동안 사랑을 받고 있는 프로그래밍 언어인 파이썬을 선택하고, 이 책을 접하게 된 것은 여러분에게 큰 행운이 아닐까라는 생각이 든다.

본 책의 저자는 십 수년의 필드 경험을 통하여 얻은 지식들을 마치 이야기하듯이 책에 담아내고 있다. 지금 이 순간에도 현장에서 가치 있는 소프트웨어를 개발하기 위해 애쓰고 있는 저자는 거리와 언어의 장벽으로 인하여 다소 익히기 어려운 선진 기술 및 문화를 현장에 전파하는데 큰 역할을 하고 있다. 기술의 본질을 이해하고 쉬운 언어로 상대방에게 전달하는 저자의 역량은 이번 책을 통해서도 어김없이 발휘되고 있다. 책의 모든 내용에는 단순히 사용법에 대한 설명을 하는 데에 그치지 않고, 왜 사용해야 하는지 이해할 수 있게 해 주어 머릿속에 오랫동안 기억할 수 있도록 하고 있으며, 이러한 본질적인 이해는 다른 언어를 배우는 데에도 좋은 영향을 미칠 것이라 판단이 된다. 처음으로 컴퓨터와의 대화를 시작하는 독자에게 올바른 길을 제시해 줄 것이고, 목표를 달성하기 위한 지름길을 안내해 줄 것을 확신한다.

〈 두산중공업, Digital Innovation 담당임원, 손우형 〉

파이썬은 읽기 쉽고 유연한 멀티 패러다임 프로그래밍 언어입니다. 프로그래밍을 시작하려는 분들의 첫 언어로 파이썬을 권해 드리는 이유가 바로 파이썬이 가진 이런 장점들이 프로그래밍 입문자들에게 적합하기 때문입니다.

NHN NEXT에 재직할 당시 고등학생들을 초청해서 프로그래밍을 교육했던 적이 있었는데 그때 교육을 위해 선택한 언어가 바로 파이썬이었습니다. 행사에 참여했던 대부분의 학생들이 프로그래밍을 처음 접했음에도 불구하고 약간의 가이드만으로도 큰 어려움 없이 파이썬 코드를 읽고 이해할 수 있었습니다. 따라서 파이썬은 프로그래밍을 처음 시작하려는 모든 사람들을 위한 언어라는 제 말을 신뢰하셔도 될 것 같습니다.

이 글을 읽고 프로그래밍 입문을 위해 파이썬을 배워야겠다는 생각이 드신다면 여러분은 적절한 책을 선택하신 것입니다. 이 책은 컴퓨터와 관련된 기본적인 지식부터 프로그래밍 언어의 역사와 파이썬을 이용해서 프로그램을 작성하는 방법, 더 나아가 훌륭한 프로그램을 작성하는 방법까지 프로그램을 처음 배우는 분들에게 도움이 되는 유용한 정보들로 가득합니다.

책의 예제 코드는 파이썬으로 작성된 코드가 왜 읽기 쉬운지를 명확하게 보여줄 정도로 잘 짜여져 있습니다. 또한 절차적인 패러다임으로 시작해 객체 지향 패러다임으로 부드럽게 이어지도록 구성되어 있기 때문에 멀티 패러다임을 지원하는 파이썬의 강력함을 맛보기에 적절하다고 생각됩니다.

파이썬이 프로그래밍 입문자를 위한 훌륭한 언어라고 해서 실무 프로젝트에서 사용될 수 없다는 뜻은 아닙니다. 실제로 제가 카카오에서 개발에 참여했던 프로젝트는 파이썬을 사용해서 작성되었으며 코드는 만족스러운 수준을 유지했습니다. 이 책은 파이썬의 실용성을 강조하기 위해 실제 업무에 사용할 수 있는 데이터베이스, 웹 프로그래밍, 데이터 분석의 기초적인 지식들도 함께 다루고 있습니다.

결론을 말씀드리자면 이 책은 프로그래밍에 처음 입문하신 분들이나 파이썬이라는 언어를 처음 접해보려는 분들이 보시기에 적합한 책이라고 할 수 있습니다. 특히 입문자들을 위해 과한 욕심을 부리지 않았다는 점에 후한 점수를 주고 싶습니다. 책의 저자는 프로그래밍에 처음 입문한 분들에게 부담이 될만한 내용은 생략하고 기본기를 단단하게 다질 수 있도록 기초적인 내용에 집중했습니다.

제 변변찮은 글이 여러분의 귀를 솔깃하게 만들었기를 바랍니다. 마음의 준비가 되셨다면 이제 책을 읽어 내려가시기 바랍니다. 그리고 프로그래밍이 주는 즐거움을 만끽하시길 바랍니다.

프로그래밍의 세계에 오신 것을 환영합니다.

〈 카카오, "객체 지향의 사실과 오해" 저자, 조영호 〉

오랜 세월 업계에 몸담고 있는 개발자 입장에서 전공에 관계없이 남녀노소를 불문하고 프로그래밍을 익히려는 바람이 불고 있다는 사실은 꽤나 두근거리는 일이다. 그중에서도 익히기 쉽고 다방면에서 사용되고 있는 범용 프로그래밍 언어인 파이썬의 인기는 특히 하늘을 찌를 정도다.

반복 작업을 대신하는 간단한 자동화 스크립트에서부터 데이터 수집을 위한 크롤링, 기민한 웹 서비스를 지탱하는 백엔드 개발, 게임, 이미지 처리, 데이터 분석, 머신러닝에 이르기까지 이제는 파이썬이 사용되지 않는 영역을 찾아보기 힘들 정도로 다양한 분야에서 활약하고 있다. 많은 스타트업에서 자사의 서비스 개발에 파이썬을 도입하고 있으며 점점 중요해지는 데이터 분석 업무에서도 파이썬이 가장 핫한 언어로 자리매김했다.

최근 가장 훌륭한 과학적 업적으로 평가되는 중력파 검출에 성공한 LIGO팀도 연구에 파이썬을 적극 활용했다고 한다. 이런 파이썬의 다양한 매력을 모두 맛볼 수 있는 훌륭한 입문서가 출판되어 한 사람의 개발자로서 기쁘게 생각하며 페이지의 한 켠을 채울 수 있는 기회를 주신 저자께도 감사드린다.

모쪼록 독자들께서도 본 서적을 통해 프로그래밍과 파이썬의 다양한 활용법 및 가능성에 대한 공부를 하실 수 있기를 기대한다.

〈 스마트스터디, "파이썬 라이브러리를 활용한 데이터 분석" 역자, 김영근 〉

입문서이지만 입문서를 넘어서는 파이썬 책. 초보자에게 파이썬의 기초 지식 뿐만 아니라, 실무에서 빈번하게 사용되는 내용까지 전수하려는 저자의 열정이 돋보인다. 보통 입문자용 파이썬 베스트셀러들은 언어 사용법에 대한 내용을 설명하기에 급급한데, 이 책은 중요한 부분마다 파이썬 내부에서 동작하는 구조를 알려 주어서 좋았다. 초보자에게 너무 어려운 항목들은 과감하게 제외하였기 때문에, 넓이와 깊이의 균형을 잘 잡은 책이라고 생각한다.

〈 지나가던 IT인, 이요셉 〉

프로그래밍을 배우고 싶은 초보자부터 다른 프로그래밍 언어를 능숙하게 다루는 경험 있는 개발자들까지 아우를 수 있는 좋은 파이썬 책이 나와서 기쁩니다. 이 책 한 권으로 스크립트 언어에 대한 프로그래밍 실력을 다져서 파이썬으로 실무 적용까지 가능하겠네요! 주변에 적극 추천할만한 파이썬 책이 나왔다고 감히 말씀드릴 수 있겠습니다.

— LG전자 CTO 클라우드센터, 서비스플랫폼 FD, 시스템 관리팀, 이승미 차장

C++, C#, Java를 쓰다가 파이썬을 처음 접했을 때 '이걸 어디에 쓰지?', '뭐가 좋은 거지?' 하는 의문점이 많았는데, 책에 소개된 사례와 언어의 특성을 보면서 상당 부분 해소되었습니다. 또, 프로그래밍을 전혀 모르는 초보자가 읽어도 손색이 없을 만큼 쉽게 작성되어 있고 다른 객체 지향 언어를 사용하던 개발자를 위한 조언도 포함되어 있어서 프로그래밍에 입문하거나 파이썬을 배우고 싶어 하는 분들에게 꼭 추천하고 싶은 책입니다.

— 한양사이버대학교 컴퓨터공학과, 삼성 SDS 이혜성 사원
('세상을 이롭게 하는 소프트웨어, Silentsoft' 블로그 운영자)

저는 파이썬을 학교 수업에서 배운 후, 이 책의 베타 리더로 참여하게 되었습니다. 그럼에도 불구하고 책을 읽는 중에 미처 알지 못하는 내용들이 꽤 들어가 있었습니다. 입문자 대상이지만 준입문자 같은 경우에도 잘 알지 못하는 내용들을 다루고 있습니다. 과제나 포트폴리오의 내용이 아니라 응용이 가능하게끔 책이 구성되어 있습니다. 책의 흐름은 예제로 시작하지만 따라가다 보면 책의 내용을 자연스럽게 이해할 수 있었습니다. 제 생각으로는 프로그래밍 입문서들에 따른 분류로 예제용과 설명용이 있는데 이 책 같은 경우 두 부류를 모두 만족시킵니다.

— 강릉원주대학교 멀티미디어공학과 09학번 염용철 학생

학교에서 모든 인문계 학생들에게 기초교양 과목으로 파이썬을 수업한다는 이야기를 듣고 파이썬이라는 언어에 관심이 생겼습니다. 운이 좋게 학교 선배님의 책을 리뷰하게 되며 파이썬이라는 언어에 대해 처음 접하게 되었습니다.

상세한 캡처 화면을 따라 실행하다 보면 새 언어를 쉽게 이해하고 사용할 수 있었습니다. 각 레벨의 시작마다 나올 내용에 대한 공감할 수 있는 비유나 상세한 설명은 본 내용을 더 잘 이해할 수 있도록 입맛을 돋게 해 주는 에피타이저와 같았습니다.

또한 수업시간에 이해하기 어려웠던 C언어와의 차이점을 수업시간에 들은 것보다 직접 실습하며 비교할 수 있었던 좋은 기회였습니다. 마지막 장의 데이터베이스, 웹 프로그래밍, 데이터 분석 등의 맛보기를 통해 파이썬 언어의 실 사용을 경험하고 활용을 어떻게 하는지 알 수 있었습니다. 좋은 기회를 주셔서 감사합니다.

— 세종대학교 컴퓨터공학과 12학번 김수정 학생

System Control, Fault Detection & Diagnosis(FDD), 그리고 Optimization에 대한 연구 개발을 하는 연구원으로서 Core Technology 중 하나인 Algorithm을 개발하기 위하여 Matlab을 주로 사용해 왔습니다. 그런데, 이렇게 개발된 Algorithm을 SW Solution에 적용할 경우 Algorithm이 대규모이면서 복잡도가 크면 클수록 Algorithm 구현이 쉽지 않은 경우가 많이 발생합니다. 따라서 이러한 문제를 해결하기 위하여 Python에 주목하게 되었고, Python 전문가로 활동하는 저자와 김영민 과장의 도움을 받아 많은 부분을 쉽게 해결할 수 있었습니다. 이 서적은 실제로 SW 비전공자인 본인과 같은 사람도 Python을 쉽게 이해하고 사용할 수 있도록 해 준 고마운 서적으로, 드디어 추천할 만한 초보자용 Python 서적이 나왔다고 생각합니다. 특히 Matlab을 주로 사용하셨던 분들 중 향후 SW 개발에 관심이 있으신 분들에게 이 서적을 적극 추천하는 바입니다.

— Doosan, Algorithm R&D Tech. Leader, 박지훈 박사(Kyoto Univ., Informatics)

제가 생각하는 최고의 파이썬 책입니다. 기초는 부족해서 코딩이 어렵고, 얇은 책들은 매번 똑같은 내용만 반복하고 하던 중 이 책을 발견해서 정말 많이 배웠습니다. 많은 실습 코드를 통해서 단순한 기초 문법만이 아니라 파이썬 규약이나 naming 방법, 실무적인 경험에 의한 IDE 사용법, 코드 구조 설계, 효율적인 코드 활용법 등 많은 추가적인 내용을 마치 옆자리에 앉은 선배에게 배우듯이 알 수 있었습니다. 파이썬의 기초는 배웠지만 그 이후 어떻게 해야 할지 막막한 초보자들에게 언제나 추천할 수 있는 책이라고 생각합니다.

— 대학원생(인공지능) 구동우

그동안 초보자용 및 중/고급자용 파이썬 책들을 봤지만 이렇게 기초부터 자연스럽게 습득하게 해주는 책은 없었던 것 같습니다. 코드를 하나하나 짚어 가면서 이해가 잘 되도록 설명해 주며, 무엇보다 글이 정말 잘 읽힙니다. 꾸준히 할 수 있는 독학에 특화된 책이라 생각합니다. 이 한 권으로 파이썬의 기초를 쌓고, 실무 위주로 공부한다면 파이썬으로 무엇이든 할 수 있을 것입니다.

— 개발자 유진우

비전공자이지만 끝까지 포기하지 않도록 기초 지식을 쉽고 재미있게, 그리고 자세히 배울 수 있어서 좋았습니다. 또한 데이터 분석 맛보기 챕터를 통해 데이터 분석에 관심이 생겼습니다.

— 대학생 조은환

의외로 소설책 읽듯이 몰입할 수 있었습니다. 책 표지의 "선배 개발자의 최고의 멘토링"이 그냥 코멘트가 아니었습니다! 중요 용어에 대해서는 영어가 함께 표기되어 있어서 추가 자료를 검색하는 데에도 큰 도움이 되었고, 적절한 화면 설명이 쉽게 이해할 수 있도록 도와 주어서 포기하지 않고 재미있게 개발적인 부분을 이해할 수 있었습니다.

— 인프라 서버관리자 이종준

입문부터 실무까지 한 방에 끝내는 파이썬 프로그래밍"이라는 제목이 가장 마음에 들었습니다. 보통 기본서들을 보면 난이도 조절이 어려운데, 이 책은 게임처럼 레벨 개념이 도입되어 있어 입문자들에게 단계별로 학습하면서 실무 수준까지 실력을 쌓을 수 있게 해 줍니다. 개념 설명과 팁 그리고 중간중간에 "잠깐만요!"에서의 보충 설명과 부록 부분이 많은 도움이 되었습니다.

– 개발자 이석곤

적절한 코드 난이도와 설명으로 언어와 프로그래밍 기본기를 이 정도로 잘 풀어내는 서적은.. 저에게는 없었습니다..^^ 부연 설명 만으로도 집필자의 내공을 느낄 수 있었습니다.

– 프리랜서 개발자 유상현

프로그래밍의 기초가 부족해서 자주 실수하던 것, 이해되지 않던 개념들을 그림까지 곁들여 가며 친절하게 설명되어 있어 큰 도움이 되었습니다.

– 비전공자 박성화

세상에서 가장 친절한 파이썬 입문서!!
인터넷 정보 검색으로 개발에 필요한 지식을 습득할 수 있는 시대라서 누구든 온라인 정보를 통해 프로그래밍 입문이 가능하다. 하지만 검색을 통해 필요한 부분에 대한 해결은 가능해도 원리나 개념에 대해 주제를 확장해서 학습하기란 쉽지 않다. 제대로 응용하며 사용하기 위해서는 개념과 원리를 이해하기 위한 추가적인 노력이 필요하다.
이 책은 그러한 노력을 해결할 수 있는 친절한 입문서이다. 아는 부분이라도 완독을 추천한다!

– 개발자 박양모

감사의 글

먼저 집필을 시작하는 순간부터 출판하는 순간까지 많은 도움과 Insight를 주신 혜지원 출판사 관계자 분들께 감사의 말씀을 드립니다.

파이썬에 대한 멋진 면을 계속 알려 주고 실무에서도 활용할 수 있게 도와 주었으며, 이 책의 집필 과정에도 목차 및 내용 리뷰를 해 주신 멋진 동료, 김영민 님께 특별히 더 고맙다고 전하고 싶네요. 형님 덕분에 새로운 세상을 접하게 되었어요!

바쁜 와중에도 전체 책 내용의 흐름과 소스에 대한 꼼꼼한 리뷰를 도와준 베타 리더 분들께도 감사의 말씀을 드립니다. 책의 완성도를 높이는 데 큰 역할을 해 주셨습니다. 집필 내용에 대한 현실적인 피드백 덕분에 더 충실하게 내용을 채울 수 있었고, 제 스스로 채찍질을 할 수 있었던 계기가 되었습니다. 삼성 SDS 임재봉 과장, 강제훈 과장, 장재훈 과장, 이정선 책임, 이혜성 사원, LG전자 이승미 수석, 두산중공업 박지훈 차장, 김영민 과장, 세종대학교 컴퓨터공학과 유정현 학생, 김수정 학생, 강릉원주대학교 멀티미디어공학과 염용철 학생, 수학 강사님인 손정권 후배님, 임베디드 시스템 엔지니어인 조재희 후배님 등... 베타 리더 요청에 선뜻 응해 주시고 아낌없이 도와주셔서 모두 감사 드립니다.

개정 증보판 소식에 초판 리뷰에 동참해 주시고 귀한 조언을 해 주신 분들께도 감사의 말씀을 전합니다. 구동우님, 유진우님, 조은환님, 이종준님, 이석곤님, 유상현님, 이경석님, 박성화님, 이요셉님, 박양모님이 보내 주신 피드백으로 내용이 더 풍부해졌습니다. 고맙습니다, 여러분.

마지막으로 제 삶의 원동력이자 존재의 이유인 우리 가족들, 항상 내 편에서 끊임없이 응원해 주는 와이프 지희, 책을 쓰는 동안 아빠랑 놀고 싶은데도 꾹 참느라 고생한 너무나도 이쁜 딸 안나, 키보드를 두드리고 있으면 어김없이 달려와서 노트북 종료 버튼을 눌러대던 씩씩한 둘째 아들 신후와 곧 태어날 막내 윤후에게 모두 고맙고 사랑한다고 전하고 싶습니다. 그리고 언제나 그립고 존경하는 아버지와 육아와 살림에 큰 도움을 주고 계시는 어머니께도 진심으로 감사 드립니다. 그리고, 사.랑.합.니.다.

목 차

LEVEL 1. BEGINNER

CHAPTER 01. 파이썬Python을 소개합니다

CHAPTER 02. 파이썬 설치 및 개발 환경

LEVEL 2. NOVICE

CHAPTER 03. 프로그래밍의 기본

CHAPTER 04. 데이터 타입^{Data Type}이란?

CHAPTER 05. 데이터 구조^{Data Structure}

CHAPTER 09. 내가 만드는 클래스

CHAPTER 10. 내가 만드는 모듈Module과 패키지Package

CHAPTER 11. 실습 프로젝트 II

LEVEL 4. ADVANCED

LEVEL 1.
BEGINNER

{ CHAPTER 01 }

파이썬Python을 소개합니다

1. 컴퓨터의 기본 동작 원리

2. 파이썬이 뭐죠?

3. 어디에서. 누가 쓰고 있나요?

4. 왜 파이썬을 배워야 하나요?

5. Wrap-up

이번 장에서는 기본적인 컴퓨터의 동작 원리를 확인한 뒤 파이썬의 역할, 개념 및 장단점을 살펴보고, 우리가 왜 파이썬을 공부해야 하는지를 생각해 보는 시간을 갖도록 하겠다. 그리고 어느 분야에서 파이썬을 사용하고 있는지 또한, 누가 잘 사용하고 있는지도 살펴보겠다. 이해를 돕기 위해서 소스 코드 일부를 포함하였지만 직접 코딩을 따라 할 필요는 없다. 만약 여러분 눈앞에 노트북이 펼쳐져 있다면 잠시 덮어도 된다. 따뜻한 커피 한 잔과 함께 눈으로 읽어 보고, 파이썬의 매력에 한번 빠져 보자!

1. 컴퓨터의 기본 동작 원리

만약 독자 여러분이 컴퓨터를 전문적으로 교육 받은 사람이 아니라면 컴퓨터 동작 원리에 대해 무척 궁금해 할 것이다(이 책을 펼쳐 들었다면 반드시 그럴 것이라 장담한다). 간혹 컴퓨터를 전공한 사람도 이해 못하는 경우가 많다. 본격적으로 파이썬에 대해 알아보기 전에 컴퓨터의 기본 동작 원리에 대해 짚고 넘어가겠다.

여러분은 컴퓨터 혹은 노트북, 심지어 스마트폰이나 태블릿 PC 등을 구매하면서 한 번쯤은 상세한 하드웨어 사양에 대해 고민해 본 적이 있을 것이다. 이왕이면 좋은 성능을 가진 장비를 가지고 싶어 하는 것은 비단 필자뿐만은 아닐 듯 하다. 가령 CPU는 인텔에서 나온 건지, AMD에서 나온 건지, 클럭 수가 몇인지, 메모리 용량은 얼마나 되는지, 하드디스크 용량은 얼마나 되는지, 운영체제는 32비트인지, 64비트인지 등…. 컴퓨터 동작 원리에 대한 이해 없이 이 숫자들을 가지고 여러분에게 맞는 컴퓨터를 고르는 건 쉽지 않은 일이다. 그럼, 위 항목들을 하나씩 차례대로 살펴보겠다.

먼저 필자의 컴퓨터 시스템 사양부터 살펴보도록 하겠다. 윈도우 운영체제에서 [제어판] − [시스템 및 보안] − [시스템] 메뉴를 클릭해 보자.

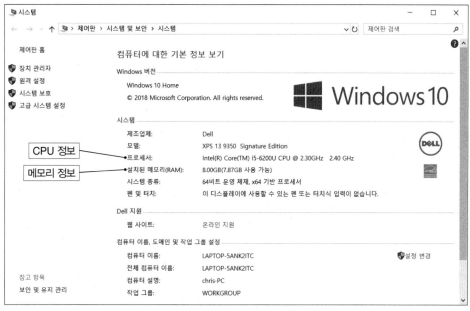

그림 1.1 내 컴퓨터 기본 정보 확인하기

1.1 컴퓨터의 두뇌, CPU

시스템 카테고리의 '프로세스'가 CPU를 보여 주고 있다. 필자의 CPU는 'Intel® Core™ i5
-6200U'이다. CPU는 Central Processing Unit의 약자로 한국말로는 '중앙 처리 장치'라고 불린
다. 사람으로 따지면 **'머리'**에 해당하는 녀석이다. **'컴퓨터 프로그램의 명령어를 해석하여 실행하는
것'**이 주업무이다. 가령, 외부에서 정보를 입력하고, 기억하고, 연산하고, 외부로 출력하는 일들
말이다. CPU는 단독으로 동작하지 않는다. 컴퓨터 내부의 여러 부품과 데이터를 교환하면서 컴
퓨터 전체의 동작을 제어한다. 필자 컴퓨터의 CPU는 인텔Intel이라는 회사에서 판매하고 있는 i5
라는 CPU다. 모델명은 M520이다. 끝 쪽에는 2.4GHz라는 숫자가 보인다. CPU는 기본적으로
한 순간에 하나의 연산만을 할 수 있다. 2.4GHz의 의미는 1초에 24억 번의 연산이 가능하다는
뜻이다. 그렇기 때문에 사람에게는 한 순간에 여러 일을 하는 것처럼 느껴진다. 숫자가 높을수록
같은 시간에 할 수 있는 일이 많아진다. 마치 대형 마트 계산대에 있는 종업원이 능숙할수록 손님
이 계산대에 머무르는 시간이 더 짧아지는 것과 같은 이치다. 또 하나 생각할 것이 코어의 개수이
다. CPU가 듀얼 코어이면 머리가 두 개이니 동시에 연산이 2번 가능하다는 의미이며 쿼드 코어
이면 머리가 4개이니 연산도 동시에 4번 가능하다는 의미로 해석하면 된다. 코어 수가 많을수록

짧은 시간에 많은 작업을 할 수 있을 것이다. 이외에도 CPU 내부 구조나 상세한 동작 원리에 대해서 많은 정보들이 있지만 이 책에서는 이 정도만 이해해도 충분하기 때문에 여기까지만 설명하도록 하겠다.

tip CPU에 대한 자세한 정보

CPU에 대해서 더 상세한 정보를 알고 싶다면 아래 위키백과 링크를 참고해 보자!
https://ko.wikipedia.org/wiki/중앙_처리_장치

그림 1.2 CPU(중앙 처리 장치) 상세 정보 확인 위키백과 웹 페이지

1.2 컴퓨터의 손, 메모리

이번에는 메모리를 살펴보자. 메모리는 사람의 '손'에 해당한다. CPU가 데이터나 프로그램을 읽으려면 어딘가에 저장되어 있어야 한다. 그 영역이 바로 메모리 영역이다. 마치 주머니 속의 동전이 몇 개 있는지 세기 위해서는 손으로 잡아서 손바닥에 펼쳐 봐야 아는 것과 같은 이치다. 만약 손이 두 개가 아니라 4개면 어떨까? 손에 쥘 수 있는 동전 양이 많아진다. 컴퓨터 내에서 동시에 여러 가지 작업을 신속하게 하려면 메모리 사이즈에 영향을 많이 받는다. 간혹 인터넷 서핑을 하다가 웹 브라우저를 너무 많이 열면 노트북이 버벅거리는 경우가 있다. 이런 경우가 바로 메모리가 부족한 경우다. 위에서 잠시 언급한 대형 마트의 계산대와 비유하자면 계산대에 계산원이 많을

수록 동시에 계산할 수 있는 고객의 숫자가 늘어나는 것과 같은 이치다! 메모리 영역의 가장 큰 장점은 '무척 빠르다'는 것이다. 손 위에 있는 동전을 쳐다보는 건 어려운 일이 아니다. 하지만 가장 큰 단점은 전원이 들어오지 않을 때는 데이터를 기억하지 못하는 '휘발성'의 특징을 가지고 있다는 것이다. 힘이 빠져서 주먹을 쥘 힘조차 없어진다면 들고 있는 동전을 모두 바닥에 떨어뜨리기 마련이다. 그리고 가격이 많이 낮아지긴 했지만 하드디스크에 비해서는 여전히 '고가'이다.

1.3 컴퓨터 속의 주머니, 하드디스크

그럼 하드디스크의 영역은 어떻게 표현할 수 있을까? 눈치 빠른 독자 여러분은 알겠지만 위에서 언급한 '주머니'이다. 엄청 많은 동전을 항상 손에 들고 다닐 수는 없기 마련이다. 게다가 힘이 빠지면 떨어뜨리기도 하기 때문에 오랜 시간 동안 동전을 안전하게 보관하는 용도로 손은 좋은 선택지가 아니다. 하드디스크는 메모리와는 반대로 전원이 없어도 데이터를 저장할 수 있는 '비휘발성'의 특징을 가지고 있으며 메모리에 비해 값이 훨씬 '저렴'하다. 메모리는 개인 노트북 기준으로 현재 4GB, 8GB 정도의 기가바이트^{Gigabyte} 단위로 이야기하고 있지만 하드디스크는 TB, 테라바이트^{Terabyte} 시대다. 용량이 클수록 더 많은 데이터를 저장할 수 있다. 하지만 가장 큰 단점은 '느리다'는 것이다. 아무래도 손에 있는 동전을 세어 보는 것보다 주머니 속에 있는 동전을 꺼내서 보는 것이 훨씬 느리다. 근래에는 SSD가 출현하여 기존 하드디스크보다 월등히 나은 성능을 보이고는 있으나 이번 장에서는 컴퓨터의 기본 동작을 이해하는 것이니 이 부분까지는 다루지 않도록 하겠다.

한 가지 더 언급하자면 CPU는 메모리를 거치지 않고 하드디스크의 데이터를 볼 수 없다! 무조건 메모리를 거쳐야 한다. 주머니에 있는 동전을 세어 보려고 주머니를 아무리 뚫어져라 쳐다봐도 셀 수는 없다. 그렇기 때문에 메모리와 하드디스크 사이의 데이터 이동은 무척 빈번하며 CPU 연산 시 특정 데이터를 읽을 때 해당 데이터의 위치가 메모리에 있는지 아니면 하드디스크에 있는지에 따라서 CPU 연산 속도에 지대한 영향을 미친다. 메모리에 있다면 디스크를 읽을 필요가 없으니 신속하게 처리가 가능하겠지만 메모리가 아닌 하드디스크에 데이터가 있다면 하드디스크의 데이터를 읽어서 메모리에 얹은 다음에 읽어야 하니 훨씬 응답 속도가 더디게 된다. 실제로 측정해 보면 몇십 배, 몇백 배가 된다 해도 과언이 아니다. 이러한 성능 문제는 오늘날 컴퓨터 프로그래밍의 트랜드에도 큰 영향을 미치고 있다.

1.4 컴퓨터와의 대화의 수단, 프로그래밍 언어

자, 그럼 지금까지 살펴본 컴퓨터의 기본 동작 원리와 프로그래밍 언어와의 관계는 어떨까? CPU를 설명하면서 굵은 글씨로 강조한 문장을 다시 한번 읽어보자.

'컴퓨터 프로그램의 명령어를 해석하여 실행하는 것'

프로그래밍 언어는 컴퓨터의 머리라고 할 수 있는 CPU에게 어떤 작업을 하라고 명령을 내리는 언어다. 이 명령어를 통해서 컴퓨터는 사람이 입력하는 숫자를 기억하거나, 복잡한 연산을 처리하거나, 사람에게 멋진 화면을 제공하는 등의 일을 수행한다. 이러한 프로그래밍 언어가 일반적으로 사람이 사용하는 언어와 같을까? 물론 그렇지 않다. 실제로 컴퓨터가 이해할 수 있는 언어는 오로지 두 개의 숫자의 조합인 0과 1뿐이다!(이진수 혹은 바이너리^{Binary}라고 한다). 하지만, 사람은 0과 1만 가지고는 대화를 나눌 수가 없다. 그렇기 때문에 **프로그래밍 언어는 이 둘 사이의 간격을 채워 주는 역할**을 한다. 사람에게는 친숙한 언어를 통하여 프로그램을 작성할 수 있게 도와주고, 프로그래밍 언어가 자체적으로 가지고 있는 고유한 번역 기능을 통하여 컴퓨터가 알아 들을 수 있는 0과 1의 숫자 조합으로 변경하여 프로그램이 실행할 수 있게 해 준다. 그리고 이런 역할을 하는 프로그래밍 언어 중 하나가 바로 필자와 함께 알아볼 **'파이썬'**이다.

지금까지 CPU(머리) – 메모리(손) – 하드디스크(주머니) – 프로그래밍 언어(명령어)의 관계에 대해서 살펴보았다. 이 관계만 잘 이해해도 현재 여러분이 사용하고 있는 모든 컴퓨터의 기본 동작 원리는 이해하는 셈이다. 여러분이 매일매일 사용하고 있는 스마트폰까지 포함해서 말이다. 이러한 기본적인 원리는 여러분이 프로그램을 작성할 때 반드시 기억해야 할 기본적인 사항이다 (안타깝게도 이런 동작 원리를 잘 이해하지 못한 상황에서 프로그램을 만드는 개발자가 생각보다 많다). 이는 프로그램을 얼마나 잘 만드느냐와 직결하는 지식이니 잘 기억해 두기 바란다. 자, 그럼 이제 파이썬에 대해서 알아보자!

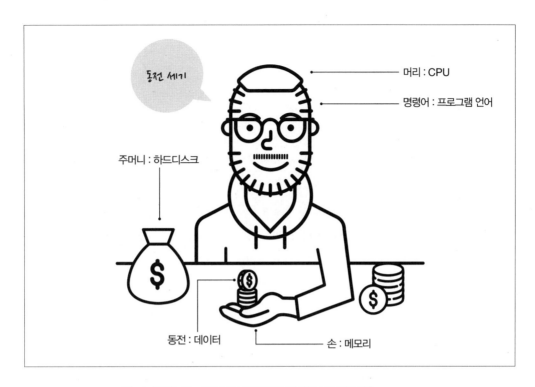

그림 1.3 동전을 세는 상황과 비교해 본 컴퓨터의 기본 동작 원리 이해

2. 파이썬이 뭐죠?

1989년 12월 네덜란드 암스테르담에서 귀도 반 로섬^{Guido van Rossum}은 크리스마스를 의미 있게 보내기 위해 '취미용' 프로그래밍 프로젝트를 찾고 있었다. 사무실은 문이 닫혀 있었지만 집에는 그가 유일하게 사용할 수 있었던 컴퓨터 한 대가 있었다. 그래서 그는 얼마 전까지 고민하고 있었던 새로운 프로그래밍 언어의 번역기(인터프리터^{Interpreter})를 만들기로 결심하였다(그것도 완전히 '취미'로 말이다). 이 새로운 프로그래밍 언어가 바로 전세계 개발자들이 가장 많이 사용하는 프로그래밍 언어 중 하나인 '파이썬^{Python}'이다.

그림 1.4 파이썬 공식 로고(출처 : http://en.wikipedia.org/wiki/Python_(programming_language))

그는 당시 CWI^{Centrum Wiskunde & Informatica}라는 회사에서 아메바^{Amoeba}로 불리는 분산형 운영체제 프로젝트를 수행하고 있었고 CWI에서 개발한 ABC라는 프로그래밍 언어를 주로 사용하고 있었다. 그는 이 프로젝트에서 함께 일한 사람들을 통해서 프로그래밍에 대한 많은 것을 배웠고 파이썬에도 이때 사용한 ABC가 많은 영향을 미치게 된다. ABC를 사용하면서 ABC의 장점을 그대로 유지하면서 좌절감을 맛보게 했던 기능들을 제거한 그만의 새로운 프로그래밍 언어를 만들기 시작한다. 기본 문법을 만들고 소스 코드의 묶음을 표기하기 위한 블록문을 정의하기 위해 타 언어에서 일반적으로 사용하는 중괄호({ })나 시작^{Start} – 끝^{End} 명령어 대신 '들여쓰기^{Indentation}'만을 사용하였으며 다양한 데이터의 저장을 위한 적지만 강력한 데이터 타입을 새롭게 정의하였다. 이것이 바로 파이썬의 시초다.

현재 수많은 사람들이 파이썬의 쉽고 단순하면서도 강력한 매력에 사로잡히게 되었으며 그들의 손에 의해 발전하기 시작하였고 지금도 꾸준히 진행 중이다. 귀도는 파이썬 커뮤니티의 중심 역할을 하고 파이썬 커뮤니티에서는 리눅스의 리누스 토발즈와 같이 '평생의 자비로운 독재자(BDFL^{Benevolent Dictator for Life})'라고 불렸으며, 2018년 7월에 스스로 BDFL 자리에서 물러났다. 필자도 집필을 시작할 때 귀도에게 메일을 보내 몇 가지 라이선스 이슈 등을 확인하였다. 무척 빠른 피드백을 받았던 기억이 난다(2~3차례 메일을 보내 보니 대부분 하루만에 답장을 받을 수 있었다). 게다가 필자가 초판을 출간한 뒤 직접 만나자고 한 제안을 흔쾌히 받아 주었다. 그에게 필자의 책을 주고, 점심을 함께 했던 기억은 아마 평생 잊지 못할 것이다. 이러한 파이썬 창시자의 노력과 많은 개발자들의 협력을 통해 파이썬은 현존하는 대표적인 커뮤니티 중 하나가 되었다.

파이썬 커뮤니티의 활동은 무척 활발하다. 매년 파이콘^{PyCon}이라는 이름으로 전세계 도시에서 파

> **tip 귀도가 독자 여러분을 위해 필자에게 보낸 메시지**
>
> """파이썬은 즐거운 프로그래밍 언어이며, 쉽게 배울 수 있고, 쉽게 쓸 수 있으며, 프로그래밍을 시작하는 초보 프로그래머부터, 경험이 많은 프로그래머들 모두에게 무척이나 인기가 많습니다. 전세계 파이썬 사용자로 이루어진 거대한 파이썬 커뮤니티가 여러분을 외롭게 만들지 않을 것입니다!"""
>
> 〈귀도 반 로섬〉

그림 1.5 파이썬의 창시자이자 BDFL인 귀도 반 로섬과의 만남

이썬 컨퍼런스가큰 규모로 개최되고 있으며 우리나라에서도 2014년부터 매년 개최되고 있다. 파이콘 이외에도 데이터 분석 분야에서 파이썬을 사용하는 사용자들이 모이는 모임인 파이데이터^{PyData}, 파이썬을 사용하는 여성 개발자들의 모임인 파이레이디스^{PyLadies}, 과학 분야의 파이썬 개발자들이 모이는 싸이파이^{SciPy} 등 여러 파이썬 관련 커뮤니티가 국경 없이 전세계의 파이썬 개발자를 대상으로 다양한 활동들을 하고 있다. 독자 여러분도 관심 있는 커뮤니티에 가입하여 활동을 해 보는 것이 파이썬과 더 빨리 친해지는 데 큰 도움이 되지 않을까 싶다! 국내에서는 페이스북에 가장 큰 파이썬 커뮤니티인 파이썬 코리아(https://www.facebook.com/groups/pythonkorea/)가 있으며, 파이썬으로 데이터 분석을 하는 사람들의 모임인 파이데이터 코리아(https://www.facebook.com/groups/pydatakorea/) 등이 있다. 관심 있는 분들은 방문해 보기 바란다.

파이썬이라는 이름에도 재미있는 이야기가 숨어 있다. 대부분의 사람들은 비단뱀이라는 뜻을 가진 'Python'이라는 단어와 로고에도 표현되어 있는 두 마리의 뱀으로 인해 뱀으로부터 유래되었다고 생각하지만 실제로는 영국 BBC에서 방영한 코미디 시리즈인 'Monty Python's Flying Circus'라는 이름에서 유래되었다고 한다. 귀도가 말하길 본인이 이 시리즈의 열렬한 팬이었다고 전해지고 있다.

그림 1.6 Monty Python's Flying Circus 로고
(출처 : https://en.wikipedia.org/wiki/Monty_Python's_Flying_Circus)

tip 귀도에 대해서 더 자세히 알고 싶어요!

귀도는 2003년 12월부터 2012년 12월까지 구글에 몸 담고 있었다. 그는 구글에서 내부 코드 리뷰 도구, 오픈 소스 코드 리뷰 도구 등을 만들었고 잘 알려진 구글의 클라우드 플랫폼인 앱 엔진 프로젝트에도 큰 기여를 하였다. 하지만 본인이 원하는 만큼 충분히 파이썬을 사용하지 못했던 것으로 보인다. 그래서 2013년 1월에 업무 시간의 50%를 파이썬에 온전히 사용할 수 있는 드롭박스Dropbox로 근무지를 옮겼고 지금까지 같은 곳에서 근무하고 있다. 매년 열리고 있는 파이썬 컨퍼런스에서 그를 쉽게 만날 수 있으며 직접 연사로 발표한 동영상은 유튜브Youtube를 통해 쉽게 확인할 수 있으니 관심 있는 독자 여러분들은 아래 링크를 방문해 보기 바란다.
https://www.youtube.com/results?search_query=guido+van+rossum+pycon

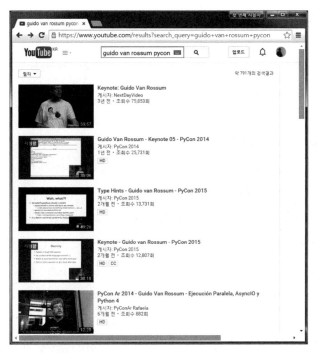

그림 1.7 유튜브에서 귀도 반 로섬의 파이콘 발표 영상 검색 결과 페이지

또한, 파이썬 공식 홈페이지에 방문해 보면 귀도 반 로섬의 소개 페이지와 함께 이력 사항, 발표 자료, 인터뷰 동영상 링크 등이 잘 정리되어 있으니 관심 있는 독자들은 아래 링크를 방문해 보기 바란다.

https://www.python.org/~guido/

그림 1.8 귀도 반 로섬 개인 홈페이지 링크(https://www.python.org/~guido/)

3. 어디에서, 누가 쓰고 있나요?

지금까지 파이썬의 유래 및 특징들을 살펴보았다. 이런 파이썬을 어디에서 주로 사용하고 있을까? 그리고 그 이유가 무엇일까? 파이썬을 사용한 몇 가지 흥미로운 성공 사례를 살펴보자.

3.1 말이 필요 없는 우리의 친구, 구글Google

파이썬은 구글이 시작한 시점부터 무척 중요한 부분을 차지하고 있다. 현재 파이썬은 C++, 자바와 함께 구글의 공식 프로그래밍 언어이자 핵심 언어다. 파이썬의 창시자인 귀도 역시 구글에 몸을 담았으며 여전히 파이썬의 핵심 기여자Contributor들 중 일부는 구글에 속한 구글러Googler다. 이들은 지속적으로 파이썬을 실무에 사용하고 있고 개선해 나가고 있으며 파이썬이 프로그래밍 언어로써 활성화되는 데 깊이 관여하고 있다. 수많은 구글 내부 시스템과 구글 API들이 파이썬으로 작성되었다. 구글의 엔지니어링 프로세스에도 잘 들어맞는다. 구글은 파이썬 언어뿐만이 아니라 파이썬 소프트웨어 단체와도 깊은 관계를 유지하고 있다. 특히, 다양한 파이썬 컨퍼런스(PyCon, EuroPython 등)에 항상 큰 규모의 스폰서링을 하고 있고, 적극적으로 참여하고 있다.

그렇다면 정확히 구글 시스템의 어디에서 파이썬이 사용되고 있을까? 몇 가지 살펴보자.

그림 1.9 구글 메인 홈페이지(www.google.com)

■ 구글 앱 엔진Google App Engine

그림 1.10 구글 앱 엔진 메인 홈페이지(https://cloud.google.com/appengine/)

구글의 대표적인 클라우드 플랫폼인 구글 앱 엔진은 초기에 파이썬을 위해 만들어졌다고 한다. 구글 앱 엔진은 그 자체가 파이썬으로 개발된 훌륭한 사례라고 볼 수 있으며 파이썬으로 작성된 풍부한 라이브러리들과 도구, 프레임워크를 사용하여 파이썬 기반 웹 애플리케이션을 개발할 수 있게 해 준다. 현재는 공식적으로 파이썬 뿐만이 아니라 자바까지 지원하고 있으며, 아직 베타 버전이지만 웹 스크립팅 언어인 PHP, 구글이 자체 개발한 프로그래밍 언어인 고Go까지 지원이 가능하다. 이 프로젝트에는 그 당시 구글에서 근무하고 있었던 파이썬의 창시자 귀도가 참여했었다고 한다. 어드민 콘솔, Appstats 라이브러리, NDB 라이브러리 등이 그의 작품이다.

■ 유튜브

그림 1.11 유튜브 메인 홈페이지(www.youtube.com)

유튜브는 페이팔^PayPal의 초창기 멤버 3명이 2005년에 만들었으며 2006년에 무려 16억 달러(약 1조 7천억원)로 구글이 인수하였다. 인수 당시 구글에서 유튜브와 비슷한 서비스(구글 비디오)를 제공하고 있었는데, 도저히 유튜브의 변화 속도에 대응하지 못해서 결국 인수하기로 결정하였다. C++을 사용하던 수백 명의 훌륭한 엔지니어들조차 유튜브의 개발자 20명을 이기지 못했던 이유가 바로 파이썬이라고 한다. 유튜브에서의 파이썬은 구글의 파이썬과는 조금 다른 용도로 사용되고 있다. 비디오 시청, 웹 사이트 템플릿 생성 및 수정, 비디오 관리, 원본 데이터 접속 및 제어 등 많은 곳에서 쓰여지고 있으며 유튜브의 모든 곳에서 사용하고 있다고 해도 과언이 아니다.

유튜브는 전체 구글 가치에서는 3% 정도에 불과하지만 동영상을 주 콘텐츠로 제공하는 영역에서는 지배적인 위치를 차지하고 있으며 그 중요성은 점점 커지고 있다. 점점 발전되는 인공지능, 머신러닝 등의 기술로 인하여 동영상 콘텐츠 기반 검색 등이 강화되는 추세로 보았을 때 앞으로의 행보 및 발전이 더욱 기대된다.

■ 오픈 소스 라이브러리

그림 1.12 구글 개발자 홈페이지(https://developers.google.com)에서 'python'에 대한 검색 결과

구글의 내부 데이터에 쉽게 접근할 수 있게 하는 구글 데이터 API, 구글 서비스를 사용할 수 있게 하는 강력한 파이썬 클라이언트 라이브러리, 구글 광고 플랫폼인 구글 애드워드^{AdWords}의 계정에 코드를 이용하여 쉽게 접속하기 위한 파이썬 클라이언트 라이브러리 등, 구글에는 파이썬을 통해 전세계 다양한 개발자들에게 본인들의 기술들을 쉽게 활용할 수 있는 길을 열어 놓았다. 독자 여러분들이 원하는 파이썬 라이브러리나 API를 찾고 싶다면 구글의 개발자들을 위한 홈페이지를 방문하여 원하는 키워드로 찾아보면 된다. 홈페이지 링크는 아래와 같다.

https://developers.google.com

이 외에도 구글의 개발자들은 구글의 빌드 시스템이나 자체 시스템 관리 도구(보고서 생성, 로그 분석 등), 구글 내부 패키징 포맷, 바이너리 데이터 전송, 코드 리뷰 도구, 품질 측정 및 테스팅 등의 많은 곳에서 파이썬을 활용하고 있다. 파이썬의 가장 큰 장점인 **유연성**, **빠른 개발 생산성**, **탁월**

한 성능 등이 구글에서 활발하게 사용되고 있는 이유라고 볼 수 있겠다.

3.2 무료 사진 공유 사이트, 인스타그램^{Instagram}

그림 1.13 인스타그램 메인 홈페이지(https://instagram.com/)

인스타그램은 전세계 2억명 이상이 사용하고 있는 무료 사진 공유 사이트다. 이를 통해 사용자들
은 사진을 찍거나 멋진 필터를 적용하고 소셜 네트워크상에 공유할 수 있게 해 준다. 이 회사는
2012년에 페이스북이 10억 달러(약 1조 1천억원)로 인수하였다.

인스타그램 엔지니어링 블로그에 2012년경 기재 된 글을 참고해 보면 그 당시 1년에 1,400만명 이상의 사용자들이 사용하는 시스템을 구성한 기술 스택에 대해 자세히 알 수 있다. 인스타그램의 시스템 구축에 대한 핵심 원칙은 다음 세 가지라고 한다.

- 단순함을 유지하라 *Keep it very simple*
- 이미 있는 것을 또 만드느라 쓸데없이 시간을 낭비하지 마라 *Don't re-invent the wheel*
- 사용 가능한 기술 중 입증된 확실한 기술을 사용하라
  Go with proven and solid technologies when you can

이 원칙 아래 인스타그램이 선택한 애플리케이션 서버 기술은 파이썬 기반의 웹 프레임워크인 장고Django다. 장고는 인스타그램의 서버에서의 동작을 담당하였으며 사용자가 증가함에 따라 애플리케이션 서버의 숫자도 지속적으로 증가했지만 장고로 인해 어렵지 않게 확장할 수 있었다고 한다. 인스타그램은 사용자 정보, 사진 메타정보, 태그와 같은 정보들을 저장하기 위하여 잘 알려진 오픈 소스 데이터 저장소인 포스트그레스큐엘PostgresQL 데이터베이스를 사용하고 있으며 이 데이터베이스 접속을 위한 데이터베이스 드라이버도 파이썬으로 작성이 되었다. 또한, 사용자들이 웹 사이트에 접속한 상태를 저장하기 위한 웹 세션을 관리하기 위해서 사용한 레디스Redis와도 좋은 궁합을 보여 주고 있다.

잠시만요! ▶ 데이터베이스는 무엇인가요?

앞부분에 설명한 컴퓨터 동작 원리에서 데이터를 전기가 없어도 영구적으로 저장하기 위한 주머니가 '하드디스크'라고 언급한 적이 있다. '하드디스크'는 가정에서 사용하는 일반적인 PC에서 사용하는 저장소라 한다면 '데이터베이스'는 서버 환경에서 사용하는 커다란 주머니에 데이터를 어떻게 저장하고 불러올까를 구현한 소프트웨어라고 이해하면 되겠다.
가령, 동전들을 아무 구분 없이 큰 주머니 혹은 여러 주머니에 무분별하게 집어 넣는다면 꺼내 쓸 때 무척 번거로울 것이다. '데이터베이스'는 이러한 동전들을 체계적으로 저장하고, 쉽게 골라서 집어낼 수 있는 방법을 제공하는 도구다.

인스타그램에서 사진을 올릴 때 인스타그램 이외의 다른 SNS에도 함께 공유하는 경우가 있다. 이러한 경우에 위 작업을 각 SNS별로 메세지화하여 차례차례 저장하였다가 꺼내 쓸 수 있는 큐Queue에 저장하게 된다. 메세지 큐에 해당 작업을 넣어 놓으면 200여 개의 작업자Worker들이 실시간으로 큐의 작업을 꺼내서 처리한다. 이 작업자들 역시 파이썬으로 작성이 되었다.

마지막으로 한 가지 재미있는 기능 구현 사례를 살펴보자. 인스타그램 기능 중 파노라마 형태로 올린 사진을 마치 하나의 사진처럼 합쳐 주는 기능(Unshredder)이 있다. 파노라마 사진을 찍다 보면 찍는 부분마다 밝기가 다르거나, 사진 사이에 무언가 끊긴 것과 같은 괴리가 있는 것을 볼 수가 있다. 이 부분을 제거하고 하나의 이미지로 만드는 기능을 파이썬의 이미징 라이브러리인 PIL^{Python Imaging Library}을 활용하여 구현하였다. 물론 외부 개발자들을 위한 파이썬 기반 API도 제공하고 있다. 이와 같이 파이썬은 인스타그램의 주요한 기반 기술 및 기능에 있어 핵심적인 역할을 하고 있다.

3.3 헐리우드 영화 시각 특수 효과의 거장, ILM^{Industrial Light & Magic}

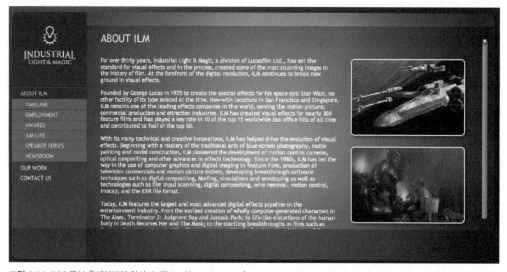

그림 1.14 ILM 공식 홈페이지의 회사 소개(http://www.ilm.com/)

여러분은 ILM이라는 회사를 들어보았는가? 이 회사는 스타워즈^{StarWars} 시리즈로 유명해진 조지 루카스^{George Lucas}가 1975년에 스타워즈의 특수 효과를 제공하기 위하여 만든 회사다. ILM은 스타워즈 뿐만 아니라 포레스트 검프^{Forest Gump}, 쥬라기 공원^{Jurassic Park}, 터미네이터2^{Terminator2} 등의 특수 효과도 담당했었다고 한다. 이를 통해 ILM은 아카데미 상에서 여러 번 시각 효과상을 받기도 하였다.

1996년 101마리 달마시안을 제작할 당시에는 한 작품당 15~30 화면 정도로 적은 규모의 작업을 유닉스 운영체제 프로그램 작성을 위한 언어인 '셸 스크립트Shell script'로 수행하였다. 하지만 영화의 특수 효과가 차지하는 영역이 점점 늘어나고 CG 기반의 영화들이 늘어나면서 ILM은 복잡하고 연산이 많이 들어가는 제품을 만들기 위한 방법에 대해 고민하기 시작했다. 그 당시 파이썬과 펄, TCL과 같은 프로그래밍 언어들이 있었지만 **배우기 쉽고 사용하기 쉽**다는 이유 때문에 파이썬으로 기존 셸 스크립트들을 교체하기 시작하였다. ILM에서는 개발 속도가 가장 중요하였고, 파이썬은 기존 개발 방식보다 **훨씬 더 빠르게 개발**을 할 수 있게 해 주었다고 한다.

더 나아가 ILM은 파이썬이 단지 셸 스크립트를 교체하려고 만들어진 게 아니었다는 것을 알고 다양한 곳에 활용하기 시작했다. 파이썬은 단순한 프로세스 제어보다 더 많은 것을 가능케 해 주었다. 가령, 유닉스 셸 스크립트로는 불가능한 큰 규모의 소프트웨어 시스템 안에 내장하여 실행할 수 있었다. C 혹은 C++로 작성된 함수도 쉽게 호출하여 사용이 가능했다. 그래서 파이썬은 ILM에서 C 혹은 C++로 개발한 ILM 자체 솔루션들을 하나로 통합하는 용도로 쓰이게 된다. ILM의 다양한 필름 포맷과 데이터 구조들을 파이썬의 확장 모듈로 감싸서 점점 많은 컴포넌트들을 연결하기에 이른다. 파이썬은 ILM의 비기술직 인력들에게도 간단한 플러그인이나 제어 스크립트 등을 작성할 수 있게 해 주었다. 결국 파이썬은 특수 효과를 위해 사용하는 **다양한 도구들을 하나로 통일**시키는 주요한 역할을 하게 된다.

오늘날, ILM은 매일 수만 모션 픽처 프레임을 모델링, 생성, 합성할 수 있는 배치 환경을 가지고 있다. 리눅스, OS X 및 윈도우 등의 다양한 운영체제가 탑재된 수천 대의 서버들이 매일 약 800명의 개발자들에 의해 사용되고 있다. 또한, 수백 개의 상용 및 자체 솔루션들이 어우러져서 영화를 만들거나 개선하는 작업을 수행해 오고 있다. 이 모든 것을 가능케 하고 여전히 잘 돌아가게 하는 마법사가 바로 파이썬이다. 영화사에서의 이런 특이한 사례들로 인해 근래의 드림웍스DreamWorks나 디즈니Disney에서도 널리 사용하게 되지 않았나 생각된다.

3.4 여행을 위한 모든 예약은 이지트립^{EZTRIP}에서, 구스토닷컴^{Gusto.com}

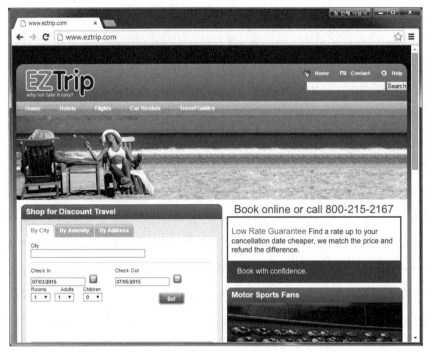

그림 1.15 구스토닷컴에서 운영하는 여행 예약 사이트(www.eztrip.com)

구스토닷컴은 여행을 위한 항공, 호텔, 렌터카를 온라인상에서 예약하고, 여행 가이드 등을 제공하는 웹 사이트인 이지트립을 개발 및 운영하고 있다. 1999년 처음 파이썬을 사용하려고 하였을 때 대부분의 개발자들은 모두 자바에 익숙한 사람들이었다고 한다. 그 당시에 파이썬의 '들여쓰기' 방식의 코드 블록 정의 방식은 무척 큰 걸림돌이었다. 그 이유로 최초로 파이썬을 도입하려는 시도는 무산된다. 하지만 파이썬에 대한 실제 프로젝트 경험이 하나둘 쌓이기 시작하면서 **'들여쓰기'로 정의된 코드 블록 정의 방식은 언어의 강력함 및 단순함의 핵심적인 부분이자 최고의 장점으로** 인식되기 시작하였고 많은 부분에서 파이썬을 활용하기 시작한다.

이러한 파이썬의 깔끔한 코딩을 위한 설계 방식 외에도 구스토닷컴에서 파이썬을 선택한 이유는 여러 가지가 있다. 몇 가지 살펴보자.

■ 운영체제를 가리지 않는다!

구스토닷컴의 업무 특성상 외부의 여행 상품 공급 업체와 시스템적인 교류가 많을 수 밖에 없다. 그렇기 때문에 구스토닷컴은 내부에서 개발한 코드를 외부 업체와 공유하는 경우가 많았다. 구스토닷컴 내부에서는 특정 운영체제에서 개발한 코드를 외부 업체의 IT 그룹에 이메일의 첨부 파일과 같은 방식으로 전달하면 해당 업체에서 다른 운영체제를 사용하고 있더라도 동일한 코드를 사용하여 업무를 수행할 수가 있었다. 만약 C/C++로 구현이 되었다면 C 소스를 받아서 사용하고자 하는 운영체제용 컴파일러로 컴파일하는 과정을 겪어야 했을 것이다(보통 귀찮은 일이 아니다). 이는 구스토닷컴의 많은 컴포넌트들에 대한 배포 및 관리를 간편하게 할 수 있었다.

■ 여러 데이터베이스의 통합

파이썬의 데이터베이스 관련 도구들은 단연 돋보인다. 데이터베이스 도구들과의 통합 작업을 위한 개발을 수행하는 데 있어서 빠르고 고통스럽지 않은 방법을 제공한다. 기존에 자바로 개발하면서 며칠 혹은 몇 주씩 걸리던 작업이 불과 몇 시간으로 단축되었다.

■ 기본으로 내장되어 있는 라이브러리로 대부분의 기능 처리

구스토닷컴 내부에서 자체 개발한 소수의 데이터베이스 라이브러리나 비즈니스 도메인을 위한 특정 라이브러리들을 제외하고는 구스토닷컴의 개발자들이 필요로 하는 거의 모든 것들이 파이썬 안에 내장되어 있다. 그럼에도 불구하고 파이썬은 덩치가 무분별하게 커지지 않도록 철저하게 관리되고 있다. 무분별한 확장은 언어의 단순함을 잃는 지름길이며 이미 여러 언어에서 비슷한 현상이 일어 나는 것을 어렵지 않게 볼 수 있는 것을 보면 이 또한 좋은 장점이라 할 수 있겠다.

■ 매력적인 파이썬 커뮤니티

파이썬 커뮤니티는 그야말로 환상적이다. 파이썬을 위한 온라인 기술 정보의 양은 무궁무진하다. 구글링이나 가장 유명한 개발자용 Q&A 웹 사이트인 스택 오버플로우Stack Overflow 등을 활용하면 개발자들이 묻는 질문의 답을 무척 쉽게 찾을 수 있다. 심지어 그 시간이 늦은 밤이라도 말이다. 만약 웹 검색을 통해서 찾지 못하는 질문이 있을 수도 있다. 이러한 경우에도 질문을 웹 사이트에 올려 놓으면 질문과 유관한 프로젝트를 진행하고 있는 여러 곳의 파이썬 개발자들이 신속하게 답변을 제공하고 있으며, 이는 구스토닷컴의 자체 개발자만으로도 개발 시간을 단축하고 적은 비용으로 높은 품질의 소프트웨어를 개발하는 데 큰 도움이 되었다.

지금까지 살펴본 파이썬 적용 사례는 극히 일부라고 볼 수 있다. 파이썬 공식 홈페이지에서는 파이썬의 성공적인 적용 사례와 직접 사용한 사용자가 작성한 글들을 비즈니스 도메인별, 소프트웨어 개발 관점별로 카테고리를 나눠서 잘 정리해 두었다. 전체 내용을 살펴보고 싶다면 아래 링크를 방문해 보길 바란다.

https://www.python.org/about/success/

그림 1.16 파이썬 성공 사례 모음 사이트

지금까지 다양한 사례를 통하여 파이썬의 특징들을 살펴보았다. 한마디로 줄여 보자면 **"단순하고 쉽지만 강력한 프로그래밍 언어"**라고 할 수 있다. 이러한 특성 때문에 어느 프로그래밍 언어보다 폭넓게 활용되고 있으며 컴퓨터 지식이 전무한 사람도 사용할 수 있다는 것이 가장 큰 매력이라고 볼 수 있다. 그럼 실제로 파이썬의 인기는 어떨까? 지금부터 살펴보자.

4. 왜 파이썬을 배워야 하나요?

실제로 얼마나 많은 개발자들이 파이썬을 사용하고 있을까? 프로그래밍 언어에 대한 인기를 살펴보기 위해서 다양한 방법이 있겠지만 가장 믿을 만한 지표는 "프로그래밍 언어 커뮤니티의 활동"이라고 할 수 있겠다. 여기서 말하는 '커뮤니티'라 함은 프로그래밍 언어를 만들고 유지보수하는 단체를 넘어서 해당 언어를 사용하는 데 있어 파생된 모든 단체들의 집합을 말한다. 많이 사용하는 언어일수록 해당 언어로 작성된 소스도 많을 것이고 커뮤니티 내외에서 주고 받는 질문도 많을 것이다.

이를 지표화하기 위해 2010년에 드류 콘웨이[Drew Conway]와 존 마이뮬레스 화이트[John Myles White]가 처음 시도한 방법을 레드몽크[RedMonk]의 스테판 오그레디[Stephen O'Grady]가 업데이트하여 프로그래밍 언어에 대한 랭킹을 발표하였다. 아래 이미지는 최근 발표한 랭킹인 2018년 6월 버전의 최상위 일부이다. 전체 이미지는 아래 링크를 통해 확인할 수 있다.

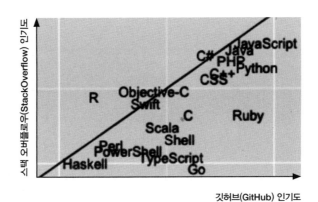

그림 1.17 Redmonk의 2018년 6월 프로그래밍 언어 인기도
(링크 : https://redmonk.com/sogrady/2018/08/10/language-rankings-6-18/)

오픈 소스를 한 번이라도 활용한 개발자라면 스택 오버플로우와 깃허브^{GitHub}를 알고 있으리라 생각한다. 스택 오버플로우는 전세계의 개발자들이 질문을 올리면 답을 주고, 이러한 이력들이 저장 및 공개되어 막히는 부분에 대한 답을 구하는 가장 유명한 웹 사이트다. 그리고 깃허브는 근래에 가장 많이 사용하고 있는 분산형 소스 관리 도구인 깃^{Git}의 협업을 위한 도구로, 오픈 소스 진영에서는 가장 많이 사용하는 있는 소스 협업 사이트다.

이 포스트에서는 프로그래밍 언어의 인기 척도를 스택 오버플로우의 수많은 질문 및 답변에 함께 기재된 프로그래밍 언어의 태그 빈도수와 깃허브에서 관리되고 있는 여러 프로그래밍 언어 프로젝트 개수의 상관관계를 분석하였다. 선형 계수는 약 0.74 정도로 표현되고 있다. 가령 깃허브에서 파이썬 관련 프로젝트가 100개 있다면 스택 오버플로우에 74개 정도의 질문이 올라왔다는 뜻이다. 필자는 여러 랭킹 관련 자료들을 살펴보았을 때 이 두 지표를 활용한 분석 결과가 가장 현실에 가까운 결과를 보여 주고 있다고 생각한다.

상위 20위 언어만 발췌해 보겠다. 숫자가 같은 경우는 동일한 순위를 의미한다.

1 JavaScript
2 Java
3 Python
4 PHP
5 C#
6 C++
7 CSS
8 Ruby
9 C
9 Objective-C
11 Swift
12 Scala
12 Shell
14 Go
14 R
16 TypeScript
17 PowerShell
18 Perl
19 Haskell
20 Lua

조금 생소한 언어들도 보이지만 대부분 잘 알려진 프로그래밍 언어들이 포진되어 있다. 프로그래밍 언어를 배우기 시작할 때 항상 거론되는 C, C++는 기본이고 웹 애플리케이션이나 스마트폰 앱을 개발하기 위한 언어들도 눈에 띈다. 상위 몇 개 언어만 살펴보자.

대망의 1위는 자바스크립트이다. 자바스크립트는 주로 웹 화면단에서 사용하던 기술이었지만 노드제이에스Node.js의 출현으로 서버단에서도 현재 활발히 사용하고 있으며 전세계에 스마트폰, 태블릿의 보급률이 급격하게 상승하고, 다양하며 방대한 웹 시스템이 사용자에게 쉽게 노출되면서 자바스크립트에 대한 수요가 급증한 것이 1위를 차지한 주 요인으로 보인다. 독자 여러분이 웹 브라우저상에서 사용하는 모든 웹 시스템에는 자바스크립트가 사용된다고 보면 된다.

자바(2위)는 엔터프라이즈 웹 시스템의 서버 영역을 대부분 차지하고 있고 가장 넓은 개발자층을 확보하고 있다. 앞서 언급한 자바스크립트와 비슷한 언어로 오해를 받기도 하지만 완전히 다른 언어다. 국내에서도 대형 엔터프라이즈급 SISystem Integration 프로젝트는 대부분 자바로 진행되고 있으며 자바 개발자들을 타 언어에 비해 쉽게 찾을 수 있다.

PHP(4위)는 웹 시스템 개발을 위한 프로그래밍 언어다. 국내보다는 해외에서 더 많이 사용하고 있으며 자바스크립트와 함께 많은 웹 시스템을 PHP로 개발하고 있다. 페이스북이 가장 큰 PHP 사용자라고 볼 수 있다. 지금까지 언급한 세 개 언어의 발전은 웹 시스템의 발전 및 확장과 무척 관계가 깊다. 대부분 웹 시스템 개발에서 사용되는 기술들이기 때문이다.

하지만, 3위인 파이썬은 예외다. 파이썬에도 장고나 플라스크Flask와 같이 웹 개발을 위한 프레임워크나 도구들이 존재하지만 웹 개발은 파이썬 세계에서는 극히 일부분이라고 볼 수 있다. 오히려 웹 개발에서는 성숙도가 타 언어에 비해 그리 높지 않다. 그럼에도 불구하고 파이썬이 높은 위치를 오랫동안 고수하고 있는 이유는 앞서 살펴본 파이썬만의 특징들 때문이라고 본다. 어떤 비즈니스 도메인이든지 간에 컴퓨터에 대한 기반 지식이 깊지 않더라도 쉽게 배워서 쓸 수 있는 언어이면서 동시에 강력한 커뮤니티 기반에 다양한 라이브러리와 모듈을 지닌 언어라는 것이 가장 큰 원인이라고 본다. 단순히 웹 애플리케이션 개발 뿐만이 아니라 운영체제에서 사용하는 쉘 스크립트 대용으로 사용하거나, 여러 언어들을 서로 연결하게 하는 풀(접착) 언어Glue language로써 통합 관점에서도 큰 역할을 하고 있다. 또한, 근래에 유행하는 IT 용어인 빅데이터Big Data, 사물 인터넷 세계에서 대부분의 기술 구현 및 타 시스템과의 연계가 파이썬 기반으로 되어 있다는 것도 한 몫 하고 있다. 연계뿐만이 아니라 데이터를 분석하는 데 있어서도 가장 다양한 지식을 가진 사람들이 사용하는 주 언어로 이미 자리매김을 하고 있다. 파이썬은 이제 새로운 기술을 외부에 노출시키기 위한 필수적인 존재가 되었다. 이러한 분위기로 보았을 때 국내에서도 파이썬은 개발자 채용에 있어 반드시 익혀야 할 기술 중 하나이거나, 알고 있으면 가산점을 받을 수 있는 주요한 프로그래밍 언어가 될 것이라고 조심스럽게 예상해 본다.

마지막으로 대학생들이나 프로그래밍을 배우고 싶은 개발자들 혹은 본인의 프로그래밍 실력을 뽐내고 싶은 개발자들이 접속하여 주어진 문제를 해결하고, 점수로 평가 받아 서로의 랭킹을 비교하는 사이트 중 하나인 코드이밸Codeevel이라는 사이트가 있다. 이 사이트는 IT 회사에 입사할 때 치르는 코딩 테스트의 플랫폼으로도 활용이 된다. 이 사이트에서 2015년 2월에 블로그에 게시된 "2015년도에 가장 인기 있는 코딩 언어Most Popular Coding Languages of 2015"에서 발췌한 그래프를 아래에 기재하였다. 해당 지표는 코드이밸에서 2천개 이상 회사에서 수행한 60만 건 이상의 코딩 테스트와 도전 문제에서 수집하였다고 한다. 이는 개발자들의 회사 채용 시 필요한 기술에 대한 수요를 도식화하여 취업이나 새로운 언어를 배우고자 하는 개발자에게 도움을 주고자 작성이 되었다. 굳이, 설명이 필요 없어 보인다. 각 언어에 대한 비율을 원 크기로 도식화한 다음 그래프를 끝으로 이번 절은 마무리하겠다(참고로 코드이밸은 현재 하이어뷰HireVue라는 회사에 인수되었으며, 아래 정보를 더 이상 공개하고 있지 않는 것으로 보인다).

tip **파이썬 커뮤니티 무림 고수의 이야기**

2018년에 PACT사에서 출간한 "Python Interview"은 파이썬 커뮤니티에서 잘 알려진 20명의 개발자들의 인터뷰 내용을 엮은 책이다. 이 책을 필자가 번역을 하면서, 한국 파이썬 개발자의 이야기를 더했고, 현재 서점에서 만나볼 수 있다. 21명의 파이썬 선배 개발자들이 어떻게 개발을 시작하게 되었고, 파이썬에 빠져들게 되었는지 알고 싶다면 꼭 한번 읽어 보기 바란다. 여러분의 커리어를 어떻게 쌓아야 할지 알려 줄 좋은 책이 되리라 본다. 한국어 번역판 제목은 "파이썬 핵심 개발자들과의 인터뷰(터닝포인트, 2018)"이다.

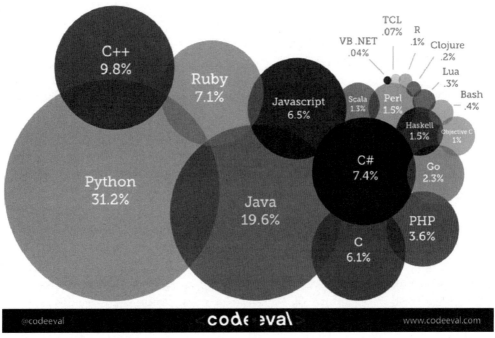

그림 1.18 코드이밸의 2015년도 가장 인기있는 프로그래밍 언어
(출처 : http://static1.squarespace.com/static/51361f2fe4b0f24e710af7ae/54b5c35ee4b0b6572f6dac96/54b5c367e
4b0226a8ffadefe/1421198184280/codeeval2015.001.jpg?format=750w)

5. Wrap-up

이번 장에서는 컴퓨터의 기본 동작 원리와 함께 프로그래밍 언어의 역할을 살펴보고, 프로그래밍
언어 중 하나인 파이썬의 개요 및 특징을 살펴보았다. 그리고 실제로 파이썬이 사용되고 있는 다
양한 사례들을 살펴보고 왜 우리가 파이썬을 배워야 하는 지 그리고 얼마나 인기가 있는지도 살
펴보았다. 이제 이 흥미로운 프로그래밍 언어를 직접 사용해 보자!

다음 장에서는 파이썬으로 직접 개발을 하기 위한 환경을 마련해 보겠다. 잠시 덮어 놓은 노트북
을 다시 열어 보자!

파이썬은 읽기 쉽고 유연한 멀티 패러다임 프로그래밍 언어이다.

먼저 파이썬으로 작성된 코드는 읽기 쉽다. 의미 전달을 방해하는 잡음을 최대한 제거한 파이썬의 군더더기 없는 문법은 명확하고 명시적인 코드를 작성할 수 있도록 해 준다. 따라서 파이썬으로 작성된 코드는 영어로 작성된 문장을 읽는 것처럼 부드럽게 읽힌다.

파이썬은 멀티 패러다임 언어이다. 여기에서 패러다임은 우리가 프로그램을 작성할 때 사용하는 접근 방식이나 사고 방식의 한 종류라고 생각해도 된다. 프로그래밍을 작성할 때 우리는 데이터와 처리 절차를 명확하게 분리해서 프로그램을 작성할 수 있다. 또는 데이터와 처리 절차를 객체라는 틀 안에 집어 넣은 후 객체들의 협력을 통해 프로그램을 작성할 수도 있다. 이것도 마음에 안 들면 상태 변경이 없는 순수한 함수들의 조합만으로도 강력한 프로그램을 작성할 수도 있다. 우리는 이들을 순서대로 절차형, 객체 지향, 함수형 패러다임이라고 부른다.

반가운 소식은 파이썬이 이 세 가지 패러다임 모두를 지원한다는 것이다. 따라서 여러분은 파이썬이라는 언어의 품 안에서 다양한 프로그래밍 패러다임을 경험하고 비교할 수 있는 사치를 누릴 수 있다. 여러분이 프로그래밍의 다양한 세계를 누빌 준비가 되어 있다면 파이썬은 여러분의 첫 번째 언어로 최적의 선택이 될 것이다.

파이썬은 유연하다. 사실 파이썬이 멀티 패러다임을 지원할 수 있는 이유는 파이썬이라는 언어가 가진 특유의 유연성에 기인한 바가 크다. 어떤 프로그래머는 60줄의 코드를 작성하는 것만으로 클래스 기반의 객체 지향 언어인 파이썬을 자바스크립트와 유사한 형식의 프로토타입 기반의 객체 지향 언어로 변모시키기도 했다. 이것은 파이썬이라는 언어가 가진 유연성을 극명하게 보여 주는 한 사례이다. 파이썬의 강력함은 이런 유연성을 적은 수의 일관적이고 직관적인 규칙을 통해 달성하고 있다는 것이다.

정리하자면 파이썬은 읽기 쉽고, 유연하며, 멀티 패러다임을 지원한다. 파이썬의 이런 눈부신 장점들은 개인적으로 프로그래밍을 시작하려는 사람들에게 첫 언어로 파이썬을 추천하는 이유이기도 하다.

(본 글은 "객체 지향의 사실과 오해" 저자 조영호님과 주고 받은 글에서 일부를 발췌하였습니다.)

{ CHAPTER 02 }

파이썬 설치 및 개발 환경

1. 파이썬 버전 선택하기

2. 파이썬 설치하기

3. 기본 실행 환경. 파이썬 커맨드라인^{Command Line}

4. 파이썬 기본 통합 개발 환경.

   IDLE^{Integrated DeveLopment Environment}

5. Wrap-up

이제 파이썬을 직접 사용해 볼 시간이다. 파이썬을 설치하기 전에 먼저 파이썬의 버전을 선택해야 한다. 그리고 나서 다양한 운영체제를 가지고 있을 독자 여러분을 위해 윈도우, 맥OS, 리눅스 순서로 설치하는 방법을 캡처 화면과 함께 살펴보겠다. 이후에는 이 책의 예제를 실행하기 위한 개발 환경에 대해서 소개한다.

본 장에서는 설명에 대한 이해를 돕기 위해 간단한 소스 코드를 실행하게 된다. 하지만 소스 코드 자체를 이해할 필요는 없다. 단순히 입력하고 실행 결과를 확인하는 수준으로 따라 오면 된다.

1. 파이썬 버전 선택하기

파이썬을 처음 접한다면 누구든지 파이썬 2와 파이썬 3이 공존하고 있다는 것이 무척 혼란스럽게 다가 올 수 있을 듯하다. 파이썬 다운로드 홈페이지에서도 두 버전 모두 최종 릴리즈 버전을 중앙 버튼을 통해 쉽게 다운로드 받을 수 있게 되어 있는 것을 확인할 수 있다. 또한, 파이썬 라이브러리들을 다운로드 받을 때 파이썬 2나 파이썬 3 버전에 따라서 서로 다른 라이브러리를 제공하는 경우를 심심치 않게 볼 수 있다.

그럼 어떤 버전을 쓰는 것이 좋을까? 무조건 새로운 버전으로 가는 것이 좋을까? 아니면 오랜 기간 동안 안정적으로 운영되어 왔고 대부분의 라이브러리들을 사용할 수 있는 예전 버전을 쓰는 것이 옳을까?

어떤 버전을 쓰는 것이 좋은지는 독자 여러분이 파이썬으로 어떤 소프트웨어를 개발할지에 따라 달라질 수 있다. 파이썬 커뮤니티에서는 기존에 파이썬 2로 작성된 라이브러리들을 파이썬 3을 기반으로 변경하는 작업을 진행하고 있다. 파이썬에서 사용하는 주요 핵심 라이브러리들은 대부분 파이썬 3으로 우선적으로 변경이 되었기 때문에 만약 여러분이 사용하고자 하는 라이브러리들이 모두 파이썬 3을 지원한다고 하면 고민할 필요가 없이 바로 파이썬 3을 선택하면 된다!

만약 여러분이 처음 파이썬을 배우는 개발자라면 파이썬 3을 선택하는 것이 옳다고 본다. 파이썬

3은 파이썬 2의 단점들을 많이 제거하였고, 2020년에는 파이썬 2의 업그레이드가 중단되기 때문이다. 이는 파이썬 창시자인 귀도가 몇 차례 파이썬 컨퍼런스 키노트에서 직간접적으로 언급해오고 있다. 굳이, 파이썬 2로 시작해서 앞으로 없어지고 버려질 기능들을 익힐 필요는 없다. 파이썬 2와 파이썬 3의 차이점에 대해 궁금한 독자 여러분들은 이 책의 부록에 상세 사항을 기재하였으니 참고하기 바란다.

본 책은 파이썬을 통한 프로그래밍 입문을 목적으로 쓰여 졌고, 집필 시점의 안정적인 마지막 버전인 파이썬 3.7을 선택하였다. 모든 예제가 파이썬 3을 기준으로 작성되었다. 그럼 이제 파이썬 3을 설치해 보자!

tip **파이썬 라이브러리 중 파이썬 3 지원 유무 확인 방법**

파이썬 3이 지원 가능한 라이브러리들을 확인하기 좋은 링크를 하나 소개한다.
http://py3readiness.org/

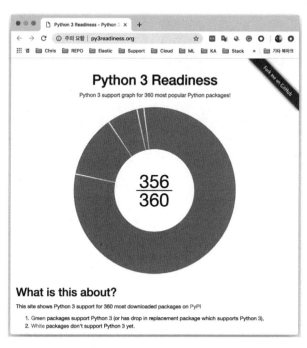

그림 2.1 파이썬 3 지원 가능 유무 확인 사이트(http://py3readiness.org/)

이 곳에서 파이썬 공식 라이브러리 등록 저장소인 PyPI의 가장 유명하고 인기가 좋은 360개의 라이브러리 중 356개까지의 라이브러리들이 파이썬 3을 지원하고 있는 것을 확인할 수 있다. 상세한 리스트는 실시간으로 변경되고 있으니 해당 링크를 직접 방문해 보기 바란다.

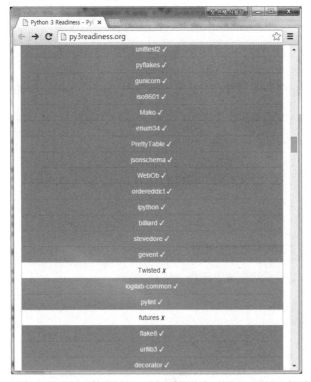

그림 2.2 파이썬 3 지원 유무 리스트 초록색은(책에서는 회색으로 보이므로 참고할 것) 가능, 흰색은 불가능

만약 여러분들이 파이썬 3 버전을 사용하고 싶은 데 라이브러리 의존성이 문제가 될 듯 하다면 먼저 조사하는 것이 좋다. 파이썬 공식 홈페이지에서도 관련 내용을 언급하고는 있지만 모든 라이브러리의 업데이트 상황이 실시간으로 업데이트되지는 않는다. 위 링크도 참고하고, 사용하고자 하는 라이브러리의 공식 홈페이지를 확인하는 것이 가장 좋다. 필자의 생각에는 대부분의 잘 알려진 일반적인 라이브러리들은 대개 파이썬 2.6 이상, 파이썬 3.3이상을 지원한다고 본다.

2. 파이썬 설치하기

독자 여러분 대부분은 윈도우, 맥OS, 리눅스 운영체제를 사용하고 있을 것이라 판단된다. 이 세 개의 운영체제에서 각각 파이썬을 설치하는 방법이 조금씩 다르다.

2.1 윈도우

현재 가장 많이 사용하고 있는 윈도우 버전은 마이크로소프트사의 윈도우 10이다. 이번 절에서는 윈도우 10 기준으로 파이썬을 설치하는 방법을 알아보자.

필자가 설치를 진행한 노트북의 운영체제는 Windows 10 Home 버전이며 64비트 운영체제이다.

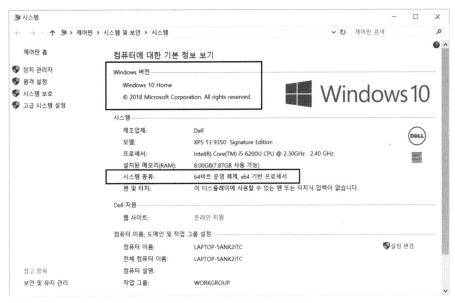

그림 2.3 윈도우 운영체제 버전 확인하기 ([제어판]-[시스템 및 보안]-[시스템])

32비트, 64비트 운영체제에 대해서 제대로 이해하기 위해서는 가장 먼저 비트[bit]에 대해 명확하게 알아야 한다. 비트란 사실 알고 보면 그렇게 어려운 개념이 아니다. 필자가 앞서 프로그래밍의 역할을 설명한 기초 지식에 언급하였듯이 컴퓨터는 이진 코드 즉 0과 1만 이해한다고 하였다. 비트는 이 이진 코드를 표현하는 최소 단위로 'Binary Digit'의 약자다. 1개의 비트는 0과 1, 두 개의 숫자만을 표현하기 때문에 비트의 자릿수에 따라 표현할 수 있는 경우의 수는 2의 자릿수만큼의 승이다. 가령, 두 개의 비트는 2의 2승인 4가지 경우의 수를, 세 개의 비트는 2의 3승인 8개의 경우의 수를 가지게 된다.

32비트와 64비트도 위와 같이 표현할 수 있다. 32비트는 2의 32승만큼 데이터 양을 전달할 수 있다는 뜻이고, 64비트에서는 2의 64승만큼 데이터의 양을 전달할 수 있다는 얘기다. 실제로 이 값을 계산해 보자.

$$32비트 = 2^{32} = \quad\quad\quad 4,294,967,296$$
$$64비트 = 2^{64} = \quad 18,446,744,073,709,551,616$$

운영체제는 위 계산 값만큼의 메모리를 인식하여 사용할 수 있다. 32비트 운영체제를 설치한 컴퓨터에 4GB 이상의 메모리를 설치해도 사용하지 못하는 이유가 바로 여기에 있다. 또한, 메모리 용량 중 그래픽카드 등에서 사용하기 위한 메모리 용량이 0.5 ~ 1GB까지 기본적으로 할당되어 있기 때문에 4GB의 메모리 중에서도 3 ~ 3.5GB 메모리 정도로 한정된다. 혹시 독자 여러분 중에서도 4GB 이상의 메모리를 설치하였는데 3.2GB 정도만 인식이 되어 의아해 한 적이 있지 않는가? 이제 그 이유를 명확히 알았으리라 본다.

필자 생각에는 64비트 운영체제가 어느 정도 보편화되었고, 32비트 운영체제에 비해 메모리 활용 능력이 훨씬 좋기 때문에 가능하면 64비트 운영체제를 사용하면서 관련 애플리케이션이나 프로그래밍 언어들도 64비트용으로 설치하기를 권장한다.

파이썬 설치 파일을 다운로드 받자. 선호하는 웹 브라우저를 이용하여 'https://www.python.org/downloads/'에 접속하자. 본 홈페이지는 접속한 장비의 운영체제가 윈도우인 것을 알고, 바로 윈도우용 최종 버전을 다운로드 받을 수 있는 버튼을 보여 주고 있다. 하지만, 이 버튼은 32비트 윈도우 운영체제를 위한 것이다. 다음 그림 중 박스로 표기한 'Windows' 링크를 클릭하자. 물론, 아래 주소로 바로 접속해도 상관 없다.

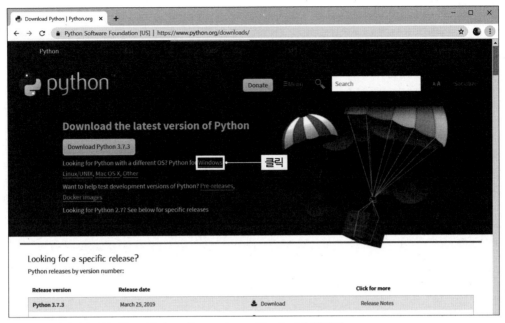

그림 2.4 파이썬 설치 파일 다운로드 링크(https://www.python.org/downloads/) 확인하기

https://www.python.org/downloads/windows/

현 시점에 가장 최신의 안정적인 버전으로 릴리즈가 된 3.7.2의 64비트 설치 파일 중 바로 실행이 가능한 "Windows x86-64 executable installer"를 선택하겠다. 그림 2.5에서 박스로 표시된 부분이다. 각 릴리즈 버전 정보를 보면 '3.8.0b1'처럼 메인 버전 끝쪽에 'b1'이 붙어 있는 경우가 있다. 여기서 b는 베타 버전을 의미하여 안정적인 릴리즈 버전을 만들기 위한 단계에 있는 개념이니 사용자 관점에서 봤을 때는 선택하지 않는 것이 좋다. 아직 안정화 작업이 더 필요하다는 의미이기 때문이다. 이 책의 예제들을 정상적으로 실행하기 위해서는 3.7.X 버전을 선택하자. 버전을 읽는 상세한 방법은 이 장 끝부분의 [쉬어 가는 페이지]에서 자세히 설명하였으니 참고하기 바란다.

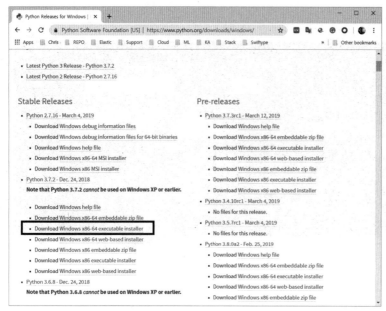

그림 2.5 윈도우용 파이썬 설치 파일 확인하기

다운로드받은 파일을 윈도우 탐색기에서 확인해 보자. 웹 브라우저마다 조금씩 차이가 있지만 크롬 기준으로는 하단에 있는 다운로드 창의 파일 우측의 세모를 클릭한 뒤 'Show in folder'를 클릭해 보자.

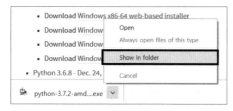

그림 2.6 다운로드 받은 설치 파일 폴더 위치로 이동하기

[내 PC] – [다운로드] 위치에 새로 다운로드된 파일을 확인할 수 있다.

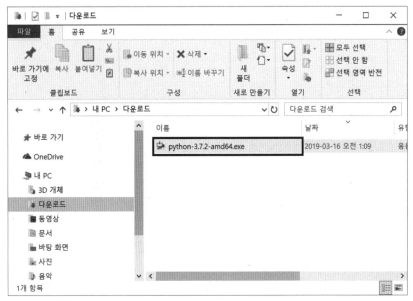

그림 2.7 다운로드 받은 설치 파일 확인하기

설치 파일을 [더블 클릭]하여 실행하면 다음과 같은 화면이 등장한다. 일단 제일 아래에 위치한 [Add Python 3.7 to PATH] 체크 박스에 체크를 하자. 이 설정은 파이썬 실행 파일을 운영체제 환경 변수에 추가하여 어느 곳에서나 실행할 수 있게 해 주는 옵션이다. 물론 나중에 수동으로 설정할 수 있지만, 익숙하지 않은 독자는 실수를 할 수 있으니 이 옵션은 선택하고 넘어가도록 하겠다. 기본 설정 그대로 설치하려면 [Install Now]를 클릭하면 되지만 필자는 설치 위치를 조정하기 위해 [Customize installation]을 클릭하겠다.

그림 2.8 설치 시작 화면

여러 설치 항목을 추가하거나 제거할 수 있는 화면이 등장한다. 지금 단계에서 모든 기능이 무엇인지 이해할 필요는 없다. 기본 설정 그대로 [Next] 버튼을 클릭한다.

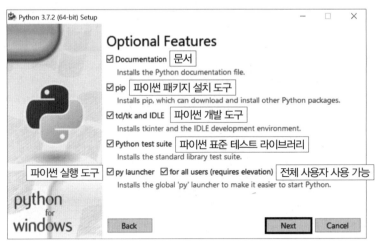

그림 2.9 옵션 기능 구성 화면

고급 옵션을 선택하는 화면이 등장한다. 기본 설정 그대로 하단의 설치 위치를 변경해 보자. 필자는 개발과 관련된 설치 경로는 가급적 운영체제가 설치된 드라이브에 설치하지 않고 다른 드라이브에 따로 설치하는 것을 선호한다. 추후에 개발 환경을 수정하거나 문제가 생겼을 때 트러블슈팅이 편하기 때문이다. 필자는 "D:₩Python37"에 설치하겠다. 원하는 경로를 설정했으면 [Install] 버튼을 클릭하여 설치를 시작한다.

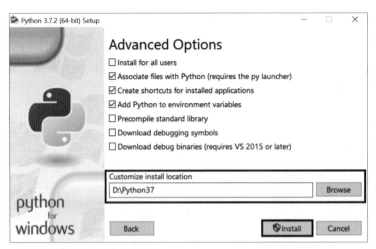

그림 2.10 설치 경로 변경 및 설치 시작

아래와 같이 설치 상태를 확인할 수 있는 프로그레스 바가 등장한다. 설치 시간은 장비의 사양에 따라 다르지만, 그리 오래 걸리지 않는다.

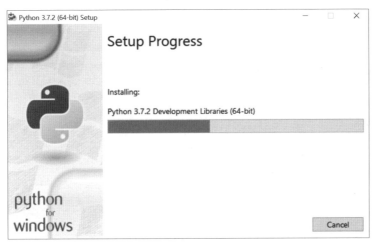

그림 2.11 파이썬 설치 진행 상황 확인

정상 설치가 완료되면 "Setup was successful" 메시지와 함께 아래 창이 나타난다. [Close] 버튼을 클릭하여 설치 과정을 마무리하자.

그림 2.12 파이썬 설치 완료

설치가 잘 되어 있는지 확인해 보자. 설치 과정에 변경했던 설치 경로인 'D:\Python37\' 위치로 이동해 보자. 'Python.exe'와 같이 파이썬을 실행하기 위한 실행 파일과 여러 폴더들을 확인할 수 있다.

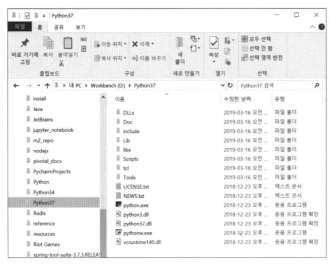

그림 2.13 파이썬 설치 폴더 확인하기

실제로 잘 실행되는지 살펴보도록 하자. 설치 과정 중에 파이썬 설치 파일의 위치를 환경 변수에 집어 넣었기 때문에 명령어 프롬프트를 열어서 확인해 보면 된다. [윈도우] – [실행] 창을 띄워서 cmd를 입력하고 〈Enter〉 키를 누른다. [실행] 창은 〈윈도우〉+〈R〉 키를 눌러 열 수도 있다.

그림 2.14 [실행] 창에서 명령어 프롬프트 열기

명령어 프롬프트에서 'python'을 입력하고 〈Enter〉 키를 누른다. 여러분이 다운로드받은 설치 파일의 상세한 버전 정보를 확인할 수 있다. 그리고 '〉〉〉'와 함께 현재의 커서 위치를 확인할 수 있다. 이것이 바로 파이썬을 실행할 수 있는 실행 환경인 '파이썬 셸'이다.

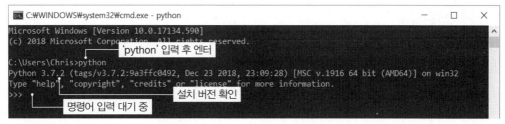

그림 2.15 명령어 프롬프트 창에서 파이썬 실행하기

소스 코드를 한번 실행시켜 보자. 대부분의 프로그래밍 언어는 기본 출력 함수를 제공하고 있는데 파이썬의 함수 이름은 'print'이다. 함수에 대한 설명은 3장에서 할 예정이니 지금은 설치 결과확인을 위한 용도로 단순 입력하도록 하자. 아래 문구를 입력하고 〈Enter〉 키를 눌러 보자.

print("Hello, world!")

그림 2.16 명령어 프롬프트 창에서 파이썬 소스 코드 실행하기

축하한다!! 여러분의 첫 파이썬 소스 코드가 실행되었다. 여러분이 입력한 바로 밑의 줄에 'Hello, world!'가 출력되고 다시 '>>>'와 함께 커서가 아래로 이동한 것을 확인할 수 있다. 파이썬의 모든소스 코드는 기본적으로 이 환경에서 실행이 된다.

파이썬 설치 과정은 그리 복잡하지 않다. 파이썬을 설치할 수 있는 방법은 여러 가지가 있지만 일단 가장 기본적인 설치 방법에 대한 이해가 필요하니 여기까지만 다루겠다. 다른 방법에 대해서는 파이썬 프로그램의 튜토리얼을 어느 정도 익힌 뒤 실제 프로그램을 작성하는 단계에서 다시언급하도록 하겠다.

2.2 맥 운영체제

이번에는 애플의 맥 운영체제에서 파이썬을 설치해 보겠다. 필자의 맥 운영체제 버전은 OS X 10.14.3이다.

그림 2.17 맥 운영체제 버전 확인하기

맥 운영체제에는 OS X 10.8 버전부터 기본적으로 파이썬 2.7 버전이 설치되어 있다. [Finder] – [응용프로그램] – [유틸리티] – [터미널]을 열어 보자.

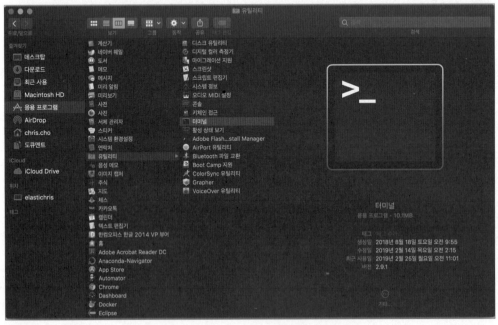

그림 2.18 터미널 열기

터미널에서 'python'을 입력하고 ⟨Enter⟩ 키를 누른다. 현재 파이썬 2.7.15 버전이 설치되어 있는 것을 확인할 수 있다.

그림 2.19 파이썬 버전 확인하기

주의하세요! ▶ **파이썬 2 실행 환경은 종료하세요.**

위 작업은 단순히 맥 운영체제에 기본으로 설치되어 있는 파이썬 버전을 확인하기 위해 수행하였다. 다음 단계로 넘어가기 전에 파이썬을 종료하고 터미널도 닫도록 하자. 파이썬 실행 환경을 종료하려면 'quit( )'을 입력한 뒤 ⟨Enter⟩ 키를 누르거나 ⟨Ctrl⟩+⟨D⟩ 키를 누르면 된다. 터미널을 닫을 때는 'exit'를 입력하고 ⟨Enter⟩ 키를 누른 뒤 좌측 상단의 창 종료 버튼을 클릭하면 된다.

그림 2.20 파이썬 실행 환경 종료하기와 터미널 종료하기

이 책에서는 파이썬 3.7대 버전을 기준으로 작성이 되고 있으므로 해당 버전을 설치해야 한다. 선호하는 웹 브라우저를 이용하여 'https://www.python.org/downloads/'에 접속하자. 화면 중앙의 좌측 노란색의 [Download Python 3.7.2] 버튼을 클릭한다.

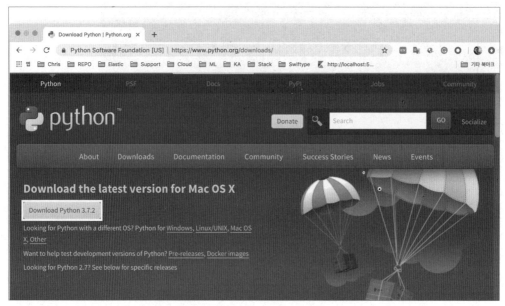

그림 2.21 파이썬 설치 파일 다운로드 링크(https://www.python.org/downloads/) 확인하기

[Finder] - [Downloads]에서 다운로드 받은 파일을 확인한다.

그림 2.22 다운로드 파일 확인하기

실행 파일을 더블 클릭하여 파이썬 설치 프로그램을 실행한다. 해당 설치 프로그램의 간단한 소개가 담겨 있다. [계속] 버튼을 클릭한다.

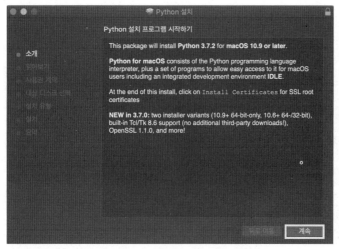

그림 2.23 파이썬 설치 화면 1단계 – 파이썬 설치 프로그램 시작하기

파이썬 설치를 하기 위해 필요한 중요한 정보들이 담긴 화면이 보인다. 운영체제 비트와 관련된 내용과 일부 패키지는 업데이트가 필요하다는 내용이다. 자세히 읽어 보고 싶은 사람을 위해 출력을 하거나, 따로 저장을 할 수 있는 버튼들이 하단에 보인다. 다음 단계로 넘어가기 위해서 [계속] 버튼을 클릭한다.

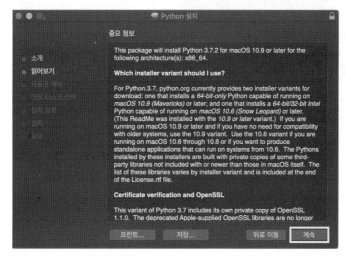

그림 2.24 파이썬 설치 화면 2단계 – 파이썬 설치 프로그램 주요 정보 소개 화면

파이썬 공식 홈페이지에도 기재되어 있는 라이선스 내용이 보이고 있다. 파이썬의 역사도 일부 보인다. 다음 단계로 넘어가기 위해 [계속] 버튼을 클릭한다.

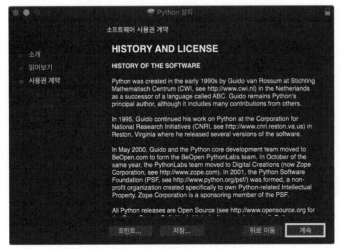

그림 2.25 파이썬 설치 화면 3단계 - 파이썬 라이선스 확인하기

다음 단계로 넘어가기 위해서는 라이선스 동의서 내용에 대한 동의 과정이 필요하다. 팝업 창의 [동의] 버튼을 클릭한다.

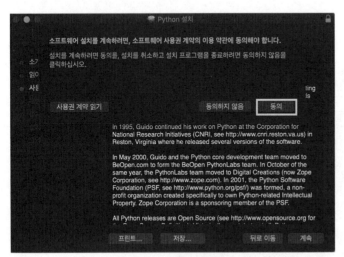

그림 2.26 파이썬 설치 화면 4단계 - 파이썬 라이선스 동의하기

파이썬을 설치할 디스크 위치를 설정하는 화면이다. 원하는 디스크를 선택한 뒤, [계속] 버튼을 클릭한다.

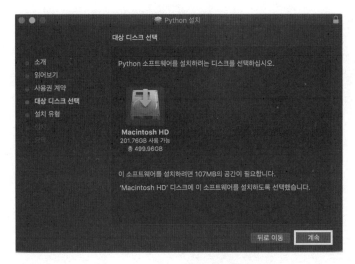

그림 2.27 파이썬 설치 화면 5단계 – 파이썬 설치 위치 설정하기

이제, 설치를 시작해 보자. 우측 하단의 [설치] 버튼을 클릭한다.

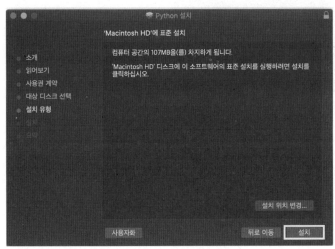

그림 2.28 파이썬 설치 화면 6단계 – 파이썬 설치 시작하기

실제 설치를 하기 전에 사용자 확인을 한다. 운영체제에 로그인한 계정의 지문 인증을 하거나 아이디와 패스워드를 넣고 [소프트웨어 설치] 버튼을 클릭한다.

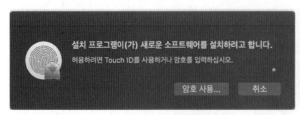 

그림 2.29 파이썬 설치 화면 7단계 – 사용자 인증하기

설치가 시작된다. 프로그레스 바를 통하여 설치 진행 상황을 확인할 수 있다.

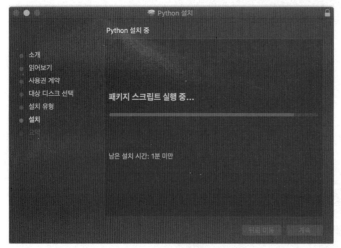

그림 2.30 파이썬 설치 화면 8단계 – 설치 진행 상황 확인하기

성공적으로 설치가 마무리 되었다. 우측 하단의 [닫기] 버튼을 클릭하여 설치 과정을 종료한다.

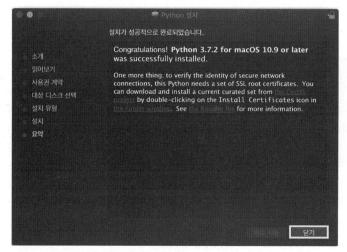

그림 2.31 파이썬 설치 화면 9단계 – 설치 종료하기

잘 설치가 되었는지 확인해 보자. 터미널을 다시 열어서 'python3'을 입력하고 〈Enter〉 키를 누르자. 이때 주의할 사항은 'python' 끝에 '3'을 표기하는 것이다. 해당 장비에서 파이썬 2와 파이썬 3을 구분하기 위해 구동 명령어가 다르다. 앞으로 해당 장비에서 파이썬 3을 구동하기 위해서는 반드시 'python3' 명령어를 사용하기 바란다.

```
chris.cho:~$ python3
Python 3.7.2 (v3.7.2:9a3ffc0492, Dec 24 2018, 02:44:43)
[Clang 6.0 (clang-600.0.57)] on darwin
Type "help", "copyright", "credits" or "license" for more information.
>>>
```

그림 2.32 터미널에서 파이썬 3 실행하기

이번에도 "Hello, world!"를 출력해 보자! 아래 명령어를 입력하고 〈Enter〉 키를 누른다.

print("Hello, world!")

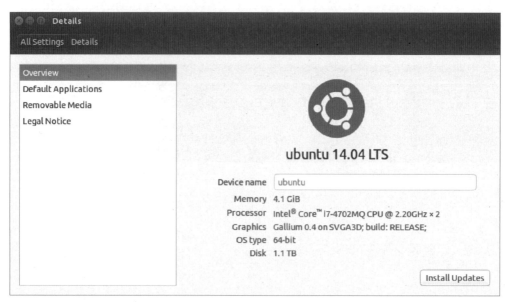

그림 2.33 터미널에서 파이썬 소스 코드 실행하기

2.3 파이썬 설치하기 - 리눅스

이번엔 리눅스를 살펴보도록 하자. 필자가 사용한 버전은 여러 리눅스 중 우분투 리눅스를 선택
하였으며 버전은 Ubuntu 14.04 LTS이다.

그림 2.34 리눅스 운영체제 버전 확인하기

다행스럽게도 파이썬은 대부분의 리눅스에 기본 프로그램으로 내장되어 있으며 우분투도 예외는 아니다. 특히, 파이썬 3 버전도 내장되어 있다. [터미널]을 열어서 확인해 보자.

그림 2.35 터미널 열기

터미널에 'python3'을 입력하고 〈Enter〉 키를 눌러 보자. 파이썬 3.4.0 버전이 설치되어 있는 것을 확인할 수 있다.

```
graphlab@ubuntu: ~
(graphlab virtualenv)graphlab@ubuntu:~$ python3
Python 3.4.0 (default, Apr 11 2014, 13:05:11)
[GCC 4.8.2] on linux
Type "help", "copyright", "credits" or "license" for more information.
>>>
```

그림 2.36 파이썬 버전 확인하기

잠시만요! ▶ **파이썬 버전이 3.4.0인데, 그냥 진행해도 되나요?**

··

리눅스 버전에 따라 이 책에 설치된 3.7.2 버전이 아직 지원되지 않을 가능성이 높다. 이 책의 모든 실습 코드가 3.4.X 버전에도 문제없이 돌아가니 크게 개의치 않아도 된다. 버전을 꼭 맞추고 싶다면, 사용하고 있는 리눅스 운영체제에 맞는 파이썬 업그레이드 가이드를 찾아 보기 바란다. 참고로 우분투 18.10에서 파이썬 3.7로 업그레이드하는 링크를 하나 공유하겠다.

https://jcutrer.com/linux/upgrade-python37-ubuntu1810

'Hello, world!'를 한 번 찍어 볼까? 아래 명령어를 입력하고 〈Enter〉 키를 누른다.

print("Hello, world!")

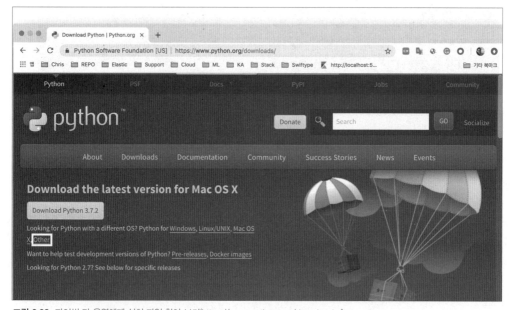

그림 2.37 파이썬 정상 설치 유무 확인하기

잘 출력이 된다!

지금까지 현재 가장 많이 사용하고 있는 세 개의 운영체제에서 파이썬을 어떻게 설치하는지 살펴 보았다. 만약 그밖의 다른 운영체제에서 파이썬 설치를 원한다면 그림 2.41의 웹 사이트 링크를 방문하여 중간쯤에 위치한 'Other'를 클릭하여 찾아 보기 바란다.

그림 2.38 파이썬 타 운영체제 설치 파일 찾아 보기(https://www.python.org/downloads/)

이제 설치를 하였으니 프로그래밍 코드를 제대로 작성해 보자! 그전에 먼저 파이썬 설치 시 기본으로 내장되어 있는 도구 두 개를 살펴보자.

3. 기본 실행 환경, 파이썬 커맨드라인Command Line

지난 절에서 파이썬을 설치한 다음 명령어 프롬프트에서 'python'을 입력해서 실행한 후 몇 가지 명령어를 입력해 보았다. 그 환경이 바로 커맨드라인을 기반으로 한 파이썬의 기본 실행 환경이며 '파이썬 쉘'이라고도 불린다.

파이썬은 명령어 프롬프트를 띄워서 파이썬의 실행 환경을 구동할 수 있지만 [윈도우] – [앱] – [Python 3.7] – [Python 3.7(64-bit)]를 클릭해서 실행할 수도 있다.

그림 2.39 윈도우 메뉴에서 파이썬 커맨드라인 실행하기

해당 메뉴를 실행하면 다음과 같이 윈도우 프롬프트와 흡사한 화면이 나타난다. 상단 창의 이름을 보니 파이썬 아이콘과 함께 파이썬 실행 파일이 호출된 것을 볼 수 있다.

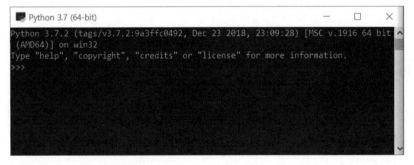

그림 2.40 파이썬 커맨드라인 초기 실행 화면

현재 커서가 '〉〉〉' 옆에 와 있는 것을 볼 수 있다. '〉〉〉'에 파이썬의 명령어를 한 줄씩 실행할 수 있다. 몇 가지 명령어 실행 예제를 해 보자. 다음 명령어를 차례대로 입력하고 각 줄마다 〈Enter〉 키를 눌러 보자.

print('Hello, Chris!!')

4 + 5

17.0 / 3

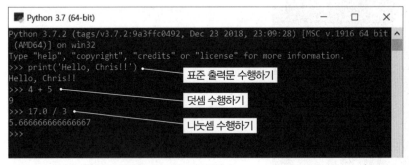

그림 2.41 파이썬 커맨드라인에서 몇 가지 명령어를 실행하기

파이썬의 명령어의 실행 결과를 단편적으로 보기에 적합해 보인다. 하지만, 프로그래밍이 이렇게 단순하지는 않다!

아직 파이썬의 기초 문법을 배우기 전이지만 개발 환경에 대한 이해를 돕기 위해 단순 반복문을 실행해 보겠다. 반복문은 정해진 조건에 따라 동일한 명령어가 반복되는 구문을 뜻한다. 자세한 설명은 6장에서 다시 다루도록 하겠다. 이번 절에서는 단순히 입력하면서 내용을 이해해 보자.

이번 예제는 숫자 0부터 9까지 반복문을 돌면서 해당 숫자와 숫자의 제곱수를 출력 해 보는 것이다. 지금 단계에서 문법을 이해할 필요는 없으니 순서대로 단순히 입력해 보자. 다음 구문을 입력하고 〈Enter〉 키를 누른다. 끝 부분의 콜론(:)을 빼먹지 않게 조심하기 바란다.

for x in range(10):

그림 2.42 반복문 선언부분 입력하기

'for x in range(10)'의 의미는 0부터 9까지의 숫자들(range(10))을 차례대로 하나씩 꺼내라(for x in)는 의미다.

'>>>' 대신 '···' 로 점이 세 개 보이면서 커서가 이동한 것을 확인할 수 있다. '···'는 반복문이 시작되었다는 의미다. 커서의 위치를 보니 제일 첫 칸에 위치하고 있다. 파이썬에서는 '들여쓰기'가 굉장히 중요하다. 여기서 '들여쓰기'는 위 반복문 안에 속한 명령어들이라는 의미다. 자세한 건 3장에서 다시 다루도록 하겠다. '들여쓰기'를 위하여 〈스페이스 바〉 키를 4번 누르고 다음 구문을 입력한 뒤 〈Enter〉 키를 누른다. 이 구문은 하나씩 꺼낸 숫자와 그 숫자의 2승을 출력하라는 의미의 구문이다.

··· ___print(x, x**2)

...스페이스 바 4개

```
>>> for x in range(10):
...     print(x, x**2)
...
```

그림 2.43 반복문 수행 부분 입력하기

'···'이 다시 보인다. 아직 이 반복문이 종료된 것을 모르기 때문이다. 우리의 반복문은 여기서 종료가 될 예정이니 아무 것도 입력하지 않고 〈Enter〉 키를 눌러 보자.

```
>>> for x in range(10):
...     print(x, x**2)
...
0 0
1 1
2 4
3 9
4 16
5 25
6 36
7 49
8 64
9 81
>>>
```

그림 2.44 반복문 입력 종료 및 실행하기

여러분이 작성한 첫 번째 반복문이 실행되었다!! 하지만 이런 방식의 프로그래밍은 불편한 점이 한두 개가 아니다. 가령, 위 반복문을 10번이 아닌 5번으로 반복 횟수를 줄이고 싶다면 처음부터 다시 해당 코드를 작성해야 한다. 또한, '띄어쓰기'같은 경우도 무척 불편하다. 가뜩이나 매번 스페이스 4개를 넣는 것도 쉽지 않지만 한 문장에 스페이스바를 잘못해서 한 개를 누락하기라도 하면 해당 소스 코드는 실행 시 에러를 뱉어낼 것이며 전체 코드를 처음부터 다시 작성해야 한다.

앞으로 이러한 환경에서 계속 개발을 해야만 한다면 아마 많은 프로그래밍 입문자들이 발길을 돌리지 않을까 싶다.

파이썬 커뮤니티에서도 이렇게 개발하는 것을 원하지 않았을 것이다. 이러한 불편한 사항들을 해소하고자 제공되는 파이썬 기본 개발 도구가 바로 IDLE이다.

4. 파이썬 기본 통합 개발 환경, IDLE Integrated DeveLopment Environment

실행부터 해 보자. 파이썬 IDLE는 [윈도우] –
[앱] – [Python 3.7] – [IDLE (Python 3.7 64-
bit)]를 클릭하여 실행할 수 있다. 앞으로 IDLE가
이 책의 기본 개발 환경이 될 것이니 잘 기억해 두
기 바란다.

그림 2.45 IDLE 실행하기

앞 절에서 살펴본 커맨드라인과 사뭇 다른 창이 뜬다. 가장 큰 차이점은 화면이 검은색이 아니라
하얀색이라는 점, 그리고 앞서 보지 못했던 메뉴들이 눈에 보인다. 그리고 우측 하단에 라인 번호
와 컬럼 번호가 표기된 숫자가 보인다. 이는 커서의 명확한 위치를 보여 주고 있다. 나머지는 앞
절에서 보여 주는 내용과 똑같다.

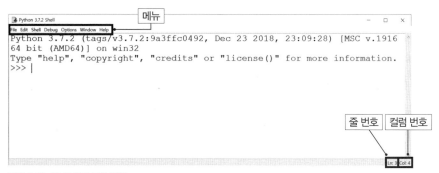

그림 2.46 IDLE 초기 실행 화면

IDLE에서는 기본적으로 앞 절의 파이썬 커맨드라인 기반의 실행 환경과 동일한 기능을 제공한다. 표준 출력문을 하나 출력해 보자. 'print'까지 입력하고 좌측 중괄호(( ) 까지만 입력해 보자.

print(

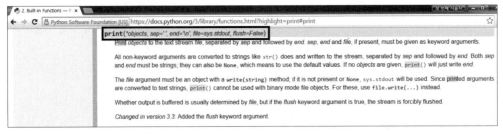

그림 2.47 표준 출력문 입력하기

다음과 같은 생소한 문구가 갑자기 에디터 창 위로 튀어나온다.

```
print(value, ..., sep=' ', end='\n', file=sys.stdout, flush=False)
```

그림 2.48 출력문 도움말 팝업 텍스트 내용

'print' 함수를 수행하기 위한 문법이 상세히 표기되고 있다. 인자 값으로 넣을 수 있는 것들은 무엇인지, 기본 인자 값들이 무엇인지 보여 준다. 상세한 문법 설명은 이 장에서는 생략하도록 하겠다. 현재 보고 있는 이 문법은 파이썬 공식 문서에 기재되어 있는 문법을 호출하여 개발할 때 참고할 수 있도록 돕고 있다. 아래 링크는 'print' 함수에 대한 상세한 설명을 확인할 수 있으며 첫 번째 줄의 문법 구문 부분이 출력된 것을 확인할 수 있다.

https://docs.python.org/3/library/functions.html?highlight=print#print

그림 2.49 'print' 함수 상세 설명 링크

무언가 기분 좋은 출발이다. 일단, 원하는 출력문을 끝까지 입력하고 우측 중괄호( ))까지 입력한 뒤 〈Enter〉 키를 누르지 말고 잠시 기다려 보자.

그림 2.50 출력문 입력 후 대기하기

좌측 중괄호에서부터 우측 중괄호까지 회색 음영이 표기되는 것을 확인할 수 있다! 이는 시작한 중괄호가 잘 닫혔다는 의미다. 실제로 프로그래밍을 하다 보면 중괄호를 열었다가 닫지 않아서 에러가 발생하는 경우를 심심치 않게 볼 수 있다. 이제, 〈Enter〉 키를 눌러 보자.

```
Python 3.7.2 (tags/v3.7.2:9a3ffc0492, Dec 23 2018, 23:09:28) [MSC v.1916 64 bit
(AMD64)] on win32
Type "help", "copyright", "credits" or "license()" for more information.
>>> print ('Hello, Chris')
Hello, Chris
>>> |
```

그림 2.51 출력문 실행하기

잘 출력이 된다!! 그리고 앞 절의 파이썬 커맨드라인 실행 환경에 비해 달라진 것이 눈에 보인다. 그것은 바로 '글자 색'이다. 'print' 함수는 보라색, 중괄호는 검은색, 중괄호 안의 문자열은 초록색으로 보인다. 그리고 실제 출력된 문장은 파란색으로 보이고 있다. 이것만으로도 소스 코드를 읽기가 훨씬 편해진 것을 알 수 있다.

참고로 이 책에서는 흑백 인쇄 시 코드를 더 잘 보이게 하기 위해 모든 색을 검은색으로 통일하여 그림상으로는 색의 차이가 없다.

이번에는 수정한 명령어에 대한 실행 취소 기능(Undo)과 다시 실행 기능(Redo)을 한번 살펴보자. 일단, 위와 같은 출력문을 똑같이 입력하고 〈Enter〉 키를 누르지 말고 기다려 보자.

print('Hello, Chris!')

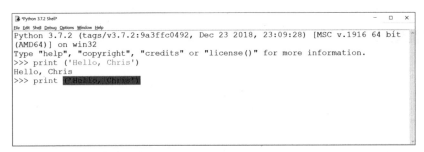

그림 2.52 출력문 입력 후 대기하기

이번에는 출력문의 내용을 바꿔 볼까? 〈Backspace〉키로 'Chris'를 지우고 'Anna'로 변경해 보겠다. 아직 〈Enter〉 키는 누르지 말고 기다리자.

print('Hello, Anna!')

```
Python 3.7.2 (tags/v3.7.2:9a3ffc0492, Dec 23 2018, 23:09:28) [MSC v.1916 64 bit
(AMD64)] on win32
Type "help", "copyright", "credits" or "license()" for more information.
>>> print ('Hello, Chris')
Hello, Chris
>>> print ('Hello, Anna')|
```

그림 2.53 출력문 변경하기

이 상황에서 〈Ctrl〉+〈Z〉 키를 여러 번 눌러 보면 'Anna'를 입력한 것을 실행 취소(Undo)하고 기존의 'Chris'를 입력했던 구문으로 돌아가는 것을 볼 수 있다.

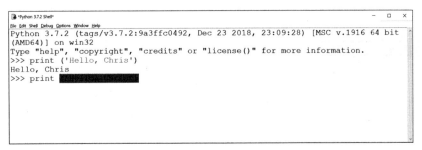

그림 2.54 출력문 변경 후 취소(Undo)하기

이번에는 〈Ctrl〉+〈Shift〉+〈Z〉 키를 6번 눌러 보자. 다시 'Anna'로 돌아가는, 즉 다시 실행 (Redo)되는 것을 확인할 수 있다. 앞 절에서 살펴보았던 커맨드라인에서는 이런 기능을 전혀 사용할 수가 없었던 것이다.

```
Python 3.7.2 (tags/v3.7.2:9a3ffc0492, Dec 23 2018, 23:09:28) [MSC v.1916 64 bit
(AMD64)] on win32
Type "help", "copyright", "credits" or "license()" for more information.
>>> print ('Hello, Chris')
Hello, Chris
>>> print ('Hello, Anna')|
```

그림 2.55 출력문 다시 실행(Redo)하기

이런 기능들은 상단 메뉴를 통해서 쉽게 확인 및 실행할 수 있다. 상단 메뉴 중 [Edit]을 클릭해 보자. 앞서 설명한 Undo, Redo 기능이 최상단에 위치하고 있으며 노트패드와 같은 일반적인 텍스트 에디터에서 실행하는 다양한 명령어들을 확인할 수 있다.

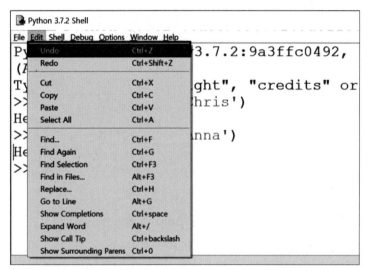

그림 2.56 IDLE [Edit] 메뉴 확인하기

그리고 혹시 눈치챈 독자도 있을지 모르겠다. 명령어를 입력하는 중에는 창 제목인 'Python 3.7.2 Shell' 양쪽으로 별표 기호(*)가 표기되는 것을 확인할 수 있다. 현재 명령어를 수정 중인지, 실행 이 끝난 명령문인지를 쉽게 구분할 수 있게끔 해 준다.

```
Python 3.7.2 (tags/v3.7.2:9a3ffc0492, Dec 23 2018, 23:09:28) [MSC v.1916 64 bit
(AMD64)] on win32
Type "help", "copyright", "credits" or "license()" for more information.
>>> print ('Hello, Chris')
Hello, Chris
>>> print ('Hello, Anna')|
```

그림 2.57 명령어 수정 중일 때 실행 창 제목의 별표 표시 확인하기

잠시만요! ▶ 창 제목의 'Python 3.7.2 Shell'의 'Shell'은 무엇을 의미하나요?

쉘(Shell)은 영문으로 껍데기를 의미하며, 특정 실행 환경을 사용할 때 내부는 마치 조개 껍데기처럼 감싼 채로 사용자에게 단순한 인터페이스만을 제공한다는 개념에서 유래되었다. 윈도우에서 커맨드 창을 통해 파이썬을 실행하였듯이 커맨드 창 역시 일종의 쉘이라고 볼 수 있다. 파이썬 쉘은 파이썬의 실행 환경을 쉽게 접속할 수 있게 해 주는 중재자 역할을 하며 파이 썬 명령문의 작성과 실행을 쉽게 해 주고 있다. 앞으로도 '파이썬 쉘'이라는 용어를 자주 사용할 예정이니 꼭 기억해 두기 바 란다.

IDLE의 매력은 여기서 끝나지 않는다. 현재까지 살펴본 IDLE 기능에서는 앞서 실행한 명령어를 수정하는 기능은 확인할 수 없었다. 또한, 소스 코드를 수집하는 창과 실행하는 창이 동일한 점도 불편한 점 중 하나다.

창을 하나 새로 띄워 보겠다. IDLE 실행 화면에서 〈Ctrl〉+〈N〉 키를 누르거나 메뉴 중 [File] – [New File]를 클릭해 보자.

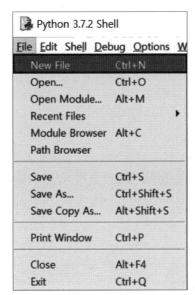

그림 2.58 IDLE 새 창 띄우기

메모장과 비슷한 깨끗한 화면의 창이 뜨는 것을 확인할 수 있다.

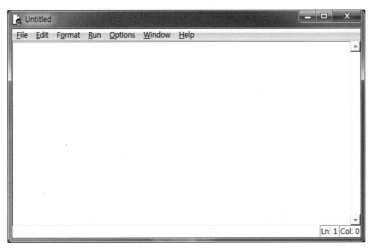

그림 2.59 IDLE 새 창 초기 화면

해당 창은 파이썬 코드만을 입력할 수 있는 공간이다. 앞 절에서 입력했던 반복문을 입력해 보자. 아래 구문을 입력하고 〈Enter〉 키를 누른다.

for x in range(10):

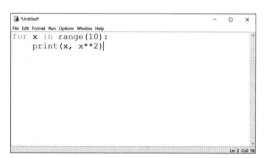

그림 2.60 반복문 선언 부분 입력하기

오! 무언가 달라졌다! '들여쓰기'가 자동으로 되는 것을 확인할 수 있다. 방향키를 써 보면 〈스페이스 바〉 4개가 자동으로 입력된 것을 알 수 있다. 명령어가 색으로 구분되는 것도 보기 좋다. 다음 print 구문도 입력해 보자.

*print(x, x**2)*

그림 2.61 반복문 실행 구문 입력하기

이제 실행해 보도록 하자. 메뉴에서 [Run] – [Run Module]를 클릭하거나 〈F5〉 키를 누른다.

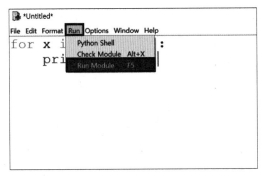
그림 2.62 코드 실행하기

팝업 창과 함께 실행하기 전에 저장을 하겠냐는 확인 창이 뜬다. 해당 창의 모든 소스 코드는 별도의 파일로 저장이 가능하다. 여러분들의 첫 번째 파이썬 파일을 만들어 보자. '확인' 버튼을 클릭한다.

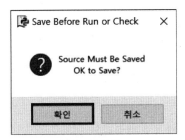
그림 2.63 저장 유무 확인 창

파일의 저장 위치를 묻는다. 일단 테스트이니 바탕화면에 'myfirstpython.py'라는 이름으로 파일을 만들어 보겠다. 주의할 점은 확장자가 항상 '.py'이어야 한다는 점이다. 기본 설정 그대로 놓고, 파일 이름을 입력한 뒤 '저장' 버튼을 클릭한다.

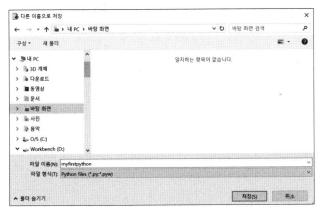
그림 2.64 파이썬 파일로 저장하기

새로운 창을 띄웠던 IDLE 실행창이 활성화되면서 반복문의 실행 결과를 출력하고 있다. '=========RESTART=========' 지점은 파이썬 번역기가 다시 시작된 위치이다.

```
Python 3.7.2 Shell                                                    —  □  ×
File Edit Shell Debug Options Window Help
Python 3.7.2 (tags/v3.7.2:9a3ffc0492, Dec 23 2018, 23:09:28) [MSC v.1916 64 bit
(AMD64)] on win32
Type "help", "copyright", "credits" or "license()" for more information.
>>> print ('Hello, Chris')
Hello, Chris
>>> print ('Hello, Anna')
Hello, Anna
>>>
=============== RESTART: C:\Users\Chris\Desktop\myfirstpython.py ===============
0 0
1 1
2 4
3 9
4 16
5 25
6 36
7 49
8 64
9 81
>>> |
                                                                   Ln: 19 Col: 4
```

그림 2.65 IDLE 새 창의 파이썬 코드의 실행 화면 확인하기

지금까지 작업한 내용을 다시 살펴보자. IDLE를 실행한 뒤 〈Ctrl〉+〈N〉 키를 눌러서 새 창을 띄워 간단한 소스 코드를 작성한 다음 〈F5〉 키를 눌러서 해당 소스 코드를 실행해 보았다. 실행 결과는 소스 코드를 작성한 창에서 확인하는 것이 아니라 처음에 실행하였던 IDLE 쉘(번역기) 환경에서 확인할 수 있었다. 결국 현재 소스를 수정하는 창과 소스 실행 결과를 확인할 수 있는 IDLE 쉘 창 두 개가 함께 실행되고 있는 상황이다.

소스 수정 창과 소스 실행 결과 확인 창을 번갈아 가면서 보는 것도 방법이긴 하지만 그렇게 하면 무척 번거로운 일이 아닐 수 없다. 그렇기 때문에 보통 두 개 화면을 동시에 볼 수 있는 물리적인 환경을 준비하는 것이 일반적이다. 여기서 말하는 물리적인 환경은 큰 사이즈의 모니터를 통해서 두 개의 창을 함께 볼 수 있게 하거나 두 개의 모니터를 준비하여 한 모니터에서는 소스 수정을, 다른 모니터에서는 소스 실행 결과를 확인하는 것을 말한다. 이러한 과정이 큰 영향을 미치지 않을 것이라고 생각할 수도 있겠지만, 현장에서는 개발 생산성에 지대한 영향을 미치는 요소로 여겨진다. 혹자는 모니터의 숫자는 생산성과 비례한다는 말을 할 정도이다(모니터가 많을수록 일을 더 빨리 할 수 있다는 뜻이다).

현재 우리의 소스 코드와 실행 결과는 그리 복잡하지 않기 때문에 하나의 화면에서도 충분히 함께 볼 수 있다고 생각한다. 아주 간단한 윈도우의 단축키로 두 개 화면을 보기 좋게 한 화면에 배치해 보도록 하자.

소스 수정 창을 활성화(선택)한 다음에 〈윈도우〉+〈←〉 키를 눌러 보자. 해당 화면이 자동으로 모니터 화면 좌측으로 옮겨 가는 것을 볼 수 있다. 그 다음에는 소스 실행 결과를 확인하였던 IDLE 쉘 창을 활성화(선택)한 다음 〈윈도우〉+〈→〉 키를 눌러 화면의 우측으로 옮겨 보자.

그림 2.66 IDLE 소스 수정 창(좌측)과 소스 실행 창(우측)을 함께 보기

이제 개발 환경이 어느 정도 모양새를 갖추기 시작한다. 소스 수정 창에서 반복 구문을 10회에서 5회로 수정한 뒤 실행 해 볼까? 'range(10)'을 'range(5)'로 변경한 뒤 〈Ctrl〉+〈S〉 키를 눌러 소스를 저장하고 〈F5〉 키를 눌러 보자. 앞 절에서와는 다르게 숫자 10을 5로 변경한 것을 기억하자.

그림 2.67 좌측 소스 수정 창에서 소스 수정 후, 우측 소스 실행 창에서 실행 결과 확인하기

다시 '============RESTART==========='가 출력되면서, 파이썬 번역기가 재실행되고 조금 전 수정한 반복문 5회가 실행된다.

어떤가? 파이썬 설치 시에 기본으로 설치되는 IDLE만으로도 앞 절에서 보았던 여러 가지 불편한 사항들이 쉽게 해결이 되었다. 만약 여러분이 듀얼 모니터를 사용하고 있다면 주 화면에는 소스 수정 창을 띄우고, 보조 화면에 소스 실행 화면을 띄울 수도 있다!

이처럼 파이썬을 실행하는 방법은 크게 두 가지로 나눌 수 있다. 이번 절의 서두에 살펴보았듯이 한 줄씩 실행이 가능한 대화형Interactive 방식이 있고 '.py'의 확장자를 가지는 새 파일을 만들어서 소스 코드를 작성하여 파이썬 파일을 실행하는 방식이 있다.

본 책의 모든 예제들은 이 IDLE 환경에서 진행해도 전혀 손색이 없다. 물론 파이썬을 개발하는 방식은 무척 다양하다. 개발자들도 각자가 선호하는 개발 환경이 모두 다르며, 어느 환경이 가장 좋다고 말하기는 어렵다. 하지만 필자는 처음 파이썬을 시작하고 기초를 다지는 데에는 IDLE 만한 것이 없다고 생각한다. 이 책의 모든 예제는 IDLE상에서 작성되어서 테스트하였다. 앞으로의 책에 기재한 모든 소스 코드 예제는 IDLE상에서 실행하기를 바란다. 이 환경에 익숙해질 때

되면 새로운 개발 환경에 대해서 언급하도록 하겠다.

tip IDLE 매뉴얼

본 절에서 IDLE의 다양한 기능들을 모두 확인해 보려면 처음 접하는 독자들은 머리가 더 아파질 수있으므로 더 상세한 기능들을 확인하고 싶은 독자들은 아래 링크를 통해 확인해 보기 바란다.

https://docs.python.org/3/library/idle.html

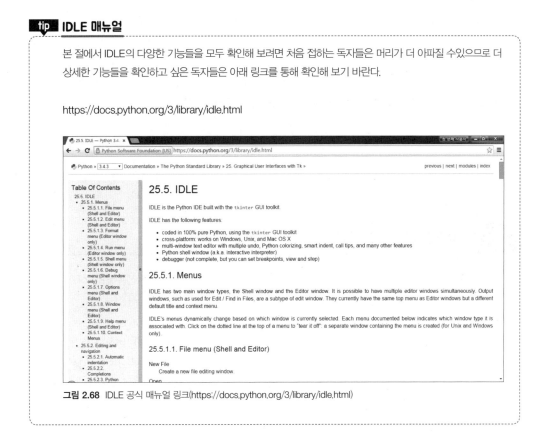

그림 2.68 IDLE 공식 매뉴얼 링크(https://docs.python.org/3/library/idle.html)

5. Wrap-up

이번 장에서는 파이썬 설치 버전을 선택한 뒤 다양한 운영체제(윈도우, 맥 OS, 리눅스)에서의 파이썬 설치 과정을 살펴보았다. 맥OS나 리눅스에는 파이썬 2가 기본적으로 설치되어 있고 특히, 리눅스에서는 파이썬 3까지 설치되어 있는 것을 확인할 수 있었다(이것 또한 파이썬의 인기를 실감 할 수 있는 부분이다). 그리고 기본적으로 포함되어 있는 개발 환경들을 살펴보았고 이 책의 기본 개발 환경은 파이썬 IDLE가 될 것이라고도 언급하였다.

이번 장까지 'Level I Beginner' 편이 마무리 되었다. 여기까지 실습과 함께 충실히 따라온 독자들이라면 파이썬을 개발하기 위한 환경이 구축되었다고 생각하며, 몇 가지 단순한 파이썬 소스 코드를 작성해 보면서 파이썬 코드 작성 및 실행에 대한 맛보기를 자연스럽게 했을 거라 생각된다.

이제 개발 환경이 구축되었으니 실제 파이썬을 배울 차례이다. 잠시 커피 한 잔하고 휴식 시간을 가진 다음에 자리로 돌아와도 좋다. 이제 본격적으로 시작해 보자!

쉬어 가는 페이지 파이썬 버전 명명 규칙

여러분이 지금까지 설치 한 파이썬 버전은 3.7.2 버전이다. 파이썬의 버전은 이런 식으로 A.B.C 형태 혹은 A.B 형태를 띠고 있다.

A는 메이저^{major} 버전 번호다. 이 메이저 버전은 프로그래밍 언어에 중대한 변화가 생겼을 때에만 증가하게 된다. 파이썬 1.0은 1994년, 2.0은 2000년, 3.0은 2008년에 릴리즈된 것을 보더라도, 수 년 간의 변화가 축적된 변화를 뜻하는 것이다. 특히 파이썬 3은 지난 시간 동안 여러 개발자들에 의해 개발된 중복 기능들을 제거하는 작업이 주를 이루고 있으며 파이썬 2점대 버전과의 호환성을 포기하였다. 이런 이유로 파이썬의 많은 라이브러리들이 2점대에서 3점대로의 변경 작업이 진행 중이며 두 버전이 현 시점에 공존하고 있는 상황이다. B는 마이너^{minor} 버전을 뜻하며, 세상을 떠들썩하게 할 정도가 아닌 변화가 있는 경우에 증가된다. C는 마이크로^{micro} 레벨을 뜻한다. 버그가 수정되어 릴리즈되는 경우에 해당한다.

모든 릴리즈가 버그 수정 시에만 이루어지지는 않는다. 새로운 메이저급 릴리즈가 있는 경우에는 알파^{alpha}, 베타^{beta} 혹은 릴리즈 후보$^{Release\ Candidate}$ 버전이 존재한다. 알파 버전은 개발자가 파이썬 라이브러리들을 사용할 수 있게 해 주는 인터페이스들이 아직 최종 작업이 진행되기 전 버전이다. 가령, 인터페이스 개발이 마무리되었다고 생각해도 실제로 개발자들이 사용하다 보면 버그가 발견 될 가능성이 높다. 다소 불안정한 버전이라 할 수 있다. 베타 버전은 조금 더 안정적인 버전이다. 이미 존재하는 인터페이스에 대한 변경 작업이 마무리되었으나 신규 모듈이 추가될 가능성이 있는 경우를 말한다. 릴리즈 후보 버전은 심각한 버그가 발견되는 경우를 제외하고는 변경을 하지 않겠다는 의미이다. 릴리즈하기 바로 직전 버전이라고 볼 수 있으나 버그가 존재할 가능성이 어느 정도 있다고 보면 되겠다. 이러한 버전들의 의미는 파이썬 뿐만이 아니라 오픈 소스 진영에서 쉽게 확인할 수 있다.

파이썬에서는 알파, 베타, 릴리즈 후보 버전을 표기하기 위한 접미사Suffix가 있다. 알파 버전은 'aN', 베타 버전은 'bN', 릴리즈 후보인 경우에는 'cN'이 버전 뒤쪽에 붙는다. 여기서 'N'은 숫자를 의미한다. 예를 들자면, 앞으로 릴리즈할 2.0 버전에는 2.0aN → 2.0bN → 2.0cN → 2.0 순으로 버전이 순차적으로 흘러가게 된다.

간혹 버전 뒤쪽에 '+'가 표기된 것을 볼 수 있다. 가령 '2.2+'와 같은 것이다. 이는 릴리즈가 된 버전은 아니지만 소스 버전 관리를 하고 있는 서버에서 바로 다운로드 받아 빌드가 되었다는 의미이다. 일반적으로 마이너 버전의 릴리즈가 최종적으로 마무리가 되면, 그 다음 버전의 알파 버전에 대한 소스 버전이 소스 버전 관리 서버에 새로 생기게 된다. 만약 2.3 버전이 릴리즈되었으면 2.4a0 형태로 다음 마이너 버전 릴리즈를 위하여 생성된다고 보면 되겠다.

3 · 7 · 2
메이저 마이너 버그수정

그림 2.69 파이썬 버전 명명 규칙

LEVEL 2.
NOVICE

{ CHAPTER 03 }

프로그래밍의 기본

그럼 이번 장부터 파이썬으로 프로그래밍을 시작하기 위한 기본 개념 설명을 진행하겠다. 이번 장은 프로그래밍 입문자들의 눈높이에 맞추어 쓰려고 노력했다. 여기에서 나오는 개념을 완전히 이해하고 넘어가도록 하자.

필자가 1장 1절에서 언급했던 컴퓨터의 기본 동작 원리를 모두 기억하고 있는가? 컴퓨터는 머리 역할을 하는 CPU와 손 역할을 하는 메모리, 주머니 역할을 하는 하드디스크 그리고 컴퓨터에게 명령을 내리기 위하여 프로그래밍 언어를 활용한다고 언급했다. 이때 제시하였던 예시가 바로 동전을 세는 거였다. 여기서 동전은 데이터를 의미하며, 동전을 세는 행위를 기술한 것이 바로 프로그램이다. 이 프로그램은 주머니에 있는 동전을 손으로 집은 다음에 동전의 개수를 세는 행위를 기술하고 있다. 컴퓨터 입장에서 본다면 프로그램에 작성되어 있는 소스 코드에 의해서 하드디스크에 있는 데이터를 메모리에 얹어서 계산을 하는 것이다. 이 예시를 통하여 프로그래밍의 기본 작성 방법을 간단하게 짚고 넘어가도록 하겠다.

1. 함수^{Function}

동전을 세기 위한 프로그램을 작성한다고 하면 프로그램에는 어떤 내용들이 담겨 있어야 할까? 주머니에 있는 동전을 집어 들고 눈으로 동전의 개수를 세는 일련의 행동이 기술되어야 한다. 이러한 행동을 기술하는 곳을 파이썬 프로그래밍 세계에서는 함수^{Function}라고 한다. 지금부터 함수의 다음 세 가지 기본 개념을 짚고 넘어가도록 하겠다.

함수명 ^{Function name}, **인자 값**^{Argument value} 그리고 **반환 값**^{Return value}

동전을 세는 프로그램을 예를 들어 세 가지 기본 개념을 이해해 보도록 하자. **함수명**은 함수의 이름이다. 함수명을 만들 때는 해당 함수가 무슨 행동을 하는지에 대한 의미가 내포되어 있어야 좋은 함수명이다. 필자는 'count_coin'이라고 지어 보겠다.

먼저 동전을 세려면 세기 위한 동전들이 있어야 하는데 이렇게 함수가 동작을 하기 위해서 집어 넣어야 하는 값을 바로 인자 값이라고 한다. 동전을 세는 함수에는 동전들이 바로 **인자 값**이 되겠다.

함수가 잘 동작하고 나면 동전의 개수를 알려 줘야 하는데, 이렇게 함수가 수행한 다음에 되돌려주는 값을 바로 **반환 값**이라고 한다. 이 세 가지 개념을 간단한 도식으로 표현하자면 아래와 같다.

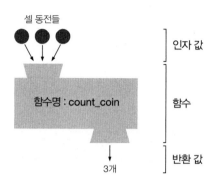

그림 3.1 함수의 기본 개념 이해

위 도식의 함수를 정리해 보면 다음과 같다.

- 함수명 : count_coin
- 인자 값 : 셀 동전들
- 반환 값 : 동전의 개수

이번에는 파이썬에 기본으로 내장되어 있는 함수를 예를 들어 보겠다.

앞 장에서 파이썬 정상 설치 유무를 확인하기 위해 언급한 함수가 하나 있었는데 바로 파이썬의 표준 출력문을 출력하는 print( ) 함수이다. 아래 명령문을 함께 보도록 하자.

```
1  >>> print('Hello, World!')
```

'Hello, World'를 출력하는 프로그램은 프로그래밍 입문서나 기초 매뉴얼에 전통적으로 등장하는 소재이다. 대부분의 프로그래밍 언어를 배울 때 항상 첫 출발은 'Hello, World'를 출력해 보는 코드를 작성해 보는 것이다. 이 책도 마찬가지로 파이썬에서 'Hello, World'를 출력하기 위해 'print'라는 파이썬 표준 출력 함수를 사용하였다.

'print'는 **함수명**으로 단순하면서도 이 함수가 무슨 일을 하는지 누구나 쉽게 알 수 있다. 좋은 작명이라고 생각한다. print 옆의 중괄호는 이 함수가 수행하기 위해 필요한 **인자 값**을 입력하는 곳이다. 'print'가 출력을 위한 함수라면 어떤 문자열을 출력할 지 알려 주어야 하는데 필자가 'Hello, World!'라는 문자열을 괄호 안에 써넣었기 때문에 이 함수는 자기가 출력해야 할 내용을 인식하게 된다. 다시 한번 IDLE를 통해 실행해 보자.

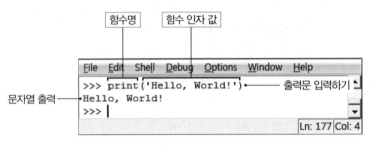

그림 3.2 print( ) 함수 실행 예제

print( ) 함수는 인자 값으로 들어간 'Hello, World!'를 출력하고 있다. 이 한 줄의 명령어는 컴퓨터에게 다음과 같이 명령을 내린다고 이해하면 좋겠다.

"중괄호 안의 'Hello, World!'라는 문자열을 출력하라"

함수의 기본 개념으로 언급했던 **반환 값**은 어떻게 될까? print( ) 함수의 주 역할은 화면에 전달받은 값을 출력하는 것이다. print( ) 함수에는 반환 값이 필요 없기 때문에 어떠한 값도 되돌려 주지 않는다. 그럼 지금까지 살펴본 명령문과 함수에 대한 3가지 개념을 정리해 보겠다.

print('Hello, World!')

- 함수명 : print
- 인자 값 : 'Hello, World!'
- 반환 값 : 없음

위에서 표준 출력 함수를 살펴보았으니 이번에는 표준 입력 함수를 살펴보도록 하자. 파이썬의 표준 입력문은 input( )이다. 설명에 앞서 명령어를 먼저 실행해 보자. 다음 명령문을 입력한 뒤 〈Enter〉 키를 눌러 보자. 그러면 "이름을 입력하세요!"가 출력되는데 이때 그 옆에 원하는 이름을 타이핑하고 〈Enter〉 키를 누르면 된다.

```
1  >>> input('이름을 입력하세요! ')
```

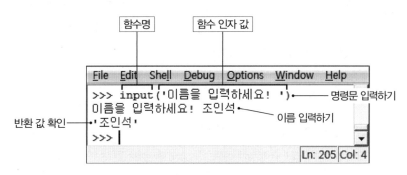

그림 3.3 input( ) 함수 수행 예제

input( ) 함수의 모습이 print( ) 함수의 모습과 무척 닮았다. 함수명인 'input' 역시 해당 함수가 어떤 행위를 수행할 지 단순하면서도 명확하게 의미를 전달하고 있다. 함수 인자 값에는 *'이름을 입력하세요!'*라는 문자열을 넣어서 입력 값을 받기 위해 먼저 출력된다. 필자의 이름을 입력하고 〈Enter〉 키를 눌러보니 입력한 값을 바로 확인시켜 주고 있다. 이 부분이 print( ) 함수와의 다른 부분으로 입력 값을 사용자로부터 입력받은 다음 해당 값을 **반환**^{Return}하고 있다. input( ) 함수는 입력받은 값을 되돌려주는 것으로 본 함수의 행위를 마무리 한다. 이 명령문은 다음과 같이 해석할 수 있다.

"중괄호 안의 *'이름을 입력하세요!'*라는 문자열을 출력한 뒤 사용자가 입력한 값을 반환하라."

이번 명령문의 함수 개념을 정리해 보자.

input(*'이름을 입력하세요!'*)

- 함수명 : input

- 인자 값 : '이름을 입력하세요!'
- 반환 값 : (사용자에게 입력받은 값)

이번 절을 통하여 함수에 대한 개념과 인자 값, 반환 값에 대해 알아보았다. 지금은 함수에 대한 이해는 이 정도만 해도 충분하다. 함수에 대한 더욱 상세한 설명 및 신규 함수 선언 방법, 다양한 인자 값 활용 방법에 대해서는 8장에서 다시 다루도록 하겠다. 함수가 프로그램에서 하고자 하는 행동을 기술한 것이고 괄호 안에 인자 값을 넣어 함수 내부에서 활용하며, 반환 값을 통하여 행위에 대한 결과를 되돌려 줄 수 있다는 정도만 이해하자.

잠시만요! ▶ **함수에 인자 값이나 반환 값은 반드시 존재해야 하나요?**

위에서 살펴본 함수 두 개만 비교해 보면 표준 출력문(print)에는 반환 값이 존재하지 않지만 표준 입력문(input)에는 반환 값이 존재한다. 모든 함수에는 함수명은 반드시 존재하지만 인자 값 및 반환 값은 필수적이지 않다. 경우에 따라 있을 수도 있고, 없을 수도 있으며 또한, 반드시 1개 일 필요도 없다. 인자 값이나 반환 값은 복수 개일 수도 있다. 가령, 위에서 살펴본 표준 출력문 역시 여러 개의 인자 값을 집어 넣으면 모두 한 줄에 스페이스바로 분리되어 출력이 된다. 아래 예제를 참고하기 바란다.

```
1   >>> print('Hello, World!', 'Chris~!')     # 인자 값이 2 개인 표준 출력문 수행
2   Hello, World! Chris~!
```

2. 변수 Variable

프로그램의 일련의 행동을 기술한 것이 함수라고 한다면 변수는 프로그램이 실행할 때 필요한 데이터의 값을 저장한 곳을 가리키는 이정표로 이해하면 된다. 설명에 앞서 단순한 소스 코드를 예로 들어 보겠다. 앞 절에서 살펴본 표준 출력문을 다시 한번 살펴보자.

```
1   >>> print('Hello, World!')
```

인자 값으로 집어 넣은 'Hello, World'라는 문자열을 'my_input'이라는 변수에 넣어서 출력을 해보자. 다음의 명령문을 차례대로 입력하고 〈Enter〉 키를 눌러 보자.

```
1  >>> my_input = 'Hello, World!'
2  >>> print(my_input)
```

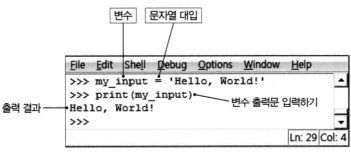

그림 3.4 변수 대입 예제

첫 번째 줄에서 'my_input'으로 선언된 변수에 'Hello, World!'라는 문자열을 등호(=)를 사용하여 대입한 것을 볼 수 있다. 우리가 수학식에서 사용하는 등호는 '같다'라는 의미이다. 하지만 앞으로 파이썬 프로그램 안에서는 **값을 대입하는 용도**로 사용된다는 것을 반드시 기억하고 있어야 한다. 첫 번째 줄의 명령문은 아래와 같이 해석된다.

my_input이라는 변수에 'Hello, World!'라는 문자열을 대입하라.

2번째 줄에서는 'my_input' 값을 출력하라는 명령을 내리고 있다. 앞으로 이 프로그램 안에서는 'my_input'은 'Hello, World!'라는 문자열로 인식하게 된다.

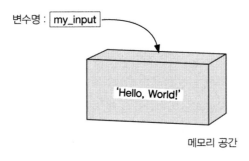

메모리 공간

그림 3.5 변수 개념

동전을 세는 예제로 다시 돌아가 보자. 필자가 동전을 세기 위해 주머니의 동전을 손으로 집어 올렸다. 컴퓨터에서는 디스크에 있는 데이터를 메모리에 얹은 것과 마찬가지다. 실제로 메모리 안에는 수많은 방이 존재하고 각 방마다 '주소'가 있다. 컴퓨터는 데이터를 찾기 위해 이 주소를 활용한다.

변수는 메모리상의 주소를 사람이 읽을 수 있는 쉬운 언어로 표현하기 위한 용도로 사용된다. 이는 여러 주민들이 사는 아파트 입구의 우편함을 떠올리면 쉽게 이해할 수 있다. 여러 열과 행으로 되어 있는 우편함 중에서 "우리 집의 우편함은 2번째 열의 4번째 행에 있다."라고 기억하는 것은 쉽지 않기 때문에 해당 우편함에는 "1101호"와 같이 호수를 붙여 놓는 것과 같은 이치이다. 변수는 메모리상에 위치한 데이터의 주소를 사람이 알아보기 쉽게 붙여 놓은 일종의 라벨과 같다는 사실을 꼭 기억해 두기 바란다. 간혹, 변수 자체가 물리적인 공간을 제공하는 것으로 오해할 수 있는데 절대 그렇지가 않다. 변수는 그저 메모리상의 데이터를 쉽게 참조하기 위한 이정표임을 다시 한 번 강조한다.

그림 3.6 변수와 같은 역할을 하는 우편함의 호수 라벨

조금 더 이해를 돕기 위해 앞 절에서 살펴본 표준 출력문과 표준 입력문을 함께 사용하는 예제를 변수와 함께 작성해 보도록 하겠다. 표준 입력문을 통해 사용자에게 입력받은 값을 'my_name'이라는 변수에 담았다가 표준 출력문을 통해 'my_name'에 저장되어 있는 값을 출력해 보도록 하겠다.

다음 명령문을 수행하기 위해서는 〈Enter〉 키를 세 번 입력해야 한다. 첫 번째 명령문 입력 후에 〈Enter〉 키를 누른 뒤 각자 본인의 이름을 넣고 〈Enter〉 키를 눌러 보자. 두 번째 명령문을 통해 조금 전에 입력받은 값을 출력해 보자. 명령문 입력 후 〈Enter〉 키를 누른다.

```
1  >>> my_name = input('이름을 입력하세요! ')
2  >>> print(my_name)
```

그림 3.7 input( ) 함수의 반환 값을 print( ) 함수로 출력 한 예제

첫 번째 명령문은 앞서 본 예제와 조금 다르다. 표준 입력 함수인 input( ) 함수의 반환 값을 등호를 사용하여 변수 'my_name'에 담고 있다. 두 번째 명령문은 입력받은 값을 대입한 'my_name'(독자 여러분이 각각 입력한 자신의 이름)을 출력하는 예제이다. 이 두 명령문을 해석해 보겠다.

**"중괄호 안의 '이름을 입력하세요!'라는 문자열을 출력한 뒤 입력받은 값을 반환하여
my_name 이라는 변수에 저장하라."
"my_name 변수에 저장된 값을 출력하라."**

이런 식으로 함수의 반환 값을 변수에 대입하여 프로그램 내에서 활용하는 것은 앞으로 무척 빈번하게 사용할 명령문이니 반드시 기억해 두기 바란다.

위의 두 가지 예제에서 살펴보았듯이 변수의 이름은 소스 코드를 작성하는 사람이 정한다. 'my_input'이나 'my_name'이라는 명칭은 필자의 의도가 그대로 들어나는 변수명이다. 물론, 실제 프로젝트에서는 'my'와 같은 단어는 사용하지 않지만 여기서는 이해를 돕기 위해 사용했다. 프로그램에서 변수의 이름을 정하는 것은 무척 중요하다. 간단하면서도 본인의 의도가 드러날 수 있도록 작명하는 습관을 들이도록 해야 한다.

파이썬에서 변수명을 만들 때 반드시 지켜야 하는 규칙이 몇 가지 있다. 다음에 나오는 규칙들을

꼭 기억하기 바란다.

- 첫 글자는 반드시 영문 대소문자 혹은 언더바(_)로 시작한다.
- 나머지 글자들은 영문자, 숫자 혹은 언더바(_)로 구성한다.
- 대소문자를 구분한다.
- 길이에 대한 제약이 없다.
- 아래 예약어Reserved Words는 변수명으로 사용할 수 없다. 아래 언어들은 파이썬에서 이미 다른 용도로 사용되고 있는 단어들이다. 키워드Keywords라고도 불린다. (출처: https://docs.python.org/3.7/reference/lexical_analysis.html?highlight=reserved#keywords)

False	await	else	import	pass
None	break	except	in	raise
True	class	finally	is	return
and	continue	for	lambda	try
as	def	from	nonlocal	while
assert	del	global	not	with
async	elif	if	or	yield

그럼 어떤 변수명이 좋은 변수명일까? 위에 언급한 규칙은 변수명을 짓기 위한 최소한의 규칙이며 다음 항목들을 지키면 좋은 변수명이라 할 수 있다.

- 짧게 축약하기보다는 의미가 담겨 있는 것이 좋다.
  예) 'room_no'가 'rn'보다 좋다.
- 변수명의 길이를 쓸데 없이 길게 가져가지 않는다.
- 변수명 형식을 일관성 있게 가져 간다.
  예) room_no와 roomNo를 섞어 쓰지 않는다. 파이썬은 소문자와 언더바가 섞여 있는 형식을 기본으로 한다.
- 언더바로 시작하는 변수명은 특별한 경우에만 사용한다.

3. 주석Comments

모든 프로그래밍 언어에는 주석Comments이 존재한다. 주석은 프로그래밍을 할 때 **소스 코드의 이해를 돕기 위해 쓰이지만 컴퓨터에게 전달할 필요가 없는 내용들을 담는 문장들**을 말한다. 그렇다 보니 프로그래밍 언어 문법과는 상관 없이 주석이라 표기만 하면 사람이 일반적으로 사용하는 언어로 소스 코드에 대한 설명을 입력할 수 있다. 어느 정도 개발 경력이 있는 개발자라면 본인이 작성한 소스 코드의 논리 흐름과 부연 설명을 하기 위하여, 혹은 여러 사람과 협업 시 원활한 의사소통을 하기 위하여 주석을 사용하는 것이 얼마나 중요한지 알고 있을 것이다. 사람의 특성상 본인이 만든 소스 코드도 어느 정도 시간이 흐르면 기억하지 못하게 마련이기 때문에 소스 코드에 적절한 주석을 남기는 습관을 기르는 것이 좋은 소스 코드를 만드는 방법 중 하나이다.

파이썬에서는 주석을 표기하기 위해 샵 기호(#)를 사용한다. 샵 기호로 시작하는 문자열은 샵 기호부터 줄을 넘기기 전까지 파이썬 실행 환경에 전혀 영향을 미치지 않는다. 앞으로 소개하는 대부분의 예제에서는 여러 형태의 주석을 볼 수 있는데 독자 여러분이 실습할 때 주석 부분은 생략해도 무관하다.

한 가지 주의할 점은 문자열을 뜻하는 쌍 따옴표(" ")나 홑 따옴표(' ') 안에 샵 기호가 있다면 이는 주석이 아니라 문자열의 일부이니 혼동하지 않도록 해야 한다. 다음은 주석을 입력하는 간단한 예제로 문자열과의 비교를 위해 선언한 변수 a, b를 출력해 보겠다.

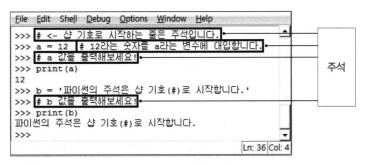

그림 3.8 주석 입력 예제

주석은 첫 번째 줄처럼 전체 줄이 모두 주석인 경우도 있으며 2번째 줄처럼 줄의 중간부터 시작하는 경우도 있다. 하지만 변수 b에 문자열을 입력한 경우를 보면 알 수 있듯이 문자열을 뜻하는 홑따옴표 중간에 있는 # 기호의 경우에는 주석으로 간주하지 않는다. a와 b 변수의 값을 출력하면서 주석에 대한 개념을 익히기 바란다.

---

tip 좋은 주석과 나쁜 주석의 차이

좋은 주석과 나쁜 주석의 차이는 어떤 것일까? 좋은 주석은 소스 코드만으로는 충분히 표현되지 않은 내용들을 효과적으로 기술한 것을 말한다. 그렇다고 해서 너무 주석에 의지하여 소스 코드에 담긴 의미가 줄어 드는 것은 좋은 습관이 아니다. 아래 두 문장을 살펴보자.

color = 'red'	c = 'red' # color

좌측은 color라는 변수명에 'red'라는 문자열을 대입한 경우고 우측은 c라는 변수명에 'red'라는 문자열을 대입하고 주석으로 이 변수는 color인 것을 제시하고 있다.

여러분은 어떤 소스 코드가 더 좋아 보이는가? 이런 경우 좌측이 더 좋은 코드이다. 이 변수를 호출하는 줄에서는 이 변수가 color라는 것을 명시적으로 알 수 있으나 우측 코드같은 경우는 c가 color를 의미하는지, cake를 의미하는지 주석을 찾기 전까지는 알 수가 없다. 필자는 '주석을 읽지 않아도 이해할 수 있는 소스 코드'를 만드는 것을 항상 중요하게 생각한다.

나쁜 주석은 어떤 것일까? 단순히 소스 코드가 하는 일을 기술한 것은 절대 좋은 주석이 아니다. 또는 소스 코드 변경 이력을 써 놓는다거나, 본인의 작업 일지같은 것을 써 놓는 경우도 있는데 이런 주석 역시 좋은 주석이 아니다. 항상 소스 코드 작성 시 주석을 사용하지 않더라도 이해하기 쉬운 소스 코드를 작성하는 습관을 들이도록 하자. 소스 코드를 이해하기 위해 반드시 필요한 내용을 써야 하는 경우에는 주석을 아낌없이 사용하도록 하자.

---

4. 블록문과 들여쓰기Indentation

필자는 앞 장에서 파이썬 Command와 IDLE의 차이점 설명을 위하여 반복문 실행 예제를 활용하였다. 아직 반복문에 대해서 알아보기 전이지만 이번 절 설명을 위해 이 예제를 다시 한번 활용해 보도록 하겠다. 지난 장에서 실행했던 소스 코드를 다음과 같이 바꿔 보았다.

```
1    >>> for x in range(10):
2            print(x)
3            print('위 숫자를 제곱하면?')
4            print(x**2)
```

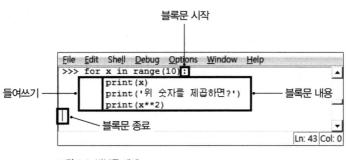

그림 3.9 반복문 예제

이 예제는 0부터 9까지의 숫자를 하나씩 증가시키면서 세 개의 print( ) 함수를 실행하고 있다. 함수 작성이 완료되어서 〈Enter〉 키를 누르면 소스 코드 실행 결과를 확인할 수 있다. print( ) 함수 하나당 한 줄씩 출력이 되니 3줄씩 10번이 출력되어 총 30줄이 출력 된다. 출력 결과는 그림 3.10과 같다.

```
File  Edit  Shell  Debug  Options  Window  Help
>>> for x in range(10):
        print(x)
        print('위 숫자를 제곱하면?')
        print(x**2)


0
위 숫자를 제곱하면?
0
1
위 숫자를 제곱하면?
1
2
위 숫자를 제곱하면?
4
3
위 숫자를 제곱하면?
9
4
위 숫자를 제곱하면?
16
5
위 숫자를 제곱하면?
25
6
위 숫자를 제곱하면?
36
7
위 숫자를 제곱하면?
49
위 숫자를 제곱하면?
64
9
위 숫자를 제곱하면?
81
>>> |
                                                    Ln: 39 Col: 4
```

그림 3.10 반복문 실행 결과

이 때 IDLE의 도움으로 세 개의 print( ) 함수의 좌측에 스페이스바가 4개씩 자동으로 삽입된 것을 알 수 있다. 이것을 들여쓰기^{Indention}라고 부르며 파이썬의 문법 중 다른 프로그래밍 언어와 확연히 차이가 나는 부분이다. 첫 번째 줄의 for문이 시작되면서 마지막 글자에 입력한 콜론(:)이 블록문을 시작한다는 의미이며 그 다음 줄부터는 반복하며 수행할 명령문들이 끝나기 전까지 반드시 일정한 크기의 들여쓰기를 수행해야 한다. 더 이상 반복이 필요 없다는 의미는 for문이 시작되었던 위치에 커서가 돌아간 경우이다. IDLE에서는 아무 값도 입력하지 않고 〈Enter〉 키를 누르면 된다. 이 예제는 세 개의 print( ) 함수가 반복문에 의해 10번 반복되어서 실행이 된다. 이렇게 for문에 귀속되어 한 집합으로 실행이 되는 소스 코드의 집합을 '블록문'이라고 한다.

대부분의 다른 프로그래밍 언어에서는 블록문 선언을 위하여 중괄호({ })를 활용한다. 다음은 위와 같은 반복문을 수행하는 자바의 예제이다.

이 때 IDLE의 도움으로 세 개의 print( ) 함수의 좌측에 스페이스바가 4개씩 자동으로 삽입된 것을 알 수 있다. 이것을 들여쓰기[Indention]라고 부르며

```
1    // 자바의 블록문 예제 1
2    for (int x:numbers) {
3        System.out.println("x 값은 " + x);
4        System.out.println("x 의 제곱은 " + x*x);
5    }
```

for로 시작하는 명령문의 블록문을 선언하기 위해 중괄호를 활용한다. 이러한 언어들은 중괄호 안에 들여쓰기나 줄넘기기 등에 아무런 제약이 없다. 가령, 위 소스 코드는 3번째 줄을 2번째 줄 끝으로 붙여 넣은 다음 소스 코드와 똑같이 동작한다.

```
1    // 자바의 블록문 예제 2
2    for (int x:numbers) { System.out.println("x 값은 " + x);
3        System.out.println("x 의 제곱은 " + x*x);
4    }
```

하지만 파이썬에서는 들여쓰기를 무척 엄격하게 지켜야 한다. 특히 하나의 블록문 안에서는 반드시 동일한 들여쓰기를 유지해야 하는데, 가령 다음과 같이 마지막 print( )문의 들여쓰기를 스페이스바 세 개만 넣어서 소스를 실행하면 어떻게 될까?

```
1    >>> for x in range(10):
2            print(x)
3            print('위 숫자의 2승은?')
4          print(x**2)
```

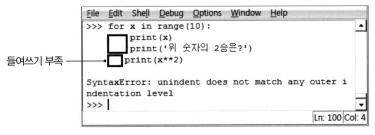

그림 3.11 들여쓰기가 일정하지 않는 경우의 에러 메세지

다음과 같은 에러 메세지가 출력된다.

원문〉 SyntaxError: unindent does not match any outer indentation level
번역〉 구문 에러: (블록문 종료 후) 들여쓰기 레벨이 맞지 않습니다.

이 구문 에러는 블록의 마지막 라인의 들여쓰기를 잘못하였더니 파이썬 실행 환경에서는 블록문을 종료하다가 들여쓰기 레벨이 맞지 않아서 실행할 수 없다는 것이다. 이와 같이 파이썬에서 들여쓰기는 블록문을 선언하는 데 반드시 필요한 존재이며 들여쓰기 정책을 일관성 있게 사용해야 한다. 파이썬에서의 기본 가이드는 스페이스바 4개이다. 이는 1장에서도 언급하였지만 약간은 불편하더라도 보기 좋은 소스 코드를 제공하는 주 원인이 되면서 대부분의 언어에서는 얻을 수 없는 큰 장점이다. 최소한 필자가 사용하는 IDLE에서는 이러한 들여쓰기를 자동으로 해 주니 실수할 가능성은 적다. 여러분들도 곧 익숙해지리라 믿는다.

잠시만요! ▶ **블록문 안에 또 블록문을 사용할 수 있나요?**

그렇다. 블록문 내부에서도 또 다른 블록문 사용이 가능하며 앞으로도 자주 사용할 예정이다. 하지만, 너무 많은 블록문이 중첩되는 것은 피해야 한다. 이는 소스를 읽기 불편하게 만들며 오류가 발생할 가능성을 높이게 된다. 이를 피하는 방법에 대해서는 추후에 모듈이나 함수, 클래스 등에 대해서 배운 다음에 다시 살펴보도록 하겠다.

5. 심화 클래스 Class와 객체 Object

필자는 클래스와 객체에 대한 설명을 어느 시점에 해야 할지에 대해 많은 고민을 했다. 왜냐하면 생각보다 이 개념에 대한 설명이 어렵고 이해 또한 쉽지 않기 때문이다. 최근 국내에는 관련 주제 (객체 지향)를 가지고 한 권의 책이 나올 정도로 그 내용을 깊이 이해하는 데에는 많은 설명과 노력이 필요하다. 하지만 앞으로 소개할 많은 소스 코드들에서 클래스와 객체에 대한 기본적인 이해가 있어야 하기 때문에 이 시점에 설명하고자 한다. 이번 절에서는 클래스와 객체에 대해 알아야 할 최소한의 지식만 이해하는 것을 목표로 해 보자.

여러분은 객체 지향 언어 즉 Object Oriented Programming이라는 용어를 들어 보았는가? 아마 프로그래밍에 관심이 있는 개발자라면 분명 접할 수 밖에 없는 용어일 것이다. 현재 가장 많이 사용하고 있는 C++나 자바가 대표적인 객체 지향 언어이며 파이썬 역시 널리 알려진 객체 지향 언어 중 하나다. 객체 지향 언어에서 객체를 다루는 방법은 언어마다 조금씩 다르지만 파이썬의 그것은 생각보다 어렵지 않다.

책 서두에서 프로그래밍 언어의 역할은 컴퓨터에게 사람이 이해할 수 있는 수준의 언어로 명령을 내리기 위함이라고 언급한 적이 있다. 프로그래밍을 한다는 것은 마치 사람의 머리 속에 있는 세상을 컴퓨터로 옮기는 작업과 크게 다르지 않다. 그렇다 보니 **실제 세상을 본 따서 컴퓨터 내부에 새로운 세상을 창조하기 위해 태어난 개념이 '객체'**라고 할 수 있다. 이 객체는 컴퓨터가 프로그램을 수행하기 위해 반드시 필요한 컴퓨터 내의 작은 생명체이며 이 생명체는 각자의 역할과 책임을 가지고 임무를 수행한다. 마치 실제 세상에서 사람과 사람이 각자의 역할과 책임을 가지고 업무를 수행하는 모습과 비슷하다. 동전을 세는 사람이 바로 컴퓨터 내의 생명체인 객체가 될 수 있다.

객체는 사람과 같이 각각을 구분할 수 있는 유일한 이름을 가지고 있으며 특정 데이터를 통해 본인의 상태를 보유할 수 있고, 본연의 임무를 완수하기 위한 행위를 수행할 수 있다. 그래서 객체는 크게 세 개의 특징을 가지고 있다.

객체에 대한 **식별자, 상태 그리고 행위**이다. 이는 다시 말하면 객체를 구별해 주는 **아이디**[ID], 상태를 보여 주는 실제 **데이터 값** 그리고 행위를 실행하는 **함수**로 얘기할 수 있다. 만약 필자가 동전을 세는 사람이고 하나의 객체로 표현한다면 필자의 주민등록 번호가 식별자가 될 것이고, 필자의 몸무게나 키 혹은 피부색 등 필자의 상태를 표현할 수 있는 값들이 필자의 상태를 표현해 줄 것이며 필자가 동전을 세거나 현재 키보드를 두드리며 집필하는 것이 바로 행위가 될 수 있다.

그렇다면 **클래스**는 무엇을 뜻하는 걸까? 객체는 실제로 메모리에 상주하고 있는 생명체라고 표현한다면 클래스는 **이 생명체를 만들기 위한 일종의 명세서**이다. 마치 요리를 만들 때 어떤 재료들을 어느 정도의 양을 가지고 무슨 순서로 요리를 해야 할지 적어 놓은 **레시피**[recipe]와도 같다. 클래스는 객체를 만들 때 어떤 데이터를 가져야 하며 무슨 행위를 해야 하는지를 미리 정의해 놓은 것이다. 앞서 언급한 필자의 예시를 들자면 마치 SF 영화에서 필자와 같은 모습을 가진 복제 인간을 만들기 위한 상세한 설명서일 수 있겠다.

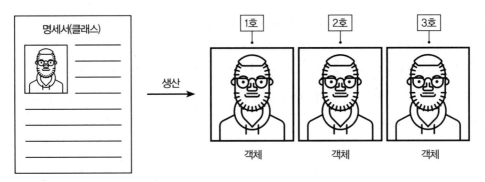

그림 3.12 클래스와 객체의 관계

파이썬의 모든 구현체는 이 클래스들로 이루어져 있으며 실제로 동작할 때 모든 기능은 객체에 의해 수행된다. 간혹 클래스와 객체를 혼동할 수 있지만 하나의 클래스에는 여러 개의 객체가 생성될 수 있다는 점을 기억하면 쉽게 구분할 수 있을 것이다. 만약 필자의 복제 인간을 만든다면 각 복제 인간은 복제 1호, 복제 2호와 같이 나눌 수 있는 것과 같은 이치다.

자, 파이썬으로 다시 돌아와서 객체와 클래스 개념을 소스 코드와 함께 이해해 보도록 하자. 두 개의 변수에 같은 문자열을 넣어 보겠다.

```
1  >>> var1 = '파이썬 객체 지향 이야기'
2  >>> var2 = '파이썬 객체 지향 이야기'
```

두 개의 값은 현재 메모리에 var1, var2라는 변수명으로 저장되어 있다. 이 변수들은 곧 객체이며 비록 같은 값을 가지고 있지만 메모리 상에는 서로 다른 객체로 존재하고 있다. 이는 다음과 같은 비교식을 통하여 확인할 수 있다.

```
1  >>> var1 == var2          # 변수의 데이터 값 비교하기
2  True
3  >>> var1 is var2          # 객체 비교하기
4  False
```

위의 두 개의 등호 기호(==)는 데이터 값 자체를 비교하는 구문이며 아래의 'is'는 같은 객체 여부를 판단하는 명령어다. 실제 객체의 식별자가 어떻게 되는지 확인해 보자. 파이썬에서는 기본 내장 함수인 **id( )** 함수를 통해 해당 **객체의 식별자**를 확인할 수 있다. 다음 소스 코드를 실행해 보자.

```
1  >>> id(var1)                          # 객체 식별자 확인
2  56627560
3  >>> id(var2)                          # 객체 식별자 확인
4  56629640
```

식별자 다름

이와 같이 객체 식별자의 값이 서로 다른 것을 확인할 수 있다(참고로 식별자의 값은 경우에 따라 다르게 나타날 수 있다. 같은 컴퓨터를 사용한다 하더라도, 파이썬을 실행할 때마다 새로운 식별자가 생기니 책의 식별자와 다르다고 해서 잘못 된 것은 아니다).

이번에는 변수가 어떤 클래스에 의해 생성이 되었는지 확인해 보자. 파이썬 기본 내장 함수인 **type()** **함수**를 활용하면 **어떤 클래스가 사용되었는지 확인**할 수 있다. 다음 소스 코드를 실행해 보자.

```
1  >>> type(var1)
2  <class 'str'>
3  >>> type(var2)
4  <class 'str'>
```

두 변수 모드 'str'이라는 클래스 타입이라는 것을 확인할 수 있다. 'str'은 문자열 타입을 뜻하며 문자열 타입을 포함한 데이터 타입에 대한 상세한 내용은 다음 장에서 확인이 가능하다. 이 절에서는 변수에 문자열이 대입 되었을 때(var1 = '파이썬 객체 지향 이야기'), **'str'이라는 문자열의 특징을 구체적으로 서술한 클래스에 의해 유일한 객체 식별자를 가진 객체가 생성되었다**는 것을 이해하는 정도면 충분하다.

마지막으로 객체의 함수를 호출하는 법만 살펴보겠다. 아래와 같이 변수명 우측에 점 기호(.)를 입력하고, 특정 문자열을 변경하는 함수인 replace( )를 호출해 보겠다. 이런 식으로 객체 내의 함수를 호출하는 방식을 **점 표기법**Dot Notation이라고 하며 앞으로 가장 많이 사용되는 표기법 중 하나가 될 것이다. 다음 소스 코드를 실행해 보자.

```
1  >>> var1                              # 변수 값 확인
2  '파이썬 객체 지향 이야기'
3  >>> var1.replace('파이썬', 'Python')    # 특정 문자열 변경
4  'Python 객체 지향 이야기'
```

이러한 함수들은 **각 클래스에 속한 함수**이며 앞서 호출한 파이썬 기본 내장 함수인 id( ), type( )과 같이 단독적으로 사용이 불가하며 **생성된 객체를 통해서만 호출이 가능**하다. 이러한 함수를 파이썬에서는 메소드^{Method}라고 한다. 일반적으로 Function과 Method는 둘 다 한글로는 함수를 의미한다. 필자는 두 글자의 구분을 위하여 Function은 함수로, Method는 메소드로 표기하도록 하겠다. 메소드는 '[XX클래스]형 내장 함수'로 이해하자.

앞으로 클래스, 객체, 메모리 주소, 식별자와 같은 언어들이 빈번히 나올 예정이다. 현 시점에서는 지금까지 설명한 내용까지만 이해해도 충분하리라 본다. 파이썬의 모든 것은 클래스로 이루어져 있고, 실제로 소스 코드가 실행될 때에는 이 클래스에 의해 생성된 객체에 의해 프로그램이 동작되며, 이 객체는 담고 있는 값이 같다 하더라도 서로 다른 식별자를 가진 별개의 객체다라고만 이해하면 되겠다. 이후 9장에서는 클래스와 객체에 대해 조금 더 깊이 다뤄 보고, 클래스에 대한 생성 방법이나 객체 지향 언어의 특징을 살린 코딩 기법 등이 나올 예정이니 참고하기 바란다.

잠시만요! **이상합니다. 제가 만든 값이 같은 변수들은 객체 식별자가 같아요, 왜죠?**

위 설명에서는 변수에 대입한 값이 같더라도 실제 객체는 다르다라고 설명을 하였다. 하지만 어떤 경우에는 같은 객체를 바라보는 경우도 있다. 다음 예를 한번 실행해 보자.

```
1    >>> p1 = 'python'              # 'python' 문자열을 담은 변수 p1 선언
2    >>> p2 = 'python'              # 'python' 문자열을 담은 변수 p2 선언
3    >>> id(p1)                     # p1 객체 식별자 확인
4    40380992
5    >>> id(p2)                     # p2 객체 식별자 확인
6    40380992
7    >>> p1 == p2                   # 두 변수 값 확인
8    True
9    >>> p1 is p2                   # 두 변수 객체 동일 유무 확인
10   True
```

이 결과는 필자가 위에서 설명한 것과는 다른 결과를 보여 주고 있다. 실은 이와 같이 짧은 문자열이나 숫자, 실수들은 **중복으로 인한 메모리의 공간 낭비를 최소한으로 줄이기 위하여 같은 객체를 바라 보게 설계**되었다. 이렇게 변수가 두 개인 경우는 크게 영향을 미치지 않겠지만, 저런 변수의 개수가 늘어나면 늘어날수록 같은 값임에도 불구하고 새로운 객체를 계속 생성하면 한정되어 있는 메모리의 공간을 낭비하기 마련이다. 처음에는 같은 객체를 바라보지만, 변수 값이 변경이 되는 순간 다른 객체가 생기기 때문에 굳이 위 상황을 소스 코드 작성 시 숙지할 필요는 없다고 보여진다. 이 정도로만 이해하고 넘어가도록 하자. 객체에 대한 개념은 앞서 필자가 설명한 내용만으로도 충분하다.

객체 지향을 처음 접하는 개발자라면 이번 절의 내용이 다소 어렵게 느껴 질 수도 있다. 혹자는 클래스와 객체를 붕어빵 틀과 붕어빵이라고도 표현하지만 필자는 붕어빵으로 설명하는 게 적절하지 않다고 생각한다. 왜냐하면 붕어빵은 서로 구분하기 힘들며 직접 무슨 행위를 하지 못하고 수동적으로 먹히는 존재이기 때문이다. 객체는 클래스에 의해서 똑같은 모습으로 만들어지지만 유일한 식별자를 가지고 있으며 경우에 따라 서로 다른 여러 데이터를 가지고 있을 수도 있다. 그리고 클래스에서 명시한 행위를 직접 수행하는 존재다.

프로그래밍 언어나 소스 코드와 상관 없이 객체 지향에 대한 깊은 이해를 원하는 독자를 위하여 국내 도서 한 권을 추천하겠다. 조영호님이 집필한 '객체 지향의 사실과 오해(2015, 위키북스)'라는 책이다. 표지에 토끼 모양이 있어 일명, '토끼책'이라고도 불리는 이 책은 여러 소프트웨어 전문가들의 견해와 조영호님의 해석이 합쳐져 객체 지향에 대해 쉽게 풀어 설명하고 있다. 만약 파이썬이나 자바, C++, C#과 같은 객체 지향 언어를 공부하고 있다면 꼭 한번 읽어 보기 바란다.

6. Wrap-up

이번 장은 프로그래밍 언어 작성을 위해 기본으로 알아야 하는 개념들을 짚어 보고 파이썬에서는 어떻게 적용되는지 확인해 보았다. 이 장을 통해 함수에 대한 기본적인 개념(함수명, 인자 값, 반환 값) 및 사용 방법, 데이터를 임시로 담기 위한 변수에 대해 알아본 뒤 주석문 활용 방법과 들여쓰기를 통한 블록문에 대해서도 알아보았다. 그리고 다소 어려운 개념이지만 객체 지향 언어와 클래스, 객체에 대해 가볍게 살펴보았다. 이러한 사항들은 무척 기본적인 사항들이지만 중요한 개념인 만큼 꼭 숙지하고 넘어가야 한다.

그럼 다음 장에서는 실제 값을 저장하는 데이터에 대해서 조금 더 깊이 알아보도록 하자.

{ CHAPTER 04 }

데이터 타입
Data Type 이란?

이번 장에서는 파이썬의 데이터 타입에 대해서 알아보도록 하겠다. 데이터 타입 역시 프로그램을 하기 위해 가장 기본적으로 알아야 하는 주요한 기본 지식이니 이 장의 개념을 완전히 이해하고 넘어가도록 하자.

다시 한번 동전을 세는 프로그램 이야기를 꺼내 보겠다. 필자가 동전을 세기 위하여 주머니에 있는 동전을 손으로 집어서 꺼내 보았다. 500원짜리 동전 하나가 눈에 들어 오는데 '500'이라는 숫자가 보이는 동전의 한쪽 면을 바라보고 있다. 조금 더 자세히 들여다 보자.

그림 4.1 주머니에서 꺼낸 500짜리 동전 뒷면

동그란 동전 위의 상단에는 '2006'이라는 작은 숫자가 보이고 중앙에는 '500'이라는 큰 숫자가 있으며, 아래에는 '한국은행'이라는 문자열이 보이고 있다. 사람의 눈으로 이 글자들을 읽는 것은 숫자와 한글을 읽을 줄 아는 사람이라면 모두 쉽게 읽을 수 있다. 이러한 글자들은 동전 속에 담겨 있는 데이터라고 볼 수 있다. 그렇다면, 컴퓨터에게는 이 데이터들이 어떻게 표현이 될까? 서두에 프로그래밍 언어의 역할을 설명할 때 언급하였듯이 컴퓨터에게는 이 동전이 오로지 0과 1이라는 2진수로 표현이 되어 있다. '2006', '500', '한국은행'과 같은 내용들은 오로지 0과 1의 숫자들로만 표현되었다는 뜻이다. 이렇게 0과 1로만 표현된 내용들이 사람이 알아볼 수 있을까? 그런 사람은 이 세상에 존재하지 않는다. 사람들은 0과 1이 사람이 쉽게 읽을 수 있는 형태로 컴퓨터에게 전달하고 싶어 한다. 그래서 사람이 프로그래밍 언어를 사용하여 데이터의 **공통된 특징과 용도에 따라 분류하여 정의한 것**이 바로 '데이터 타입'이다.

파이썬에는 여러 가지 데이터 타입이 존재하는데 이번 장에서는 가장 기본적인 데이터 타입 3가지인 숫자 타입, 논리 타입과 문자열 타입을 살펴보도록 하겠다. 간단한 실습을 진행할 예정이니 먼저 IDLE를 실행하자.

1. 숫자 타입^{Numeric Type}

숫자 타입은 데이터를 더하고, 빼고, 곱하고, 나눌 수 있는 데이터 타입을 말한다. 우선 일반적으로 가장 많이 사용하는 정수 타입을 먼저 살펴보자. 파이썬에서의 **정수 타입**은 int라고 한다. 필자에게 아래와 같이 두 개의 동전 주머니가 있다고 가정해 보자.

- 100원짜리 주머니 : 동전 24개
- 500원짜리 주머니 : 동전 15개

파이썬으로 위 동전들에 대한 간단한 4칙 연산을 포함한 단순한 계산을 해 보도록 하겠다. 물론 암산으로도 할 수 있는 간단한 계산이지만 잠시 파이썬을 계산기로 활용해 보겠다.

IDLE에서 두 숫자를 더해 보자. 파이썬에서의 **더하기 연산자는** 더하기 기호(+)이며 IDLE를 실행한 뒤 다음 명령문을 입력하고 〈Enter〉 키를 눌러 보자.

```
1  >>> 24 + 15
```

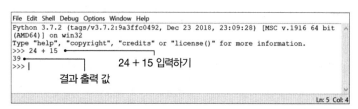

그림 4.2 더하기 예제

총 39개의 동전이 들어 있다.

이번엔 두 주머니의 동전 차이를 계산해 보자. 100원짜리 주머니의 동전이 500원짜리 주머니의 동전보다 몇 개 더 많은지 계산해 보자. 파이썬의 **빼기 연산자는** 빼기 기호(−)이다. IDLE에서 다음 명령문을 입력한 뒤 〈Enter〉 키를 눌러 보자.

```
1  >>> 24 - 15
```

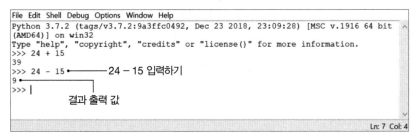

그림 4.3 빼기 예제 1

100원짜리 동전 주머니에 500원짜리 동전 주머니보다 9개가 많은 동전이 있다는 것을 알 수 있다. 이번엔 반대로 빼 보자. 다음 명령문을 입력하고 〈Enter〉 키를 눌러 보자.

```
1 >>> 15 - 24
```

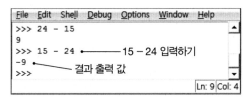

그림 4.4 빼기 예제 2

'−9' 라는 음수가 출력되는 것을 확인할 수 있다. 이번에는 각 주머니에 실제로 들어있는 동전의 금액을 구해 보자. 파이썬에서 **곱하기 연산자는 별표 기호(*)**이다. 다음 명령문을 차례대로 입력하고 각 줄마다 〈Enter〉 키를 눌러 보자.

```
1  >>> 100 * 24
2  >>> 500 * 15
```

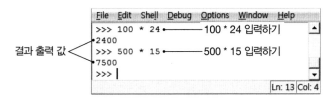

그림 4.5 곱하기 예제

100원짜리 주머니에는 2400원이, 500원짜리 주머니에는 7500이 들어 있다.

필자는 100원짜리 동전 주머니에 있던 동전을 500원짜리로 바꾸려고 한다. 몇 개의 500원짜리 동전이 필요할까? 나누기가 필요하다. 파이썬의 **나누기 연산자는 슬래시 기호(/)**이다. 아래 명령문을 입력하고 〈Enter〉 키를 눌러 보자.

```
1   >>> 2400 / 500
```

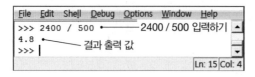

그림 4.6 나누기 예제

2400이라는 정수는 500으로 나눠지지가 않아 처음으로 소수점이 포함된 4.8이라는 숫자가 출력이 되었다. 이러한 숫자 타입은 실수 타입이라고 하며 파이썬에서는 **실수 타입을 float**라고 한다. 파이썬에서는 기본적으로 나누기를 하면 비록 정수 타입으로 나누었어도 모두 실수 타입으로 값을 반환한다. 다른 언어와의 구분되는 특징이기도 하니 기억해 두기 바란다.

필자는 2400을 500으로 나누었을 때의 값을 넘지 않는 가장 큰 정수를 얻고자 한다. 그래야 500원짜리 개수를 파악할 수 있기 때문이다. 나눈 값의 내림 값을 구해 보도록 하자. 파이썬에서는 이런 **내림 값을 구하는 연산자는 두 개의 슬래시 기호(//)**이다. 아래 명령문을 입력하고 〈Enter〉 키를 눌러 보자.

```
1   >>> 2400 // 500
```

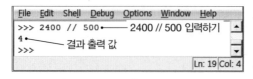

그림 4.7 내림 값 구하기 예제

500원짜리 4개가 필요하다.

내림 값도 구할 수 있으니 나머지도 구할 수 있지 않을까? 이번엔 2400원을 500으로 나눈 나머지 값을 구해 보자. 파이썬에서 **나머지 값을 반환하는 연산자는 퍼센트 기호(%)**로 아래 명령문을 입력하고 〈Enter〉 키를 눌러 보자.

```
1   >>> 2400 % 500
```

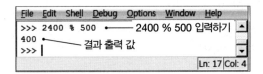

그림 4.8 나머지 값 구하기 예제

100원짜리 동전을 500원짜리로 바꾸면 400원이 남는다.

2400원을 500으로 나눈 내림 값에 500을 곱하고, 2400을 500으로 나눈 나머지 값을 더하면 100 원짜리 주머니의 전체 금액인 2400원이 된다. 위에서 다룬 몇 가지 연산자를 함께 써 보자. 다음 명령문을 입력하고 〈Enter〉 키를 눌러 보자.

```
1   >>> (2400 // 500) * 500 + (2400 % 500)
```

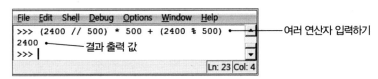

그림 4.9 여러 연산자 사용 예제

예상했던 결과가 나온다. 이때, 괄호 기호(( ))는 연산 순서를 결정짓는 역할을 한다. 흔히 아는 수학 공식과 같은 원리이다. 파이썬에서의 연산 기호의 우선 순위는 어떨까? 지금까지 설명한 연산 기호를 우선 순위가 낮은 순으로부터 높은 순까지 나열한 [표 4.1]을 함께 보도록 하자.

연산 기호	결과	결과(영문)	우선 순위
x + y	x 더하기 y	sum of x and y	낮음
x - y	x 빼기 y	difference of x and y	
x * y	x 곱하기 y	product of x and y	
x / y	x 나누기 y	quotient of x and y	
x // y	x 를 y로 나눈 값의 내림 값	floored quotient of x and y	
x % y	x 를 y로 나눈 나머지	remainder of x / y	
-x	x 부호 변경	x negated	
+x	x 변동 없음	x unchanged	
x ** y	x 의 y승	x to the power y	높음

[표 4.1] 연산 기호 정리

아래에 위치한 연산자일수록 우선 순위가 높다는 것을 기억하기 바란다. 또한 실수를 방지하고 이해를 쉽게 하기 위하여 우선 순위가 높은 연산자들을 명시적으로 괄호로 묶어 주는 것이 좋은 습관이다. 위의 표를 보니 지금까지 다뤄보지 않은 기호가 하나 보이는데 바로 파이썬의 **제곱을 수행하는 연산자인 두 개의 별표 기호(**)**가 그것이다. 다음 명령문을 수행해 보자.

```
1  >>> 4 ** 3
```

그림 4.10 제곱 승 구하기 예제

4의 3승인 64를 출력하는 것을 확인할 수 있다.

지금까지 숫자 타입으로 구분이 되는 데이터들을 여러 연산자를 이용하여 다뤄 보았다. 파이썬의 숫자 타입으로는 정수 타입인 int 타입과 실수 타입인 float 타입 이외에도 복소수를 표현하는 Complex 타입 등을 제공하고 있으니 참고하기 바란다. 아래 링크를 방문하면 파이썬의 숫자 타입에 대한 상세한 매뉴얼이 제공되고 있다. 관심 있는 독자들은 다음 사이트를 방문해 보기 바란다.

https://docs.python.org/3/library/stdtypes.html#typesnumeric

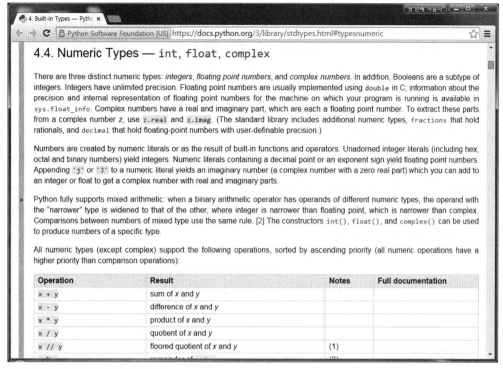

그림 4.11 파이썬 기본 숫자 타입 공식 문서

2. 논리 타입^{Boolean Type}

논리 타입은 데이터 중 참과 거짓을 통하여 표현할 수 있는 데이터 타입을 말한다. 파이썬에서 참은 'True', 거짓은 'False'로 표기하고 있다. 앞 문자가 대문자인 것을 기억하기 바란다. 그럼, 앞 절에서 설명한 숫자 타입을 비교하면서 논리 타입 데이터를 확인해 보도록 하자. 아래와 같이 등호를 활용해 보겠다.

```
1  >>> 4 < 9          # 4가 9보다 작은가?
2  True
3  >>> 4 > 9          # 4가 9보다 큰가?
4  False
```

```
5   >>> 4 == 9          # 4와 9가 같은가?
6   False
7   >>> 4 != 9          # 4와 9가 같지 않은가?
8   True
```

위와 같이 여러 비교 연산자를 통하여 숫자를 비교할 수 있다. 특히, 서로 같음을 확인하는 기호
가 두 개의 등호 기호(==)인 것에 주목하기 바란다. 우리가 일반적인 수학에서 사용하는 1개의
등호와 같은 개념이다. 앞 장에서 변수를 설명하면서 언급하였듯이 파이썬에서 1개의 등호는 값
을 변수에 대입할 때 사용한다. 두 경우의 차이점을 명확하게 기억하기 바란다. 파이썬에서 제공
하는 비교 연산자는 다음과 같다.

비교 연산자	뜻
<	작은
<=	작거나 같은
>	큰
>=	크거나 같은
==	같은
!=	같지 않은
is	같은 객체인
is not	같은 객체가 아닌

[표 4.2] 비교 연산자

또한 위와 같은 비교 연산자를 여러 개 사용하는 경우가 있는데 그런 경우에는 논리 연산자를 사
용하며 파이썬에서는 다음과 같이 and, or, not 세 개의 논리 연산자를 제공한다.

논리 연산자	결과	참고 사항
x or y	x, y 중 둘 중에 하나만 참이면 참, 나머지 는 거짓	x가 거짓인 경우에만 y 수행
x and y	x, y 모두 참이면 참, 나머지는 거짓	x가 참인 경우에만 y 수행
not x	x가 참이면 거짓, x가 거짓이면 참	논리 연산자가 아닌 연산자에 비해 우선 순위가 낮음, 다른 연산자와 함께 사용하는 경우 주의 바람

[표 4.3] 논리 연산자

간단한 예제 몇 가지만 실행해 보겠다. 명령문의 설명은 주석문을 참고하기 바란다.

```
1   >>> 4 > 9 or 3 > 2              # 거짓 혹은 참인 경우
2   True
3   >>> 4 > 9 and 3 > 2             # 거짓 그리고 참인 경우
4   False
5   >>> not 4 > 9                   # 거짓의 반대인 경우
6   True
```

사실 이 논리 타입인 True, False는 숫자 타입에 속해 있다. True는 1을 의미하고, False는 0을 의미한다. 논리 타입을 숫자 타입으로 한 번 바꿔 보자. 숫자 타입으로의 변환을 해주는 함수는 int( )이다.

```
1   >>> int(True)
2   1
3   >>> int(False)
4   0
```

논리 타입은 참과 거짓을 구분하는 용도로 사용되며 앞으로 실행하는 많은 조건문, 분기문의 기본 잣대로 활용이 된다. 어렵지 않은 개념이지만 논리 연산자나 비교 연산자를 실수로 잘못 사용하면 프로그램이 예상하지 못하게 동작하는 경우가 생각보다 적지 않다. 이렇게 오동작을 하는 경우에는 에러가 나지 않는 상황이기 때문에 찾기도 더 힘들다. 이번 절의 내용이 다소 간단할 수 있어 무심코 지나칠 수 있겠지만 반드시 숙지하고 넘어가야 한다.

3. 문자열 타입 String Type

문자열 타입은 데이터가 여러 문자로 구성되어 있고 다른 문자와 연결될 수 있으며 데이터에 포함된 문자열의 길이를 확인할 수 있는 데이터 타입을 말한다. 모든 프로그래밍 언어에서 문자열을 처리하는 것은 가장 중요한 기능 중에 하나로 파이썬에서 문자열 데이터 타입은 str이라고 하며 입력하고자 하는 문자열을 홑 따옴표(')로 감싸거나 쌍 따옴표(")로 감싸면 문자열로 인식한다. 여러

줄인 경우에는 세 개의 홑 따옴표(' ')나 세 개의 쌍 따옴표(" ")로 감싸면 된다. 파이썬에서는 이 문자열을 입력하는 것만으로도 입력받은 값을 그대로 출력할 수 있다. IDLE에 아래 문자열들을 차례대로 입력하고 각 줄마다 〈Enter〉 키를 눌러 보자.

```
1   >>> '안녕하세요!'
2   >>> "반갑습니다."
```

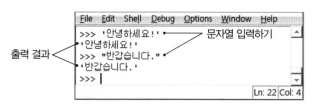

그림 4.12 문자열 입력 예제

홑 따옴표나 쌍 따옴표로 감싼 결과가 홑 따옴표에 감싸서 출력되는 것을 볼 수 있다.

만약 처리하고자 하는 문자열 안에 홑 따옴표나 쌍 따옴표가 존재하면 문자열이 의도와 다르게 깨질 수도 있는데 다음 명령문을 입력한 뒤 〈Enter〉 키를 눌러 보자.

```
1   >>> '문자열은 홑 따옴표 (') 로 감싸세요!'
```

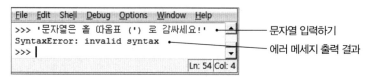

그림 4.13 문자열이 깨진 예제

출력 결과를 보니 'SyntaxError: invalid syntax'라는 문구가 보인다. 해당 메세지는 입력한 명령 문의 구문(Syntax)상에 문제(Error)가 있다는 의미로 조금 전에 입력한 구문은 파이썬이 해석을 할 때 홑 따옴표가 짝이 맞지 않아서 잘못 입력한 구문으로 인식한 예이다.

↓

'문자열은 홑 따옴표 () 로 감싸세요!'

필자의 의도는 중간에 있는 홑 따옴표를 출력하기 위한 문자로 인식하는 것이다. 크게 두 가지 방법이 있다.

1) 문자로 표기하기 위한 기호인 중간 홑 따옴표(')앞에 역 슬래시(\)를 입력한다.
2) 전체 문자열을 쌍 따옴표(")로 감싼다.

다음 문자열을 차례대로 입력하고 각 줄마다 〈Enter〉 키를 눌러 보자.

```
1   >>> '문자열은 홑 따옴표 (\')로 감싸세요!'
2   >>> "문자열은 홑 따옴표 (')로 감싸세요!"
```

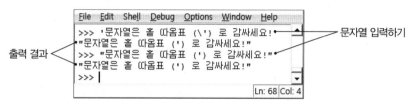

그림 4.14 홑 따옴표 사용 예제

이번엔 출력 결과가 쌍 따옴표로 감싸져 있는 것을 볼 수 있다. 파이썬 내부에서도 문자열은 기본적으로 홑 따옴표로 감싸서 출력이 되지만 이번 경우와 같이 문자열 내부에 홑 따옴표가 있는 경우에는 쌍 따옴표로 감싸는 것으로 다소 혼란스러운 부분을 정리하였다. 이 부분은 홑 따옴표와 쌍 따옴표를 바꿔서 사용해도 같은 결과를 보여준다.

```
1   >>> "쌍 따옴표 (\")도 가능해요!"
2   >>> '쌍 따옴표 (")도 가능해요!'
```

File Edit Shell Debug Options Window Help
>>> "쌍 따옴표 (\")도 가능해요!"   ← 문자열 입력하기
'쌍 따옴표 (")도 가능해요!'
>>> '쌍 따옴표 (")도 가능해요!'   ←
'쌍 따옴표 (")도 가능해요!'
>>> |
Ln: 73 Col: 4

출력 결과

그림 4.15 쌍 따옴표 사용 예제

문자열을 표현하기 위해 홑 따옴표와 쌍 따옴표 중 어떤 것을 고르느냐는 여러분의 선택에 따라 결정되며, 하나를 선택해서 일관성 있게 사용하도록 하는 게 좋다. 기호를 문자열에 포함하기 위해 역 슬래시를 사용하는 것은 어떨까? 문법상 아무 문제가 없지만 문자열 중간에 여러분이 담고 싶은 내용 이외에 역 슬래시가 추가됨에 따라 다소 읽기 불편해지게 되어 가독성이 떨어진다. 필자는 홑 따옴표나 쌍 따옴표 중 하나를 선택하여 일관성 있게 사용하되 문자열 안에 동일한 기호가 있는 경우에만 다른 따옴표로 감싸는 것을 추천한다. 이 책에서는 홑 따옴표를 기본으로 사용하도록 하겠다.

사실 필자가 출력하고자 하는 내용에는 앞 뒤로 홑/쌍 따옴표가 포함될 필요는 없다. 또한, 문자열에 포함되어 있는 특수 기호를 특수한 용도로 활용하고 싶기도 하다. 가령, 문자열 줄 넘기기를 위한 특수 기호는 '\n'인데 이해를 돕기 위해 다음 문자열을 입력해 보고 〈Enter〉 키를 눌러 보자.

```
1   >>> '안녕하세요!\n반갑습니다.'
```

그림 4.16 문자열 단순 입력하기 예제

출력할 필요가 없는 홑 따옴표나 중간의 줄넘기기 특수 기호가 전혀 동작하고 있지 않다. 필자가 원하는 대로 문자열을 출력하기 위해서는 수 차례 언급하였던 파이썬의 표준 출력 함수인 ***print()*** 함수를 활용해야 한다. print( ) 함수의 괄호 안에 원하는 문자열을 인자 값으로 집어 넣고 실행해 보자. 다음 명령문을 입력하고 〈Enter〉 키를 누른다.

```
1   >>> print('안녕하세요!\n반갑습니다.')
```

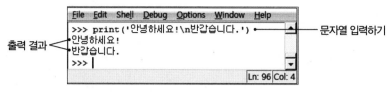

그림 4.17 print( ) 함수를 활용한 문자열 출력 예제

필자가 원하는 형태대로 출력이 되었다. 조금 전에 수행한 결과와 입력 값을 다시 한번 비교해 보자.

입력 내용	>>> print('안녕하세요!\n반갑습니다.')
출력 내용	안녕하세요! 반갑습니다.

필자가 입력한 문자열은 한 줄이지만 출력은 줄넘기기 특수 기호로 인해 두 줄이 출력이 되었다. 이 또한 입력 내용과 출력 내용이 다소 차이가 나기 때문에 권장하는 코딩 방법은 아니다. 한 가지 방법은 문자열 자체를 여러 줄로 표현하는 방법이다. 문자열이 여러 줄인 경우에는 세 개의 홑따옴표(' ') 혹은 세 개의 쌍 따옴표(" ")로 감싸는 방법이 있다고 했는데 어떤 것을 선택해도 상관 없다. 다음 명령문을 입력하고 〈Enter〉 키를 눌러 보자.

```
1  >>> print('''
2  안녕하세요!
3  반갑습니다.
4  ''')
```

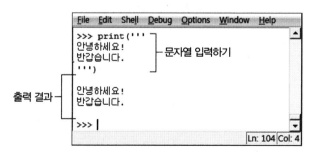

그림 4.18 print( ) 함수를 활용한 다중 문자열 출력 예제

위 아래로 의도하지 않았던 빈 줄이 추가가 되었다. 원하는 두 줄만 출력하려면 예제를 어떻게 바꿔 보면 될까? 다음 명령문을 입력하고 〈Enter〉 키를 입력해 보자.

```
1  >>> print('''안녕하세요!
2  반갑습니다.''')
```

그림 4.19 다중 문자열 출력 예제 2

필자의 의도대로 출력이 되긴했지만 입력한 명령문은 다소 읽기 불편하다. 첫 번째 줄의 '안녕하세요!'와 2번째 줄의 '반갑습니다.'의 문자열의 시작 위치가 서로 달라 보기가 힘들다. 몇 글자 되지 않는 상황에서도 소스 코드가 깔끔하지 않다면 소스가 복잡해지면 복잡해질수록 읽기 힘들어질 것은 뻔하다. 가독성이 떨어진다고 표현하는 것이 이런 상황이라고 할 수 있다. 필자는 이런 경우 다음과 같이 코딩하는 것을 추천한다. 이 방법은 현재 구글의 파이썬 코딩 스타일에도 언급하고 있는 내용이다.

```
1  >>> print('안녕하세요!\n'
2             '반갑습니다.')
```

그림 4.20 다중 문자열 출력 예제 3(추천)

입력 시에 원하는 출력 형태와 크게 벗어나지 않는 모습으로 입력하고 있는 것을 볼 수 있다. 문자열 중간에 역 슬래시가 들어가는 것은 좋은 방법은 아니지만 문자열 끝에 줄넘기기 특수 기호를 포함하는 것은 예외라고 볼 수 있다. 이와 같이 문법상 오류가 없다 하더라도 코딩하는 방법에 따라 작성한 소스 코드의 가독성이 달라지는 것을 볼 수 있다. 파이썬의 코딩 스타일에 대해서는 이 책의 11장 이후에 다시 다루도록 하겠다.

이번에는 문자열과 몇 가지 연산 기호를 함께 사용하는 방법을 알아보도록 하겠다. 숫자의 더하기 기호(+)는 문자열에서는 두 문자열을 붙이는 데 사용되며 곱하기 기호(*)는 해당 문자열을 반복하는 데 사용한다. 아래 문자열을 차례대로 입력하고 각 줄마다 〈Enter〉 키를 눌러 보자.

```
1  >>> '파이썬' + ' ' + '프로그래밍'
2  >>> '파이썬,' + (' 굿!' * 3)
```

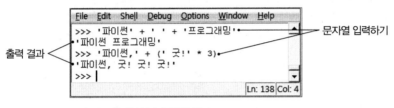

그림 4.21 문자열 붙이기 및 반복하기

이번에는 문자열의 길이를 확인해 보자. 파이썬의 기본 내장 함수인 len( )을 통해 쉽게 확인할 수 있다. len( ) 함수의 괄호 안의 인자 값으로 길이를 확인하고 싶은 문자열을 집어 넣고 실행하면 된다. 다음의 명령문을 입력하고, 〈Enter〉 키를 눌러 보자.

```
1  >>> len('파이썬 프로그래밍 쉽네요!')
```

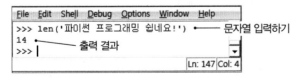

그림 4.22 문자열 길이 확인하기

필자가 입력한 문자열은 14개의 문자열로 이루어져 있는 것을 확인할 수 있다.

이외에도 문자열 타입에서 제공되는 문자열 메소드가 무척 많다. 문자열을 대문자 혹은 소문자로 변경한다던지, 문자열에 들어 있는 값이 알파벳인지 숫자인지 등을 확인하고 싶다던지, 특정 문자로 시작하거나 끝나는 것을 확인한다던지와 관련된 함수들이 존재하는데 몇 가지만 함께 살펴보도록 하겠다. 문자열 메소드의 동작 방식은 각 명령문의 주석문을 참고하기 바란다.

```
1   >>> a = '파이썬 프로그래밍 쉽네요!'        # 문자열을 a라는 변수에 저장
2   >>> a.startswith('파이썬')              # 문자열이 '파이썬'으로 시작하는 지 확인
3   True
4   >>> a.endswith('!')                   # 문자열이 '!'로 끝나는지 확인
5   True
6   >>> a.endswith('어려워요!')             # 문자열이 '어려워요'로 끝나는지 확인
7   False
8   >>> a.replace('파이썬', 'Python')       # 문자열 중 '파이썬'을 'Python'으로 변경
9   'Python 프로그래밍 쉽네요!'
10  >>> 'Python'.upper()                  # 'Python'이라는 문자열을 모두 대문자로 변경
11  'PYTHON'
12  >>> 'Python'.lower()                  # 'Python'이라는 문자열을 모두 소문자로 변경
13  'python'
14  >>> '/'.join('Python')               # 'Python'이라는 문자열의 각 문자 사이에 '/' 문자 집어 넣기
15  'P/y/t/h/o/n'
```

마지막에 살펴본 join( ) 함수는 인자 값으로 문자(열)로 이루어진 리스트/튜플을 넣어서 각 항목 사이에 join( ) 함수를 호출한 객체의 값을 집어 넣는 함수이다. 파이썬만의 독특한 함수 중에 하나로 흔히 볼 수 있는 함수이다. 이외에도 다양한 함수를 제공하고 있으니 관심 있는 독자 여러분은 아래 링크를 통해 문자열 함수들을 확인해 보기 바란다.

https://docs.python.org/3/library/stdtypes.html#string-methods

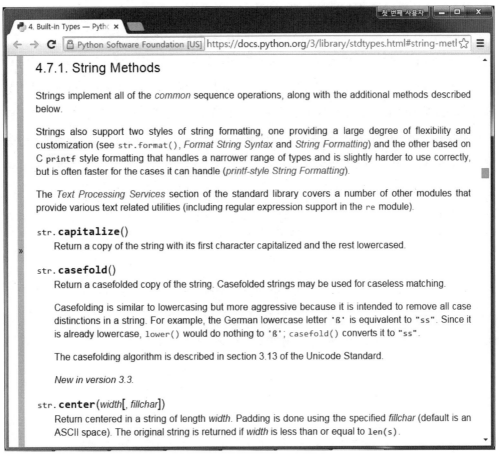

그림 4.23 파이썬 문자열 함수 리스트 공식 문서

잠시만요! ▶ 이런 함수들은 모두 외워야 하나요?

필자는 수많은 함수들을 암기하듯이 외우는 방식으로 프로그램을 배우는 것은 추천하지 않는다. 어차피 수많은 함수들을 머리 속에 모두 기억하는 것은 오랫동안 숙달된 개발자이어도 불가능하기 때문이다. 실제로 본인이 만든 것도 기억하기 힘들다. 이런 함수들이 있구나 하는 정도 수준으로 빠르게 함수 리스트를 훑어 보고, 함수명으로는 이해가 되지 않는 함수에 대해서만 가볍게 함수 설명을 읽어보고 넘어 가자. 추후에 프로그램 개발을 하다 보면 이런 함수들을 사용할 때가 자연스럽게 온다. 실제로 해당 함수를 사용할 때 상세 문법을 다시 찾아 보고 사용하는 형태로 프로그램 개발을 하다 보면 자연스럽게 다양한 함수를 익힐 수 있다.

4. 데이터 타입 에러^{Data Type Error}

프로그래밍에서의 데이터 타입 중 숫자 타입과 문자열 타입은 무척 기본적이며 중요한 데이터 타입으로 가장 많이 다룬다. 그렇기 때문에 각 데이터 타입에 대한 특징을 제대로 이해하지 못한 상황에서 섣불리 사용하다 보면 문제가 생기는 경우가 많다. 특히, 두 데이터 타입을 섞어서 쓰다 보면 예상치 못한 에러를 쉽게 볼 수 있다. 간단한 문제를 한번 풀어 보자. 아래에 나열한 값들은 숫자 타입일까? 아니면 문자열 타입일까?

    1) '350'

    2) 350

두 명령문에서 언급한 데이터 타입을 확인해 보도록 하자. 파이썬의 기본 내장 함수인 **type( )**을 활용하면 쉽게 확인할 수 있다. 괄호 안에 확인 하고자 하는 데이터를 집어 넣고 실행하면 된다. 아래의 명령어를 차례대로 입력하고, 각 줄마다 〈Enter〉 키를 눌러 보자.

```
1   >>> type('350')
2   >>> type(350)
```

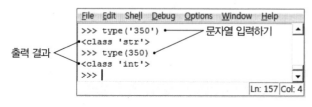

그림 4.24 데이터 타입 확인하기

첫 번째 줄의 350은 양쪽이 홑 따옴표로 감싸져 있으며, 파이썬 문자열로 인식된다. 그렇기 때문에 문자열 타입을 뜻하는 〈class 'str'〉가 출력이 된다. 문자열 타입 클래스임을 뜻한다. 350만을 입력한 두 번째 줄에서는 예상대로 정수 타입임을 확인할 수 있다. 'int'가 바로 숫자 타입 중에서도 정수 타입을 뜻하고 있다.

만약 두 개의 값을 더하면 무슨 일이 벌어질까? 다음 명령문을 입력한 뒤 〈Enter〉 키를 눌러 보자.

```
1  >>> '350' + 350
```

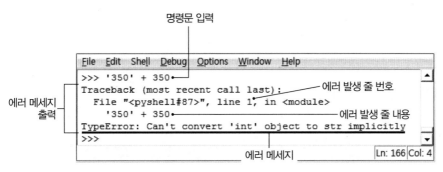

그림 4.25 서로 다른 형을 더한 예제

다소 복잡해 보이는 에러 메세지가 출력이 된다. 에러 메세지 2번째 줄의 중간쯤을 보니 'line 1'이 보이는데 이는 입력한 소스 코드의 첫 번째 줄에서 에러가 났다는 의미이다. 여러 줄의 명령문에서 에러가 나는 경우 무척 유용한 정보를 제공해 준다. 에러 메세지 3번째 줄에서는 실제로 에러가 발생한 줄의 명령문을 보여 주고 있다. 그리고 마지막 줄은 실제의 에러 메세지가 보인다.

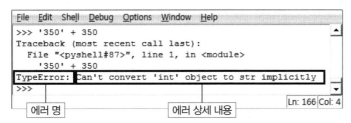

그림 4.26 에러 메세지 분석

앞 쪽에는 에러명이 보인다. TypeError은 직역하자면 '타입 오류' 정도가 되는데 에러 상세 내용을 직역해 보겠다.

에러 메세지 원문 : Can't convert 'int' object to str implicitly

에러 메세지 번역 : 묵시적으로(implicityly) 정수 타입 ('int') 객체는 문자열(str)로 변환(convert)할 수 없다.

여기에서 '묵시적'은 '소스 코드에 명시하지 않은 채 자동으로'라는 의미이다. 그리고 '객체'라는 용어가 드디어 나오는데 객체는 앞 장에서 설명하였듯이 클래스라는 틀에 의하여 찍어진 메모리상의 실체이며 이는 정수 타입 클래스에 의해 만들어진 정수 타입 객체라고 할 수 있다. 이렇게 만들어진 정수 타입 객체를 문자열로 변환할 수 없다고 하는 말이다. 이 뜻은 필자가 입력한 구문을 문자열을 붙이는 예제로 이해하였기 때문이다.

더하기 연산 기호가 사용될 때 기호 앞 뒤의 데이터 타입 중에 하나가 문자열 타입이면 더하기 연산 기호는 두 개의 숫자를 더하는 용도가 아니라, 두 문자열을 붙이는 용도로 사용된다는 것을 알 수 있다. 350이라는 숫자를 더하고 싶을 때는 어떻게 하면 될까? 바로, 문자열 타입 데이터를 숫자 타입 데이터로 데이터 타입을 변환하면 된다. 다음 절에서 조금 더 살펴보자.

5. 데이터 타입 변환^{Data Type Converting}

데이터 타입 변환^{Data Type Converting}에 대해 알아보도록 하겠다. 앞 절에서 에러가 발생한 예제인 경우는 문자열 타입을 숫자 타입으로 변경해서 더하면 된다. 문자열 타입을 숫자 타입으로 변경하는 파이썬 기본 내장 함수는 int( )이다. int( ) 함수의 인자 값에 문자열 데이터를 입력하면 정수 타입으로 값을 반환한다. 소스 코드를 실행해 보자. 다음 명령문을 입력하고 〈Enter〉 키를 누르자.

```
1  >>> int('350') + 350
```

정수 타입으로 변환

```
File  Edit  Shell  Debug  Options  Window  Help
>>> int('350') + 350  ●────── 명령문 입력
700  ●
>>>       ───  출력 결과
                                    Ln: 173  Col: 4
```

그림 4.27 타입 변환 예제 1 : 문자열 타입 → 데이터 타입

드디어 원하는 숫자 700이 출력되었다. 이와는 반대로 숫자 타입을 문자형으로 변경하는 경우에는 str( ) 함수를 사용하면 된다. 위 결과 값을 변수에 잠시 담아서 표준 출력문으로 출력해 보겠다. 아래 명령어를 차례대로 입력하고 매 줄마다 〈Enter〉 키를 눌러 보자.

```
1  >>> sum = int('350') + 350
2  >>> print('합계는 ? ' + str(sum))
```

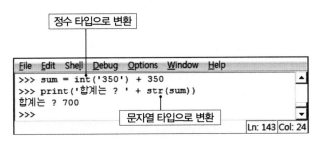

그림 4.28 타입 변환 예제 2 : 문자열 타입 → 숫자 타입

여기서 중요한 점 하나를 짚고 넘어가도록 하겠다. 파이썬에서는 변수를 선언할 때 이 변수의 데이터 타입이 무엇인지 표기하지 않는다. 만약 C++나 자바와 같은 언어를 사용했다면 반드시 변수명 앞에 데이터 타입을 표기해야 한다. 이와 같이 데이터 타입을 표기하지 않고 프로그램이 실행될 때 해당 변수에 대한 데이터 타입이 결정되는 것을 '동적 타이핑Dynamic Typing'이라고 하며 파이썬의 주요한 특징 중 하나이다. 이런 동적 타이핑은 변수의 사용을 자유롭게 하며 개발자에게 프로그램 작성의 자유도를 높여 주지만 방금 살펴본 바와 같이 데이터 타입을 섞어서 사용하는 경우에 프로그램 실행 시 데이터 타입 오류가 발생한다. 또한, 이러한 오류는 프로그램을 실행 하기 전에는 확인할 수 있는 방법이 없다는 것이 큰 단점이기도 하다. 그렇기 때문에 비록 변수명 앞에 데이터 타입을 표기하지 않더라도 프로그램 작성 시에 변수의 데이터 타입에 대한 오류가 발생하지 않도록 주의해야 한다.

지금까지 살펴본 int( ), str( ) 이외에도 데이터 타입 변환을 위하여 제공하는 함수는 문자열이나 숫자를 실수로 변경하는 float( ) 함수, 복소수로 변경해 주는 complex( ) 등이 존재하니 참고하기 바란다.

6. 심화 변할 수 없는^{Immutable} vs 변할 수 있는^{Mutable}

이번 절에서는 다소 개념이 어려울 수 있으나 반드시 이해하고 넘어가야 하는 데이터 타입의 주요 특성 하나를 짚고 넘어가겠다. 파이썬의 데이터 타입에는 **변할 수 없는 데이터 타입**과 **변할 수 있는 데이터 타입**이 존재한다. 영어로는 전자를 Immutable, 후자를 Mutable로 표현한다. 이번 장에서 지금까지 살펴본 숫자 타입, 논리 타입, 문자열 타입은 모두 변할 수 없는(Immutable) 데이터 타입들이다. 만약 이 데이터 타입이 대입되어 있는 변수의 값을 변경하면 어떤 일이 벌어질까? 다음 소스 코드를 함께 보자.

```
1   >>> hello = '안녕하세요!'          # hello 문자열 타입 변수 선언
2   >>> hello                         # hello 값 확인
3   '안녕하세요!'
4   >>> id(hello)                     # hello 객체 식별자 확인
5   59263440
6   >>> hello = '반갑습니다!'          # hello 변수 값 변경
7   >>> hello                         # hello 값 확인
8   '반갑습니다!'
9   >>> id(hello)                     # hello 객체 식별자 확인(변경)
10  59263328
```

변수는 메모리상에 있는 객체를 찾아 갈 수 있는 이정표라고 언급했었다. hello라는 변수에 새로운 값을 할당하였을 때 혹자는 같은 객체에 값만 변경할 것이라고 생각할 수 있다. 실제로 이런 식으로 동작하는 프로그래밍 언어도 있다. 하지만, 파이썬에서 변할 수 없는(Immutable) 데이터 타입에 새로운 값을 대입하면 **새로운 객체를 생성하여 그 객체를 연결**해 준다.

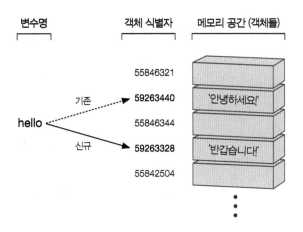

그림 4.29 변할 수 없는(Immutable) 데이터 타입에 새 값을 대입한 경우

자, 그렇다면 반대의 상황을 보자. 변할 수 있는(Mutable) 데이터 타입의 설명을 위해서는 다음 장에서 설명할 리스트 타입이 있다. 아직 살펴보기 전이지만 개념 설명을 위해 잠시 맛보기로 소스 코드를 보도록 하자. 아래에 hello_list라는 리스트 타입을 선언한 뒤 값을 변경해 보겠다. 리스트 타입은 여러 값을 집어 넣을 수 있는 데이터 타입이지만 이번에는 하나의 문자열 타입만 넣어서 값을 변경해 보도록 하겠다. 다음 소스 코드를 주석문과 함께 살펴보도록 하자(대괄호 기호는 리스트 타입 표현을 위해 사용이 된다).

```
1   >>> hello_list = ['안녕하세요!']      # 리스트 타입 선언
2   >>> hello_list                      # 리스트 값 확인
3   ['안녕하세요!']
4   >>> id(hello_list)                  # 리스트 객체 식별자 확인
5   59201736
6   >>> hello_list[0] = '반갑습니다!'       # 리스트 첫 번째 항목 값 변경하기
7   >>> hello_list                      # 리스트 변경된 값 확인
8   ['반갑습니다!']
9   >>> id(hello_list)                  # 리스트 객체 식별자 확인 (동일)
10  59201736
```

리스트 타입으로 선언된 변수 hello_list의 값을 변경하였으나, 객체 식별자가 동일한 것을 확인할 수 있다. 이를 도식으로 표현하면 다음과 같다.

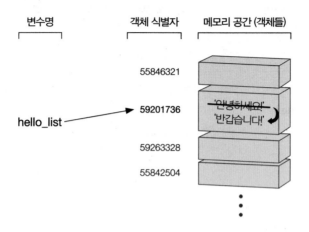

그림 4.30 변할 수 있는(Mutable) 데이터 타입에 새 값을 대입한 경우

이렇듯, 파이썬의 데이터 타입은 크게 변할 수 없는 데이터 타입과 변할 수 있는 데이터 타입으로 나눠질 수 있으며 변할 수 없는 데이터 타입인 경우 변수 값이 변경되는 경우에 새로운 객체를 생성하여 연결해 주고, 변할 수 있는 데이터 타입인 경우에는 기존 객체의 데이터 값 자체가 변경되는 것을 확인할 수 있다.

두 데이터 타입의 차이는 위 사례 이외에도 확인할 수 있는 방법이 여러 개가 있으나 이번 장에서는 개념만 이해하고 넘어가도록 하겠다. 앞으로 데이터 타입 설명에 있어 이 두 차이에 대해 여러 번 언급될 예정이니 꼭 기억하기 바란다.

잠시만요! ▶ 이번 절의 개념이 왜 중요한가요?

좋은 질문이다. 가령, 값을 자주 바꿔야하는 데이터가 있다고 가정해 보자. 만약 변할 수 없는 데이터 타입의 값을 빈번하게 바꾸면 객체가 계속 생성될 것이다. 이는 프로그램이 사용하는 메모리를 과하게 사용하는 원인이 되기도 한다. 실제로 실무 현장에서 이 문제로 장애가 발생하는 경우도 많다. 이럴 때 변할 수 있는 데이터 타입을 사용하면 객체를 새로 생성하지 않아도 되며, 메모리 누수를 방지하면서 메모리 사용 효율을 올릴 수 있다. 이러한 작은 차이가 수준 높은 프로그래밍을 하는데 큰 영향을 미치니 참고하기 바란다.

아직 모든 데이터 타입을 살펴보지 못하였지만 앞으로의 설명에 앞서 변할 수 없는 Immutable한 데이터 타입과 변경이 가능한 Mutable한 데이터 타입을 정리하겠다. 각 데이터 타입 설명 시 반복적으로 언급할 예정이니 외울 필요까지는 없지만 이렇게 구분할 수 있다는 것만 기억하기 바란다.

변할 수 없는(Immutable)	변할 수 있는(Mutable)
숫자 타입(numbers) : 정수 타입(int), 실수 타입(float), 복소수 타입(complex)	리스트 타입(list)
문자열 타입(string)	딕셔너리 타입(dict)
튜플 타입(tuple)	세트 타입(set)
불변 세트 타입(frozenset)	바이트 배열 타입(byte array)
바이트 타입(bytes)	

[표 4.4] 파이썬 데이터 타입 구분

7. Wrap-up

이번 장을 통하여 데이터 타입의 개념과 파이썬의 기본적인 데이터 타입인 숫자 타입, 논리 타입과 문자열 타입을 살펴보았다. 또한, 데이터 타입의 차이로 인해 발생한 에러 메세지가 출력되는 사례와 함께 에러 메세지를 읽는 방법과 에러를 해결하기 위해 데이터 타입 변환을 하는 방법도 살펴보았다. 마지막으로는 데이터 타입이 변할 수 없는 데이터 타입과 변할 수 있는 데이터 타입이 있다는 것을 알게 되었고, 두 차이점에 대해 확인해 보았다.

이제 조금씩 제대로 된 프로그램을 작성하기 위한 준비가 되어 가고 있다. 다음 장에서는 이번 장에서 살펴본 데이터 타입을 하나의 묶음 형태로 활용하기 위해 제공하는 다양한 데이터 타입에 대해서 알아보도록 하겠다.

{ CHAPTER 05 }

데이터 구조
Data Structure

데이터 타입은 데이터의 공통된 특징과 용도에 따라 분류하여 정의한 것이라고 언급하였다. 이는 지난 장에서 살펴본 숫자 타입, 문자열 타입과 같이 데이터 값의 특징에 따라 분류할 수도 있으며 이러한 **데이터를 활용 방식에 따라 조금 더 효율적으로 이용할 수 있도록 컴퓨터에 저장하는 여러 방법들**이 있다. 이를 데이터 구조^{Data Structure}라고 하며 파이썬은 **여러 데이터를 하나의 집합 형태로 정의한 데이터 타입**으로 여러 데이터 구조들의 구현을 가능케 하고 있다. 지난 장에 이어 이번 장역시 소스 코드와 함께 실습을 하면서 진행하도록 하겠다.

1. 리스트 타입^{List Type}

필자 앞에 동전을 담아 놓은 주머니가 4개 있다고 가정해 보자. 모든 주머니는 똑같은 모양새를 하고 있는데 주머니들을 왼쪽에서 오른쪽으로 차례대로 위치한 다음, 좌측부터 각 주머니에 담겨 있는 동전을 세는 프로그램을 작성해 보기로 하자. 이때, 각각 주머니의 동전 개수를 어떻게 저장할 수 있을까?

그림 5.1 다른 개수의 동전이 들어 있는 주머니들

지금까지 배워본 바로는 각 주머니에 해당하는 변수를 선언해야 한다. 가령, pocket1, pocket2, pocket3, pocket4와 같이 이름을 지을 수도 있다. 하지만 파이썬에서는 이런 식으로 반복된 형태의 데이터를 하나의 집합 단위로 동일한 변수에 순차적으로 저장하게 하고 여러 메소드로 다양한 기능을 제공하는 데이터 타입을 제공하고 있다. 이번 절에서 살펴볼 '리스트 타입'이 바로 그것이다.

1.1 리스트 타입 선언 및 색인

리스트 타입은 **여러 값을 동일한 변수에 순차적으로 저장할 수 있는 용도**로 사용한다. 다른 프로그래밍 언어에서는 **배열**Array이라고 불리기도 한다. 리스트 타입은 리스트 안의 값들을 쉼표 기호(,)로 구분하고 대괄호([ ])로 감싸는 것이 특징으로 다음 소스 코드를 함께 참고해 보자.

```
1  >>> pockets = [4, 6, 1, 9]    # 4개의 숫자 타입을 가진 리스트 타입 선언
2  >>> pockets                    # 리스트 타입 변수 값 확인
3  [4, 6, 1, 9]
4  >>> type(pockets)              # 'pockets' 변수의 타입 확인
5  <class 'list'>
```

이와 같이 4개의 주머니에 들어있는 동전의 개수를 'pockets'이라는 변수에 순차적으로 넣은 것이 바로 리스트 타입이다. 이렇게 리스트 타입으로 정의된 데이터는 순차적으로 저장되어 있는 특징을 살려서 여러 가지 방식으로 제어를 할 수 있다.

그림 5.2 리스트 타입인 'pockets' 변수에 들어가 있는 숫자들

위와 같이 선언된 리스트 타입 데이터는 자동으로 **색인**index이 생긴다. 파이썬에서 제공하는 기본 색인은 0부터 시작하여 정수 형태로 숫자가 올라간다. 가령, 위에서 선언한 'pockets' 변수의 리스트 타입인 경우는 4개의 값이 들어가 있으니 색인은 0부터 3까지이다. 또한, 끝에서부터 역으로 −1부터 −4까지 사용하는 음수형 색인도 존재한다. 다음 그림은 리스트의 양수 및 음수의 색인을 나타내고 있다.

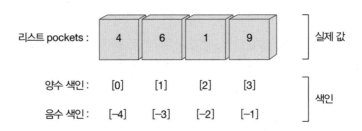

그림 5.3 리스트 타입인 'pockets'의 색인과 값

다음과 같이 변수명 우측에 대괄호를 붙이고 대괄호 안에 색인 값을 넣으면 해당 색인 값을 호출할 수 있다.

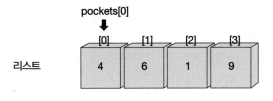

그림 5.4 리스트 첫 번째 값 확인

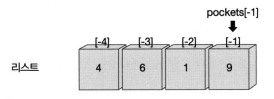

그림 5.5 리스트 마지막 값 확인

문자열의 길이를 확인하기 위한 len( ) 함수는 리스트 타입의 길이를 확인하는 데에도 사용된다.

```
1  >>> len(pockets)
2  4
```

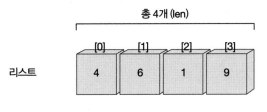

그림 5.6 리스트 길이 구하기(len)

초보 프로그래머들이 많이 하는 실수 중에 하나가 색인의 시작이 1이 아닌 0부터 시작하기 때문에 색인을 잘못 사용하는 것이다. 검색하고자 하는 값이 N 번째라면 색인은 항상 N−1이다. 하지만 마지막 값을 확인하기 위한 색인에 실수를 하는 경우가 많다. 가령, 아래와 같은 경우이다.

```
1  >>> pockets[4]
2  Traceback (most recent call last):
3      File "<pyshell#62>", line 1, in <module>
4          pockets[4]
5  IndexError: list index out of range
```

그림 5.7 리스트 인덱스 오류

바로, 에러가 발생하는 것을 볼 수 있다. 마지막 줄의 에러 내용을 번역하면 다음과 같다.

색인에러 : 리스트 색인이 범위를 벗어났습니다.

1.2 리스트 타입 데이터 변경하기

리스트 타입은 값을 변경할 수 있는(Mutable) 데이터 타입이다. 그렇기 때문에 리스트 타입은 특정 위치의 값을 변경하거나, 새로운 값을 추가하거나, 제거할 수도 있다. 다음 소스 코드와 도식을 함께 살펴보자. 각 줄의 주석문을 통해 명령문에 대한 상세한 설명을 확인할 수 있다.

```
1  >>> pockets                          # 리스트 확인
2  [4, 6, 1, 9]
```

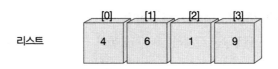

그림 5.8 리스트 값 확인

```
1  >>> pockets[0] = 5          # 첫 번째 값 변경
2  >>> pockets                 # 리스트 확인
3  [5, 6, 1, 9]
```

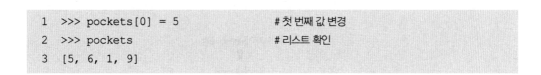

그림 5.9 리스트 특정 색인의 값 변경

1.2.1 리스트 항목 추가하기 : append( ) 함수

append( )는 리스트의 끝에 값을 추가한다.

```
1  >>> pockets.append(7)       # 특정 값 추가하기
2  >>> pockets                 # 리스트 확인
3  [5, 6, 1, 9, 7]
```

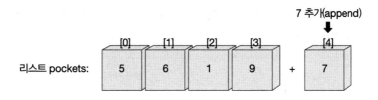

그림 5.10 리스트 값 추가(append)

1.2.2 리스트 항목 제거하기 : remove( ) 함수

remove( )는 리스트 내의 특정값을 삭제하는 데 사용한다.

```
1   >>> pockets.remove(1)          # 특정 값 제거하기
2   >>> pockets                    # 리스트 확인
3   [5, 6, 9, 7]
```

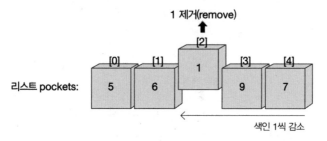

그림 5.11 리스트 특정 값 제거(remove)

1.2.3 리스트 항목 삽입하기 : insert( ) 함수

insert( )는 색인을 사용하여 특정 위치에 값을 삽입하는 데 사용한다.

```
1   >>> pockets.insert(1, 3)       # 두 번째 색인(1)에 3 삽입
2   >>> pockets                    # 리스트 확인
3   [5, 3, 6, 9, 7]
```

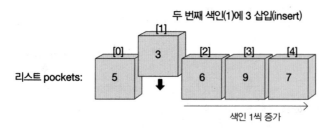

그림 5.12 리스트 특정 값 삽입(insert)

1.2.4 리스트 항목 추출하기 : pop( ) 함수

pop( )은 색인을 활용하여 특정 위치의 값을 제거하는 용도로 사용한다. 제거함과 동시에 해당 값을 반환하는 것이 특징이다.

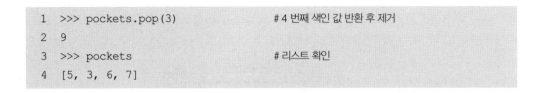

```
1  >>> pockets.pop(3)        # 4 번째 색인 값 반환 후 제거
2  9
3  >>> pockets               # 리스트 확인
4  [5, 3, 6, 7]
```

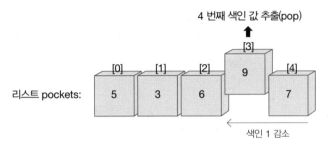

그림 5.13 리스트 특정 색인 값 확인 후 제거(pop)

인자 값이 없는 경우는 마지막 위치의 값을 반환 후 제거한다. 특정 위치의 값을 확인함과 동시에 제거하는 경우에 사용한다.

1.3 리스트 타입 데이터 자르기

파이썬에서의 리스트 기능 중 리스트를 자르는 방법이 무척 재미있다. 다른 언어에 비해서 훨씬 단순하고 쉽게 리스트를 자를 수 있다. 리스트 타입 변수명 우측의 대괄호 안에 숫자와 콜론 기호 (:)를 이용하여 자르면 된다.

> ## 변수명 [start : end]
> ↳ 리스트 타입 변수의 start 색인부터 end −1 색인까지 자르세요.

그림 5.14 리스트 자르기 사용법

직접 실행해 보자. 위의 pockets을 현재 들어가 있는 값의 두 번째 값부터 세 번째 값까지 리스트를 잘라 보자.

```
1  >>> pockets[1:3]                      # pockets[1]부터 pockets[2]까지 자르기
2  [3, 6]
```

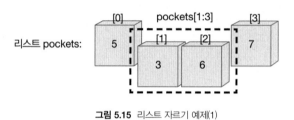

그림 5.15 리스트 자르기 예제(1)

콜론 기호의 양쪽에는 숫자를 쓰지 않을 수도 있다. 좌측에 숫자를 쓰지 않는 경우는 리스트의 시작부터 자르라는 의미이며 우측에 숫자를 쓰지 않는 경우는 리스트의 끝까지 자르라는 의미이다. 다음 예제를 실행해 보자.

```
1  >>> pockets[:3]                       # 처음부터 pockets[2]까지 자르기
2  [5, 3, 6]
```

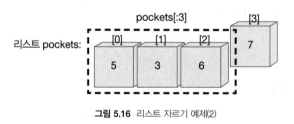

그림 5.16 리스트 자르기 예제(2)

```
1  >>> pockets[-2:]                      # pockets[-2]부터 끝까지 자르기
2  [6, 7]
```

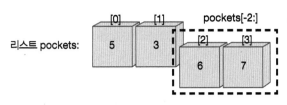

그림 5.17 리스트 자르기 예제(3)

1.4 리스트 타입 복사하기

이번에는 양쪽 모두에 숫자가 없는 경우를 보자. 이런 경우를 말로 풀어 보자면 '리스트의 시작부터 끝까지 자르라'는 의미이다. 다시 말하면 리스트 전체를 '복사'하기 위한 용도인 셈이다. 그렇다면 전체 리스트를 복사해야 하는 경우는 어떤 경우일까? 그냥 pockets라는 변수를 쓰면 되지 않을까?

이 개념을 이해하기 위해서 객체의 개념을 다시 떠올려야 한다. 다음 소스 코드와 함께 이해해 보도록 하자. pockets_copy라는 이름의 신규 변수를 선언한 다음 기존 pockets의 값을 넣은 뒤 아이템 하나를 추가하는 소스 코드이다.

```
1  >>> pockets                        # 현재 값 확인
2  [5, 3, 6, 7]
3  >>> pockets_copy = pockets         # 신규 변수 생성 및 기존 리스트 대입
4  >>> pockets_copy.append(1)         # 신규 변수에 1 추가
5  >>> pockets_copy                   # 신규 변수 값 확인
6  [5, 3, 6, 7, 1]
```

마지막 결과 값을 보면 예상한대로 값이 출력되는 것을 확인할 수 있다. 그렇다면 pockets의 값은 어떻게 될까? 결과 값을 확인하기 전에 잠시 고민해 보고 다음 보기 중 하나를 선택해 보자.

1) [5, 3, 6, 7]
2) [5, 3, 6, 7, 1]

정답을 확인하기 위해 다음 코드를 작성하여 실행해 보자.

```
1  >>> pockets                    # 기존 변수 값 확인
2  [5, 3, 6, 7, 1]
```

정답은 2)번이다. 무슨 일이 벌어진걸까? 신규 변수 생성 코드를 다시 한번 보자.

```
3  >>> pockets_copy = pockets     # 신규 변수 생성 및 기존 리스트 대입
```

변수는 물리적인 저장 공간을 제공하는 것이 아니라 데이터가 위치한 메모리상의 주소를 알기 쉽게 표현한 이정표라고 하였다. 이 소스 코드는 pockets의 값을 pockets_copy로 복사하는 것이 아니라 pockets라는 변수의 메모리 주소 위치를 pockets_copy에 알려 주고 있는 소스 코드이다. 어느 정도 익숙해진 개발자들도 많이 헷갈려 하는 부분이다.

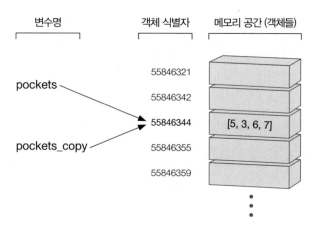

그림 5.18 신규 변수의 기존 객체 참조 예시

그럼 두 변수의 객체 식별자를 확인해 보자. 파이썬 기본 내장 함수인 id( ) 함수를 써 보겠다. 다음 소스 코드를 실행해 보자.

```
1  >>> id(pockets)                # 기존 변수 객체 식별자 확인
2  55846344
3  >>> id(pockets_copy)           # 신규 변수 객체 식별자 확인
4  55846344
```

이와 같이 두 변수의 객체 식별자가 동일한 것을 알 수 있다.

그럼 우리가 원하는 대로 리스트를 실제로 복사 해 보자. 리스트를 복사하여 새로운 객체에 값을 넣어 보겠다.

```
1  >>> pockets_real_copy = pockets[:]        # 신규 변수 생성 및 pockets 복사
2  >>> pockets_real_copy.append(9)           # 신규 변수에 9 추가
3  >>> pockets_real_copy                     # 신규 변수 값 확인
4  [5, 3, 6, 7, 1, 9]
5  >>> pockets                               # 기존 변수 값 확인
6  [5, 3, 6, 7, 1]
```

이제 원하는 대로 동작이 되어 진정한 복사가 이루어졌다. 두 변수의 객체 식별자도 함께 확인해 보자. id( ) 함수를 사용해 보겠다.

```
1  >>> id(pockets)                           # 기존 변수 객체 식별자 확인
2  55846344
3  >>> id(pockets_real_copy)                 # 신규 변수 객체 식별자 확인
4  55842504
```

서로 다른 객체 식별자를 가지고 있는 것을 확인할 수 있다. 마지막으로 도식으로 표현해 보자.

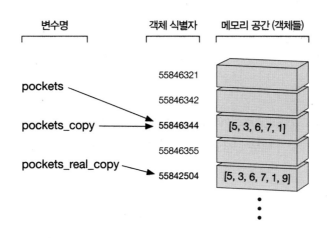

그림 5.19 리스트 복사를 통한 신규 변수의 신규 객체 참조 예시

조금 복잡할 수 있겠지만 반드시 이해하고 넘어가야 하는 내용이다. 이렇게 변수와 실제 데이터 주소와 값, 객체의 관계는 프로그래밍 언어마다 차이가 나는 부분이 많다. 오히려 파이썬으로 처음 프로그래밍을 시작하는 독자라면 이해가 더 쉬울 듯하다. 위와 비슷한 예를 하나 더 들어 보도록 하겠다.

1.5 리스트 타입 데이터 합치기 & 확장하기

리스트는 더하기 연산자(+) 기호를 통해 두 개의 리스트를 하나로 합치는 기능을 제공한다. 다음 소스 코드를 통해 두 개의 리스트를 합친 다음에 각각의 객체 식별자를 확인해 보도록 하겠다.

```
1    >>> a = [1, 2, 3]              #a 리스트 생성
2    >>> b = [4, 5, 6]              #b 리스트 생성
3    >>> c = a + b                  #c 리스트 생성
4    >>> a                          #a 리스트 값 확인
5    [1, 2, 3]
6    >>> b                          #b 리스트 값 확인
7    [4, 5, 6]
8    >>> c                          #c 리스트 값 확인
9    [1, 2, 3, 4, 5, 6]
10   >>> id(a)                      #a 객체 식별자 확인
11   59202184
12   >>> id(b)                      #b 객체 식별자 확인
13   59201992
14   >>> id(c)                      #c 객체 식별자 확인
15   59202120
```

a 리스트와 b 리스트 그리고 a 리스트와 b 리스트를 합친 c 리스트의 객체 식별자가 모두 다른 것을 확인할 수 있다. 그렇기 때문에 서로의 값이 전혀 변경되지 않은 것을 볼 수 있다.

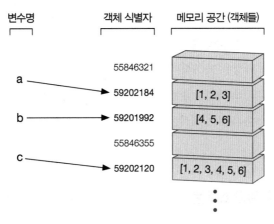

그림 5.20 리스트 두 개를 더한 (+) 결과

만약 객체를 새로 생성하지 않고 a 리스트에 b의 값을 그대로 붙여 넣고 싶다면 어떻게 하면 될까? 리스트의 메소드인 extend( ) 함수를 활용하면 가능하다. 다음 소스 코드를 함께 보자.

```
1  >>> a.extend(b)          # a 리스트 확장
2  >>> a                    # a 리스트 값 확인
3  [1, 2, 3, 4, 5, 6]
4  >>> id(a)                # a 객체 식별자 확인
5  59202184
```

객체 식별자 변경 없이 b 리스트의 값이 a 리스트의 객체에 추가된 것을 확인할 수 있다.

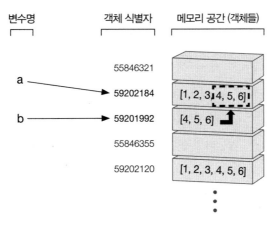

그림 5.21 리스트 1개에 다른 리스트 1개를 확장(extend)한 결과

이처럼 c 리스트와 같이 객체를 새로 생성할 필요가 없는 상황이라면 a 리스트를 확장하는 것이 **메모리를 효율적으로 사용하는 방법 중 하나**라고 할 수 있다. 이러한 작은 습관 하나 하나가 결국 프로그램 전체의 성능에 영향을 미치게 된다. 리스트 복제와 확장을 통해 설명한 변수와 객체, 메모리와 관련된 사항은 리스트 타입뿐만이 아니라 파이썬의 모든 데이터 타입에 영향을 미치는 사항이므로 반드시 기억을 하고 넘어 가자.

1.6 리스트 삭제를 위한 del문

마지막으로 파이썬의 기본 내장 함수 중에 리스트의 항목 제거에 사용이 가능한 del문을 짚고 넘어가도록 하겠다. del문은 리스트의 아이템을 삭제할 때 색인 값을 인자 값으로 넘겨 준다. 리스트 메소드인 pop( )과의 차이점은 해당 색인의 값을 반환하지 않는 것에 있다. 또한, 인자 값으로 리스트의 일부분을 줄 수가 있다. 다시 말하자면 위에서 살펴본 리스트를 자르기 위한 용도로 사용한 콜론 기호와 색인을 함께 활용하면 리스트의 일부분을 삭제할 수도 있다.

```
1    >>> a                        # 리스트 값 확인
2    [1, 2, 3, 4, 5, 6]
3    >>> del a[0]                 # 리스트 첫 번째 값 삭제
4    >>> a                        # 리스트 값 확인
5    [2, 3, 4, 5, 6]
6    >>> del a[1:3]               # 리스트의 두 번째부터 세 번째까지 값 제거
7    >>> a                        # 리스트 값 확인
8    [2, 5, 6]
9    >>> del a[:]                 # 리스트 전체 값 삭제(빈 리스트 만들기)
10   >>> a                        # 리스트 값 확인
11   []
```

위와 같이 del문은 리스트 내의 여러 항목을 함께 삭제하는 데 유용하게 사용할 수 있다. 만약 이 리스트가 더 이상 사용되지 않는다면 변수 자체를 삭제할 수도 있다. 해당 변수를 삭제하면 다시 호출할 수가 없다.

```
1  >>> del a                    # 변수 삭제
2  >>> a                        # 리스트 값 확인
3  Traceback (most recent call last):
4      File "<pyshell#128>", line 1, in <module>
5          a
6  NameError: name 'a' is not defined
```

위의 예제에서 삭제 된 a 변수를 다시 호출하려고 하니 'a'라는 이름이 정의되지 않았다는 이름 오류가 발생하는 것을 확인할 수 있다. del문의 또 다른 사용법에 대해서는 추후에 다시 다루도록 할 예정이다.

파이썬은 이번 절에서 살펴본 리스트의 메소드 중 append( ), remove( ), insert( ), pop( ), extend( ) 이외에도 여러 메소드를 제공하고 있다. 전체 리스트 메소드를 확인하고 싶다면 다음 링크를 방문해 보도록 하자.

https://docs.python.org/3.7/tutorial/datastructures.html#more-on-lists

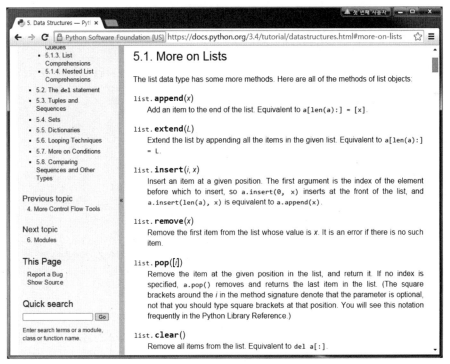

그림 5.22 리스트 타입 메소드 종류

2. 리스트 타입의 다양한 쓰임새

앞 절에서는 리스트의 항목이 모두 숫자 타입인 경우만을 살펴보았는데 리스트의 항목에는 어떠한 데이터 타입이라도 들어갈 수가 있다. 문자열 타입도 예외는 아니다. 다음 소스 코드를 살펴보자.

```
1  >>> programming = ['Python', 'Java', 'C++']    # 문자열 타입으로 이루어진 리스트
                                                     선언
2  >>> programming                                # 리스트 값 확인
3  ['Python', 'Java', 'C++']
```

또한, 동일 리스트라 하더라도 서로 다른 데이터 타입을 넣을 수도 있다.

```
1  >>> programming.append(100)      # 리스트에 숫자 타입 100 추가
2  >>> programming.append(3.14)     # 리스트에 실수 타입 3.14 추가
3  >>> programming                  # 리스트 값 확인
4  ['Python', 'Java', 'C++', 100, 3.14]
```

리스트를 제어하는 방법은 앞 절에서 살펴본 것과 같다.

리스트는 리스트 자체를 항목으로 갖는 '중첩 리스트'가 가능하다. 가령, 2차원 행렬을 표현하고 싶은 경우 다음과 같이 선언하여 사용이 가능하다.

```
1  >>> nest = [[1, 2, 3], [4, 5, 6], [7, 8, 9]]
2  # 3 x 3 2차원 행렬을 중첩 리스트로 선언
3  >>> nest                         # 리스트 값 확인
4  [[1, 2, 3], [4, 5, 6], [7, 8, 9]]
5  >>> nest[0]                      # 리스트 첫 번째 항목 값 확인
6  [1, 2, 3]
7  >>> nest[0][0]                   # 리스트 첫 번째 항목의 첫 번째 항목 확인
8  1
```

위의 소스 코드를 도식화한다면 다음 그림과 같다. nest라는 변수는 3 개의 리스트를 가지고 있으며 각 리스트는 세 개의 숫자를 가지고 있는 모양이다.

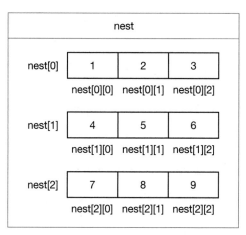

그림 5.23 중첩 리스트 예시(3 x 3 행렬)

이번에는 문자열 타입으로 선언된 데이터 자체를 색인으로 제어하는 방법을 알아보도록 하겠다. 파이썬의 문자열 타입 데이터는 자동으로 각 글자에 색인이 매겨진다. 앞에서 살펴본 리스트와 같이 첫 글자의 색인은 0으로 시작하고, 마지막 글자는 문자열 크기보다 하나 적은 숫자로 색인이 매겨진다. 다음 예제를 살펴보자.

```
1  >>> word = '파이썬 문자열 색인'          # 문자열 타입 데이터 선언
2  >>> word[0]                          # 첫 글자 값 확인
3  '파'
4  >>> word[-1]                         # 마지막 값 확인
5  '인'
```

특별히 리스트 타입으로 선언하지 않았지만 문자열 타입 자체를 대괄호와 색인을 가지고 값을 추출할 수가 있다. 물론, 색인을 잘못 넣는 경우에는 다음처럼 색인 에러가 나타난다.

```
1  >>> word[10]                                    # 색인 범위가 벗어난 값 호출
2  Traceback (most recent call last):
3      File "<pyshell#102>", line 1, in <module>
4          word[10]
5  IndexError: string index out of range
```

현재 주어진 문자열은 10이며 마지막 색인은 9이어야 하나 이 범위를 벗어난 10 위치의 값을 호

출하려다 보니 색인 에러가 발생했다. 다음 표는 해당 문자열의 색인과 값을 보여 주고 있다.

문자열	파	이	썬		문	자	열		색	인
양수	0	1	2	3	4	5	6	7	8	9
음수	−10	−9	−8	−7	−6	−5	−4	−3	−2	−1

[표 5.1] 문자열 word의 양수, 음수 색인 표

이러한 색인을 통하여 문자열을 제어하는 것은 파이썬만의 큰 장점이다. 가령, 자바로 특정 문자열을 색인 처리하여 첫 글자와 마지막 글자를 출력하는 예제를 한번 만들어 보자.

```
1   // 자바에서 문자열 색인 출력 하는 예제
2   String word = "Java Programming";                    // 문자열 선언
3   char[] charArray = word.toCharArray();               // 문자열 배열화
4   System.out.println(charArray[0]);                    // 첫 번째 문자 출력
5   System.out.println(charArray[charArray.length - 1]); // 마지막 문자 출력
```

얼핏 보더라도 복잡해 보인다. 문자열을 선언한 다음 색인 처리를 하기 위해 문자형 배열로 변경하고, 첫 번째 문자와 마지막 문자를 출력하고 있다. 색인에 음수가 들어가는 것은 불가능하며 무조건 양수로 계산하여 넣어 줘야 한다.

문자열 타입의 일부를 추출하는 데에도 리스트의 자르기 기능을 활용할 수 있다. 앞 절에서 살펴본 것과 크게 다르지 않으며, 리스트의 항목 하나 하나가 문자열 타입의 글자 하나 하나와 연결이 된다.

```
1   >>> word[:3]              # 문자열 처음부터 3번째 글자까지 자르기
2   '파이썬'
3   >>> world[4:]            # 문자열 5번째 글자부터 마지막 글자까지 출력
4   '문자열 색인'
5   >>> world[-2:]           # 문자열 끝에서 2번째 글자부터 끝까지 출력
6   '색인'
```

이러한 문법은 문자열을 여러 가지 형태로 자르는데 유용하게 사용되며 무척 간결하고 쉽다. 이번엔 자바에서 문자열을 자르는 예제를 살펴보자.

```
1    // 자바에서 문자열 자르는 예제
2    String word = "Java Programming";        // 문자열 선언
3
4    // 문자열의 첫 글자부터 4번째 글자까지 출력
5    System.out.println(word.subSequence(0, 4));
6
7    // 문자열의 4번째 글자부터 끝까지 출력
8    System.out.println(word.subSequence(5, word.length()));
9
10   // 문자열 끝에서 두 번째 글자부터 끝까지 출력
11   System.out.println(word.subSequence(word.length() - 2, word.
     length()));
```

역시나 파이썬의 예제와 사뭇 다르며 복잡하다. 파이썬에서는 대괄호([ ])안에 간단한 구문을 통해 쉽게 자를 수 있었으나 자바의 경우는 문자열의 메소드 subSequnece( )를 호출하여 자르려고 하는 문자열의 명확한 양수 색인 값을 명확하게 할당해야 한다. 문자열의 길이를 확인하기 위해 word.length( )라는 메소드를 호출하여 계산에서 활용하고 있는 것을 볼 수 있다. 대부분의 언어들은 이런 형식을 벗어나지 못한다.

이번에는 'word' 문자열의 마지막 두 글자인 '색인'을 '추출'로 바꿔 보겠다. 리스트의 자르기 문법을 활용하여 색인을 명시한 다음 값을 바꿔 보려고 하였으나 다음과 같이 에러가 발생하는 것을 볼 수 있다.

```
1    >>> word[-2:]                            # 문자열 끝에서 2번째부터 끝까지의 값 확인
2    '색인'
3    >>> word[-2:] = '추출'                    # 동일 위치 값 변경 시도
4    Traceback (most recent call last):
5        File "<pyshell#105>", line 1, in <module>
6            word[-2:] = '추출'
7    TypeError: 'str' object does not support item assignment
```

혹시 이유를 눈치 챘는가? 앞 장에서 문자열 타입은 값을 변경할 수 없는, 즉 Immutable한 데이터 타입이라고 언급한 것을 기억한다면 원인을 바로 알 수 있을 것이다. 문자열 타입 자체는 값을 변경할 수 없기 때문에 위와 같이 오류가 발생하였으며 마지막 줄의 오류 메세지는 다음과 같이 해석할 수 있다.

"TypeError: 'str' object does not support item assignment
타입 에러: 문자열 타입 객체는 항목 값을 변경할 수 없습니다."

그렇다면 원래의 목적대로 끝의 '색인'이라는 값을 '추출'로 바꾸려면 어떻게 해야 할까? 동일한 객체상에 이미 존재하는 값 자체를 바꾸는 방법은 존재하지 않는다. 새로운 객체를 생성하여 원하는 값을 집어 넣어야 하는데 다음 소스 코드는 변수명을 그대로 유지하고 값을 변경한 예제이다.

```
1   >>> word                            # 변수 값 확인 (변경 전)
2   '파이썬 문자열 색인'
3   >>> id(word)                        # 변수 객체 식별자 확인
4   59222608
5   >>> word = word[:-2] + '추출'         # 신규 객체 생성 및 기존 변수 대입
6   >>> word                            # 변수 값 확인 (변경 후)
7   '파이썬 문자열 추출'
8   >>> id(word)                        # 변수 객체 식별자 확인 (변경)
9   59222800
```

다섯 번째 줄의 명령문인 word = word[:-2] + '추출'에서 새로운 객체가 생성되어 기존 변수에 대입되는 것을 확인할 수 있다. 이와 같이, 리스트 타입 자체는 변경할 수 있는 데이터 타입이지만 변경할 수 없는 데이터 타입인 문자열에 의해 자동으로 생긴 리스트는 값을 마음대로 변경할 수 없다. 중요한 차이점이니 꼭 기억해 두기 바란다.

마지막으로 비어 있는 리스트를 만드는 법을 확인하고 넘어가도록 하겠다. 빈 리스트는 변수에 대괄호 기호([ ])를 넣거나, list( ) 함수를 호출하는 방법이 있다. 빈 리스트는 리스트를 사용하기 전에 초기화하는 용도로 사용된다. 다음 예제를 끝으로 이번 절을 마무리 하도록 하겠다.

```
1   >>> empty_list_1 = []               # 빈 리스트 생성
2   >>> type(empty_list_1)              # 데이터 타입 확인
3   <class 'list'>
4   >>> len(empty_list_1)               # 리스트 길이 확인
5   0
6   >>> empty_list_2 = list()           # 빈 리스트 생성
7   >>> type(empty_list_2)              # 데이터 타입 확인
8   <class 'list'>
9   >>> len(empty_list_2)               # 리스트 길이 확인
10  0
```

3. 튜플 타입^{Tuple type}

지금까지 우리는 리스트 타입과 문자열 타입을 통해서 색인을 활용하는 방법과 리스트/문자열 자르기 등 다양한 기본 기능들을 살펴볼 수 있었다. 이 두 데이터 타입은 파이썬의 대표적인 열거형 데이터 타입인 셈이다. 이번 절에서는 또 하나의 대표적인 열거형 데이터 타입인 튜플 타입을 살펴보도록 하겠다.

튜플 타입을 한 단어로 표현한다면 '**변경할 수 없는(Immutable) 리스트 타입**'이라고 말할 수 있다. 지난 절에서 살펴본 바와 같이 변경할 수 없는 문자열 타입이 자동으로 색인이 매겨진다는 의미는 결국, 문자열 타입의 데이터는 문자로 이루어진 튜플 타입과도 같다고 말할 수 있다.
그렇다면 어떤 경우에 변경이 가능한 리스트 타입을 사용하고, 변경이 불가능한 튜플 타입을 사용할까? 사실 두 데이터 타입은 서로 다른 상황과 목적에 의해 사용되고 있다. **리스트 타입**은 일반적으로 '**동일한**^{homogeneous} **데이터 타입**'으로 이루어진 항목들을 리스트 내에서 순차적으로 추출하는 용도로 사용되는 반면에 **튜플 타입**은 일반적으로 '**서로 다른 종류**^{heterogeneous}**의 데이터 타입**'으로 이루어진 항목들을 변수에 바로 풀어 쓰는 언패킹^{Unpacking} 혹은 색인을 매기는 용도로 사용한다. 언패킹의 개념은 조금 뒤에 다뤄 보겠다. 이해를 돕기 위해서 소스 코드와 함께 살펴보도록 하겠다.

튜플 타입은 리스트 타입과 같은 방식으로 각각의 항목을 쉼표 기호(,)로 구분하지만 대괄호 기호([ ])가 아닌 소괄호 기호(( ))로 감싸거나 아예 감싸지 않는 방법으로 선언한다. 어떤 방법으로 생성하더라도 변수의 출력 결과는 소괄호 기호로 감싸져 있다.

```
1    >>> movie = '슈퍼맨II', 1980, '배트맨', 1989          # 튜플 생성
2    >>> movie                                            # 튜플 값 확인
3    ('슈퍼맨II', 1980, '배트맨', 1989)
4    >>> movie[1]                                          # 튜플 2 번째 값 확인
5    1980
6    >>> movie[-2:]                                        # 튜플 끝에서 2번째 값부터 끝까지 자르기
7    ('배트맨', 1989)
8    >>> movie[1] = 1982                                   # 튜플 2 번째 값 변경 시도(형 오류 발생)
9    Traceback (most recent call last):
10       File "<pyshell#6>", line 1, in <module>
11           movie[1] = 1982
12   TypeError: 'tuple' object does not support item assignment
```

리스트와 무척 흡사하다. 대신, 첫 번째 줄에서 알 수 있듯이 항목들을 감싸는 대괄호 기호가 보이질 않는다. 그리고, 항목 값들이 문자열 타입과 숫자 타입의 데이터가 섞여 있다. 물론, 리스트 타입도 여러 데이터 타입을 하나의 리스트에 넣을 수는 있지만 통상적으로 이런 형태의 데이터는 튜플 타입에서 많이 사용한다고 볼 수 있다. 또한, 8번째 줄에서 특정 위치의 값을 변경하려고 하니 다음과 같이 오류가 발생하는데 이 오류는 앞 절에서 문자열 타입 일부를 변경하려고 할 때 발생한 오류와 같은 유형이다. 해당 메세지의 상세 내용은 아래와 같다.

TypeError: 'tuple' object does not support item assignment
(형 오류: '튜플' 객체는 항목의 값을 변경할 수 없다)

튜플 자체는 변할 수 없는(Immutable) 데이터 타입이지만 튜플의 항목에는 변할 수 있는(Mutable) 데이터 타입이 포함될 수 있다. 가령, 튜플의 항목에 변할 수 있는 데이터 타입인 리스트 타입 데이터를 넣어 보자.

```
1   >>> t2 = [1, 2, 3], [4, 5, 6]          # 리스트 2개로 이루어진 튜플 선언하기
2   >>> t2                                  # 튜플 값 확인
3   ([1, 2, 3], [4, 5, 6])
4   >>> t2[0]                               # 튜플 첫 번째 항목 값 확인
5   [1, 2, 3]
6   >>> t2[0] = [7, 8, 9]                   # 튜플 첫 번째 항목 값 변경 시도 (오류)
7   Traceback (most recent call last):
8       File "<pyshell#24>", line 1, in <module>
9           t2[0] = [7, 8, 9]
10  TypeError: 'tuple' object does not support item assignment
11  >>> t2[0][0] = 7                        # 튜플 첫 항목인 리스트의 첫 번째 값 변경
12  >>> t2                                  # 튜플 값 확인
13  ([7, 2, 3], [4, 5, 6])
```

6번째 줄에서 튜플의 항목 자체를 변경하려고 시도할 때 오류가 발생했지만 11번째 줄에서와 같이 튜플의 항목인 리스트 안의 값을 변경하는 것은 가능하다는 것을 확인할 수 있다. 조금 혼란스러울 수도 있겠지만 "파이썬은 모든 것이 객체다"라는 것을 다시 한번 떠올리면 쉽게 이해가 될 것이다.

튜플은 변할 수 없는 데이터 타입이지만 튜플의 항목으로 포함되어 있는 객체(리스트)의 데이터 타입이 변경이 가능한 데이터 타입이라면 해당 객체 내의 값은 변경이 가능하다.

주의하세요! ▶ **빈 튜플 혹은 항목이 하나 있는 튜플 생성 시 문법 주의**

여러분이 만약 항목이 없거나 하나만 있는 튜플을 생성해야 한다면 다음에 나오는 문법을 꼭 기억해야 한다. 파이썬의 튜토리얼에서는 이 방식이 무척 별나고 못 생겼으나 무척 효과적이라고 표현하고 있다. 비어 있는 튜플을 만드는 경우에는 소괄호 기호(( ))를 사용하거나 tuple( ) 함수를 사용하면 되며 하나만 있는 경우에는 항목 뒤에 콤마 기호(,)를 반드시 붙여야 한다.

```
1   >>> empty = ()                    # 빈 튜플 생성. ( ) 대신 tuple( ) 사용 가능
2   >>> type(empty)                   # 데이터 타입 확인
3   <class 'tuple'>
4   >>> len(empty)                    # 튜플 길이 확인
5   0
6   >>> singleton = '안녕하세요',       # 항목이 하나인 튜플 생성 (콤마 필수!)
7   >>> type(singleton)               # 데이터 타입 확인
8   <class 'tuple'>
9   >>> len(singleton)                # 튜플 길이 확인
10  1
11  >>> test = ('안녕하세요')           # 콤마 없이 항목 하나인 튜플 생성 시도
12  >>> type(test)                    # 데이터 타입 확인(문자열 타입임)
13  <class 'str'>
14  >>> len(test)                     # 길이 확인(문자열 길이 반환)
15  5
```

필자는 개인적으로 항목이 하나인 튜플 생성 방식은 그리 선호하는 방법은 아니다. 자칫 하면 실수 할 가능성이 높은 문법이므로 꼭 기억해 두어야 하겠다.

이번에는 패킹Packing과 언패킹Unpacking에 대해 알아 보자. 이 기능 역시 단순하면서도 무척 유용한 기법이다. 이번 절의 첫 예제 코드의 변수 선언문을 다시 살펴보자.

```
1   >>> movie = '슈퍼맨II', 1980, '배트맨', 1989        # 튜플 생성(Packing)
```

movie라는 변수에는 4개의 서로 다른 데이터 타입이 하나의 튜플로 포장이 되었다. 이 개념을 튜플 패킹이라고 한다.

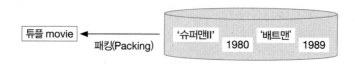

그림 5.24 튜플 패킹 개념

반대로 다음 소스 같이 튜플을 항목별로 각각 풀어서 할당하는 개념을 튜플 언패킹이라고 한다.

```
1  >>> a, b, c, d = movie          # 튜플 항목별 할당(Unpacking)
2  >>> a
3  '슈퍼맨II'
4  >>> b
5  1980
6  >>> c
7  '배트맨'
8  >>> d
9  1989
```

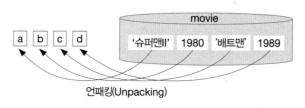

그림 5.25 튜플 언패킹 개념

이런 식으로 값을 활용하는 경우 튜플은 무척 유용한 데이터 타입이 될 수 있다. 언패킹을 수행할 때는 좌측의 변수 개수가 튜플 내의 항목 개수와 반드시 일치해야 하니 기억해 두기 바란다.

마지막으로 변경할 수 없는 튜플 타입을 리스트 타입으로 타입 변환을 하여 변경을 하고자 하는 경우가 있을 수 있다. 이런 경우 튜플 타입을 리스트 타입으로 타입 변환을 해 주는 list( ) 함수를 활용하면 된다. 반대인 경우는 tuple( )이다. 다음 소스 코드를 통해 값을 확인해 보자.

```
1  >>> movie_list = list(movie)              # 튜플 → 리스트 타입 변환
2  >>> type(movie_list)                      # 데이터 타입 확인
3  <class 'list'>
4  >>> movie_list                            # 데이터 값 확인(대괄호 기호 확인)
5  ['슈퍼맨II', 1980, '배트맨', 1989]
6  >>> tuple(movie_list)                     # 리스트 → 튜플 타입 변환(소괄호 기호 확인)
7  ('슈퍼맨II', 1980, '배트맨', 1989)
```

지금까지 튜플 타입에 대해 알아보았다. 리스트와 무척 흡사하지만 변경할 수 없다는 특징이 있다. 그렇다면 언제 튜플 타입을 사용할 수 있을까? 튜플 타입은 리스트 타입에 비해 제공하고 있는 메소드나 기능에 제약이 많다. 아무래도 변경이 되지 않기 때문에 리스트 타입에서 제공하는 항목 추가/삭제, 리스트 자르기와 같은 다양한 기능들이 필요 없는 것이다. 이런 단순함은 성능적인 측면에서 보았을 때 오히려 이점을 가져다 준다. 단순하기 때문에 더 빠른 것이다. **여러분이 열거형 데이터에 대해서 변경할 필요가 없다고 판단이 되면 튜플 타입을 사용하는 것이 리스트 타입을 사용하는 것보다 더 성능이 좋은 프로그래밍을 하는 방법**이다.

4. 세트 타입 Set Type

파이썬은 다른 프로그래밍 언어와 마찬가지로 세트 타입을 제공하고 있다. 데이터 구조에서 세트 타입의 특징은 리스트 타입이나 튜플 타입과 같이 **색인에 의한 순서가 없으며 중복이 허용되지 않는 데이터들의 집합**이라고 할 수 있다. 데이터 순서는 중요하지 않고, 중복된 데이터를 허용할 수 없는 상황이라면 세트 타입이 안성맞춤이다. 가령 필자가 속한 팀의 팀원들이 사용할 수 있는 프로그래밍 언어가 몇 가지가 있는지 조사한다고 가정해 보자. 프로그래밍 언어가 무척 다양하지만 대부분 인기가 많은 프로그래밍 언어는 중복이 되게 마련이다. 이런 경우 세트 타입 데이터에 각 팀원들이 선호하는 프로그래밍 언어들을 넣으면 결국 중복된 결과 없이 우리 팀 인력들이 몇 가지의 프로그래밍 언어를 사용할 수 있는지 쉽게 확인할 수 있다.

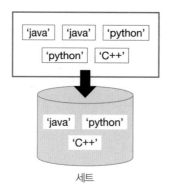

그림 5.26 세트 타입 사용 예시

세트 타입의 표기법은 리스트 타입이나 튜플 타입과 같이 쉼표로 구분된 항목을 중괄호 기호({ })로 감싸는 형태로 되어 있다. 세트 타입의 생성은 지금까지 살펴본 다른 데이터 타입과는 다르게 set( ) 함수를 통해서만 생성할 수 있다. 중괄호 기호만을 사용하여 생성할 수 없다는 뜻이다. 왜냐하면 다음 절에서 배울 다른 데이터 타입(사전 타입)의 초기화 방법과 중복되기 때문이다. 그럼 세트 타입에 대한 예시를 소스 코드와 함께 살펴보자.

```
1   >>> lang = {'java', 'java', 'python', 'C++', 'python'}   # 세트 타입 생성
2   >>> lang                           # 세트 타입 값 확인 (중복 제거 확인)
3   {'python', 'C++', 'java'}
4   >>> 'java' in lang                 # 항목 존재 유무 확인
5   True
6   >>> 'javascript' in lang           # 항목 존재 유무 확인
7   False
```

세트 타입을 생성하여 값을 확인해 보니 중복된 값이 자동으로 삭제되고 한 개씩 표기되는 것을 확인할 수 있다. 또한 4, 6번째 줄의 'in' 키워드를 통해 좌측의 값이 세트 안에 포함 유무를 True/False로 반환하는 것을 확인할 수 있다. 이 'in'의 용법은 세트 타입 뿐만이 아니라 리스트 타입이나 튜플 타입에도 활용이 가능하다.

주의하세요! 빈 세트 타입 생성은 반드시 set( ) 함수로만 가능하다.

앞에서 살펴본 리스트 타입은 대괄호 기호, 튜플 타입은 소괄호 기호만으로도 각각의 값이 없는 데이터 타입을 생성할 수 있었는데 세트 타입을 표현하는 중괄호 기호({ })로는 빈 세트 타입을 생성할 수 없다. 이는 다음 절에서 살펴볼 사전 타입의 생성 문법과 중복되기 때문으로 빈 세트 타입만은 반드시 set( ) 함수로만 생성이 가능하다는 것을 기억하기 바란다.

세트 타입은 재미있게도 수학 집합에서의 합집합, 교집합, 차집합, 여집합 등을 구하는 데에도 유용하게 사용된다. 그럼 수학적 집합 연산을 위한 예제를 살펴보자. 파이썬 공식 튜토리얼의 예제를 도식과 함께 살펴보도록 하자.

(출처 : https://docs.python.org/3.7/tutorial/datastructures.html#sets)

```
1   >>> a = set('abracadabra')          # 세트 타입 변환을 통한 중복 문자 제거
2   >>> b = set('alacazam')
3   >>> a                                # 세트 타입 변환을 통한 중복 문자 제거
4   {'a', 'r', 'b', 'c', 'd'}
5   >>> a - b                            # a에만 존재하는 문자(차집합)
6   {'r', 'd', 'b'}
7   >>> a | b                            # a와 b의 합집합
8   {'a', 'c', 'r', 'd', 'b', 'm', 'z', 'l'}
9   >>> a & b                            # a와 b의 교집합
10  {'a', 'c'}
11  >>> a ^ b                            # a와 b의 여집합 (합집합 - 교집합)
12  {'r', 'd', 'b', 'm', 'z', 'l'}
```

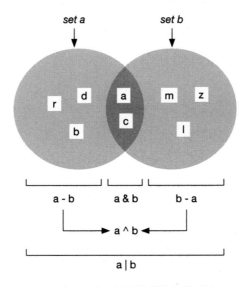

그림 5.27 세트 타입 집합 연산자 사용 예시

이와 같이 세트 타입은 이름에서 알 수 있듯이 수학에서의 집합에서 배웠던 여러 개념들을 적용하기에 적합한 데이터 타입이며 특히, 어떤 특정 값이 어떤 집합의 구성 요소인지 아닌지를 확인하는 용도로도 무척 유용하다.

5. 사전 타입Dictionary Type

또 하나의 무척 유용한 파이썬의 데이터 타입인 사전 타입을 살펴보도록 하자. 다른 프로그램 언어에서는 일반적으로 맵Map이라고 부른다. 리스트 타입이나 튜플 타입처럼 자동으로 정수 타입 색인이 매겨지는 것과는 다르게 사전 타입은 숫자 타입이나 문자열 타입과 같이 변경할 수 없는 (Immutable) 데이터 타입으로 개발자가 정의한 키Key에 의해 색인이 매겨진다. 튜플 역시도 튜플이 가지고 있는 항목들이 모두 변경할 수 없는 데이터 타입(문자열 타입, 숫자 타입 혹은 튜플 타입)인 경우 키로 활용할 수 있다. 다시 말하자면 튜플이 만약 변경이 가능한 리스트 타입과 같은 데이터 타입을 튜플 내의 항목으로 가지고 있다면 키로 활용이 불가능하다. 키는 실제 값을 찾기 위한 색인이기에 마음대로 변경할 수 없어야 한다.

한마디로 사전 타입을 정의하자면 **'전체 항목이 정렬되지 않은 키(Key)와 값(Value)의 쌍으로 구성된 집합'**이라고 할 수 있다. 표기법은 한 쌍의 키와 값을 '키:값' 형태로 중간에 콜론 기호(:)를 사용하여 표기하며, 각 쌍은 쉼표 기호(,)로 구분한 뒤 전체 집합은 중괄호 기호({ })로 감싸는 형태이다. 값을 추출할 때는 리스트 타입과 같이 대괄호와 색인을 활용한다. 한 바구니에 여러 색의 공들이 들어 있다고 가정하고, 색별로 공의 개수를 사전 타입으로 표현해 보도록 하자. 다음 소스 코드를 도식과 함께 살펴보자.

```
1  >>> balls = {'red': 4, 'blue': 3, 'green': 5}      # 사전 타입 생성
2  >>> balls                                          # 사전 타입 값 확인
3  {'blue': 3, 'red': 4, 'green': 5}
4  >>> type(balls)                                    # 데이터 타입 확인
5  <class 'dict'>
6  >>> len(balls)                                     # 사전 타입 길이 확인
7  3
```

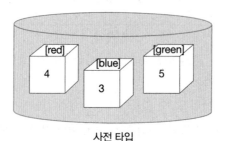

사전 타입

그림 5.28 사전 타입 활용 예시

첫 번째 줄에서 키가 색이고 값은 공의 개수로 표기한 세 쌍으로 구성된 사전 타입을 생성하였다. 키와 값이 콜론으로 구성되어 있는 것을 확인할 수 있다. 데이터 타입은 dict이며 길이는 쌍의 개수인 3인 것을 확인할 수 있다.

사전 타입의 값의 추가 및 삭제도 단순하다. 다음 소스 코드를 주석과 함께 확인해 보자. 주석의 항목은 '키:값'의 쌍을 말한다.

```
1  >>> balls['black'] = 1                    # 검은 공 항목 추가
2  >>> balls                                 # 사전 값 확인 (검은 공 추가)
3  {'blue': 3, 'red': 4, 'green': 5, 'black': 1}
4  >>> del balls['green']                    # 녹색 공 항목 제거
5  >>> balls                                 # 사전 값 확인 (녹색 공 제거)
6  {'blue': 3, 'red': 4, 'black': 1}
```

첫 번째 줄과 같이 색인에 신규 키를 집어 넣고 값을 대입하면 사전 타입에 항목이 늘어나게 된다. 반대로 삭제하기 위해서는 4번째 줄과 같이 파이썬 기본 내장 함수인 del 함수를 활용할 수 있다. 신규 키로 생각하고 값을 집어 넣었는데 이미 존재하는 키인 경우에는 어떻게 동작할까? 이런 경우에는 예전의 값을 지우고, 새로운 값이 들어가게 된다. 덮어쓰기Overwrite라고도 한다. 다음 소스 코드를 함께 보자.

```
1  >>> balls['black'] = 3                    # 기존 검은색 공 값 변경
2  >>> balls                                 # 사전 값 확인 (검은색 공 1 → 3 변경)
3  {'blue': 3, 'red': 4, 'black': 3}
```

해당 사전의 키들만 추출하고 싶을 때는 사전 타입 메소드인 keys( )를 활용하면 된다. 그리고 해당 키들을 정렬하고 싶다면 파이썬 기본 내장 함수인 sorted( )를 활용하면 된다. 참고로 아래 출력 결과의 순서는 매번 다를 수 있다. 해당 사전의 값들만 호출하는 메소드 역시 존재한다. values( )를 활용하면 된다.

```
1  >>> list(balls.keys())                    # 사전 키 추출 후 리스트 타입으로 전환
2  ['blue', 'red', 'black']
3  >>> sorted(balls.keys())                  # 사전 키 추출 후 오름차순 정렬
```

```
4   ['black', 'blue', 'red']
5   >>> list(balls.values())          # 사전 값 추출 후 리스트 타입으로 전환
6   [3, 4, 3]
```

사전 타입에 특정 키 값의 존재 유무를 확인하는 경우도 있다. 앞 절에서 세트 타입에서도 살펴보았듯이 'in' 키워드를 활용하면 된다. 반대 상황으로 존재하지 않는 경우를 확인할 때는 'not in' 키워드를 사용하면 된다.

```
1   >>> 'blue' in balls               # 키 존재 유무 확인
2   True
3   >>> 'white' not in balls          # 키 누락 유무 확인
4   True
```

마지막으로 사전 타입으로의 타입 변환을 위한 dict( ) 함수를 살펴보겠다. 사전 타입은 다른 리스트 타입, 튜플 타입, 세트 타입과 같이 값만 존재하는 것이 아니라 키가 반드시 존재해야 하기 때문에 다른 데이터 타입과는 사용법이 다르다. 만약 다음과 같이 리스트 안의 항목들이 키와 값의 쌍으로 이루어진 튜플들이라고 가정하였을 때 사전 타입으로 변경이 가능하다.

```
1   >>> dict([('brown', 3),('gray', 7)])
2   # 리스트 안의 항목이 키와 값의 쌍으로 이루어진 튜플인 경우
3   {'brown': 3, 'gray': 7}
4   >>> dict(brown=3, gray=7)
5   # 키가 단순한 문자열인 경우, dict 함수의 인자 값 형태로 진행
6   {'brown': 3, 'gray': 7}
```

만약 여러분이 표기하고자 하는 데이터가 1, 2, 3과 같이 순차적인 숫자 타입으로는 구분이 힘들고, 원하는 키로 값을 찾고자 할 때 사전 타입이 바로 답이라고 할 수 있다. 하지만 색인을 숫자로 충분히 할 수 있는데도 불구하고 단지 이해를 쉽게 하기 위해 숫자 타입 값을 색인으로 넣는 경우가 종종 있다는 사실을 기억하고 있어야 한다. 숫자 모양의 문자열 타입으로 잡아 놓을 수도 있다. 하지만 이는 성능상에 불이익을 가져 온다. **열거형으로 나열되어 있는 색인을 활용하는 것이 개발자가 직접 정의한 색인(키)을 활용하는 것보다 검색 속도가 훨씬 빠르다는 뜻이다.** 여러분의 데이터가 단순히 나열된 숫자로도 충분히 색인이 가능한 데이터라면 사전 타입보다는 리스트 타입이나 튜플과 같은 데이터 타입을 쓰는 것이 더 효율적이라는 점을 명심하자.

6. Wrap-up

이번 장에서는 여러 데이터 구조를 제공할 수 있는 데이터 타입들에 대해 확인해 보았다. 리스트 타입을 시작으로 해서 튜플 타입, 세트 타입, 사전 타입이 그것이다. 다음은 각 데이터 타입에 대한 선언 예시이이므로 이번 장에서 배운 내용을 정리해 보자.

```
1  >>> # 리스트 생성 예제, 변경 가능, 중복 허용
2  >>> pockets = [4, 6, 1, 9]
3  >>> # 튜플 생성 예제, 변경 불가, 중복 허용
4  >>> movie = '슈퍼맨II', 1980, '배트맨', 1989
5  >>> # 세트 생성 예제, 변경 가능, 중복 불가
6  >>> color = {'red', 'red', 'blue', 'green', 'blue'}
7  >>> # 사전 타입 생성 예제, 변경 가능, 중복 불가
8  >>> balls = {'red': 4, 'blue': 3, 'green': 5}
```

지난 장과 이번 장까지 파이썬에서 제공하는 대표적인 데이터 타입에 대해 알아보는 시간을 가졌다. 이 내용은 앞으로 파이썬으로 프로그래밍을 할 때 시도 때도 없이 사용해야 하는 개념이니 반드시 숙지하고 넘어가야 한다. 외우지 말고 이해를 하려고 노력해 보면 쉽게 기억할 수 있을 것이다. 그리고 본문 중간 중간에 했던 조언들까지 내 것으로 만들어 보자.

다음 장부터는 프로그래밍의 제어를 위한 제어문 처리 방법에 대해 알아보고, 이번 절에서 제어문 학습 전이기 때문에 하지 못한 이야기들을 이어서 진행해 보겠다.

{ CHAPTER 06 }

제어문 다루기

이번 장에서는 파이썬의 제어문을 다뤄 보도록 하겠다. 파이썬의 제어문은 다른 프로그래밍 언어와 마찬가지로 특정 조건에 의해 분기하는 if문, 특정 횟수만큼 반복하는 for문, 특정 조건을 만족할 때까지 반복하는 while문 등을 제공하면서 특정 범위의 리스트를 반환하는 range문이나 아무런 동작을 하지 않는 pass문과 같은 독특한 제어문을 제공하기도 한다 그럼 하나씩 살펴보도록 하자.

이번 장에서는 IDLE를 대화형 방식이 아니라 파일 실행 방식으로 활용하고자 한다. IDLE를 실행한 다음 〈Ctrl〉 + 〈N〉 키를 눌러서 새로운 파일을 열어서 소스 코드를 작성하고 〈F5〉 키를 눌러서 소스 코드를 실행하는 방식으로 진행해 보자. 잘 기억이 나지 않는 독자들은 2장 4절의 IDLE 소개 내용을 다시 한번 확인하기 바란다.

1. if문

특정 조건에 따라 분기를 하기 위해 제공되는 제어문이 바로 조건문인 if문이다. if문은 단독적으로 사용할 수도 있고 if – else가 짝을 이루어 사용하는 경우에는 조건이 참일 때는 if문을 수행하고, 그렇지 않은 경우에는 else문을 수행한다. 만약 조건이 여러 개인 경우 if – elif – else문이 짝을 이루며, if문과 else문 사이에 elif문으로 여러 조건을 개수 제한 없이 표기할 수 있다. elif의 의미는 'else if'와 같은 의미이다.

실습하기에 앞서 조건문을 이해하기 위한 간단한 시나리오를 만들어 보겠다. 시나리오의 구현을 위하여 3장에서 살펴본 파이썬의 표준 입력문인 input( )과 표준 출력문인 print( )를 활용하겠다. 첫 번째 시나리오는 횡단보도 신호등의 기호를 구분하는 시나리오로 여러분이 횡단보도를 건너기 위해 신호를 확인하고 있고 파란색 신호와 빨간색 신호 2가지만 있다고 가정해 본다. 건너기에 앞서 여러분은 다음과 같이 생각을 하게 된다.

'지금 신호가 파란색인가? 빨간색인가?'

이것이 바로 '조건'이다. 필자가 파이썬 소스 코드로 작성할 시나리오는 다음과 같다.

"사용자로부터 색을 문자열로 입력받은 뒤 파란색인지 빨간색인지 확인하여 결과를 출력하세요."

1.1 if – else문 사용 예제

구현에 앞서 본 시나리오를 도식화하여 이해해 보도록 하겠다. 다음의 순서도를 함께 살펴보자.

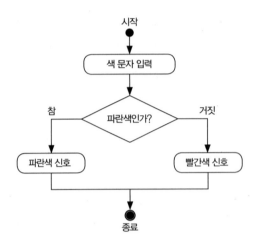

그림 6.1 조건문 시나리오 순서도

무턱대고 머리에 있는 개념을 소스로 옮기기 전에 이와 같이 머리 속에 있는 개념을 도식으로 그려 보는 것은 무척 좋은 습관이다. 이 도식을 소스 코드로 옮겨 보면 다음과 같다. 여러분도 직접한 줄 한 줄 따라서 작성해 보기 바란다.

[소스 코드 6-1] if_else.py

```
1   signal_color = input("색을 영문으로 입력하세요: ")          # 색 입력 요청
2
3   if signal_color == 'blue':                              # 파란색인 경우
4       print("신호등은 파란색입니다. 건너세요.")
5   else:                                                   # 빨간색인 경우
6       print("신호등은 빨간색입니다. 기다리세요.")
```

첫 번째 줄에서는 input( ) 함수를 통하여 입력받은 문자를 'signal_color'에 대입하여 저장하고 있다.

3번째 줄에서는 입력받은 문자가 파란색(blue)인지 확인하고 있는데 이게 이번 시나리오의 '조건'이다. 이때 값이 동일한지를 확인하기 위해 **두 개의 등호 기호(==)**가 쓰여졌다. 이 조건이 참이면 해당 if문에 기술한 소스 코드가 실행된다. if문에 속한 소스 코드의 시작은 콜론 기호(:)이다. 앞으로 if문에 속한 소스 코드는 동일한 숫자의 들여쓰기에 의해 하나의 묶음이 된다. 이를 블록문이라고 한다.

4번째 줄이 바로 블록문의 일부이다. 이번 예제는 무척 단순하기 때문에 블록문에 한 줄의 명령문만이 존재한다. 이 명령문은 4개의 스페이스바로 이루어진 들여쓰기 이후에 표준 출력문을 통해 입력한 문자가 파란색임을 나타내고 있다. 친절하게도 건너도 된다는 메세지를 전달하고 있다.

만약 3번째 줄의 조건이 거짓, 즉 입력받은 문자가 파란색(blue)이 아닌 경우에 어떻게 동작할까? 이럴 때는 if문의 블록문을 실행하지 않으며 다음 조건문으로 넘어간다. 이런 경우에 5번째 줄의 else문을 수행하게 된다.

5번째 줄의 else문은 앞서 실행한 조건문이 거짓으로 판명되었을 때 실행된다. 그렇다 보니 단독으로 사용할 수 없으며 반드시 앞에 if문이 존재해야 한다. 그리고 앞에서 실패한 경우에 실행되는 개념이기 때문에 조건을 명시할 필요가 없다. 또한, if문이 있다고 해서 반드시 else문을 기술할 필요는 없다. 하지만, 프로그램은 항상 개발자의 의도 대로만 동작되지 않을 가능성이 있기 때문에 if문을 사용하는 경우에는 반드시 else문을 작성하는 것이 좋다.

위 설명을 통해 if – else문 작성법에 대한 이해가 되리라 본다. 간단하게 도식으로 정리해 보자. 그림 6.2의 박스 중 실선으로 된 박스는 반드시 지켜야 하는 문법을 의미하며 점선 박스는 언제든지 변경할 수 있는 영역임을 뜻한다. 들여쓰기 박스 안은 스페이스 바 4칸으로 채워져 있음에 유의하자.

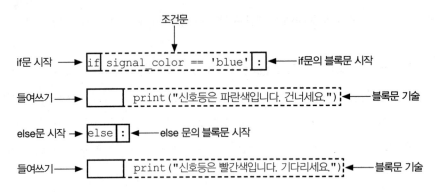

그림 6.2 if – else문 작성 방법 정리

자, 그럼 〈F5〉 키를 눌러 소스 코드를 실행해 보자. 파일의 저장 위치는 어디가 되어도 상관 없다. 선호하는 위치에 기억하기 쉽게 저장하기 바란다. 실행을 하면 파이썬 쉘에서 다음과 같이 문자를 입력하라는 메세지가 출력된다.

```
Python 3.7.2 Shell
File  Edit  Shell  Debug  Options  Window  Help
Python 3.7.2 (tags/v3.7.2:9a3ffc0492, Dec 23 2018, 23:09:28) [MSC v.1916 64 bit
(AMD64)] on win32
Type "help", "copyright", "credits" or "license()" for more information.
>>>
========== RESTART: D:\python_programming\Chapter06\6-1.if_else.py ==========
색을 영문으로 입력하세요: |
```

그림 6.3 소스 실행 결과

필자는 파란색을 의미하는 'blue'를 입력해 보겠다. 입력 후 〈Enter〉 키를 눌러 본다.

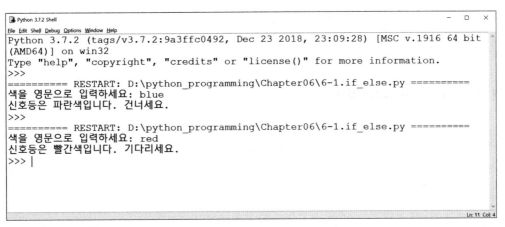

그림 6.4 ʻblueʼ 입력 예시

이번에는 빨간색을 의미하는 ʻredʼ를 입력해 보자. 다시 소스 입력 창에서 〈F5〉 키로 소스 코드를 실행시킨 뒤 파이썬 쉘에서 ʻredʼ를 입력한 뒤 〈Enter〉 키를 눌러 보자.

그림 6.5 ʻredʼ 입력 예시

예상대로 동작한다. 하지만, 이 조건문에는 문제가 있어 보인다. 이번에는 노란색을 의미하는 ʻyellowʼ를 입력해 보자.

```
File  Edit  Shell  Debug  Options  Window  Help
색을 영문으로 입력하세요: blue
신호등은 파란색입니다. 건너세요.
>>> ============================ RESTART ============================
>>>
색을 영문으로 입력하세요: red
신호등은 빨간색입니다. 기다리세요.
>>> ============================ RESTART ============================
>>>
색을 영문으로 입력하세요: yellow
신호등은 빨간색입니다. 기다리세요.
>>> |
                                                                    Ln: 15 Col: 4
```

그림 6.6 'yellow' 입력 예시

노란색을 의미하는 'yellow'를 입력하였으나, 여전히 빨간색을 입력했을 때와 같은 메세지가 출력되고 있다. 이는 else문 자체가 앞서 수행된 if문이 실패하는 경우에 무조건 실행이 되기 때문이다. 조건을 조금 더 복잡하게 할 필요가 있다.

1.2 if – elif – else문 예제

파란색과 빨간색을 명확하게 조건문에 표기하고 두 색이 아닌 경우에는 알지 못하는 색이라고 출력해 보자. 다음과 같이 순서도를 조금 변경해 본다.

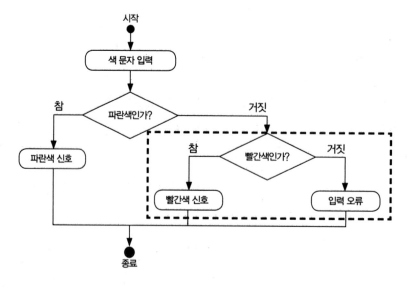

그림 6.7 개선된 조건문 시나리오 순서도

조건이 하나 더 추가되었다. 파란색이 아닌 경우 빨간색임을 다시 확인하고, 빨간색도 아닌 경우에는 입력 오류 메세지를 띄우려고 한다. 그럼 소스 코드를 바꿔 보자.

[소스 코드 6-2] if_elif_else.py

```
1    signal_color = input ("색을 영문으로 입력하세요: ")          # 색 입력 요청
2
3    if signal_color == 'blue':                                   # 파란색인 경우
4        print ("신호등은 파란색입니다. 건너세요.")
5    elif signal_color == 'red':                                  # 빨간색인 경우
6        print ("신호등은 빨간색입니다. 기다리세요.")
7    else:                                                        # 모르는 색인 경우
8        print ("잘못된 색입니다.")
```

5번째 줄에 elif문이 등장한다. 이는 순서도와 같이 if절의 조건이 거짓인 경우에 실행될 두 번째 조건을 표기한다. 이때, 빨간색인지 확인하여 빨간색이면 6번째 줄의 출력문을 실행한다.

7번째 줄의 else문은 이전의 else문보다 더 본연의 역할에 맞는 역할을 하고 있다. 이 else문은 위에서 수행한 if문, elif문이 모두 실패한 경우에 실행된다. 마지막 줄의 출력문에서 값을 잘못 입력하였다는 메세지를 담아 보았다.

그럼 이제 실행해 보자. 3차례 실행하면서 'blue', 'red', 'yellow'를 차례대로 입력해 보자.

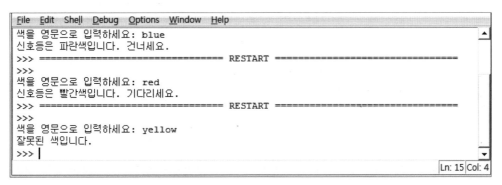

그림 6.8 개선된 if – elif – else문 수행 결과

예상했던 대로 동작한다. 마지막에 수행된 else문은 'blue', 'red'를 제외한 모든 문자열에 대해 동작할 것이다. 만약 조건이 더 추가되면 elif문을 늘릴 수 있다.

1.3 중첩 if문 예제

마지막으로 중첩된 if문을 살펴보자. 중첩이라 함은 if문 안에 또 다른 if문을 뜻한다. 이런 중첩은 블록문 안의 또 다른 블록문으로 표현할 수 있다. 시나리오를 조금 바꿔 보자. 이번엔 파란색인 경우 횡단보도를 건널지, 말지 여부를 묻는 경우를 더해 보겠다.

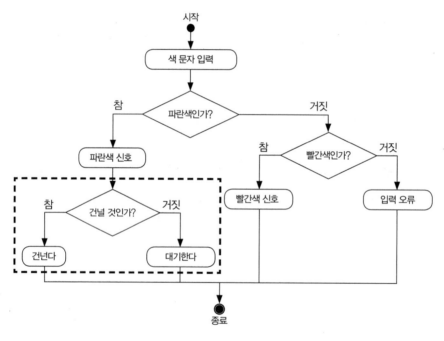

그림 6.9 중첩 조건문 시나리오 순서도

파란색을 입력한 경우 하나의 조건문이 더 등장하고 있다. 이런 경우는 소스 코드를 어떻게 작성해야 할까? 크게 어렵지 않다. 분기를 한 다음에 실행될 블록문 안에 또 다른 if-else문을 집어 넣으면 된다. 대신, 한 단계 깊은 블록문이 생기니 좌측의 들여쓰기를 2배, 즉 스페이스 8개를 넣는 부분에 유의해야 한다. 다음 소스 코드를 좌측 들여쓰기 부분에 주의해서 보도록 하자. 점선 박스

부분이 들여쓰기 부분이다.

[소스 코드 6-3] nest_if_else.py

```
1    signal_color = input('색을 영문으로 입력하세요: ')        # 색 입력 요청
2
3    if signal_color == 'blue':                              # 파란색인 경우
4        print('신호등은 파란색입니다. 건너세요.')
5
6        is_pass = input('건널 준비가 되었나요? (yes/no)')      # 건널 준비가 되었는지 확인
7        if is_pass == 'yes':                                # 준비가 된 경우
8            print('건너겠습니다!!')
9        else:                                               # 준비가 안된 경우
10           print('다음 번에 건너겠습니다.')
11
12   elif signal_color == 'red':                             # 빨간색인 경우
13       print('신호등은 빨간색입니다. 기다리세요.')
14   else:                                                   # 모르는 색인 경우
15       print('잘못된 색입니다.')
```

반드시 들여쓰기 부분은 일정한 간격을 유지해야 하며 필자의 소스 코드는 스페이스 바 4개가 하나의 블록문을 표기하기 위한 들여쓰기 단위로 지정되어 있다. 위 소스의 8번째와 10번째 라인의 두 단계 블록문의 들여쓰기는 스페이스 바 8개로 이루어진다. 그럼 이제 실행해 보자. 이번엔 2회 실행하도록 하겠다. 첫 번째에는 'blue'를 입력한 뒤 'yes'를 입력할 것이고 두 번째에는 'blue'를 입력한 뒤 'no'를 입력해 보겠다.

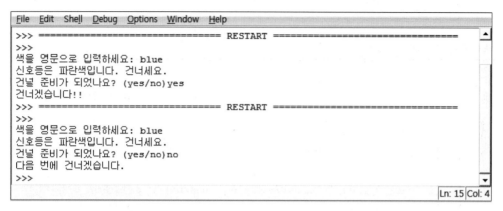

그림 6.10 중첩된 if문 2회 실행 예제

파이썬에서는 동일 블록문 내에서의 들여쓰기는 반드시 동일해야 한다는 간단하면서도 명료한 규칙을 매우 엄격하게 따르게 되어 있다. 만약 들여쓰기를 실수하면 어떻게 될까? 앞에서도 다룬 적이 있지만 들여쓰기 오류가 발생하여 소스 자체를 실행할 수 없게 되니 항상 일정한 들여쓰기를 하도록 습관을 가져야 한다.

지금까지 살펴본 중첩 방식은 if문 뿐만이 아니라 모든 제어문과 다른 소스에도 적용된다. 가령, 다음 절에서 살펴볼 while문이나 for문 등에도 똑같이 적용되니 반드시 기억하기 바란다.

> **tip 파이썬에 switch-case문 부재**
>
> 다른 언어에 대한 경험이 있는 독자라면 반복되는 여러 조건문을 접하였을 때 switch-case문을 떠오를 수 있는데 파이썬에서는 특이하게도 switch-case문을 제공하지 않는다. 파이썬 커뮤니티에서는 이런 경우에 if – elif – else문으로 작성해야 된다고 가이드하고 있다. 필자 생각으로는 파이썬의 문법을 최소화하려는 노력에 의한 결과라고 생각된다.

조건문의 참과 거짓은 4장에서 살펴본 논리 타입과 밀접한 관계가 있다. 결국 참은 Ture라는 논리 타입 데이터를, 거짓은 False라는 논리 타입 데이터를 얻어서 분기하는 개념이다. 혹시 앞서 살펴본 내용이 기억이 나오지 않는 독자들은 다시 한번 살펴보고 돌아오기 바란다.

2. while문

위 시나리오를 실행하다 보니 파란색과 빨간색 이외에 다른 값을 입력하는 경우도 있다는 사실을 알았다. 물론, 다른 색을 입력하는 경우도 있었지만 오타가 나는 경우가 있을 수도 있다. 그래서 위 시나리오에 한 가지 시나리오를 더 붙이려고 한다.

"잘못된 값을 입력한 경우 재입력 요청을 한 뒤 처음부터 다시 실행하세요."

순서도를 다음과 같이 바꿔 보도록 하자.

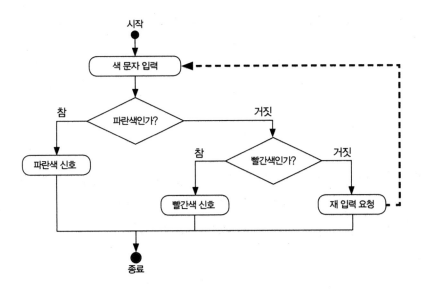

그림 6.11 while문 시나리오 순서도

입력받은 문자가 파란색도 아니고 빨간색도 아니면 다시 처음으로 돌아가 소스 코드를 반복 하고 있다. 이와 같이 **특정 조건에 만족할 때까지 반복하는 경우**를 위해 while문이 사용된다. 반복하여 문장을 수행하는 것을 영문으로 Looping(루핑)이라 하며 한 회를 Loop(루프)라고도 부른다.

위 순서도를 소스 코드에 반영해 보도록 하겠다.

```
1    signal_color = ''                                    # 변수 선언 및 초기화
2
3    while signal_color != 'blue' and signal_color != 'red':      # 반복문 시작
4
5        signal_color = input('색을 영문으로 입력하세요: ')        # 표준 입력문
6
7        if signal_color == 'blue':                        # 파란색인 경우
8            print('신호등은 파란색입니다. 건너세요.')
9        elif signal_color == 'red':                       # 빨간색인 경우
10           print('신호등은 빨간색입니다. 기다리세요.')
11       else:                                             # 모르는 색인 경우
12           print('잘못된 색입니다. 다시 입력 하세요.')
13
14   print('프로그램을 종료합니다.')                          # 반복문 종료 후 출력
```

한 줄 한 줄 살펴보자.

첫 번째 줄에는 'signal_color'라는 변수를 선언하였다. 비어 있는 문자열을 뜻하는 홑따옴표 두 개(' ')로 초기화를 하였다. 바로 다음에 수행될 while문 내의 조건에 해당 변수를 사용할 예정이기 때문에 반드시 앞서 변수를 선언해야 한다. 선언하지 않으면 에러가 발생한다.

3번째 줄에서 while문이 등장하는데 if문과 조건문을 기재하는 방식은 똑같다. while문 뒤에 한 칸 띄고 조건을 입력한 뒤 콜론 기호(:)로 while문의 블록문을 시작한다. 이번에는 조건에 두 가지 조건이 함께 기재되어 있다. 'signal_color'의 값이 파란색도 아니고, 빨간색도 아닌 경우에 while문이 실행된다. 이는 바꿔서 말하면 파란색이거나 빨간색이면 while문을 수행하지 않는다는 의미이기도 하다. 처음 시행 시에는 'signal_color'에는 비어 있는 문자열이 들어 있으니 무조건 실행이 된다.

5번째 줄부터 12번째 줄까지는 앞 절에서 살펴본 구문과 똑같다. 한 가지 다른 점은 모든 명령문이 4개의 스페이스바로 이루어진 들여쓰기가 되어 있다는 점이다. 이는 모두 while문에 속한 블록문이라는 의미이다.

14번째 줄에는 들여쓰기를 하지 않은 출력문을 보여 주고 있다. 이는 while문에 속해 있지 않기 때문에 while문의 실행이 완료된 후에 수행된다. 다시 말해서, while문의 조건이었던 입력 값이 파란색이거나 빨간색이면 볼 수 있는 출력문으로 이 출력문은 한 번만 실행된다.

지금까지 살펴본 while문 작성법을 정리하고 넘어가도록 하겠다. 다음 박스 중 실선으로 된 박스는 반드시 지켜야 하는 문법을 의미하며 점선 박스는 언제든지 변경할 수 있는 영역임을 뜻한다.

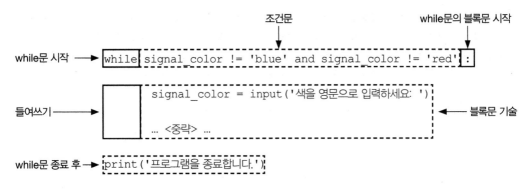

그림 6.12 while문 작성 방법 정리

자, 그럼 실행해 보도록 하자. 소스 코드 창에서 〈F5〉 키를 누른 뒤 파이썬 쉘에서 여러 색을 입력해 보자.

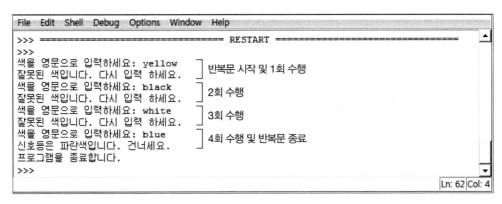

그림 6.13 while문 실행 예시

'yellow', 'black', 'white'를 입력하면 다시 입력하라는 메세지와 함께 while문의 시작 부분으로 돌아가는 것을 확인할 수 있다. while문의 시작 부분으로 돌아가면 바로 이전에 입력받은 값이 파란색인지 빨간색인지 확인하는 작업을 반복한다. 결국, 'blue'를 입력하니 프로그램이 종료되는 것을 볼 수 있다. 소스 코드에 마지막으로 기재하였던 출력문이 실행되는 것을 확인할 수 있다.

주의하세요! ▶ **무한 루프에 빠지지 않도록 주의하세요!**

while문을 잘못 작성하면 조건문을 빠져 나오지 못하는 오류로 인해 무한 루프에 빠지는 경우가 생길 수 있다. 이런 경우에는 비정상적인 방법(〈Ctrl〉 + 〈C〉 키 입력) 이외에는 프로그래밍을 종료할 수 있는 방법이 없다. 위 예제처럼 사용자의 입력을 받는 프로그램은 사용자가 입력하지 않으면 더 이상 실행이 되지 않기 때문에 크게 문제 되지 않을 수 있지만 만약 사용자의 입력과 같은 행위 없이 계속 실행만 되는 경우는 어떻게 될까? 데이터를 쌓는 형태의 소스 코드가 while문 안에 있다면 이 프로그램은 결국 컴퓨터의 모든 메모리를 다 사용하여 전체 시스템에 영향을 미치는 프로그램이 될 수도 있다. 심지어는 컴퓨터를 다운시킬 수도 있으므로 실수하지 않도록 주의하기 바란다.

3. for문

이번에는 조건의 만족 유무와 상관 없이 **특정 범위만큼 수행되는 반복문**인 for문을 살펴보도록 하겠다. 파이썬의 for문은 일반적으로 리스트 혹은 문자열과 같은 열거형 데이터 타입의 각 항목들을 순차적으로 뽑아 내는 용도로 흔히 사용된다.

소스 코드 작성을 위해 간단한 시나리오를 세워 보자. 이번에는 3색 신호등의 색을 영문으로 출력하면서 문자의 길이도 함께 출력해 보도록 하자. 3색 신호등의 색은 파란색(blue), 노란색(yellow) 그리고 빨간색(red)을 가지고 있다고 가정해 보자. 해당 색을 담고 있는 튜플을 정의한 뒤, 각 항목과 항목의 길이를 출력하는 간단한 예제를 만들어 보도록 하겠다. 다음 순서도 및 소스 코드를 살펴보자.

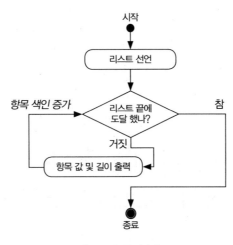

그림 6.14 for문 시나리오

[소스 코드 6-5] for.py

```
1  signals = 'blue', 'yellow', 'red'      # 3가지 색에 대한 튜플 생성
2
3  for signal in signals:                 # for문 실행
4      print(signal, len(signal))         # 튜플의 값, 길이 출력
```

한 줄씩 살펴보자. 첫 번째 줄에는 3가지 색을 항목으로 하는 튜플을 선언하였다.

3번째 줄에서 for문이 등장하는데 for문 이후에 나오는 'signal'은 블록문 내에서 사용할 변수명이다. 이는 첫 번째 줄에 선언한 튜플의 항목을 하나씩 대입하여 활용하게 된다. 이 변수명 뒤에는 'in'과 루프를 수행할 튜플의 변수명이 보이는데 이 명령문을 말로 풀어 쓰자면 다음과 같다.

"signals 열거형 데이터 타입의 항목을 하나씩 꺼내서 아래 블록문을 수행하라."

for문의 블록문 역시 콜론 기호(:)와 함께 시작되었으며 각 줄은 4개의 스페이스바의 들여쓰기 이후에 기술이 된다. 4번째 줄의 간단한 출력문이 for문의 블록문이다. 그럼 지금까지 살펴본 for

문의 문법을 다시 한번 살펴보자. for문에는 같은 줄에 for와 in이 반드시 포함되어야 한다는 것을 기억하고 그림 6.15를 참고하자. 그림에서 박스 중 실선으로 된 박스는 반드시 지켜야 하는 문법을 의미하며 점선 박스는 언제든지 변경할 수 있는 영역임을 뜻한다.

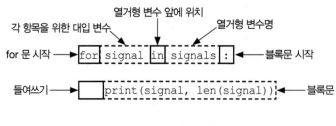

그림 6.15 for문 작성 방법 정리

자, 그럼 〈F5〉 키를 눌러서 파이썬 쉘의 실행 결과를 확인해 보자.

```
File  Edit  Shell  Debug  Options  Window  Help
>>> ============================ RESTART ============================
>>>
blue 4
yellow 6
red 3
>>> |
                                                              Ln: 72  Col: 4
```

그림 6.16 for문 실행 결과 예시

튜플에 정의하였던 세 개의 항목이 각 항목의 길이와 함께 출력되는 것을 확인할 수 있다.

4. for문과 range( ) 함수

만약 앞 절에서 살펴본 예제에서 열거형 데이터의 색인을 이용하여 반복문을 수행해야 하는 경우에는 어떻게 하면 좋을까? 파이썬은 열거형 데이터의 색인과 같이 순차적인 숫자를 활용해야 하는 경우를 위하여 **순차적인 숫자로 이루어진 리스트를 쉽게 만드는 방법**을 제공하고 있는데 파이썬 기본 내장 함수인 range( )가 그것이다. 이번 절은 파이썬 쉘에서 소스 코드를 실행하는 방식으로 실습하기 바란다.

```
1   >>> for x in range(5):        #0～4까지의 숫자를 순차적으로 x에 대입
2           print(x)              #x 값 출력
3
4   0
5   1
6   2
7   3
8   4
```

range(5)가 마치 0부터 4까지 숫자를 담고 있는 열거형 데이터와 같이 사용이 되었다. list( ) 타입 변환 함수를 활용하여 range(5) 값을 확인해 보자.

```
1   >>> list(range(5))           #리스트 타입 값 확인
2   [0, 1, 2, 3, 4]
```

생각했던 값이 나오는 것을 알 수 있다. 그렇다면 range(5) 자체가 반환하는 객체는 무슨 타입일까?

```
1   >>> type(range(5))           #range( ) 반환 값 타입 확인
2   <class 'range'>
```

흥미롭게도 새로운 데이터 타입이 나왔다. range( ) 함수는 range라는 클래스에 의해 만들어진 객체를 반환하고 있음을 알 수 있다. 이번엔 range(5)만 단독으로 입력해 보자.

```
1   >>> range(5)                 #range( ) 반환 값 확인
2   range(0, 5)
```

필자는 range( ) 함수에 인자 값을 하나만 대입했지만 출력 결과에는 인자 값이 두 개가 보인다.

여기서 첫 번째 인자 값은 시작 값, 두 번째 인자 값은 마지막 값을 표현하고 있다. 그렇기 때문에 두 표현은 같은 표현이며 시작이 0인 경우에는 첫 번째 인자 값이 생략될 수 있음을 알 수 있다. 확인하는 차원에서 다음을 보도록 하자.

```
1  >>> list(range(0, 5))          # 리스트 형 값 확인
2  [0, 1, 2, 3, 4]
```

위에서 살펴본 range(5)와 값이 같음을 알 수 있다. 이번에는 숫자 5부터 9까지 5개의 숫자로 이루어진 리스트를 만들어 보자.

```
1  >>> list(range(5, 10))         # 5 ～ 9 를 포함한 리스트 만들기
2  [5, 6, 7, 8, 9]
```

range( ) 함수에는 시작 값, 종료 값 이외에 항목 값 간의 간격을 나타나는 스텝^{Step} 역시 인자 값으로 넣을 수 있다. 세 번째 위치의 인자가 바로 스텝을 위한 것이다. 예를 들면 0부터 9까지 숫자 중 짝수만으로 이루어진 리스트를 만드는 경우 다음 소스 코드를 활용하면 된다.

```
1  >>> list(range(0, 10, 2))
2  [0, 2, 4, 6, 8]
```

range( ) 함수를 활용하면 쉽게 순차적으로 증가하는 숫자 타입 리스트를 만들 수 있으며 for문과의 조합을 통해 여러 가지 용도로 사용된다. 앞에서 설명한 신호등 예시를 다시 가져와 이번에는 값을 출력할 때 색인을 맨 앞에 출력해 보도록 하겠다.

[소스 코드 6-6] for_range.py

```
1  signals = 'blue', 'yellow', 'red'          # 3가지 색에 대한 튜플 생성
2
3  for x in range(len(signals)):              # range( ) 함수를 통한 for문 수행
4      print(x, signals[x], len(signals[x]))  # 튜플의 색인, 값, 길이 출력
```

3번째 줄에서 signals의 길이만큼 range( ) 함수를 통해 0부터 2까지 순차적으로 반복문이 실행될 수 있게 명령문을 작성하였다. 해당 값은 변수 'x'에 대입되어 블록문 내에서 활용이 가능해진다. 4번째 줄에서는 변수 'x'의 값과 함께 x를 색인으로 하는 튜플의 항목과 그 길이를 출력하고 있다.

소스 코드를 실행 해 보면 그림 6.17과 같은 결과가 나온다.

```
File  Edit  Shell  Debug  Options  Window  Help
>>> ============================= RESTART =============================
>>>
0 blue 4
1 yellow 6
2 red 3
>>>
                                                              Ln: 79 Col: 22
```

그림 6.17 for문과 range( ) 함수를 활용한 예제

range( ) 함수는 순차적으로 증가하는 숫자로 이루어진 리스트를 생성하는데 있어 무척 단순하면서도 강력한 기능을 제공한다. 또한, for문과 만났을 때의 활용성은 무척 높다고 볼 수 있다. 앞으로도 자주 등장할 예정이니 사용법에 대해 꼭 숙지하고 넘어가도록 하자.

5. 중첩 for문

이번 절에서는 for문 안에 또 다른 for문이 존재하는 중첩 for문에 대해서 알아보도록 하겠다. 다음과 같이 세 개의 행과 세 개의 열로 이루어진 2차원 행렬이 있다고 가정해 보자. 각 셀에는 1~9까지 숫자가 순차적으로 들어 있다.

1	2	3
4	5	6
7	8	9

그림 6.18 3 X 3 행렬

이 행렬을 표현하기 위해서 5장 2절에서 잠시 살펴보았던 중첩 리스트를 활용하면 되겠다. 세 개의 숫자로 이루어진 리스트를 항목으로 가지는 리스트는 다음과 같이 선언이 가능하다.

```
1    # 3x3 2차원 배열을 중첩 리스트로 선언
2    >>> nest = [[1, 2, 3], [4, 5, 6], [7, 8, 9]]
```

nest라는 3행 3열의 변수 안에 있는 각 숫자들을 차례대로 출력해 보겠다. 각 행에 대한 for문과 열에 대한 for문을 중첩하여 사용한다. 다음 예제를 보도록 하자.

```
1    >>> for x in range(3):                    # 행을 위한 바깥쪽 for문
2            for y in range(3):                # 열을 위한 안쪽 for문
3                print('nest[', x, '][', y, ']:', nest[x][y])    # 항목 출력

    nest[ 0 ][ 0 ]: 1
    nest[ 0 ][ 1 ]: 2
    nest[ 0 ][ 2 ]: 3
    nest[ 1 ][ 0 ]: 4
    nest[ 1 ][ 1 ]: 5
    nest[ 1 ][ 2 ]: 6
    nest[ 2 ][ 0 ]: 7
    nest[ 2 ][ 1 ]: 8
    nest[ 2 ][ 2 ]: 9
```

첫 번째 줄에서 행을 위한 루프문이 수행된다. 변수 x에 숫자 0부터 2까지의 숫자가 차례로 대입되며, 각 루프에 대한 블록문인 2번째 줄의 for문이 수행된다.

2번째 줄의 for문은 열을 위한 또 하나의 루프문이 수행된다. 이 또한 0부터 2까지 숫자가 차례로 변수 y에 대입하고 블록문을 수행한다. 첫 번째 줄의 행을 위한 for문 루프 1회에 2번째 줄의 열을 위한 for문 루프가 3회 수행된다.

이렇게 할당받은 변수 x와 변수 y는 3번째 줄의 출력문에 의해 화면에 출력된다. 이해를 돕기 위해 출력 포맷을 2차원 배열의 값을 호출하는 형태 (nest[x][y]: 항목 값)로 출력해 보았다.

중첩 for문을 처음 접하는 독자라면 다소 어려울 수도 있겠지만 실제로 프로그래밍을 하다 보면 무척이나 빈번하게 사용되기 때문에 반드시 이해하고 넘어가야 한다. 프로그램의 성능을 가늠할 때 이러한 중첩된 루프문들은 성능을 저해하는 주 요인이 되기도 한다. 물론 반드시 필요한 경우에는 사용을 해야 하므로 이번 절의 내용은 반드시 숙지하고 넘어가는 게 좋다.

6. break문, continue문, pass문

이번에는 앞서 살펴본 제어문들과 함께 사용되는 명령문들에 대해 살펴보도록 하겠다.

6.1 break문

break문은 제어문 수행 중에 특정한 조건에 의해 제어문에서 빠져나가는 경우에 사용한다. 수행하고 있는 조건문이나 반복문에서 탈출하는 셈이다. 이해를 돕기 위해 앞 절에서 살펴본 소스 코드를 조금 변경해 보았다. 다음 소스 코드를 IDLE의 새 파일에 입력해 보도록 하자.

[**소스 코드 6-7**] break.py

```
1   signals = 'blue', 'yellow', 'red'          # 3가지 색에 대한 튜플 생성
2
3   for x in range(len(signals)):              # range() 함수를 통한 for문 수행
4       print(x, signals[x], '루프 시작!')      # 튜플의 색인 값, 루프 시작 메세지 출력
5       if signals[x] == 'yellow':
6           break                              # 반복문 수행 종료
7       print(x, signals[x], '루프 종료!!')     # 튜플의 색인 값, 루프 종료 메세지 출력
8
9   print('프로그램 종료!!')                     # 프로그램 종료 메세지 출력
```

본 소스는 이해를 쉽게 하기 위하여 루프의 시작과 끝 부분의 메세지를 출력하였고 반복문 수행 이후에 프로그램 종료 메세지를 출력하는 예제이다.

5번째 줄에서 반복문 수행 시, 해당 루프의 signals[x] 값이 'yellow'이면 6번째 줄의 break문을 수행하게 되어 있다. 〈F5〉 키를 누른 뒤 파이썬 쉘을 확인해 보자.

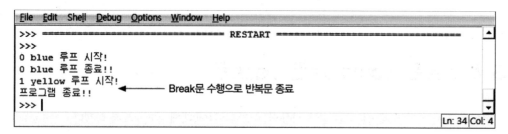

그림 6.19 break문 수행 예제

결과에서 확인할 수 있듯이 두 번째 루프를 수행하다가 break문을 만나는 시점에서 반복문이 종료 된 것을 볼 수 있다.

6.2 continue문

continue문은 수행하고 있는 루프에서 빠져 나와서 다음 루프로 넘어가는 경우에 사용한다. 앞서 살펴본 break문과 간혹 헷갈릴 수도 있지만 영어 문장의 의미를 생각해 보면 쉽게 이해할 수 있다. break문은 말 그대로 반복문을 더 이상 수행하지 않겠다는 의미고, continue문은 계속 진행하겠다는 의미이다.

[소스 코드 6-8] continue.py

```
1   signals = 'blue', 'yellow', 'red'          # 3가지 색에 대한 튜플 생성
2
3   for x in range(len(signals)):              # range() 함수를 통한 for문 수행
4       print(x, signals[x], '루프 시작!')      # 튜플의 색인 값 루프 시작 메세지 출력
5       if signals[x] == 'yellow':
```

```
6          continue                              # 루프 수행 종료
7      print(x, signals[x], '루프 종료!!')        # 튜플의 색인 값 루프 종료 메세지 출력
8
9  print('프로그램 종료!!')                        # 프로그램 종료 메세지 출력
```

앞서 살펴본 break문의 예제에서 break문을 continue로만 변경한 소스이다. 바로 실행해 보면 다음과 같은 결과를 확인할 수 있다.

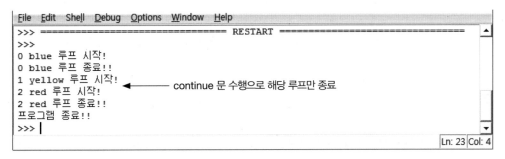

그림 6.20 continue문 수행 예제

결과에서 확인할 수 있듯이 continue문을 만나게 되면 바로 해당 루프가 종료되고 다음 루프가 실행 되었음을 알 수 있다.

6.3 pass문

pass문은 어떤 작업도 하지 않는 경우에 사용한다. 가령, 제어문이 필요한데 특정 조건에서는 특별히 취할 작업이 없거나 추후에 작업을 하기 위해 잠시 비워 두는 용도로 사용할 수 있다.

```
1   signals = 'blue', 'yellow', 'red'          # 3가지 색에 대한 튜플 생성
2
3   for x in range(len(signals)):              # range( ) 함수를 통한 for문 수행
4       print(x, signals[x], '루프 시작!')      # 튜플의 색인 값, 루프 시작 메세지 출력
5       if signals[x] == 'yellow':
6           pass                               # 아무 작업 하지 않기
7       print(x, signals[x], '루프 종료!!')     # 튜플의 색인 값, 루프 종료 메세지 출력
8
9   print('프로그램 종료!!')                      # 프로그램 종료 메세지 출력
```

이번 소스는 위 소스에서 continue를 pass로만 변경한 경우이다. 실행하면 다음과 같은 결과가
나온다.

File Edit Shell Debug Options Window Help
```
>>> =========================== RESTART ===============================
>>>
0 blue 루프 시작!
0 blue 루프 종료!!
1 yellow 루프 시작!
1 yellow 루프 종료!!
2 red 루프 시작!
2 red 루프 종료!!
프로그램 종료!!
>>>
```
Ln: 20 Col: 4

그림 6.21 pass문 수행 예제

아무런 작업이 이루어지지 않았고 마치 if문이 없는 것과 같이 동작하였다. 파이썬에서 굳이 pass
문을 제공하는 이유가 무엇일까? 위 소스에서 pass문을 지우고 소스를 실행해 보면 다음과 같은
메세지와 함께 실행이 되지 않는 것을 확인할 수 있다.

그림 6.22 pass문 없이 실행 시 오류 메세지

구문 에러가 발생하였고 들여쓰기에 의한 블록문에 문제가 있다는 메세지가 출력되었다. 앞서 몇 차례 언급하였지만 파이썬의 블록문은 들여쓰기에 의해 결정이 나며 반드시 동일한 포맷의 들여쓰기를 지켜야 하는 것이 중요한 문법의 포인트이다. 하지만 아무 것도 기술하지 않으면 블록문이 깨진 것으로 인식하기 때문에 오류 메세지가 발생하는 경우이다. 비어 있는 블록문이 필요한 경우에 pass문을 유용하게 사용할 수 있다.

7. 심화 제어문과 자료구조의 조합^{Comprehensions}

지금까지 여러분은 파이썬에서 제공하는 제어문에 대해 살펴보았다. 크게 if문, while문, for문을 살펴보았으며 range( )나 break/continue/pass문과 같이 제어문과 자주 사용되는 문법들도 살펴보았다. 파이썬은 굉장히 유용한 문법들간의 조합을 통해 다소 복잡할 수 있는 소스 코드를 쉽고 간결하게 만들어 주고 있는데 이것이 파이썬만의 큰 장점이 아닐 수가 없다. 지금부터 몇 가지 살펴보도록 하겠다.

7.1 리스트 타입

다음과 같이 0 ~ 9 사이의 숫자의 제곱 수로 이루어진 리스트를 만든다고 가정해 보자. 다음 소스 코드를 파이썬 쉘에서 하나씩 실행해 보도록 하겠다.

```
1   >>> squares = []                          # 빈 리스트 생성              [1]
2   >>> for x in range(10):                    # 0~9까지 반복문 수행
3           squares.append(x**2)               # 숫자의 제곱수를 리스트에 추가
4
5   >>> squares                                # 리스트 값 추가
6   [0, 1, 4, 9, 16, 25, 36, 49, 64, 81]
```

파이썬에서는 이런 경우 리스트 선언 시 대괄호 안에 반복문을 넣을 수 있는 문법을 제공하고 있다. 먼저 다음 소스 코드를 함께 보도록 하자.

```
1   >>> new_squares = [y**2 for y in range(10)]     # 리스트 선언          [2]
2   >>> new_squares                                  # 리스트 값 추가
3   [0, 1, 4, 9, 16, 25, 36, 49, 64, 81]
```

앞서 살펴본 코드를 모두 한 줄로 표현하고 있다. 군이 빈 리스트를 초기화한 다음에 반복문을 수행하면서 생성한 리스트에 원하는 값을 대입할 필요가 없다. 처음 나온 소스의 3번째 줄에서 값을 제곱하여 추가하기 위해 사용된 append( ) 함수의 인자 값이 두 번째 소스의 리스트 선언문의 맨 앞에 위치하고 있다. 그리고 해당 변수 값의 정의가 뒤쪽에 위치하고 있다. 그리고 첫 번째 소스의 2번째 줄에 있던 for문이 그 뒤를 잇고 있는 것을 볼 수 있다. 리스트 선언 시 대괄호 안에 원하는 반복문과 항목으로 넣을 값에 대한 공식을 집어 넣고 있다. 이러한 선언 방식은 훨씬 간결하며, 읽기 좋다. 문법에 대해 다시 한번 정리하는 차원에서 두 소스 코드를 함께 비교해 보도록 하자.

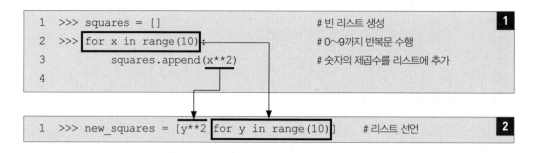

그림 6.23 리스트 선언과 제어문 조합 예제 – 1

또 하나의 장점은 리스트를 만들 때 사용하였던 변수 (x와 y)의 사용 범위에 있다. 1번 예제에서의 x와 2번 예제에서 사용했던 y의 값을 한번 확인해 보자.

```
1   >>> x
2   9
3   >>> y
4   Traceback (most recent call last):
5       File "<pyshell#10>", line 1, in <module>
6           y
7   NameError: name 'y' is not defined
8   >>>
```

1번 예제의 for문에서 사용된 x는 마지막 루프의 값이었던 9를 보유한 채 변수가 프로그램 내에 유지되고 있는 것을 확인할 수 있는 반면에 2번 예제의 리스트 선언 시 사용하였던 변수 y는 정의가 되지 않은 변수라는 에러가 발생하는 것을 확인할 수 있다.

x는 임시로 사용하였던 변수임에도 불구하고 메모리 내에 상주하고 있다는 의미이며 추후 같은 이름의 변수나 오타에 의해 해당 변수를 호출하면 문제가 발생할 소지가 있다는 것을 뜻한다. 이런 것을 한글로는 부작용, 영문으로는 사이드 이펙트Side Effect라 한다. 개발자가 전혀 의도하지 않은 코드에 의해 영향을 받아서 문제를 일으킬 수도 있는 것이다. 반면에 2번 예제와 같이 사용하면 리스트를 선언할 때에만 해당 변수가 사용되고 삭제가 되기 때문에 해당 명령문 이후에는 전혀 영향을 미치지 않게 된다. 만약 두 방법 중에 한 방법을 골라야 한다면 두 번째 방법이 프로그램 성능 및 안정성, 가독성 측면에서 더 좋은 선택이며 이런 작은 습관 하나 하나가 모여서 좋은 품질의 프로그램을 만들 수 있는 밑거름이 된다는 것을 꼭 기억해 두기 바란다.

비슷한 예제를 하나 더 살펴보도록 하겠다.
A와 B라는 두 개의 리스트가 있고, 각 리스트에는 3가지 색의 단어가 들어 있다고 가정해 보자. 한 리스트에는 파랑(blue), 노랑(yellow), 빨강(red)이 들어 있고 다른 리스트에는 빨강(red), 초록(green), 파랑(blue)이 들어 있다. 그럼 두 리스트에서 색을 하나씩 꺼내서 짝(튜플)을 이룰 때 두 색이 같지 않은 모든 경우의 튜플들로 만들어진 새로운 리스트를 하나 만들어 보자. 일반적인 방

식으로는 두 개 리스트를 순회할 for문 두 개와 값 두 개를 비교할 if문 1개로 소스 코드를 작성할 수 있을 것이다. 다음 소스 코드를 실행해 보자.

```
1    >>> pairs = []                          # 빈 리스트 생성        1
2    >>> A = ['blue', 'yellow', 'red']       # A 리스트 선언
3    >>> B = ['red', 'green', 'blue']        # B 리스트 선언
4    >>> for a in A:                         # A 리스트 순회
5            for b in B:                     # B 리스트 순회
6                if a != b:                  # 값 비교
7                    pairs.append((a, b))    # 서로 다른 쌍 추가
8
9    >>> pairs                               # 리스트 값 확인
10   [('blue', 'red'), ('blue', 'green'), ('yellow', 'red'), ('yellow',
     'green'), ('yellow', 'blue'), ('red', 'green'), ('red', 'blue')]
```

무려 세 개의 중첩 블록문이 생겼다. 그리 복잡하지 않은 문제임에도 불구하고 소스 코드가 다소 복잡해 보인다. 파이썬에서는 두 개의 for문과 1개의 if문을 한 줄에 표현할 수 있다. 다음 소스 코드를 실행해 보자.

```
1    >>> new_pairs = [(a, b) for a in A for b in B if a!= b]   # 선언       2
2    >>> new_pairs                                             # 값 확인
3    [('blue', 'red'), ('blue', 'green'), ('yellow', 'red'), ('yellow',
     'green'), ('yellow', 'blue'), ('red', 'green'), ('red', 'blue')]
```

처음 위 문장을 볼 때는 다소 복잡 해 보일 수 있지만 금방 익숙해 지리라 생각한다. 대문자 A와 B는 리스트를 의미하고 소문자 a와 b는 각 리스트의 항목이니 주의해서 타이핑하기 바란다. 1번 소스 7번째 줄에서 리스트에 집어 넣을 튜플이 2번 소스 리스트 선언 시 대괄호 안의 맨 앞에 위치하고 있다. 그 뒤로는 해당 튜플을 만들기 위한 두 개의 for문과 1개의 if문이 연달아 기술되어 있다. 앞서 살펴본 예제와 크게 다르지 않다. 문법의 이해를 돕기 위해 위 두 소스를 함께 살펴보도록 하자.

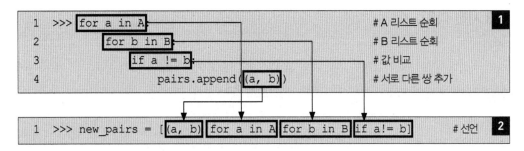

그림 6.24 리스트 선언과 제어문 조합 예제 – 2

대괄호 앞 단에 리스트의 항목의 최종 모습을 기술해 놓고, 필요한 변수를 뒤에서 표기하는 방식
이다. 이 문법은 반드시 기억하고 넘어가도록 하자.

주의하세요! 데이터 타입 선언 시 항목에 사용하는 튜플 선언에는 중괄호를 반드시 사용해야 한다.

앞 장에서 일반적으로 튜플 선언 시, 중괄호 기호를 감싸지 않는 경우도 가능하다고 언급하였는데 이번 절에서 살펴보았듯
이 데이터 타입 선언문과의 조합으로 사용되는 경우에는 반드시 중괄호를 사용해야 한다. 중괄호가 누락되는 경우에는 다음
과 같이 문법 오류가 발생하게 되니 주의하기 바란다.

```
1  >>> [x, x**2 for x in range(6)]          # 튜플 중괄호 누락 예시
2  SyntaxError: invalid syntax
```

7.2 세트 타입

세트 타입에서도 변수 초기화 시 제어문 혹은 조건문 등이 필요하면 함께 사용이 가능하다. 사용
법은 앞서 살펴본 리스트 타입과 같다. 세트 타입이기 때문에 대괄호가 아닌 중괄호를 사용하는
것 이외에는 똑같다고 볼 수 있다. 다음 예제는 특정 문자열에서 a, b 혹은 c에 속하지 않은 문자
를 중복 없이 뽑아내는 예제이니 참고하기 바란다.

```
1  >>> a = {x for x in 'abracadabra' if x not in 'abc'}
2  >>> a
3  {'r', 'd'}
```

7.3 사전 타입

사전 타입에서도 사용 가능하다. 단, 키와 값의 쌍이 기술되어야 하니 반드시 콜론 기호가 사이에 있는 '키:값' 형태의 포맷이 서두에 표기될 수 있도록 해야 한다.

```
1  >>> {x: x**2 for x in (2, 4, 6)}
2  {2: 4, 4: 16, 6: 36}
```

이번 절에서는 여러 데이터 타입 선언 시 다양한 조건을 데이터 타입 선언문에 함께 작성하면서 쉽고 간결하게 새로운 데이터를 만들어내는 법에 대해 살펴보았다. 앞으로 많은 곳에서 활용할 예정이니 이번 절의 용법에 대해 반드시 익히고 넘어가도록 해야 한다.

8. Wrap-up

이번 장에서는 프로그램을 작성할 때 특정 조건에 따라 분기를 하게 되는 조건문인 if문, 여러 상황에 따라 다양하게 반복하여 명령문을 수행하는 반복문인 for문과 while문을 살펴보았다. 더불어 range( )와 같이 반복문과 자주 함께 사용하는 열거형 데이터 생성 함수 및 range라는 새로운 클래스도 살펴보고, 제어문에서 특정 조건에 의해 해당 루프 혹은 반복문을 벗어나는 continue문과 break문 또는 아무것도 하지 않고 넘어가는 pass문 등을 살펴보았다. 마지막 절에서는 이렇게 배운 제어문들을 다양한 데이터 타입 선언 시 조합하여 새로운 데이터 집합들을 만들어 내는 과정을 살펴보았다.

1장부터 이번 6장까지 우리는 파이썬의 기초적인 문법들을 단편적으로 살펴보았다. 지금까지 배운 내용들은 앞으로 배워 나갈 것들에 대한 준비 단계라고 해도 과언이 아니다. 이 지식들을 가지고도 온전한 프로그래밍을 수행할 수 있다. 다음 장에서는 지금까지 배운 것을 토대로 몇 가지 작은 프로그래밍 프로젝트를 해 볼까 한다.

{ CHAPTER 07 }

실습
프로젝트 I

1. 구구단 출력하기
2. 문자열 가지고 놀기
3. 내가 읽은 책 목록 만들기
4. Wrap-up

이번 장에서는 지금까지 배운 파이썬의 기본 문법을 사용하여 몇 가지 간단한 프로그램을 만들어 보도록 하겠다. 아주 간단한 예제이니 필자의 도움 없이도 충분히 소스 코드를 작성할 수 있을 거라 생각한다. 문제를 풀다가 앞에서 살펴본 내용들이 기억이 나지 않으면 다시 힌트로 주어진 페이지를 읽어 봐도 좋다. 그럼, 시작해 보자.

1. 구구단 출력하기

첫 번째 예제는 아주 단순하게 시작해 보도록 하겠다.

1.1 구구단 1단 출력

누구나 알고 있는 구구단을 1단만 화면에 출력해 보자. 출력 방식은 다음과 같다. 모든 문자는 스페이스 바로 구분한다.

```
 File   Edit   Shell   Debug   Options   Window   Help
>>> ============================== RESTART ==============================
>>>
1 x 1 = 1
1 x 2 = 2
1 x 3 = 3
1 x 4 = 4
1 x 5 = 5
1 x 6 = 6
1 x 7 = 7
1 x 8 = 8
1 x 9 = 9
>>>
                                                          Ln: 908  Col: 0
```

그림 7.1 구구단 1단 출력 결과

해답을 보기 전에 반드시 먼저 소스 코드를 작성해 보기 바란다. 소스 코드는 절이 끝날 때 기재하도록 하겠다.

HINT. for문과 range( ) 함수(6장 4절), print( ) 함수(3장 1절) 하나씩 사용하여 두 줄로 작성

1.2 원하는 구구단 출력

이번에는 사용자로부터 숫자를 입력 받아서 원하는 구구단을 출력할 수 있도록 해 보자. 숫자는 1부터 9까지 중 하나의 숫자를 입력 받을 수 있으며 이외의 숫자를 입력하는 경우 재입력 요청을 하도록 하자. 다음은 프로그램 수행 결과다. 처음 2회 동안은 범위에서 벗어난 숫자를 기입하였다가 3번째 시도에 올바른 숫자인 5를 입력한 경우다.

```
File  Edit  Shell  Debug  Options  Window  Help
>>> ============================= RESTART =============================
>>>
구구단 몇 단을 출력 할까요? 숫자를 입력하세요: 10
구구단은 1단부터 9단까지 출력 가능합니다. 맞는 숫자를 다시 입력하세요: -2
구구단은 1단부터 9단까지 출력 가능합니다. 맞는 숫자를 다시 입력하세요: 5
5 x 1 = 5
5 x 2 = 10
5 x 3 = 15
5 x 4 = 20
5 x 5 = 25
5 x 6 = 30
5 x 7 = 35
5 x 8 = 40
5 x 9 = 45
>>>
                                                          Ln: 978 Col: 4
```

그림 7.2 원하는 구구단 출력 결과

HINT. input( ) 함수(3장 1절), int( ) 함수(4장 5절), while문(6장 2절), for문 (4장 2절), for문과 range( ) 함수(6장 4절), print( ) 함수(3장 1절) 참고

NOTICE. 사용자에게 입력받은 값은 모양새는 숫자이지만 실제로는 문자이기 때문에 반드시 타입 변환을 해줘야 하는 것을 잊지 말자! 문자열을 숫자로 변경하는 타입 변환 함수는 int( )다.

1.3 구구단 전체 출력하기

이번에는 아무 조건 없이 구구단을 1단부터 9단까지 출력해 보자. 각 단의 구분을 쉽게 하기 위하여 단이 시작할 때 등호 기호(=)를 10개를 출력하고 각 단을 출력해 보자. 다음 소스 코드 수행 결과다. 지면 관계상 일부만 발췌하였다.

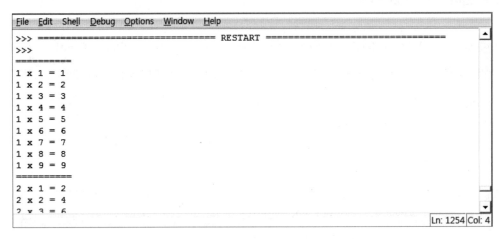

```
File  Edit  Shell  Debug  Options  Window  Help
>>> ============================== RESTART ==============================
>>>
==========
1 x 1 = 1
1 x 2 = 2
1 x 3 = 3
1 x 4 = 4
1 x 5 = 5
1 x 6 = 6
1 x 7 = 7
1 x 8 = 8
1 x 9 = 9
==========
2 x 1 = 2
2 x 2 = 4
2 x 3 = 6
                                                              Ln: 1254 Col: 4
```

그림 7.3 구구단 전체 출력

HINT. 중첩 for문(6장 5절), 문자열 반복을 위한 곱셈 연산자(*) (4장 3절), for문과 range( ) 함수 (6장 4절), print( ) 함수(3장 1절)

1.4 소스 코드 확인하기

소스 코드 정답을 확인해 보자! 실은 소스 코드에 정형화된 '정답'은 없다. 한 가지 문제를 풀기 위해 다양한 방식의 접근이 존재하기 때문이다. 다음 소스 코드는 필자가 지금까지 배운 내용을 반영할 수 있게 작성한 소스 코드이니 참고하기 바란다(물론, 여러분의 소스 코드가 더 간결하고 보기 좋을 수 있다).

1.4.1 구구단 1단 출력하기

[**소스 코드 7-1**] multiplication.py

```
1  for n in range(1, 10):              # 1~9까지 숫자 추출을 위한 반복문
2      print(1, 'x', n, '=', 1*n)      # 1 x 1 = 1 포맷의 출력
```

첫 번째 줄의 for문을 통해 1단에서 곱해질 수를 추출하기 위한 반복문을 수행하고 있다.

2번째 줄에는 반복 대상인 한 개의 print( )문을 기술하였으며 정해진 포맷대로 값을 출력한다. 여러 개의 인자 값을 대입하는 형태로 작성되었으며 모든 항목은 한 줄에 스페이스바로 구분되어 출력된다. 숫자와 문자열이 섞여 있고 마지막 인자 값으로 실제 값을 곱하는 행위가 이뤄지고 있다. 이 소스 코드는 다음에서도 활용이 된다.

1.4.2 원하는 구구단 출력하기

[소스 코드 7-2] multiplication_choice.py

```
1   m = int(input('구구단 몇 단을 출력 할까요?  숫자를 입력하세요: '))
2
3   while m < 1 or m > 9:
4       m = int(input('구구단은 1단부터 9단까지 출력 가능합니다. 맞는 숫자를 다시 입력하세요:
    '))
5
6   for n in range(1, 10):
7       print(m, 'x', n, '=', m*n)
```

첫 번째 줄에는 최초에 값을 입력 받아 변수 m에 저장하고 있다. 이때 입력받은 값이 숫자 타입 태이지만 실제로는 문자열이므로 int( ) 함수를 사용하여 타입 변환을 한 정수 타입 값을 저장하고 있다.

3번째 줄에는 입력받은 값이 정상 범위(1~9) 내에 존재하지 않는 경우 만족할 때까지 값을 다시 입력 받기 위한 while문을 기술하였다.

4번째 줄은 입력받은 값이 정상 범위를 벗어난 경우에만 실행된다. 앞서 입력한 값 대신 새로 입력한 값이 m 변수에 할당된다.

6 ~ 7번째 줄은 앞 절의 예제와 거의 같지만 7번째 표준 출력문의 인자 값에 기존의 숫자 1 대신 변수 m이 위치한 것을 확인할 수 있다. 이를 통해 앞서 입력받은 값에 따라서 해당하는 구구단이 출력되는 것을 확인할 수 있다.

1.4.3 구구단 전체 출력하기

[소스 코드 7-3] multiplication_all.py

```
1  for m in range(1, 10):
2      print('='*10)
3      for n in range(1, 10):
4          print(m, 'x', n, '=', m*n)
```

이번엔 특별히 입력 받는 값 없이 전체 구구단을 출력하는 예제로 중첩 for문을 사용할 차례이다.

첫 번째 줄에서 바깥쪽 for문이 기술되어 있다. 변수 m에는 구구단의 1단부터 9단의 숫자를 할당받게 된다. range( ) 함수의 인자 값으로 시작 값인 1과 종료 값인 10을 입력한 것을 볼 수 있다.

2번째 줄의 print( )문은 각 구구단의 단을 구분하기 위해 10개로 이루어진 등호 기호를 표현하고 있다. 문자열에 곱셈 기호를 통하여 동일 문자열을 반복하는 것을 확인할 수 있다.

3번째 줄은 안쪽 for문이 기술되어 있다. 첫 번째 줄과 같은 형태이며 각 단에 곱해지는 숫자를 추출하기 위해 사용이 되고 있다.

마지막 줄에서는 바깥쪽 for문에서 할당받은 m과 안쪽 for문에서 할당 받은 n 값을 출력해 주고, 두 값의 곱을 출력하고 있다.

어떤가? 여러분들이 직접 작성한 소스 코드와 필자가 작성한 소스 코드와 어느 정도 일치하는가? 무척 단순하고 짧은 소스 코드이지만 지금까지 배운 것을 복습할 수 있었던 좋은 예제로 생각 된다.

이제 조금 다른 형태의 예제를 한 번 풀어 보자!

2. 문자열 가지고 놀기

이번 예제는 문자열을 이리저리 변경해 보는 예제다. 이번 절에서는 필자가 앞서 설명하지 않은 메소드들도 활용할 생각이다. 어떻게 배우지 않은 함수들의 사용법을 찾고 직접 사용하는지 그 방법에 대해서도 함께 확인해 보자.

2.1 문자열 대소문자 변경하기

표준 입력문으로 대소문자 영문으로 작성한 문장을 입력받는다. 입력받은 문자열을 여러 조건에 맞춰서 변경한 뒤 결과를 다시 출력해 보자. 조건은 다음과 같다.

- 입력받은 문자를 모두 대문자로 출력하라.
- 입력받은 문자를 모두 소문자로 출력하라.
- 입력받은 문자를 for문을 사용하여 대문자는 소문자로, 소문자는 대문자로 출력하라.
- 입력받은 문자를 문자열 타입 메소드를 사용하여 대문자는 소문자로, 소문자는 대문자로 출력하라.

소스 코드의 실행 결과는 다음과 같다.

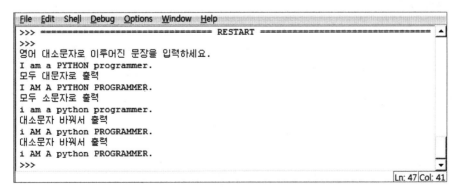

그림 7.4 문자열 영어 대소문자 변경하기 출력 결과

HINT 1. input( )과 print( ) 함수(3장), 문자열 타입과 대소문자 변경 함수(4장), 문자열 타입의 인덱스(5장), for문(6장), 개행 문자(Enter)는 '\n'임, a += b는 a = a + b와 같음

HINT 2. 문자가 대소문자 유무를 확인하기 위해서는 str.islower( )와 str.isupper( )를 활용하면 된다. str. islower( )는 해당 문자가 소문자인 경우 True를 반환한다. 자세한 사용법은 아래 링크에서 확인 할 수 있다.
https://docs.python.org/3/library/stdtypes.html#string-methods

2.2 문자열 순서 바꾸기

표준 입력문으로 받은 문자열의 순서를 바꿔서 역으로 출력하라. 두 가지 방법으로 소스 코드를 작성해 보자.

- for문과 range문을 활용하여 입력받은 문자열을 역순으로 순회하여 새로운 문자열을 만들어서 출력하라.
- 기존에 받은 문자열에 인덱스와 자르기(Slice) 기능을 활용하여 문자열을 역순으로 출력하라(예: 문자열[i:j:s], i는 시작 인덱스, j는 종료 인덱스, s는 스텝).

소스 코드의 실행 결과는 아래와 같다.

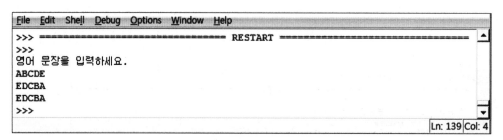

그림 7.5 문자열 순서 바꾸기 예제

HINT. input( )과 print( ) 함수(3장), for문과 range( ) 함수(6장), 리스트 자르기(5장)

2.3 소스 코드 확인하기

각 절의 문제에 대한 소스 코드의 예시를 확인해 보자.

2.3.1 문자열 대소문자 변경하기

[소스 코드 7-4] string_change.py

```
1    s = input('영어 대소문자로 이루어진 문장을 입력하세요.\n')        # 문자열 입력
2
3    print('모두 대문자로 출력\n' + s.upper())                    # 대문자로 모두 변환
4
5    print('모두 소문자로 출력\n' + s.lower())                    # 소문자로 모두 변환
6
7    new_s = str()                                          # 신규 문자열 형 변수 선언
8
9    for c in s:                                            # 입력받은 문자를 하나씩 꺼내서 c에 대입
10
11       if c.islower():                                    # 해당 문자가 소문자이면
12           new_s += c.upper()                             # 대문자로 변경하여 new_s에 붙이기
13       else:                                              # 해당 문자가 대문자이면
14           new_s += c.lower()                             # 소문자로 변경하여 new_s에 붙이기
15
16   print('대소문자 바꿔서 출력\n' + new_s)                       # 최종 변환 결과 출력
17
18   print('대소문자 바꿔서 출력\n' + s.swapcase())              # 대소문자 모두 변환
```

첫 번째 줄에서 표준 출력문을 이용하여 영어로 된 대소문자 입력을 요청하였다. 인자 값으로 들어간 문자열은 입력받을 때 출력되는 문자열이며 마지막 부분에 개행 문자인 '\n'을 넣어서 다음 줄에서 입력을 받을 수 있게 하였다. 개행 문자는 〈Enter〉 키를 누른 것과 같은 역할을 한다.

3번째 줄에서는 입력받은 문자를 모두 대문자로 바꾸기 위해 문자열 타입 메소드인 upper( )를 사용하였다.

5번째 줄에서는 입력받은 문자를 모두 소문자로 바꾸기 위해 문자열 타입 메소드인 lower( )를 사용하였다.

7번째 줄에는 대소문자를 변경한 새로운 문자를 담기 위한 변수를 선언하였다. 파이썬 기본 내장 함수인 str( )을 사용하였다.

9번째 줄에는 for문을 사용하였다. 문자열 타입 데이터는 그 자체로도 문자로 이루어진 튜플 타입이다. 그래서, for c in s와 같이 문자열을 in의 대상으로 삼고 있는 것을 볼 수 있다. 이 구문은 문자열의 각 문자를 c에 담아서 루프를 수행하게 된다.

11번째 줄에는 해당 문자 c의 소문자 유무를 확인 하기 위해 문자열 타입 메소드인 islower( )를 호출하였다. islower( ) 반환 값 자체가 논리 타입(Boolean, True 혹은 False)이기 때문에 등호와 같이 값을 비교하는 구문은 보이지 않고 함수만이 논리식에 들어간다.

12번째 줄은 해당 문자가 소문자인 경우에 실행되며 대문자로 변경한 뒤 새로 만든 문자열 타입 변수인 new_s에 더해진다. 이때, new_s += c.upper( )는 new_s = new_s + c.upper( )와 같은 의미로 new_s의 끝에 값이 더해지기 위한 연산자로 '+='를 사용하였다.

13번째 줄의 else는 곧 대문자를 의미하며 14번째 줄에서 대문자를 소문자로 변경하여 new_s에 해당 문자를 붙이고 있다.

16번째 줄은 for 루프가 끝난 후 완성이 된 문자를 출력해 주고 있다.

18번째 줄은 조금 전에 수행한 대소문자 변경을 문자열 타입 메소드인 swapcase( )를 통해 수행한 결과를 출력하고 있다. 위에서 9번째 ~ 16번째까지 수행하였던 소스 코드의 결과와 동일하다.

tip 소스 코드 작성 전에 이미 만들어진 함수가 있는지 확인하자.

이번 소스 코드를 작성할 때 대소문자 변경을 하는 부분에서 for문을 사용한 방법과 파이썬에서 이미 제공하는 str.swapcase( )를 사용하는 두 경우를 모두 구현해 보았다. 어느 소스 코드를 사용하는 것이 더 좋을까? 당연

2.3.2 문자열 순서 바꾸기

[**소스 코드 7-5**] string_reverse.py

```
1    s = input('영어 문장을 입력하세요.\n')        # 문자열 입력
2
3    new_s = str()                                # 신규 문자열 타입 변수 선언
4
5    for x in range(len(s)-1, -1, -1):            # range( )를 활용한 역순 인덱스 추출
6        new_s += s[x]                            # 문자열을 끝에서부터 앞으로 신규 변수에 붙이기
7
8    print(new_s)                                 # 위 결과 출력
9
10   print(s[::-1])                               # 인덱스 사용법으로 역순 출력
```

첫 번째 줄에서 문자열을 입력 받는다.

3번째 줄에서는 순서가 바뀐 문자열을 위한 신규 변수를 선언하였다.

5번째 줄에서 for문과 range( )문이 함께 쓰였다. 여기서 range( )문은 다소 복잡해 보이니 다시 한번 자세히 들여다 보자. range( ) 함수에 현재 세 개의 인자 값이 들어있다. 인자 값의 의미는 다음과 같다.

> ## range([start=0], end, [step=1])
> ↳ start부터 end −1까지 step 단위의 숫자로 이루어진 range를 반환한다.

여기서 필수로 들어가야 하는 값은 end뿐이다. start와 step은 옵션이다. 입력하지 않는 경우 start는 0이 세팅되고 step은 1이 기본 값으로 세팅된다(그래서 앞에서 소개할 때는 세팅하지 않았다). step이 만약 2이면 인덱스를 두 개씩 증가시키겠다는 의미이다(예: range(0, 10, 2) = [0, 2, 4, 6, 8]).

다시 소스 코드로 돌아가 보자. 소스 코드는 다음과 같다.

```
range(len(s)-1, -1, -1)
```

첫 번째 인자 값은 입력받은 문자열의 길이에서 1을 뺀 값을 시작점으로 하겠다는 뜻이다. 만약 길이가 5인 문자열이라면 마지막 문자열의 값을 가져오기 위해서는 '문자열[4]'와 같이 길이보다 1이 작은 값을 가져오게 해야 한다. 두 번째 값은 -1이다. 이는 -1에 도달하기 전의 숫자인 0에서 끝내겠다는 뜻이다. 3번째 인자 값은 -1로 스텝을 의미한다. 첫 번째 인자 값에서 숫자를 하나씩 줄이겠다는 의미이다. 만약 길이가 5인 문자열이 들어왔다면 이 range는 [4, 3, 2, 1, 0] 식의 리스트를 반환할 것이다.

5번째 줄은 이렇게 마지막 인덱스 값에서 하나씩 줄여나가는 인덱스 숫자를 x라는 변수에 담으면서 루프를 수행하고 있으며 6번째 줄에서는 신규 문자열 변수에 각 인덱스의 문자를 붙여 나가고 있다.

8번째 줄에서는 완성된 문자열을 출력하고 있다.

10번째 줄은 또 다른 방식으로 역순의 문자열을 얻는 예제이다. 입력받은 문자열이 문자로 이루어진 튜플 타입임을 이해하고, 인덱스만을 가지고 표현해 보았다. 이 방식은 range( )의 인자 값과 무척 닮았다. 다음을 자세히 살펴보자.

리스트 변수명 [start=0 : end : step=1]

↳ 리스트 형 변수의 start 색인부터 end -1 색인까지 step 단위로 자르세요.

인덱스 사용법 역시 첫 번째 start와 step은 옵션이며 기본적으로 start는 0, step은 1로 기본 값이 세팅되어 있다. range( ) 함수의 인자 값과 동일하다. 동작 방식 역시 같다. start 색인부터 end 색인까지 step 단위로 자른다(slice)라는 의미이다.

다시 소스 코드로 돌아와 보자. 인덱스 표기는 다음과 같다.

```
s[::-1]
```

무척 단순하다. 콜론 기호(:)만이 있고 숫자가 없는 경우는 끝을 의미한다고 앞에서 설명한 적이 있다. 현재 방식은 처음부터 끝까지 인덱스를 하나씩 줄이는 방식으로 리스트를 자르라는 의미이다. 이는 곧 문자열을 역순으로 재배치하는 것과 같다. 역시 파이썬의 리스트 인덱스를 활용한 다양한 가공 방법은 알면 알수록 단순하고 재미있다.

문자열을 가공하는 문제는 앞으로 자주 접하게 될 것이다. 여러분이 매일 스마트폰을 이용하여 SNS에 타이핑하는 수많은 텍스트들이나 수많은 데이터들이 문자열 기반으로 되어 있고, 다양한 기법을 활용하여 가공하여 시사점을 도출하는데 활용되고 있다. 또한, 여러분이 유명한 SW 회사에 입사를 시도할 때 접하게 되는 코딩 테스트에도 문자열 관련된 문제가 자주 출제된다. 참고하기 바란다.

3. 내가 읽은 책 목록 만들기

이번 예제는 다양한 데이터 구조들을 활용하는 데에 초점을 맞추어 보겠다. 다음과 같이 여러분이 읽은 책에 대한 리스트가 있다고 있다고 가정해 보자. 각 책마다 제목과 출판년도, 쪽수와 추천 유무에 대한 간단한 정보만 저장해 보자.

제목	출판년도	출판사	쪽수	추천 유무
개발자의 코드	2013.02.28	A	200	X
클린 코드	2010.03.04	B	584	O
빅데이터 마케팅	2014.07.02	A	296	O
구글드	2010.02.10	B	526	X
강의력	2013.12.12	A	248	O

[표 7.1] 내가 읽은 책 목록

3.1 데이터 담기

다양한 타입의 데이터가 하나의 책 단위로 표현이 되어야 하겠다. 4장과 5장에서 배운 데이터 타입과 데이터 구조에서 배운 내용을 토대로 아래 정보들을 참고하여 변수에 담아 보자.

STEP 1> 여러 책을 담을 수 있는 리스트 타입인 books라는 변수를 선언 및 초기화한다.

STEP 2> books의 각 항목에 한 권의 책을 담기 위한 사전 타입 데이터를 추가한다.

STEP 3> 사전 타입 데이터는 변수 선언 없이 리스트에 바로 추가한다.

STEP 4> 사전 타입 데이터에는 4개의 키와 값의 쌍이 존재하며 키는 표 7.1의 컬럼명이고, 값은 각 책에 해당하는 컬럼 값이 된다.

STEP 5> 제목, 출판년도의 값은 문자열 타입, 쪽수의 값은 숫자 타입, 추천 유무는 논리 타입으로 표기한다.

위 변수 값 대입이 잘 되었는지, 한 줄에 책 한 권씩 화면에 출력해 보자. 출력 값 결과는 그림 7.6 과 같다.

```
File  Edit  Shell  Debug  Options  Window  Help
>>> ================================ RESTART ================================
>>>
{'추천유무': False, '제목': '개발자의 코드', '출판사': 'A', '쪽수': 200, '출판연도': '2013.02.28'}
{'추천유무': True, '제목': '클린 코드', '출판사': 'B', '쪽수': 584, '출판연도': '2013.03.04'}
{'추천유무': True, '제목': '빅데이터 마케팅', '출판사': 'A', '쪽수': 296, '출판연도': '2014.07.02'}
{'추천유무': False, '제목': '구글드', '출판사': 'B', '쪽수': 526, '출판연도': '2010.02.10'}
{'추천유무': True, '제목': '강의력', '출판사': 'A', '쪽수': 248, '출판연도': '2013.12.12'}
>>>
                                                                    Ln: 10 Col: 4
```

그림 7.6 책 목록 출력 결과 예제

HINT. 숫자 타입(4장), 논리 타입(4장), 문자열 타입(4장), 리스트 타입(5장), 사전 타입(5장), for문(6장), print문(3장)

3.2 여러 데이터 만들어 보기

위에서 작성한 소스의 변수 books를 활용하여 아래 질문에 답하기 위한 소스를 추가로 작성해 보자.

STEP 1> 3.1절과 같은 책 목록을 만든다.

STEP 2> 아래 조건에 맞는 변수를 선언한다.

- 내가 읽은 책 중 250쪽이 넘는 책의 제목으로 이루어진 리스트 타입 변수 many_page를 만든다.
- 내가 읽은 책 중 추천하고 싶은 책의 제목으로 이루어진 리스트 타입 변수 recommends 를 만든다.
- 내가 읽은 책의 전체 쪽수를 담는 숫자 타입 변수 all_pages를 만든다.
- 내가 읽은 책의 출판사를 위한 세트 형 변수 pub_company를 만든다.

STEP 3> 책을 한 권씩 꺼내기 위한 for문을 선언한다.

STEP 4> STEP 2에서 선언한 변수의 값을 채우기 위한 구문들을 for문의 블록문에 모두 기술한다.

각 질문에 대한 변수들을 아래와 같이 한 줄에 하나씩 출력해 보자. 출력문의 이해를 돕기 위해 문제의 내용을 담아 보았다.

```
File  Edit  Shell  Debug  Options  Window  Help
>>> ============================ RESTART ============================
>>>
쪽수가 250 쪽 넘는 책 리스트: ['클린 코드', '빅데이터 마케팅', '구글드']
내가 추천하는 책 리스트: ['클린 코드', '빅데이터 마케팅', '강의력']
내가 읽은 책 전체 쪽수: 1854
내가 읽은 책의 출판사 목록: {'B', 'A'}
>>> |
                                                              Ln: 172 Col: 4
```

그림 7.7 조건에 맞는 결과 값 출력 예제

HINT. 숫자 타입(4장), 논리 타입(4장), 문자열 타입(4장), 리스트 타입(5장), 사전 타입(5장), for문(6장), print문(3장), 세트 타입(5장)

3.3 소스 코드 단순화하기

이번 예제는 3.2절의 문제 중 하나를 한 줄로 표현하는 연습을 해 보자. 바로 다음 조건에 만족하는 리스트를 가져오는 문제다.

- 내가 읽은 책 중 250쪽이 넘는 책의 제목으로 이루어진 리스트 타입 변수 many_page를 만든다.

이 문장을 변수 선언, for문, if문을 모두 한 줄에 표현해 보기 바란다.

HINT. 숫자 타입(4장), 논리 타입(4장), 문자열 타입(4장), 리스트 타입(5장), 사전 타입(5장), for문(6장), print문(3장), 세트 타입(5장)

3.4 소스 코드 확인하기

3.4.1 책 목록 만들기

[**소스 코드 7-6**] print_book_list.py – 책 목록 저장 후 출력하기

```
1    books = list()              # 책 목록 선언
2
3    # 책 목록 만들기
4    books.append({'제목':'개발자의 코드', '출판연도':'2013.02.28', '출판사':'A',
     '쪽수':200, '추천 유무':False})
5    books.append({'제목':'클린 코드', '출판연도':'2013.03.04', '출판사':'B', '
     쪽수':584, '추천 유무':True})
6    books.append({'제목':'빅데이터 마케팅', '출판연도':'2014.07.02', '출판
     사':'A', '쪽수':296, '추천 유무':True})
7    books.append({'제목':'구글드', '출판연도':'2010.02.10', '출판사':'B', '쪽
     수':526, '추천 유무':False})
8    books.append({'제목':'강의력', '출판연도':'2013.12.12', '출판사':'A', '쪽
     수':248, '추천 유무':True})
9
10   for book in books:          # 책 한 권씩 꺼내기 위한 루프 선언
11       print(book)             # 책 한 권 데이터 출력
```

첫 번째 줄에서는 책 목록을 담기 위한 리스트를 선언하고 있다.

3번째 줄에는 책 목록을 만들기 전에 간단한 주석문을 기입하였다. 실제로 소스 코드를 작성할 때 앞으로 진행되는 코드에 대한 부연 설명을 이런 식으로 주석문으로 남기는 경우가 많다.

4 ~ 8번째 줄에는 표 7.1의 데이터를 리스트에 담는 소스 코드다. append( ) 함수 안의 인자는 1개의 세트 타입 데이터이다. 이 세트 타입 데이터는 책 한 권에 대한 정보를 키와 값의 쌍으로 표현하고 있다.

10번째 줄에는 위에서 만든 목록의 책을 하나씩 꺼내기 위한 for문을 선언하였다. 이어서 11번째 줄에서 각 책의 내용을 출력하고 있다.

3.4.2 여러 데이터 만들기

[**소스 코드 7-7**] print_various_book_list.py – 책 목록에서 여러 조건에 맞는 데이터 출력하기

```
1    books = list()        # 책 목록 선언
2
3    # 책 목록 만들기
4    books.append({'제목':'개발자의 코드', '출판연도':'2013.02.28', '출판사':'A',
     '쪽수':200, '추천 유무':False})
5    books.append({'제목':'클린 코드', '출판연도':'2013.03.04', '출판사':'B', '
     쪽수':584, '추천 유무':True})
6    books.append({'제목':'빅데이터 마케팅', '출판연도':'2014.07.02', '출판
     사':'A', '쪽수':296, '추천 유무':True})
7    books.append({'제목':'구글드', '출판연도':'2010.02.10', '출판사':'B', '쪽
     수':526, '추천 유무':False})
8    books.append({'제목':'강의력', '출판연도':'2013.12.12', '출판사':'A', '쪽
     수':248, '추천 유무':True})
9
10   many_page = list()                          # 책 리스트 선언
11   recommends = list()                         # 책 리스트 선언
12   all_pages = int()                           # 전체 쪽수 변수 선언
13   pub_companies = set()                       # 출판사 집합 선
```

```
14
15    for book in books:                              # 책 한 권씩 꺼내기 위한 루프 선언
16        if book['쪽수'] > 250:                        # 250쪽 넘는 책 목록 만들기
17            many_page.append(book['제목'])
18        if book['추천 유무']:                           # 책 추천 목록 만들기
19            recommends.append(book['제목'])
20        all_pages = all_pages + book['쪽수']          # 책 쪽수 더하기
21        pub_companies.add(book['출판사'])
22
23    print('쪽수가 250 쪽 넘는 책 리스트:', many_page)
24    print('내가 추천하는 책 리스트:', recommends)
25    print('내가 읽은 책 전체 쪽수:', all_pages)
26    print('내가 읽은 책의 출판사 목록:', pub_companies)
```

---

1 ~ 8번째 줄까지는 앞에서 살펴본 소스와 동일하다.

10 ~ 13번째 줄에서 구하고자 하는 변수들을 선언하였다.

15번째 줄에서 책을 한 권씩 꺼내기 위한 for문을 선언하였다.

16 ~ 21번째 줄은 for문의 블록문이며, 앞서 선언한 변수 4개의 값을 채우기 위해 작성이 되었다.

16 ~ 17번째 줄은 해당 책의 쪽수가 250이 넘는 경우에 리스트 타입 변수 many_page에 책의 제목을 추가하고 있다.

18 ~ 19번째 줄은 해당 책의 추천 유무에 따라서 논리 타입 변수 recommends에 책의 제목을 추가 하고 있다. 그런데 18번째 줄의 if문의 다소 생소해 보이기도 한다. 다시 한번 살펴보자.

지금까지 논리식을 표현할 때 기호들(==, 〉, 〈 등)을 사용하였으나 이 소스 코드의 if문의 조건식

```
if book['추천 유무']:                           # 책 추천 목록 만들기
```

에는 기호가 보이지 않는다. 이는 해당 값 자체가 논리 타입(True, False)이기 때문에 굳이 등호가 필요 없기 때문이다. 이 소스는 아래 소스와 같은 소스다.

20번째 줄에서는 각 책의 쪽수를 누적하기 위해 값을 쌓는 과정을 보여 주고 있다. 소스를 다시

```
if book['추천 유무'] == True:                    # 책 추천 목록 만들기
```

한번 살펴보자.

값을 누적하기 위해 변수 all_pages에 쪽수 값을 더한 다음에 동일 변수인 all_pages에 다시 집어

```
all_pages = all_pages + book['쪽수']        # 책 쪽수 더하기
```

넣고 있다. 이런 식으로 변수에 값을 가공하여 다시 동일 변수에 넣는 경우에는 다음과 같은 연산 기호를 사용할 수 있다.

이러한 기호 (+=)는 좌측의 변수에 우측의 값을 더한 다음에 다시 좌측의 변수에 할당하는 개념

```
all_pages += book['쪽수']           # 책 쪽수 더하기
```

이다. 이런 식의 기호는 모든 연산 기호에서 가능하니 참고하기 바란다.

3.4.3 소스 코드 단순화하기

이번 절의 소스 코드는 단순화 한 부분만 살펴보자.

3.2절의 책 목록을 완성하고 나면 특정 조건에 맞는 값은 아래와 같이 한 줄로 작성이 가능하다. 다음 소스 코드 중 굵은 글씨를 참고하기 바란다.

변수 many_page의 값을 출력 해 보면 기존의 값과 차이가 없음을 알 수 있다.

[소스 코드 7-8] print_book_list_simplication.py – 책 목록에서 250쪽 넘는 데이터 출력하기 – 소스 코드 단순화

```
1    # 책 목록 만들기
2    books.append({'제목':'개발자의 코드', '출판연도':'2013.02.28', '출판사':'A',
     '쪽수':200, '추천 유무':False})
3    books.append({'제목':'클린 코드', '출판연도':'2013.03.04', '출판사':'B', '
     쪽수':584, '추천 유무':True})
4    books.append({'제목':'빅데이터 마케팅', '출판연도':'2014.07.02', '출판
     사':'A', '쪽수':296, '추천 유무':True})
5    books.append({'제목':'구글드', '출판연도':'2010.02.10', '출판사':'B', '쪽
     수':526, '추천 유무':False})
6    books.append({'제목':'강의력', '출판연도':'2013.12.12', '출판사':'A', '쪽
     수':248, '추천 유무':True})
```

```
 7
 8    # 쪽수 많은 책 리스트 만들기
 9    many_page = [book['제목'] for book in books if book['쪽수'] > 250]
10
11    print('쪽수가 250 쪽 넘는 책 리스트:', many_page)
```

----

4. Wrap-up

지금까지 여러분은 파이썬의 가장 기본적인 부분들을 살펴보았다. 이번 장은 여러분이 배운 항목들을 조합하여 소스 코드를 직접 고민하고 작성해 보면서 배운 것들을 정리하는 시간이 되었기를 바란다. 이제 초보 개발자의 모습을 조금씩 벗어나고 있다고 확신한다.

지금까지 살펴본 파이썬의 문법들은 파이썬에서 미리 정의해 놓은 것을 가져다 쓰는 것이라고 한다면 다음 장부터는 조금 더 파이썬을 여러분의 입맛에 맞게 사용하는 몇 가지 방법에 대해서 살펴볼까 한다. 잠시 커피 한 잔과 함께 머리를 식혔다가 다시 시작해 보자!

The Zen of Python

오랫동안 파이썬 프로그래머들에게 전해 내려오는 소프트웨어 개발 철학이 있다. 이는 "The Zen of Python"이라는 제목으로 파이썬 개선 제안(PEP, Python Enhancement Proposal) 20번 항목으로 전해지고 있다. 좋은 프로그래머가 되기 위해 소스 코드를 작성할 때 항상 고민해야 하는 원칙들을 모아 놓았다. 해당 항목들을 읽어 보고 꼭 기억해 두자.

- 아름다운 것이 추한 것보다 좋다.
- 명시적인 것이 암묵적인 것보다 좋다.
- 단순한 것이 복잡한 것보다 좋다.
- 복잡한 것이 꼬인 것보다 좋다.
- 펼쳐진 것이 중첩된 것보다 좋다.
- 드문 것이 빽빽한 것보다 좋다.
- 가독성은 중요하다.
- 어떤 특별한 경우도 규칙을 어길 만큼 특별하지 않다.
- 아무튼 실용성이 순수성보다 좋다.
- 에러는 조용히 사라져서는 안 된다. 일부러 조용하게 만든 게 아니라면 말이다.
- 모호하다고 해서 추측하려고 들지 마라.
- 명백한 방법이 하나는 - 원컨대 하나만 - 반드시 존재한다.
- 만약, 당신이 네덜란드인이 아니라면 처음에 그 방법이 명확하게 보이지 않을 것이다.
  (역자주 : 파이썬 창시자인 귀도 반 로섬이 네덜란드인이다.)
- 지금이라도 하는 것이 아예 하지 않는 것보다 좋다.
- 하지만 지금 *당장* 하는 것보다 영원히 하지 않는 것이 나을 때도 많다.
- 구현된 내용을 설명하기 어렵다면, 좋은 아이디어가 아니다.
- 구현된 내용을 설명하기 쉽다면, 좋은 아이디어일 수도 있다.
- 네임스페이스namespace는 기가 막히게 좋은 생각이다. - 더 많이 사용하자.

(출처 : https://www.python.org/dev/peps/pep-0020/)

LEVEL 3.
INTERMEDIATE

소스 코드 재사용의 의미는?

지금까지 우리가 만든 소스 코드는 재사용할 수 없는 코드들이었다. 물론, 이 정도 지식만으로도 소프트웨어를 작성할 수는 있다. 실제로도 프로그래밍 언어에 대한 다양한 문법이나 기법들을 배우거나 연마하지 않은 채, 얕게 얻은 지식만으로 소스 코딩을 하는 사람이 의외로 많다(정말이다. 실제 프로젝트에서는 별의 별 사람이 다 있다).

만약 이런 식으로 소스 코드를 작성하게 된다면 동일한 내용의 소스 코드가 필요할 때마다 여기저기 작성이 될 것이고 해당 소스 코드에 수정이 일어 났을 때 일일이 찾아서 수정하는 등의 귀찮은 일이 반복적으로 일어 날 것이다(소스의 수정은 언제나 발생한다. 한 번에 작성되는 완벽한 소스 코드는 없다). 만에 하나라도 한 곳의 소스 코드를 잊고 수정을 하지 않는다면 그 소스 코드로 인하여 전체 시스템 장애를 일으킬 수도 있다. 지저분하게 덕지덕지 붙어 있는 소스 코드들은 가독성을 떨어뜨리고 소프트웨어의 품질을 떨어뜨리는 주범이 된다. 이런 상황 때문에 같은 소스를 반복해서 작성하지 말라는 유명한 소프트웨어 개발 원칙(DRY, Don't Repeat Yourself)은 어느 정도 숙달된 개발자에게는 너무나도 당연히 지켜야 할 규범이 되었다.

파이썬과 같은 객체 지향 프로그래밍 언어의 기본적인 사상에는 소스 코드를 중복하지 않게 하기 위한 다양한 기법들이 존재한다. 그 중에 크게 3가지를 짚고 넘어가고자 한다.

함수Function, 클래스Class와 모듈Module이 바로 그것이다. 세 개를 간단한 특징을 살펴보자면 아래와 같다.

- 함수 : 특정 행위에 대해 기술한 소스 코드 (예) 동전 세기
- 클래스 : 특정 행위와 상태를 담을 수 있는 객체를 생성하기 위한 명세서 (예) 필자 복제 명세서
- 모듈 : 함수, 클래스 등을 포함하여 독립적인 파일(.py)로 저장하여 언제든지 호출하여 재사용할 수 있는 공통 소스 코드들의 집합 (예) 명세서 저장소

소프트웨어의 미학은 단순함에 있다고 해도 과언이 아니다. 항상 소스 코드를 작성할 때 가장 적은 양의 소스 코드로 가장 큰 효과를 볼 수 있게 작성 하도록 노력해 보자. 이 노력이 여러분을 더욱 성숙한 개발자로 만들어 줄 것이다. 지금부터 8 ~ 10장까지 여러분이 직접 만드는 함수, 클래스 그리고 모듈에 대해서 알아보도록 하자.

Less is more.
Keep it simple.
Simple is best!!

{ CHAPTER 08 }

내가 만드는 함수

필자가 처음 프로그래밍의 기본을 설명할 때 가장 처음 설명한 것이 '함수'였다. 함수의 설명 없이는 어떤 프로그래밍의 소스 코드도 설명할 수 없었기 때문이다. 3장에서 설명한 함수 정의를 기억하고 있는가? 함수란 소스 코드를 사용하여 일련의 행동을 기술한 것이고 크게 함수명, 인자값, 반환 값의 세 가지 기본 개념을 이해해야 한다고 언급했었다. 이 세 가지 중 함수명은 반드시 필요하지만 인자 값과 반환 값은 반드시 필요한 것은 아니며 1개가 아닌 여러 개가 될 수도 있다고 하였다. 그리고 이 개념을 이해하기 위해 표준 출력문인 print( )문과 표준 입력문인 input( ) 함수를 살펴보았다. 이러한 함수를 우리가 직접 만들어서 사용할 수가 있다!

이번 장에서는 함수를 직접 만들어 사용하는 다양한 방법을 살펴보고, 직접 실습을 해 보도록 하겠다. 이번 실습은 파이썬 쉘에서 결과를 바로 확인하는 형태로 진행하겠다.

1. 함수 정의하기

함수의 정의는 생각보다 무척 쉽다. 가장 단순한 함수부터 만들어 보자.

1.1 인자 값, 반환 값 없는 함수

함수를 직접 만들기 위해서 사용하는 예약어는 바로 'def'이다. def는 definition의 약자로 정의를 뜻한다. 설명에 앞서 소스 코드부터 살펴보자. 다음 소스 코드는 사용자의 이름을 입력받은 다음에 'Hello, 〈이름〉'을 출력하는 함수를 선언한 뒤에 직접 실행해 본 예제이다.

```
1  >>> def my_func():
2          name = input('이름을 입력하세요! : ')
3          print('Hello,', name)
4
5  >>> my_func()
```

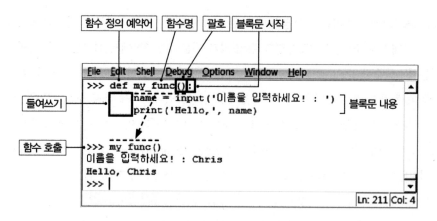

그림 8.1 함수 정의 첫 번째 예제(인자 값 X, 반환 값 X)

첫 번째 줄에서 'def'라는 예약어를 통해 이번 구문은 신규 함수를 정의할 것이라고 표기한다. 한 칸 띄고 본인이 원하는 함수명을 집어 넣는다. 이때 파이썬의 예약어는 사용할 수 없으며 작성하고자 하는 함수가 하고자 하는 행위를 잘 표현한 이름이면서 짧고 간결할수록 좋다. 필자는 처음 만드는 나의 함수라는 의미로 'my_func'라고 작성하였으나 실제로 사용하기에는 적합하지 않은 이름이니 참고하기 바란다(my_func로는 이 함수가 무엇을 할지 전혀 알 수가 없기 때문이다). 오히려 조금 길더라도 print_your_name 정도가 좋다. 함수명 뒤에는 함수를 호출할 때 항상 사용하였던 중괄호가 위치하게 된다. 만약 이 함수가 인자 값이 있었다면 이 괄호 안에 표기하게 되지만 이번 함수는 인자 값이 없기 때문에 괄호 기호(( ))만을 집어 넣는다. 그리고 나서는 for문이나 if문의 블록문과 같은 형태로 콜론 기호(:)를 통해 함수에서 하고자 하는 행위를 기술하는 블록문을 시작한다.

2~3번째 줄은 my_func 함수의 몸통이다. 실제로 어떤 행위를 하는지 기술한다. 필자의 my_func 함수는 사용자로부터 이름을 입력 받아서 'Hello,'라는 글자와 함께 출력을 하고 있다.

이렇게 작성된 함수는 'my_func( )'라는 명령어를 통해 호출[Call]할 수 있게 된다.

1.2 인자 값은 있으나 반환 값은 없는 함수

이번에는 인자 값이 존재하는 함수를 정의해 보자. 위에서 살펴본 소스 코드를 조금 바꿔 보도록 하자. 위 함수를 호출하기 전에 사용자로부터 이름을 입력받은 다음, 입력받은 이름을 함수의 인자 값으로 넣어서 같은 형태로 출력하도록 소스 코드를 수정해 보자.

```
1  >>> def my_func(name):
2          print('Hello,', name)
3
4  >>> my_func(input('이름을 입력하세요! : '))
```

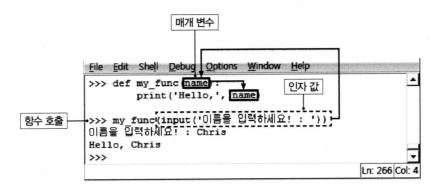

그림 8.2 함수 정의 두 번째 예제(인자 값 O, 반환 값 X)

첫 번째 줄의 함수 정의 부분이 조금 변경이 되었다. 함수명 다음에 이어지는 중괄호 기호 사이에 인자 값으로 받고자 하였던 매개 변수Parameter가 추가되었다. 여기서 매개 변수라 함은 함수 호출 시 필요한 인자 값을 담기 위한 변수이다. 이 매개 변수는 함수의 블록문 내에서만 사용이 가능한 변수로 함수 호출 시 반드시 값을 집어 넣어 함수를 호출해야 한다.

2번째 줄의 블록문 내의 출력문에서는 첫 번째 줄에서 인자 값으로 받은 변수의 값을 그대로 출력하는 것을 확인할 수 있다.

소스 실행 시에는 함수명과 괄호 안에 원하는 인자 값을 집어 넣으면 된다. 이번 예제인 경우는 사용자로부터 입력받은 값을 바로 집어 넣기 위해 input( ) 함수를 집어 넣었으며, 결국 인자 값은 input( ) 함수의 반환 값이 된다. 출력 결과는 앞 절의 결과와 같음을 알 수 있다.

1.3 인자 값, 반환 값 모두 있는 함수

함수 종료 시에 반환 값이 있는 경우 'return'이라는 예약어를 사용한다. 사용법은 함수 정의 시 블록문 마지막에 return과 함께 반환하고자 하는 값을 표기하면 된다. 이번 예제는 두 개의 숫자를 입력 받아 더한 값을 반환하는 예제를 만들어 보자.

```
1   >>> def sum(a, b):
2           return (a + b)
3
4   >>> sum(4, 5)
```

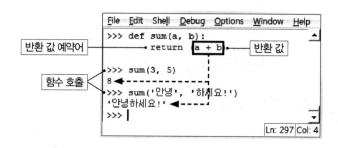

그림 8.3 함수 정의 세 번째 예제(인자 값 O, 반환 값 O)

첫 번째 줄의 함수 선언부는 이제 슬슬 익숙해지리라 본다. 이번에는 값을 더하는 함수이기 때문에 'sum'이라는 함수명을 붙였다. 앞의 my_func보다는 훨씬 좋은 이름이다. 뒤에 이어지는 a와 b는 인자 값으로 받을 두 개의 숫자 혹은 문자열을 의미한다. 이 한 줄로 유추해 보았을 때 이 함수는 두 개의 숫자를 더한 값 혹은 문자열 두 개를 붙인 한 개의 문자열을 반환하겠다는 의미가 내포되어 있다.

2번째 줄은 인자로 받은 두 개의 값을 더한 뒤 'return'이라는 예약어를 사용하여 반환하고 있다.

해당 함수를 호출할 때는 위에서 살펴본 바와 마찬가지로 함수명을 호출한 뒤 괄호 안에 원하는 인자 값을 넣어 보았다. 실행 결과 숫자를 인자 값으로 넣은 경우 두 숫자를 더한 값이 출력되었고, 문자를 인자 값을 넣은 경우 두 문자가 합쳐져서 출력되는 것을 확인할 수 있다.

1.4 반환 값을 표기하지 않는 함수의 반환 값, None

함수 내에 return문이 존재하지 않거나 return만 표기하는 경우 이 함수의 반환 값은 'None'이다. 이는 함수에 반환 값이 없다는 것을 명확하게 보여주기 위함이다. 해당 값을 확인하고 싶다면 print( ) 함수를 사용하여 함수의 반환 값을 찍어보면 알 수 있다. 다음 소스 코드를 실행해 보자.

```
1  >>> def no_return():
2          print('안녕하세요')
3          return                    # 반환 값 없음. 생략 가능
4
5  >>> print(no_return())            # 함수 반환 값 출력
```

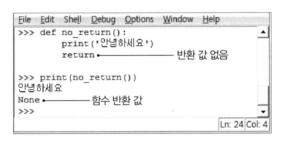

그림 8.4 반환 값 없는 함수의 반환 값 출력 예제

첫 번째 줄에서 정의한 no_return( )이라는 함수는 인자 값도 없고 return 값도 없는 함수이다. 2번째 줄에서 '안녕하세요'를 출력하는 것이 이 함수의 역할이다. 3번째 줄에는 return 구문이 존재하지만 실제로 반환하고자 하는 값은 기재하지 않았다. 이런 구문은 작성을 하지 않아도 상관이 없다.

이 함수의 반환 값을 출력하기 위해 print문을 사용하여 해당 함수를 호출해 보았더니 함수의 출력문이 출력된 후 'None'이라는 문자열이 출력되는 것을 확인할 수 있다. 그럼 이 'None'은 어떤 녀석일까? 오랜만에 type( ) 함수를 사용하여 확인해 보자.

```
1  >>> type(None)                    # None의 데이터 타입 확인
2  <class 'NoneType'>
```

None은 NoneType이라는 클래스의 값임을 알 수 있다. 실제로 None은 NoneType의 유일한 값이며, 어떠한 변수에도 할당할 수 없다. 그렇다면 이런 None은 어떠한 경우에 사용될까? 바로 다음 절에서 알아보도록 하자.

2. 기본 인자 값 활용하기^{Default Argument Value}

여러분은 range( ) 함수(6장)를 기억하고 있는가? 이 함수는 인자 값에 따라 다양한 형태의 숫자로 이루어진 리스트를 반환하는 함수이다. 다시 한번 다음 소스 코드를 실행해 보자. range( ) 함수의 반환 값을 리스트로 치환하여 확인하는 예제이다.

```
1  >>> list(range(10))              # range( ) 인자 값 1개
2  [0, 1, 2, 3, 4, 5, 6, 7, 8, 9]
3  >>> list(range(5, 10))           # range( ) 인자 값 2개
4  [5, 6, 7, 8, 9]
5  >>> list(range(0, 10, 2))        # range( ) 인자 값 3개
6  [0, 2, 4, 6, 8]
```

range( ) 함수는 1개 이상의 인자 값을 반드시 가져야 한다. 첫 번째 줄에서 수행한 명령어를 통해 range( ) 함수의 기본 동작 방식을 알 수 있다. 인자 값이 1개인 경우 range( ) 함수의 시작 값은 0으로 기본 설정이 되며 0 ~ 9까지의 숫자를 하나씩 가지는, 다시 말해서 스텝이 1인 리스트를 반환한다.

3번째 줄에서 수행한 명령어에는 인자 값이 두 개 존재한다. 출력 결과물에서 알 수 있듯이 첫 번째 인자 값은 시작하는 숫자를 의미한다(반환된 리스트의 시작이 5부터이다).

5번째 줄에서 수행한 명령어는 세 개의 인자 값이 보이고 있다. 첫 번째 인자 값은 시작 값, 두 번째 인자 값은 마지막 값보다 하나 큰 값 그리고 세 번째 인자 값은 스텝을 의미한다. 세 번째 인자 값으로 2를 집어 넣으니 숫자가 2씩 증가하여 출력되는 것을 확인할 수 있다. 이를 통해 세 번째 인자 값이 생략되는 경우에는 스텝이 기본 값이 1임을 알 수 있다.

그럼 이런 함수는 어떻게 정의할 수 있을까? 이는 함수 선언 시 매개 변수를 표기하는 방법에서 확인할 수 있다. 소스 코드와 함께 이해해 보도록 하자. 필자는 하루에 잠을 자는 시간을 반환하는 함수를 만들려고 한다. 이름은 daily_sleeping_hours로 하고 인자 값은 실제로 잠을 자는 시간을, 반환 값은 인자로 받은 값을 그대로 반환해 보겠다.

```
1    >>> def daily_sleeping_hours(hours):
2            return hours
3
4    >>> daily_sleeping_hours(6)
5    6
6    >>> daily_sleeping_hours(10)
7    10
8    >>> daily_working_hours()                    # 인자 값 없이 호출한 경우
9    Traceback (most recent call last):
10       File "<pyshell#62>", line 1, in <module>
11           daily_working_hours()
12   TypeError: daily_working_hours() missing 1 required positional
     argument: 'hours'
```

함수의 정의는 무척 단순하다. 두 차례 정도 호출해 보니 생각대로 동작하고 있는 것을 확인할 수 있다. 하지만, 인자 값을 넣지 않고 호출하는 경우에는 타입 에러가 발생하는 것을 확인할 수 있다. 마지막 줄의 메세지를 다시 한번 살펴보자.

```
TypeError: daily_working_hours() missing 1 required positional
argument: 'hours'
```

반드시 추가해야 할 인자 값인 'hours'의 값이 누락되었다는 메세지이다. 그런데 일반적으로 이 함수를 사용하는 사람들은 7시간씩 대부분 잔다고 한다면 굳이 모든 사람들에게 7이라는 숫자를 입력하게 할 필요가 없다는 생각이 들었다. 그래서 매개 변수 hours의 기본 값을 7이라고 정의한 뒤 해당 함수를 인자 값 없이 호출해 보았다.

```
1  >>> def daily_sleeping_hours(hours=7):
2          return hours
3
4  >>> daily_sleeping_hours()
5  7
```

이렇듯 기본 값을 설정하는 방법은 무척 쉽다. 함수의 매개 변수를 표기할 때 기본 값으로 생각되는 값을 등호 기호(=)와 함께 표기하면 된다. 이렇게 정의하면 함수 호출 시 인자 값을 넣지 않은 경우에 기본 값을 사용하게 된다. 이러한 인자 값은 일종의 옵션으로 볼 수 있다. 이러한 방식은 함수를 정의할 때 유연성을 더 높여 주는 역할을 한다.

이런 경우도 생각해 보자. 인자 값에 기본 값은 없으나 값을 집어 넣지 않았을 때 타입 에러가 나는 것보다는 "인자 값 세팅을 잊으셨군요."라는 메세지를 출력하고 싶다고 해 보자. 이런 경우 앞절에서 살펴본 None이 등장할 차례이다.

```
1  >>> def daily_working_hours(hours=None):
2          if hours == None:
3              print('인자 값 세팅을 잊으셨군요..')
4          return hours
5
6  >>> daily_working_hours()
7  인자 값 세팅을 잊으셨군요..
```

첫 번째 줄의 매개 변수를 표기할 때 기본 값을 None으로 지정하였다.

2번째 줄에서는 인자 값의 입력 유무를 확인하여 3번째 줄의 출력문을 출력하도록 분기하였다. 실행 결과, 예상대로 동작이 되는 것을 확인할 수 있다. 실제로 None은 함수 정의 시 경우에 따라 인자 값이 추가되거나 없어도 되는 경우에 가장 많이 활용된다고 볼 수 있다. 앞에서 살펴본 range( ) 함수의 사례를 잘 기억해 두기 바란다.

3. 여러 개의 인자 값 및 키워드 인자 활용하기^{Keyword Arguments}

이번에는 함수의 인자 값이 여러 개 있는 경우를 살펴보자. 앞에서 살펴보았듯이 함수의 인자 값에는 함수 호출 시 반드시 대입해야 하기 때문에 대입하지 않은 경우에 에러가 발생하는 '**필수** ^{required} **인자 값**'이 있었으며 **값을 대입하지 않은 경우에는 기본 값을 할당하는 '옵션**^{optional} **인자 값**'도 존재한다. 그럼 이 두 가지의 인자 값들이 한 개의 함수의 인자 값으로 사용되는 경우 어떻게 호출할 수 있을까?

파이썬에서는 두 타입의 인자 값이 공존하는 형태의 함수를 정의할 수 있으며 이를 'positional-or-keyword'라고도 부른다. positional은 '**위치 인자 값**'이라고 부르며, **인자 값을 집어 넣는 순서가 중요한 필수 인자 값**을 말한다. keyword는 인자 값을 대입할 때 매개 변수명이 키워드로 들어가야 하는 '**키워드 인자 값**'을 의미하며 **기본 값을 가지고 있는 옵션 인자 값**이라고 볼 수 있겠다. 키워드가 있으니 순서는 크게 중요하지 않다. 파이썬에서는 위치 인자 값을 키워드 인자 값처럼 호출하여 사용할 수도 있고, 키워드 인자 값을 위치 인자 값처럼 호출하여 사용할 수도 있다.

이해를 돕기 위해 다음 소스 코드부터 살펴보자. 함수 'introduce_my_car( )'는 내가 가지고 있는 차를 소개하기 위한 함수이다. 일반 가정의 승용차 제조사는 다양하나 대부분 4인승의 세단을 보유하고 있다고 가정을 해 보자. 함수 선언 시에 인자 값의 순서와 함수를 호출할 때의 인자 값의 순서를 주의 깊게 살펴보자. 해당 함수의 첫 번째 인자 값은 위치 인자 값이며 두 번째, 세 번째 인자 값은 키워드 인자 값이다.

```
1  >>> def introduce_my_car(manufacturer, seats=4, type='sedan'):
2          print('내 차는', manufacturer, '의', seats, '인승', type, '이다.')
```

이렇게 정의된 함수는 첫 번째 인자 값은 필수 인자 값으로 반드시 입력해야 하며 나머지 인자 값들은 옵션 인자 값으로 값을 설정하지 않는 경우 기본 값이 할당되는 함수이다. 이런 함수는 다음과 같이 여러 가지 방식으로 호출이 가능하다. 위치에 따라 할당하는 방법과 키워드를 활용하는 방법이 공존하니 주석을 참고하여 구분해 보기 바란다.

```
1    >>> # 위치 인자 값 1개
2    >>> introduce_my_car('현대')        # 첫 번째 인자 값
3    내 차는 현대 에서 제작된 4 인승 세단 이다.
4    >>>
5    >>> # 키워드 인자 값 1개
6    >>> introduce_my_car(manufacturer='기아')  # 첫 번째 인자 값
7    내 차는 기아 에서 제작된 4 인승 세단 이다.
8    >>>
9    >>> # 키워드 인자 값 2개
10   >>> introduce_my_car(manufacturer='기아', type='SUV')  # 첫 번째, 세 번째 인자 값
11   내 차는 기아 에서 제작된 4 인승 SUV 이다.
12   >>>
13   >>> # 순서 바뀐 키워드 인자 값 2개. 순서가 바뀐 경우는 반드시 키워드 인자 값 사용!
14   >>> introduce_my_car(type='SUV', manufacturer='기아')  # 세 번째, 첫 번째 인자 값
15   내 차는 기아 에서 제작된 4 인승 SUV 이다.
16   >>>
17   >>> # 순서를 지킨 위치 인자 값 3개. 순서가 같다면 모두 위치 인자 값 사용 가능
18   >>> introduce_my_car('아우디', 2, '스포츠카')  # 첫 번째, 두 번째, 세 번째 인자 값
19   내 차는 아우디 에서 제작된 2 인승 스포츠카 이다.
20   >>>
21   >>> # 위치 인자 값 1개, 키워드 인자 값 1개. 혼용으로 사용 가능
22   >>> introduce_my_car('아우디', seats=2)   # 첫 번째, 두 번째 인자 값
23   내 차는 아우디 에서 제작된 2 인승 세단 이다.
```

이번에는 잘못 호출한 사례를 몇 가지 살펴보자.

■ 필수 인자 값 누락

첫 번째 인자 값에는 기본 값이 없었던 필수 인자 값이었다. 이 변수에는 반드시 값이 대입되어야 한다. 누락되는 경우 다음과 같이 타입 에러(TypeError)가 발생한다. 에러 메세지 내용은 'manufacture'라는 위치 인자 값에 값이 누락되었다는 내용이다.

```
1   >>> introduce_my_car()
2   Traceback (most recent call last):
3       File "<pyshell#14>", line 1, in <module>
4           introduce_my_car()
5   TypeError: introduce_my_car() missing 1 required positional
    argument: 'manufacture'
```

■ 키워드 인자 값 뒤에 키워드 없는 인자 값 사용 불가

인자 값을 나열할 때 다음과 같이 함수 호출 시에 인자 값에 키워드 인자 값 다음에 위치 인자 형태의 인자 값은 넣을 수가 없다. 이는 구문 에러(SyntaxError)를 유발한다.

```
1  >>> introduce_my_car(manufacture='현대', 2)
2  SyntaxError: non-keyword arg after keyword arg
```

■ 동일 매개 변수에 중복 인자 값 대입

이번에는 1개의 값만을 넣어야 하는 상황에서 중복되는 데이터를 넣는 경우다. 다음과 같이 제조사를 넣기 위해 위치 인자 값과 키워드 인자 값을 동시에 사용하면 타입 에러(TypeError)가 발생한다. 오류 메세지 내용은 'manufacture' 인자 값에 여러 데이터가 들어갔다는 의미다.

```
1  >>> introduce_my_car('기아', manufacture='현대')
2  Traceback (most recent call last):
3    File "<pyshell#17>", line 1, in <module>
4      introduce_my_car('기아', manufacture='현대')
5  TypeError: introduce_my_car() got multiple values for argument
   'manufacture'
```

■ 알지 못하는 키워드(매개 변수명 존재하지 않음)

함수 선언 시 입력하지 않은 매개 변수명을 넣는 경우에도 타입 에러(TypeError)가 발생한다. 에러 메세지 내용은 기대하지 않은 키워드 인자인 'color'가 값으로 대입되었다는 뜻이다.

```
1  >>> introduce_my_car(color='회색')
2  Traceback (most recent call last):
3    File "<pyshell#18>", line 1, in <module>
4      introduce_my_car(color='회색')
5  TypeError: introduce_my_car() got an unexpected keyword argument
   'color'
```

4. 가변 인자 리스트 활용하기^{Arbitrary Argument Lists}

그럼 이번엔 하나의 변수에 값이 여러 개가 들어가는 경우에 대해서 생각해 보자. 1개의 변수에 여러 개의 값이 들어가 있는 튜플 타입 데이터나 사전 타입 데이터를 인자 값으로 집어 넣는 경우는 무척 흔하다.

인자 값 여러 개를 하나의 변수에 담아서 전달하고자 한다면 아래와 같이 별표 기호(*)를 활용하면 된다. 별표 기호 한 개(*)는 튜플 타입 데이터를 대입하겠다는 의미이며 별표 기호 두 개(**)는 키와 값의 쌍으로 이루어진 사전 타입 데이터를 대입하겠다는 뜻이다. 참고로, C나 C++에서는 변수 앞에 붙는 별표 기호는 포인터를 의미하는 것과 조금 다른 의미이다. 이해를 돕기 위해 아래 소스 코드를 살펴보자. 나와 나의 가족을 소개하는 함수로 introduce_your_family( )를 정의하였다.

```
1  >>> def introduce_your_family(name, *family_names, **family_info):
2          print('제 이름은', name, '입니다. ')
3          print('제 가족들의 이름은 아래와 같아요. ')
4          for family_name in family_names:
5              print(family_name)
6          print('-' * 40)
7          for key in family_info.keys():
8              print(key, ':', family_info[key])
```

첫 번째 줄의 함수 선언문의 인자 값을 살펴보자. 첫 번째 인자 값으로는 본인의 이름을 넣고, 두 번째 인자 값에는 가족들 이름을 나열한 뒤, 세 번째 인자 값에는 가족의 정보를 사전 타입으로 위치시키고 있다.

2번째 줄에서 첫 번째 인자 값으로 입력받은 이름을 출력하고 있다.

4 ~ 5 번째 줄에서는 열거형으로 입력받은 가족의 이름을 하나씩 출력하고 있다.

7 ~ 8 번째 줄에서는 사전 타입으로 입력받은 값들을 키와 값을 한 줄씩 출력하고 있다. 참고로, 사전 타입 데이터의 메소드인 keys( )는 해당 데이터가 가지고 있는 모든 키 값들을 가져와서 열

거형으로 반환하는 함수이다.

자, 그럼 이 함수를 호출해 보자. 여기서 주의할 점은 튜플 타입 데이터와 사전 타입 데이터를 하나로 묶어서 집어 넣는 것이 아니라 열거하는 형태로 쭉 나열해서 집어 넣는다는 것이다. 다음 소스 코드를 확인해 보자.

```
>>> introduce_your_family('Chris', 'Jihee', 'Anna', 'Shinhoo', 집='용
인', 가훈='행복하게 살자!')
제 이름은 Chris 입니다.
제 가족들의 이름은 아래와 같아요.
Jihee
Anna
Shinhoo
----------------------------------------
집 : 용인
가훈 : 행복하게 살자!
>>>
```

인자 값의 개수나 키워드 없이도 나열한 값들이 알아서 각 변수에 패킹(포장)되어 대입되는 것을 확인할 수 있다. 무척 재미있는 기능이다. 자바와 같은 언어에서는 찾아볼 수 없는 기능이다. 이를 파이썬에서는 'var-positional'이라고도 부른다.

일반적으로 이런 가변 인자 값들은 함수 선언 시 인자 값 중 가장 뒤쪽에 배치시켜, 위에서 살펴본 예제와 같이 열거한 인자들을 한 개의 변수에 패킹되어 대입되는 것을 볼 수 있다. 만약 튜플 타입 인자 값을 앞쪽에 배치하고 뒤에 인자 값이 위치하는 경우에는 어떻게 호출할 수 있을까? 이런 경우에 뒤쪽에 배치된 일반 인자 값은 반드시 변수명을 앞에 명시하는 키워드 인자 값 형태로만 사용할 수 있다. 이를 파이썬에서는 'keyword-only'라고도 부른다. 다음 소스 코드 및 함수 호출 방법을 비교해 보자.

```
1  >>> def concat(*args, sep="/"):
2          return sep.join(args)
3
4  >>> concat("earth", "mars", "venus")   keyword-only
5  'earth/mars/venus'
6  >>> concat("earth", "mars", "venus", sep=".")
7  'earth.mars.venus'
```

첫 번째 줄에 정의한 함수의 함수명인 concat( )은 concatenate의 약자로 사슬같이 잇다는 의미의 동사에서 가져온 이름이다. 첫 번째 매개 변수 args는 튜플 타입 데이터이며 2번째 매개 변수 sep은 기본 값으로 "/"를 지니고 있다. 여기서 sep은 separator의 약자로 구분자임을 유추할 수 있다.

2번째 줄에서는 구분자를 활용하여 문자열 메소드 중 하나인 join( )을 호출하였고 인자 값으로는 concat 함수의 첫 번째 인자 값인 튜플 타입 데이터를 대입하여 나온 결과 값을 반환하고 있다. 여기서 join 함수는 인자 값으로 넘겨 받은 열거형 데이터들의 사이를 구분자로 채워서 연결하는 함수이다.

4번째 줄에서는 문자열 타입 데이터를 세 개 열거 형태로 인자 값을 대입하여 concat( ) 함수를 호출하고 있다. 이 세 개의 문자열은 자동으로 패킹되어 args 변수에 대입된다. 결과 값에서 알 수 있듯이 세 개의 문자열로 이루어진 튜플 타입 데이터 args의 항목들을 구분자의 기본값인 '/'로 구분하여 하나의 문자열을 반환하고 있는 것을 확인할 수 있다.

만약 구분자를 '/' 대신 '.'으로 변경하고자 한다면 6번째 줄과 같이 호출하면 된다. 키워드 인자 값 형태로 호출해야 하기 때문에 매개 변수명인 sep을 반드시 명시해야 하는 것을 기억하기 바란다.

잠시만요! 열거형 데이터는 리스트 타입도 있는데 튜플 타입을 쓰는 이유가 뭐죠?

좋은 질문이다. 파이썬에서의 함수에 여러 개의 열거형 데이터를 집어 넣을 때 튜플을 사용하는 이유는 튜플은 값을 변경할 수 없는(immutable) 데이터 타입이기 때문이다. 이는 함수 호출 시 사용한 인자 값은 추후에 변경하지 못하게 제약을 거는 용도로 사용된다. 함수 안에서는 변경이 불가한 것이다. 실제로 이런 제약 사항은 개발 시에 발생할 수 있는 혼돈을 줄이는 데 크게 기여한다.

만약 리스트 타입으로 값을 입력받아서 함수 블록문에서 일부 가공을 한 상태로 다른 함수의 인자 값으로 넘겼다고 가정을 해 보자. 그 인자 값을 넘겨 받은 함수는 이 리스트 타입 데이터가 최초의 값으로부터 변경 유무를 확인하는 절차가 필요하다. 소스 코드에 버그가 생긴다면 트러블 슈팅을 위해 많은 시간을 그 부분에 할애할 수도 있다. 하지만, 변경이 불가한 튜플 타입을 사용하면, 이런 소모적인 행위를 원천적으로 차단할 수 있다.

5. 언패킹 인자 리스트 활용하기Unpacking Argument Lists

지금까지 우리는 인자 값에 열거형 데이터를 넣으면 패킹되어 하나의 변수로 대입되는 사례를 보아 왔다. 이번 절에서는 반대의 상황으로 이미 리스트 타입이나 튜플 타입으로 되어 있는 열거형 데이터를 함수 내에서는 언패킹되어 각 항목이 분리되어 사용하는 사례를 살펴보겠다.

먼저 파이썬의 기본 함수 중 하나인 range( )의 활용 사례를 들어 보겠다. range( ) 함수에 두 개의 인자 값을 대입하는 경우 앞의 인자 값은 시작 숫자를, 뒤의 인자 값은 마지막 숫자보다 1이 큰 숫자가 되는 것을 몇 차례 살펴본 적이 있다. 만약 두 개의 인자 값이 하나의 리스트 타입 변수에 들어가 있는 경우에는 어떻게 호출하면 될까? 이런 경우에도 별표 기호(*)를 활용할 수 있다. 함수를 선언할 때의 별표 기호는 열거형 데이터를 의미하지만 함수를 호출할 때 인자 값 앞에 사용하는 별표 기호는 이 열거형 데이터를 언패킹하라는 의미로 해석이 된다. 아래 소스 코드를 주석과 함께 살펴보자.

```
1   >>> list(range(3, 6))              # 일반적으로 값을 2개 따로 대입
2   [3, 4, 5]
3   >>> args = [3, 6]
4   >>> list(range(*args))             # 리스트 타입 데이터를 언패킹하여 대입
5   [3, 4, 5]
```

출력 값에서 확인할 수 있듯이 같은 결과가 나오는 것을 확인할 수 있다. args 변수는 3과 6을 항목으로 가지는 하나의 리스트 타입 데이터였지만 *args를 통해 하나의 리스트 타입 데이터가 두 개의 숫자인 3과 6으로 나눠지는 경우다. **파이썬에서의 별표 기호는 데이터를 패킹할지, 언패킹 할지를 결정해 주는 역할을 하는 것**을 다시 한번 확인할 수 있다. 매개 변수에 있는 별표 기호는 인자 값으로 들어오는 항목들을 패킹하겠다는 의미며, 인자 값에 있는 별표 기호는 인자 값을 언패킹

하여 대입하겠다는 의미인 것이다.

이번에는 사전 타입을 한 번 살펴보자. 사전 타입을 위한 언패킹은 별표 기호 두 개(**)를 사용하면
된다. 앞 3절에서 살펴본 차를 소개하는 함수를 다시 가져와 보겠다. 아래 소스 코드를 살펴보자.

```
1  >>> def introduce_my_car(manufacturer, seats=4, kind='sedan'):
2          print('내 차는', manufacturer, '의', seats, '인승', kind, '이다.')
3  >>> # 위 함수의 인자 값들을 위한 사전 타입 변수 선언
4  >>> input = {'manufacturer': '현대', 'seats':9, 'kind':'승합차'}
5  >>> introduce_my_car(**input)
6  내 차는 현대 의 9 인승 승합차 이다.
```

이번에는 사전 타입을 한 번 살펴보자. 사전 타입을 위한 언패킹은 별표 기호 두 개(**)를 사용하면
된다. 앞 3절에서 살펴본 차를 소개하는 함수를 다시 가져와 보겠다. 아래 소스 코드를 살펴보자.
첫 번째 줄에서 정의한 함수는 1개의 필수 매개 변수와 두 개의 옵션 매개 변수를 포함하고 있는
함수임을 알 수 있다.

4번째 줄에서는 인자 값에 집어 넣기 위한 사전 타입 데이터 input을 선언하였다. 이때 각 항목의
키 값은 위에서 선언한 함수의 매개 변수명과 일치하는 것을 알 수 있다.

5번째 줄에서 introduce_my_car( ) 함수 호출 시, 사전 타입 데이터를 별표 기호 두 개(**)와 함
께 사용하고 있다. 이는 키워드 인자 값으로 언패킹되어 해당 함수를 이상 없이 수행하고 있다.

6. 심화 변수의 유효 범위^{Scope}

이번 절에서는 함수 내 변수들의 유효 범위에 대해서 알아보자. 사실은 이번 절의 내용은 많은 개
발자들이 실수를 하게 되는 내용이기도 하다. 필자의 소스 코드를 하나씩 실행하면서 주의 깊게 살
펴보도록 하자. 이 부분을 이해하지 못하고 넘어가면 훗날 크게 후회할 날이 올 것이라 장담한다.

대부분의 프로그래밍 언어에는 **변수를 사용할 때 해당 변수가 영향을 미치지는 영역**이라는 것이 존재한다. 이 영역을 변수의 **유효 범위**^{Scope}라고 한다. 가령, 함수에 선언한 변수는 일반적으로 함수 내에서만 사용이 가능하며 함수 밖에서는 사용에 제약이 있다. 이해를 돕기 위해서 간단한 함수를 하나 만들어서 호출해 보겠다. my_func( ) 함수는 호출하기 전에 생성한 외부 변수의 값을 변경하여 출력하는 단순한 함수다. 다음 소스 코드를 실행해 보자(깨끗한 환경에서 실행하기 위해 IDLE를 재시작하기 바란다).

```
1    >>> def my_func(param):              # 함수 정의, 매개변수 param
2            param = 'Modified by my_func'  # param 값 변경(실은 지역 변수 생성)
3            print(param)                   # param 값 출력
4            print(id(param))               # param 객체 ID 확인
5
6    >>> param = 'Create from outside'     # 외부 param 변수 생성 및 초기화
7    >>> my_func(param)                    # my_func( ) 함수 호출, 외부 param 대입
8    Modified by my_func
9    60492296
10   >>> print(param)                      # 외부 param 출력 (출력 결과 주시 바람)
11   Create from outside
12   >>> id(param)                         # 외부 param 객체 ID 확인
13   60492368
```

첫 번째 줄에서 my_func( )라는 함수를 정의하였다. 매개변수명은 param이다.

2번째 줄을 보니 매개 변수로 받은 값에 다른 값을 집어 넣고 있다. 이 부분이 주목할만한 부분이다. 이 부분은 param 매개 변수의 값을 변경하는 것이 아니라 함수 내에서만 사용이 가능한 param이라는 변수를 새로 만들고 있다. 정확하게 말하자면, 변할 수 없는 데이터 타입인 문자열 변수의 값을 변경하려고 하니 새로운 객체가 생성되었고, 함수 내에서만 사용할 수 있는 객체가 param 변수에 대입이 된 것이다. 이렇게 **함수 내에서만 활용이 가능한 변수를 지역 변수**$^{Local\ Variable}$라고 한다.

3번째 줄에서는 param 변수의 값을 출력하고 있고, 4번째 줄에서는 param의 객체 식별자를 확인 하고 있다.

지금까지 정의한 my_func( ) 함수는 아직 호출하기 전이라는 것을 잊지 말자. 6번째 줄로 가보자. param이라는 변수를 선언하고 있다. 조금 전에 본 함수의 매개 변수와 이름이 같다.

7번째 줄에서 my_func( ) 함수를 호출하면서 조금 전에 만든 param 변수를 인자 값으로 전달하고 있다. 이때, my_func( )에 정의된 소스 코드가 실행된다.
8번째 줄에 보니 my_func( ) 내에서 수정한 소스 코드에 의해 변경된 값이 출력되는 것을 볼 수 있다. 그리고는 9번째 줄에서 함수 내의 param 변수의 객체 식별자를 확인하였다.

10, 11번째 줄이 이번 절의 하이라이트다. param 변수를 출력해 보았더니 처음에 param 변수를 생성할 때 집어 넣었던 값이 출력되는 것을 확인할 수 있다. 게다가 12, 13번째 줄의 param 변수의 객체 식별자는 함수 안의 그것과 값이 다르다는 것도 확인할 수 있다.

조금 전에 본 상황은 당연하게 볼 수도 있고, 굉장히 이상하게 볼 수도 있다. 함수를 호출하기 전에 생성한 변수는 함수의 인자 값으로 대입하여 함수 내로 전달하더라도 해당 변수의 값이 변경되는 것이 아니라, 함수 내에서만 사용 가능한 지역 변수가 새로 생성된 것이다. 이런 경우라면 **매개 변수가 전혀 필요 없지 않은가?** 만약 실제로 이게 필요한 소스 코드였다면 여러분은 의도와 전혀 상관 없는 결과에 놀랄 수 밖에 없을 것이다.

```
1   >>> def my_func():                        # 함수 정의 매개변수 없음
2           param = 'Modified by my_func'      # param 값 변경(실은 지역 변수 생성)
3           print(param)                        # param 값 출력
4           print(id(param))                    # param 객체 ID 확인
5
6   >>> del param                               # 기존 param 변수 삭제
7   >>> param = 'Create from outside'           # 외부 param 변수 생성 및 초기화
8   >>> my_func()                               # my_func( ) 함수 호출, 인자 값 없음
9   Modified by my_func
10  60492296
11  >>> print(param)                            # 외부 param 출력 (출력 결과 주시 바람)
12  Create from outside
13  >>> id(param)                               # 외부 param 객체 ID 확인
14  60492368
```

이 코드는 함수에 매개 변수가 없어도 전혀 문제가 없는 코드로 동작한다. 위 소스 코드에서 함수의 매개 변수만 삭제한 사례를 다시 한번 살펴보자. 아래 소스 코드를 실행해 보자. 주석의 굵은 글씨 부분이 변경된 부분이다(실제로 파이썬 주석에 굵은 글씨를 넣을 수는 없지만 이해를 돕기 위해 표기하였다).

앞서 살펴본 소스 코드와 다른 점은 첫 번째 줄의 함수 정의문뿐이다. 오히려 이 소스 코드가 더 이해하기 편하다. 이름은 밖에 있는 변수와 같지만, 함수 내에 param이라는 변수를 새로 생성하여 동작을 하고 있어 실수할 가능성을 줄여준다. 하지만 여전히 외부의 param 변수와 내부의 param 변수는 서로 다름에도 불구하고, 같은 이름을 가지고 있어 혼란스러울 수 있는 문제점을 가지고 있다.

```
1    >>> def my_func():                    # 함수 정의, 매개변수 없음
2                                          # param 값 변경 부분 제거
3            print(param)                  # 외부 param 값 출력(전역 변수)
4            print(id(param))              # 외부 param 객체 ID 확인(전역 변수)
5
6    >>> del param                         # 기존 param 변수 삭제
7    >>> param = 'Create from outside'     # 외부 param 변수 생성 및 초기화
8    >>> my_func()                         # my_func() 함수 호출, 외부 param 대입
9    Create from outside
10   60446232
11   >>> print(param)                      # 외부 param 출력 (출력 결과 주시 바람)
12   Create from outside
13   >>> id(param)                         # 외부 param 객체 ID 확인
14   60446232
```

참고로 6번째 줄에 기존에 만들었던 param 변수를 삭제하였다. IDLE를 재시작하는 경우에는 실행할 필요가 없다.

그런데 생각해 보니 필자는 **함수 밖에서 선언한 변수를 함수 내에서 활용하고 싶었던 것**이었다. 위 소스 코드를 조금만 바꿔서 다시 실행해 보자.

앞서 정의한 함수의 2번째 줄에 있었던 param 값 변경 부분을 제거하였더니 드디어 3번째 줄에 기술한 param 변수 출력문에서 외부의 param 변수를 가져와서 9번째 줄에 출력하고 있는 것을

확인할 수 있다. 함수 내에서 호출한 param의 객체 식별자와 외부에서 확인한 param의 객체 식별자도 동일한 것을 알 수 있다. 이렇게 **어떤 함수이던지 함수 밖에서 선언하여 사용할 수 있는 변수를 전역 변수**^{Global Variable}라고 한다.

```
1   >>> def my_func():              # 함수 정의, 매개변수 없음
2          print(param)             # param 값 출력(위치 변경, 에러 발생)
3          param = 'Modified by my_func'   # param 값 변경
4          print(id(param))         # 외부 param 객체 ID 확인
5
6   >>> del param                   # 기존 param 변수 삭제
7   >>> param = 'Create from outside'   # 외부 param 변수 생성 및 초기화
8   >>> my_func()                   # my_func( ) 호출 및 에러 발생!
9   Traceback (most recent call last):
10      File "<pyshell#83>", line 1, in <module>
11          my_func()
12      File "<pyshell#79>", line 2, in my_func
13          print(param)
14  UnboundLocalError: local variable 'param' referenced before
    assignment
```

자, 비슷한 예제 하나만 더 실행해 보자. 이번에는 함수 내부에서 param 변수를 출력한 뒤에 param 값을 바꿔 보자. 다음 소스 코드를 실행해 보자.

이번에는 기존 함수의 2번째 변수 값 세팅 부분과 3번째 부분의 출력 부분의 순서를 변경하였다. 2번째 줄에 param 값을 출력하고, 3번째 줄에 param 값을 변경하였다.

여러분은 2번째 줄의 param은 전역 변수라고 생각하나? 아니면 지역 변수라고 생각하나? 이 부분이 가장 헷갈리기 쉬운 대목이다. 결국, 이 소스 코드는 이 param 변수를 출력하는 줄에서 에러를 발생시킨다!

```
UnboundLocalError: local variable 'param' referenced before
assignment
```

마지막 줄에 출력된 에러 메세지를 살펴보자.

처음 접하는 UnboundLocalError가 발생하였다. 굳이 풀어 쓰자면 할당되지 않은 로컬 에러라고나 할까? 아래의 번역된 에러 메세지가 내용을 명확히 밝혀주고 있다.

"지역 변수 'param' 이 생성(assignment)되기 전에 참조(referenced) 되었음"

파이썬에서는 함수 내에서 어떤 변수에 값을 할당하는 경우 할당하는 위치와 상관 없이 무조건 지역 변수로 인식하는 것을 알 수 있다. 2번째 줄의 param은 아직 생성하지 않은 지역 변수라고 인식하는 것이다. 무척 흥미로운 부분이다(다른 언어와 다른 부분 중 하나다).

자, 그럼 처음의 시나리오로 돌아가보자. my_func( ) 함수는 호출하기 전에 생성한 외부 변수 즉 전역 변수의 값을 변경하여 출력하는 단순한 함수라고 했다. 그럼 어떻게 할 것인가? 이를 위하여 함수 내에서 호출한 param 변수가 전역 변수라고 표기하는 방법이 존재한다. 바로, global이라는 예약어를 사용하면 된다. 다음 소스 코드를 실행해 보자.

```
1   >>> def my_func():              # 함수 정의. 매개변수 없음
2       global param                # 전역 변수 param 호출
3       param = 'Modified by my_func'  # param 값 변경
4       print(param)                # param 값 출력
5       print(id(param))            # param 객체 ID 확인
6
7   >>> del param                   # 기존 param 변수 삭제
8   >>> param = 'Create from outside'  # 외부 param 변수 생성 및 초기화
9   >>> my_func()                   # my_func( ) 함수 호출
10  Modified by my_func
11  60492728
12  >>> print(param)                # 외부 param 출력
13  Modified by my_func
14  >>> id(param)                   # 외부 param 객체 ID 확인
15  60492728
```

2번째 줄에 주목하자. param 변수 호출 전에 global param이라는 명령문을 통해 함수 내에서 사용할 param이 전역 변수임을 선언하고 있다. 이후에 출력하는 param 변수 및 식별자는 함수 호출 전에 생성한 전역 변수임을 확인할 수 있다.

이번 절의 내용을 정리해 보자.

파이썬의 변수는 크게 전역 변수와 지역 변수로 나눠진다. 전역 변수가 호출이 가능한 영역, 즉 유효 범위는 전지역이다. 어떤 함수에서든 호출이 가능하다. 함수 내에 선언된 지역 변수는 해당 함수 내에서만 호출이 가능하다. 만약 지역 변수명이 전역 변수명과 동일하다면 해당 함수만을 위한 지역 변수를 새로 생성한다. 이는 이름은 같지만 다른 객체 식별자를 가지고 있으며 유효범위는 해당 함수 내부이다. 만약 함수 내에서 전역 변수를 호출하고 싶은 경우에는 변수명을 사용하기 전에 'global [변수명]'을 사용하여 전역 변수를 사용하겠다고 선언하면 가능하다. 다소 복잡할 수 있지만 반드시 숙지하고 넘어가야 할 부분이다.

잠시만요! ▶ **전역 변수를 사용하는 것이 좋나요? 아니면 지역 변수를 사용하는 것이 좋나요?**

좋은 질문이다. 혹 어떤 개발자는 전역 변수가 넓은 영역에서 활용이 가능하니, 전역 변수가 더 좋다고 생각할 수도 있겠다. 하지만, 잘못된 생각이다. 정확한 답은 둘 다 적당한 목적에 의해서 명확하게 구분해서 사용해야 한다는 것이다. 조금 더 쉬운 기준을 제시해 보겠다.

만약 변수의 값이 변경되는 경우라면 무조건 유효범위를 최소화 해야 하며 지역 변수를 사용해야 한다. 이번 절의 내용은 설명을 위해 전역 변수 값을 변경하는 사례를 들었지만 이런 경우에는 지역 변수를 사용하는 것이 옳다. 전역 변수는 프로그램이 실행하는 내내 절대로 변경되지 않는 값들이 들어가는 것이 좋다. 가령, 해당 소프트웨어의 파이썬 버전이나 실행 시에 사용된 운영체제 관련 설정 값들도 좋은 예다. 혹은 학사 정보 시스템이라면 시스템상으로는 변하지 않는 대학교 상세 정보 등을 예로 들 수 있겠다. 여러분이 작성하는 소스 코드의 변수는 가급적이면 미리 생성도 하지 말고, 사용되는 최소한의 영역에서 선언하여 최소한의 유효 범위 내에서만 사용하는 것에 습관을 들이기 바란다.

주의하세요! ▶ **전역 변수와 지역 변수의 이름을 동일하게 가져가는 것은 좋지 않습니다.**

위에서 살펴보았듯이, 전역 변수와 지역 변수의 이름이 같으면 소스 코드가 무척 읽기 불편해지는 것을 알 수 있었다. 실제로 많은 개발자들이 실수를 하는 부분이기도 하다. 일단 원천적으로 전역 변수와 지역 변수의 이름은 구분을 하도록 하자. 보통, 프로젝트인 경우에는 두 변수를 구분하기 위한 접두어prefix를 선정하기도 한다. 일반적으로 지역 변수 앞에 언더바(_)를 붙인다. 구글같은 곳에서는 아예 전역 변수 사용을 하지 말라고 권고한다.

7. 함수 설명을 위한 문자열 활용하기^{Documentation Strings (docstring)}

지금까지 여러 형태의 함수 정의 및 호출 방법을 살펴보았다. 이러한 함수들을 개발자가 사용하거나 추후에 소스 코드를 확인하기 위해 필요한 상세 설명은 대개 함수 내에 기술하게 되어 있다. 특히, 고품질의 소스 코드에는 소스 코드만으로는 설명하기 어려운 내용들이 잘 기술되어 있어야만 한다. 이런 내용을 함수 내에 기술하기 위해서 여러 줄로 이루어진 문자열을 활용한다. 이러한 문자열을 영문으로는 documentation strings 혹은 줄여서 docstring라고도 표현한다. 다음 예제를 살펴보자.

```
1    >>> def my_function():
2            """아무 것도 하지 않지만, 문서만 기술한 함수.
3
4            본 함수는 docstring을 설명하기 위한 함수로 아무 행위도 하지 않는다.
5            """
6            pass
7
8    >>> print(my_function.__doc__)
9    아무 것도 하지 않지만, 문서만 기술한 함수.
10
11   본 함수는 docstring을 설명하기 위한 함수로 아무 행위도 하지 않는다.
```

위에서 정의한 my_function( )은 실제로는 아무 동작을 하지 않는 함수이다. 2 ~ 5번째 줄에서 세 개의 쌍 따옴표 기호(""" """) 로 감싸져 있는 부분이 함수에 대한 설명이다.

8번째 줄에서는 함수의 docstring을 출력하기 위해 독특한 변수명인 '__doc__'이 등장하고 있다. 이는 파이썬의 함수에서 docstring을 기술하면 자동으로 해당 내용을 호출할 수 있게 해주는 내장 변수 중 하나이다. 만약 어떤 함수를 호출하려고 하는데 상세 설명을 확인하기 위해 사용할 수 있다. 이 변수를 출력해 보니 위에서 선언한 docstring 부분이 출력되는 것을 확인할 수 있다.

이러한 함수 내의 docstring은 세 개의 쌍 따옴표 안에만 있다면 어떤 식으로 기술하더라도 문제가 되지는 않으나, 파이썬 커뮤니티에서는 docstring의 작성 방법에 대해 나름대로의 방법을 정리하고 있다. 이 부분은 추후에 코딩 스타일을 다룰 때 언급하도록 하겠다. 마지막으로 실제 파이썬에 구현되어 있는 복소수 사용을 위해 사용하는 complex( ) 함수의 정의문을 통해 docstring 에 실질적인 사용 사례를 가볍게 살펴보고 넘어 가자.

```python
def complex(real=0.0, imag=0.0):
    """Form a complex number.

    Keyword arguments:
    real -- the real part (default 0.0)
    imag -- the imaginary part (default 0.0)
    """
    if imag == 0.0 and real == 0.0:
        return complex.zero
    ...
```

— 함수 상세 설명

— 함수 구현 부분

docstring의 첫 번째 줄에서는 함수의 간단한 설명을 집어 넣었으며 공백 줄 이후에 각 매개 변수 에 대한 설명을 하고 있는 것을 확인할 수 있다. 실제로 여러 사람들이 함께 사용하는 함수에는 함수에 대한 상세한 설명이 반드시 있게 마련이다. 설령, 본인만이 사용하는 함수라 하더라도 모 든 소스 코드를 머리 속에 기억하고 있기 힘들기 때문에 이러한 docstring은 반드시 기술이 되어 야 한다. 여러분도 직접 함수를 정의할 때 상세 설명을 기술하는 습관을 들이도록 해 보자.

8. Wrap-up

본 장에서는 함수를 직접 정의하는 방법에 대해서 폭 넓게 살펴보았다. 함수 정의 시에 필수 혹은 옵션으로 대입하는 인자 값을 표현하기 위한 다양한 매개 변수 표현 방법을 살펴보았고, 기본 값 을 설정하는 방법도 살펴보았다. 이렇게 정의된 함수는 정의된 순서대로 인자 값이 매개 변수와 매핑이 되는 위치 인자 값과 매개 변수명을 키워드로 하여 순서와는 상관 없이 대입할 수 있는 키 워드 인자 값에 대해서도 살펴보았다. 그리고 변수의 유효범위를 통해 전역 변수와 지역 변수의 차이점을 확인해 보았다. 마지막으로는 이러한 함수에 대한 상세 설명을 docstring으로 기술하고 __doc__ 이라는 함수 내장 변수를 통해 출력하는 것까지 살펴보았다.

이러한 과정은 함수를 직접 만들기 위함이지만 또한 파이썬에 이미 구현이 되어 있는 수많은 함수에 대해 이해하는 데에도 큰 도움이 된다. 이번 장의 내용 역시 반드시 숙지하고 넘어가도록 하자.

다음 장에서는 이번 장에서 살펴본 함수와 특정 상태(변수)까지 함께 재사용할 수 있는 '클래스'에 대해 알아보도록 하겠다.

{ CHAPTER 09 }

내가 만드는 클래스

우리는 프로그래밍의 기본을 살펴보았던 지난 3장에서 클래스와 객체에 대한 기본 개념을 살펴보았다. 파이썬의 모든 것은 객체라는 작은 생명체들로 이루어져 있으며 클래스는 이 객체를 만들기 위한 일종의 명세서라고 하였다. 필자의 복제인간을 만들기 위한 명세서는 클래스이고, 복제인간 1호, 2호는 객체라고도 하였다.

클래스는 객체 지향 언어에서 중요한 역할을 하고 있다. 단순히 어떤 객체를 만드는 틀을 떠나서 소프트웨어를 설계할 때부터 오랜 기간 동안 소프트웨어 개발의 명장들이 만들어 놓은 수많은 팁과 권고 사항, 심지어는 대부분의 개발자들이 따르는 개발 표준들을 구현하는 주체이다. 이는 곧 소프트웨어의 품질에 절대적인 영향을 미친다.

이번 절은 이러한 클래스를 만드는 과정을 살펴보겠다. 단순히 만드는 과정을 습득하기보다는 이런 클래스가 내가 만드는 소스 코드에 왜 필요한지 고민하고 객체 지향에 대한 개념을 조금 더 깊이 이해하는 기회가 되었으면 한다.

1. 클래스 이해하기

우리는 지금까지 다양한 클래스를 사용해오고 있었다. 모든 데이터 타입들은 클래스에 의해 생성된 것들이었다. 클래스를 조금 더 깊이 이해하기 위해 소스 코드와 실행 결과를 함께 보도록 하자. 다음 소스 코드를 실행해 보자.

```
1  >>> var = '파이썬 객체 지향 이야기'        # 문자열 타입 변수 var 생성
2  >>> id(var)                              # var 객체 식별자 확인
3  60701064
4  >>> type(var)                            # var 타입 확인
5  <class 'str'>
```

지난 3장에서 클래스와 객체의 차이를 설명하기 위해 비슷한 소스 코드를 활용한 적이 있었다. 이 소스 코드를 조금 다른 시각으로 바라보자.

첫 번째 줄은 단순한 문자열 타입 변수 var를 선언하는 문장이다. 이제는 무척 익숙해졌으리라 믿는다.

2번째 줄에서는 id( ) 함수를 사용하여 var 변수의 객체 식별자를 확인하고 있다. 객체는 식별자를 가진 유일한 존재임을 다시 한번 확인할 수 있다.

4번째 줄에서는 type( ) 함수를 사용하여 var 변수의 타입을 확인하고 있다. 문자열 타입인 'str' 클래스임을 보여 주고 있다. 그런데 여기서 한 가지만 짚고 넘어가 보자. **타입과 클래스의 차이는 무엇일까?** 지금 보여 주는 결과는 'var의 타입은 str라는 클래스' 정도이다. str 클래스에 조금 더 집중해 보자.

str 클래스의 타입은 무엇일까? 그리고 str 클래스도 식별자를 가질까? 다음 소스 코드를 실행해 보자.

```
1  >>> str                    # str 확인
2  <class 'str'>
3  >>> type(str)              # str의 타입 확인
4  <class 'type'>
5  >>> id(str)                # str의 식별자 확인
6  1741994512
```

첫 번째 줄에서 str을 확인해 보면 str 클래스임을 알 수 있다.
3번째 줄에서 str의 타입을 확인해 보니 'type'이라는 클래스가 아닌가? 무언가 혼란스럽다.
5번째 줄에서 str의 객체 식별자도 확인이 가능하다. 어떻게 된 일인가? 클래스와 객체는 같지 않다는 설명에 의문이 생기기 시작한다. 하지만 그렇지 않다.

"파이썬은 모든 것이 객체다."라고 했던 것을 기억하는가? 그렇다. **클래스 역시 파이썬에서는 하나의 객체이다.** 정확히 말하자면 'str'이라는 클래스는 파이썬의 'type'이라는 클래스의 객체인 셈이다. 'type'이라는 클래스 역시, 'type'이라는 클래스의 객체이다! 이렇게 **클래스에서 생성된 객체를 인스턴스**Instance라고 흔히들 부른다(일반적으로 클래스의 객체를 생성하는 과정을 인스턴스화라고 부른다). 그리고 모든 인스턴스에는 타입이 존재하며 이 타입은 클래스에 의해 정의되는 것이다.

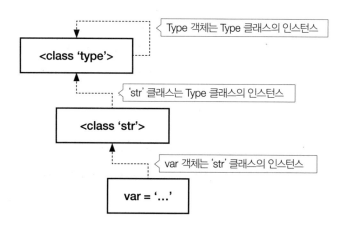

그림 9.1 Type, Class, Object, Instance 관계

위의 도식은 클래스와 인스턴스 간의 관계를 표현해 주고 있다. 화살표의 점선은 인스턴스를 만들었다는 의미이며 방향은 인스턴스화를 한 방향, 즉 구현^{Implementation}을 할 때 참조한 방향을 나타낸다. 다음과 같이 도식을 이해하면 된다.

그림 9.2 클래스와 객체간의 인스턴스 표기법(클래스 다이어그램)

정리해 보자. 위에서 선언했던 변수 var는 문자열 타입 클래스의 인스턴스이며 문자열 타입 객체이다. 변수 var의 타입은 문자열 타입이다.

한 가지 더 살펴보자. 이런 클래스에는 객체의 상태 및 행동을 정의하는 지역 변수인 속성과 내장 함수인 메소드가 존재한다. 다음 소스 코드를 실행해 보자.

```
1  >>> var.__class__                        # var 지역 변수 __class__ 값 확인
2  <class 'str'>
3  >>> var.replace('파이썬', 'Python')        # var 값 일부 변경
4  'Python 객체 지향 이야기'
```

첫 번째 줄처럼 모든 변수(인스턴스, 객체)에는 어떤 클래스(타입)에 의해 생성이 되었는지를 담고 있는 지역 변수인 '__class__'를 가지고 있다. 해당 지역 변수 값을 확인해 보니, ⟨class 'str'⟩라는 타입이 들어가 있는 것을 확인할 수 있다. 이처럼 **클래스에 속해 있는 지역 변수를 속성**Attribute이라고 한다.

3번째 줄에는 문자열 타입 클래스에 내장되어 있는 함수인 replace( )를 활용하여 문자열 중 '파이썬'을 'Python'으로 변경하고 있다. 이렇게 **클래스에 속해 있는 내장 함수는 메소드**Method라고 한다 (앞서 언급한 적이 있다).

자, 그럼 클래스에 대한 기본적인 이해는 이것으로 충분해 보인다. 그럼 지금부터 이런 클래스를 직접 만들어 보자.

2. 클래스 정의 및 불러 오기

우리만의 클래스를 만들어 보자. 어떤 클래스를 만들어 볼까? 복제인간 이야기를 꺼낸 김에 사람을 한 번 만들어 보자. 그냥 사람은 너무 광범위하니 책을 읽고 있는 여러분의 모습을 클래스로 구현해 보도록 하자.

클래스 안에는 크게 변수와 함수가 포함될 수 있다. 이런 변수를 속성이라고 부르고, 함수는 메소드라고 부른다고 앞 절에서 설명하였다. 그럼 새로 만들 클래스명과 필요한 속성, 메소드를 다음과 같이 설계해 보자. 속성과 메소드는 1개씩만 정의해 보자.

- 클래스명 : 책 읽는 사람 → BookReader
- 속성 : 이름 → name
- 메소드 : 책 읽기 → read_book

함수를 정의할 때는 'def'를 쓴 것을 기억하는가? 클래스는 'class'라는 예약어를 사용한다. 그리고 속성 및 메소드 선언은 class 정의 블록문에 기존과 같은 방식으로 다음과 같이 기술한다.

```
1  >>> class BookReader:                        # 클래스 BookReader 선언
2          name = str()                          # 문자열 타입 변수 name 선언
3          def read_book():                      # 함수 read_book 선언
4              print(name + ' is reading Book!!') #출력
```

첫 번째 줄이 바로 클래스 선언문이다. class 예약어 후에 한 칸을 띄고 클래스명을 집어 넣었다. 클래스명을 작성한 방법을 잠시 주목해 보자. 지금까지 보았던 변수나 함수의 이름은 소문자로만 이루어져 있었고 단어의 사이는 언더바(_)로 구분이 되었었다. 하지만, 클래스명에서는 언더바를 찾아볼 수는 없고 각 단어의 첫 음절이 대문자인 단어들의 조합 형태로 되어 있다. 이런 표기법을 낙타 표기법CamelCase이라고 한다(대문자가 위로 솟아나는 모양이 마치 낙타의 등의 혹과 비슷하게 생겨서 생긴 이름이다). 파이썬 커뮤니티에서 제시하는 **클래스명의 작성 방식은 이런 낙타 표기법을 따르고 있다.**

2번째 줄에는 이름을 저장할 문자열 타입 변수인 name을 선언하였다.

3번째 줄에서 read_book( )이라는 함수를 선언하고 있다.

4번째 줄에서는 책을 읽고 있다는 문자열을 출력하고 있으며 read_book( ) 함수의 블록문이니 들여쓰기에 주의해야 한다.

자, 그럼 위에서 작성한 클래스를 호출해 보자. 이 클래스의 객체를 만드는 방법, 즉 인스턴스를 생성하는 방법은 함수를 호출하듯이 클래스명과 중괄호(( ))를 사용하는 방법이다. 다음 소스 코드를 실행해 보자.

```
1  >>> reader = BookReader()                     #인스턴스 생성
2  >>> type(reader)                              # 변수 reader1 타입 확인
3  <class '__main__.BookReader'>
4  >>> reader.name = 'Chris'                     # 속성 값 세팅
5  >>> reader.read_book()                        # 메소드 호출(에러 발생)
6  Traceback (most recent call last):
7      File "<pyshell#62>", line 1, in <module>
8          reader.read_book()
9  TypeError: read_book() takes 0 positional arguments but 1 was given
```

첫 번째 줄에서 BookReader 클래스의 인스턴스를 생성하고 있다.

2번째 줄에서는 위 인스턴스의 타입을 확인하고 있다. 3번째 줄에서는 다소 생소한 글자인 '__ main__'이 보인다. 이 __main__은 현재 클래스가 생성된 위치를 보여 주고 있으며 파이썬 실행의 최상단 레벨의 코드에서 실행이 되었다는 의미로 볼 수 있다. 이는 곧 이 클래스를 호출할 수 있는 유효범위와도 깊은 관계가 있으며, __main__에 속한 클래스는 전역에서 호출이 가능하다고 볼 수 있다.

4번째 줄에서는 해당 객체의 속성(변수 name)에 값을 집어 넣고 있다.

5번째 줄에서는 해당 객체의 메소드를 호출하려고 하였으나 곧 에러가 발생하는 것을 확인할 수 있다. 마지막 줄의 에러 내용을 다시 한번 살펴보자.

```
TypeError: read_book() takes 0 positional arguments but 1 was given
```

read_book( ) 함수에는 0개의 인자 값이 주어졌으나 이미 1개가 주어졌다는 내용이다. 무언가 이상하다. 분명, 소스 코드의 함수에는 어떤 인자 값도 들어가 있지 않은데 말이다. 파이썬에서는 클래스 내의 함수에 자동으로 주어지는 인자 값이 존재한다. 바로, self라는 녀석이다. 이 녀석은 객체 생성 시, **본인의 객체를 인자 값으로 넘김으로써 함수 내에서 클래스의 속성 및 메소드에 접근할 수 있게 해 준다.** 그래서 BookReader 클래스의 선언문은 다음과 같이 변경해야 한다. 굵은 글씨가 변경된 부분이다.

```
1   >>> class BookReader:              # 클래스 BookReader 선언
2           name = str()               # 문자열 타입 변수 name 선언
3           def read_book(self):       # 함수 read_book 선언
4               print(self.name + ' is reading Book!!')   # 출력
```

3번째 줄에 매개변수로 self가 추가 되었다.
4번째 줄에서는 name 변수 앞에 self를 붙였다. 이를 통해 생성된 객체의 값을 가져올 수 있게 된다.

다시 실행해 보자.

```
1  >>> reader = BookReader()          # 인스턴스 생성
2  >>> reader.name = 'Chris'          # 속성 값 세팅
3  >>> reader.read_book()             # 메소드 호출
4  Chris is reading Book!!
```

마지막 줄의 결과와 같이 잘 실행되는 것을 확인할 수 있다. 이처럼 클래스 내의 메소드를 정의할 때 반드시 self 인자를 첫 번째 인자 값으로 집어 넣어야 한다는 것을 꼭 기억하자.

주의하세요! **다른 객체 지향 언어에 익숙한 개발자를 위한 조언**

이미 다른 객체 지향 언어에 익숙한 개발자라면 지금 이 부분이 다소 생소하게 느껴질 수 있겠다. 이 부분에 대해 자바 기준으로 보았을 때 self는 자바의 this와 같은 녀석이긴 하지만 함수에 인자로 굳이 넣을 필요는 없다. 또한, 자바의 클래스라면 name이라는 변수는 read_book( ) 함수에서 그냥 호출이 가능하다. 하지만 파이썬에서는 반드시 read_book( ) 선언시 self 를 첫 번째 매개변수로 선언해야 하며 함수 내에서 클래스의 속성을 호출할 때도 반드시 self.[속성명] 형태로 사용해야 한다. 'self'라는 매개변수명은 사실 변경이 가능하나 묵시적으로 'self'를 사용하고 있으니 참고하기 바란다.

3. 클래스 초기화 함수 __init__( ) 재정의

앞 절의 소스 코드를 가만히 들여다 보니 이름이 없는 사람을 만들 필요는 없어 보인다. 그래서 인스턴스 생성시에는 반드시 이름을 인자 값으로 집어 넣게 하고 싶다. 이럴 때를 위하여 객체 인스턴스화를 위한 특수 함수가 존재한다. 바로 __init__( )이다. 앞 절에서 작성한 소스 코드를 조금 바꿔보았다. 아래 소스 코드를 살펴보자. 굵은 글씨가 변동된 소스 코드이다.

```
1  >>> class BookReader:                    # 클래스 BookReader 선언
2          def __init__(self, name):        # 초기화 함수 재정의
3              self.name = name
4          def read_book(self):             # 함수 선언
5              print(self.name + ' is reading Book!!')   # 이름과 함께 출력
```

일단, 첫 번째 줄 이후에 선언하였던 'name' 변수 선언문을 제거하였다.

2번째 줄에서는 __init__( ) 함수를 선언하고 있다. 사실 __init__( ) 함수는 새로 생성하는 함수가 아니라 이미 존재하고 있는 초기화 함수이며 인스턴스를 만들 때 호출하는 BookReader( ) 호출 시에 불리는 함수라고 보면 된다. 이렇게 **이미 존재하는 함수를 다시 정의하는 과정을 함수의 재정의**Overriding이라고 한다. 첫 번째 인자 값은 본인 객체를 의미하는 self를 필수로 넣고, 두 번째 인자 값인 name이 객체 인스턴스 생성 시에 인자 값을 위한 매개변수이다. 앞으로 이 객체를 생성할 때는 BookReader('Chris')와 같이 반드시 이름을 집어 넣어야 한다.

3번째 줄의 구문도 처음 접할 때는 조금 헷갈릴 수 있다. 왼쪽의 self.name을 통해서 객체 인스턴스 생성시에 해당 인스턴스에 속한 name이라는 변수를 생성하겠다는 의미이며 바로 윗 줄에 __init( )__ 함수의 매개변수로 선언한 name을 통해서 인자 값을 대입하겠다는 의미이다.

나머지 소스 코드는 변동이 없다.

그럼 이번에 실행해 보자. 원래 방식대로 인자 값 없이 객체를 생성해 보자.

```
1  >>> reader = BookReader()                    # 인스턴스 생성
2  Traceback (most recent call last):
3      File "<pyshell#83>", line 1, in <module>
4          reader1 = BookReader()
5  TypeError: __init__() missing 1 required positional argument: 'name'
```

바로 에러가 발생한다. 마지막 줄의 에러 메세지를 살펴보자.

```
TypeError: __init__() missing 1 required positional argument: 'name'
```

__init__( ) 함수 호출 시 'name'이라는 변수의 인자 값이 누락되어서 에러가 발생하고 있음을 알 수 있다. 의도대로 잘 동작하고 있다. 이런 식으로 본인의 의도대로 제약사항을 두어 반드시 필요한 값을 인스턴스 생성시 필수적으로 집어 넣게 하는 것이 좋은 소스 코드를 작성하는 습관이라고 볼 수 있다.

그럼 이번엔 이름을 넣고 실행해 보겠다.

```
1   >>> reader = BookReader('Chris')          # 객체 생성
2   >>> reader.read_book()                     # 메소드 호출
3   Chris is reading Book!!
```

첫 번째 줄에서 인자 값을 넣고 인스턴스를 생성하였더니, 원하는 대로 메소드 호출이 잘 되고 있음을 확인할 수 있다.

4. 클래스 변수와 인스턴스 변수

이번에는 변수에 선언 위치에 따라 달라지는 유효 범위에 대해서 알아보자.

우리가 만든 BookReader에 속성 값을 하나 더 추가하겠다. 이 사람들은 모두 한국에 있다고 가정하고, country라는 이름으로 'South Korea'를 값으로 가지는 속성 값을 추가해 보자. 다음 소스 코드를 실행해 보자.

```
1   >>> class BookReader:
2           country = 'South Korea'            # 클래스 변수 country 선언
3           def __init__(self, name):          # 초기화 함수 재정의
4               self.name = name               # 인스턴스 변수 name 선언
5           def read_book(self):
6               print(self.name + ' is reading Book!!')
```

2번째 줄을 살펴보자. 평범한 변수 선언문이다. 이렇게 클래스의 속성 값으로 설정된 이러한 변수를 '클래스 변수'라고 한다. 특징은 소스 코드를 실행해 보면서 알아보자.

다음 소스 코드를 살펴보자.

```
1   >>> reader1 = BookReader('Chris')          # 'Chris' 이름을 가진 객체 인스턴스화
2   >>> reader2 = BookReader('Anna')           # 'Anna' 이름을 가진 객체 인스턴스화
3   >>> reader1.country                        # 클래스 변수 country 값 확인
```

```
4    'South Korea'
5    >>> reader2.country              # 클래스 변수 country 값 확인
6    'South Korea'
7    >>> reader1.read_book()          # 함수 호출 (인스턴스 변수 name 출력)
8    Chris is reading Book!!
9    >>> reader2.read_book()          # 함수 호출 (인스턴스 변수 name 출력)
10   Anna is reading Book!!
```

3~6번째 줄의 결과를 확인해 보니 클래스 정의할 때 선언한 country 변수의 값이 출력되고 있는 것을 확인할 수 있다. 이렇듯 클래스에 선언된 속성은 '클래스 변수'라고 하며 이 클래스에 의해 생성된 모든 객체가 인스턴스화되는 시점에 같은 값을 조회할 때 사용이 가능하다(물론, 앞 절처럼 해당 값을 변경하면 값이 변경이 된다).

반면에 name은 클래스의 변수 형태로 선언한 것이 아니라 __init__() 함수 내에 바로 선언하였을 뿐인데 7~10번째 줄의 결과에서 알 수 있듯이 사용하는데 전혀 문제가 없었다. 그리고 **객체가 인스턴스화 될 때마다 새로운 값이 할당되며 서로 다른 객체 간에는 값을 공유할 수 없다.** 이러한 변수를 '인스턴스 변수'라고 한다. 이러한 클래스 변수와 인스턴스 변수의 성격에 의해서 실수를 하는 초보 개발자들이 무척 많다. 만약 객체 간에 값을 공유할 필요가 있고, 값이 변경되지 않는 경우에는 클래스 변수를 활용할 수 있다. 하지만 변경되는 값을 클래스 변수로 활용하게 되면 본인의 의도와는 상관없이 다른 객체가 값을 수정하게 됨으로써 원하지 않는 결과를 만나게 될 것이다. **객체 단위로 변경이 되는 변수는 반드시 인스턴스 변수로 선언하여 사용해야 한다.**

잠시만요! **클래스 변수에 변할 수 없는 데이터 타입(예: 문자열 타입)을 쓰는 경우에도 새로 변경한 값을 다른 객체가 공유할 수 있나요?**

··

광장히 좋은 질문이다. 필자가 지금까지 설명한 다소 어려운 내용을 잘 이해하고 있다고 보인다. 정답은 '공유할 수 없다'다. 변할 수 없는 데이터 타입은 변경을 시도하는 순간 새로운 객체가 생성된다. 이 객체는 변수를 가지고 있는 객체 내에서만 접근이 된다. 위 예제의 reader1.country의 값을 변경한 뒤 reader2.country 값을 확인해 보면 쉽게 이해할 수 있을 것이다. 즉, 클래스 변수는 인스턴스화를 하는 시점에 같은 값을 내려받을 때 사용한다고 보면 된다. 하지만 변할 수 있는 데이터 타입을 넣으면 어떻게 될까? 다음 예시에서 살펴보자.

다음 예시는 클래스 변수로 리스트 타입 데이터를 사용하다가 얘기치 못한 값을 보게 되는 사례이다. 소스 코드의 내용은 이렇다. 내가 키우는 개를 위한 클래스 Dog를 선언하였다. 필자는 두마리의 개가 특별히 잘하는 재주들을 tricsk라는 리스트 타입 변수에 저장하고 싶었다. 'Fido'는 구르기를 즐겨한다. 'Buddy'는 두 발로 서거나, 죽은 척하는 장난을 자주 한다. 다음과 같이 소스코드를 작성하고 마지막 실행 결과를 확인해 보자.

```
1    >>> class Dog:
2
3            tricks = []                              # 클래스 변수(인스턴스 간 공유 됨)
4
5            def __init__(self, name):
6                self.name = name
7
8            def add_trick(self, trick):
9                self.tricks.append(trick)            # 클래스 변수에 값 추가
10
11   >>> fido = Dog('Fido')
12   >>> buddy = Dog('Buddy')
13   >>> fido.add_trick('구르기')
14   >>> buddy.add_trick('두 발로 서기')
15   >>> buddy.add_trick('죽은 척 하기')
16   >>> fido.tricks                                  # fido의 tricks 값 확인
17   ['구르기', '두 발로 서기', '죽은 척 하기']
```

위 소스 코드는 13번째 줄에서 fido에게는 '구르기'만 넣고, 14~15번째 줄에서 buddy에는 '두 발로 서기'와 '죽은 척 하기'를 따로 넣었으나, 16~17번째 줄에서 fido의 tricsk 변수의 값을 확인해보니 buddy에게 넣은 장난까지 모두 함께 출력되는 것을 볼 수 있다.

그래서 위의 소스 코드는 다음과 같이 변경되어야 한다. 클래스 변수로 'trick'을 선언하지 말고, __init__() 함수 내에서 인스턴스 변수로 선언해야 한다. 굵은 글씨를 확인하자.

```
1    >>> class Dog:
2
3            def __init__(self, name):
4                self.name = name
5                self.tricks = []                     # 인스턴스 변수 선언
```

```
 6
 7            def add_trick(self, trick):
 8                self.tricks.append(trick)          # 인스턴스 변수에 값 추가
 9
10     >>> fido = Dog('Fido')
11     >>> buddy = Dog('Buddy')
12     >>> fido.add_trick('구르기')
13     >>> buddy.add_trick('두 발로 서기')
14     >>> buddy.add_trick('죽은 척 하기')
15     >>> fido.tricks                              # fido 재주 리스트 확인
16     ['구르기']
17     >>> buddy.tricks                             # buddy 재주 리스트 확인
18     ['두 발로 서기', '죽은 척 하기']
```

기존에 클래스 변수로 선언되어 있던 tricks 변수가 5번째 줄에 __init__() 함수 내부에서 인스턴스 변수로 선언되었다.

8번째 줄의 소스 코드는 변경이 되지 않았지만, 클래스 변수가 아닌 인스턴스 변수에 값이 추가하는 것으로 동작하게 된다.

15 ~ 18번째 줄을 확인 해 보니 각 변수가 각 객체 인스턴스별로 따로 관리되는 것을 확인할 수 있다.

한 번 더 강조하겠다. 이처럼 변수의 선언 위치에 따라 값을 변경할 수 있는 유효 범위가 다르기 때문에 무척 신중하게 소스 코드를 작성해야 한다. 이 부분을 가볍게 생각하고 넘어간다면 훗날 큰 대가를 치를 수 있으니 반드시 이번 절의 내용은 숙지하기 바란다.

만약 이번 절의 내용이 명확하게 이해가 잘 되지 않는다면 최소한의 범위 내로 소스 코드를 작성하라는 필자의 권고에 따라 무조건 인스턴스 변수만을 사용하기 바란다. 다소 소스 코드가 중복될 수는 있으나 **안전하게 작성하는 것이 더 중요**하다.

이렇게 작성된 인스턴스 변수 중에 값이 절대로 변경이 되지 않거나, 여러 객체 사이에서 값이 서로 공유되어야 하는 경우에는 클래스 변수로 옮기면 된다. 대신 소스 코드가 변경이 되었을 때 잘 동작하는지 테스트를 해 봐야 한다. 테스트하는 방식에 대해서는 뒤에서 다루기로 한다.

참고로 이렇게 작성된 소스 코드를 더 보기 좋고 효율적으로 변경하는 작업을 리팩토링Refactoring이라고 한다. 이러한 리팩토링은 소스 코드에 문제(버그)가 생겨서 고치는 것이 아니다. 초보 개발자들은 이러한 과정이 불필요하다고 생각할 수도 있으나 반드시 필요한 작업이다. 한 번 작성된 소스 코드는 계속 읽혀지고 개선된 방향으로 수정이 일어나야 한다. 소스 코드도 물과 같이 고이면 냄새가 나고 썩기 마련이다. 리팩토링 기법에 관한 서적을 쉽게 접할 수 있으니 관심이 있다면 읽어 보기 바란다.

5. 심화 데이터 은닉Data Hiding과 이름 장식Name Mangling

다시 BookReader 클래스로 돌아와 보자. 이번 절의 설명을 위해서는 다음의 소스 코드만이 필요하다.

```
1  >>> class BookReader:                    # BookReader 클래스 선언
2          country = 'South Korea'          # 클래스 변수 country 선언
3
4  >>> dir(BookReader)                       # BookReader 클래스 내부 확인
5  ['__class__', '__delattr__', '__dict__', '__dir__', '__doc__',
   '__eq__', '__format__', '__ge__', '__getattribute__', '__gt__',
   '__hash__', '__init__', '__le__', '__lt__', '__module__', '__
   ne__', '__new__', '__reduce__', '__reduce_ex__', '__repr__', '__
   setattr__', '__sizeof__', '__str__', '__subclasshook__', '__
   weakref__', 'country']
```

첫 번째 ~ 2번째 줄을 통해 클래스 변수 country 1개가 있는 클래스를 만들었다.

4번째 줄의 명령문은 파이썬 기본 함수인 dir( )을 활용하여 BookReader 내부에 들어 있는 객체들을 확인하는 명령문이다. 우리가 조금 전에 만든 country가 리스트의 맨 마지막에 있는 것을 확인할 수 있다.

이런 변수는 너무나도 쉽게 접근하거나 수정할 수 있다. 심지어는 해당 클래스의 인스턴스를 생성하지 않더라도 변경이 가능하다. 다음 소스 코드를 실행해 보자.

```
1  >>> BookReader.country = 'USA'        # 클래스 변수 값 변경하기
2  >>> BookReader.country                # 클래스 변수 값 확인 하기
3  'USA'
```

실은 이게 무슨 문제일까라고 생각할 수도 있겠지만 클래스 변수로 쉽게 변경할 수 없는 값을 집어 넣었는데 아무나 이 값을 쉽게 변경할 수 있다면 이 변수에 대한 신뢰도는 떨어지기 마련이다. 이런 사유로 객체 지향 언어에서는 데이터 은닉^{Data Hiding} 혹은 캡슐화^{Encapsulation}라는 개념을 사용하고 있다. 이런 데이터는 외부에 노출하지 말고 숨기자는 의도이다.

하지만 파이썬에서는 이를 위한 강력한 도구를 제공하고 있지는 않다. 가령, 자바와 같은 언어는 클래스 변수는 밖에서 아예 접근이 불가하도록 하는 접근 제한자(Private)를 가지고 있어서 어떤 방식으로든 바로 참조를 할 수 없게 되어 있다. 대신, 파이썬은 변수명 앞에 언더스코어 '두 개 (__)가 있는 것에 한하여 이름을 변경해 버리는 이름 장식^{Name Mangling} 기법을 제공한다.

앞의 클래스를 다음과 같이 바꿔 보자.

```
1  >>> class BookReader:                 # BookReader 클래스 선언
2         __country = 'South Korea'      # 클래스 변수 country 선언(이름 장식)
3
4  >>> dir(BookReader)                   # BookReader 클래스 내부 확인
   ['_BookReader__country', '__class__', '__delattr__', '__dict__',
   '__dir__', '__doc__', '__eq__', '__format__', '__ge__', '__
   getattribute__', '__gt__', '__hash__', '__init__', '__le__',
   '__lt__', '__module__', '__ne__', '__new__', '__reduce__', '__
   reduce_ex__', '__repr__', '__setattr__', '__sizeof__', '__str__',
   '__subclasshook__', '__weakref__']
```

2번째 줄에서 변수명 앞에 언더스코어 두 개(__)를 붙였다.

4번째 줄에서 다시 한번 BookReader 클래스의 내부를 확인해 보니 리스트의 첫 번째 항목에 변형된 변수명을 확인할 수 있다. 변형된 규칙은 _[클래스명]__[변수명]이다. 이렇게 변형된 변수는 기존 변수명으로는 값을 확인할 수 없게 된다. 다음 소스 코드를 확인해 보자.

```
1  >>> BookReader.__country
2  Traceback (most recent call last):
3      File "<pyshell#77>", line 1, in <module>
4          BookReader.__country
5  AttributeError: type object 'BookReader' has no attribute '__
   country'
```

마지막 줄의 에러 메세지를 확인해 보면 BookReader에 __country라는 속성이 없다는 에러 메세지이다. 실제로 클래스를 정의할 때 사용하였던 변수명으로는 접근이 불가능한 것을 확인할 수 있다.

물론, 다른 언어와 같이 아예 접근이 불가한 것은 아니다. 위에서 살펴본 변형된 변수였던 '_BookReader__country'로 마음 먹으면 접근할 수는 있다. 하지만, 의도적으로 접근하는 경우는 극히 드물다. 이 방식을 사용하는 것은 혹시라도 변경하면 안되는 클래스 변수를 실수로 변경하지 말자는 차원에서 제공하는 것으로 이해해 보자.

그렇다면 이런 클래스 변수는 어떻게 수정하는 것이 좋을까? 이는 클래스 안에 이 변수를 수정하기 위한 메소드를 선언하여 호출하는 방식을 활용하는 것이 좋다. 아래 소스 코드를 입력해 보자.

```
1  >>> class BookReader:                        # BookReader 클래스 선언
2          __country = 'South Korea'            # 클래스 변수 country 선언(이름 장식)
3          def update_country(self, country):   # country 변경 메소드 선언
4              self.__country = country          # country 값 변경
5          def get_country(self):                # country 값 반환 메소드 선언
6              return self.__country             # country 값 반환
7
8  >>> br = BookReader()                         # BookReader 인스턴스 생성
9  >>> br.get_country()                          # country 변수 값 확인
```

```
10   'South Korea'
11   >>> br.update_country('USA')              # country 변수 값 변경
12   >>> br.get_country()                      # country 변수 값 확인
13   'USA'
```

3번째 줄에서는 country 변수를 수정하기 위한 메소드(update_country)를, 5번째 줄에서는 country 변수 값을 확인 하는 메소드(get_country)를 새로 추가하였다.

9번째 줄에서 country 값을 확인해 보니 10번째 줄에서 초기에 설정한 'South Korea'가 출력되는 것을 확인할 수 있다.

11번째 줄에서는 country 값을 변경하기 위하여 update_country( ) 함수를 호출하였고, 인자 값으로는 'USA'를 집어 넣어 값을 변경하였다. 12번째 줄에서 다시 country 값을 확인해 보니 'USA'로 변경된 것을 알 수 있다.

혹자는 간단하게 변수명을 선언하여 쉽게 접근하게 할 수도 있는데 이렇게 하는 이유를 모르겠다고 하는 경우도 있을 것이다. 하지만 위와 같이 필요한 메소드를 명확하게 선언하고, 메소드명에 하고자 하는 행위를 표기하고 나면 실제로 해당 메소드가 호출이 되었을 때 개발자의 의도를 더욱 명확하게 확인할 수가 있다. 그리고 혹시나 모를 실수로 인해 변경이 되면 안되는 변수를 최대한 보호를 할 수도 있다. 조금 더 성숙한 코딩을 위한 하나의 기법으로 이해하고 넘어가도록 하자.

6. 심화 객체 지향의 꽃, 상속^{Inheritance}

이번 장의 클라이맥스인 상속이다. 객체 지향 언어에 대해 조금이라도 관심이 있는 개발자라면 이 상속 개념에 대해 한 번쯤은 들어 봤으리라 생각한다. 일단, 이 개념을 먼저 이해해 보도록 하자.

객체 지향 언어에서의 상속은 말 그대로 부모 클래스가 자식 클래스에게 무언가를 물려 주는 것이다. 파이썬에서는 부모 클래스를 베이스 클래스^{Base Class}라고 하며 자식 클래스는 파생 클래스

Derived Class라고 부른다. 필자는 이해를 쉽게 하기 위해서 부모와 자식 클래스로 표현하겠다. 이 관계를 도식으로 표현하자면 다음과 같다.

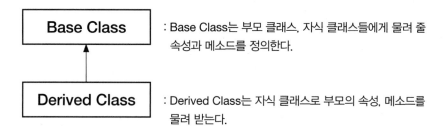

그림 9.3 부모와 자식 클래스 관계 표기법(클래스 다이어그램)

위의 도식은 부모 클래스와 자식 클래스간의 관계를 표현해 주는 방법을 활용하였다. 화살표의 실선은 상속 관계를 의미하며 화살표 방향은 자식이 부모를 바라보는 방향을 의미한다(1절에서 인스턴스(구현) 관계를 의미하는 화살표는 점선이었다).

자, 그럼 이러한 상속이 왜 필요하게 되었을까?
프로그래밍은 현실 세계의 어떤 문제점을 풀어나가기 위해서 컴퓨터에 새로운 세계를 만들어 가는 과정이라고 언급한 적이 있다. 여기서 객체들은 컴퓨터 안의 작은 생명체로 식별을 할 수 있고, 상태와 특정 행위를 한다고도 했었다. 이렇게 구현을 하다 보니 이 작은 생명체에 중복되는 부분이 생기게 되었고, 똑같은 목적으로 만들어진 소스가 여기 저기 분산되어 작성이 되다 보니 소스 코드가 읽기도 힘들어지고, 수정이 발생하면 일일이 수정해 나가는 등의 유지보수도 힘들어지는 것을 알게 되었다. 그래서 이러한 **중복 코드를 최소화 함과 동시에 클래스 간의 계층 관계를 형성하여, 현실 세계와의 괴리를 줄이기 위해서 상속이라는 개념이 나왔다고 할 수 있겠다.**

예를 들어 보자. 앞 절에서 구현 하였던 책을 읽는 사람을 위한 클래스인 BookReader를 떠올려 보자. BookReader는 아래와 같은 정보를 가지고 있었다.

- 클래스명 : 책 읽는 사람 → BookReader
- 속성 : 이름 → name, 국가 → country
- 메소드 : 책 읽기 → read_book

이번에는 드럼을 연주하는 사람이라는 새로운 클래스를 만든다고 가정해 보자. 아마도 아래와 같은 정보들을 가지게 될 것이다.

- 클래스명 : 드럼을 연주하는 사람 → DrumPlayer
- 속성 : 이름 → name, 국가 → country
- 메소드 : 드럼 연주하기 → play_drum

이 두 개의 클래스를 다음과 같이 클래스 다이어그램으로 표기해 보겠다.

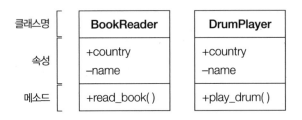

그림 9.4 BookReader와 DrumPlayer의 클래스 다이어그램

이 방식은 클래스를 표현하는 방법 중 하나이다. 제일 위쪽에는 클래스명을 넣고 중간에는 클래스에 속한 변수들인 속성들 그리고 마지막에는 클래스에 속한 함수인 메소드들을 표기한다. 속성명이나 메소드명에 더하기 기호(+)와 빼기 기호(−)는 유효 범위를 뜻한다. 더하기 기호는 공용의 의미로 외부에서 접근이 가능하다는 뜻이며 빼기 기호는 내부에서만 사용이 가능하다는 뜻이다. 가령 +country는 클래스 변수로 외부에서 호출이 가능하지만 −name은 인스턴스 변수로 외부에서 바로 호출이 불가하다.

위 두 개 클래스를 아래와 같이 소스 코드로 구현해 보자.

```
1   >>> class BookReader:                        # BookReader 클래스 선언
2           country = 'South Korea'              # 클래스 변수 country 선언
3           def __init__(self, name):            # 초기화 함수 재정의                 ← 중복
4               self.name = name                 # 인스턴스 변수 name 선언
5           def read_book(self):
6               print(self.name + ' is reading Book!!')
7
8   >>> class DrumPlayer:                         # DrumPlayer 클래스 선언
```

```
 9          country = 'South Korea'        # 클래스 변수 country 선언
10          def __init__(self, name):      # 초기화 함수 재정의        ◀── 중복
11              self.name = name           # 인스턴스 변수 name 선언
12          def play_drum(self):
13              print(self.name + ' is playing Drum!!')
```

두 클래스의 선언문 내부를 들여다 보자. 두 클래스는 서로 다른 클래스임에도 불구하고 클래스 변수 country 선언 부분이나 초기화 함수를 재정의하는 부분이 똑같다(네모 박스 부분). 이렇게 단순한 소스 코드는 어떻게든 관리할 수 있을 수도 있다. 가령 country라는 변수를 국적을 의미하는 nationality로 변경한다고 하였을 때 두 클래스의 변수명을 모두 변경하겠다는 뜻이다. 하지만 앞으로 노래 부르는 사람, 피아노 연주하는 사람, 책을 쓰는 사람 등 점점 클래스가 많고 다양해진다면 얘기가 달라질 수 밖에 없다.

자, 그럼 어떻게 이런 중복된 소스 코드를 줄여 나갈 수 있을까? 클래스 다이어그램을 다시 한번 살펴보자. 중복되고 있는 부분이 어디인가?

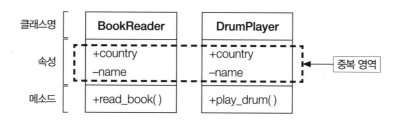

그림 9.5 BookReader와 DrumPlayer의 중복 영역

현재 동일한 변수 두 개가 중복이 되고 있다. 이럴 때 우리는 공통 속성들을 하나의 부모 클래스에 넣고 상속하는 방법을 선택할 수 있게 된다. 두 클래스의 부모 클래스는 조금 더 일반적인 General 개념의 클래스가 위치해야 한다. 이번 예제에서는 책을 읽는 **사람**과 드럼을 연주하는 **사람**의 공통 분모로 '**사람**Human'을 선택하기로 한다. 위 클래스 다이어그램에 사람 클래스를 추가하여 상속 관계를 실선 화살표로 표기해 보자.

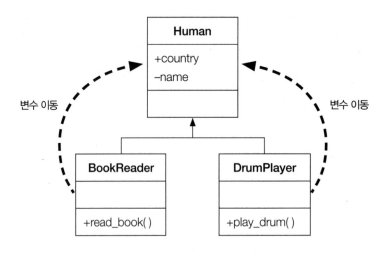

그림 9.6 Human 부모 클래스가 추가된 클래스 다이어그램(기존 변수들이 Human 클래스로 이동)

Human이라는 부모 클래스가 생기고 기존에 중복된 변수 두 개를 속성으로 가져가게 되었다. BookReader와 DrumPlayer는 Human 클래스의 자식 클래스가 되면서 기존의 속성 값을 구현할 필요가 없어졌다. 이 도식을 소스 코드로 옮겨 보자.

일단, Human 클래스를 새로 만들어 보자. 부모 클래스에는 크게 따로 작업할 게 없다. 그냥 기존에 만들던 클래스 방식대로 만들어 보자. 자식 클래스에 있던 대로 country는 클래스 변수로, name은 인스턴스 변수로 생성하자.

```
1  >>> class Human:                      # Human 클래스 선언(부모)
2          country = 'South Korea'        # 클래스 변수 country 선언
3          def __init__(self, name):      # 초기화 함수 재정의
4              self.name = name           # 인스턴스 변수 name 선언
```

자식 클래스는 생성할 때 부모 클래스를 선언해 줘야 한다. 이 방식은 클래스 생성 구문에서 클래스명 뒤에 중괄호 기호(( ))를 활용하여 부모 클래스명을 넣으면 된다. 다음 소스 코드를 확인해 보자.

```
1  >>> class BookReader(Human):         # Human의 자식 클래스인 BookReader 클래스 선언
2          def read_book(self):
3              print(self.name + ' is reading Book!!')
4
5  >>> class DrumPlayer(Human):          # Human의 자식 클래스인 DrumPlayer 클래스 선언
6          def play_drum(self):
7              print(self.name + ' is playing Drum!!')
```

소스 코드가 훨씬 간결하면서 읽기도 편해졌다. Human이라는 부모 클래스의 자식 클래스 인 것을 확인하면 Human 클래스에 있는 속성들이나 메소드를 그대로 물려 받기 때문에 자식 클래스들에서는 구현할 필요가 없어졌다. 만약에, 부모 클래스의 수정 사항이 발생하면 자동으로 자식 클래스에도 반영이 되게 되었다.

소스 코드를 한 번 실행해 보자. 실행 방식은 예전과 똑같다.

```
1  >>> br = BookReader('Chris')          # BookReader 인스턴스 생성(부모 init 활용)
2  >>> br.country                        # 부모 클래스의 속성 값 확인
3  'South Korea'
4  >>> br.read_book()                    # BookReader 메소드 실행
5  Chris is reading Book!!
6  >>>
7  >>> dp = DrumPlayer('Sean')           # DrumPlayer 인스턴스 생성(부모 init 활용)
8  >>> dp.country                        # 부모 클래스의 속성 값 확인
9  'South Korea'
10 >>> dp.play_drum()                    # DrumPlayer 메소드 실행
11 Sean is playing Drum!!
```

첫 번째 줄의 BookReader의 인스턴스 초기화 구문을 보자. BookReader 내부에는 __init__( ) 함수가 재정의되지 않았지만 부모 클래스인 Human으로부터 재정의된 __init__( ) 함수를 물려 받아서 그대로 사용을 하고 있다.

2번째 줄의 country 변수 역시, 부모 클래스로부터 물려 받아서 호출이 가능해졌다.

4번째 줄의 메소드는 BookReader만의 고유한 메소드로 호출이 정상적으로 되는 것을 확인할 수 있다. 나머지 7~11번째 줄에서 DrumPlayer도 같은 방식으로 동작하고 있다.

자, 이제 이렇게 부모와 자식간의 상속 관계가 생긴 상태에서 기능을 확장해 보도록 하자. 필자가 생각하기에 책을 읽는 사람이나 드럼을 치는 사람이나 반드시 밥을 먹어야 되지 않을까 싶다. 그 래서 Human 클래스에 식사를 하는 메소드를 하나 추가해 보겠다. 메소드명은 eat_meal( )로 해 보겠다. 일단, 클래스 다이어그램부터 바꿔 보자.

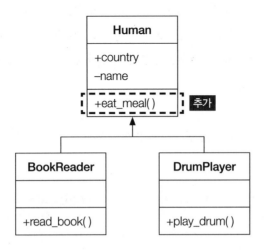

그림 9.7 Human 부모 클래스에 eat_meal( ) 메소드가 추가된 클래스 다이어그램

Human 클래스를 아래와 같이 변경해 보자.

```
1   >>> class Human:                      # Human 클래스 선언(부모)
2          country = 'South Korea'         # 클래스 변수 country 선언
3          def __init__(self, name):       # 초기화 함수 재정의
4              self.name = name            # 인스턴스 변수 name 선언
5          def eat_meal(self):             # 메소드 eat_meal 추가
6              print(self.name + ' is eating meal!!')
```

5번째 ~ 6번째 줄을 통해 신규 메소드인 eat_meal( )을 추가하였다.

파이썬 쉘에서 소스 코드를 실행하는 경우라면 부모 클래스가 변경이 된 후에는 자식 클래스에 변경이 없다 하더라도 다시 클래스 선언을 해야 한다. 왜냐하면 선언할 때 부모 클래스로부터 물려 받을 속성 및 함수들이 반영이 되기 때문이다. 두 개의 자식 클래스 선언문을 아무런 변경없이 다시 실행해 보자.

```
1  >>> class BookReader(Human):          # Human의 자식 클래스인 BookReader 클래스 선언
2          def read_book(self):
3              print(self.name + ' is reading Book!!')
4
5  >>> class DrumPlayer(Human):           # Human의 자식 클래스인 DrumPlayer 클래스 선언
6          def play_drum(self):
7              print(self.name + ' is playing Drum!!')
```

좋다. 이제 아래와 같이 실행해 보자.

```
1  >>> br = BookReader('Chris')           # BookReader 인스턴스 생성
2  >>> dp = DrumPlayer('Sean')            # DrumPlayer 인스턴스 생성
3  >>> br.eat_meal()                      # 부모 클래스 메소드 호출
4  Chris is eating meal.
5  >>> dp.eat_meal()                      # 부모 클래스 메소드 호출
6  Sean is eating meal.
```

첫 번째 ~ 2번째 줄은 기존 방식 그대로 각 자식 클래스의 인스턴스를 생성하였다.
3번째와 6번째 줄에서는 Human 클래스에 추가하였던 메소드를 자식 클래스의 인스턴스를 통해 호출하였고 정상적으로 실행되는 것을 확인할 수 있다!

이와 같이 부모 클래스에 새로 추가된 메소드나 속성들은 상속 관계를 맺고 있는 모든 자식 클래스에서 사용이 가능하다. 만약 우리가 책을 읽거나 드럼을 연주하는 사람의 성별이나 나이 등을 더 필요로하거나, 말을 하거나 듣는 등의 공통적인 행동을 더 추가하고 싶다면 Human 클래스에 추가하면 되는 것이다. 이런 상속은 소스 코드의 재사용성을 높이고 중복되는 소스 코드를 줄이는 데 크게 기여하게 된다. 또한, 소스 코드에 대한 유지보수 비용을 줄여 주며, 소프트웨어의 품질을 향상시키는 데에도 주요한 역할을 하게 된다.

한 가지 사례만 더 살펴보도록 하자. 자식 클래스를 하나 더 추가해 보자. 이번에는 책을 쓰는 사람을 더해 보자. 필자는 BookWriter라는 자식 클래스를 하나 더 추가하면서 write_book( )이라는 메소드를 추가해 보겠다. 클래스 다이어그램을 먼저 살펴보자.

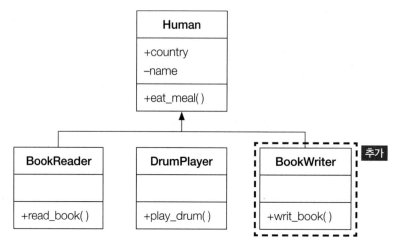

그림 9.8 BookWriter 자식 클래스가 추가된 클래스 다이어그램

이번엔 추가된 클래스를 직접 구현해 보자. 아래 소스 코드를 실행해 보자.

```
1  >>> class BookWriter(Human):         # Human의 자식 클래스인 BookWriter 클래스 선언
2          def write_book(self):         # 메소드 선언
3              print(self.name + ' is writing Book!!')
4
5  >>> bw = BookWriter('Jihee')          # BookWriter 인스턴스 생성
6  >>> bw.write_book()                   # BookWriter 메소드 실행
7  Jihee is writing Book!!
8  >>> bw.eat_meal()                     # 부모 클래스 Hunam의 메소드 실행
9  Jihee is eating meal.
```

첫 번째 ~ 3번째 줄까지 새로운 클래스인 BookWriter를 선언하였다. 첫 번째 줄의 클래스 선언 시 인자 값으로 부모 클래스 Human을 넣은 것을 잊지 말자.

5번째 줄에서 BookWriter의 인스턴스를 생성하였다. 다른 자식 클래스와 마찬가지로 부모 클래스의 초기화 함수를 물려 받아서 'Jihee'라는 이름을 인자 값으로 하여 인스턴스를 생성하였다.

6번째 줄에서는 자체 메소드를 호출하였다. 자체 메소드 안에서도 self.name을 통해 부모에게 물려 받은 인스턴스 변수를 활용하고 있다.

8번째 줄에서는 부모 클래스의 메소드를 호출했다. 의도대로 잘 동작하고 있는 것을 확인할 수 있다.

상속은 기존에 구현한 자식 클래스의 기능을 확장하는 데에도 유용하지만 조금 전에 본 바와 같이 더욱 다양한 자식 클래스로 파생하는 데에도 무척 유용하다. 부모 클래스가 잘 설계되어 있다면 자식 클래스를 추가하는데 들어가는 비용이 감소될 것이며 아주 쉽게 소스 코드를 확장해 나갈 수 있다.

그럼 마지막으로 이미 만들어진 인스턴스나 클래스의 부모 클래스를 찾는 방법을 확인해 보자. 본인이 어떤 클래스의 인스턴스인지를 확인하는 방법은 __class__ 속성 값을 확인하는 것이다. 부모 클래스인 베이스 클래스 확인을 위해서는 __bases__ 속성 값을 확인하면 된다. 아래 소스 코드를 실행해 보자.

```
1   >>> bw.__class__                    # bw 인스턴스의 타입 확인
2   <class '__main__.BookWriter'>
3   >>> BookWriter.__class__            # BookWriter 클래스의 타입 확인
4   <class 'type'>
5   >>> BookWriter.__bases__            # BookWriter 클래스의 부모 클래스 확인
6   (<class '__main__.Human'>,)
7   >>> Human.__class__                 # Human 클래스의 타입 확인
8   <class 'type'>
9   >>> Human.__bases__                 # Human 클래스의 부모 클래스 확인
10  (<class 'object'>,)
```

첫 번째 줄에서 변수 bw에 생성된 인스턴스의 클래스 즉 타입을 확인해 보았다. 예상했듯이, 여러분이 직접 만들었던 BookWriter임을 확인할 수 있다. __main__이라는 뜻은 파이썬 실행 환경의 최상단 위치를 의미하며 조금 더 자세한 설명은 다음 장 모듈편에서 진행하겠다.

3번째 줄에서는 우리가 정의한 BookWriter가 무슨 타입인지 확인을 하고 있다. 이번 장의 첫 절에서 설명 하였듯이 우리가 자체적으로 만든 type 클래스의 객체임을 확인할 수 있다.

5번째 줄에서는 BookWriter의 부모 클래스가 무엇인지 확인을 하고 있다. 우리가 작성하였던 Human 클래스가 결과에 출력되고 있다.

7번째 줄에서는 Human 클래스의 타입이 'type' 클래스임을 확인할 수 있다.

중요한 부분은 마지막 9번째 줄의 명령어이다. 우리가 만든 부모 클래스인 Human의 부모 클래스가 무엇인지 확인해 보았더니 object 클래스라는 것이 출력되었다. 우리는 Human 클래스 정의 시 object 클래스를 인자 값에 넣지 않았었다.

이는 우리가 만드는 **모든 클래스의 부모 클래스는 object 클래스**임을 의미한다. 상속 계층 구조의 가능 높은 곳에 위치한 녀석이다. 다시 한번 **파이썬의 모든 것은 객체**라는 것이 확인이 되고 있다.

조금 전에 확인한 Human의 __bases__ 값을 다시 확인해 보자.

```
>>> Human.__bases__            # Human 클래스의 부모 클래스 확인
(<class 'object'>,)
```

조금 더 자세히 보니 부모 클래스 호출시 base의 복수형인 bases를 사용하고 있고, 결과 값에는 튜플 타입에 마지막에 쉼표가 붙어 있는 것을 확인할 수 있다. 이는 부모 클래스가 한 개가 아닌 여러 개가 될 수도 있는 것을 암시하고 있다.

조금 전에 책을 쓰는 사람은 Human 클래스의 속성과 행동을 물려받았었다. 그런데 알고 보니 책을 쓰는 사람은 컴퓨터 프로그래밍 관련 책만을 집필하는 사람들을 위한 클래스임을 알게 되었다. 가정을 하나 해 보자. 컴퓨터 프로그래밍에 대한 책을 집필하는 사람은 '개발자'일 것이다. 하지만 모든 개발자가 책을 쓰지는 않을 것이다. 그래서 'Devleoper'라는 클래스를 생성한 뒤, 책을 쓰는 사람과 관계를 맺어 보자. 다음과 같이 클래스 다이어그램을 바꿔 보자.

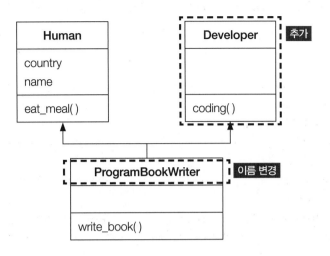

그림 9.9 Developer 부모 클래스가 추가된 클래스 다이어그램

Developer라는 클래스가 추가되었고 coding( )이라는 메소드를 추가해 보았다. 그리고 기존의 BookWriter는 의미를 더욱 명확하게 하기 위하여 ProgramBookWriter로 클래스명을 변경하였다. 그럼 이 두 개 클래스를 구현해 보자. 여러 부모 클래스를 상속 받는 방법은 클래스 선언문의 인자 값에 쉼표 기호(,)로 구분하여 집어 넣으면 된다.

```
1  >>> class Developer:                        # Developer 부모 클래스 선언
2          def coding(self):                    # coding 메소드 선언
3              print(self.name + ' is developer!!')
4
5  >>> class ProgramBookWriter(Human, Developer):
6          def write_book(self):
7              print(self.name + ' is writing Book!!')
```

첫 번째 줄에 간단한 클래스 Developer를 선언하였다.

2번째 줄에서 coding 메소드를 선언하였고 3번째 줄에서는 간단한 출력문을 선언하였다.

5번째 줄의 선언문에 주목하자. ProgramBookWriter 클래스는 두 개의 부모 클래스로부터 상속을 받는다. 그래서 Human 클래스와 Developer 클래스가 나란히 인자 값으로 들어가는 것을 확인할 수 있다. 이후의 메소드는 동일하다.

자, 그럼 이렇게 생성된 ProgramWritingBook 클래스의 인스턴스를 생성하고 몇 가지 메소드를 실행해 보자.

```
1   >>> pbw = ProgramBookWriter('Chris')        # 인스턴스 생성
2   >>> pbw.eat_meal()                          # Human 메소드 호출
3   Chris is eating meal.
4   >>> pbw.coding()                            # Developer 메소드 호출
5   Chris is developer!!
6   >>> pbw.write_book()                        # PrgramBookWriter 메소드 호출
7   Chris is writing Book!!
8   >>> ProgramBookWriter.__bases__             # 부모 클래스 확인
9   (<class '__main__.Human'>, <class '__main__.Developer'>)
```

첫 번째 줄에서 인스턴스 생성을 하였다. 앞서 보았던 방식과 동일하다. Human의 __init__( ) 함수가 호출된 셈이다.

2번째 줄에서는 부모 클래스 Human의 메소드인 eat_meal( )을 호출하였고 잘 실행이 되었다.

4번째 줄에서는 또 다른 부모 클래스 Developer의 메소드인 coding( )을 호출하였다. 잘 실행이 되었다.

6번째 줄에서는 본인의 메소드인 write_book( )을 호출하였고 역시 잘 실행이 되었다.

8번째 줄에서는 조금 전에 만든 클래스의 부모 클래스를 확인해 보았다. 예상했던 대로, 클래스 생성시 인자 값으로 집어 넣었던 Human 클래스와 Developer 클래스가 함께 출력되는 것을 확인할 수 있다.

이처럼 **여러 클래스를 하나의 자식 클래스가 상속 받는 것을 다중 상속이라고 한다.** 경우에 따라 무척 유용하게 사용할 수 있다. 참고로 다중 상속은 모든 프로그래밍 언어가 제공하는 것은 아니다. 가령 C++에서는 가능하나 자바에서는 불가능하다. 파이썬에서 다중 상속이 가능하다라는 것도 하나의 특징이 될 수 있다.

7. 심화 다형성Polymorphism

이번에는 마지막에 새로 만든 Developer 클래스를 주목해 보자.

Developer 클래스에는 coding( )이라는 메소드가 있다. 그런데, 개발자는 코딩을 할 때 사용하는 프로그래밍 언어가 무척 다양하다. 필자만 해도 파이썬, 자바, C++ 등을 활용할 수 있다. 그래서 이러한 개발자를 프로그래밍 언어별로 구분하고자 한다. 개발자를 부모 클래스로 하고, 파이썬 개발자, 자바 개발자, C++ 개발자의 세 개의 자식 클래스로 나눠 보도록 하자. 클래스 다이어그램을 그려 보자.

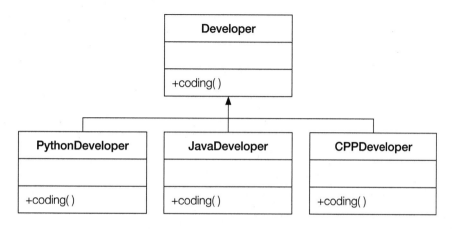

그림 9.10 Developer 부모 클래스에 세 개의 자식 클래스가 추가된 클래스 다이어그램

부모 클래스나 자식 클래스 모두 동일한 함수명인 coding( ) 메소드를 가지고 있으나 내부의 내용이 모두 다를 것이다. 그럼 아래와 같이 소스 코드를 작성해 보자(IDLE를 초기화하는 차원에서 재실행하기 바란다).

```
1    >>> class Developer:                    # Developer 부모 클래스 선언
2            def __init__(self, name):        # 초기화 시 name을 받기 위한 재정의
3                self.name = name
4            def coding(self):                # coding 메소드 선언
5                print(self.name + ' is developer!!')
6
```

```
7   >>> class PythonDeveloper(Developer):      # PythonDeveloper 자식 클래스 선언
8           def coding(self):                   # coding 메소드 선언
9               print(self.name + ' is Python developer!!')
10
11  >>> class JavaDeveloper(Developer):         # JavaDeveloper 자식 클래스 선언
12          def coding(self):                   # coding 메소드 선언
13              print(self.name + ' is Java developer!!')
14  >>> class CPPDeveloper(Developer):          # CPPDeveloper 부모 클래스 선언
15          def coding(self):                   # coding 메소드 선언
16              print(self.name + ' is C++ developer!!')
```

첫 번째 줄에 부모 클래스인 Developer를 선언한다.

3번째 줄에서는 각 자식 클래스들이 인스턴스 생성 시 이름을 인자 값으로 반드시 넣게 하기 위하여 __init__( ) 함수를 재정의한다(앞에서 Human 클래스에 넣었던 것과 동일하다).

5번째 줄의 함수 정의문은 기존 것과 똑같다.

7번째 ~ 9번째 줄은 PythonDeveloper에 대한 클래스 선언문이다. 부모 클래스인 Developer를 클래스 선언 시 인자 값으로 Developer의 자식 클래스임을 선언하고 9번째의 print문은 본인이 Python 개발자임을 알 수 있게 출력문의 문자열을 변형해 보았다.

나머지 소스 코드들의 패턴은 PythonDeveloper와 같다. 단지, coding( ) 메소드 안의 구현체에 본인이 사용하는 Java, C++ 개발자라는 것을 명시한 것만 다르다.

자, 이제 한 번 실행해 보자.

```
1   >>> pd = PythonDeveloper('Chris')          # PythonDeveloper 인스턴스 생성
2   >>> jd = JavaDeveloper('Jason')            # JavaDeveloper 인스턴스 생성
3   >>> cd = CPPDeveloper('Bryan')             # CPPDeveloper 인스턴스 생성
4   >>> pd.coding()                            # coding( ) 메소드 호출
5   Chris is Python developer!!
6   >>> jd.coding()                            # coding( ) 메소드 호출
```

```
7   Jason is Java developer!!
8   >>> cd.coding()                                    # coding( ) 메소드 호출
9   Bryan is C++ developer!!
```

첫 번째 ~ 3번째 줄까지는 각 자식 클래스의 인스턴스를 서로 다른 이름을 인자 값으로 하여 생성하였다. 그 이후부터는 세 개의 인스턴스를 담고 있는 변수가 coding( )이라는 동일한 이름의 함수를 차례대로 호출하였고 모두 다른 결과 값을 보여 주고 있음을 확인할 수 있다.

이렇게 **부모 클래스와 동일한 이름의 메소드를 그대로 자식 클래스에서 구현하여 재정의**^{Overriding}하는 것을 **다형성**^{Polymorphism}**의 구현**이라고 표현한다. 같은 개발자들이라도 코딩이라는 행위는 자식 클래스들 간에 서로 다른 코딩을 할 수 있기 때문에 여러 형태의 상태나 모습을 구현할 수 있게 하는 것이 바로 이것이다. 다형성 역시 객체 지향의 중요한 특성 중에 하나다. 그렇다면 이러한 다형성은 어떤 경우에 사용할까? 다형성의 사례는 정말 많다. 가령, 동물을 부모 클래스로 하고 '동물이 짓는다'라는 메소드가 있다고 가정하면 개나 고양이가 짓는 방법이 다르기 때문에 개는 '멍멍!!', 고양이는 '야옹~' 형태로 다시 재정의해야 할 것이다. 행위뿐만이 아니라 상태도 재정의할 필요가 있다. 가령, 자동차가 부모 클래스라고 하면 각브랜드별 혹은 차의 종류(세단, SUV, 스포츠카 등)로 구분하여 자식 클래스를 나눌 수도 있을 것이다.

마지막으로 한 가지 사례만 더 확인해 보자. 다형성의 구현을 위하여 부모 클래스에 있는 메소드를 재정의하고 나면 부모 클래스의 메소드는 실행이 되지 않는다. 하지만 어떤 경우에는 부모 클래스의 메소드에 덧붙여서 소스 코드를 확장하고 싶은 경우도 분명 생긴다. 이때, 부모 클래스의 메소드 내용을 Copy & Paste하는 것은 또 다른 소스 코드 중복을 야기하게 된다. 이런 경우를 위하여 파이썬은 부모 클래스 호출을 위해 super( )라는 함수를 제공하고 있다. super( ) 함수를 사용하면 부모 클래스의 인스턴스가 호출이 되어 부모 클래스의 속성이나 메소드를 호출할 수가 있다.

다음 소스 코드와 함께 이해해 보도록 하자. 필자는 마지막에 선언한 CPPDeveloper 클래스의 coding 메소드에서 부모의 coding( ) 메소드를 먼저 호출하고자 한다.

```
1   >>> class CPPDeveloper(Developer):      # CPPDeveloper 부모 클래스 선언
2       def coding(self):                   # coding 메소드 선언
3           super().coding()                # 부모 인스턴스의 coding() 함수 호출
4           print(self.name + ' is C++ developer!!')
```

이번 소스 코드는 3번째 줄이 핵심이다. super( )를 통해 부모 인스턴스를 확보한 뒤 점 기호(.)를 통해서 coding( ) 함수를 호출하고 있다. 실행해 보자.

```
1   >>> cd = CPPDeveloper('Bryan')          # 자식 클래스 인스턴스 생성
2   >>> cd.coding()                         # 자식 클래스 메소드 호출
3   Bryan is developer!!                    # 부모 클래스 메소드 출력 결과
4   Bryan is C++ developer!!                # 자식 클래스 메소드 출력 결과
```

첫 번째 줄에서 CPPDeveloper의 인스턴스를 생성한 다음 2번째 줄에서 해당 인스턴스의 함수를 호출하였다. 출력 결과를 보면 3번째 줄에서는 부모의 coding( ) 함수가 호출되었고 4번째에는 본인의 coding( ) 함수 내 출력문이 출력된 것을 확인할 수 있다.

이런 식의 super( ) 클래스 호출은 초기화 함수 호출시에도 많이 활용된다. 가령, __init__( ) 함수를 재정의하면 부모의 초기화 함수 소스 코드를 사용하지 못하기 때문에 super( )를 활용하여 사용하는 경우가 많다. 예를 들어, 자식 클래스의 초기화 함수 내에 super( ).__init__( )를 호출하면 부모 클래스의 초기화 함수를 호출할 수 있다.

여러분이 컴퓨터의 세계로 옮기고 있는 현실 세계를 잘 관찰해 보고, 어떻게 하면 소스 코드를 간결하면서도 강력하게 작성할 수 있을지 반복하여 연습하도록 해 보자.

8. Wrap-up

이번 장은 지금까지 진행했던 장 중에 개념적으로는 가장 난이도가 높았던 장이 아니었나 싶다. 하지만, 객체 지향 언어로써의 파이썬을 제대로 사용하기 위해서는 반드시 짚고 넘어가야 할 장이라고 생각한다. 이번 장에서는 클래스에 대한 개념을 조금 더 깊이 이해해 보고 나만의 클래스를 어떻게 정의하고 불러올 수 있는지 확인해 보았다. __init__( )이라는 특수 함수를 재정의해 보면서 클래스 선언 시 반드시 넣어야 할 인자 값을 넣는 방법을 알아보았고, 클래스 변수와 인스턴스 변수의 차이에 따라 영향을 받는 범위에 대해서도 알아보았다. 더 나아가 내가 외부에 감추고 싶은 데이터를 은닉하는 방법과 그 원리에 대해서도 짚어 보았다.

객체 지향의 꽃인 상속에 대해서도 깊이 알아보았다. 여러 개의 클래스를 상속 받을 수 있는 다중 상속에 대해 알아보았으며, 하나의 상태나 행위를 여러 자식 클래스들이 재정의하므로써 갖게 되는 다형성에 대한 이점과 활용 방법에 대해서 알아보았다.

이 장까지 잘 따라와 주었다면 틀림없이 객체 지향 언어의 특성을 잘 나타내고 있는 파이썬의 매력에 흠뻑 빠져 있으리라 본다. 약간의 고통은 여러분이 얻는 지식과 성취감에 비하면 충분히 감내할 수 있는 것이다. 여러분도 스스로 자신감을 가져도 좋다고 생각한다. 다음 장에는 이렇게 만든 소스 코드들을 어떻게 분리하고 모듈로 만들고 패키지화할 수 있는지 알아보는 시간을 갖겠다.

CHAPTER 10

내가 만드는
모듈Module과
패키지Package

앞에서 우리는 함수와 클래스를 만드는 과정을 파이썬 쉘에서 살펴보았다. 하지만 이렇게 만들어진 함수나 클래스는 파이썬 쉘을 종료하는 순간 사라지고 만다. 변수들도 마찬가지이다. 파이썬 쉘에서 실행된 모든 함수와 변수는 쉘을 종료하는 순간 다시 사용할 수 없게 마련이다. 그럼 이렇게 작성된 함수나 변수를 계속 재사용할 수는 없을까? 매번 필요할 때마다 Copy & Paste를 할 수는 없는 노릇 아닌가.

이를 위하여 등장한 녀석이 바로 '모듈Module'이다. **이 모듈은 재사용을 하고자 하는 변수나 함수의 정의문들을 파일로 저장하여 특정 파이썬 파일이나 파이썬 쉘 환경에서 호출하여 사용할 수 있는 방법을 제시해 준다. 그리고 이러한 모듈들을 특정 기준에 따라 모아 놓은 단위를 우리는 '패키지Package'라 부른다.** 이번 장은 모듈과 패키지에 대해서 자세히 알아보겠다.

1. 모듈 이해하기

지금까지 우리가 사용하던 함수들(print( ), input( ), range( ) 등)은 모두 파이썬 기본 내장 함수로 특별한 모듈을 호출할 필요 없이 언제든지 호출하여 사용할 수 있었다. 하지만 이러한 기본 내장 함수를 제외한 함수들은 파이썬 표준 라이브러리 안의 모듈에 구현이 되어 있으며 사용하기 위해서는 모듈을 반드시 미리 호출하여 해당 모듈을 파이썬 실행 환경에 탑재(import)해야만 한다.

한 가지 예를 들어 보자. 파이썬 표준 라이브러리 중 수학과 관련된 함수를 제공하는 math 모듈이 존재한다. math 모듈 안에는 원주율을 나타내는 pi라는 변수가 존재하며 제곱수를 구하는 pow( ) 와 같은 함수들이 존재한다. 이러한 변수와 함수는 모듈 명 뒤에 점 기호(.)를 사용하여 다음과 같이 호출하게 된다.

```
1  >>> math.pi                          # 원주율 변수 확인
```

여기서 점 기호는 '~의'라는 의미로 해석하면 되겠다. 이 경우는 math 객체(모듈)의 pi 객체(변수) 쯤으로 해석이 된다. 하지만, 이 명령문을 바로 실행하면 다음과 같이 에러가 발생하게 된다.

```
1    >>> math.pi                                        # 원주율 변수 확인
2    Traceback (most recent call last):
3        File "<pyshell#2>", line 1, in <module>
4            math.pi
5    NameError: name 'math' is not defined
6    >>> math.pow(2, 5)                                  # 2의 5승 구하기
7    Traceback (most recent call last):
8        File "<pyshell#3>", line 1, in <module>
9            math.pow(2, 5)
10   NameError: name 'math' is not defined
```

두 경우 모두 명칭 에러(NameError)가 발행하는 것을 확인할 수 있다. 'math'라는 이름이 정의되어 있지 않다는 에러이다. 이런 경우에는 반드시 해당 변수 혹은 함수를 호출하기 전에 import 구문을 통해 math 모듈을 탑재해야 한다. 다음 소스 코드를 살펴보자.

```
1    >>> import math             # math 모듈 탑재
2    >>> math.pi                 # 원주율 변수 확인
3    3.141592653589793
4    >>> math.pow(2, 5)          # 2의 5승 구하기
5    32.0
```

첫 번째 줄의 import math 구문을 통하여 math 모듈을 해당 소스에 불러 온 것을 볼 수 있다. 이 구문을 통해 math 관련된 변수 및 함수를 호출할 수 있게 된다. 물론, 모듈 역시 존재하지 않는 명칭을 호출하면 에러가 발생하게 된다. 다음 예는 import 구문에 오타가 생긴 사례이다.

```
1    >>> import matt
2    Traceback (most recent call last):
3        File "<pyshell#9>", line 1, in <module>
4            import matt
5    ImportError: No module named 'matt'
```

첫 번째 줄의 import 시 math를 matt로 잘못 입력한 경우이다. 바로 에러가 발생하는 것을 확인

할 수 있다. 5번째 줄의 에러 메세지를 보면 탑재 에러(ImportError)가 발생하는 것을 확인할 수 있다. 에러 메세지는 'matt'라는 모듈이 없다는 의미이다.

2. 모듈 정의 및 불러 오기

자, 그렇다면 이런 모듈은 어떻게 만들 수 있을까? 모듈은 파이썬으로 정의한 소스 코드를 담고 있는 파일이라고 언급하였다. py 확장자로 끝나야 하며 파일명은 곧 모듈명이 된다. 일단 실습을 한번 해 보자.

이번 실습은 파이썬 튜토리얼의 예제를 활용해 보겠다. 피보나치 수를 구하는 두 개의 함수를 작성하여 모듈용 파일로 만든 뒤 호출을 해 보겠다(피보나치 수는 0과 1로 시작하며 다음 수는 바로 앞의 두 수의 합이 되는 수를 말한다).

IDLE를 실행한 뒤 새 파일 만들기를 통해 파이썬 파일을 하나 만들어 보자(IDLE 사용법은 2장 4절 참고). 다음 소스 코드를 입력한 다음 fibo.py라는 이름으로 저장해 보자. 저장 위치는 파이썬 설치 폴더로 한다. 필자의 파이썬 설치 폴더는 D:₩Python37이다.

[소스 코드 10-1] fibo.py

```
1    # 피보나치 수열을 위한 모듈
2
3    def fib(n):              # n까지의 피보나치 수열을 출력하는 함수
4        a, b = 0, 1
5        while b < n:
6            print(b, end=' ')   # end 기본 값인 줄 넘기기 대신 공백으로 한 줄에 출력
7            a, b = b, a+b
8        print()             # 줄 넘기기
9
10   def fib2(n):             # n까지의 피보나치 수열을 반환하는 함수
11       result = []          # 피보나치 수 저장을 위한 리스트 초기화
12       a, b = 0, 1
13       while b < n:
```

```
14              result.append(b)           # 리스트 값 채우기
15          a, b = b, a+b
16      return result                # 피보나치 수 리스트 반환
```

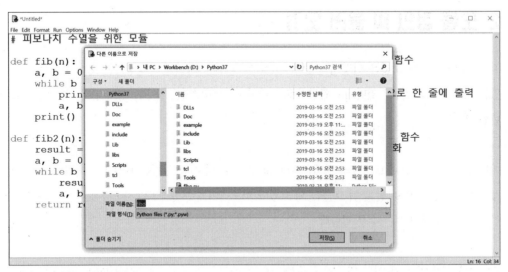

그림 10.1 모듈 파일 생성 예제(fibo.py)

저장이 완료되었으면 해당 파일을 닫고 IDLE도 종료한 뒤 다시 시작해 보자. 새로 시작한 IDLE
창에서 다음 소스 코드를 입력한 뒤 2번째 줄의 점 기호를 입력한 뒤 〈Tab〉 키를 눌러 보자.

```
>>> import fibo
>>> fibo.
```

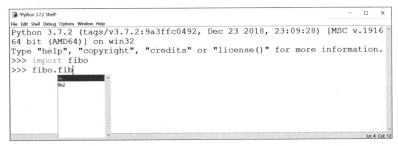

그림 10.2 모듈 호출 예제

첫 번째 줄의 import fibo 입력 시 아무런 에러가 발생하지 않는 것을 보았을 때 모듈이 잘 생성되었음을 확인할 수 있다. 2번째 줄에서는 해당 모듈에 점 기호(.) 입력 후 〈Tab〉 키를 누르면 IDLE의 소스 작성 지원 기능이 동작하면서 해당 모듈에 구현한 함수명들을 확인할 수 있다.

fib을 선택한 뒤 인자 값으로 20을 대입하여 20까지의 피보나치 수열 결과를 출력해 보자.

```
1  >>> import fibo
2  >>> fibo.fib(20)
3  1 1 2 3 5 8 13
```

잘 동작하는 것을 확인할 수 있다. 만약 해당 함수가 빈번히 호출되어 매번 모듈명을 적는 것이 번거롭다면 fibo.fib 함수 자체를 변수에 할당하여 호출하는 것도 가능하다.

```
1  >>> fib = fibo.fib
2  >>> fib(50)
3  1 1 2 3 5 8 13 21 34
```

무척 재미있는 부분이다. 이는 함수 자체도 객체이기 때문에 변수에 할당이 가능하다는 뜻이다. 파이썬은 모든 것이 객체라고 했던 말이 다시 한번 떠오른 대목이다. 변수 fib의 타입이 무엇인지 확인해 보자. type( ) 함수를 사용해 보자.

```
1   >>> type(fib)
2   <class 'function'>
```

예상했듯이 fib은 'function'이라는 클래스 타입임을 확인할 수 있다. 만약 C++나 자바와 같은 프로그래밍 언어를 배운 독자라면 함수라는 이름의 클래스라는 것이 다소 생소할 수 있다. 왜냐하면, C++나 자바에서는 함수가 클래스 내부에 존재하기 때문이다. 하지만 쉽게 생각하자. 파이썬에서는 함수도 function이라는 이름의 클래스에 의해 생성된 객체라는 것을 말이다.

만약 여러분이 모듈 안의 함수를 함수명으로만 활용하고 싶다면 매번 이런 식으로 변수에 할당하는 것 또한 번거로운 일이다. 그래서 import문을 다음과 같이 사용하면 함수를 바로 import할 수도 있다.

```
1   >>> from fibo import fib, fib2
2   >>> fib(500)
3   1 1 2 3 5 8 13 21 34 55 89 144 233 377
```

첫 번째 줄에 보면 from 뒤에 모듈명을 명시한 다음 import문과 불러올 함수명들을 선언하고 있는 것을 볼 수 있다. 이렇게 불러온 모듈 및 함수는 함수명만으로도 함수를 호출할 수가 있다.

모듈을 호출할 때에는 별칭Alias을 사용할 수가 있다. import할 모듈이나 함수명 옆에 as [별칭명]을 붙이면 된다. 다음 예제를 살펴보자.

```
1   >>> from fibo import fib as f1, fib2 as f2
2   >>> f1(500)
3   1 1 2 3 5 8 13 21 34 55 89 144 233 377
```

앞서 살펴본 예제와 같은 결과를 출력하는 것을 확인할 수 있다.

우리가 작성한 fibo 모듈은 두 개의 모듈 밖에 없지만 만약 더 많은 함수가 있다면 해당 함수들은 호출이 되지 않을 것이다. 이런 경우에는 함수명을 하나씩 입력할 필요 없이 별표 기호(*)를 활용할 수도 있다.

```
1  >>> from fibo import *
2  >>> fib(500)
3  1 1 2 3 5 8 13 21 34 55 89 144 233 377
```

첫 번째 줄처럼 import문 이후에 별표 기호(*)를 사용하면 특수한 목적으로 만들어진 함수(언더바 (_)로 시작하는 함수들)를 제외한 모든 함수를 불러오게 되며 함수명만으로 호출이 가능해진다. 하지만 이 방법은 좋은 방법은 아니다. 이는 모듈내의 어떤 함수를 호출할지 모르기 때문에 가독성을 떨어뜨리며 간혹 함수명의 중복으로 인해 본인이 원하지 않는 동작을 할 가능성이 높아진다. 언제나 소스 코드를 작성할 때는 불명확한 상황을 만들지 않도록 노력해야 한다.

import문 사용 시에도 본인이 반드시 사용하고자 하는 함수를 명확하게 표기하여 추후에 문제가 생길 가능성을 처음부터 배제하고 소스 코드를 읽는 사람으로 하여금 앞으로 작성할 소스 코드의 의도를 밝히도록 하는 것이 import문을 잘 사용하는 방법이다.

주의하세요! **import한 모듈 파일이 파이썬 실행 도중에 변경이 되었을 때**

파이썬은 모듈에 대한 효율적인 호출을 위하여 import문 수행 시에만 모듈을 호출한다. 모듈을 사용할 때마다 불러 오면 성능이 떨어지기 때문이다. 그렇기 때문에 만약에 import문 수행 이후에 해당 모듈 파일의 변경이 생긴다면 파이썬 번역기를 다시 시작해야 한다. 만약 현재 상태에서 해당 모듈을 다시 로딩하고 싶다면 imp.reload( ) 함수를 활용하자. 인자 값에 해당 모듈명을 대입하면 된다.

```
1  >>> import imp
2  >>> imp.reload(module_name)
```

3. 모듈을 파이썬 환경 밖에서 실행할 때

지금까지 모듈을 불러오는 방법은 파이썬 쉘이나 소스 코드 상에서 호출하는 방법이었다. 만약 파이썬이 구동되지 않은 상황에서 해당 모듈을 실행하려면 어떻게 해야 할까? 방법을 살펴보자.

앞 절에서 만든 fibo 모듈에서 외부, 즉 윈도우 프롬프트 상에서 다음과 같이 호출하는 경우 fib
함수를 호출한다고 가정해 보자.

```
D:\Python37> python fibo.py <arguments>
```

〈arguments〉 부분이 바로 인자 값으로 넘길 부분이다. 이 부분을 위하여 모듈 안에 코드가 추가
되어야 한다. 먼저 기존에 작성한 fibo.py를 열어 보자. IDLE에서 [File]-[Open] 메뉴를 클릭
혹은 〈Ctrl〉 + 〈O〉 키를 눌러서 해당 파일을 지정하거나 [File]-[Open Module] 메뉴를 클릭 혹
은 〈Alt〉 + 〈M〉 키를 눌러서 모듈명을 입력하면 열 수 있다.

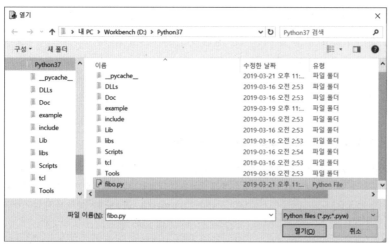

그림 10.3 [File]-[Open] 메뉴를 클릭한 경우(〈Ctrl〉+〈O〉)

그림 10.4 [File]-[Open Module] 메뉴를 클릭한 경우(〈Alt〉+〈M〉)

fibo.py 파일의 마지막 부분에 다음 소스 코드를 넣어 보자.

```
1   if __name__ == "__main__":              # 외부에서 호출 시
2       import sys
3       fib(int(sys.argv[1]))               # 첫 번째 외부 인자 값을 사용하여 fib 호출
```

```
fibo.py - D:\Python37\fibo.py (3.7.2)                                    –  □  ×
File Edit Format Run Options Window Help
# 피보나치 수열을 위한 모듈
def fib(n):                        # n 까지의 피보나치 수열을 출력 하는 함수
    a, b = 0, 1
    while b < n:
        print(b, end=' ')          # end 기본 값인 줄 넘기기 대신 공백으로 한 줄에 출력
        a, b = b, a+b
    print()                        # 줄 넘기기

def fib2(n):                       # n 까지의 피보나치 수열을 반환 하는  함수
    result = []                    # 피보나치 수 저장을 위한 리스트 초기화
    a, b = 0, 1
    while b < n:
        result.append(b)           # 리스트 값 채우기
        a, b = b, a+b
    return result                  # 피보나치 수 리스트 반환
if __name__ == "__main__":         # 외부에서 호출 시
    import sys                                                            추가
    fib(int(sys.argv[1]))          # 첫 번째 외부 인자 값을 사용하여 fib 호출

                                                                  Ln: 21 Col: 0
```

그림 10.5 외부 인자 값 불러오기 위한 소스 추가

추가 한 소스의 첫 번째 줄에 보면 '__name__'이라는 변수가 보인다. 이 변수가 __main__이라
는 뜻은 파이썬 외부에서 호출이 되었다는 의미이다.

2번째 줄의 모듈 sys는 이름에서도 유추할 수 있듯이 시스템 관련 모듈을 뜻하며 그 다음 줄의
sys.argv라는 리스트를 통해 시스템 상에 입력한 인자 값을 불러 오는 것을 알 수 있다.

추가가 완료되었으면 해당 파일을 저장하자. 상단 메뉴의 [File] – [Save]를 클릭하거나 〈Ctrl〉+
〈S〉 키를 누른다.

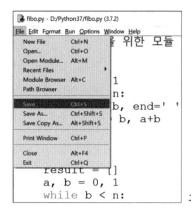

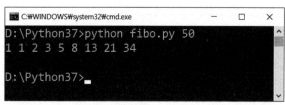

그림 10.6 fibo.py 파일 저장하기

준비가 되었으면 파이썬 설치 위치에서 윈도우 프롬프트를 실행해 보자. 그리고 아래와 같이 입력해 보자.

D:₩Python37〉python fibo.py 50

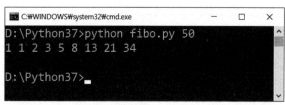

그림 10.7 모듈을 외부에서 호출한 결과

모듈명 뒤에 입력한 50에 의해 50까지의 피보나치 수가 출력되는 것을 확인할 수 있다.

주의하세요! **fibo.py 파일의 위치**

이번 절의 윈도우 프롬프트 실행 위치는 D:₩Python37로 fibo.py 파일의 위치와 동일했기 때문에 명령어 수행 시 fibo.py 만으로 실행이 가능하였다. python이 환경변수에 잘 등록되어 있다면 어느 위치에서도 python 명령어를 실행할 수 있지만 해당 모듈 파일의 위치는 명확하게 지정해 주어야 한다. 아래 예시들을 참고해 보자.

예시 1) D 드라이브에서 상대 경로를 사용하여 호출하는 경우
D:₩〉 python .₩Python37₩fibo.py 50

예시 2) C 드라이브에서 절대 경로를 사용하여 호출하는 경우
C:₩〉 python D:₩Python37₩fibo.py 50

4. dir( ) 함수를 통한 모듈 속 들여다 보기

자, 그렇다면 이번엔 이미 만들어진 모듈의 안을 들여다 보는 방법을 알아보자. dir( ) 함수는 파이썬 기본 내장 함수로 인자 값에 모듈을 집어 넣는 경우 모듈을 구성하고 있는 변수나 함수의 이름들을 리스트로 반환한다. 앞 절에서 import한 fibo와 sys를 dir( ) 함수의 인자 값으로 넣어 보자.

```
1   >>> import fibo, sys
2   >>> dir(fibo)
3   ['__name__', 'fib', 'fib2']
4   >>> dir(sys)
    ['__displayhook__', '__doc__', '__excepthook__', '__loader__', '__
    name__', '__package__', '__stderr__', '__stdin__', '__stdout__',
    '_clear_type_cache', '_current_frames', '_debugmallocstats', '_
    getframe', '_home', '_mercurial', '_xoptions', 'abiflags', 'api_
    version', 'argv', 'base_exec_prefix', 'base_prefix', 'builtin_
    module_names', 'byteorder', 'call_tracing', 'callstats',
    'copyright', 'displayhook', 'dont_write_bytecode', 'exc_info',
    'excepthook', 'exec_prefix', 'executable', 'exit', 'flags', 'float_
    info', 'float_repr_style', 'getcheckinterval', 'getdefaultencoding',
    'getdlopenflags', 'getfilesystemencoding', 'getobjects',
    'getprofile', 'getrecursionlimit', 'getrefcount', 'getsizeof',
    'getswitchinterval', 'gettotalrefcount', 'gettrace', 'hash_info',
    'hexversion', 'implementation', 'int_info', 'intern', 'maxsize',
    'maxunicode', 'meta_path', 'modules', 'path', 'path_hooks', 'path_
    importer_cache', 'platform', 'prefix', 'ps1', 'setcheckinterval',
    'setdlopenflags', 'setprofile', 'setrecursionlimit',
    'setswitchinterval', 'settrace', 'stderr', 'stdin', 'stdout',
    'thread_info', 'version', 'version_info', 'warnoptions']
```

dir(fibo)의 결과를 다시 한번 살펴보자.

```
['__name__', 'fib', 'fib2']
```

사실 __name__ 변수는 모든 모듈이나 함수에 포함되는 글로벌 변수로 해당 모듈 혹은 함수의 이름을 가지고 있는 변수다. 그리고 우리가 구현한 두 개의 함수명이 보이는 것을 알 수 있다.

dir(sys)의 결과는 훨씬 복잡하다. 실제로 sys 모듈 안에는 출력 결과와 같은 변수와 함수로 이루어진 것을 알 수 있다.

dir( ) 함수에 인자 값을 집어 넣지 않는 경우도 살펴보자. IDLE를 재시작하여 파이썬 번역기를 초기화한 다음 아래 소스 코드를 입력해 보자.

```
1  >>> a = [1, 2, 3, 4, 5]
2  >>> import fibo
3  >>> fib = fibo.fib
4  >>> dir()
5  ['__builtins__', '__name__', 'a', 'fib', 'fibo', 'sys']
```

4번째 줄의 dir( ) 함수는 현재까지 파이썬 실행 환경에서 사용하고 있는 변수, 모듈 혹은 함수들을 보여 주고 있다.

5번째 줄의 출력 결과에서 해당 사항들을 확인할 수 있다. 흥미로운 점 하나는 첫 번째 항목으로 보이는 '__builtins__'이다. 이는 파이썬 기본 내장 함수들을 지니고 있는 모듈인데, dir() 함수를 호출한다고 해도 파이썬 기본 내장 함수들을 확인할 수는 없다.

만약 파이썬의 내장 함수 리스트를 보고 싶다면 해당 모듈 builtins를 import하여 dir( )의 인자 값으로 집어 넣으면 가능하다. 다음 소스 코드를 보자.

```
1  >>> import builtins
2  >>> dir(builtins)
   ['ArithmeticError', 'AssertionError', 'AttributeError',
   'BaseException', 'BlockingIOError', 'BrokenPipeError', 'BufferError',
   'BytesWarning', 'ChildProcessError', 'ConnectionAbortedError',
   'ConnectionError', 'ConnectionRefusedError', 'ConnectionResetError',
   'DeprecationWarning', 'EOFError', 'Ellipsis', 'EnvironmentError',
   'Exception', 'False', 'FileExistsError', 'FileNotFoundError',
   'FloatingPointError', 'FutureWarning', 'GeneratorExit',
   'IOError', 'ImportError', 'ImportWarning', 'IndentationError',
   'IndexError', 'InterruptedError', 'IsADirectoryError',
```

```
'KeyError', 'KeyboardInterrupt', 'LookupError', 'MemoryError',
'ModuleNotFoundError', 'NameError', 'None', 'NotADirectoryError',
'NotImplemented', 'NotImplementedError', 'OSError',
'OverflowError', 'PendingDeprecationWarning', 'PermissionError',
'ProcessLookupError', 'RecursionError', 'ReferenceError',
'ResourceWarning', 'RuntimeError', 'RuntimeWarning',
'StopAsyncIteration', 'StopIteration', 'SyntaxError',
'SyntaxWarning', 'SystemError', 'SystemExit', 'TabError',
'TimeoutError', 'True', 'TypeError', 'UnboundLocalError',
'UnicodeDecodeError', 'UnicodeEncodeError', 'UnicodeError',
'UnicodeTranslateError', 'UnicodeWarning', 'UserWarning',
'ValueError', 'Warning', 'ZeroDivisionError', '__build_class__',
'__debug__', '__doc__', '__import__', '__loader__', '__name__',
'__package__', '__spec__', 'abs', 'all', 'any', 'ascii', 'bin',
'bool', 'breakpoint', 'bytearray', 'bytes', 'callable', 'chr',
'classmethod', 'compile', 'complex', 'copyright', 'credits',
'delattr', 'dict', 'dir', 'divmod', 'enumerate', 'eval', 'exec',
'exit', 'filter', 'float', 'format', 'frozenset', 'getattr', 'globals',
'hasattr', 'hash', 'help', 'hex', 'id', 'input', 'int', 'isinstance',
'issubclass', 'iter', 'len', 'license', 'list', 'locals', 'map',
'max', 'memoryview', 'min', 'next', 'object', 'oct', 'open', 'ord',
'pow', 'print', 'property', 'quit', 'range', 'repr', 'reversed',
'round', 'set', 'setattr', 'slice', 'sorted', 'staticmethod', 'str',
'sum', 'super', 'tuple', 'type', 'vars', 'zip']
```

출력 결과를 보니 앞 부분의 상당 부분이 에러 코드로 되어 있는 것이 무척 흥미롭다. 그 뒤로 다양한 모듈 및 함수명들을 확인할 수 있으며 그동안 수 차례 보았던 input, print, range 등이 눈에 보인다.

이와 같이 dir( ) 함수를 활용하면 파이썬 쉘 상에서 현재까지 정의되어 사용하고 있는 변수나 함수 등을 확인할 수 있으며 import한 모듈명까지 쉽게 확인할 수 있다. import한 모듈의 내부를 확인하고 싶을 때에도 요긴하게 사용이 된다.

5. 모듈들의 집합, 패키지(Packages)

이번에는 모듈들을 그룹핑할 수 있는 방법에 대해서 알아보자. 만약 필자가 위에서 만든 fibo라는 함수가 내가 직접 만든 모듈임을 표기하기 위해 chris라는 폴더 아래에 해당 모듈을 옮긴다고 가정해 보자.

그림 10.8 chris 폴더 아래로 파일 위치 변경

이제 fibo.py라는 모듈은 chris라는 패키지 아래 위치하게 된 것이다. 호출 방법은 역시나 점 기호(.)를 활용하면 된다. IDLE를 새로 시작하여 다음과 같이 import하면 된다.

```
1  >>> from chris.fibo import fib
2  >>> fib(100)
3  1 1 2 3 5 8 13 21 34 55 89
```

기존의 모듈 앞에 패키지가 하나 더 생겼다고 보면 되겠다. 상위 모듈 개념으로 이해하자.

실제로 패키지는 위와 같이 사람의 이름 형태로 나누는 경우는 없다고 볼 수 있겠다. 패키지는 관련 깊은 소스 코드들을 모아서 알아보기 쉽게 하고, 관리 및 유지보수 역시 쉽게 하기 위함이다. 일반적으로 패키지를 나눌 때에는 소스 코드의 사용 목적에 따라서 나누는 것이 현명하다. 여러 모듈에서 공통으로 사용하는 모듈들은 공통을 위한 패키지 밑으로 모으고, 각 모듈들도 성격이나 서로 호출을 하는 방향에 따라 서로 모일 수 있도록 노력해야 한다.

마지막으로 파이썬 튜토리얼에 나와 있는 예제를 하나 살펴보고 마무리 하겠다. 우리가 만약에 음악 파일을 처리하는 소프트웨어를 개발한다고 가정해 보자. 이 소프트웨어는 크게 세 개의 패키지가 존재한다. 첫 번째 패키지는 음악 파일의 확장자에 따른 포맷(formats) 단위로 구분하였다. 두 번째 패키지는 음향 효과(effects)에 따라 처리되는 소스들을 모았다. 마지막 패키지는 음향 필터(filters) 관련된 소스들을 모았다고 해 보자. 그렇다면 패키지 구조는 아래와 비슷할 것이다.

```
sound/                          # Top-level package
    __init__.py                 # Initialize the sound package
    formats/                    # Subpackage for file format conversions
        __init__.py
        wavread.py
        wavwrite.py
        aiffread.py
        aiffwrite.py
        auread.py
        auwrite.py
        ...
    effects/                    # Subpackage for sound effects
        __init__.py
        echo.py
        surround.py
        reverse.py
        ...
    filters/                    # Subpackage for filters
        __init__.py
        equalizer.py
        vocoder.py
        karaoke.py
        ...
```

패키지를 임포트하게 되면 파이썬은 sys.path에 등록되어 있는 경로에서 해당 패키지의 하위 디렉토리들을 찾아 보기 시작한다. sys.path는 파이썬 구동 시에 환경 변수에 등록되어 있는 디렉토리들의 경로를 말한다. 경로를 확인하고 싶다면, 다음과 같이 sys 모듈을 import하여 sys.path 값을 확인해 보면 된다(필자는 파이썬을 D:₩Python37에 설치하였다).

```
1  >>> import sys
2  >>> sys.path
   ['', 'D:\\Python37\\python37.zip', 'D:\\Python37\\DLLs', 'D:\\
   Python37\\lib', 'D:\\Python37', 'D:\\Python37\\lib\\site-packages']
```

각 폴더에 보이는 '__init__.py' 파일은 파일이 위치한 디렉토리가 패키지를 포함하고 있다는 것을
암시한다. 파일 안의 내용이 없어도 상관없지만 패키지를 위한 초기화 코드가 포함될 수도 있다.
만약 아래와 같이 패키지 및 모듈명까지만 import한다면 실제로 소스 코드의 함수 호출은 전체
패키지를 모두 넣어야만 한다.

```
1  # import문만 사용한 경우
2  import sound.effects.echo
3  sound.effects.echo.echofilter(input, output)
```

앞에서 살펴보았던 from절과 import절을 적절하게 쓰면 위 패키지 경로를 단축시킬 수 있다. 아
래 두 가지 사례를 살펴보자.

```
1  # from문으로 상위 패키지 선언 후 마지막 모듈명만 import
2  from sound.effects import echo
3  echo.echofilter(input, output)
```

```
1  # from문으로 패키지 및 모듈 선언 후 함수명만 import
2  from sound.effects.echo import echofilter
3  echofilter(input, output)
```

어떤 경우가 더 좋은지는 상황에 따라 다를 수 있겠다. 소스 코드에 패키지 및 모듈명을 어디까지
노출시키는 것이 소스 코드를 읽는 데 도움이 되는지 고민해 보자.

from문과 import문이 함께 사용되는 경우 import문 뒤의 항목은 패키지의 서브 모듈이나 서브 패키지, 패키지 내에 구현되어 있는 함수나 클래스, 변수 등이 올 수 있다. 또한 from문 없이 import문만 사용하는 경우에는 마지막 항목이 모듈이나 패키지가 되어야 한다. 클래스나 함수 혹은 변수가 올 수 없으니 이 또한 주의하기 바란다.

6. Wrap-up

이번 장에서는 모듈의 개념에 대해서 이해해 본 뒤 직접 모듈을 만들어 보고 호출해 보았다. 또한, 이 모듈을 파이썬 내부가 아닌 외부 환경(윈도우 프롬프트 상)에서 직접 호출하는 방법을 살펴보면서 sys 모듈을 통해 외부 인자를 파이썬 내부로 집어 넣는 방법도 살펴보았다. 그리고 dir( ) 함수를 통해 모듈 내부를 들여다 보았으며 모듈의 상위 개념인 패키지의 개념 및 임포트 방법까지 살펴보았다.

이번 장 역시도 모듈 및 패키지를 직접 만들기 위해 작성이 되었지만 파이썬의 수많은 모듈과 패키지들을 깊이 이해하는 데 큰 도움이 되리라 본다. 이번 장에 대한 지식 역시 놓치지 말고 꼭 기억하자.

{ CHAPTER 11 }

실습
프로젝트 II

이번 파트에서는 여러분이 직접 만들어 보는 함수, 클래스, 모듈, 패키지에 대해서 상세히 알아보고 있다. 지금까지 잘 따라왔다면 이제 여러분은 파이썬의 기본적인 지식을 겸비하고 있다고 볼 수 있겠다. 이런 지식을 복습하는 차원에서 가벼운 실습 프로젝트를 수행해 보자.

먼저 간단한 시나리오를 작성해 보자.
여러분이 파이썬 커뮤니티를 위한 홈페이지를 만든다고 가정해 보자. 회원 가입을 위해 가입자로부터 두 개의 값을 입력받아야 한다. 첫 번째 값은 계정으로 사용할 이메일 주소이고 두 번째 값은 비밀번호이다. 흔히 볼 수 있는 회원 가입 화면이다. 이번에 작성할 소스 코드는 이 두 개의 값의 정합성을 확인하기 위한 기능을 만드는 것이다.

이메일 주소라면 isi.cho@gmail.com과 같이 이메일 주소의 기본적인 포맷에 충족해야 할 것이다. 가령, isi.cho.com과 같이 앳 기호(@)가 누락된 경우 이 문자열은 이메일 주소라고 볼 수 없겠다. 또한 비밀번호같은 경우는 비밀번호의 길이나 영문자와 숫자의 조합, 특수 기호 사용과 같은 요구 사항을 충족하는 지 확인해야 한다. 간단한 로그인 창의 모습은 아래와 비슷할 것이다.

이메일 주소 :		OK
비밀번호 :		

자, 그럼 시작해 보자.

1. 모듈과 함수 만들기

이번 장의 실습은 IDLE에서 새 파일을 열어서 진행해 보자. IDLE를 실행 후 〈Ctrl〉+〈N〉키를 눌러서 새 창을 띄운다. 파일명을 정해 보자. 이 파일명이 바로 모듈명이 될 것이다. 사용자 등록을 할 때 비밀번호의 정합성을 검증하는 모듈을 먼저 만들자. 이름은 user_password.py라고 정하겠다. IDLE를 실행한 다음, 〈Ctrl〉+〈N〉키를 눌러서 새 창을 띄운 뒤 〈Ctrl〉+〈S〉키를 눌러서 원하는 위치에 해당 파일을 저장하자. 필자는 D:₩Python37₩Source₩Chapter11 위치에 저장하겠다.

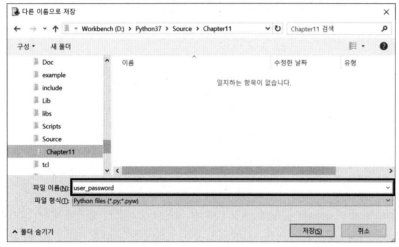

그림 11.1 새 파이썬 파일 만들기(D:\Python37\Source\Chapter11\user_password.py)

그림 11.2 소스 저장 위치 확인하기(D:\Python37\Source\Chapter11\user_password.py)

소스 코드에 대한 자세한 설명을 하기 전에 여러분이 완성해 나갈 user_password.py 소스 파일의 최종 모습을 먼저 살펴보자. 지금 당장 소스 코드를 작성할 필요는 없지만 원한다면 설명을 읽기 전에 타이핑을 먼저 해도 좋다. 하지만 가급적 소스 코드가 완성되는 과정의 설명과 함께 소스 코드를 작성하기를 바란다.

```python
1    # 비밀번호 정합성 체크를 위한 함수
2    def password_validation_check(pwd):
3        """ checking password validation
4
5        Args:
6            pwd (str) : password string
7
8        Return:
9            True or False (boolean) : the result of checking validation
10       """
11       # 비밀 번호 길이 확인 (6~12)
12       if len(pwd) < 6 or len(pwd) > 12:
13           print(pwd, '의 길이가 적당하지 않습니다.')
14           return False
15
16       # 숫자 혹은 알파벳 유무 확인
17       for c in pwd:
18           if not c.isnumeric() and not c.isalpha():
19               print(pwd, '는 숫자와 영문자로만 구성되지 않았습니다.')
20               return False
21
22       # 알파벳 대소문자 확인
23       upper = False          # 대문자 포함 유무를 위한 논리 타입 변수
24       lower = False          # 소문자 포함 유무를 위한 논리 타입 변수
25
26       # 각 문자 확인
27       for c in pwd:
28
29           # 대문자와 소문자가 모두 있으면 루프 탈출
30           if upper and lower:
31               break                    # for 문 탈출
32
33           # 해당 문자가 영문이면
34           if c.isalpha():
35
36               # 아직 대문자가 발견되지 않은 경우에만
37               if not upper:
38                   upper = c.isupper()        # 대문자 포함 유무 저장
```

```
39
40                 # 아직 소문자가 발견되지 않은 경우에만
41                 if not lower:
42                     lower = c.islower()        # 소문자 포함 유무 저장
43
44         # 대문자 혹은 소문자가 없는 경우 확인
45         if not upper or not lower:
46             print(pwd, '는 영문 대문자와 소문자가 함께 존재하지 않습니다.')
47             return False
48
49         print(pwd, '는 비밀 번호로 적당합니다!')
50         return True
51
52     if __name__ == '__main__':
53         password_validation_check('23jke')          # False, 길이 오류
54         password_validation_check('432rewvb53')      # False, 대문자 부재
55         password_validation_check('2@3jke%')         # False, 기호 포함
56         password_validation_check('3k39QLe6o0')      # True
```

지금부터 위의 함수를 한 줄씩 작성해 보자. 함수 이름은 password_validation_check( )이다. 함수 내부에 일단 pass문을 집어 넣자.

```
1   # 비밀번호 정합성 체크를 위한 함수
2   def password_validation_check():
3       pass
```

pass문은 아무 일도 하지 않는 구문이다. 이런 식으로 함수 구현을 하는 초기 단계에 pass문을 넣을 수 있다. 실제로 구현은 하지 않았지만 문법적으로 이 함수는 아무런 문제가 없다. 만약 pass문이 없다면 함수 선언문의 블록문이 존재하지 않기 때문에 에러가 발생한다.

이제 이 함수의 인자 값과 반환 값에 대해서 생각해 보자. 인자 값으로는 입력받은 비밀번호가 입력되어야 한다. 데이터 타입은 문자열 타입이다. 반환 값으로는 논리 타입의 True 혹은 False가 되어야 한다. 이렇게 결정한 사항들을 함수에 구현하기 전에 docstring으로 함수 내부에 관련 사

항들을 입력하자. 특히 이런 함수는 다른 개발자들이 호출할 가능성이 높은 함수이므로 자세한 설명을 넣어 두는 것이 좋다. 아래 소스 중 굵은 글씨 부분이 변경된 부분이다.

```
1    # 비밀번호 정합성 체크를 위한 함수
2    def password_validation_check(pwd):
3        """ checking password validation
4
5        Args:
6            pwd (str) : password string
7
8        Return:
9            True or False (boolean) : the result of checking
    validation
10       """
11       pass
```

2번째 줄의 함수 인자 값에 pwd를 선언하였다. 이는 입력 받을 패스워드를 위한 매개 변수명이다. 3번째 ~ 10번째 줄까지의 내용이 함수의 전체 내용을 보여 주는 docstring이다. 없어도 소스 코드 문법상 문제는 없으나 여러 명의 공동 작업과 개발자 본인의 의도를 명확하게 하기 위해서 반드시 입력하는 습관을 들이도록 하자. 3번째 줄에서는 함수의 개략적인 내용이 나온다. 6번째 줄에서는 인자 값을 기술한다. 6번째 줄에 매개 변수명과 데이터 타입을 표기하고, 인자 값이 무엇을 의미하는지 기술한다.

자, 이제 비밀번호의 규칙을 생각해 보자. 필자는 아래와 같이 간단하게 정해 보겠다.

- 비밀번호 길이는 6 ~ 12자이다.
- 비밀번호에는 영문과 숫자가 반드시 존재해야 한다.
- 영문자는 대문자와 소문자가 반드시 섞어야 한다.

각 항목에 대한 소스를 작성해 보자. 첫 번째 조건에 대한 소스 코드를 작성한 뒤 잘 동작하는지 확인해 보자. 여러분의 소스 코드가 잘 동작하는지 최대한 자주 확인하는 것이 좋다. 다음 소스 코드에서 굵은 글씨가 추가 혹은 변경된 부분이다. 지면상 위에서 작성한 docstring(주석)은 생략하겠다.

```
1    # 비밀번호 정합성 체크를 위한 함수
2    def password_validation_check(pwd):
3        # 비밀 번호 길이 확인 (6~12)
4        if len(pwd) < 6 or len(pwd) > 12:
5        print(pwd, '의 길이가 적당하지 않습니다.')
6            return False
7
8        print(pwd, '는 비밀 번호로 적당합니다!')
9            return True
```

4번째 줄에서 비밀번호로 입력받은 pwd의 길이를 확인한다. 6보다 작거나 12보다 크면 5번째 줄에서 길이가 적당하지 않다는 메세지를 출력해 주고, 6번째 줄에서 False를 반환하여 함수를 종료한다.

길이를 만족하면 8번째 줄의 성공 메세지를 출력한 뒤 9번째 반환문이 실행될 것이며 True를 반환하게 한다.

해당 함수를 테스트하기 위한 소스 코드를 추가해 보자. 조금 전에 구현한 함수 아래에 해당 함수를 호출하는 소스 코드를 추가로 작성해 보자.

```
1    # 비밀번호 정합성 체크를 위한 함수
2    def password_validation_check(pwd):
3        # 비밀 번호 길이 확인 (6~12)
4        if len(pwd) < 6 or len(pwd) > 12:
5        print(pwd, '의 길이가 적당하지 않습니다.')
6            return False
7
8        print(pwd, '는 비밀 번호로 적당합니다!')
9        return True
10
11   if __name__ == '__main__':                        # 이 파일 직접 실행 시(테스트용)
12       password_validation_check('23jke')            # False, 길이 오류
13       password_validation_check('432rewvb53')       # True
```

11번째 줄에는 해당 함수를 호출한 주체가 누군지 확인하기 위한 if 문이 작성되었다. 이는 해당 함수를 외부에서 바로 호출할 때나 다른 파이썬 파일에서 호출하지 않고 해당 파일을 직접 실행하는 경우에 블록문이 실행이 된다. 실은 본인이 작성한 함수가 잘 동작하는지 확인하는 가장 기본적인 방식이기도 하다.

12번째 줄에는 문자열 길이가 6보다 짧은 '23jke'를 인자 값으로 하여 테스트를 수행한다.
13번째 줄에는 문자열 길이가 적당한 'u2reb53'를 인자 값으로 하여 테스트를 수행한다.

지금까지 작성한 소스 코드는 아래와 같다.

```
File  Edit  Format  Run  Options  Window  Help
# 비밀번호 정합성 체크를 위한 함수
def password_validation_check(pwd):
    """ checking password validation

    Args:
        pwd (str) : password string

    Return:
        True or False (boolean) : the result of checking validation
    """
    # 비밀 번호 길이 확인 (6~12)
    if len(pwd) < 6 or len(pwd) > 12:
        print(pwd, '의 길이가 적당하지 않습니다.')
        return False

    print(pwd, '는 비밀 번호로 적당합니다!')
    return True

if __name__ == '__main__':                    # 이 파일 직접 실행 시(테스트용)
    password_validation_check('23jke')        # False, 길이 오류
    password_validation_check('432rewvb53')   # True
                                                                    Ln: 22 Col: 0
```

그림 11.3 user_password.py 소스 코드 확인 1

이제 〈F5〉 키를 눌러서 실행 결과를 확인해 보자.

그림 11.4 길이 검사 로직 추가 후 실행 결과(user_password.py)

예상대로 첫 번째 값은 길이가 적당하지 않다는 메세지가 출력 되었고 두 번째 값은 True로 출력 되는 것을 확인할 수 있다.

그럼 이번에는 두 번째 조건을 구현해 보자. 영문 혹은 숫자임을 확인해 보자. 특수 기호는 사용 하지 않는다고 하였다. 아래 굵은 글씨의 소스 코드가 추가된 소스 코드다.

```python
1   # 비밀번호 정합성 체크를 위한 함수
2   def password_validation_check(pwd):
3       # 비밀 번호 길이 확인 (6~12)
4       if len(pwd) < 6 or len(pwd) > 12:
5           return False
6
7       # 숫자 혹은 알파벳 유무 확인
8       for c in pwd:
9           if not c.isnumeric() and not c.isalpha():
10              print(pwd, '는 숫자와 영문자로만 구성되지 않았습니다.')
11              return False
12
13      print(pwd, '는 비밀 번호로 적당합니다!')
14      return True
15
16  if __name__ == '__main__':              # 이 파일 직접 실행 시(테스트용)
17      password_validation_check('23jke')        # False, 길이 오류
18      password_validation_check('432rewvb53')   # True
19      password_validation_check('2@3jke%')      # False, 기호 포함
```

7번째 ~ 11번째 줄이 추가되었다. 숫자 혹은 알파벳 유무를 확인한다.

8번째 줄에서 for문이 시작된다. 입력받은 문자열을 하나씩 꺼내서 변수 c에 할당하고 루프를 수행한다.

9번째 줄에서 if문을 통해 해당 문자가 숫자도 아니고 알파벳도 아닌 경우에 10번째 ~ 11번째 구문이 수행되고 해당 함수가 종료된다. 참고로 문자열 메소드인 isnumeric( )은 해당 문자가 숫자인 경우 True를 반환하고 그렇지 않은 경우는 False를 반환한다. 메소드 isalpha( )는 문자가 알파벳인지 아닌지에 따라서 True 혹은 False를 반환한다. 메소드명으로도 어떤 일을 수행할지 유추가 되는 녀석들이다.

맨 마지막 줄에 테스트를 위해 기호를 포함한 문자열을 인자 값으로 하여 해당 함수를 호출하여 보았다.

지금까지 작성한 소스 코드를 확인해 보자.

```
File  Edit  Format  Run  Options  Window  Help
# 비밀번호 정합성 체크를 위한 함수
def password_validation_check(pwd):
    """ checking password validation

    Args:
        pwd (str) : password string

    Return:
        True or False (boolean) : the result of checking validation
    """
    # 비밀 번호 길이 확인 (6~12)
    if len(pwd) < 6 or len(pwd) > 12:
        print(pwd, '의 길이가 적당하지 않습니다.')
        return False

    # 숫자 혹은 알파벳 유무 확인
    for c in pwd:
        if not c.isnumeric() and not c.isalpha():
            print(pwd, '는 숫자와 영문자로만 구성되지 않았습니다.')
            return False

    print(pwd, '는 비밀 번호로 적당합니다!')
    return True

if __name__ == '__main__':                    # 이 파일 직접 실행 시(테스트용)
    password_validation_check('23jke')        # False, 길이 오류
    password_validation_check('432rewvb53')   # True
    password_validation_check('2@3jke%')      # False, 기호 포함
                                                          Ln: 29  Col: 0
```

그림 11.5 user_password.py 소스 코드 확인 2

〈F5〉 키를 눌러서 해당 소스 코드를 실행해 보자. 마지막 출력 결과를 확인해 보면 기호가 포함된 문자열에 대해서 오류 메세지가 정확히 출력되는 것을 확인할 수 있다.

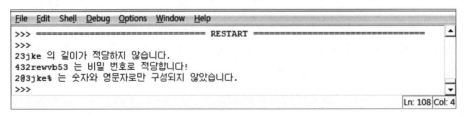

그림 11.6 두 번째 조건 로직 및 테스트 코드 추가 후 실행 결과

마지막 조건을 추가해 보자. 영문자는 반드시 대소문자가 포함되어야 한다. 아래 소스 코드의 굵은 소스 코드를 추가해 보자(docstring은 생략하였다).

```
1    # 비밀번호 정합성 체크를 위한 함수
2    def password_validation_check(pwd):
3
4    # 비밀 번호 길이 확인 (6~12)
5        if len(pwd) < 6 or len(pwd) > 12:
6            print(pwd, '의 길이가 적당하지 않습니다.')
7            return False
8
9        # 숫자 혹은 알파벳 유무 확인
10       for c in pwd:
11           if not c.isnumeric() and not c.isalpha():
12               print(pwd, '는 숫자와 영문자로만 구성되지 않았습니다.')
13               return False
14
15       # 알파벳 대소문자 확인
16       upper = False        # 대문자 포함 유무를 위한 논리 타입 변수
17       lower = False        # 소문자 포함 유무를 위한 논리 타입 변수
18
19       # 각 문자 확인
20       for c in pwd:
21
```

```
22          # 대문자와 소문자가 모두 있으면 루프 탈출
23          if upper and lower:
24              break                        # for 문 탈출
25
26          # 해당 문자가 영문이면
27          if c.isalpha():
28
29              # 아직 대문자가 발견되지 않은 경우에만
30              if not upper:
31                  upper = c.isupper()        # 대문자 포함 유무 저장
32
33              # 아직 소문자가 발견되지 않은 경우에만
34              if not lower:
35                  lower = c.islower()        # 소문자 포함 유무 저장
36
37      # 대문자 혹은 소문자가 없는 경우 확인
38      if not upper or not lower:
39          print(pwd, '는 영문 대문자와 소문자가 함께 존재하지 않습니다.')
40          return False
41
42      print(pwd, '는 비밀 번호로 적당합니다!')
43      return True
44
45  if __name__ == '__main__':                 # 이 파일 직접 실행 시(테스트용)
46      password_validation_check('23jke')         # False, 길이 오류
47      password_validation_check('432rewvb53')    # False, 대문자 부재
48      password_validation_check('2@3jke%')       # False, 기호 포함
49      password_validation_check('3k39QLe6o0')    # True
```

생각보다 소스 코드가 길어졌다. 추가된 굵은 글씨 부분만 살펴보자.

15번째 줄부터 마지막 조건에 해당하는 소스 코드가 시작된다. 16번째 ~ 17번째에는 해당 문자열에 대문자 혹은 소문자가 포함되는 경우에 True로 변경되는 변수 두 개가 선언되었다. 일종의 스위치인 셈이다. 꺼져 있다가 대문자 혹은 소문자가 발견되면 켜지는 스위치 말이다.

20번째 줄에서 입력받은 문자열의 문자를 하나씩 꺼내서 변수 c에 대입한 뒤 루프를 수행한다.

23번째 줄에서는 위에서 스위치 개념으로 선언한 두 개 변수인 upper와 lower가 모두 참인지 확인한다. 이는 스위치가 모두 켜졌기 때문에 더 이상 루프를 수행할 필요가 없어서 추가한 루프 탈출용 소스 코드다. 이런 경우, 24번째 줄의 break문을 통해 for문을 탈출하게 된다. 기억하는가? break문은 탈출, continue문은 다음 루프로 이동, pass문은 아무 것도 수행하지 않는다. 참고로 필자는 함수나 루프 사용 시 탈출용 소스 코드를 가장 위에 배치하는 것을 선호한다. 어차피 탈출할 것이면 최대한 빨리 탈출하는 것이 논리 흐름상 더 깔끔하다고 생각한다.

27번째 줄까지 도달했다는 뜻은 해당 문자가 영문 대문자인지, 소문자인지를 확인해야 한다는 의미다. 영문 유무를 확인하며 영문이면 블록문으로 진입한다.

30번째 줄에서는 upper 변수가 참인지 확인한다. 스위치가 켜져 있다면 이미 대문자가 존재한다는 의미이므로 대문자 확인은 하지 않아도 된다. 이 부분 없이 31번째 줄이 실행되면 대문자가 섞여 있다 하더라도 마지막 영문자의 상태에 따라 해당 값이 거짓으로 바뀔 수 있다. 스위치가 꺼져 있는 상황에서만 실행된다. 물론, 대문자면 스위치가 켜질 것이다!

34번째 ~ 35번째 줄은 upper와 마찬가지로 lower 변수의 값을 확인한다. 이유는 위와 같다. 소문자 스위치가 꺼져 있는 경우에만 해당 문자의 소문자 유무를 확인하여 lower 변수를 업데이트한다.

38번째 줄에서 upper 변수와 lower 변수의 값을 확인한다. 두 스위치 중 하나라도 꺼져 있다면 필자가 세운 조건에 만족하지 못한다. 이런 경우에 39번째 줄의 오류 메세지를 출력한 뒤 40번째 줄에서 False를 반환하는 동시에 함수가 종료된다.

마지막 줄에 테스트 코드도 한 줄 더 추가 되었다. 기존에 참이었던 '432rewvb53'이 대문자가 없기 때문에 거짓으로 출력될 것이다. 그래서 맨 마지막에 영문 대소문자와 숫자가 섞여 있는 '3k39QLe6o0'를 넣어서 함수를 호출해 보았다.

이번 모듈의 구현은 여기까지다. 소스 코드 작성 전에 보았던 전체 소스 코드가 완성이 되었다. 이제 〈F5〉 키를 눌러서 해당 소스 코드를 실행해 보자.

```
File  Edit  Shell  Debug  Options  Window  Help
>>> ============================== RESTART ==============================
>>>
23jke 의 길이가 적당하지 않습니다.
432rewvb53 는 영문 대문자와 소문자가 함께 존재하지 않습니다.
2@3jke% 는 숫자와 영문자로만 구성되지 않았습니다.
3k39QLe6o0 는 비밀 번호로 적당합니다!
>>>
                                                            Ln: 158 Col: 4
```

그림 11.7 영문 대소문자 확인 로직 추가 후 실행 결과

예상대로 두 번째 테스트한 함수는 오류 메세지를 출력하였고 마지막에 추가한 메세지만이 참임을 확인할 수 있다.

지금까지 작성한 소스 코드에는 몇 가지 논리적인 오류가 보인다. 하지만 완벽하게 소스 코드를 구현하기보다는 실습을 하기 위한 목적이기 때문에 해당 함수를 수정하는 것은 여기까지만 수행하겠다. 여러분이 수정이 필요한 것이 보인다면 마음껏 수정해 보기 바란다.

2. 정규식 배우기

두 번째 함수인 이메일 정합성 확인 함수를 구현하기 전에 조금 앞서 작성한 소스 코드를 다시 한번 떠올려 보자. 아주 간단한 비밀번호 정합성 조건을 주었음에도 불구하고 상당히 긴 분량의 소스 코드가 작성되었다. 실제 웹 사이트에서 사용하는 소스 코드도 이런 식일까?

사실은 그렇지 않다. 이런 문자열의 특정한 규칙을 표현하는 좋은 기법이 있는데, 바로 정규식이다. 정규식은 영문으로 Regular Expression이라 부르며 줄여서 regexes 혹은 regex patterns라고도 부른다. 파이썬은 이러한 정규식을 지원하기 위해 표준 라이브러리에 re 모듈을 내장하고 있다. re 모듈을 활용하면 여러분이 원하는 패턴대로 문자열이 이루어져 있는지 쉽게 확인할 수 있다.

또한, re 모듈을 활용하여 다양한 패턴을 적용하여 문자열을 변경하거나 자를 수도 있다. 정규식을 모두 이해하기에는 쉽지 않다. 정규식만을 주제로 책을 쓴 사람도 있다. 우리는 이번 장의 시나리오 범위 내의 문자열의 포맷을 확인하기 위해 정규식을 어떻게 사용하는지 확인해 보도록 하자.

일단, re 모듈을 사용해 보자. IDLE의 쉘 창에서 다음 소스 코드를 실행해 보자.

```
1  >>> import re                                # re 모듈 탑재
2  >>> text = 'My id number is [G203_5A]'       # 테스트 용 문자열 저장
3  >>>
4  >>> re.findall('a', text)                    # 소문자 a 찾기
5  []
6  >>> re.findall('A', text)                    # 대문자 A 찾기
7  ['A']
8  >>> re.findall('i', text)                    # 소문자 i 찾기
9  ['i', 'i']
```

첫 번째 줄에서 re 모듈을 탑재하였다. 2번째 줄에는 re 모듈을 사용해 볼 문자열을 변수 text에 저장하였다. 문자열 안에는 영문 대소문자와 숫자, 기호가 섞여 있다.

4번째 줄에 re 모듈의 findall( ) 함수를 사용하였다. 첫 번째 인자 값으로는 정규식의 패턴이 문자열로 들어간다. 'a'라는 뜻은 문자열 중 소문자 a를 찾겠다는 뜻이다. 두 번째 인자 값에는 검색할 문자열이 들어간다. 2번째 줄에서 선언한 text 변수를 대입하였다. 다음 줄의 결과를 확인해 보니, 소문자 a는 문자열 내에 존재하지 않는다. 존재할 경우 리스트 타입으로 패턴에 맞는 문자가 항목으로 추가되어 반환된다. 반환 값이 항목이 없는 빈 리스트 타입인 [ ]가 반환되었다.

6번째 줄에서는 findall( ) 함수의 첫 번째 인자 값으로 'A'를 집어 넣어 문자열 중 대문자 A 를 찾겠다고 하였다. 다음 줄의 결과를 보니 문자 'A'가 1개 들어가 있는 리스트를 확인할 수 있다. 8번째 줄에서는 소문자 'i'를 찾겠다고 하였다. 다음 줄의 결과에 소문자 'i'가 두 개 들어 있는 리스트 타입 데이터가 확인이 된다. 변수 text에 들어 있는 문자열을 확인해 보니 소문자 i가 두 번 들어가 있는 것을 확인할 수 있다.

인자 값에 문자를 하나씩 넣는 것은 왠지 비효율적으로 보인다. 이번에는 문자의 범위로 검색하는 방법을 알아보자. 다음 소스 코드를 실행해 보자.

```
1  >>> re.findall('[a-z]', text)                      # 소문자 찾기
2  ['y', 'i', 'd', 'n', 'u', 'm', 'b', 'e', 'r', 'i', 's']
3  >>> re.findall('[a-z]+', text)                     # 소문자 연속해서 찾기
4  ['y', 'id', 'number', 'is']
5  >>> re.findall('[A-Z]', text)                      # 대문자 찾기
6  ['M', 'G', 'A']
7  >>> re.findall('[0-9]', text)                      # 숫자 찾기
8  ['2', '0', '3', '5']
9  >>> re.findall('[0-9]+', text)                     # 숫자 연속해서 찾기
10 ['203', '5']
```

첫 번째 줄의 findall( ) 함수의 첫 번째 인자 값이 '[a-z]'이다. 이는 소문자 a부터 소문자 z까지의 문자를 찾겠다는 의미다. 대괄호 기호([ ])로 감싸 있는 것에 주목하자. 2번째 줄을 보니 문자열 내에 있던 모든 소문자가 리스트 타입으로 반환되는 것을 확인할 수 있다.

3번째 줄의 패턴은 '[a-z]+'이다. 위의 패턴에서 마지막에 더하기 기호(+)가 추가되었다. 이는 소문자를 하나씩 끊어서 찾지 않고, 연속으로 찾아서 단어 단위로 항목에 집어 넣는다. 4번째 줄의 결과를 보니 'id', 'number', 'is' 등이 합쳐져서 항목으로 들어가 있는 것을 확인할 수 있다.

5번째 줄을 보자. 감이 올 듯하다. 이는 영문자 대문자를 찾겠다는 의미로 '[A-Z]'가 패턴으로 들어가 있다. 다음 줄의 결과를 보니 문자열의 세 개 대문자가 리스트 안에 들어있는 것을 확인할 수 있다.

7번째 줄을 보자. 이번에는 숫자다. 0부터 9까지의 숫자를 찾는다. 다음 줄에 4개의 숫자가 리스트에 들어있는 것을 확인할 수 있다. 9번째 줄은 숫자를 연속해서 찾는 의미로 '[0-9]+'를 집어 넣었다. 다음 줄을 보니 붙어 있던 세 개의 숫자가 하나의 항목으로 합쳐져 있는 것을 확인할 수 있다.

이제 영문 소문자, 대문자, 숫자 등을 동시에 패턴으로 집어 넣어 보자. 그저 위 패턴들을 합치면

된다. 아래 소스 코드를 실행해 보자.

```
1   >>> re.findall('[a-zA-Z0-9]', text)              # 영문자 및 숫자 찾기
2   ['M', 'y', 'i', 'd', 'n', 'u', 'm', 'b', 'e', 'r', 'i', 's', 'G',
    '2', '0', '3', '5', 'A']
3   >>> re.findall('[a-zA-Z0-9]+', text)             # 영문자 및 숫자 연속해서 찾기
4   ['My', 'id', 'number', 'is', 'G203', '5A']
5   >>> re.findall('[^a-zA-Z0-9]', text)             # 영문자/숫자 아닌 문자 찾기
6   [' ', ' ', ' ', ' ', '[', '_', ']']
7   >>>
8   >>> re.findall('[\w]', text)                     # 영문자 및 '_'특수 기호 찾기
9   ['M', 'y', 'i', 'd', 'n', 'u', 'm', 'b', 'e', 'r', 'i', 's', 'G',
    '2', '0', '3', '_', '5', 'A']
10  >>> re.findall('[\w]+', text)                    # 영문자 및 '_'특수 기호 연속해서 찾기
11  ['My', 'id', 'number', 'is', 'G203_5A']
12  >>> re.findall('[\W]', text)                     # 영문자 및 '_'특수 기호 아닌 문자 찾기
13  [' ', ' ', ' ', ' ', '[', ']']
```

첫 번째 줄의 패턴 문자열을 보자. '[a-zA-Z0-9]'은 소문자, 대문자, 숫자의 패턴을 합친 것이다. 아래 줄의 결과를 보니 text 문자열 내의 모든 영문자와 숫자가 하나씩 리스트에 추가되어 출력되는 것을 확인할 수 있다.

3번째 줄의 패턴 문자열에는 위 패턴에 더하기 기호(+)를 붙였다. 4번째 줄의 결과에 단어들이 항목으로 들어가 있는 것을 볼 수 있다.

5번째 줄의 패턴을 보자. '[^a-zA-Z0-9]'의 앞쪽에 위꺾쇠 기호(^)가 보인다. 이 기호는 부정의 의미를 담고 있다. 패턴과 일치하지 않는 것을 찾겠다는 의미다. 6번째 줄을 보니 공백과 대괄호 기호 ([ ]), 언더 바 기호(_)가 항목으로 들어가 있는 것을 확인할 수 있다.

8번째 줄의 패턴은 무척 단순하다. '[\w]'는 일종의 특수 기호다. 영문자와 숫자 그리고 언더바 기호(_)를 찾는 패턴을 의미한다. 지금까지 본 형태로 바꾸자면 '[a-zA-Z0-9_]'와 같다. 9번째 줄의 결과를 확인해 보면 모든 영문자와 숫자 그리고 언더바 기호가 리스트에 들어가 있는 것을 확인할 수 있다.

10번째 줄에는 더하기 기호(+)를 패턴 끝에 위치하였다. 위에서 살펴보았듯이 결과가 문자 단위로 수집된다. 11번째 줄에서 문자 단위의 결과를 확인할 수 있다. 12번째 줄의 패턴 문자열을 보자. '[\W]'의 W는 대문자이다. 이 경우는 소문자 w의 반대로 동작하게 된다. 13번째 줄의 결과를 보니, 공백( )과 대괄호 기호([ ])만이 출력되고 있다.

자, 이제 정규식을 사용하는 방법을 알았는가? 크게 어렵지 않지만, 정규식은 굉장히 풍부한 포맷을 제공한다. 현 시점에 모든 것을 소개할 필요는 없어 보인다. 지금까지 살펴본 정규식을 사용하여, 비밀번호 정합성 검증 함수를 변경해 보자.

3. 정규식 사용하기

새로운 파일을 하나 더 만들어 보자. 1절에서 작성한 user_password.py 파일을 활용해 보겠다. user_passwrod.py 파일에서 [File]−[Save As...] 메뉴를 클릭하거나 〈Ctrl〉+〈Shift〉+S키를 눌러서 새로운 이름으로 해당 파일을 저장해 보자. 필자는 'user_password_re.py' 파일로 저장하겠다. 그리고 앞 절에서 만든 소스 코드를 복사해서 붙여 넣어 보자.

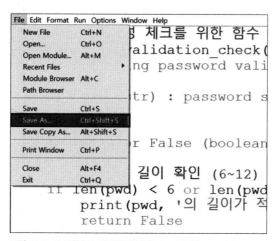

그림 11.8 새 이름으로 저장하기(D:₩Python37₩Source₩Chapter11₩user_password_re.py)

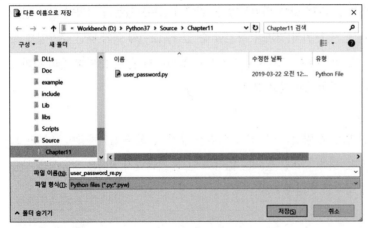

그림 11.9 새 이름으로 저장하기(D:₩Python37₩Source₩Chapter11₩user_password_re.py)

현재 전체 소스 코드는 아래와 같다. 필자와 수정 할 소스 코드의 영역은 굵은 글씨 부분이다. 함께 확인해 보자.

[**소스 코드 11-2**] user_password_re.py – 정규식 사용하기 전 버전 확인하기

```python
1    # 비밀번호 정합성 체크를 위한 함수
2    def password_validation_check(pwd):
3        """ checking password validation
4
5        Args:
6            pwd (str) : password string
7
8        Return:
9            True or False (boolean) : the result of checking validation
10       """
11       # 비밀 번호 길이 확인 (6~12)
12       if len(pwd) < 6 or len(pwd) > 12:
13           print(pwd, '의 길이가 적당하지 않습니다.')
14           return False
15
16       # 숫자 혹은 알파벳 유무 확인
17       for c in pwd:
18           if not c.isnumeric() and not c.isalpha():
19               print(pwd, '는 숫자와 영문자로만 구성되지 않았습니다.')
```

```
20          return False
21
22      # 알파벳 대소문자 확인
23      upper = False          # 대문자 포함 유무를 위한 논리 타입 변수
24      lower = False          # 소문자 포함 유무를 위한 논리 타입 변수
25
26      # 각 문자 확인
27      for c in pwd:
28
29          # 대문자와 소문자가 모두 있으면 루프 탈출
30          if upper and lower:
31              break                      # for 문 탈출
32
33          # 해당 문자가 영문이면
34          if c.isalpha():
35
36              # 아직 대문자가 발견되지 않은 경우에만
37              if not upper:
38                  upper = c.isupper()        # 대문자 포함 유무 저장
39
40              # 아직 소문자가 발견되지 않은 경우에만
41              if not lower:
42                  lower = c.islower()        # 소문자 포함 유무 저장
43
44      # 대문자 혹은 소문자가 없는 경우 확인
45      if not upper or not lower:
46          print(pwd, '는 영문 대문자와 소문자가 함께 존재하지 않습니다.')
47          return False
48
49      print(pwd, '는 비밀 번호로 적당합니다!')
50      return True
51
52  if __name__ == '__main__':                          # 이 파일 직접 실행 시(테스트용)
53      password_validation_check('23jke')              # False, 길이 오류
54      password_validation_check('432rewvb53')         # False, 대문자 부재
55      password_validation_check('2@3jke%')            # False, 기호 포함
56      password_validation_check('3k39QLe6o0')         # True
```

변경할 부분은 비밀번호 정합성 확인의 두 번째, 세 번째 조건이다. 비밀번호가 숫자 혹은 알파벳으로 이루어져 있는지 확인하고, 알파벳은 대소문자가 섞여 있는지 확인해야 한다. 해당 소스 코드는 30줄이 넘고 구현하고자 하는 기능에 비해 지나치게 긴 소스이기도 하다.

소스 코드 수정을 하기 위해 제일 처음 할 일은 정규식을 사용하기 위한 re 모듈을 탑재하는 것이다. 파일의 맨 윗줄에 아래 소스 코드를 입력하자.

```
1 import re                                    # re 모듈 탑재
```

수정 대상 소스 코드를 정규식을 활용하여 변경해 보자.

```
1     # 숫자 혹은 알파벳 유무 확인
2     if re.findall('[a-zA-Z0-9]+', pwd)[0]   != pwd:
3         print(pwd, '는 숫자와 영문자로만 구성되지 않았습니다.')
4         return False
5
6     # 알파벳 대소문자 확인
7     if len(re.findall('[a-z]', pwd))==0 or len(re.findall('[A-Z]',
  pwd))==0:
8         print(pwd, '는 영문 대문자와 소문자가 함께 존재하지 않습니다.')
9         return False
```

얼핏 보더라도 소스 코드가 훨씬 간결해졌다. 정규식을 이해하는 사람이라면 소스 읽기도 훨씬 수월하다. 한 줄씩 자세히 들여다 보자.

2번째 줄의 if문을 살펴보자. re.findall( ) 함수의 반환 값의 첫 번째 항목의 값이 pwd와 같은지 확인하고 있다. 입력받은 패스워드가 필자의 제약 조건에 맞는 정규식 패턴에 일치한다면 findall( ) 함수에서 반환한 리스트의 첫 번째 항목이 pwd의 값과 일치해야 할 것이다. 패턴을 한번 살펴보자. '[a-zA-Z0-9]+'은 소문자(a-z), 대문자(A-Z), 숫자(0-9)를 연속해서(+) 찾는 패턴이다. 비밀번호가 이 패턴과 일치하면 같은 문자열이 찾아질 것이다.

일치하지 않는 경우에는 3번째 ~ 4번째 블록문에 의해 오류 메세지 출력 후 False를 반환하면서 함수를 종료할 것이다.

7번째 줄을 살펴보자. 이번에는 re.findall( ) 함수를 두 번 사용하였다. 앞의 함수는 소문자를 찾고 있고, 뒤의 함수는 대문자를 찾고 있다. 반환받은 리스트의 길이가 0이라면 소문자 혹은 대문자를 찾지 못했다는 뜻이다. 기존 소스 코드보다 훨씬 간결하다(이 간결함에 한 번 매료 되면 쉽게 빠져 나오지 못한다).

자, 그럼 전체 소스 코드를 확인해 보자. 굵은 글씨가 앞 절의 소스 코드에서 변경된 소스 코드 이다.

[**소스 코드 11-3**] user_password_re.py – 정규식 사용한 버전 확인하기

```
1    import re                              # re 모듈 탑재
2
3    # 이메일 주소 정합성 체크를 위한 함수
4    def email_validation_check():
5        pass
6
7    # 비밀번호 정합성 체크를 위한 함수
8    def password_validation_check(pwd):
9        """ checking password validation
10
11       Args:
12           pwd (str) : password string
13
14       Return:
15           True or False (boolean) : the result of checking validation
16       """
17       # 비밀 번호 길이 확인 (6~12)
18       if len(pwd) < 6 or len(pwd) > 12:
19           print(pwd, '의 길이가 적당하지 않습니다.')
20           return False
21
22       # 숫자 혹은 알파벳 유무 확인
23       if re.findall('[a-zA-Z0-9]+', pwd)[0]  != pwd:
```

```
24              print(pwd, '는 숫자와 영문자로만 구성되지 않았습니다.')
25              return False
26
27      # 알파벳 대소문자 확인
28      if len(re.findall('[a-z]', pwd))==0 or len(re.findall('[A-Z]',
    pwd))==0:
29              print(pwd, '는 영문 대문자와 소문자가 함께 존재하지 않습니다.')
30              return False
31
32      print(pwd, '는 비밀 번호로 적당합니다!')
33      return True
34
35  if __name__ == '__main__':              # 이 파일 직접 실행 시(테스트용)
36      password_validation_check('23jke')          # False, 길이 오류
37      password_validation_check('432rewvb53')     # False, 대문자 부재
38      password_validation_check('2@3jke%')        # False, 기호 포함
39      password_validation_check('3k39QLe6o0')     # True
```

〈F5〉 키를 눌러서 소스 코드를 실행해 보자.

```
File  Edit  Shell  Debug  Options  Window  Help
>>> ============================== RESTART ==============================
>>>
23jke 의 길이가 적당하지 않습니다.
432rewvb53 는 영문 대문자와 소문자가 함께 존재하지 않습니다.
2@3jke% 는 숫자와 영문자로만 구성되지 않았습니다.
3k39QLe6o0 는 비밀 번호로 적당합니다!
>>>
                                                          Ln: 4  Col: 4
```

그림 11.10 정규식을 사용한 소스 코드 실행 결과(user_password_re.py)

앞 절의 실행 결과가 같은 것을 확인할 수 있다. 기존의 56줄의 소스 코드가 39줄로 줄어들었고 읽기에도 훨씬 수월해진 것을 알 수 있다.

자, 이번엔 이메일 주소를 확인하는 함수를 구현해 보자. 이제 우리에겐 정규식이라는 멋진 도구가 있으니 쉽게 구현할 수가 있다.

이메일 주소의 양식을 생각해 보자. 간단한 규칙을 만들어 보자.

- 이메일 주소는 XXX_XX.XXX@XX_X.XXX 형태를 띤다(예: isi.cho@gmail.com).
- @ 좌측에는 이메일 계정 ID가 위치하며 영문 대소문자, 숫자, 언더바 기호(_), 점 기호(.), 빼기 기호(–)를 허용한다.
- @ 우측에는 도메인이 위치한다. 영문 대소문자와 점 기호(.), 언더바 기호(_)로 이루어진다.
- 마지막 점 기호(.) 뒤에는 영문자만이 위치한다.

물론, 위 규칙보다 더 복잡할 수 있겠지만 이 정도의 규칙으로도 간단하게 이메일 체크를 할 수 있겠다. 이메일 체크를 위한 모듈 및 함수를 만들어 보자. IDLE에서 〈Ctrl〉+〈N〉을 눌러 새 파일을 연 다음 〈Ctrl〉+〈S〉로 이메일 주소 정합성 검증을 위한 모듈을 만들어 보자. 모듈 이름은 user_email.py다.

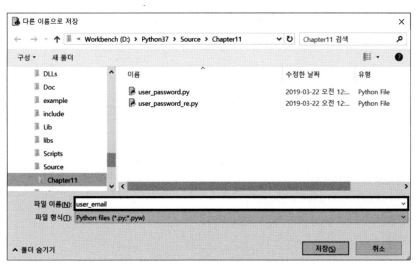

그림 11.11 새 파이썬 파일 만들기(D:₩Python37₩Source₩Chapter11₩user_email.py)

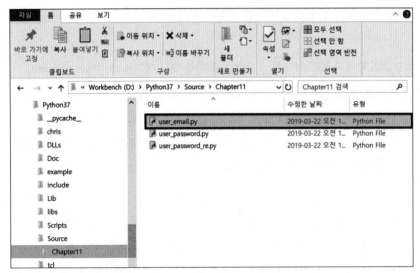

그림 11.12 소스 저장 위치 확인하기(D:₩Python37₩Source₩Chapter11₩user_email.py)

일단, 이번 모듈에 작성할 소스 코드를 살펴보자. 앞에서 구현한 방식과 같이 지금 바로 타이핑하기보다는 필자의 설명과 함께 아래 소스 코드를 작성해 보자.

[소스 코드 11-4] user_email.py – 이메일 주소 정합성 체크를 위한 모듈

```
1    import re        # re 모듈 탑재
2
3    # 이메일 주소 정합성 체크를 위한 함수
4    def email_validation_check(email):
5        """ checking e-mail address validation
6
7        Args:
8            email (str) : e-mail address string
9
10       Return:
11           True or False (boolean) : the result of checking validation
12       """
13       # 이메일 주소 정합성 유무 확인
14       if re.findall(r'[\w.-]+@[\w.-]+.\w+', email)[0]   != email:
15           print(email, '는 이메일 주소 형식에 맞지 않습니다.')
16           return False
```

```
17
18      print(email, '는 이메일 주소로 적당합니다!')
19      return True
20
21  if __name__ == '__main__':
22      email_validation_check('#@c#o@gmail*om')          # False
23      email_validation_check('isi.cho@gmail.com')       # True
```

자, 이제 구현을 시작해 보자. 정규식을 사용하기 위한 re 모듈을 탑재하자. 파일의 맨 윗줄에 아래 소스 코드를 입력하자.

```
1  import re                                    # re 모듈 탑재
```

함수를 선언해 보자. 함수 이름은 email_validation_check로 해 보겠다.

```
1  # 이메일 주소 정합성 체크를 위한 함수
2  def email_validation_check():
3      pass
```

일단, 인자 값이 필요하겠다. 이메일 주소를 받을 매개 변수로 email을 사용해 보자. 관련 사항을 docstring에 작성해 보자. 아래 소스 코드 중 굵은 글씨가 변경된 부분이다.

```
1  # 이메일 주소 정합성 체크를 위한 함수
2  def email_validation_check(email):
3  """ checking e-mail address validation
4
5      Args:
6          email (str) : e-mail address string
7
8      Return:
9          True or False (boolean) : the result of checking validation
```

```
10          """
11
12          pass
```

2번째 줄에서 인자 값에 'email' 이라는 매개 변수가 추가되었다.

3 ~ 10번째 줄에는 본 함수의 설명 및 인자 값, 반환 값의 데이터 형과 상세 내용에 대해 기술하고 있다. 한 번 더 강조하지만 함수를 작성할 때 함수에 대한 상세 설명을 docstring에 작성하는 것을 습관화해야 한다.

비밀번호 정합성 검사를 한 소스 코드를 참고하여 이메일 주소도 정합성 검증도 해 보자. 여러 가지 방식을 사용할 수 있겠지만 필자는 아래와 같이 작성해 보았다. 굵은 글씨가 변경된 부분이다.

```
1    # 이메일 주소 정합성 체크를 위한 함수
2    def email_validation_check(email):
3        """ checking e-mail address validation
4
5        Args:
6            email (str) : e-mail address string
7
8        Return:
9            True or False (boolean) : the result of checking validation
10       """
11       # 이메일 주소 정합성 유무 확인
12       if re.findall(r'[\w.-]+@[\w.-]+.\w+', email)[0]   != email:
13           print(email, '는 이메일 주소 형식에 맞지 않습니다.')
14           return False
15
16       print(email, '는 이메일 주소로 적당합니다!')
17       return True
```

12번째 줄에 정규식이 사용되고 있다. re.findall( ) 함수를 조금 더 자세히 들여다 보자.

```
re.findall(r'[\w.-]+@[ \w.-]+. \w+', email)
```

첫 번째 인자 값의 시작에 'r' 문자가 보인다. 이는 앞으로 나올 문자열에 파이썬 문자열 특수 기호를 인식하지 않고 raw 포맷으로 문자를 인식하겠다는 뜻이다. 정규식에는 다양한 특수 기호가 역슬래시 기호(\)와 문자의 조합으로 이루어져 있는데, 파이썬의 특수 기호 역시 그렇기 때문에 서로 충돌하는 것을 방지하기 위함이다. 정규식에 역 슬래시 기호가 들어가 있는 패턴을 사용하려면 패턴 문자열 앞에 반드시 'r'을 붙이도록 하자.

문자열 안 앳 기호(@) 앞까지를 살펴보자. [\w.-]+을 보니, 영문 대소문자와 언더 바 기호(_), 점 기호(.), 빼기 기호(-)를 연속으로 찾고 있는 것을 표현하고 있다. 앳 기호(@)는 이메일 주소에 필수적으로 한 번 들어가게 된다. 앳 기호(@) 뒤에 앞과 같은 패턴이 눈에 보인다. 그 후 점 기호(.) 뒤에는 영문 대소문자, 숫자, 언더바 기호(_)를 연속으로 찾는 패턴이 마무리 하고 있다. 해당 식이 우리의 제약 조건을 충분히 만족하고 있는 것을 확인할 수 있다.

12번째 줄에서는 이 패턴으로 findall( ) 함수에 의해 반환된 리스트의 첫 번째 항목을 함수 인자 값으로 넘겨 받았던 이 메일 주소와 일치하는지 확인하고 있다. 일치하지 않는 경우 13번째 줄에서 실패 메세지를 출력하고 14번째 줄에서 False를 반환한 뒤, 함수를 종료한다. 만약 일치한다면 16번째 줄에서 성공 메세지를 출력한 뒤 17번째 줄에서 True를 반환한다.

마지막으로 함수에 대한 테스트를 위해 아래 소스 코드를 함수 정의문 다음에 추가하여 보자.

```
1  if __name__ == '__main__':                        # 이 파일 직접 실행 시(테스트용)
2      email_validation_check('#@c#o@gmail*om')       # False
3      email_validation_check('isi.cho@gmail.com')    # True
```

2번째 줄의 함수 인자 값에 들어가 있는 값은 이 메일 주소 정합성 검증 결과, False가 반환 될 것이다. 반대로 3번째 줄의 이 메일 주소는 True를 반환한다.

자, 이제 작성이 끝났다. 전체 소스 코드를 확인해 보자.

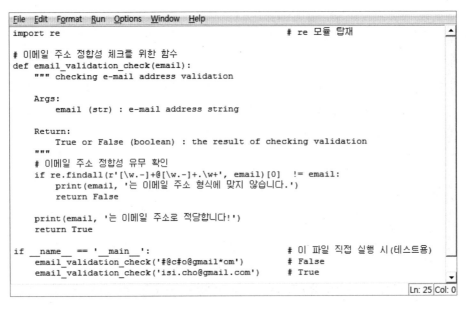

```python
import re                                              # re 모듈 탑재

# 이메일 주소 정합성 체크를 위한 함수
def email_validation_check(email):
    """ checking e-mail address validation

    Args:
        email (str) : e-mail address string

    Return:
        True or False (boolean) : the result of checking validation
    """
    # 이메일 주소 정합성 유무 확인
    if re.findall(r'[\w.-]+@[\w.-]+.\w+', email)[0]  != email:
        print(email, '는 이메일 주소 형식에 맞지 않습니다.')
        return False

    print(email, '는 이메일 주소로 적당합니다!')
    return True

if __name__ == '__main__':                             # 이 파일 직접 실행 시(테스트용)
    email_validation_check('#@c#o@gmail*om')           # False
    email_validation_check('isi.cho@gmail.com')        # True
```

그림 11.13 최종 소스 코드 확인하기(user_email.py)

이제 〈F5〉 키를 눌러서 소스 코드를 실행해 보자.

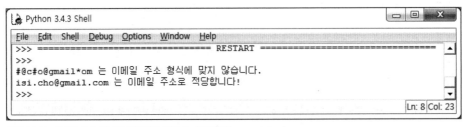

```
Python 3.4.3 Shell
File  Edit  Shell  Debug  Options  Window  Help
>>> ============================= RESTART =============================
>>>
#@c#o@gmail*om 는 이메일 주소 형식에 맞지 않습니다.
isi.cho@gmail.com 는 이메일 주소로 적당합니다!
>>>
```

그림 11.14 이메일 주소 정합성 확인 함수 작성 후 실행 결과(user_email.py)

잘 실행된다. 예상했던 출력 결과를 확인할 수 있다.

앞에서도 언급하였지만 정규식은 정규식만으로도 책을 한 권 쓸 정도로 내용이 방대하다. 이 모든 내용을 기억하기는 쉽지 않은 일이다. 필자는 이해를 쉽게 하기 위해 findall( ) 함수만을 사용하였으나 search( ), compile( ), match( ) 등의 다양한 메소드를 활용하면 더욱 풍부하게 정규식을 활용할 수 있다. 업무상 매일 접하고 자주 쓰다 보면 자연스럽게 기억할 수 있을 것이다. 정규식을 상세히 볼 수 있는 링크를 몇 개 소개하고자 한다.

아래 링크는 파이썬 re 모듈에 대한 공식 매뉴얼이다. 정규식 모듈을 사용하는 다양한 방법을 상세히 소개하고 있다.

https://docs.python.org/3.7/library/re.html

파이썬 공식 문서 중에는 파이썬을 활용하여 정규식을 적용하는 예제를 상세하게 알려주는 문서를 제공하고 있다. 파이썬 howto 문서 중 하나의 링크를 참고해 보자.

https://docs.python.org/3.7/howto/regex.html#regex-howto

4. 사용자 클래스 만들기

자, 이번에는 클래스를 만들어 볼 차례다. 사용자로부터 입력받은 이메일 주소와 비밀번호는 따로 관리하는 것이 아니라 '동일한 사용자'로 묶여 있는 정보들이다. 그래서 필자는 이 두 필드를 가지고 있는 클래스를 만들고자 한다. 그리고 여러 사용자들을 추가해 보고 이메일 주소 및 비밀번호에 문제가 없는지 확인하고자 한다.

일단, 새로운 모듈을 만들자. IDLE에서 〈Ctrl〉+〈N〉키를 눌러서 새 창을 띄운 다음 〈Ctrl〉+〈S〉키를 눌러서 user_management.py라는 파일을 만들자. 이는 곧 모듈이 될 것이다. 필자의 소스 저장 위치는 D:₩Python37₩Source₩chapter11이다.

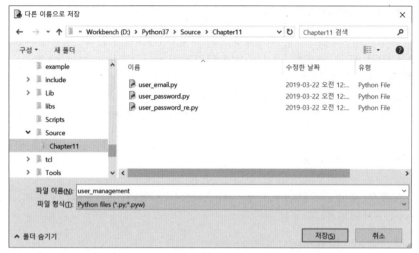

그림 11.15 신규 모듈 생성(D:\Python37\Source\chapter11\user_management.py)

주의하세요! **앞 절에서 만든 소스와 동일한 폴더에 생성하세요.**

이번 절에서 만든 소스 코드는 앞 절의 user_password_re.py 모듈과 user_email.py 모듈을 호출할 예정이다. 반드시 동일한 폴더에 저장하여 호출 시 문제가 없도록 하자.

소스 코드 작성 전에 해당 모듈의 최종 모습을 먼저 살펴보자. 지금 당장 소스 코드를 작성할 필요는 없다.

[소스 코드 11-5] user_management.py – 사용자 정보 저장을 위한 모듈

```
1    import user_email as ue              # user_email 모듈 탑재
2    import user_password_re as upr       # user_password_re 모듈 탑재
3
4    # 사용자 클래스 정의
5    class User:
6        """ keeping user's email address and password
7
8        Put email address & password when creating instance.
9        And also need to check validation of address & password.
10       """
11       # 초기화 함수 재정의
12       def __init__(self, email, pwd):
```

```
13            self.email = email
14            self.pwd = pwd
15            self.check_validation()        # 입력한 이메일 주소 및 비밀 번호 검증
16
17        # 정합성 검증 함수 호출을 통한 이메일 주소 및 비밀 번호 적합성 검증
18        def check_validation(self):
19            """checking email & password validation
20            """
21            ue.email_validation_check(self.email)        # 이메일 정합성 검증
22            upr.password_validation_check(self.pwd)      # 비밀번호 정합성 검증
23
24    if __name__ == '__main__':                           # 이 파일 직접 실행 시(테스트용)
25        user1 = User('isi.cho@gmail.com', '3jkMf8Exe')   # 적합함
26        print('====================================')
27        user2 = User('isi.cho@gm@il*c0m', 'eee')         # 적합하지 않음
28        print('====================================')
29        user3 = User('i#i.cho@gmail.com', '3#kMEx90e')   # 적합하지 않음
```

그럼 위 소스 코드를 차례 차례 작성해 보자.

소스 코드를 만드는 순서는 다음과 같다. 하나 하나 순서대로 작성해 보자.

STEP 1> 앞 절의 user_email과 user_password_re 모듈을 탑재(import)한다. 모듈명이 길기 때문에 각 문자의 앞 글자를 따서 'ue', 'upr'라는 별칭을 붙여 넣어 보자.

STEP 2> User라는 이름으로 클래스를 선언한다.

STEP 3> 초기화 함수를 재정의하여 두 개의 인자 값을 추가로 받는다. 매개 변수 이름은 email과 pwd로 정한다.

STEP 4> 두 개의 매개 변수는 User 인스턴스 변수로 세팅한다.

STEP 5> 조금 뒤에 구현할 클래스 내부 함수인 check_validation( ) 함수를 호출한다.

STEP 6> 신규 함수인 check_validation( )를 선언한다.

STEP 7> check_validation( ) 내에는 'ue' 별칭을 활용하여 user_email.py에 구현한 함수를 호출한 뒤, 'upr' 별칭을 활용하여 user_password_re.py에 구현한 함수를 호출한다.

STEP 8> 클래스 선언문을 종료한다.

STEP 9> 이 파일을 직접 실행하기 위한 소스를 추가하고 조금 전에 만든 User 클래스의 인스턴스를 만들어서 user1라는 변수에 넣어보자. 클래스 인스턴스 생성 시 인자 두 개에 본인이 원하는 이메일 주소 및 비밀번호를 넣어보자.

다음 소스 코드를 확인하기 전에 스스로 고민하여 소스 코드를 작성해 보는 것이 좋다. 이후에 완성된 소스 코드를 필자의 소스 코드와 비교해 보자. 혹시 클래스 정의하는 부분이 잘 기억이 나지 않는다면 9장의 내용을 다시 살펴보고 작성해 보자.

그럼 필자가 작성한 소스 코드를 확인해 보자.

```
1    import user_email as ue                    # user_email 모듈 탑재
2    import user_password_re as upr             # user_password_re 모듈 탑재
3
4    # 사용자 클래스 정의
5    class User:
6        """ This class keeping user's email address and password
7
8        Put email address & password when creating instance.
9        And also need to check validation of address & password.
10       """
11       # 초기화 함수 재정의
12       def __init__(self, email, pwd):
13           self.email = email
14           self.pwd = pwd
15           self.check_validation()        # 입력 한 이메일 주소 및 비밀 번호 검증
16
17       # 정합성 검증 함수 호출을 통한 이메일 주소 및 비밀 번호 적합성 검증
18       def check_validation(self):
19           """checking email & password validation
20           """
21           ue.email_validation_check(self.email)        # 이메일 정합성 검증
22           upr.password_validation_check(self.pwd)      # 비밀번호 정합성 검증
23
24   if __name__ == '__main__':                           # 이 파일 직접 실행 시(테스트용)
25       user1 = User('isi.cho@gmail.com', '3jkMf8Exe')   # 적합함
```

1 ~ 2번째 줄에서 앞 절에서 작성한 모듈을 탑재하고 있다(만약 해당 소스 코드가 동일한 폴더에 없다면 오류가 날 수 있다).

5번째 줄부터 클래스를 선언하고 있다. 6번째 ~ 10번째 줄까지는 클래스에 대한 간단한 소개가 docstring에 담겨 있다. 항상 클래스나 함수를 직접 선언하는 경우 어떤 용도로 만들어졌고, 어떻게 동작하는지 작성하도록 하자.

12번째 줄에서 초기화 함수를 재정의하고 있다. 인자 값을 보면 첫 번째 self는 클래스 내부 함수이기 때문에 반드시 넣어야 하는 인자 값이며 2번째는 이메일 주소를 받기 위한 매개 변수 email, 3번째는 비밀번호를 받기 위한 매개 변수로 pwd를 명시하였다.

13 ~ 14번째 줄에서 인스턴스 변수를 만들고 있다. 인스턴스 변수의 유효 범위는 인스턴스 내부임을 다시 한번 상기해 보자. 중요한 포인트다. 15번째 줄에서는 내부 함수인 check_validation( ) 함수를 호출하고 있다.

18번째 줄에서 신규 메소드인 check_validation( ) 함수를 선언하고 있다.

19, 20번째 줄은 어떤 메소드인지 간략하게 소개하고 있다.

21번째 줄에서 이메일 정합성 검증을 위한 함수를 호출하고 있다. 우리가 직접 만든 함수다. 인자 값에는 인스턴스 변수인 email이 들어간다.

22번째 줄에서도 비밀번호 정합성 검증을 위한 함수를 호출하고 있다. 인자 값에는 인스턴스 변수인 pwd가 들어간다.

24번째 줄에는 조금 전에 만든 클래스를 테스트하기 위해서 해당 모듈을 직접 실행을 하기 위한 if문이 추가 되었다.

25번째 줄에서는 조금 전에 만든 User 클래스의 객체를 생성하고 있다. 첫 번째 인자 값에는 필자의 메일 주소를 두 번째 인자 값에는 적당한 패스워드 문자열을 넣어 보았다. 해당 인스턴스는

user1이라는 변수에 저장하였다.

이제 이 소스 코드를 실행시켜 보자. 〈F5〉 키를 눌러 보자.

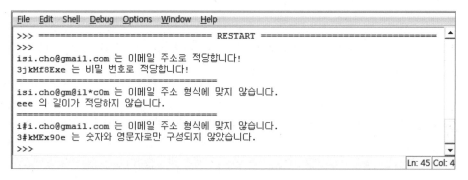

```
File  Edit  Shell  Debug  Options  Window  Help
>>> ============================= RESTART =============================
>>>
isi.cho@gmail.com 는 이메일 주소로 적당합니다!
3jkMf8Exe 는 비밀 번호로 적당합니다!
>>>
                                                        Ln: 177 Col: 4
```

그림 11.16 user_management.py 모듈 실행 결과

잘 동작한다! 몇 가지 테스트 코드를 더 넣어 보자.

```
1   print('======================================')
2   user2 = User('isi.cho@gm@il*c0m', 'eee')
3   print('======================================')
4   user3 = User('i#i.cho@gmail.com', '3#kMEx90e')
```

다시 한번 〈F5〉 키를 눌러서 실행해 보자. 총 세 개의 수행 결과가 출력될 것이다.

```
File  Edit  Shell  Debug  Options  Window  Help
>>> ============================= RESTART =============================
>>>
isi.cho@gmail.com 는 이메일 주소로 적당합니다!
3jkMf8Exe 는 비밀 번호로 적당합니다!
======================================
isi.cho@gm@il*c0m 는 이메일 주소 형식에 맞지 않습니다.
eee 의 길이가 적당하지 않습니다.
======================================
i#i.cho@gmail.com 는 이메일 주소 형식에 맞지 않습니다.
3#kMEx90e 는 숫자와 영문자로만 구성되지 않았습니다.
>>>
                                                        Ln: 45 Col: 4
```

그림 11.17 테스트 코드 추가 후 실행 결과

축하한다. 여러분이 직접 만든 클래스가 잘 동작한다!

실은 이번 실습 프로젝트는 모든 것이 완벽하지는 않다. 정규식도 손을 볼 곳이 있다(이미 찾은 독자도 있으리라 본다). 하지만 지금 단계에서는 파이썬 소스 코드를 어떻게 작성하는지에 집중해 보자. 소스 코드를 얼마나 잘 작성하는지는 문법에 익숙해진 후에 하더라도 늦지 않다. 모든 것이 그러하듯이, 기본이 중요하다.
이번 실습 프로젝트는 여기에서 마무리 하겠다.

5. Wrap-up

이번 장을 통해서 파트 3의 Intermediate 레벨에서 살펴보았던 함수, 클래스, 모듈 및 패키지 등을 직접 만들어 보고 호출하는 과정을 거쳤다. 조금은 손에 익숙해졌으리라 본다. 이제 여러분은 파이썬의 기본적인 문법은 모두 배운 셈이다. 이제, 파이썬을 어떻게 활용 할 수 있을지 알아보도록 하자. 한 자리에 너무 오랫 동안 앉아서 소스 코딩을 하는 것은 그리 좋은 습관이 아니다. 잠시 일어나서 기지개도 펴 보고, 밖에 나가서 신선한 공기도 마셔 보자. 따뜻한 차 한 잔을 준비한 뒤 다시 시작해 보자!

파이썬 코딩 스타일

사람이 글을 쓸 때 그 사람만의 독특한 개성이 묻어 나오듯이 소스 코드 역시 작성하는 개발자마다 작성하는 방법이 모두 다르다. 특히, 개성이 강한 개발자들 간에는 같은 문법을 사용하더라도 완전히 다른 모습의 소스 코드를 작성하기도 한다. 어느 정도 규모가 되는 소프트웨어 개발 프로젝트를 수행할 때에는 해당 프로젝트의 개발자들이 반드시 준수해야 하는 소스 코드 스타일을 미리 정해 놓고 따르도록 하는 것이 일반적이다.

파이썬을 작성할 때 가장 많이 사용하는 코딩 스타일을 정리한 자료가 파이썬의 개선 사항에 대한 제안을 올려 놓은 PEP^Python Enhancement Proposals의 8번 가이드에 등록되어 있다(https://www.python.org/dev/peps/pep-0008/). 하지만 이러한 코딩 스타일 가이드는 일종의 권고 사항이다. 만약 여러분이 참여한 프로젝트에서 사용하는 코드 스타일 가이드가 이 가이드와 충돌이 난다면 프로젝트에 맞추는 것이 좋다. 어떤 경우에는 오히려 가독성을 떨어뜨리기도 한다. 가장 중요한 것은 **일관성을 유지하는 것**이다. 만약 여러분이 이렇다 할 코딩 스타일 가이드가 없다면 본 가이드를 따르는 것을 추천한다. 숙달된 개발자일수록 본인이 지키는 명확하고 일관적인 코딩 스타일을 가지고 있어야 한다.

자, 그럼 파이썬 커뮤니티에서 권고하는 코딩 스타일 중 튜토리얼에서 언급하고 있는 항목들을 살펴보겠다. 링크는 아래와 같다.

https://docs.python.org/3.7/tutorial/controlflow.html#intermezzo-coding-style

- 들여쓰기는 4개의 스페이스 바를 사용하자. 탭은 사용하지 않는다.
  (탭은 혼란만을 가중시키기 때문에 아예 사용하지 않는 것이 최상의 선택이다.)
- 한 줄의 소스 코드는 79자를 넘지 않도록 작성하자.
  (이는 작은 화면을 가진 사용자를 돕는 것이며 큰 화면을 가진 사람에게는 여러 소스 코드 파일을 동시에 볼 수 있게 해 준다.)
- 함수와 클래스, 덩치가 큰 블록문은 빈 줄로 구분하자.
- 가능하다면 주석문을 달도록 하자.
- 문서 작성용 문자열^docstrings을 사용하자.
- 연산자 앞, 뒤 그리고 콤마 기호 뒤에는 쉼표를 사용하자. 하지만 괄호 기호 앞, 뒤로는 쉼표를 사용하지 않는다. 예) a = f(1, 2) + g(3, 4)
- 클래스와 함수의 이름은 일관성 있게 지어라. 클래스에는 낙타 표기법을 사용하고, 함수에는 소문자와 언더스코어(_)로 이루어진 방식을 사용하라. 항상 첫 번째 함수의 인자 값으로는 self를 사용하도록 하자.
- 글로벌 환경에서 UTF-8 이나 순수 ASCII 이외의 인코딩은 사용하지 않는다.

- 또한, 소수의 사람이 유별난 언어로 소스 코드를 읽거나 관리하겠다고 한다면 식별자에서는 non-ASCII 문자를 사용하지 않는다.

이 정도는 크게 무리 되지 않는 선에서 지킬 수 있다고 생각한다. 처음 소스 코드를 작성하는 사람은 위 사항을 반드시 준수하면서 소스 코드를 만들어 보자.

tip 더욱 다양한 파이썬 코딩 스타일

위 항목들이 어느 정도 익숙해지면 조금 더 폭 넓은 영역을 커버하는 코딩 스타일 가이드가 필요할 것이다. 일단, 파이썬에서 공식적으로 권고하는 파이썬 코딩 스타일의 전문을 아래 링크를 통해 확인해 보자.

https://www.python.org/dev/peps/pep-0008/

실제 회사에서는 어떤 식으로 파이썬 코딩 스타일을 정하는지 궁금하다면 구글이 좋은 사례가 될 것이다. 아래 링크를 통해서 확인해 보자. 실제로 파이썬 커뮤니티의 그것과 대부분이 동일하다고 볼 수 있다(어쩌면 파이썬의 창시자 귀도가 근무하면서 작성한 것일지도 모른다).

https://google.github.io/styleguide/pyguide.html

그림 11.18 구글 파이썬 코드 스타일 가이드

LEVEL 4.
ADVANCED

실무에서 사용하는 파이썬이란?

우리는 지금까지 파이썬의 개념 및 적용 사례, 설치 방법과 기본적인 문법들을 살펴보았다. 이런 지식들은 파이썬으로 작성된 소스 코드를 그저 읽어야만 하는 수준이라면 충분할지 모르겠다. 하지만, 실무 현장에서 실행되는 소스 코드를 개발하기에는 턱없이 부족하다.

우리가 지금까지 소스 코드의 실행 결과를 출력하기 위해 사용한 표준 출력문 print( ) 함수는 가독성이나 성능상 이슈와 같은 문제로 제거 대상 1호 소스 코드가 되며, 대신 '로깅'으로 개발자가 원하는 내용을 상황에 맞춰 출력해야 한다. 에러가 나는 상황도 생각해 보자. 아마도 세상에 에러가 발생하는 소스 코드를 일부러 만드는 개발자는 없을 것이다. 무심코 수정한 소스 코드 한 줄 때문에 전체 시스템에 장애를 일으켜 해당 서비스를 다운시키는 사례는 너무나도 흔하게 접한다. 이를 방지하기 위해 실제 소스 코드에는 혹시라도 발생한 에러와 예외 상황에 대한 방어 코드가 작성이 되어야 한다. 이를 '예외 처리'라고 부른다.

여러분이 작성한 소스 코드를 테스트하는 순간은 언제일까? 잘 작성된 소스 코드에는 항상 해당 소스 코드를 테스트할 수 있는 테스트 코드가 함께 작성이 된다. 이렇게 개발자가 소스 코드 개발 단계에서 잘게 나누어진 단위로 테스트를 하는 행위를 '단위테스트'라고 부르며, 모든 실무 환경에서 반드시 거쳐가야 하는 중요한 과정이다. 그리고 테스트를 하다 보면 소스 코드에 문제가 생긴 경우 이를 '버그가 생겼다'라는 표현을 한다. 버그는 일반적으로 벌레나 작은 곤충을 뜻하지만, 소프트웨어 세상에서는 에러를 유발시킨 소스 코드인 것이다. 어느 누구도 버그가 없는 소스를 작성할 수는 없다. 이러한 벌레는 수시로 제거해야 하며, 이 작업을 우리는 '디버깅'이라고 부른다.

로깅이나 예외 처리, 단위테스트, 디버깅 등은 다소 어렵게 느껴질 수도 있으나, 실무에서는 그야말로 '기본'이다. 이러한 기본을 지키지 않고 소스 코드를 작성한다면 품질이 떨어지는 소스 코드를 작성하게 될 것이며 이는 여러분이 작성하는 소프트웨어의 신뢰도에 지대한 영향을 미치게 된다. 이번 파트부터는 각 챕터마다 실습이 가능한 프로젝트를 수행할 예정이다. 소스 코드를 하나 하나씩 실행하면서 이런 소스 코드를 왜 작성해야 하는지 생각해 보자.

{ CHAPTER 12 }

로깅Logging

우리가 처음 배운 함수를 기억하는가? 바로 print( )문이다. print( )문은 파이썬 표준 출력문으로 파이썬 콘솔에 소스 코드 수행 결과를 출력하는 중요한 용도로 사용된다. 이를 통해 소스 코드가 본인이 예상한 대로 잘 동작하는지 확인하는 작업을 반복하게 된다. 그렇기 때문에 표준 출력문을 어떻게 작성하는지에 대해서도 반드시 고민해야 하며 프로젝트 내에서 동일한 패턴을 사용하여 일관성 있게 작성해야 한다. 이번 장은 표준 출력문의 포맷에 대해서 살펴보는 것부터 시작하겠다. 그리고 이러한 문자열을 사용하여 로그를 남기는 방법을 알아보자.

1. 포맷을 위한 문자열 타입 메소드, format( )

우리가 지금까지 살펴본 표준 출력문의 포맷은 무척 단순했었다. 다음과 같이 특정 문자열들을 print( ) 함수의 인자 값으로 대입하여 출력하는 경우뿐이었다.

```
1  >>> print('Hello, World!')                    # 인자 값 1개
2  Hello, World!
3  >>> print('Hello, World!', 'Chris~!')         # 인자 값 2개
4  Hello, World! Chris~!
```

정적인 단수 문자열을 출력하거나 여러 개의 문자열을 스페이스바로 구분하여 열거하듯이 출력하는 경우라면 위 소스 코드로도 충분할 것이다.

하지만 표준 출력문의 형태는 무척이나 다양하다. 출력되는 내용들은 소스 코드를 작성하는 개발자나 사용자에게 친숙하면서도 보기가 좋아야 할 것이다. 특히 소스 코드에서 변형한 변수 값을 확인하기 위한 출력문은 무척 흔하게 쓰는 출력문이다(보통, 소스 코드에 문제가 생겼을 때 본인이 작성한 소스 코드의 변수 값들을 차례차례 확인하는 디버깅Debugging이라는 작업은 개발자에게는 필수적인 작업이다). 다음 예를 한 번 살펴보자.

```
1  >>> print('Hello, {}!'.format('Chris'))         # str.format( ) 사용 예제
2  Hello, Chris!
```

일단 문자열 중간에 중괄호 기호({ })가 눈에 띈다. 이 기호는 문자열 타입 메소드인 format( ) 함수와 함께 사용된다. 출력 결과를 확인하면 다음과 같이 좌측의 중괄호 기호에 format( ) 함수의 인자 값이 들어가는 것을 확인할 수 있다.

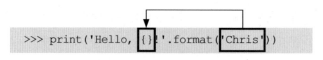

그림 12.1 문자열 타입 데이터 메소드 format( )의 기본 사용법 예제

물론 이렇게 'Chris'라고 정해져 있는 문자열을 format( )을 이용하여 집어 넣을 필요는 없을 것이다(예전처럼 쓰는 것이 더 좋다). 그렇다면 아래의 경우는 어떨까?

```
1  >>> name = input('이름을 입력하세요! ')          # 이름 입력 및 name 변수 대입
2  이름을 입력하세요! Chris
3  >>> print('Hello, {}!'.format(name))         # str.format( )의 인자 값으로 name 대입
4  Hello, Chris!
```

첫 번째 줄에서 표준 입력문을 활용하여 사용자로부터 이름을 입력 받고 있다.
2번째 줄의 굵은 글씨와 같이 'Chris'를 입력하여 변수 name에 값을 할당하였다.

3번째 줄에서 format( ) 함수의 인자 값에 위에서 값을 할당한 변수 name을 대입하였고, 4번째 줄에서 조금 전에 입력받은 값과 함께 문자열 전체가 출력되는 것을 확인할 수 있다.

물론, 인자 값이 여러 개인 경우에도 사용이 가능하다. 몇 가지 사용법을 살펴보자.
위의 예제에 직업에 대한 정보를 얻어서 이름과 함께 출력해 보도록 하자.

```
1  >>> name = input('이름을 입력하세요! ')          # 변수 name 값 입력
2  이름을 입력하세요! Chris
3  >>> job = input('직업을 입력하세요! ')           # 변수 job 값 입력
4  직업을 입력하세요! PROGRAMMER
5  >>> print('{} is a {}.'.format(name, job))     # 위 2개 변수 활용 예시
6  Chris is a PROGRAMMER.
```

첫 번째 ~ 4번째 줄에서 두 개의 변수 name, job을 위한 값을 입력받은 뒤, 5번째 줄에서 메소드 format( )을 사용하여 출력하고 있다. 중괄호 기호({})의 순서와 format( )의 인자 값의 순서에 맞게 값이 대입되어서 출력이 되고 있다.

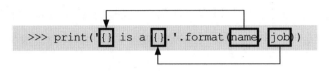

그림 12.2 메소드 format( )에 인자 값이 두 개인 예제

위 명령어는 실은 아래와 같은 명령어이다. 중괄호 안에 인자 값의 인덱스(순서)가 들어 갈 수 있다.

```
1  >>> print('{0} is a {1}.'.format(name, job))    # 위 2개 변수 활용 예시
2  Chris is a PROGRAMMER.
```

만약 인자 값의 순서를 바꿔서 출력하고 싶은 경우에는 문자열을 아래와 같이 바꾸는 것도 가능하다.

```
1  >>> print('Good {1}, {0}.'.format(name, job))    # 변수 출력 순서 변경
2  Good PROGRAMMER, Chris.
```

인덱스 순서를 변경하여 인자 값에 들어온 변수들의 출력 순서가 변경되는 것을 확인할 수 있다.

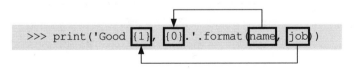

그림 12.3 메소드 format( )에 인자 값 출력 순서 변경된 예제

중괄호와 매칭되는 format( ) 메소드의 인자 값을 표현하는 방법은 정수 타입 인덱스뿐만이 아니라 변수명을 활용하여 표현하는 방법도 있다. 다음 예시를 살펴보자.

```
1  >>> print('Good {j}, {n}.'.format(n=name, j=job))        #변수명 활용
2  Good PROGRAMMER, Chris.
```

중괄호 안에 j와 n과 같이 format( )에 들어와야 할 매개 변수명을 지정할 수 있다. format( ) 함수의 인자 값에는 해당 매개변수와 매칭되는 값 혹은 변수를 등호 기호(=)와 함께 집어 넣으면 된다. 이 방식은 마치 함수 매개변수 정의 시 살펴보았던 키워드 인자와 같은 방식이다.

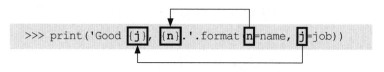

그림 12.4 메소드 format( )에 변수명을 사용한 예제

물론 위에서 살펴본 인덱스 형과 변수명을 함께 사용할 수도 있다. 아래 소스 코드를 실행해 보자.

```
1  >>> print('{0} is a {lang} {1}.'.format(name, job, lang='Python'))
2  Chris is a Python PROGRAMMER.
```

중괄호 안에 숫자가 들어간 경우는 format( )의 인자 값 인덱스를 의미하며 문자열이 들어간 경우는 format( )의 매개 변수명인 것을 확인할 수 있다.

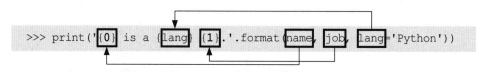

그림 12.5 메소드 format( )에 인덱스 및 변수명을 사용한 예제

2. 다양한 포맷에 대한 예제

이번 절에서는 메소드 format( ) 인자 값들의 값 출력 포맷을 제어하는 방법을 알아보도록 하자.

문자열이나 튜플, 리스트 형 데이터들을 자동으로 언패킹하여 값을 출력할 수 있다. format( )의
인자 값으로 대입할 때 별표 기호(*)를 데이터 앞에 붙여 주면 된다.

```
1  >>> '{0} - {1} - {2}'.format(*'ABC')
2  'A - B - C'
3  >>> '{0} - {1} - {2}'.format(*['A', 'B', 'C'])
4  'A - B - C'
```

인자 값의 색인과 중괄호 기호([])를 활용하여 튜플이나 리스트, 사전 형의 항목을 추출할 수 있다.

```
1  >>> '{0[0]} - {0[1]} - {0[2]}'.format(['A', 'B', 'C'])     #리스트 타입 예제
2  'A - B - C'
3  >>> '{0[name]}'.format({'name':'Chris', 'family-name':'Cho'}) #사전 타
   입 예제
4  'Chris'
```

지금까지 살펴본 format( )은 인자 값으로 들어간 데이터를 문자열에 대입하는 과정에 대해 살펴
보았다. 지금부터는 데이터의 출력 포맷을 변경하는 사례들을 살펴보자.

메소드 format( )에는 좌측, 우측, 중앙 정렬을 위한 재미있는 기능도 제공한다. 일단 아래 소스
코드를 실행해 보자.

```
1  >>> '{:<20}'.format('좌측 정렬')
2  '좌측 정렬              '
3  >>> '{:>20}'.format('우측 정렬')
4  '              우측 정렬'
5  >>> '{:^20}'.format('중앙 정렬')
6  '       중앙 정렬       '
```

```
7   >>> '{:%^20}'.format('중앙 정렬')              # 중앙 정렬 후 빈칸은 %로 채움
8   '%%%%%%%중앙 정렬%%%%%%%%'
```

중괄호 안의 기호들을 유심히 살펴보자.

콜론 기호(:)는 글자 포맷을 명시하겠다는 의미이다. 중괄호 안의 숫자 20은 출력 결과의 전체 길이를 나타내고 있다. 그리고 각 줄의 실행 결과를 보면 알 수 있듯이 좌측 꺾쇠 기호(〈)는 좌측 정렬을 지시하며, 우측 꺾쇠 기호(〉)는 우측 정렬을 지시한다. 위 꺾쇠 기호(^)는 중앙 정렬을 지시한다. 7번째 줄과 같이 콜론 기호(:)와 각 꺾쇠 기호 사이에 특정 문자가 들어가는 경우, format( ) 메소드의 인자 값 이외의 공백에 해당 문자가 채워진다.

이번에는 숫자 타입들을 살펴보자. 실수를 보기 좋게 출력하는 일은 그렇게 만만한 일이 아니다. 가령 소수점이 지나치게 길거나, 숫자 자체가 지나치게 클 수도 있으며 특정 자릿수에서 반올림을 하고 싶은 경우도 있을 것이다. 몇 가지 사례들을 살펴보자.

```
1   >>> import math                              # math 모듈 호출
2   >>> print('원주율의 크기는 대략 {:f} 입니다.'.format(math.pi))
3   원주율의 크기는 대략 3.141593 입니다.
4   >>> print('원주율의 크기는 대략 {:.2f} 입니다.'.format(math.pi))
5   원주율의 크기는 대략 3.14 입니다.
```

첫 번째 줄에서는 math 모듈에 있는 원주율 변수인 pi 호출을 위해 math 모듈을 호출하였다.

2번째 줄의 중괄호 안의 기호 및 문자를 살펴보자. {:f}의 의미는 콜론 기호(:)를 통해 포맷을 정해 주겠다고 명시하고, 실수 타입 데이터라는 의미로 'f'를 사용하였다. 이렇게 출력해 보니, 3.141593이라는 값이 출력되었다.

하지만 필자는 소수점 2자리까지만 출력하고 싶었다. 그래서, 4번째 줄의 중괄호 안의 내용이 조금 변경되었다. {:.2f}에서 콜론 기호(:)와 f 문자 사이의 '.2'를 통하여 소수 둘째자리까지만 출력하라고 선언하였고 5번째 줄에서 그 결과를 확인할 수 있다.

숫자 앞에 있는 기호를 제어하는 방법을 살펴보자. 앞에서 {:f}와 같이 콜론 기호와 데이터 타입 사이에 덧셈 기호(+)나 뺄셈 기호(−)를 사용하여 출력 포맷을 지정할 수 있다. 아래 소스 코드를 실행해 보자.

```
1  >>> '{:+f}; {:+f}'.format(3.14, -3.14)       #+, - 기호 항상 출력
2  '+3.140000; -3.140000'
3  >>> '{: f}; {: f}'.format(3.14, -3.14)       #+ 기호는 공백으로, - 기호만 출력
4  ' 3.140000; -3.140000'
5  >>> '{:-f}; {:-f}'.format(3.14, -3.14)       #- 기호만 출력, '{f}; {f}'와 같음
6  '3.140000; -3.140000'
```

첫 번째 줄은 덧셈 기호(+)를 사용하여 +, − 기호를 항상 출력하는 예시를 보여 주고 있다.

3번째 줄은 콜론 기호(:)와 f 사이에 공백을 넣어서 + 기호는 공백으로 하고 − 기호는 그대로 출력하겠다고 지시한다.

5번째 줄은 뺄셈 기호(−)를 사용하고 있다. 이것은 기호 없이 사용하는 경우와 비슷한 결과를 보여 준다. 양수인 경우에는 기호를 생략하며 공백 역시 없다. 음수를 위한 − 기호만을 출력하게 한다.

이번에는 정수 타입을 여러 진수로 한번 표현해 보자.

```
1  >>> '정수: {0:d};   16진수: {0:x};   8진수: {0:o};   2진수: {0:b}'.format(50)
2  '정수: 50;   16진수: 32;   8진수: 62;   2진수: 110010'
3
4  >>> # 접두사 사용하기
5  >>> '정수: {0:d};   16진수: {0:#x};   8진수: {0:#o};   2진수: {0:#b}'.
   format(50)
6  '정수: 50;   16진수: 0x32;   8진수: 0o62;   2진수: 0b110010'
```

첫 번째 줄에서 format( ) 메소드의 인자 값으로 들어가 있는 50이라는 숫자를 다양한 진수로 표현하는 방법을 보여 주고 있다.

5번째 줄에서는 각 진수마다 접두어를 붙이는 경우 샵 기호(#)를 활용하여 각 진수의 표준 접두어를 붙여 주는 것을 확인할 수 있다.

아래 표를 통해 숫자를 표현할 수 있는 다양한 방법에 대해서 확인할 수 있다.

타입	설명
'b'	2 진수
'c'	문자
'd'	10 진수
'o'	8 진수 (접두어 : 0o)
'x'	16진수, 9보다 큰 수에 대해서는 소문자 알파벳 사용 (접두어 : 0x)
'X'	16진수, 9보다 큰 수에 대해서는 대문자 알파벳 사용 (접두어 : 0X)
'n'	숫자. 기본적으로는 'd'와 같음. 하지만, 각 나라에 맞는 숫자 구분자를 집어 넣기 위해서 locale 사용
None	아무 것도 넣지 않은 경우, 'd' 와 같음

[표 12.1] 숫자 출력 포맷 타입 설명

숫자인 경우 천 단위(3자리)로 구분자를 찍어줘야 하는 경우가 있다. 이런 경우는 콜론 기호(:) 우측에 구분자 기호(,)를 집어 넣으면 된다. 아래 소스 코드를 실행해 보자.

```
1  >>> '{:,}'.format(10000000)        # 숫자 구분자 표기 하기
2  '10,000,000'
```

비율을 표기하는 경우 백분율을 사용하는 경우가 많다. 백분율 기호(%)를 사용하면 비율에 자동으로 100을 곱한 뒤 백분율 기호(%)까지 붙여 준다. 소수점같은 경우는 위에서 원주율의 소수점 선언하는 것과 같은 방식으로 콜론 기호(:)와 백분율 기호(%) 사이에 점 기호(.)와 소수점 자릿수를 표기하여 제약을 걸 수 있다. 출력 결과를 보니 자동으로 반올림이 된 것을 알 수 있다.

```
1  >>> '{:%}'.format(5/12)            # 백분율 사용
2  '41.666667%'
3  >>> '{:.2%}'.format(5/12)          # 백분율에 소수점 제약
4  '41.67%'
```

지금까지 format( )을 사용하여 여러 가지 형태로 변수 값의 포맷을 지정해 주는 방법에 대해서 알아보았다.

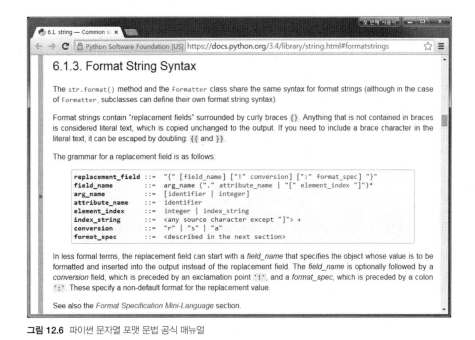
주하세요! **printf-style 문자열 포맷은 더 이상 사용하지 않는다.**

파이썬에서는 C의 printf 스타일의 문자열 포맷 및 출력문을 제공한다. 위에서 원주율 값을 가져오는 예를 printf 스타일로 표현해 보자.

```
1  >>> import math
2  >>> print('The value of PI is approximately %5.3f.' % math.pi)
3  The value of PI is approximately 3.142.
```

위 출력문에는 문자열 끝 부분에 위치한 '%5.3f'가 뒤에 가져온 math.pi 값을 어떻게 표시할지 선언한 포맷팅 문자이다. 이러한 포맷팅 문자는 문자열이나 정수, 소수점에 따라 다양하게 사용이 가능하다.

하지만, 오랫동안 사용한 이 방식은 튜플 타입이나 사전 타입 데이터를 제대로 출력하지 못하는 등의 문제점을 안고 있다. 이러한 문제점을 피하기 위해서는 **반드시 위에서 설명한 str.format() 함수**를 활용하기 바란다. 이는 단순히 printf 스타일의 문자열 포맷의 에러를 피하는 것 이외에도, 조금 더 강력하고 유연하고 확장이 가능한 텍스트·서식을 제공한다(참고로 format() 함수는 2.6 버전부터 사용이 가능하다).

필자는 이런 이유로 printf 스타일 관련 내용은 자세히 다루지 않는다. 혹시나 관련 사항에 대한 정보가 필요한 독자 여러분은 아래 링크를 방문해 보자. Note의 내용을 보면, str.format()을 사용하라는 권고 사항 역시 확인할 수 있다.

https://docs.python.org/3.7/library/stdtypes.html#old-string-formatting

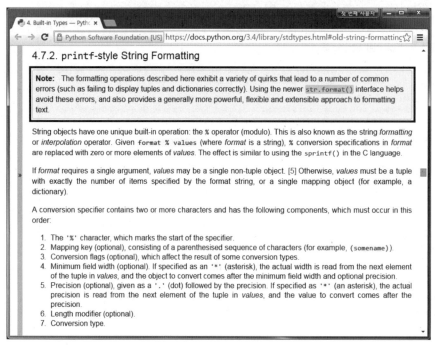

그림 12.7 파이썬 printf 스타일의 문자열 포맷팅 관련 공식 매뉴얼

▣tip▣ 파이썬 3.6에서 등장한 f-string

최근 파이썬 문자열 포매팅은 파이썬 버전 3.6에서 등장한 f-string이 인기를 끌고 있다. 하지만 뒤에서 살펴볼 로깅의 문자열은 아직 f-string을 지원하고 있지 않기 때문에 지금까지 format() 함수를 살펴본 것이다. f-string 적용 예시는 아래와 같다.

- 기존 방식: 'Hello, { }'.format(name)'
- f-string 방식: f'Hello, {name}'

f-string 방식에서는 'f' 를 문자열 맨 앞에 선언하고, 변수 name을 문자열 내부에 중괄호와 함께 삽입하였다. 얼마나 간결한가!

3. 로깅^{Logging}의 이해

로깅이란 소프트웨어가 실행될 때 일어나는 이벤트들을 추적하기 위한 용도로 소스 코드에 집어 넣는 **출력문을 작성하는 행위**를 말한다. 이러한 출력문을 **로그**라고 부르며 일반적으로 별도의 파일에 저장되어 체계적으로 관리된다. 이 로그 파일은 문제가 발생하였을 때 원인 분석을 하기 위한 중요한 데이터로 활용이 된다. 그렇기 때문에 로깅은 여러 사람과 함께 개발하는 프로젝트에서 무척이나 중요하다.

일반적으로 로그에는 현재 소스 코드에서 진행되고 있는 상황을 서술하는 형태로 기술한다. 그리고 동적으로 변하고 있는 변수의 값을 출력하여 내부적으로 데이터가 어떻게 변하고 있는지 추적할 수 있게 해 준다. 이러한 로그들은 상황과 위치에 따라서 중요도가 서로 다르다. 가령, 개발자가 순수하게 개발을 할 때만 읽기 위하여 변수의 값을 출력하는 수준이라면 시스템 운영 중에는 출력할 필요가 없을 것이다. 하지만 에러가 난 경우에 출력하는 로그는 어떤 상황이라도 반드시 출력해야 하는 것이다. 이런 중요도에 따라 일반적으로 5개의 로그 레벨이 존재한다. 해당 레벨의 내용과 어떤 형태의 로그에 사용 되는지 아래 표 12.2를 통해 확인해 보자.

레벨	대상 로그
DEBUG	상세한 정보, 통상적으로 문제를 분석할 때에만 필요한 로그
INFO	소스 코드가 기대대로 동작하는지 확인하기 위한 로그
WARNING	예상치 못한 상황이 벌어질 조짐이 보이거나, 곧 일어날 문제(예: 디스크 공간 부족)를 미리 알려 주기 위한 로그, 소프트웨어는 여전히 잘 동작하고 있는 상황임
ERROR	WARNING보다 더 심각한 문제로 인하여 소프트웨어의 일부 기능이 제대로 동작하지 않을 때 필요한 로그
CRITICAL	가장 심각한 상황으로 인해 소프트에어가 더 이상 실행할 수 없을 때 필요한 로그

[표 12.2] 로그 레벨 및 상세 설명

아래로 갈수록 점점 심각해지는 상황에 필요한 로그 레벨이다. 중요가 더 높아지는 것이다. 이 로그 레벨은 파이썬 프로그램을 실행하는 시점에 결정하게 되며 중요도가 더 높아질수록 로그의 양은 줄어들게 마련이다. 예를 들어서 로그 레벨이 DEBUG로 설정되어 있다면 모든 로그가 출력

될 것이다. 로그 레벨이 WARNING이라면 DEBUG, INFO 레벨의 로그는 출력이 되지 않고, WARNING, ERROR, CRITICAL 로그만이 출력된다. 만약에 CRITICAL로 설정이 되어 있다면 CRITICAL 레벨의 로그만이 출력된다. 이를 간단하게 도식화하면 다음과 같다.

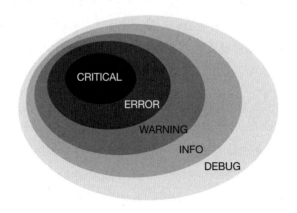

그림 12.8 로그 레벨의 관계 (DEBUG 〈 INFO 〈 WARNING 〈 ERROR 〈 CRITICAL)

정리하자면 로그의 중요도가 높아질수록 로그의 레벨은 높아지며, 낮은 레벨의 로그는 높은 레벨의 로그를 포함한다. 잘 기억해 두자.

4. 로깅 라이브러리 사용법

자, 그럼 위의 레벨에 따른 로깅을 어떤 식으로 하는지 알아보자. 파이썬의 기본 라이브러리는 위의 로깅을 하기 위한 모듈인 logging 모듈을 제공하고 있다. 아래 소스 코드를 실행해 보자.

```
1  >>> import logging               # logging 모듈 탑재
2  >>> logging.warning('조심하세요!')    # WARNING 메세지 출력
3  WARNING:root:조심하세요!
4  >>> logging.info('정보 확인 하세요!')   # INFO 메세지 출력 되지 않음
5  >>>
```

첫 번째 줄에서 logging 모듈을 탑재하여 사용할 준비를 한다.

2번째 줄에서 WARNING 레벨의 로그 메세지를 호출하였다. 인자 값에는 출력할 문자열이 위치하고 있다.

3번째 줄에서 WARNING 레벨의 메세지가 출력되는 것을 볼 수 있다. 기존에 보던 기본 출력문과는 다른 모습을 보여 주고 있다. 조금 더 자세히 들여다 보자.

```
WARNING:root:조심하세요!
```

콜론 기호(:) 세 개로 구분되는 것을 볼 수 있다. 첫 번째는 로그 레벨인 WARNING이 출력된다. 두 번째는 로거의 정보가 출력된다. 여기서 로거란 logging 모듈 안에 탑재되어 있는 객체로 로깅을 하는 주체라고 생각하자. 파이썬의 기본 로거가 바로 'root'이다. 현재 로깅을 기본 로거인 root가 하고 있다는 뜻이다. 세 번째 부분에서 우리가 원하는 메세지가 출력이 되었다.

4번째 줄에 가 보자. 이번에는 INFO 레벨의 메세지를 출력하려고 하였다. 하지만 우리가 출력하고자 하는 내용이 출력되지 않았다. 어떻게 된 것일까?

파이썬의 기본 로거인 root의 로그 레벨은 WARNING이다. 그렇기 때문에 상대적으로 낮은 레벨인 INFO와 DEBUG 레벨의 로그는 출력되지 않는다.

root 로거의 로그 레벨을 변경한 뒤 다시 INFO 레벨의 메세지를 출력해 보자. 아래 소스 코드를 실행해 보자.

```
1  >>> logging.root.setLevel(logging.DEBUG)   # 로그 레벨 변경 WARNING → DEBUG
2  >>> logging.info('정보 확인 하세요!')          # INFO 메세지 출력
3  INFO:root:정보 확인 하세요!
```

첫 번째 줄의 명령문으로 WARNING 레벨을 DEBUG로 낮추었다. logging.root로 root 로거의 객체를 가져온 다음 로거의 메소드인 setLevel( )을 통하여 레벨을 조절할 수 있으며 logging 모듈에는 각 로그 레벨에 맞춘 변수를 인자 값으로 취하고 있다. DEBUG 레벨인 경우 logging.DEBUG를 인자 값으로 취하면 된다. 다른 로그 레벨을 위한 변수도 역시 존재한다. 2번째 줄에서 다시 INFO 레벨의 로그를 출력해 보니 3번째 줄에서 해당 결과를 확신할 수 있다.

이렇게 로깅 모듈은 레벨에 따라서 여러분이 원하는 레벨의 메세지를 출력해 준다. 만약에 로깅 모듈을 사용하지 않고 단순히 print( )문을 사용하여 로깅을 하면 어떻게 될까? 개발자에게 DEBUG 수준의 로그는 본인이 작성한 소스 코드의 동작을 확인하는 중요한 기능이지만 운영자나 사용자에게는 중요한 메세지가 아니다. 이런 경우, 개발자가 소스 코드를 작성하고 완료가 되면 해당 print( )문을 주석문 처리^{Comment out}하거나 지워서 서버에 배포하는 경우도 발생할 수 있다. 이는 기본적으로 개발 환경의 소스 코드와 운영 환경의 소스 코드가 서로 다르다는 것을 의미하며 또 다른 문제점을 야기할 가능성이 높아진다(이런 것을 부작용^{Side effect}이라고도 한다). 또한, 주석문 처리를 한 print( )문이 다시 필요해서 샵 기호(#)를 일일이 다시 삭제하거나, 삭제한 print( )문을 다시 작성하기도 한다. 악몽이다.

로깅 모듈을 사용하면 로그 레벨에 따라서 수준에 맞는 로그가 출력된다. 개발자는 일반적으로 DEBUG 레벨의 로그를 확인한다. 전체 로그를 다 본다는 의미이다. 운영자는 일반적으로 ERROR 레벨의 로그만으로도 충분하다. 만약 장애가 발생하면 운영자가 1차 분석한 뒤 로그 내용이 부족하다고 판단되면 로그 레벨을 하향 조정하여 로그를 더 얻기도 한다. 이런 식의 로깅 제어는 선택이 아니라 필수적이다. 여러분들도 로깅 시에 적절한 로그 레벨의 로깅을 하는 연습을 하도록 하자.

5. 로깅 제대로 사용하기

자, 그럼 로깅을 왜 해야 하는지, 어떤 식으로 동작하는지 가볍게 알아보았다. 이제 실제로 로깅 모듈을 어떻게 사용하는지 자세히 알아보자.

로깅 모듈에는 서로 역할이 다른 객체들을 제공하여 로깅의 역할을 수행한다. 해당 객체들은 아래와 같다.

- **로거**^{Loggers} : 소스 코드에서 바로 호출하여 사용할 수 있는 인터페이스를 제공한다. 일반적으로 파이썬 모듈 단위로 로거를 생성하며 최상단에 root 로거 밑으로 부모 자식 관계를 형성한다. 모든 로거는 root 로거의 자식이다.

- **핸들러**^{Handlers} : 로거에 의해 생성된 로그 레코드(LogRecord)를 적절한 곳에 출력한다. 로그는 콘솔이나 파일, 데이터베이스 등에 저장할 수 있다. 로거는 여러 개의 핸들러를 보유할 수 있고, 핸들러는 반드시 특정 로거 객체에 귀속된다(필자는 핸들러를 모두 root 로거에 추가한다).
- **포매터**^{Formatters} : 로그의 출력 포맷을 결정한다.

로깅을 제대로 하기 위해서 위 객체들에 대해서 어느 정도 이해하고 있어야 한다. 조금 더 자세히 살펴보자.

위에서 잠시 언급한 로그 레코드는 역시 또 하나의 객체이며, 로그 한 줄이 생길 때마다 생기는 객체다. 로그를 구성하는 메세지뿐만이 아니라 로거의 이름, 로그 레벨, 로그를 발생시킨 소스 코드의 위치 등의 중요한 정보를 담고 있는 녀석이다. 로그 레코드가 위의 모든 객체들에게 전달되어 각자의 역할을 수행하게 한다.

로깅을 하는 주체는 로거라고 앞 절에서 잠시 언급하였다. root 로거는 파이썬의 최상단에 위치한 로거이며 로깅 레벨에 따라 debug( ), info( ), warning( ), error( ), critical( ) 메소드를 실행하는 주체다. 로거는 아래와 같이 생성 혹은 획득할 수 있다.

```
1  >>> logger = logging.getLogger(__name__)          #로거 획득
```

로거는 자체적으로 인스턴스를 생성할 수 없다. 무조건 logging 모듈의 getLogger( ) 메소드에 의해 인스턴스화 된다. 인자 값으로는 로거의 이름을 결정하는 어떠한 문자열을 집어 넣어도 상관없으나, 파이썬 커뮤니티에서는 모듈 단위의 로거를 생성하여 사용하라고 권고하고 있다. 그래서, 인자 값에 모듈의 이름을 담고 있는 변수인 __name__를 집어 넣었다. 아래와 같이 IDLE에서 해당 변수를 호출하면 '__main__'이 반환된다.

```
1  >>> __name__
2  '__main__'
```

그럼 획득한 로거로 메세지를 출력해 보자.

```
1  >>> logger = logging.getLogger(__name__)      # 로거 획득
2  >>> logger.warn('곧 문제가 생길 가능성이 높습니다.')   # WARNING 로그 출력
3  WARNING:__main__:곧 문제가 생길 가능성이 높습니다.
```

앞 절에서 logging 모듈에서 호출한 결과와 동일한 결과가 출력되고 있다. 이번에는 로그가 출력되는 포맷을 한번 살펴보자.

실은 이 기본 로그 포맷은 로그로써 그리 적절한 포맷은 아니다. 일반적으로 로그에는 해당 로그가 찍힌 시간이 포함되게 마련이다. 그래야 추적이 용이하다. 그리고 콜론 기호(:)는 익숙하지 않고 구분이 잘 되어 보이지 않는다. 필자는 ' - ' 형태로 바꾸고 싶다. 그리고 각 항목의 순서도 변경하고자 한다. 필자가 원하는 포맷의 예제는 아래와 같다.

```
2015-11-21 15:20:31,087 - root - INFO - 곧 문제가 생길 가능성이 높습니다.
```

해당 포맷을 변경하기 위해서는 로거의 핸들러를 확보한 뒤, 위 포맷대로 설정한 포매터를 활용하여 핸들러의 출력 포맷을 변경해 주면 된다. 오랜만에 IDLE에서 새 창을 활용하여 소스 코드를 작성해 보자. 이는 깨끗한 환경에서 파이썬 소스 코드를 실행시켜줄 것이며 연습용이 아닌 실전과 유사한 환경을 만들어 주기 때문이다.

[**소스 코드 12-1**] logger_example.py – 로거 사용 예제

```
1   ### IDLE 에 〈Ctrl〉+〈N〉 키를 눌러서 새창에서 작업하세요!! ###
2
3   # 로깅 모듈 탑재
4   import logging
5
6   # 콘솔 출력용 핸들러 생성
7   handler = logging.StreamHandler()
8
9   # 포매터 생성
10  formatter = logging.Formatter('%(asctime)s - %(name)s - %(levelname)
    s - %(message)s')
```

```
11
12    # 핸들러에 포매터 설정
13    handler.setFormatter(formatter)
14
15    # 로거 생성 및 로그 레벨 설정, 핸들러 추가
16    logger = logging.getLogger(__name__)              # 로거 생성
17    logger.setLevel(logging.INFO)                     # 로그 레벨 설정 : INFO
18    logger.addHandler(handler)                        # 해당 로거에 핸들러 추가
19
20    # 로그 메세지 출력
21    logger.debug('이 메세지는 개발자만 이해해요.')      # DEBUG 로그 출력
22    logger.info('생각대로 동작 하고 있어요.')           # INFO 로그 출력
23    logger.warn('곧 문제가 생길 가능성이 높습니다.')     # WARNING 로그 출력
24    logger.error('문제가 생겼어요.기능이 동작 안해요.')  # ERROR 로그 출력
25    logger.critical('시스템이 다운됩니다!!!!')          # CRITICAL 로그 출력
```

중요한 줄을 자세히 들여다 보자.

7번째 줄에서 핸들러를 생성하고 있다. StreamHandler는 logging 모듈에 구현되어 있는 클래스로 표준 출력 함수인 print( )처럼 콘솔에 로그를 출력하는 핸들러다. 파일에 로그를 출력하게 해주는 FileHandler와 함께 가장 많이 사용되는 핸들러 중 하나이다. 조금 더 다양한 핸들러 내용은 뒤에서 소개하겠다.

10번째 줄에서는 출력할 로그의 포맷을 정의한 포매터를 생성하고 있다. logging 모듈의 Formatter 클래스의 객체를 생성하기 위하여 인자 값에 적절한 포맷을 의미하는 문자열을 집어 넣었다. 해당 문자열을 다시 살펴보자.

```
'%(asctime)s - %(name)s - %(levelname)s - %(message)s'
```

일정한 패턴이 보인다. 퍼센트 기호(%)로 시작하여 괄호 안에 특정 항목 값이 보이고, 괄호 뒤에는 소문자 s가 보이는 문자들로 이루어져 있다. 중간에 하이픈 기호(–)는 필자가 집어 넣은 기호다. 퍼센트 기호는 일종의 특수 기호로 로그 레코드의 속성들을 호출하겠다는 의미로 이해하자.

괄호 안의 값들이 바로 로그 레코드의 속성명이다. 마지막의 소문자 s는 문자열을 뜻한다. 경우에 따라 d를 쓰는 경우에는 정수 타입, f를 쓰는 경우에는 실수 타입을 뜻한다. 로그 레코드의 주요 속성 종류 및 호출하는 방법은 아래 표 12.3을 참고하기 바란다.

속성명	호출 방법	상세 설명
asctime	%(asctime)s	로그 레코드 생성 시간
filename	%(filename)s	로깅 소스 코드가 작성된 파일 이름 (확장자 포함)
funcName	%(funcName)s	로깅을 호출한 함수의 이름
levelname	%(levelname)s	로그 레벨 ('DEBUG', 'INFO', 'WARNING','ERROR', 'CRITICAL').
lineno	%(lineno)d	로그 소스 코드의 줄 위치
module	%(module)s	모듈 이름 (확장자 미포함)
message	%(message)s	로깅 메세지
name	%(name)s	로거 이름
pathname	%(pathname)s	로깅 소스 코드가 작성된 파일의 전체 경로(절대 경로)

[표 12.3] 로그 레코드의 주요 속성명 및 로그 포맷 지정 시 호출 방법과 상세 설명

16번째 줄에서는 로거를 모듈 이름으로 확보한 뒤, 17번째 줄에서 로그 레벨을 INFO로 세팅하고 있다. 세팅은 로거의 메소드인 setLevel( )을 사용하였고, 인자 값으로 logging.INFO를 집어 넣었다. 로그 레벨을 위한 로깅 모듈의 변수는 아래와 같다. 아래로 내려 갈수록 레벨은 낮아지며 출력하는 로그의 양은 증가한다.

```
logging.CRITICAL

logging.ERROR

logging.WARNING

logging.INFO

logging.DEBUG

logging.NOTSET
```

마지막 부분에 NOTSET은 처음 보는 용어이다. 기존에 알고 있던 5가지 레벨의 DEBUG와 비슷한 위치다. 모든 로그를 출력하겠다는 뜻이며 로거나 핸들러 생성 시에 로그 레벨이 기본적으

로 NOTSET이 설정되어 있다. 이는 로거나 핸들러가 속한 상위 객체의 설정 값을 그대로 따르거나, 더 높은 로그 레벨이 필요할 때만 로그 레벨을 바꾸려고 하는 의도로 보여진다. 예를 들어 root 로거가 WARNING이다. 새로 생성된 root 로거의 하위 로거는 세팅을 DEBUG로 설정하더라도 부모 로거에서 이미 한 차례 걸러졌기 때문에 DEBUG나 INFO 메세지가 출력되지를 않는다. 마찬가지로 특정 로거의 레벨이 ERROR인 상황에서 로거에 속한 핸들러의 레벨이 DEBUG여도 핸들러가 속한 로그의 레벨이 ERROR이기 때문에 ERROR, CRITICAL 로그 메세지만이 출력될 것이다. **root 로거로부터 계층 구조에 따라 아래로 내려갈 때 로그 레벨은 점점 높아질 수 밖에 없다는 점**, 다시 말하면 로그의 양이 점점 줄어들게 설정할 수 밖에 없다는 점을 꼭 기억해 두기 바란다.

---

tip 로그 레벨 설정에 관한 팁

로그 레벨은 root 로거나 특정 로거, 핸들러 등에 모두 설정이 가능하여 다소 혼란스럽다. 필자는 아래와 같이 세팅하는 것을 선호한다.

1〉root 로거의 로그 레벨은 기본 값을 DEBUG나 NOTSET으로 세팅하여 모든 로그를 출력할 수 있게 설정한다.
2〉로그 레벨을 제어하고 싶은 단위로 로거를 생성한다. 대부분 모듈이나 패키지 단위로 작성한다. 로그 레벨의 설정은 로거에 직접한다.
3〉핸들러는 콘솔이나 파일에 로그를 출력하는 녀석이다. 로거들이 공유할 수 있기 때문에 핸들러에는 로그 레벨 설정을 하지 않는다. 이는 곧 기본 값인 NOTSET으로 세팅을 한다는 뜻이다. 그리고 원하는 로거에 추가하여 로거에 세팅되어 있는 로그 레벨을 따라 가게 한다. 이렇게 하면 비록 핸들러의 로그 레벨이 NOTSET이더라도 로거에 설정되어 있는 레벨에 따라서 로그가 출력된다.

18번째 줄에서는 앞서 확보한 StreamHandler, addHandler( )를 사용하여 로거에 추가하고 있다. 앞으로 이 로거로 인해 출력되는 로그는 이 핸들러에 의해 콘솔에 출력이 될 것이다. 위에서 언급하였듯이 핸들러의 로그 레벨은 설정하지 않았기 때문에 로거의 로그 레벨을 준수하게 된다.

21번째 ~ 25번째 줄에서는 각 로그 레벨에 맞는 로그를 출력해 보았다. 상단에서 INFO로 로그 레벨을 설정하였으니 DEBUG를 제외한 모든 메세지가 출력되어야 한다.

〈F5〉키를 눌러서 실행해 보자.

```
File  Edit  Shell  Debug  Options  Window  Help
>>> ============================= RESTART =============================
>>>
2015-11-21 22:13:47,170 - __main__ - INFO - 생각대로 동작 하고 있어요.
2015-11-21 22:13:47,198 - __main__ - WARNING - 곧 문제가 생길 가능성이 높습니다.
2015-11-21 22:13:47,205 - __main__ - ERROR - 문제가 생겼어요.기능이 동작 안해요.
2015-11-21 22:13:47,213 - __main__ - CRITICAL - 시스템이 다운됩니다!!!!
>>> |
                                                              Ln: 92 Col: 4
```

그림 12.9 로거 사용 예제 실행 화면(소스 코드 12-1.logger_example.py)

오! 처음에 다소 정보가 부족해 보였던 로그에 비해서 무언가 제대로 된 로그를 보고 있다는 느낌이 드는 순간이다. 좌측 끝에는 로그가 출력된 순간의 시간이 표시되고 있다. 2015-11-21 22:13:47,170의 마지막 3자리는 밀리세컨드(ms) 단위를 보여 주고 있다. 그 다음에는 모듈명이 나오고 있다. IDLE 실행하여 메인 환경에서 실행하였기 때문에 '__main__'이라는 로거 이름이 보이고 있다. 그 다음에는 로그 레벨이 출력되고 있고 이어서 메세지가 출력되었다. 로그 레벨이 INFO 였기 때문에 DEBUG 메세지는 출력이 되지 않았다.

포매터에 의해 우리가 원하는 로그를 출력해 보았는데 한 가지 더 추가하고 싶은 것이 눈에 보인다. 출력 메세지의 시작 부분에서 로그 레벨의 글자 길이가 달라서 줄이 맞춰지지 않았다. 필자는 개인적으로 한 줄로 정렬되기를 원한다. 이런 경우 포매터의 문자열 포맷을 약간 추가하면 된다. 소스 코드 12-1의 10번째 줄의 포매터 설정 부분만 아래와 같이 변경해 보자.

```
1  # 포매터 생성(로그 레벨 출력 부분 8 글자로 고정)
2  formatter = logging.Formatter('%(asctime)s - %(name)s -
   %(levelname)-8s - %(message)s')
```

로그 레벨을 표기하는 항목이였던 %(levelname)s가 %(levelname)-8s으로 변경되었다. 문자열을 의미했던 's'를 '-8s'로 변경하면 8개의 길이인 문자열로 표기하라는 의미이며 부족한 문자는 공백으로 채워진다. 변경된 소스를 〈F5〉 키를 눌러서 실행해 보자.

그림 12.10 포매터 수정 후 실행 결과

로그 레벨 부분이 8글자(CRITICAL의 글자수)로 고정되어서 메세지들이 모두 좌측 정렬되어 출력되는 것을 확인할 수 있다. 훨씬 깔끔해 보인다!

6. 설정 파일을 활용한 로깅

지금까지 살펴본 방법으로도 어느 정도 수준 높은 로깅을 할 준비가 되었다. 하지만 한 가지 찜찜한 것이 있다. 앞서 로그 레벨을 설명할 때 개발자와 운영자와 같이 역할이 다른 사람들이 바라보는 로그 레벨이 다를 수 있다고 하였는데 지금처럼 파이썬 소스 코드에서 레벨을 지정하게 되면 사람마다 다른 소스 코드를 실행하게 된다는 결론에 이른다. 이는 같은 이름의 파이썬 소스 파일을 로그 레벨 설정 부분만 수정하게 하는 등의 쓸데 없이 중복되는 파일을 생성하게 되고, 또 다른 오류를 일으킬 가능성이 높아진다고도 하였다. 그럼 어떻게 하는 것이 좋을까?

이런 '설정'과 같은 부분은 대부분 소스 코드와는 별개의 '설정 파일'에 저장하는 것이 일반적인 방법이다. 설정 파일에 로그 레벨, 포매터, 핸들러, 로거 등의 설정을 기록해 놓고, 파이썬 코드에서는 해당 파일을 읽는 것으로 설정하는 것을 대신하고 소스 코드를 실행하면 된다.

그럼 설정 파일은 어떻게 작성하는 것일까? 파이썬에서 설정 파일을 작성하는 방법은 다양하다. 이번 장에서는 파이썬에서 자체적으로 정의한 '파일 설정 (FileConfig)' 파일을 만들어 보겠다. 메모장(혹은 선호하는 텍스트 에디터)을 열어서 다음과 같이 작성하여 저장해 보자. 설정 파일은 파이썬 소스 코드와 동일한 위치에 저장하기 바란다. 필자는 소스 코드의 위치는 D:\Python37\

Source이며, 설정 파일은 logging.conf라고 지어 보았다(확장자는 무엇이 되든 상관없다. 보통 conf, ini, properties 등을 사용한다).

[**소스 코드 12-2**] logging.conf – 설정 파일 예제

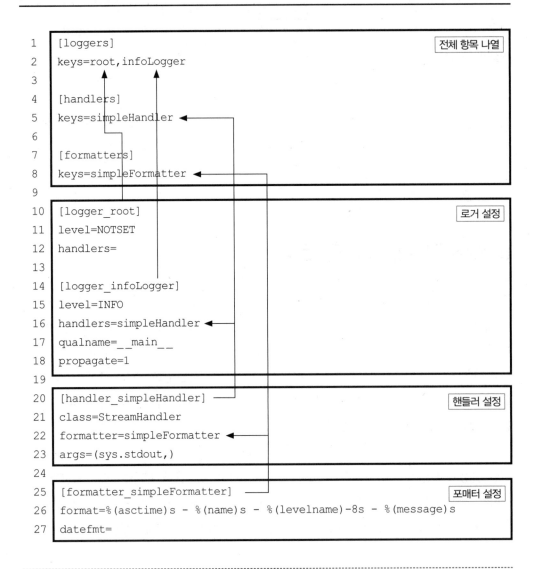

다소 복잡해 보일 수 있겠지만 그리 어렵지 않다. 하나씩 살펴보자.

6.1 전체 키 값 설정, 로거, 핸들러, 포매터의 설정 파일 이름 정의

첫 번째 ~ 8번째 줄까지는 이 설정 파일에서 설정할 로거와 핸들러, 포매터의 이름을 설정하는 장소이다. 일종의 초기화 장소이며 여기에 기술된 각각의 로거와 핸들러, 포매터의 설정을 아래에 각 항목별로 기술해야만 한다. 대괄호 기호라던지 keys라는 용어는 이미 약속된 양식이기 때문에 반드시 지켜야 한다. 한 가지 주의할 점은 2번째 라인의 첫 번째 로거 이름이 root인 것이다. root는 모든 로거의 부모이니 반드시 기술되어야 한다. 여러 개인 경우에는 쉼표 기호 (,)로 구분하여 쭉 나열한다. 앞 절의 예제에서 생성한 로거를 'infoLogger'라는 이름으로 설정해 보았다. [handlers]의 keys 값으로는 'simpleHandler'를 넣었고, [formatter]의 keys 값으로는 'simpleFormatter'를 집어 넣었다. 이러한 핸들러나 포매터의 이름은 자유롭게 변경이 가능하다. 단, 여기에 들어가 있는 이름들을 하단에 똑같이 기술해야 하니 잘 기억해 두어야 한다.

6.2 root 로거 설정

10번째 ~ 12번째 줄에는 root 로거의 설정이다. 11번째 줄에 로그 레벨을 NOTSET으로 설정하여 모든 로그를 출력할 수 있게 로그 수준을 바닥으로 깔아 둔다. 만약 여기서 WARNINGS와 같이 세팅을 한다면 DEBUG나 INFO 레벨의 메세지는 더 이상 구경할 수 없을 것이다. 참고로 12번째 줄의 핸들러가 비어 있는데 필자는 root 로거에 핸들러를 세팅하는 것을 피해야 한다고 생각한다. 왜냐하면 root 로거는 모든 로거의 부모이고 설정에 따라 모든 로거의 로그 레코드는 부모에게 전달되어 root 로거의 핸들러에 의해 다시 출력될 수도 있다. 만약 모든 로거가 레벨은 다르지만 같은 핸들러를 사용하는 경우라면 root 로거에 세팅해도 무관하다. 잘 판단하기 바란다.

6.3 자체 로거 설정

14번째 줄에 드디어 우리가 정의한 로그를 설정하기 위한 키워드가 나오고 있다. 'logger_' 뒤에 위에서 설정한 로거 이름을 붙이는 형태이다. 그래서 [logger_infoLogger]로 작성이 되었다.

15번째 줄에서 로그 레벨을 INFO로 설정하고 있다. 앞으로 이 로거로 출력되는 로그 메세지는 INFO 레벨보다 높은 것만을 출력할 것이다. 다시 말해서 DEBUG 메세지는 출력을 하지 않는다.

16번째 줄에는 어떤 핸들러를 사용할지를 명시한다. 앞 절의 addHandler( ) 메소드와 같은 역할을 한다.

17번째 줄에는 로거의 이름을 설정한다. 앞 절의 예제는 로거의 이름이 __main__ 이라 이렇게 설정하였지만, 대부분 모듈이나 패키지명이 들어가야 한다(예: org.pythong.docs.logging). qualname은 qualified name의 약자로 프로그램 내의 유일한 이름을 뜻한다.

18번째 줄에는 다소 생소한 설정이 보인다. 바로 propagate 즉 전파 유무를 결정하는 설정이다. 이는 해당 로거에 의해 출력될 로그 레코드를 부모에게 전달할지 안 할지를 결정한다. 1인 경우에는 전달하고, 0인 경우에는 전달하지 않는다.

6.4 핸들러 설정

20번째 줄에는 핸들러 설정 부분이다. 상단에서 정한 이름인 simpleHandler가 'handler_' 뒤에 붙어서 해당 핸들러를 설정하겠다는 의미를 부여한다. 오타에 주의하자.

21번째 줄에는 어떤 핸들러를 설정할지를 나타낸다. 앞 절에서 StreamHandler( )를 통해서 콘솔 핸들러를 생성했었다. 같은 방식으로 class=StreamHandler를 명시하여, 해당 클래스의 객체를 생성하겠다고 설정할 수 있다. 만약 다른 핸들러를 사용한다면 해당 핸들러 클래스명을 집어 넣으면 된다.

22번째 줄에는 포매터 설정이다. 조금 뒤에 설정할 포매터의 이름인 simpleFormatter가 설정되어 있다. 이는 상단에서도 한 번 설정한 이름이다.

23번째 줄에는 핸들러 생성 시 생성자에 전달할 인자 값 리스트를 튜플 형태로 넣는 장소다. 이 핸들러는 콘솔 출력 시 해당 컴퓨터의 시스템 표준 출력문을 통해 출력하겠다는 의미로 인자 값에 sys.stdout을 집어 넣고 있다.

6.5 포매터 설정

25번째 줄에서 포매터의 이름을 명시하고 있다. 이제 패턴이 익숙해졌으리라 본다. 'formatter_' 뒤에 포매터의 이름을 집어 넣었다.

26번째 줄에서 포매팅 문자열이 보인다. 앞 절의 문자열과 동일하다.

27번째 줄에서는 날짜의 출력 포맷을 위한 datefmt= 설정이 보인다. 이 곳을 비워 두면 파이썬에서 자동으로 아래와 같은 포맷으로 출력을 해 준다. 지금은 이 포맷으로 충분해 보인다.

```
2015-11-23 10:29:50,411.
```

소스 코드를 아래처럼 수정해 보자. 굵은 글씨가 추가된 내용이다.

[소스 코드 12-3] logging_config_example.py – 설정 파일을 활용한 로깅 예제

```
1    import logging                                    # 로깅 모듈 탑재
2    import logging.config                             # 로깅 설정 모듈 탑재
3
4    # 설정 파일 읽어 오기
5    logging.config.fileConfig('12-2.logging.conf')
6
7    # 로거 생성
8    logger = logging.getLogger(__name__)              # 로거 생성
9
10   # 로그 메세지 출력
11   logger.debug('이 메세지는 개발자만 이해해요.')        # DEBUG 로그 출력
12   logger.info('생각대로 동작 하고 있어요.')            # INFO 로그 출력
13   logger.warn('곧 문제가 생길 가능성이 높습니다.')       # WARNING 로그 출력
14   logger.error('문제가 생겼어요.기능이 동작 안해요.')     # ERROR 로그 출력
15   logger.critical('시스템이 다운됩니다!!!!')           # CRITICAL 로그 출력
```

줄 수가 무척 짧아졌다. 대부분의 설정 내용들이 설정 파일 속으로 들어갔기 때문이다.

2번째 줄에서 설정 파일을 로딩하기 위한 logging.config 모듈을 탑재하였다.

5번째 줄이 바로 설정 파일을 불러오는 구문이다. logging.config 모듈의 fileConfig( ) 메소드를 사용하여 인자 값에는 파일명을 집어 넣고 있다. 필자는 파일 생성 순서를 표기하기 위해 파일명 앞에 "12-2."를 집어 넣었지만, 여러분은 여러분이 생성한 파일명을 집어 넣어야 한다.

이제 기존 소스 코드에서 남아 있는 것은 로거를 생성하는 부분과 로깅하는 부분 뿐이다. 8번째 줄에서 기존과 같이 로거를 생성하였고, 나머지 부분에서 로깅을 하고 있다. 변경된 소스 코드를 기존 소스와 비교해 보자.

그림 12.11 기존 소스 코드와 현재 소스 코드 비교

좌측의 예전 소스 중 삭제 된 소스 코드에 줄을 그어 보았다. 물론, 설정 파일이 새로 생겼기 때문에 전체 타이핑 양이 줄어들었다고 할 수는 없다. 하지만 **소스 코드가 변경될 가능성을 줄여 주었고, 설정 부분이 변경되면 소스 코드 수정 없이 설정 파일의 값만 수정하면 된다.**

말 나온 김에 로그 레벨을 한번 변경해 보자. 설정 파일에서 infoLogger 설정 부분의 로그 레벨을 INFO에서 ERROR로 바꿔 보자. 아래 그림에서 박스 부분이다.

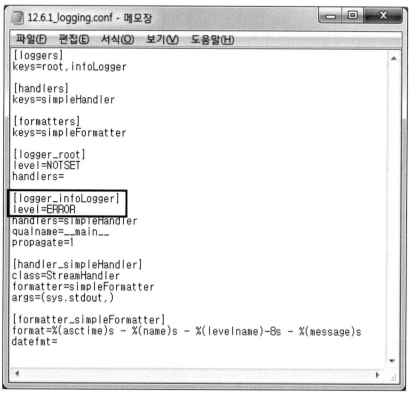

그림 12.12 infoLogger의 레벨 변경(INFO → ERROR)

이제 소스 코드를 다시 실행해 보자.

```
File  Edit  Shell  Debug  Options  Window  Help
>>> ============================= RESTART =============================
>>>
2015-11-22 13:27:48,411 - __main__ - ERROR    - 문제가 생겼어요.기능이 동작 안해요.
2015-11-22 13:27:48,419 - __main__ - CRITICAL - 시스템이 다운됩니다!!!!
>>> |
                                                                    Ln: 37 Col: 4
```

그림 12.13 로그 레벨 변경 후 소스 코드 실행 결과(소스 코드 12-3)

설정 파일을 변경한 것만으로 출력되는 로그가 변경되는 것을 눈으로 확인할 수 있다.

한 가지만 더 살펴보도록 하겠다. 지금까지 본 로그는 콘솔상에 출력되는 로그이다. 개발 중에는 항상 콘솔 화면을 보고 있기 때문에 이것으로도 충분하지만 운영 환경에서 콘솔 화면을 한시도 놓치지 않고 뚫어져라 쳐다보고 있는 것은 불가능하다. 그렇기 때문에 로그는 콘솔에도 출력 하지만 대부분 파일에 저장하게 마련이다. 이렇게 저장된 로그를 문제가 생기면 추적 및 트러블 슈팅을 위해 참고하게 된다. 그래서 이번에는 파일 핸들러(FileHandler)를 사용하는 방법을 살펴보겠다.

이제 우리는 설정 파일을 사용할 수 있으니, 설정 파일을 변경해 보자.

[**소스 코드 12-4**] logging.conf – 파일 핸들러 추가 예제

```
1   [loggers]
2   keys=root,infoLogger
3
4   [handlers]
5   keys=simpleHandler,fileHandler
6
7   [formatters]
8   keys=simpleFormatter
9
10  [logger_root]
11  level=NOTSET
12  handlers=
13
14  [logger_infoLogger]
15  level=INFO
16  handlers=simpleHandler,fileHandler
17  qualname=__main__
18  propagate=1
19
20  [handler_simpleHandler]
21  class=StreamHandler
22  formatter=simpleFormatter
23  args=(sys.stdout,)
```

파일 핸들러 추가

```
24
25    [handler_fileHandler]
26    class=FileHandler
27    formatter=simpleFormatter          ◄──── 파일 핸들러 추가
28    args=('python.log', 'w')
29
30    [formatter_simpleFormatter]
31    format=%(asctime)s - %(name)s - %(levelname)-8s - %(message)s
32    datefmt=
```

5번째 줄에 핸들러 키 값 끝에 쉼표 기호(,)를 넣고 'fileHandler'를 추가한다.

16번째 줄에는 infoLogger에 핸들러를 추가하고 있다. 위와 같은 방식이다.

25번째 ~ 28번째 줄까지가 추가된 fileHandler에 대한 설정 내용이다. 소스 코드로 따지면 객체를 생성하기 위한 정보를 입력하는 단계이다.

26번째 줄에 클래스명을 입력하였다. 파일 핸들러의 클래스명은 동일하게 'FileHandler'이다.

27번째 줄은 포매터 설정 부분이다. 콘솔 핸들러와 같은 포매터를 사용한다.

28번째 줄에 주목해 보자. 생성자에 인자 값을 전달 하기 위해 두 개의 값을 전달하고 있다. 첫 번째 값은 로그를 기록할 파일 이름이다. 두 번째 항목의 'w'는 파일에 쓰기 권한(write)이 필요하다는 의미다.

그럼 이 파일을 저장한 다음 다시 소스 코드 12-3에 나오는 파일을 〈F5〉 키로 실행해 보자. 콘솔에는 예전과 같은 출력 결과가 나오는 것을 확인할 수 있다. 이는 콘솔 핸들러인 simpleHandler에 의해서 출력된 결과다.

```
File  Edit  Shell  Debug  Options  Window  Help
>>> ================================ RESTART ================================
>>>
2015-11-22 14:22:15,884 - __main__ - INFO     - 생각대로 동작 하고 있어요.
2015-11-22 14:22:15,893 - __main__ - WARNING  - 곧 문제가 생길 가능성이 높습니다.
2015-11-22 14:22:15,902 - __main__ - ERROR    - 문제가 생겼어요.기능이 동작 안해요.
2015-11-22 14:22:15,907 - __main__ - CRITICAL - 시스템이 다운됩니다!!!!
>>>
                                                              Ln: 44 Col: 21
```

그림 12.14 설정 수정 후 실행 결과

로그 파일이 생성되었는지 확인해 볼 차례다. 위에서 실행한 소스 코드 폴더를 확인해 보자. 필자의 소스 코드 위치는 D:₩Python37₩Source다. 해당 폴더를 확인해 보면 설정 파일 27번째 줄에서 기술하였던 로그 파일 이름인 'python.log' 파일을 확인할 수 있다.

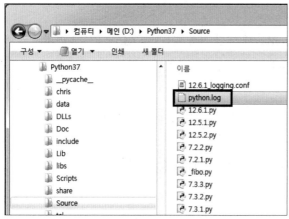

그림 12.15 python.log 파일 확인

해당 파일을 선호하는 텍스트 에디터로 열어 보자. 필자는 메모장을 사용했다.

```
python.log - 메모장
파일(F)  편집(E)  서식(O)  보기(V)  도움말(H)
2015-11-22 14:22:15,884 - __main__ - INFO     - 생각대로 동작 하고 있어요.
2015-11-22 14:22:15,893 - __main__ - WARNING  - 곧 문제가 생길 가능성이 높습니다.
2015-11-22 14:22:15,902 - __main__ - ERROR    - 문제가 생겼어요.기능이 동작 안해요.
2015-11-22 14:22:15,907 - __main__ - CRITICAL - 시스템이 다운됩니다!!!!
```

그림 12.16 로그 파일 확인 결과(python.log)

콘솔 상에 출력된 결과와 같은 내용이 파일에 저장되는 것을 확인할 수 있다.

7. Wrap-up

이번 장에서는 프로그램 상에 표준 출력문의 값들을 다양한 포맷으로 출력하는 방법에 대해서 알아보았다. 그리고 단순히 표준 출력문을 사용하는 것보다 더 나아가 로깅의 개념이 무엇인지 살펴보고, 파이썬에서 제공하는 로깅 모듈의 사용법을 알아보았다. 또한, 설정 파일을 사용하여 소스 코드의 변경없이 다양한 로그 레벨의 로깅을 할 수 있는 가장 기본적인 방법을 살펴보았다. 그리고 해당 로그를 파일로 남기는 방법도 살펴보았다. 앞으로도 소스 코드 작성 시 여러분의 소스 코드의 추적을 쉽게 하기 위해 어떤 식으로 로그를 남기고, 적절한 로그 레벨을 설정하는 방법을 훈련하도록 하자.

다음 장에서는 소스 코드 작성 시에 발생할 수 있는 에러 및 예외 상황에 대한 처리를 어떻게 하는지 살펴보도록 하자.

{ CHAPTER 13 }

에러^{Errors}와 예외 처리
Exceptions Handlilng

우리는 지금까지 여러 형태의 소스 코드를 실행시키면서 몇 가지 에러 상황을 본적이 있다. 필자의 의도는 에러를 확인하면서 개념을 이해하기 위함이었으나 실제 프로젝트에서는 어떤 누구도 일부로 에러가 나는 소스 코드를 작성하려고 하지는 않을 것이다. 그럼에도 불구하고, 프로그램에서 발생하는 에러는 완전히 제거할 수 없는 존재이다. 이 세상에 어떤 사람도 에러가 전무한 소스 코드를 작성할 수는 없다. 오랜 경력을 가지고 있는 무림의 고수여도 마찬가지이다. 어느 정도 성숙한 개발자라면 소스 코드에 에러가 발생하는 것을 두려워하거나 본인의 치부라고 생각하지 않는다. 오히려 더 큰 재앙을 막아 주는 고마운 존재로 여길 것이다(물론, 에러가 없는 코드를 만드는 데 노력해야 한다!). 그렇다면 이런 에러를 어떻게 다룰 것인가?

이번 장에서는 에러의 유형에 대해 살펴보고 에러나 예외 사항이 발생하였을 때 프로그램을 제어하는 방법에 대해 알아보겠다. 성숙한 개발자일수록 본인이 작성한 소스 코드에서 발생할 에러나 예외 사항을 미리 파악하고, 이런 상황에 대해 적절하게 사용자나 개발자에게 상세 사항을 전달하려고 노력할 것이다. 그리고 실행 중인 프로그램에 영향을 최대한 미치지 않도록 할 것이다. 그럼 시작해 보자.

1. 구문 에러^{Syntax Errors}

초보 개발자가 가장 많이 발생하는 에러가 무엇일까? 바로, 문법상 오류일 것이다. 아직 파이썬 문법이 익숙하지 않은 개발자는 아래와 같은 문구를 자주 접하게 될 것이다. 일단 아래 소스 코드를 작성해 보자.

```
1  >>> print 'Hello, world!'                    # print() 함수의 괄호 누락 예시
2  SyntaxError: Missing parentheses in call to 'print'
3  >>> if 1 > 0                                  # : 누락 예시
4  SyntaxError: invalid syntax
5  >>> if 1 > 0:
6          print('1 is grater than 0')
7    print('Of course!')                        # 들여쓰기 실수
8
9  SyntaxError: unindent does not match any outer indentation level
```

첫 번째 줄의 예시는 표준 출력문을 위한 print( ) 함수에서 중괄호 기호(( ))를 누락하여 작성한 예시이다. 이 방식은 파이썬 2.X 버전에서 실제로 사용하는 표준 출력문의 모습이기 때문에 파이썬 2.X 버전에 익숙한 사람이라면 쉽게 접할 수 있을 것이다.

2번째 줄의 에러 메세지를 보자. SyntaxError는 구문 에러를 뜻하며, 'print' 함수를 호출할 때 괄호 기호parentheses가 누락되었다는 메세지를 출력하고 있다.

3번째 줄에서는 if 문을 작성하였으나, 콜론 기호(:)를 누락하여 에러가 발생하였다.
4번째 줄의 에러 메세지는 훨씬 단순하다. 구문 에러가 발생하였고, 적합하지 않은 구문을 사용하였다는 메세지다.

5번째 ~ 7번째는 if 문의 블록문에서 들여쓰기를 실수한 경우다. 6번째 줄의 print( )문과 7번째 줄의 print( )문의 들여쓰기가 서로 다르다.
위 에러 메세지는 9번째 줄에서 확인이 가능하다. 7번째 줄의 들여쓰기 레벨(indentation level)이 다른 블록문의 들여쓰기 레벨과 다르다는 메세지다.

이처럼 **문법 오류로 인해 소스 코드를 실행 하기 전에 발생하는 에러를 구문 에러**Syntax Error라고 한다. 실행이 되기 전에 소스 코드의 구문을 분석할 때 나는 에러라고 해서 **파싱 에러**Parsing Error라고도 불린다. 여러분이 파이썬을 배우는 동안에는 가장 자주 만나게 될 녀석이다.

2. 예외Exceptions

문법상 오류가 없는 소스 코드라면 구문 분석(파싱) 이후에 소스 코드가 실행될 것이다. **소스 코드 실행 중에 에러가 발생하는 경우** 이를 통칭해서 **예외**Exceptions라고 한다. 이러한 예외는 예상치 못한 상황이긴 하지만 항상 치명적이지는 않다. 이런 예외를 적절하게 처리하는 방법을 배우기 전에, 먼저 처리하지 않았을 때 어떤 에러가 발생하는지 확인해 보자.

```
1   >>> print(strange)                          # 정의하지 않은 변수 strange 호출
2   Traceback (most recent call last):
3       File "<pyshell#9>", line 1, in <module>
4           print(strange)
5   NameError: name 'strange' is not defined
6   >>> 2 + '2'                                  # 숫자와 문자열의 덧셈 불가하다
7   Traceback (most recent call last):
8       File "<pyshell#10>", line 1, in <module>
9           2 + '2'
10  TypeError: unsupported operand type(s) for +: 'int' and 'str'
```

첫 번째 줄의 명령어에는 정의하지 않은 변수를 출력하려다가 예외가 발생하는 사례다.

3번째 ~ 4번째 줄까지 예외 메세지가 보이고 있다. 앞 절에서 본 단순한 한 줄짜리 에러 메세지와는 다르게 보인다.

3번째 줄에서는 에러가 정확히 어디서 발생했는지 확인할 수 있다. 파일명과 몇 번째 줄에서 발생했는지 상세한 정보가 나와 있다(pyshell로 보이는 건, IDLE에서 실행했기 때문이다).

4번째 줄에서는 예외가 발생한 줄의 소스 코드를 출력해 주고 있다.

5번째 줄에서는 상세한 예외 메세지가 보이고 있다. **NameError** 즉 이름 에러가 발생하였고, 'strange'가 정의되어 있지 않다는 메세지가 출력되었다. 이 정보만으로도 현재 예외가 왜 발생했는지 쉽게 알 수 있다.

6번째 줄에서는 정수 2와 문자열 '2'를 서로 더하려고 하였다. 지난 4장에서 데이터의 형이 중요하다고 언급한 적이 있다. 서로 다른 형태의 데이터 형은 서로 더할 수 없다. 그렇기 때문에 예외가 발생하였고, 출력 내용은 위의 사례와 같다.

10번째 줄의 예외 내용을 살펴보자. 일단, **TypeError**로 데이터 타입 관련 에러임을 알 수 있다. 메세지를 보니, 정수 타입과 문자열 형은 '+'에 대한 연산자를 함께 사용할 수가 없다는 뜻이다.

이렇듯 파이썬은 다양한 유형의 에러를 미리 정해놓고, 데이터 타입과 같이 에러 타입을 정의하였다. 대부분의 에러명은 그것 만으로도 어떤 에러가 발생하였는지 알 수 있으며, 상세한 에러 메세지를 출력하여 개발자에게 에러가 발생한 위치와 상세 내용을 전달하고 문제 해결의 실마리를

제공한다. 이렇게 파이썬에 미리 정해 놓은 예외들을 **Built-in Exceptions**이라고 부른다. 전체 목록은 아래와 같다.

```
BaseException
 +-- SystemExit
 +-- KeyboardInterrupt
 +-- GeneratorExit
 +-- Exception
      +-- StopIteration
      +-- ArithmeticError
      |    +-- FloatingPointError
      |    +-- OverflowError
      |    +-- ZeroDivisionError
      +-- AssertionError
      +-- AttributeError
      +-- BufferError
      +-- EOFError
      +-- ImportError
      +-- LookupError
      |    +-- IndexError
      |    +-- KeyError
      +-- MemoryError
      +-- NameError
      |    +-- UnboundLocalError
      +-- OSError
      |    +-- BlockingIOError
      |    +-- ChildProcessError
      |    +-- ConnectionError
      |    |    +-- BrokenPipeError
      |    |    +-- ConnectionAbortedError
      |    |    +-- ConnectionRefusedError
      |    |    +-- ConnectionResetError
      |    +-- FileExistsError
      |    +-- FileNotFoundError
      |    +-- InterruptedError
      |    +-- IsADirectoryError
      |    +-- NotADirectoryError
      |    +-- PermissionError
      |    +-- ProcessLookupError
```

```
    |      +-- TimeoutError
    +-- ReferenceError
    +-- RuntimeError
    |      +-- NotImplementedError
    +-- SyntaxError
    |      +-- IndentationError
    |             +-- TabError
    +-- SystemError
    +-- TypeError
    +-- ValueError
    |      +-- UnicodeError
    |             +-- UnicodeDecodeError
    |             +-- UnicodeEncodeError
    |             +-- UnicodeTranslateError
    +-- Warning
           +-- DeprecationWarning
           +-- PendingDeprecationWarning
           +-- RuntimeWarning
           +-- SyntaxWarning
           +-- UserWarning
           +-- FutureWarning
           +-- ImportWarning
           +-- UnicodeWarning
           +-- BytesWarning
           +-- ResourceWarning
```

출처 : https://docs.python.org/3.7/library/exceptions.html#exception-hierarchy

지면상 모든 에러의 내용을 소개할 순 없으니 더 자세한 사항을 알고 싶은 경우는 아래 링크를 방문해 파이썬 표준 라이브러리에 등재되어 있는 공식 문서를 확인해 보자.

https://docs.python.org/3.7/library/exceptions.html

3. try-except 구문으로
예외 상황 제어하기Exceptions Handling

자, 그럼 이런 예외 상황이 발생하면 어떤 문제가 발생할까? 일단, 아래 소스 코드를 IDLE에서 작성하여 실행시켜 보자.

```
1    >>> def exception_test():                    # 예외 상황 테스트를 위한 함수 선언
2            print("[1] Can you add 2 and '2' in python?")
3            print("[2] Try it~!", 2 + '2')                    # 예외 발생
4            print("[3] It's not possible to add integer and string
     together.")
5
6    >>> exception_test()
7    [1] Can you add 2 and '2' in python?
8    Traceback (most recent call last):
9        File "<pyshell#11>", line 1, in <module>
10             exception_test()
11       File "<pyshell#10>", line 3, in exception_test
12             print("Try it~!", 2 + '2')
13   TypeError: unsupported operand type(s) for +: 'int' and 'str'
```

에러
메세지

첫 번째 ~ 4번째 줄까지 예외 상황 테스트를 위한 함수를 선언하였다.

필자는 2번째 ~ 4번째 줄에 print( )문을 선언하여 세 번의 출력을 시도한다. 하지만 3번째 줄에 에러가 발생하는 코드를 심어 놓았다.

6번째 줄에서 방금 선언한 함수를 실행해 보았다. 7번째 줄은 위 2번째 줄의 출력문에 의해 정상적으로 출력이 되지만 8번째 ~ 13번째 줄에서는 3번째 줄에 심어 놓은 에러 코드에 의해 예외 상황에 대한 내용을 출력하고 있다. 9번째 ~ 10번째 줄에서는 어떤 모듈에서 발생하였는지 확인이 가능하며, 11번째 ~ 12번째 줄에서는 정확한 에러 발생 위치를 확인할 수 있다.

13번째 줄에서는 어떤 에러가 발생하였는지 상세한 설명과 함께 확인이 가능하다.

이처럼 파이썬에서는 에러 발생 시 **추적이 가능한 정보들**을 표기한 에러 메세지를 **트레이스백**Traceback 메세지라고 부른다.

안타깝게도 함수 선언 시에 집어 넣은 마지막 출력문(4번째 줄)은 출력이 되지 않았다. 해당 출력문이 출력하기 전에 에러가 발생하였기 때문이다. 이런 식으로 소스 코드 실행 중 에러가 발생하면 프로그램은 중단되게 마련이고, 심각한 시스템 장애로 이어질 수 있다.

필자는 에러가 발생하는 경우 에러에 대한 내용을 확인한 다음 마지막 출력문까지 출력하고자 한다. 소스 코드를 어떻게 변경하면 될까?

파이썬에서는 이런 예외 상황에 대한 처리를 위하여 **try ~ except문을 제공**하고 있다. 자세한 사용법을 아래 소스 코드와 함께 확인해 보자.

```
1  >>> def exception_test():                           # 함수 선언
2          print("[1] Can you add 2 and '2' in python?")
3
4          try:                                         # try 문 선언
5              print("[2] Try it~!", 2 + '2')           # TypeError 발생
6          except TypeError:                            # 예외 처리
7              print('[2] I got TypeError!')            # 에러 메세지 출력
8
9          print("[3] It's not possible to add integer and string
    together.")
```

exception_test( ) 함수 선언문의 내부를 변경하였다. 4번째 ~ 7번째 줄에 집중해 보자.
4번째 줄에 try문이 보인다. 콜론 기호(:)는 블록문을 시작하겠다는 익숙한 기호이다. 이 구문은 다음 줄부터 시작하는 블록문을 한번 실행^{Try}해 보겠다는 의미이다.

5번째 줄에 오류 코드를 집어 넣었다. 블록문이니 상황에 따라 여러 줄이 들어갈 수도 있다.

6번째 줄은 try와 같은 레벨에 except문이 시작되고 있다. 바로 이 구문이 try 구문에 의해 선언된 블록문을 실행하다가 발생하는 예외에 대한 처리를 하겠다는 의미이다. except 옆에는 예견된 에러인 TypeError를 넣고, 콜론 기호(:)를 통해 블록문을 시작하고 있다.

7번째 줄은 TypeError가 발생할 경우에 출력할 내용을 선언하고 있다.

그럼 위 함수를 실행해 보자.

```
1  >>> exception_test()
2  [1] Can you add 2 and '2' in python?
3  [2] I got TypeError!
4  [3] It's not possible to add integer and string together.
```

필자가 의도했던 대로 세 개의 출력문이 잘 출력되었다. 3번째 줄의 출력문이 바로 TypeError가
발생한 경우에 실행이 된 내용이다.

하지만 에러 메세지가 충분하지 않다. 예외 처리를 하지 않았을 때 보았던 내용들이 더 출력이 되
었으면 한다. 일단, 에러 메세지만을 출력해 보자. 아래와 같이 함수 내용을 변경해 보자. 굵은 글
씨가 변경된 부분이다.

```
1   >>> def exception_test():                      # 함수 선언
2         print("[1] Can you add 2 and '2' in python?")
3
4         try:                                      # try 문 선언
5             print("[2] Try it~!", 2 + '2')        # TypeError 발생
6         except TypeError as err:                  # 예외 처리
7             print('[2] TypeError: {}'.format(err)) # 에러 메세지 출력
8
9         print("[3] It's not possible to add integer and string
    together.")
10
11  >>> exception_test()
12  [1] Can you add 2 and '2' in python?
13  [2] TypeError: unsupported operand type(s) for +: 'int' and
    'str'
14  [3] It's not possible to add integer and string together.
```

6번째 줄의 구분을 살펴보자. TypeError 뒤 쪽에 as err가 추가되었다. 이는 TypeError가 발생
하면 해당 인스턴스를 err라는 변수에 넣으라는 뜻이다.

이 err 변수는 7번째 줄의 출력 메세지의 format( ) 함수의 인자 값으로 활용되고 있다.

출력 결과는 13번째 줄에서 확인이 가능하다. 상세한 에러 메세지를 출력함으로써 개발자나 사용자에게 TypeError가 발생한 이유를 알려 주는 동시에 전체 프로그램이 끝까지 실행하는 데에는 지장을 주지 않고 있는 것을 확인할 수 있다.

만약 처음에 보았던 트레이스백 메세지를 출력하고 싶을 땐 어떻게 하면 좋을까? 이를 위해서는 traceback 모듈을 호출해야 한다. 아래 소스 코드를 실행해 보자. 굵은 글씨가 변경된 부분이다.

```
1   >>> import traceback                           # traceback 모듈 호출
2   >>> def exception_test():                      # 함수 선언
3           print("[1] Can you add 2 and '2' in python?")
4
5           try:                                    # try 문 선언
6               print("[2] Try it~!", 2 + '2')      # TypeError 발생
7           except TypeError:                       # 예외 처리
8               print('[2] I got TypeError! Check below!') # 에러 메세지 출력
9               traceback.print_exc()               # 트레이스백 메세지 출력
10
11          print("[3] It's not possible to add integer and string
    together.")
12
13  >>> exception_test()
14  [1] Can you add 2 and '2' in python?
15  [2] I got TypeError! Check below!
16  Traceback (most recent call last):
17      File "<pyshell#41>", line 5, in exception_test
18  TypeError: unsupported operand type(s) for +: 'int' and 'str'
19  [3] It's not possible to add integer and string together.
```

첫 번째 줄에서 traceback 모듈을 호출하였다. 7번째 줄에서는 TypeError의 인스턴스를 집어 넣었던 err 변수를 제거하였다. 굳이 필요하지 않다.

8번째 줄에서는 순수한 메세지만 출력하게 변경하였다.

9번째 줄이 바로 트레이스백 메세지를 출력하는 소스 코드이다. traceback 모듈의 메소드인 print_exc( )를 호출하면 트레이스백 메세지를 출력할 수 있다.

이 메세지 출력 결과는 16번째 ~ 18번째 줄에서 확인할 수 있다.

에러가 발생하였을 때 트레이스백 메세지를 모두 출력하는 건 상황에 따라 좋은 선택일 수도 있고, 아닐 수도 있다. 굳이 출력하지 않는 메세지를 출력하면 로그가 복잡해질 수 있으나 너무 내용이 적으면 트레이싱이 어렵다. 상황에 따라 traceback을 적절하게 사용하는 연습을 해 보자.

만약 동일한 블록문에서 여러 개의 에러가 발생할 가능성이 있다면 해당 에러들을 튜플에 넣어서 except 구문에 집어 넣을 수도 있다.
여러분이 어떤 에러가 발생할지 명확하지 않은 경우에는 에러명을 생략할 수도 있다. 이런 경우

```
except (TypeError, NameError):                          # 여러 예외 처리
```

는 모든 에러에 대해서 예외 처리가 가능하다. 일종의 와일드카드인 셈이다. 실제 프로그래밍의 세계에서는 흔히 사용하는 방법이다.

```
except:                                                 # 모든 예외 처리
```

주의하세요! **except 구문 사용시 발생한 에러는 삼켜 먹으면 안됩니다.**

except 구문을 사용하게 되면 에러 발생 시 except 블록문이 수행이 된다. 만약 except 구문이 없었다면 해당 에러가 발생하면서 프로그램이 멈추었을 것이다. 하지만 except 구문을 사용하여 에러가 발생하였는데도 불구하고 프로그램을 단지 멈추지 않게 하는 것은 무척이나 위험한 행동이다. 실무 현장에서는 보통 에러가 발생하였을 때 어떤 식으로 조치를 해야 하는지를 설명하는 개발 표준이 있게 마련이다. 에러가 발생하면 원하는 처리(로깅 등)를 한 다음. 해당 에러를 다시 발생시키기 바란다. 에러를 발생하는 것은 raise 명령어로 수행할 수 있다. 아래 소스 코드와 같이 작성해 보자.

```
1    except:                                            # 모든 예외 처리
2        print('엄청난 에러가 발생했어요!!!! ')           # 에러 발생 상황 출력
3        raise                                          # 해당 에러 재발생
```

4. else와 finally 활용하기

파이썬의 예외 처리 방식에는 else라는 옵션 구문을 제공한다. 이는 **예외 상황이 발생하면 except 구문을 실행하고, 발생하지 않으면 else 구문을 실행**한다. 아래 소스 코드를 참고해 보자.

```
1  >>> def exception_test_2(file_path):        # 함수 선언
2          try:                                  # try 구문 시작
3              f = open(file_path, 'r')         # 파일 열기 시도
4          except IOError:                       # IOError 발생 시
5              print('cannot open', file_path)  # 에러 메세지 출력
6          else:                                 # IOError 발생 안 할 때
7              print('File has', len(f.readlines()), 'lines')  # 파일 라인 수
   출력
8              f.close()                         # 파일 닫기
```

첫 번째 줄에서 신규 함수은 exception_test_2( )를 선언하였다. 인자 값으로 열고자 하는 파일의 경로를 집어 넣기 위한 매개 변수 file_path를 갖는다.

2번째 줄에서 try 구문을 시작하여 3번째 줄에서 매개 변수로 받은 파일을 열려고 하고 있다.

4번째 줄을 통해 입출력 에러인 IOError가 발생하는 경우, 5번째 줄의 출력문을 출력한다. 마치 if-else 구문의 if 문을 보는 것과 비슷하다.

6번째 줄의 else 문은 IOError가 발생하지 않은 경우, 7번째 ~ 8번째 줄의 소스 코드를 실행하기 위함이다. 에러가 발생하지 않으면 파일의 라인 수를 출력하고 해당 파일을 닫고 있다.

위 소스 코드를 실행해 보자. 처음 실행 시에는 정상 실행하고, 두 번째 실행 시에는 해당 파일명을 바꿔서 없는 파일을 읽게 유도해 보자. 결과는 아래와 같다.

```
1  >>> excepttion_test_2('D:/Python37/license.txt')        # 정상 상황
2  File has 603 lines
3  >>> excepttion_test_2('D:/Python37/licenses.txt')       # 없는 파일 찾을 때
4  cannot open D:/Python37/licenses.txt
```

소스 코드에 작성되어 있는 분기문이 잘 실행되고 있는 것을 확인할 수 있다.

또 다른 예외 처리 방식의 옵션 구문은 바로 **finally 구문**이다. try 블록문 내의 소스 코드에서 **예외 상황이 발생하든 발생하지 않든 간에 반드시 실행이 되어야 하는 소스 코드**를 finally 블록문에 위치 시키면 된다. 사용법은 아래와 같다. 굵은 글씨 부분을 확인해 보자.

```
1    >>> def exception_test_2(file_path):
2        try:                                    # try 구문 시작
3            f = open(file_path, 'r')             # 파일 열기 시도
4        except IOError:                          # IOError 발생 시
5            print('cannot open', file_path)      # 에러 메세지 출력
6        else:                                    # IOError 발생 안 할 때
7            print('File has', len(f.readlines()), 'lines') # 파일 라인
   수 출력
8            f.close()                            # 파일 닫기
9        finally:                                 # 예외 발생 상관 없이 무조건 실행
10           print('I just tried to read this file.', file_path)
```

9번째 ~ 10번째 줄이 추가되었다. 3번째 줄에서 파일 열기를 시도할 때 입출력 에러 발생 유무와 상관없이 반드시 실행되는 소스 코드를 finally 블록문에 입력하면 된다. 이 소스 코드는 10번째 줄의 출력문이 실행된다.

앞서 실행한 방식과 같이 두 차례 실행시켜 보자.

```
1  >>> excepttion_test_2('D:/Python37/licenses.txt')        # 정상 상황
2  File has 194 lines
3  I just tried to read this file. D:/Python37/licenses.txt
4  >>> excepttion_test_2('D:/Python37/licenses.txt')        # 없는 파일 찾을 때
5  cannot open D:/Python37/licenses.txt
6  I just tried to read this file. D:/Python37/licenses.txt
```

예외와 상관 없이, finally 블록문에 작성한 출력문이 출력되고 있음을 확인할 수 있다.

이처럼 finally 블록문은 실제 프로젝트 수행 시 외부 자원(파일, 네트워크 연결 등)을 열었다가 닫을때 유용하게 사용된다. (참고로, 이를 더 쉽게 해 주는 with문은 16장 2절에서 살펴본다)

5. raise문과 사용자 정의 예외^{User-defined Exceptions}

파이썬에서는 다양한 Built-ins Exceptions을 정의해 놓았지만 이러한 에러들은 대부분 일반적인 용도로 사용된다. 구문 에러라든지 입출력 에러와 같이 말이다. 하지만 여러분이 작성하는 코드에 의도적으로 본인이 만든 예외를 만들어야 한다면 어떻게 해야 할까?

이럴 때는 예외 클래스를 새로 만들면 된다(클래스를 만드는 과정은 9장에서 자세히 다뤘었다). 소스 코드를 작성하기 전에 간단한 시나리오를 작성해 보자.

필자는 사용자로부터 1부터 10사이의 정수 숫자를 입력 받으려고 한다. 만약 10보다 큰 숫자가 들어온다면 필자가 정의한 에러를 발생시킬 생각이다. 에러 이름은 'TooBigNumError'로 정하겠다. 아래 소스 코드를 함께 작성해 보자.

```
1  >>> class TooBigNumError(Exception):              # 예외 클래스 선언
2          def __init__(self, val):                  # 초기화 메소드 재정의
3              self.val = val                        # 인스턴스 변수 선언
4          def __str__(self):                        # 에러 메세지 함수 재정의
5              return 'too big number {}. Use 1~10!'.format(self.val)
```

첫 번째 줄에 예외 클래스를 선언하고 있다. 인자 값으로 반드시 'Exception'을 넣어야 예외 클래스로 인식한다. 즉, Exception의 자식 클래스를 만드는 것이다(상속의 개념이 기억이 잘 안난다면 9장 6절의 내용을 확인해 보자).

2번째 줄에서는 초기화 함수를 재정의하고 있다. 인스턴스 생성 시 입력받은 숫자를 'var' 변수에 넣어서 3번째 줄에서 인스턴스 변수에 세팅하고 있다.

4번째 줄에서는 해당 에러가 발생할 때 출력할 에러 메세지를 출력하는 함수를 재정의하고 있다. 5번째 줄에서는 에러 메세지를 반환하고 있다. 출력이 아니라 문자열을 반환하는 것에 유의하자.

자, 그럼 이렇게 작성된 예외 클래스는 어떻게 실행시킬 수 있을까? 예외 클래스의 실행은 일반

클래스와는 조금 다르다. 매번 예외 클래스에 대한 객체를 개발자가 생성할 수는 없는 노릇이다. 이 **예외 클래스의 실행**을 위해 파이썬에서는 **raise**라는 구문을 제공하고 있다. 다음 소스 코드를 실행시켜 보자.

```
1   >>> raise TooBigNumError(15)
2   Traceback (most recent call last):
3       File "<pyshell#33>", line 1, in <module>
4           raise TooBigNumError(15)
5   TooBigNumError: too big number 15. Use 1~10!
```

첫 번째 줄에서 raise의 사용법을 보여 주고 있다. raise 표기 후 발생시킬 오류 클래스의 객체를 넘겨 준다.

실행 결과 트레이스백 메세지가 출력되는 것을 볼 수 있다. 4번째 줄에서는 에러 메세지가 발생한 구문을 보여 주고 있고, 마지막 줄에는 필자가 정의한 에러 메세지가 인자 값으로 대입하였던 15와 함께 잘 출력되고 있다.

자, 조금 더 실제 프로그램에서 사용하는 방식으로 소스 코드를 작성해 보자. 필자는 시나리오대로 사용자에게 정수 숫자를 입력받은 뒤 값이 10보다 큰 경우 해당 에러를 발생시켜 보겠다. 아래 소스 코드를 작성해 보자.

```
1   >>> def user_defined_exception_test():                      # 함수 선언
2           num = int(input('1부터 10 사이의 정수를 입력하세요! : '))   # 숫자 입력
3           if num > 10:                                       # 입력 값이 10 보다 큰 경우
4               raise TooBigNumError(num)                      # 에러 발생
5           print('숫자 {} 를 입력 하셨군요!'.format(num))         # 정상인 경우 출력 문
```

첫 번째 줄에서 테스트용 함수를 선언하였다.

2번째 줄에서 표준 입력문을 통해 사용자로부터 숫자 하나를 입력 받는다. 입력받은 숫자는 정수 타입으로 타입 변환하여 num 변수에 대입한다.

3번째 줄에서 num 변수의 값이 10보다 큰지 확인한다. 클 경우 4번째 줄의 raise 구문을 통해 필

자가 새로 정의한 TooBigNumError를 발생시킨다. num 변수는 해당 에러 클래스 인스턴스 생성 시 인자 값으로 전달한다.

5번째 줄은 에러가 발생하지 않는 경우 출력할 구문을 정의하였다.

위 함수를 두 차례 실행해 보자. 첫 시도에는 15를 입력하고, 두 번째 시도에는 7을 입력하겠다.

```
1   >>> user_defined_exception_test()                    #첫 번째 시도, 15 입력
2   1부터 10 사이의 정수를 입력하세요! : 15
3   Traceback (most recent call last):
4       File "<pyshell#55>", line 1, in <module>
5           user_defined_exception_test()
6       File "<pyshell#54>", line 4, in user_defined_exception_test
7           raise TooBigNumError(num)
8   TooBigNumError: too big number 15. Use 1~10!
9   >>> user_defined_exception_test()                    #두 번째 시도, 7 입력
10  1부터 10 사이의 정수를 입력하세요! : 7
11  숫자 7 를 입력 하셨군요!
```

첫 번째 줄에서 해당 함수를 실행시킨 뒤, 2번째 줄에서 숫자 15를 입력하였다.
파이썬의 Built-ins exception 중 하나였던 TypeError에서 보았던 트레이스백 메세지가 출력되는 것을 확인할 수 있다. TypeError의 메세지와 무척 닮은 것을 알 수 있다.

8번째 줄에는 필자가 정의한 클래스명이 에러명으로 출력되고, __str__( ) 메소드를 재정의할 때 반환한 문자열이 잘 출력되고 있는 것을 확인할 수 있다.

9번째 줄에서 호출한 함수는 10번째 줄에서 7을 입력해 보면 에러 발생 없이 호출 함수의 끝 부분까지 잘 실행된 것을 확인할 수 있다.

이렇듯 사용자 정의 예외는 개발자가 작성하는 소스 코드의 예외 상황에 대한 시나리오에 따라서 다양하게 정의하여 활용할 수 있다. 몇 가지 예를 들어 보자. 여러분이 만약 은행에서 계좌 관련된 프로그램을 작성하고 있다고 가정해 보자. 고객에 본인의 계좌에서 돈을 인출하는 로직을 만

들고 있다면 여러분은 반드시 계좌의 잔고를 확인하여 인출하려는 돈의 인출 가능성 유무를 확인해야할 것이다. 만약 잔고보다 더 많은 돈을 인출하려고 한다면 예외 상황이 발생하였으므로 여러분이 정의한 에러를 발생(raise)시킬 수 있을 것이다. 만약 여러분이 핸드폰을 조립하는 공장의 프로그램을 작성하고 있다고 가정해 보자. 조립이 완성된 제품을 출하할 때 해당 제품의 검사 유무를 체크하여 검사한 기록이 없거나 검사 결과 불량이라고 판단이 된다면 이 제품은 출하를 시키지 못하므로 예외를 발생시킬 수 있을 것이다.

예외를 적절하게 잘 활용하는 것 역시 더욱 성숙한 개발자로 가는 중요한 과정이라는 것을 강조하며 이번 장의 내용을 마무리하겠다.

6. Wrap-up

이번 장에서는 파이썬에서 발생하는 에러와 예외 상황에 대해 살펴보았다. 소스 코드가 실행 되기 전에 문법상 오류로 인해 발생하는 구문 에러(파싱 에러)를 살펴보았고, 소스 코드 실행 중 예상치 못한 상황에 의해 발생하는 여러 예외 상황들을 살펴보았다. 또한 이런 예외 상황이 발생하였을 때 프로그램이 비정상적으로 종료되는 것을 피하기 위해 try-except 블록을 통해 제어하는 방법을 살펴보고, 옵션 블록인 else와 finally도 살펴보았다. 마지막으로는 사용자 정의 예외 클래스를 작성하는 방법을 살펴보고 실제 활용 사례까지 살펴보았다. 예외 처리는 초보 개발자에는 다소 어렵거나 간과하고 지나칠 수 있는 부분일 수 있다. 하지만 예외 처리없는 소스 코드는 마치 시한 폭탄과도 같다는 것을 잊지 말기 바라며 모든 소스 코드에는 예외 처리를 해야 한다는 각오로 코딩을 하기 바란다.

다음 장에서는 조금 더 높은 품질의 소프트웨어를 개발하기 위한 새로운 개발 환경을 구축해 보자.

{CHAPTER 14}

새로운 개발 환경, 파이참^{PyCharm}

1. 파이참^{PyCharm} 소개 및 설치하기
2. Hello, world 소스 코드 작성하기
3. 소스 코드 실행하기
4. 소스 코드 에러 수정하기
5. Wrap-up

우리는 지금까지 모든 소스 코드를 파이썬의 기본 개발 환경인 IDLE에서 수행하였다. IDLE는 파이썬을 개발하는 데 있어서 기본 파이썬 쉘에 비해 많은 기능을 제공하고 있으나, 실무에 활용하기에는 다소 부족한 점이 많다. 가령 소스 코드의 버전을 관리하기 위한 다양한 형상 관리 소프트웨어와 개발 환경을 바로 연결해서 사용한다든지, 소스 코드의 실행 순서에 따라 변수의 값이 어떻게 변하는지 확인을 위한 디버깅을 한다든지, 소스 코드의 단위테스트 및 결과 확인 등을 할 때 불편한 점이 한두 가지가 아니다. 혹자는 그런 환경에서도 개발을 잘 해야되는 것 아니냐라는 입장일 수도 있겠지만 필자는 가능하다면 조금의 시간과 노력을 들여서 프로그래밍의 속도와 품질을 올려 줄 수 있는 도구를 사용하는 것이 좋다고 생각한다. 이런 도구들은 내가 원하는 소스코드를 자동 완성해 주는 기능이나, 실수로 변수나 함수명을 잘못 작성하였을 때 즉시 알 수 있게 해 주며, 어떻게 고치는 것이 좋을지 팁까지 제공한다.

앞으로 다룰 주제들은 IDLE에서 실습하기에는 많은 시간을 스크린샷과 설명으로 지면을 할애해야 하며 실제로 사용하지 않을 가능성이 너무 많다고 생각한다. 그래서 여러분께 실무에서 가장 많이 사용하는 통합 개발 환경을 소개하고자 한다. 바로 파이참PyCharm이다.

1. 파이참PyCharm 소개 및 설치하기

파이참은 제트브레인스Jet Brains 사에서 개발한 파이썬 통합 개발 도구Integrated Development Environment 이다(같은 회사에서 개발한 인텔리제이IntelliJ는 자바 개발자들이 가장 선호하는 개발 툴 중 하나다). 필자가 앞서 파이썬 소스 코드 스타일에서 소개하였던 PEP-0008를 준수하는 소스 코드를 작성하는 데 도움을 주며 테스트나 리팩토링Refactoring, 디버깅Debugging을 도와주어 여러분이 더욱 품질이 높고 관리하기 좋은 코드를 작성하는 데 도움을 준다. 여기서 말하는 리팩토링은 소스 코드의 동작에는 영향을 미치지 않지만 깨끗한 소스 코드를 유지하기 위해 변수나 함수의 이름 변경부터 소스 코드 전반적인 구조를 변경하는 작업을 의미한다. 디버깅은 실제 소스 코드가 내부적으로 어떻게 돌아가는지 들여다 보는 일련의 과정들이라고 할 수 있다. 디버깅은 조금 뒤에서 다시 언급하겠다. 개발자들이 직접 설계한 파이참은 개발자들이 파이썬 개발을 쉽고 즐겁게 해 주는 여러 가지 기능들을 제공하고 있다. 이 중에 가장 기본적인 기능 몇 가지를 소개하고자 한다.

필자는 이 장의 개발 도구를 무엇으로 선택할까 고민하다가 아무래도 한국 개발자들이 가장 선호하는 도구를 사용하는 것이 좋다고 판단하였다. 국내 파이썬 커뮤니티 중 가장 큰 커뮤니티는 페이스북에 그룹으로 위치한 파이썬 코리아[Python Korea]다. 필자는 집필 도중, 파이썬 코리아 커뮤니티에 아래와 같은 설문을 올렸다.

'여러분이 선호하는 파이썬 개발 도구는 무엇인가요?'

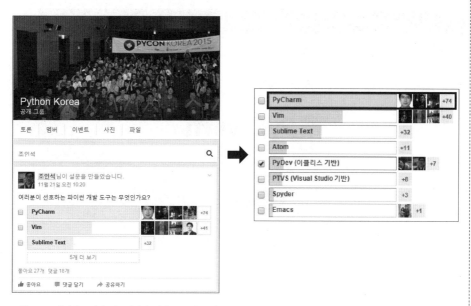

그림 14.1 파이썬 코리아 커뮤니티의 개발 도구 관련 설문 결과

총 180여 명이 설문에 참여 했고, 절반에 조금 못 미치는 분들이 파이참을 선택한 것을 볼 수 있다. 물론 개발자들이 파이썬을 어떤 용도로 사용하느냐에 따라서 개발 도구도 크게 달라질 수 있겠다. 하지만 범용적으로 보았을 때 파이참이 가장 인기가 많은 것을 볼 수 있다. 필자는 자바와 파이썬을 현재 함께 사용하고 있기 때문에 이클립스 기반의 파이데브[PyDev]를 사용하고 있으나, 순위가 그리 높지 않아 조금 당황하였다. 하지만 파이참을 직접 사용해 보니 파이참의 간결함과 직관적인 인터페이스, 쉬운 디버깅 등에 쉽게 매료되었다. 여러분도 본인들에게 맞는 개발 도구를 찾는 여정을 꼭 해 보기 바란다.

자, 그럼 일단 설치부터 하자. 설치 과정은 무척 단순하다. 아래 링크에 방문해 보자.

https://www.jetbrains.com/pycharm/

그림 14.2 파이참 공식 홈페이지(https://www.jetbrains.com/pycharm/)

하단의 검은색 박스는 쿠키를 허용하겠냐는 메세지다. "[Y]es, I agree" 혹은 "[N]o, thanks" 를 클릭하여 쿠키를 허용할지 선택하면, 검은색 박스가 사라진다.

중앙 하단에 보이는 [DOWNLOAD NOW] 버튼을 클릭하면 다음과 같이 파이참을 다운로드 받을 수 있는 페이지가 열린다.

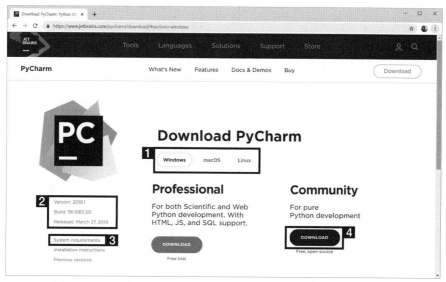

그림 14.3 파이참 다운로드 링크(https://www.jetbrains.com/pycharm/download/)

1번으로 표기한 상단의 탭들을 보니 윈도우, 맥OS, 리눅스용 설치 버전이 있는 것을 확인할 수 있다. 필자의 개발 환경은 윈도우이기 때문에 첫 번째 탭 [Windows]가 선택되어 있음을 확인할 수 있다.

2번으로 표기한 곳이 바로 파이참의 버전이다. 필자가 다운로드할 버전은 2019년 2월 27일에 릴리즈된 "Version 2018.3.5(build 183.5912.18)" 버전이다.

> **주의하세요!** **파이참 버전이 업그레이드가 된 경우**
>
> 여러분이 파이참을 다운로드 받는 시점에 위 버전보다 업그레이드가 되었다면, 아래 링크에서 해당 버전을 찾아서 설치하기 바란다.
> https://confluence.jetbrains.com/display/PYH/Previous+PyCharm+Releases

3번으로 표기한 곳에서 파이참을 사용하기 위한 시스템 최소 요구 사항을 확인할 수 있다. [Systems requirements]를 클릭하면 다음과 같이 여러분의 노트북이 파이참을 설치할 수 있는지 없는지 확인이 가능하다.

System requirements

- 32-bit or 64-bit versions of Microsoft Windows 10, 8, 7 (SP1)
- 4 GB RAM minimum, 8 GB RAM recommended
- 1.5 GB hard disk space + at least 1 GB for caches
- 1024x768 minimum screen resolution
- Python 2: versions 2.6 and 2.7 or Python 3: from the version 3.4 up to the version 3.7

Note: JRE 1.8 is bundled with the PyCharm distribution. You do not need to install Java on your computer to run PyCharm.

그림 14.4 파이참 시스템 최소 요구 사항

운영체제는 윈도우 10, 8, 7 (SP1) 버전의 32비트 혹은 64비트를 지원하며, 메모리는 최소 4GB가 필요하지만 8GB를 추천하고 있다. 1.5GB 하드 디스크 공간과 캐시를 위해 최소 1GB가 필요하다고 하니 최소 2.5GB 이상 준비하기 바란다. 화면 해상도는 최소 1024 x 768을 지원하고 있다. 파이썬 버전은 2.6/2.7 혹은 3.4~3.7을 지원하고 있다. 현재 필자의 개발 환경이 윈도우 10에 파이썬 3.7.2로 구성되어 있으니, 메모리와 하드디스크 공간만 확보하면 충분히 설치할 수 있겠다.

파이참은 크게 두 개의 에디션 Edition을 제공한다. 좌측의 Professional Edition은 상용 버전이다. 30일 평가판을 다운로드받을 수 있으나 여러분들이 오랫동안 무료로 사용이 가능한 Community Edition으로 개발 환경을 구성해 보고자 한다. Professional Edition은 실제로 전문가가 된 다음에 구매해도 늦지 않다고 생각한다. 4번으로 표기된 검은색 [DOWNLOAD] 버튼을 클릭하여 파이참 커뮤니티 에디션을 다운로드받자. 다운로드가 끝나면 수행한 브라우저에 따라 다를 수 있으나, 크롬인 경우 아래와 같이 다운로드 받은 파일을 바로 실행할 수가 있다. 각자 다운로드 받은 파일을 실행해 보자.

그림 14.5 다운로드 완료된 파이참 설치 파일 실행하기

사용자 계정 컨트롤의 앱 설치 설정에 따라 "이 앱이 디바이스를 변경할 수 있도록 허용하겠어요?" 라는 메세지가 출력될 수도 있다. [예] 버튼을 클릭한다. 설치 파일 실행이 되었으면 아래와 같이 설치 초기 화면이 등장한다. [Next] 버튼을 클릭한다.

그림 14.6 설치 초기 화면

설치 경로를 지정하는 화면이다. 필자는 항상 이런 개발 도구 설치를 할 때 기본 경로인 C 드라이브보다는 D 드라이브를 선호하는 편이다. [Browse] 버튼으로 경로 수정이 가능하다. 필자는 D:\JetBrains\PyCharm Community Edition 5.0.1에 설치해 보겠다. 경로 설정을 한 다음, [Next] 버튼을 클릭한다.

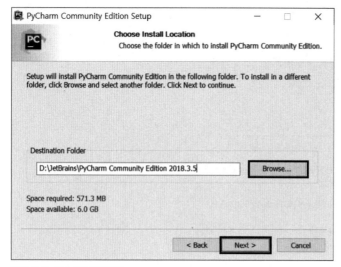

그림 14.7 설치 경로 지정하기

다음은 설치 옵션을 선택하는 화면이다. 첫 번째 체크 박스는 바탕 화면에 바로가기 아이콘 생성 유무를 체크한다. 두 번째 체크 박스는 확장자가 '.py'로 끝나는 파이썬 파일들의 연결 프로그램을 파이참으로의 설정 유무를 확인한다. 필자는 둘 다 체크하였다. [Next] 버튼을 클릭하여 다음 단계로 넘어가 보자.

그림 14.8 설치 옵션 설정하기

윈도우 시작 메뉴 폴더 이름을 설정하는 화면이다. 이름을 변경하고 싶다면 상단 텍스트 박스에서 수정이 가능하다. 필자는 기본 설정인 'JetBrains'로 설정했다. [Install] 버튼을 클릭하여 설치를 진행해 보자.

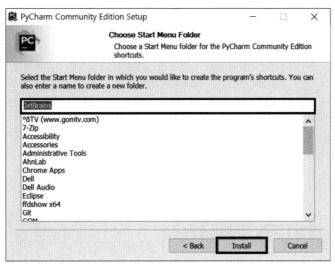

그림 14.9 시작 메뉴 이름 설정하기

아래와 같이 설치 진행 상황을 프로그레스 바로 확인할 수 있다.

그림 14.10 설치 진행 현황 확인하기

아래 화면이 뜨면 설치가 최종적으로 완료된 것을 의미한다. 바로 파이참을 실행하고 싶다면 중간의 체크박스에 체크를 하면 된다. 필자는 일단 체크하지 않고 설치 과정을 종료하겠다. [Finish] 버튼을 클릭하면 파일 설치가 완료된다.

그림 14.11 설치 종료 화면

이제 파이참을 실행해 보자. 윈도우 버튼을 누르면 시작 메뉴에 새로 생긴 파이참 메뉴를 확인할 수 있다. 해당 메뉴를 클릭해 보자.

그림 14.12 설치된 파이참 실행하기

아래 팝업 화면은 파이참을 예전에 설치한 적이 있다면 과거 설정의 사용 유무를 확인하는 화면이다. 우리는 처음 설치하는 경우이니 아래 버튼을 선택하고 [OK] 버튼을 클릭하자.

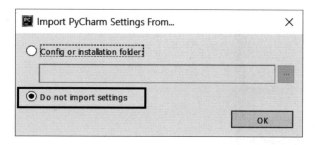

그림 14.13 과거 설정 활용 유무 선택하기

Data Sharing이라는 제목의 아래 팝업 화면은 파이참을 만든 제작사 제트브레인사에 파이참의 개선을 돕기 위해 본인 장비의 정보를 공유하겠는지 물어보는 화면이다. 민감한 개인 정보나 소스 코드 등을 보내는 것은 아니며, 하드웨어나 소프트웨어 설정, 파일의 타입이나 개수 통계 데이터 등을 공유한다. 공유하기 원하면 좌측의 [Send Usage Statics]를 클릭하고, 원치 않다면 [Don't send]를 클릭한다. 선택은 여러분의 몫이다

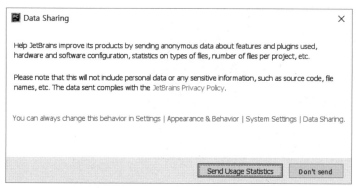

그림 14.14 Data Sharing 옵션 선택하기

다음 화면은 파이참 커뮤니티 에디션 초기 설정 화면이다. 다른 개발 환경(이클립스나 비쥬얼 스튜디오 등)에 익숙한 개발자라면 이 화면에서 선호하는 개발 환경 테마나 편집기 바탕 화면 색이나 글자 스타일 등을 설정할 수 있다(실은 이것에 민감한 개발자가 무척 많다). 원한다면 변경이 가능하다. 필자는 활자책의 가독성을 위해 하얀색 바탕의 Light 테마를 선택하고, 나머지는 기본 파이참 설정을 따라 가겠다. [Skip Remaining and Set Defaults] 버튼을 클릭하자.

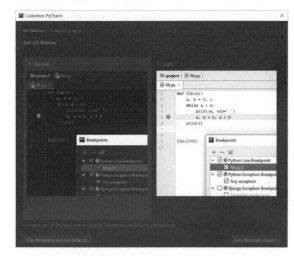

그림 14.15 파이참 개발 환경 초기 설정 화면

파이참이 로딩되고 있다. 중간에 프로그레스 바로 진행 상황을 확인할 수 있다.

그림 14.16 파이참 로딩 화면

파이참이 실행되었다. 파이참 안에서 개발하는 소스는 프로젝트 단위로 관리한다. 신규 프로젝트를 하나 생성해 보자. [Create New Project]를 클릭한다.

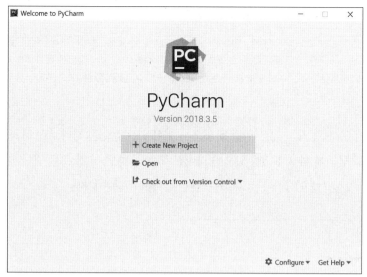

그림 14.17 파이참 로딩 화면

Location 항목에 프로젝트의 경로를 설정한다. 필자는 파이참을 설치하였던 폴더의 상위 폴더인, D:₩JetBrains 밑에 python_study라는 폴더를 생성하여 지정하고자 한다. 여러분도 나중에 쉽게 찾아갈 수 있는 폴더를 집어 넣기 바란다. 지정을 한 뒤 우측 하단의 [Create] 버튼을 클릭한다.

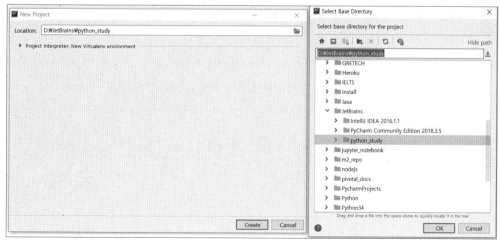

그림 14.18 프로젝트 경로 설정하기

위 설정 화면의 [Location] 하단에 [Project Interpreter: New Virtualenv environment]라는 글씨가 보이며, 내용을 보려면 좌측 삼각형 아이콘을 눌러서 펼칠 수 있게 되어 있다. 파이참은 생성되는 프로젝트 Location에 [venv] 폴더를 생성하여 파이썬이 구동되는 가상 환경을 스스로 구축한다. 이는 이미 구축되어 있는 환경 혹은 앞으로 만들어질 환경과의 충돌을 방지하기 위함이다. 참고하기 바란다.

오늘의 팁을 알려 주는 창이 뜬다. 굉장히 많은 팁들이 있으니 관심 있는 분들은 하나씩 둘러 봐도 좋겠다. 좌측 하단의 체크 박스에 체크가 되어 있으면 파이참 구동 시 매번 이 창이 뜰 것이다. 그게 번거롭다고 생각이 들면 체크를 해제한다. [Close] 버튼을 클릭하여 닫아 보자.

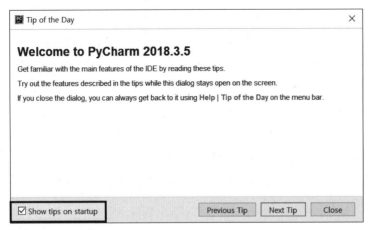

그림 14.19 오늘의 팁 화면

드디어! 파이참의 주 화면이 등장하였다. 아직은 프로젝트만 있고 실제 소스 코드가 없어서 조금은 썰렁한 느낌이다. 처음 파이참을 시작하면 우측 하단에 여러 가지 프로세스가 수행되는 것을 확인할 수 있다. 좌측의 하얀 박스를 보니 'python_study'라는 이름이 보인다. 이것이 바로 우리가 만든 프로젝트 이름이다. 이 하얀 박스 부분을 '프로젝트 창'이라고 부른다.

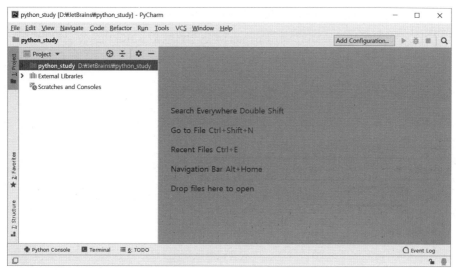

그림 14.20 파이참 주 화면과 알림 메세지 없애기

2. Hello, world 소스 코드 작성하기

각 구성 요소들을 확인하기 전에 파이썬 소스 코드를 작성하여 실행부터 해 보자. 앞으로 필자는 이 환경에서 나머지 책의 실습 예제들을 테스트할 예정이다. 폴더를 하나 만들어 보자. 프로젝트 창의 'python_study' 글자 위에서 마우스 오른쪽 버튼을 클릭한 뒤, [New] – [Directory] 메뉴를 클릭해 보자.

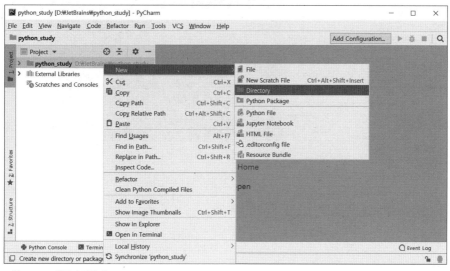

그림 14.21 새 폴더 만들기

새 폴더의 이름을 정하자. 이번 장이 14장이니 같은 이름으로 폴더를 만들겠다(앞으로 각 장의 소스는 폴더 단위로 구분하여 넣도록 하겠다). 'Chapter14'를 입력한 뒤 [OK] 버튼을 클릭한다.

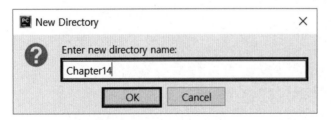

그림 14.22 새 폴더명 설정하기

좌측 프로젝트 창에 'Chapter14' 이름의 폴더가 'python_study' 프로젝트 밑에 생긴 것을 확인할 수 있다. 프로젝트 창은 마치 윈도우 탐색기의 폴더 트리와 비슷한 계층 구조를 보여 주고 있다. 이번엔 파이썬 소스 파일을 만들자. 조금 전에 만들어진 'Chapter14' 폴더에 마우스 오른쪽 버튼을 클릭 후 [New] – [Python File] 메뉴를 클릭하자.

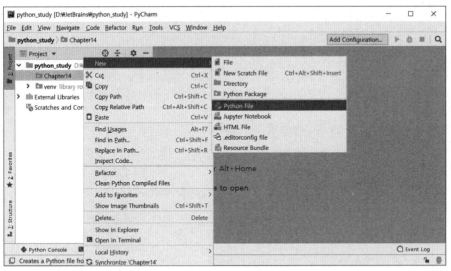

그림 14.23 새 파이썬 파일 만들기

파이썬 파일명을 설정하는 창이 뜬다. 필자는 '14.1.1_hello_world'로 지어 보겠다(실제로는 파이썬 파일명 앞에 저런 번호를 넣는 것은 좋은 방법이 아니나, 이 책의 예제이며 해당 장과 절을 표기하여 쉽게 찾아 가고자 집어 넣었으니 참고하기 바란다).

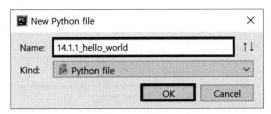

그림 14.24 새 파이썬 파일 이름 설정하기

좌측 프로젝트 창에 새로 생성한 파이썬 파일이 폴더 아래에 생겼다. 그리고 회색이었던 중앙 창의 색이 흰색으로 변경되면서 활성화되었다. 이곳이 바로 파이참에서 소스 수정을 하는 '소스 편집 창'이다. 상단의 탭에 파일 이름을 확인할 수 있고, 파일을 열 때마다 탭이 하나씩 추가된다.

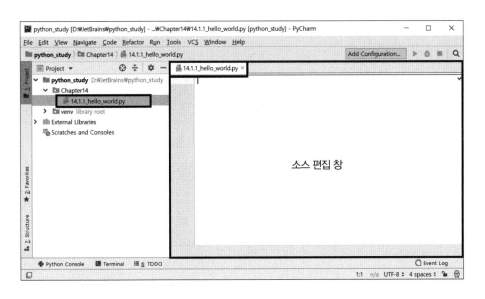

그림 14.25 생성된 소스 확인 및 소스 편집 창 활성

얼른 소스를 한 줄 입력해 보자. 우리가 작성할 소스 코드는 아래와 같다.

```
print ('Hello, world!')          # Hello, world 표준 출력
```

소스 편집 창에 'print'까지만 입력해 보자. 이런 개발 환경을 처음 경험하는 독자라면 놀라운 일이 펼쳐질 것이다.

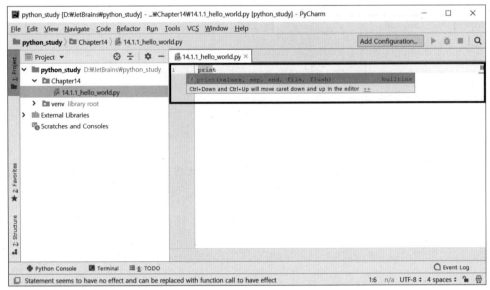

그림 14.26 소스 편집 창에 print 입력하기

갑자기 툴 팁 창이 등장하였다. 조금 더 자세히 들여다 보자.

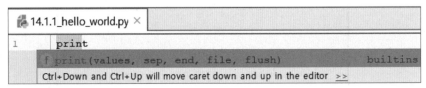

그림 14.27 툴 팁 창 내용 확인하기

파이썬 기본 내장 함수인 print에 대한 명세가 눈에 보이고 있다. print 함수명 뒤에는 괄호 안에 여러 개의 인자 값이 위치하고 있는 것을 확인할 수 있다. 우측 끝의 'builtins'라는 것을 보았을 때 해당 함수이고 기본 내장 함수임을 알 수 있다.

소스 코드 라인을 다시 한번 자세히 살펴보자. print 문자열 밑에 붉은색 물결이 보이고 있다. 이 뜻은 이 소스 코드가 아직 미완성이라는 의미이다. 같은 라인 우측 끝에 보면 음악이나 영화를 재생할 때 일시 정지하는 아이콘이 보이고 있다. (Ⅱ)의 뜻은 해당 소스가 아직 수정 중이라는 것이다.

좌측 괄호 기호(()를 입력해 보자.

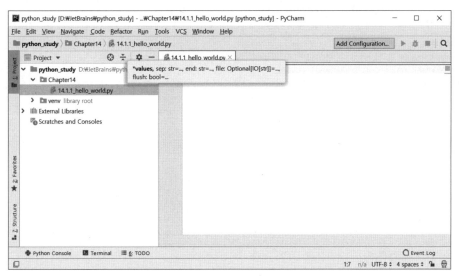

그림 14.28 좌측 괄호 기호 (() 입력하기

오! 좌측 괄호 기호만을 입력하였으나 우측 괄호 기호())가 자동으로 생성되는 것을 확인할 수 있다. 이는 실수로 괄호를 열었다가 닫지 않는 것을 방지하기 위함이다! 별 것 아니라고 생각할 수 있으나 일반 텍스트 편집기에서 소스 코드를 작성하다가 괄호를 제대로 닫지 않아서 에러가 나는 경우는 굉장히 흔하게 발생하는 일이다. 이번엔 노란색 박스의 툴팁 창이 뜨면서 인자 값에 들어가야 할 값들을 보여 주고 있다. 첫 번째 인자 값은 values로 출력을 하고자 하는 객체를 1개 이상 집어 넣을 수 있음을 보여 주고 있다. 나머지 인자 값은 기본 값을 가지고 있어 반드시 필요한 경우가 아니라면 넣지 않아도 상관 없겠다. 소스 코드 우측 끝을 보니 소스 수정 중 이여서 보였던 일시 정지 아이콘(Ⅱ)이 멈춤 아이콘(■)으로 변경되어 있는 것을 볼 수 있다. 현재 상태의 소스가 문법상 문제가 없음 의미한다. 하지만 코딩 스타일에는 아직 문제가 있어서 회색 네모로 보이고 있다. 간혹 소스 수정에 보면 눈 모양으로 변경될 때가 있다. 이는 입력하고 있는 소스를 실시간으로 분석하고 있는 중이라는 의미니 놀라지 말자. 문법상에도 문제가 없고, 스타일도 준수한다면 초록색 체크 표시가 보일 것이다. 곧 확인할 수 있다. 그리고 보니 print 밑에 그어져 있던

붉은 색 물결이 없어진 것을 확인할 수 있다. 현재 소스는 문법상 전혀 문제가 없는 소스다.

이제 문자열을 넣어 보자. 홑 따옴표 기호(')를 한 번만 넣어 보자.

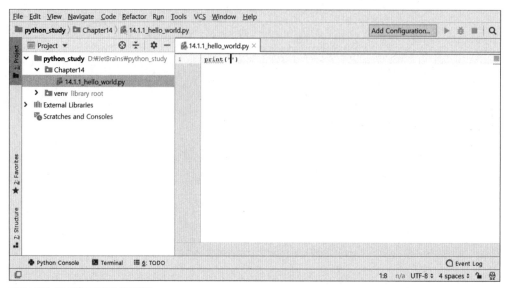

그림 14.29 홑 따옴표 기호(') 입력하기

괄호 기호와 마찬가지로 홑 따옴표 기호(')가 하나 더 자동으로 생겼다. 파이썬의 소스 코드 문법 상 괄호 기호(())나 홑따옴표('), 쌍따옴표(") 기호로 시작되면 반드시 다시 닫아 줘야 한다. 초보 개발자일수록 이 부분에서 실수를 많이 하게 마련이다. 필자는 무조건 기호의 짝을 미리 작성하여 실수를 줄이려고 노력한다. 하지만, 파이참은 자동으로 짝을 이루는 기호를 입력하여 실수를 미연에 방지하게 도와준다. 기분 좋은 일이다. 듬직한 지원자가 생겼다.

'Hello, world!'를 입력해 보자. 아직 소스 편집 창 우측 상단의 기호는 회색 네모다. 그리고 print 함수에 노란 전구 모양을 확인할 수 있다.

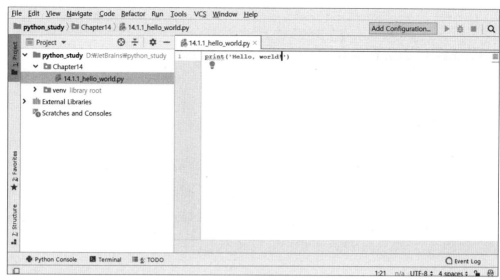

그림 14.30 'Hello, world!' 입력하기

노란 전구 모양을 클릭해 보자. 이는 소스 코드 수정을 도와주는 가이드라고 볼 수 있다. 내용을
보니 홑따옴표를 쌍따옴표로 바꾸겠냐는 가이드다. 필자는 단순 문자열은 기본적으로 홑따옴표
를 사용할 것이니 무시하도록 하겠다(이러한 설정은 파이참이 익숙해지면 본인의 스타일에 맞게
커스터마이징이 가능하다. 지금은 그냥 넘어가자).

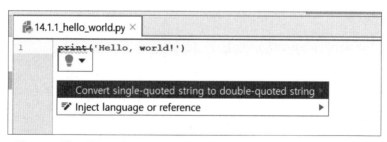

그림 14.31 따옴표 전환 도우미

소스 코드 마지막 줄로 커서를 옮긴 다음에 print 함수를 잘 살펴보면 아래쪽에 회색 물결 표시가
보일 것이다. 마우스 커서를 회색 물결 위로 가져가 보자. "PEP 8: blank line at end of file"이라
는 글자가 보인다. 파이썬 코딩 스타일을 제안하는 PEP 8에 따르면, 파이썬 파일의 끝에는 빈 줄
이 와야 한다는 의미이다.

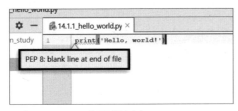

그림 14.32 PEP 8 개선안 확인하기

〈Enter〉키를 입력해서 2번째 줄로 커서를 내려 보자. 소스 편집 창 우측 상단의 소스 코드 상태를 표기하던 아이콘이 드디어 초록색 확인 아이콘(V)으로 변경된 것을 확인할 수 있다. 이렇게 파이참은 묵시적으로 알려져 있지만 모두 기억하기 어려운 파이썬 코딩 스타일을 제시해 줌으로써, 더 나은 소스 코드를 작성하는 방법을 제공해 준다.

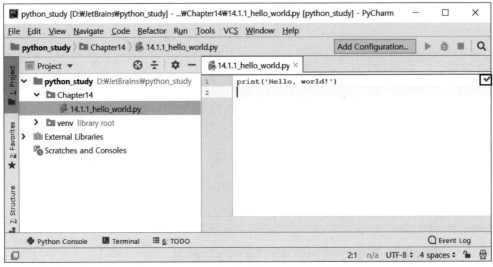

그림 14.33 개선안대로 빈 줄을 넣은 결과 확인하기

3. 소스 코드 실행하기

좋다! 이제 소스 코드를 실행해 보자. 소스 코드 편집 창에서 마우스 오른쪽 버튼을 클릭한 뒤, 팝업 메뉴에서 [Run '14.1.1_hello_world.py] 메뉴를 클릭해 보자. 혹은 〈Ctrl〉+〈Shift〉+〈F10〉키를 동시에 눌러도 실행시킬 수 있다.

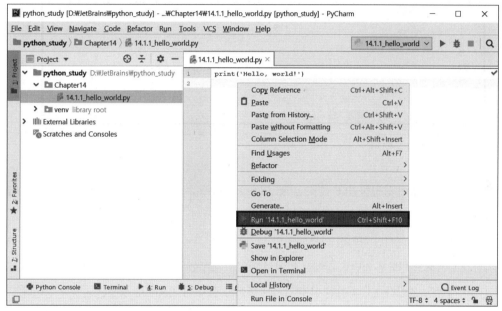

그림 14.34 14.1.1_hello_world.py 파일 실행하기

경우에 따라서 Windows 보안 경고가 나타날 수도 있다. 아래와 같이 [액세스 허용] 버튼을 클릭한다.

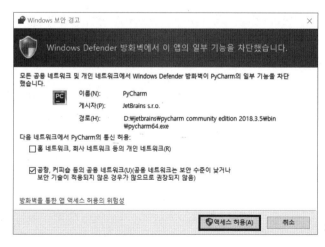

그림 14.35 Windows 보안 경고창 확인하기

그림 14.36 소스 실행 결과 확인 창

하단에 새로운 창이 등장하였다! 소스 실행 결과를 확인할 수 있는 창이다. 내용을 조금 더 자세히 살펴보자.

첫 번째 줄에는 실행시킨 파이썬 실행 파일의 위치와 소스 파일의 경로가 보이고 있다. 2장에서 파이썬을 설치하고 윈도우 커맨드 창에서 파이썬 파일을 실행했을 때와 같은 방식이다. 파이참이 대신 실행해 주는 것이다. 단, 파이썬 실행 위치는 파이참 설치 시 자동으로 생성된 가상 환경이다.

2번째 줄에는 실행 결과가 출력된다. 예상했듯이 Hello, world!가 출력되는 것을 확인할 수 있다. 글자 색을 검은색으로 표기하여 위 줄의 명령어 실행 이력과 구분을 할 수 있다.

4번째 줄에서는 프로세스가 정상적으로 종료되었다는 의미인 종료 코드 0과 함께 종료되었다는 것을 알려 주고 있다.

한 번만 더 실행해 보자. 소스 편집 창에서 표준 출력문을 하나 더 추가해 보자. 여러분이 원하는 어떤 내용도 좋다. 필자는 아래 소스 코드를 1번 위치에 입력하겠다.

```
print ('PyCharm is AWESOME!!!')          # 추가 출력문
```

출력문을 입력하면 〈Enter〉 키를 누른 다음 소스 편집 창 우측 상단에 문제가 없는지 확인해 보자. 2번 위치의 초록색 확인 아이콘이 보여야 한다. 문제가 없다고 판단이 되면 상단에 있는 3번 위치의 소스 코드 실행 버튼 혹은 〈Ctrl〉+〈Shift〉+〈F10〉를 동시에 클릭하여 소스 코드를 실행하자. 소스 코드의 실행 결과는 하단 4번 위치의 소스 실행 결과 확인 창에서 확인이 가능하다.

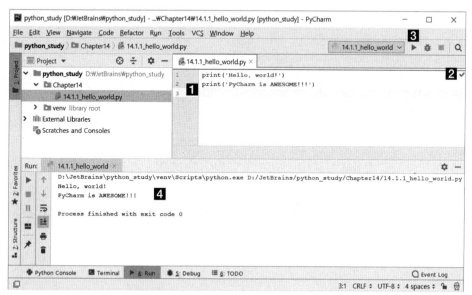

그림 14.37 두 번째 출력문 수정 및 실행하기

어떤가? 생각보다 어렵지 않다. 게다가 재미도 있다!

4. 소스 코드 에러 수정하기

이번에는 소스 에러를 수정해 보자. 의도적으로 두 번째 출력문의 오른쪽 중괄호를 없애 보자.

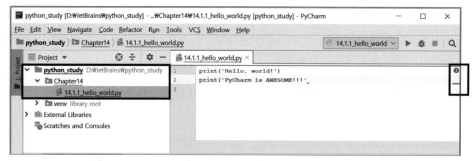

그림 14.38 에러 만들기

우측 괄호가 없어지니, 여기저기 붉은색 물결들이 등장한다! 프로젝트 창의 프로젝트명 – 폴더명 – 파이썬 파일명에 모두 붉은색 물결이 표기되었다. 에러가 발생한 위치를 표기하는 것이다. 지금이야 파일이 하나지만 수많은 폴더와 파일들이 섞여 있다면 위치를 명확하게 찾아 주는 데도움을 준다. 소스 편집 창을 보니 우측 상단 기호가 빨간색 느낌표로 변경이 되었다. 그리고 아래 쪽으로 내려가 보면 에러가 발생한 위치에 붉은색 줄이 그어져 있는 것을 확인할 수 있다. 문제가 생긴 줄을 표기하는 것이다. 해당 줄에 커서를 올려 놓아 보자. 어떻게 소스 수정을 할 수 있는지 팁을 보여 주고 있다.

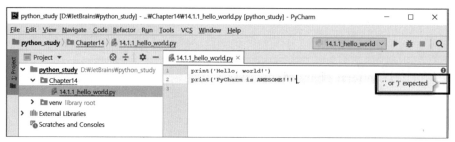

그림 14.39 해당 줄의 소스 수정 팁 확인

쉼표 기호(,) 혹은 우측 괄호 기호())를 입력하라는 뜻이다. 만약 인자 값이 여러 개일 경우는 쉼표 기호가 들어가야 할 것이고, 우리의 사례처럼 함수를 종료하기 위해서는 우측 괄호 기호가 들어가야 할 것이다. 조금 전에 우측 괄호 기호를 삭제한 곳에서도 붉은색 물결이 보인다. 커서를 올려 놓아 보자.

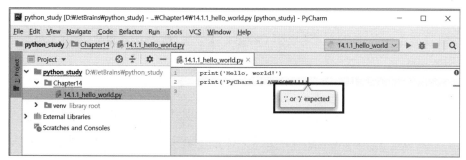

그림 14.40 문제가 된 위치의 소스 수정 팁 확인하기

같은 내용이 출력되고 있다. 소스를 수정하기 전에 〈Ctrl〉+〈Shift〉+〈F10〉키를 눌러 실행을 해 보자. 소스 실행 결과 창에서 에러 메세지를 확인할 수 있다.

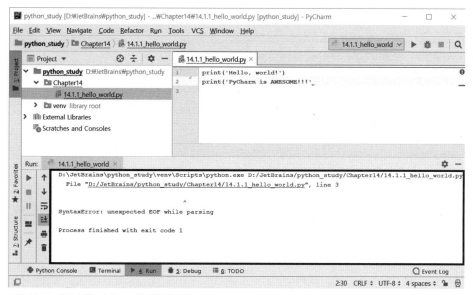

그림 14.41 에러가 있는 소스 코드를 실행한 경우

실행한 파일의 3번째 줄에서 에러가 발생하였다는 메세지다. 에러 메세지는 아래와 같다.

```
SyntaxError: unexpected EOR while parsing
```

구문 에러다. EOR은 End Of Record의 약자다. 구문 분석 시 기대하지 않은 종료 레코드를 만났다는 의미다.

마지막 줄에 프로세스 종료 코드도 1로 변경이 되었다. 정상인 경우는 0, 비정상으로 종료하는 경우는 1을 반환한다.

한번 생각해 보자. 만약 우리가 이런 개발 도구를 사용하지 않았다면 소스 코드에 문제가 있는 시점을 언제 알 수 있을까? 소스 코드를 실행 전에는 알 수가 없다(실은 이건 파이썬의 단점이기도 하다). 하지만 파이참은 소스를 실행하기 전에 잘못된 소스 코드를 정확한 위치와 함께 표기해 주고 있으며 어떤 부분에서 실수를 했는지 팁까지 제공하고 있다. 이 단순한 예제만으로도 파이참을 통해 많은 도움을 받을 수 있다는 것을 알 수 있다.

그럼 권고에 따라 우측 괄호 기호(〉)를 다시 입력한 뒤 〈Ctrl〉+〈Shift〉+〈F10〉키로 실행해 보자.

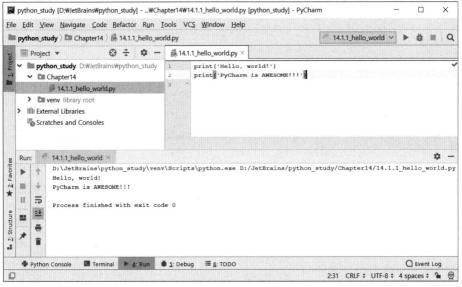

그림 14.42 소스 수정 후 실행 결과

잘 실행이 된다. 괄호 하나를 추가하니 쌍으로 이루어진 괄호와 함께 파란색으로 표기해 주는 것도 보기 좋다.

혹시라도 소스 코드 줄 번호가 보이지 않는 분을 위하여 소스 코드 편집 창에 소스 줄 번호를 표기하는 방법을 알아보자. 파이참의 기본 설정에는 소스 줄 번호가 표기되지 않았다. 좌측 상단의 [File] – [Settings]를 눌러 보자. 〈Ctrl〉+ 〈Alt〉+〈S〉키를 눌러도 된다.

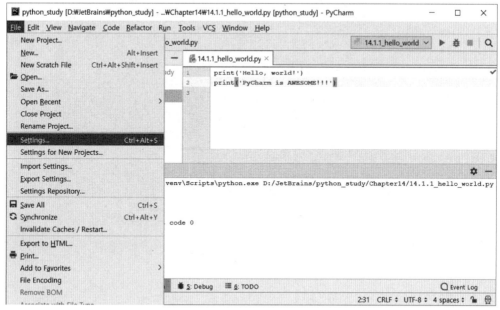

그림 14.43 파이참 설정 창 열기

좌측 상단에 검색 창에서 'line number'를 입력하여 메뉴의 개수를 줄여 주자. 메뉴 중 [Editor]–[General]–[Appearance] 메뉴를 클릭해 보자. 우측 4번째 줄의 'Show line numbers'의 체크 박스가 해제되어 있는 것을 볼 수 있다. 해당 체크 박스에 체크를 하고 하단의 [OK] 버튼을 클릭해 보자.

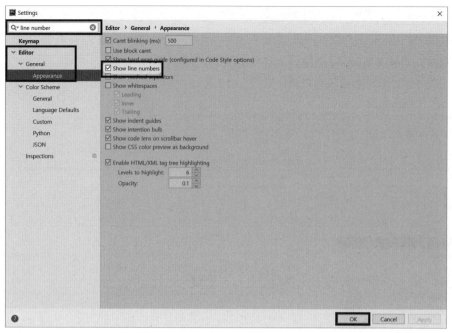

그림 14.44 소스 줄 번호 보기 옵션 켜기

아래와 같이 소스 코드 편집 창의 좌측에 소스의 줄 번호가 출력되는 것을 확인할 수 있다.

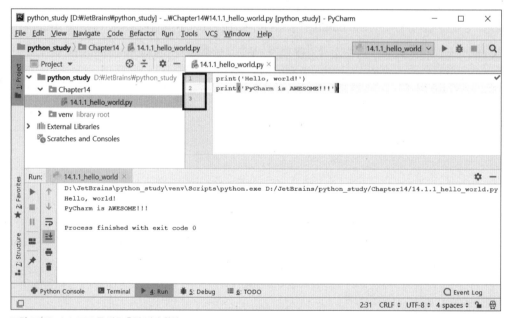

그림 14.45 소스 코드 줄 번호 출력 결과 확인

tip 파이참의 바로가기 키

개발의 재미를 더욱 느끼게 하는 것 중 하나가 바로 바로가기 키를 사용한 개발이다. 위에서 소스 코드를 실행할 때 아이콘을 클릭하는 것보다 〈Ctrl〉+〈Shrift〉+〈F10〉키를 동시에 누르는 것이 훨씬 빠르고 간결하다는 것을 느낄 수 있다. 왜냐하면 키보드에서 소스 코드를 작성하다가 마우스를 조작하는 것 자체가 효율성이 떨어지기 때문이다.

파이참은 친절하게도 파이참 설치 폴더에 해당 바로가기 키 문서를 포함하여 제공하고 있다. 파이참 설치 폴더에 가보면 help 폴더가 있으며 아래에 ReferenceCard.pdf 파일을 참고해 보자. 필자의 환경에서 해당 파일 위치는 아래와 같다.

D:\JetBrains\PyCharm Community Edition 2018.3.5\help\ReferenceCard.pdf

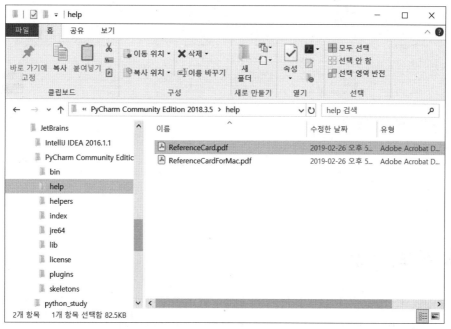

그림 14.46 파이참 바로가기 키 문서 위치

해당 파일을 열어 보면 굉장히 많은 단축 키가 있는 것을 알 수 있다. 모두 외울 필요는 없다. 해당 문서를 출력하여 책상에 붙이거나, 이미지 파일로 변경하여 배경화면으로 설정해 보자. 처음 소스 코드 작성할 때에는 마우스로 메뉴를 클릭하면서 개발을 하다가 어느 정도 익숙해지면 클릭하는 메뉴의 단축키가 무엇인지 확인해 보고 직접 사용해 보자. 금새 익숙해지게 된다. 이 또한 파이참을 쓰는 즐거움 중 하나가 될 것이다!

PyCharm

Find any action inside the IDE　Ctrl+Shift+A

CREATE AND EDIT

Show intention actions	Alt+Enter
Basic code completion	Ctrl+Space
Smart code completion	Ctrl+Shift+Space
Type name completion	Ctrl+Alt+Space
Complete statement	Ctrl+Shift+Enter
Parameter information/context info	Ctrl+P/Alt+Q
Quick definition	Ctrl+Shift+I
Quick/external documentation	Ctrl+Q/Shift+F1
Generate code	Alt+Insert
Override/implement members	Ctrl+O/Ctrl+I
Surround with...	Ctrl+Alt+T
Comment with line comment	Ctrl+/
Extend/shrink selection	Ctrl+W/Ctrl+Shift+W
Optimize imports	Ctrl+Alt+O
Auto-indent lines	Ctrl+Alt+I
Cut/Copy/Paste	Ctrl+X/Ctrl+C/Ctrl+V
Copy document path	Ctrl+Shift+C
Paste from clipboard history	Ctrl+Shift+V
Duplicate current line or selection	Ctrl+D
Move line up/down	Ctrl+Shift+Up/Down
Delete line at caret	Ctrl+Y
Join/split line	Ctrl+Shift+J/Ctrl+Enter
Start new line	Shift+Enter
Toggle case	Ctrl+Shift+U
Expand/collapse code block	Ctrl+NumPad+/-
Expand/collapse all	Ctrl+NumPad+/-
Save all	Ctrl+S

VERSION CONTROL

VCS operations popup...	Alt+`
Commit	Ctrl+K
Update project	Ctrl+T
Recent changes	Alt+Shift+C
Revert	Ctrl+Alt+Z
Push...	Ctrl+Shift+K
Next/previous change	Ctrl+Alt+Shift+Down/Up

MASTER YOUR IDE

Find action...	Ctrl+Shift+A
Open a tool window	Alt+[0-9]
Synchronize	Ctrl+Alt+Y
Quick switch scheme...	Ctrl+`
Settings...	Ctrl+Alt+S
Jump to source/navigation bar	F4/Alt+Home
Jump to last tool window	F12
Hide active/all tool windows	Shift+Esc/Ctrl+Shift+F12
Go to next/previous editor tab	Alt+Right/Alt+Left
Go to editor (from a tool window)	Esc
Close active tab/window	Ctrl+Shift+F4/Ctrl+F4

FIND EVERYTHING

Search everywhere	Double Shift
Find/replace	Ctrl+F/R
Find in path/Replace in path	Ctrl+Shift+F/R
Next/previous occurrence	F3/Shift+F3
Find word at caret	Ctrl+F3
Go to class/file	Ctrl+N/Ctrl+Shift+N
Go to file member	Ctrl+F12
Go to symbol	Ctrl+Alt+Shift+N

NAVIGATE FROM SYMBOLS

Declaration	Ctrl+B
Type declaration (JavaScript only)	Ctrl+Shift+B
Super method	Ctrl+U
Implementation(s)	Ctrl+Alt+B
Find usages/Find usages in file	Alt+F7/Ctrl+F7
Highlight usages in file	Ctrl+Shift+F7
Show usages	Ctrl+Alt+F7

REFACTOR AND CLEAN UP

Refactor this...	Ctrl+Alt+Shift+T
Copy.../Move...	F5/F6
Safe delete...	Alt+Delete
Rename...	Shift+F6
Change signature...	Ctrl+F6
Inline...	Ctrl+Alt+N
Extract method	Ctrl+Alt+M
Introduce variable/parameter	Ctrl+Alt+V/P
Introduce field/constant	Ctrl+Alt+F/C
Reformat code	Ctrl+Alt+L

ANALYZE AND EXPLORE

Show error description	Ctrl+F1
Next/previous highlighted error	F2/Shift+F2
Run inspection by name...	Ctrl+Alt+Shift+I
Type/call hierarchy	Ctrl+H/Ctrl+Alt+H

NAVIGATE IN CONTEXT

Select in...	Alt+F1
Recently viewed/changed files	Ctrl+E/Ctrl+Shift+E
Last edit location	Ctrl+Shift+Back
Navigate back/forward	Ctrl+Alt+Left/Right
Go to previous/next method	Alt+Up/Down
Line/Column...	Ctrl+G
Go to code block end/start	Ctrl+]/[
Add to favorites	Alt+Shift+F
Toggle bookmark	F11
Toggle bookmark with mnemonic	Ctrl+F11
Go to numbered bookmark	Ctrl+[0-9]
Show bookmarks	Shift+F11

BUILD, RUN, AND DEBUG

Run context configuration	Ctrl+Shift+F10
Run/debug selected configuration	Alt+Shift+F10/F9
Run/debug current configuration	Shift+F10/F9
Step over/into	F8/F7
Smart step into	Shift+F7
Step out	Shift+F8
Run to cursor/Force run to cursor	Alt+F9/Ctrl+Alt+F9
Show execution point	Alt+F10
Evaluate expression...	Alt+F8
Stop	Ctrl+F2
Stop background processes...	Ctrl+Shift+F2
Resume program	F9
Toggle line breakpoint	Ctrl+F8
Toggle temporary line breakpoint	Ctrl+Alt+Shift+F8
Edit/view breakpoint	Ctrl+Shift+F8

jetbrains.com/pycharm
blog.jetbrains.com/pycharm
@pycharm

JET BRAINS

그림 14.47　파이참의 단축키 리스트

5. Wrap-up

이번 장에서는 앞서 사용하던 파이썬 기본 환경인 IDLE 대신 파이참을 통해 개발하는 방식에 대해 확인해 보았다. 설치부터 소스 코드 생성 및 작성, 실행 및 실행 결과를 확인해 보았다. 또한 에러가 발생하였을 때 어떤 식으로 문제점을 확인하고 수정해 나가는지 확인해 보았다.

필자가 처음 개발을 시작하여 자신감이 붙기 시작하였을 때 이런 도구를 사용하는 것은 개발자의 능력이 떨어지는 것 아니냐는 오해를 한 적이 있었다. 하지만 이런 도구의 도움 없이 개발을 하는 것은 마치 허점투성이의 소스 코드를 작성하겠다고 하는 것과 별반 차이가 없다. 대부분의 실무 현장에서는 모든 개발자들이 동일한 개발 도구를 사용하면서 서로 도움을 주고 받으면서 일하고 있다. 그리고 이러한 개발 도구는 소스 코드의 작성뿐만이 아니라 소스 버전 관리와 같이 실무에서 반드시 필요한 기능들을 사용하기 쉽게 해 주는 통합된 개발 환경을 제공해 줌으로써 전체 프로젝트의 생산성 및 품질을 끌어 올리는 중심 역할을 하게 된다. 앞으로 진행되는 대부분의 소스 코드는 파이참으로 작성하도록 하겠다. 여러분도 점점 익숙해지리라 다짐한다.

다음 장에서는 파이참을 활용한 디버깅 과정을 살펴보도록 하겠다. 조금 더 마법과 같은 일이 펼쳐질 것이니 기대해도 좋다!

{ CHAPTER 15 }

단위 테스트^{Unit Test} 및 디버깅^{Debugging}

1. 단위테스트^{Unit Test} 수행하기
2. 디버깅^{Debugging}하기
3. Wrap-up

내가 만든 소스 코드가 잘 동작하는지 확인을 하려면 어떻게 하면 좋을까? 우리가 지금까지 살펴본 것처럼 매번 print( ) 함수를 사용하여 표준 출력문을 확인하는 것도 한계가 있다. 그리 좋은 방법도 아니다. 가장 좋은 방법은 본인이 만든 소스 코드의 테스트 코드를 작성하므로써 본인이 의도한 대로 잘 동작하는지 확인하는 것이다. 이렇게 본인이 개발한 소스 코드를 테스트하는 행위를 단위테스트라고 한다. 단위테스트는 언제나 개발자의 몫이다. 테스트 코드 없는 소스 코드는 개발자에게 언제 터질지 모르는 시한 폭탄을 만들어 내는 것과도 같다.

단위테스트를 통해서 본인이 원하지 않는 소스 코드가 분명 도출이 될 것이다. 이는 실제로 운영 중인 환경에서 발생하는 장애 상황을 줄여 주는 큰 역할을 하게 된다. 문제가 생긴 소스 코드는 다른 말로 '버그가 생겼다'라고도 표현한다. 버그라는 용어는 '벌레'라는 의미로 소스 코드에 문제가 있다는 것을 벌레로 표현한다. 이러한 버그가 없이 개발하는 것이 가장 이상적이나, 버그가 없는 소스 코드는 없다고 해도 과언이 아닐 정도로 버그는 어디에든 존재한다! 경험이 적은 개발자일수록 버그의 양은 더욱 많을 것이다. **이러한 버그를 잡는 행위, 즉 본인이 작성한 소스 코드를 확인하면서 문제가 생긴 코드를 고치는 행위를 우리는 디버깅**^{Debugging}**이라고 한다.**

이번 장에서는 앞서 설치한 파이참을 활용하여 단위테스트와 디버깅을 어떻게 하는지 감을 잡는 시간을 가져 보겠다.

> *"디버깅이 버그를 없애는 작업이라면 프로그래밍은 버그를 심는 작업이다."*
>
> – 에츠허르 데이크스트라(Edsger Dijkstra) –

1. 단위테스트^{Unit Test} 수행하기

단위테스트의 개념을 이해하기 위해 소스 코드를 하나 작성해 보겠다.

파이참을 실행한 다음 'python_study' 프로젝트 아래에 폴더를 하나 만들자. 폴더명은 'chapter15'로 하겠다. 필자는 공통 모듈을 하나 만들어 보겠다. 폴더명 아래에 'common.py'라는 파이썬 파일을 하나 만들자. 그리고 파일 내용에는 지난 11장에서 작성하였던 이메일을 검증하는 함수를 활용하여 작성해 보자. 정규식을 사용하여 이메일 정합성 검증을 하는 소스 코드다. 동일한 정규 표현식을 활용하되, 변수를 몇 개 추가하였다. 소스 코드는 다음과 같다(폴더 및 파이썬 파일 새로 만들기 부분이 기억이 나지 않는다면, 14장 2절의 내용을 다시 확인하기 바란다).

```
1    import re   # re 모듈 탑재
2
3
4    # 이메일 주소 정합성 체크를 위한 함수
5    def email_validation_check(email):
6        # 이메일 정합성 검증 정규 표현식
7        regex = r'[\w.-]+@[\w.-]+.\w+'
8
9        # 이메일 주소 정합성 유무 확인
10       find_result = re.findall(regex, email)
11
12       # 에러 메세지 조건 및 출력
13       if find_result[0] != email:
14           print(email, '는 이메일 주소 형식에 맞지 않습니다.')
15           return False
16
17       # 성공 메세지 출력
18       print(email, '는 이메일 주소로 적당합니다!')
19       return True
```

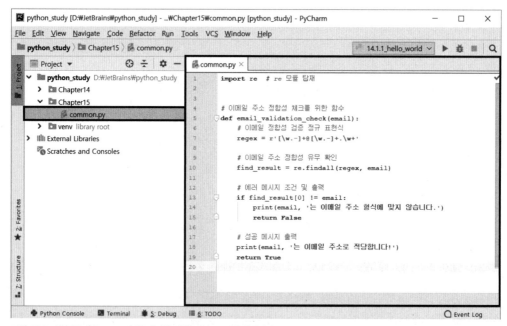

그림 15.1 신규 폴더(Chapter15) 및 파이썬 파일(common.py) 생성하기

같은 폴더 밑에 파이썬 파일을 하나 더 만들자. 이름은 'common_tests.py'다. 필자는 이 파일에 단위테스트 소스 코드를 작성할 것이다.

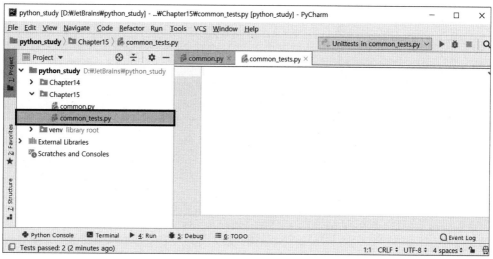

그림 15.2 새 파이썬 파일(common_tests.py) 생성하기

common_tests.py라는 파일의 이름은 곧 모듈 이름이며, commons.py 모듈의 단위테스트 코드들이 존재한다는 의미로 '_tests'를 뒤에 붙였다. 일단 아래 소스 코드를 해당 파일에 작성해 보도록 하자.

[소스 코드 15-2] common_tests.py(1)

```
1   import unittest                        # unittest 모듈 탑재
2   from Chapter15 import common           # 단위테스트 대상 모듈인 common 모듈 탑재
3
4
5   class CommonTestCase(unittest.TestCase):     # 단위테스트용 클래스, 인자 값 주의
6       def test_email_validation_check(self):   # 단위테스트용 메소드
7           # 단위테스트 대상 함수 호출 (False 기대)
8           self.assertFalse(common.email_validation_check('#@c#o@
    gmail*om'))
9           # 단위테스트 대상 함수 호출 (True 기대)
10          self.assertTrue(common.email_validation_check('isi.cho@
    gmail.com'))
```

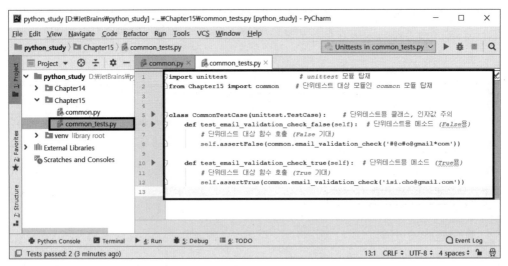

그림 15.3 단위테스트 소스 코드 작성하기(common_tests.py)

첫 번째 줄에서 파이썬의 기본 내장 모듈 중 단위테스트 기능을 제공하는 unittest 모듈을 탑재한다.

2번째 줄에서는 단위테스트 단위의 함수 호출을 위하여 앞서 작성한 common 모듈을 탑재한다. 현재 프로젝트 루트 밑에서 보았을 때, 새로 생성된 폴더가 모듈로 인식이 되므로 from 절에 폴더 이름을 넣은 것을 확인할 수 있다.

5번째 줄에서 단위테스트를 하기 위한 클래스를 선언하였다. 이 클래스는 unittest 모듈을 사용하기에 반드시 필요한 클래스다. 클래스 인자 값에 unittest.TestCase를 넣어서 TestCase 클래스를 상속받아야 한다.

6번째 줄에는 단위테스트를 수행하기 위한 함수를 정의한다. 클래스 내부 메소드이니 인자 값으로 self가 자동으로 들어간다.

8번째 줄에서 내부 메소드인 assertFalse( ) 함수를 호출한다. 이 함수는 부모 클래스인 unittest. TestCase에 구현되어 있을 것이다. assert의 사전적인 의미를 보면 어떤 사실을 강하게 주장한다고 나와 있다. 이 함수는 함수 인자 값이 반드시 False가 될 것이라는 뜻이다. 인자 값에는 11장에서 테스트용으로 사용하였던 함수 중 실패할 함수를 인자 값으로 넣었다. 이는 이메일 형식이 맞지 않기 때문에 False를 반환할 것이다.

10번째 줄에서는 내부 메소드인 assertTrue( ) 함수를 호출한다. 이는 함수 인자 값이 반드시 True가 될 것이라는 뜻이다. 인자 값에는 11장에서 테스트용으로 사용하였던 함수 중 성공한 함수를 인자 값에 배치하였고, 이 함수의 반환 값은 True가 될 것이다.

자, 그럼 실행해 보자. 파이참의 소스 코드를 실행하였던 단축키가 기억나는가? 〈Ctrl〉+〈Shift〉+〈F10〉키를 동시에 눌러서 소스 코드를 실행해 보자.

소스 실행 결과 창의 상단에 지난 장에서 볼 수 없었던 초록색 V 마크와 "Tests passed:1 of 1 test – 0 ms"라는 글자가 보인다. 이는 소스 코드에서 실행한 1개의 함수가 실행이 되어 정상적으로 수행되었다는 뜻이다.

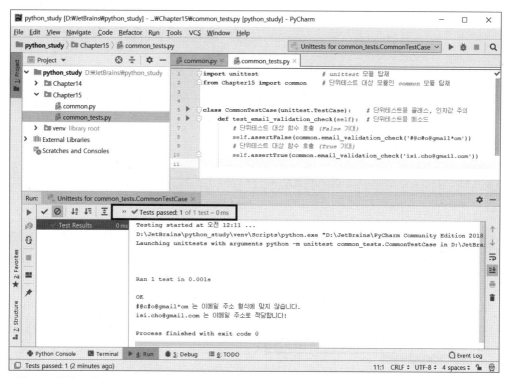

그림 15.4 단위테스트용 소스 코드 실행 결과

소스 코드의 함수 안에서 호출하는 두 개의 메소드들을 서로 다른 두 개의 함수에서 각각 호출하게 소스 코드를 변경해 보겠다. 소스 코드를 아래와 같이 변경한 다음 〈Ctrl〉+〈Shift〉+〈F10〉키로 소스 코드를 실행해 보자.

```
1    import unittest                               # unittest 모듈 탑재
2    from Chapter15 import common                  # 단위테스트 대상 모듈인 common 모듈 탑재
3
4
5    class CommonTestCase(unittest.TestCase):       # 단위테스트용 클래스, 인자 값 주의
6        def test_email_validation_check_false(self):   # 단위테스트용 메소드 (False용)
7            # 단위테스트 대상 함수 호출 (False 기대)
8            self.assertFalse(common.email_validation_check('#@c#o@
     gmail*om'))
9
10       def test_email_validation_check_true(self):    # 단위테스트용 메소드 (True용)
11           # 단위테스트 대상 함수 호출 (True 기대)
12           self.assertTrue(common.email_validation_check('isi.cho@
     gmail.com'))
13
```

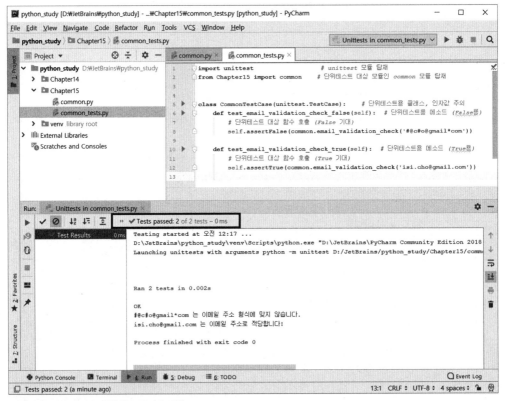

그림 15.5 단위테스트를 위한 함수 분리 후 실행

테스트가 두 개 통과하였다는 의미로 초록색 V 마크와 "Tests passed:2 of 2 test − 0 ms"라는 글자가 보인다. 이렇듯, 작성한 메소드의 개수에 따라 테스트 코드의 개수를 조절할 수 있다.

주의하세요! **소스 코드 실행 시 커서의 위치**

위 소스 코드 실행 시, 소스 코드가 없는 마지막 줄인 13번째 줄에 커서가 위치해야 한다. 특정 함수를 작성한 줄에 커서가 위치하면, 해당 함수만 실행되니 참고하기 바란다.

이번에는 고의로 테스트를 실패하게 해 보자. 12번째 줄의 assertTrue( ) 함수를 assertFalse( )로 바꿔 보자. 그럼 이 함수는 False의 값을 기대하나 True가 반환되기 때문에 단위테스트를 실패하게 될 것이다. 소스 수정 후, 마우스 커서를 5번째 줄의 class 위치로 옮겨 놓고, 〈Ctrl〉+〈Shift〉+〈F10〉키로 실행해 보자.

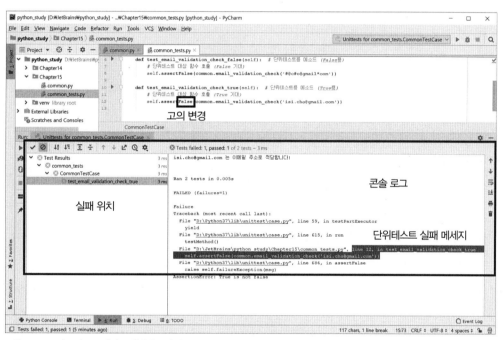

그림 15.6 고의로 테스트 케이스 실패해 보기

초록색 V 마크가 노란색 X 마크로 변경이 되었다. 그리고 우측에 'Tests failed: 1, passed: 1 of 2 tests - 3ms'라는 용어와 함께 2개 중 1개의 테스트가 실패하였다고 표기가 된다. 좌측 트리 구조로 보이는 곳에서는 테스트 케이스가 실패한 함수의 위치를 보여 주고 있다. 우측의 실행 로그에서는 소스 코드의 12번째 줄에서 단위테스트가 실패하였으며 False 값이 들어와야 하나 True가 들어와서 실패하였다는 AssertionError 메세지가 보이고 있다.

변경한 소스 코드를 다시 원래대로 하고 〈Ctrl〉+〈Shift〉+〈F10〉키로 테스트를 실행해 보자.
잘 실행되는 것을 확인할 수 있다.

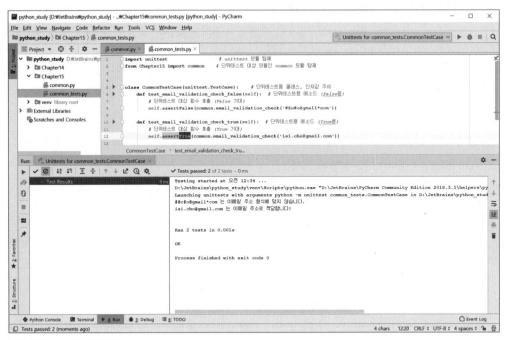

그림 15.7 소스 원복 후 재실행

지난 11장에서 해당 소스 코드의 값을 확인하기 위해서 소스 코드 본문에 print( )문을 집어 넣어서 값을 확인하였던 것을 기억하는가? 사실 그 방법은 처음 파이썬을 공부하는 입장에서는 흔히 사용하는 방법이지만 실무에서는 기피해야 될 대상 1호이다. 아무 생각 없이 그저 값을 출력하고 본인의 의도대로 동작하는지 확인하는 것은 본인에게만 도움이 되는 행위다. 본인이 나름대로 개발이 완료되었다고 판단이 되면 해당 소스 코드는 주석 처리를 하거나 삭제할 수 있지만 이 또한 비효율을 초래한다.

앞으로 소스 코드를 작성하게 되면 기대하는 값에 대하여 단위테스트 소스 코드를 작성하는 습관을 길러 보도록 하자. 처음에는 쉽지 않다. 그리고 오히려 비효율적인 방법이라고 생각할 수도 있다. 하지만 테스트 코드 없이 실제 운영 환경에 배포한 소스에서 문제가 생겨서 얻는 비용 보다는 훨씬 저렴하다는 것을 잊지 말자(여기서 말하는 비용은 테스트 코드를 작성하는 데 들어가는 시간과 장애가 발생하였을 때 소스 코드를 수정하는 데 들어가는 시간과 개발자의 노력 등을 말한다).

unittest 모듈은 assertTrue( )나 assertFalse( ) 이외에도 수많은 assert 계열의 함수를 제공하고 있다. 그리고 테스트 코드 수행을 할 때 모든 테스트용 메소드 시작 혹은 종료 시에 일괄적으로 실행하는 함수 등이 존재하지만 이 책에서 다루지는 않겠다. 일단 단위테스트의 개념을 이해하는 것이 중요하다. 그 다음에 다른 기법들을 배워도 늦지 않다. 다양한 API들을 확인하고 싶다면 아래 링크를 방문해 보자.

https://docs.python.org/3.7/library/unittest.html#test-cases

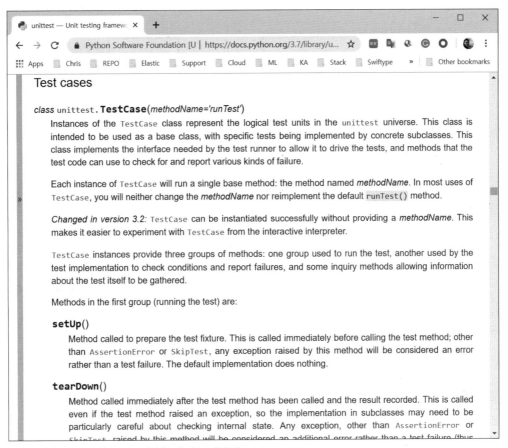

그림 15.8 unittest 모듈의 TestCase 클래스 및 메소드 확인 링크

2. 디버깅^{Debugging}하기

이번 모듈은 지난 11장에서 실습한 프로젝트의 정규식을 활용하여 이메일 주소를 체킹하는 모듈이다. 하지만 이 모듈에 버그가 하나 숨어 있다. 이 버그를 한 번 찾아서 제거해 보자.

단위테스트 코드 중 8번째 줄의 정합성 체크 대상의 이메일 주소를 '#@c#o@gmail*om'에서 'isi.cho@gmail*om'으로 바꿔보자. 골뱅이 뒤부분이 이메일 주소로는 적합해 보이지 않는다. 소스 수정 후 〈Ctrl〉+〈Shift〉+〈F10〉키로 실행해 보자.

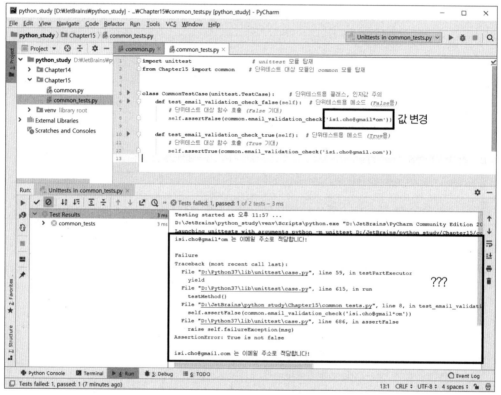

그림 15.9 실제 테스트 코드 에러 발생하기

앗, 무언가 이상하다. 조금 전에 변경한 값인 'isi.cho@gmail*om'은 이메일 주소로 분명 적합하지 않은 문자열이기 때문에 common.email_validation_check( ) 함수의 반환 값이 False가 되어야 함에도 불구하고, True가 반환이 되었다. 그래서 테스트 케이스가 실패하였다.

무엇이 문제일까? 여기서 디버깅 방법을 통해 문제점을 찾아가는 방법을 소개하도록 하겠다.

디버깅은 실제 문제가 생긴 코드를 분석하기 위하여 한 줄 한 줄씩 실행해 가며 문제가 생긴 소스 코드를 추적하는 과정을 의미한다. 위에서 보니 8번째 라인의 테스트 코드가 문제인 것을 알 수 있으니 8번째 줄부터 디버깅을 시작해 보도록 하겠다.

소스 코드 편집 창의 소스 줄 번호가 있는 곳으로 마우스 커서를 움직여 보자. 줄 번호 8 오른쪽 부분에서 마우스 왼쪽 버튼을 클릭해 보자.

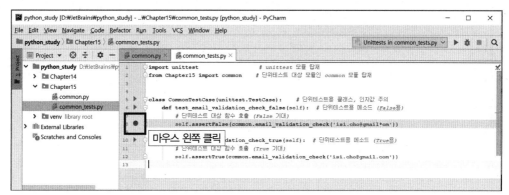

그림 15.10 디버깅 시작 지점 설정하기

줄 번호 우측에 붉은색 동그라미가 생겼다! 이렇게 디버깅을 하기 위한 위치를 브레이크 포인트 Break Point라고 한다. 굳이 번역하자면 '멈춤 지점' 정도로 해석할 수 있겠으나, 필자는 브레이크 포인트라 부르겠다.

디버깅을 하기 위해서는 소스 실행 방법이 기존과 다르다. 우측 상단에 벌레 모양의 아이콘을 클릭해 보자. 이 버튼이 바로 디버깅 버튼이다.

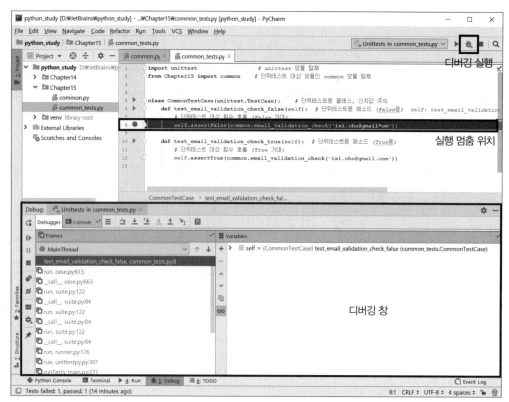

그림 15.11 디버깅 실행하기

조금 전에 클릭한 우측 상단의 벌레 모양의 디버깅 버튼을 자세히 보면 오른쪽 아래에 동그라미가 생긴 것을 볼 수 있다. 이 뜻은 디버깅이 현재 진행 중이라는 뜻이다.

8번째 줄에 파란색으로 커서가 위치하고 있다. 이는 소스가 실행 되다가 8번째 라인에 멈춰 있다는 뜻이다.

하단의 창은 디버깅 창이다. 이 창을 조금 더 자세히 들여다 보자.

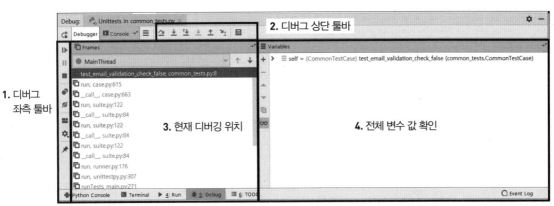

그림 15.12 디버깅 창 확인하기

1. 좌측에 아이콘의 모여 있는 디버그 좌측 툴바가 보인다. 위에서부터 세 개의 아이콘은 차례대로 Resume, Pause, Stop 버튼이다. Resume은 다음 브레이크 포인트까지 소스 코드를 수행하는 것이고 Pause는 일시 멈춤, Stop은 말 그대로 디버깅을 멈출 때 사용한다.

2. 상단에 아이콘이 모여 있는 디버그 상단 툴바가 보인다. 이 부분이 디버그의 소스 추적 방향을 제어하는 책임이며 Stepping이라고 부른다. 중요한 아이콘 4개만 살펴보자.

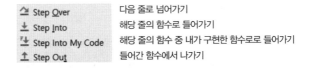

Step Over	다음 줄로 넘어가기
Step Into	해당 줄의 함수로 들어가기
Step Into My Code	해당 줄의 함수 중 내가 구현한 함수로로 들어가기
Step Out	들어간 함수에서 나가기

지금 당장은 이해가 안 될 수 있다. 조금 뒤에 사용법을 살펴볼 것이니 걱정하지 말자.

3. 현재 디버깅 중의 멈춰 있는 소스의 위치를 보여 주고 있다.

4. 현재 소스의 변수 값들을 전부 확인할 수 있다. 지금은 그리 중요하지 않으니 넘어가도록 하자.

디버깅을 진행해 보자. 현재 라인에서는 필자가 작성한 common.email_validation_check( ) 함수를 수행하기 직전이다. Step Into 버튼 혹은 〈F7〉 키를 눌러서 해당 함수로 들어가 보자.

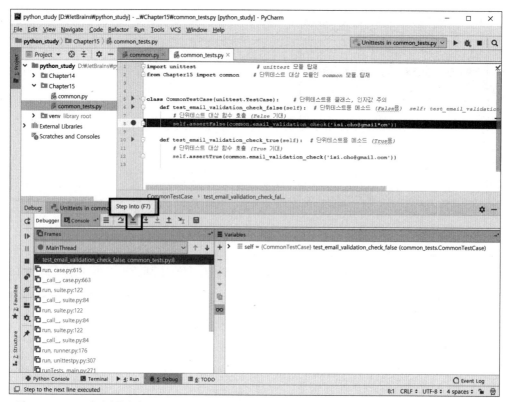

그림 15.13 Step Into(F7) 수행하기

갑자기 소스 편집 창의 소스가 commons_test.py에서 commons.py로 변경되었다. 그리고 email_validation_check( ) 함수의 첫 번째 행인 7번째 줄에서 소스 실행이 잠시 멈추었다. 소스 편집 창에서는 해당 소스 내용을 확인할 수 있고, 좌측 하단에서는 소스의 위치를, 중앙에서는 현재 commons_test.py에서 테스트 케이스 실행할 때 넘겨받은 변수의 값이 함수 매개 변수인 email에 할당되어 있는 것을 확인할 수 있다! 이는 5번째 줄의 함수 선언문 우측에 회색 글자로 변수에 값이 할당되는 것을 표기하고 있다.

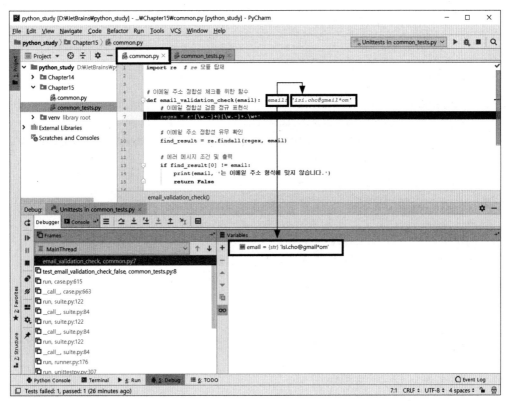

그림 15.14 Step Into(F7) 수행 결과 확인하기

한 줄 더 내려가 보자. 이번에는 함수 안으로 들어가는 것이 아니고, 다음 줄로 넘어가는 것이니, Step Over(F8)를 클릭해 보자. 7번째 줄의 소스 코드가 실행되어 'regex'라는 변수에 정규식이 할당되었다. 소스 코드는 그 다음 줄인 10번째 줄에서 멈춰 있다. 변수 창을 확인해 보니, regex 변수 값이 눈에 들어온다.

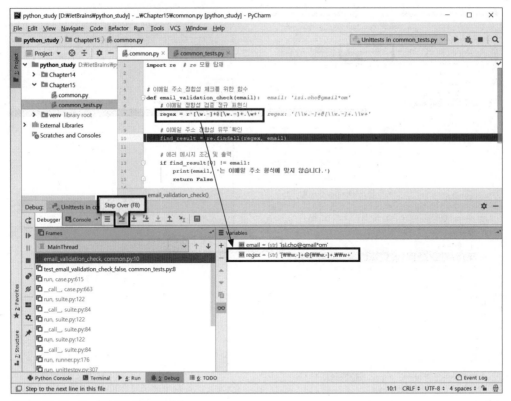

그림 15.15 Step Over(F8) 수행 결과 확인하기

〈F8〉 키를 눌러서 한 줄 더 넘겨 보자(Step Over). 드디어 우리가 보고자 했던 결과를 확인할
수 있다. 10번째 줄의 소스 코드는 정규식을 적용하여 문자열을 찾은 케이스다. 해당 문자열은
'find_result'에 저장된다. 값을 확인해 보자.

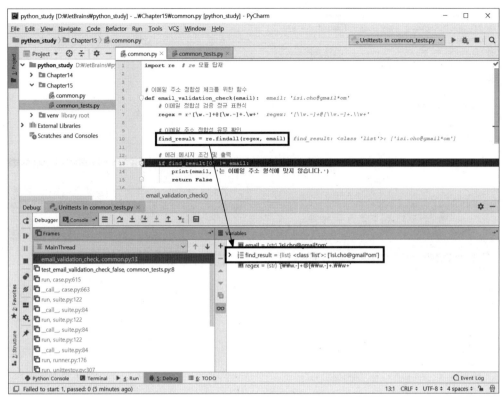

그림 15.16 Step Over(F8) 수행 결과 확인하기

하단 중앙창의 변수 값을 확인해 보니, 필자의 의도와는 다르게 email 변수의 모든 값이 찾아지고 말았다. 원래의 의도는 'isi.cho@gmail'까지만 찾아야 정상이다. 무엇이 잘못 되었을까?

문제는 정규식에 있다는 것을 알 수 있다. 문제를 알았다면 디버깅을 멈춰 보자. 좌측의 디버깅 멈춤 버튼을 누르면 된다.

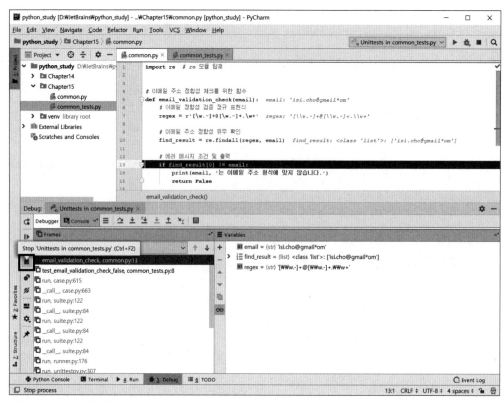

그림 15.17 디버깅 멈추기

7번째 줄의 정규식을 고쳐 보자. 실은 11장의 정규식은 조금 부족한 정규식이었다. 아래의 정규식은 확장자 앞의 점과 확장자가 알파벳으로만 이루어져야 하고, 자리 수까지 지정한 경우다. 이번 장의 목적은 정규식을 이해하는 것은 아니니, 깊이 다루지는 않겠다. 7번째 줄을 아래 소스 코드로 변경하고 디버깅을 다시 실행하는 쪽에 초점을 맞춰 보자.

```
regex = r'[\w\-][\w\-\.]+@[\w\-][\w\-\.]+[a-zA-Z]{1,4}'
```

소스 수정이 완료되었으면 다시 디버깅을 수행해 보자. 디버깅은 우측 상단의 벌레 모양을 클릭하거나 실행을 시키고자 하는 소스 코드에서 〈Ctrl〉+〈Shift〉+〈F9〉로 실행이 가능하다. 테스트 케이스가 실행되면 〈F7〉 키를 수정한 소스로 Step Into해 보자.

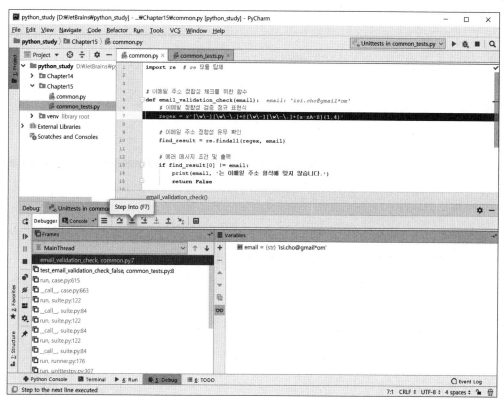

그림 15.18 다시 디버깅 진행하기

변경된 정규식을 사용하는 것을 눈으로 확인할 수 있다. Step Over(F8)를 두 번 수행하자. 하단 중앙창의 변수 값 중 find_results 값에 주목하자.

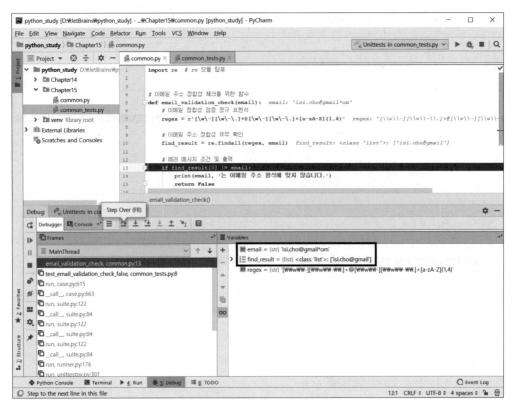

그림 15.19 새로운 정규식으로 디버깅 진행하기

필자가 의도한대로 별표 기호(*) 앞까지만을 찾고 있다. 이 소스는 결국 False를 반환하게 될 것이다.

멈춤 버튼으로 디버깅을 종료한 뒤, 테스트 케이스 파일을 열어서 클래스명에 마우스 커서를 위치한 다음 〈Ctrl〉+〈Shift〉+〈F10〉키를 눌러 보자.

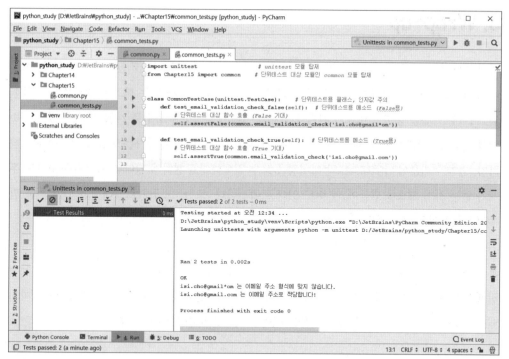

그림 15.20 디버깅 완료 후 소스 코드 실행 결과

필자가 의도했던 대로 문제가 있는 메일 주소는 문제가 있다는 의미로 common.email_validation_check( ) 함수가 False를 반환하고 있는 것을 확인할 수 있다.

디버깅은 이렇듯 내가 원하지 않게 동작하는 소스 코드의 버그를 빠르게 제거하는 과정이며, 파이참을 통하여 손쉽게 브레이크 포인트를 설정하고 Step Over, Step Into, Step Out 등의 기능으로 브레이크 포인트에서 멈춘 소스 코드를 원하는 곳에서 실행하게끔 제어할 수 있었다. 또한 계속 변하는 변수의 값 역시 쉽게 확인할 수 있었다. 이는 결국 기존에 print( )문을 통해 변수 값을 확인하던 일은 더 이상 하지 않아도 된다는 것을 의미한다. 훌륭하다!

3. Wrap-up

이번 장에서는 여러분이 작성한 파이썬 소스 코드에 대한 단위테스트 코드를 작성해 보고, 성공과 실패 시 어떻게 표현되는지 확인해 보았다. 더 나아가 문제가 있는 테스트 케이스를 실행한 뒤, 디버깅 작업을 통하여 버그의 위치를 쉽게 찾아내서 수정하는 과정을 거쳐 보았다. 앞으로 소개할 여러 프로젝트에서 문제가 생기는 경우 이 방법을 통하여 풀어나가는 연습을 꾸준히 하도록 하자. 만약 여러분이 단위테스트와 디버깅을 모두 익숙하게 구현하게 된다면 어느 누구보다도 문제가 없는 소스 코드를 만들어 낼 수도 있다고 확신한다. 또한, 고급 프로그래머가 되기 위한 필수적인 활동임을 다시 한번 강조한다.

본 책에서 이 부분을 더 깊이 다루기에는 무리가 있다고 본다. 살짝 맛보았다고 생각하고 뒤에서 진행할 여러 실습 프로젝트에서 필요할 때마다 사용해 보자. 다음 실습 프로젝트부터는 지금까지 배운 내용을 토대로 실제 실무에서 사용할 법한 주제들을 다뤄 보도록 하겠다!

이제는 말할 수 있다. 파이썬의 장단점

필자는 이번 장의 내용을 서두에 작성하였으나, 파이썬을 전혀 모르는 독자 여러분께는 다소 어렵다고 판단이 되어 파이썬의 개발을 어느 정도 경험한 이 시점에 공개한다. 기술적인 측면으로 보았을 때 파이썬이 가지고 있는 장점과 단점을 살펴보자.

○ 파이썬의 장점

1. 쉬운 문법, 간결한 실행, 높은 가독성

파이썬으로 작성된 코드는 가독성이 뛰어나며 쉽게 실행할 수 있다. 이해를 돕기 위해 현재 전세계에서 가장 많이 사용하고 있는 객체 지향 프로그래밍 언어인 자바^{Java}와 비교해 보자.

구분	자바	파이썬

소스 코드	```public class HelloWorld {```
	``` public static void```
	``` main(String[] args) {```
	``` System.out.```
	``` println("Hello, world!");```
	``` }```
	```}```
		```print('Hello, world!')```

실행 방법	코드 작성(.java) > 컴파일 > 클래스(.class) 실행	실행 환경에서 위 명령어 실행 혹은 코드 작성(.py) > 실행
실행문	D:₩java > java HelloWorld	D:₩Python37 > python helloworld.py

표 1 자바와 파이썬의 'Hello, world!' 예제 및 실행 방법

좌측은 자바의 'Hello, world!' 예제이다. 'HelloWorld'라는 클래스를 정의하고 중괄호를 통해 클래스 선언 영역을 표시한 뒤 main이라는 함수를 정의하였다. main 함수에는 String 배열을 인자 값으로 받았고 클래스와 마찬가지로 중괄호로 함수 선언 영역을 표시한다. 중괄호 안에는 표준 출력 함수인 System.out.println( )을 호출하여 마침내 'Hello, world!'를 출력하고 있다. 이와 같이 자바로는 단순한 문자열 출력을 위해서 자바에서 반드시 필요한 클래스, 함수 등을 소스에 담아야 한다.

그리고 실행 전에도 할 일이 있는데 자바 컴파일러를 통해 자바 소스(.java)를 자바 가상 머신이 읽을 수 있는 바이트코드인 클래스 파일(.class)로 컴파일해야 한다. 그제서야 자바는 'java' 명령어를 통해 실행이 가능해진다. 이러한 과정은 문법상으로 조금 차이가 있지만 잘 알려진 C/C++/C#과 크게 다르지 않다.

```
D:\>javac HelloWorld.java

D:\>java HelloWorld
Hello, World!
```

그림 1 커맨드 창에서의 자바 실행 결과

이제 우측의 파이썬 코드를 한 번 살펴보자. 좌측의 자바의 예제와는 다르게 무척 간결한 것을 볼수 있다. 허전한 느낌마저 드는데 print( )라는 기본 함수를 통해 'Hello, world!'를 출력하고 있다. 이는 파이썬의 실행 환경에서 타이핑하여 바로 실행할 수도 있고 파이썬 실행 파일(.py)로 만들어서 운영체제 커맨드 창에서 실행도 가능하다.

```
Python 3.7 (64-bit)                                              —    □    ×
Python 3.7.2 (tags/v3.7.2:9a3ffc0492, Dec 23 2018, 23:09:28) [MSC v.1916 64 bit
(AMD64)] on win32
Type "help", "copyright", "credits" or "license" for more information.
>>> print('Hello, world!')
Hello, world!
>>>
```

그림 2 파이썬 실행 환경(쉘)에서의 실행 결과

```
C:\WINDOWS\system32\cmd.exe          —    □    ×

D:\Python37>python hello_world.py
Hello, world!

D:\Python37>
```

그림 3 커맨드 창에서의 파이썬 실행 결과

2. 개발 생산성 극대화

위 예제와 같이 단순한 문자열 한 줄을 출력하더라도 프로그래밍 및 프로그램 실행의 간결함을 살펴볼 수 있다. 마치 수도코드Pseudo-code가 바로 실행이 되는 것처럼 말이다. 수도코드는 일반적으로 실행이 되지 않지만 소스 코드의 흐름을 이해하기 위해서 코딩을 하지 못하는 사람도 알아 볼 수 있게 쉽게 만든 가상의 코드를 일컫는다. 이러한 간결함은 많은 개발자들에게 큰 혜택을 가져다 준다. 단순히 쉽게 배울 수 있다는 것을 넘어서 복잡한 문법을 배워서 프로그래밍해야 하는 부담을 줄여 주었으며 오로지 프로그램이 어떻게 동작해야 하는지에 집중할 수 있게 한다. 실제로 운영 환경에서 돌아가는 코드로 개발자가 아닌 사람들과 소스를 함께 검토할 수 있게 해 주는데, 이는 개발 생산성과도 직결한다.

소프트웨어의 성능 측정 시, 크게 개발에 소요된 시간과 실행에 대한 속도가 중요하다. 대부분 소프트웨어 성능 측정 시, 개발 소요 시간에 대해서 고려하지 않는 경우가 많지만 파이썬으로 절감

할 수 있는 개발 소요 시간은 무시하지 못할 정도로 크다. 파이썬으로 개발하는 것은 C/C++보다는 5~10배 정도 빠르며 자바보다는 3~5배 정도 빠르다. 많은 사례에서 최종 제품화가 되기 전에 짧은 시간에 실행 가능한 수준의 프로토타입Prototype 작성에 파이썬을 많이 사용하고 있으며 이 프로토타입이 기능 및 성능상 이슈가 없다면 바로 최종 제품이 됨으로써 개발 시간을 획기적으로 단축시킨다. 만약 성능상 이슈가 있다면 C++나 자바로 전체 소스를 변환할 수도 있다. 하지만 가장 좋은 방법은 성능상 중요한 부분만 C++ 혹은 자바로 개발하고 나머지는 파이썬으로 개발하는 방법이다.

단순한 문법과 가독성, 개발 편리성 및 안정성 이외에도 잘 설계된 내장 표준 라이브러리는 또 다른 오픈 소스 3rd-party 라이브러리나 모듈을 만드는데 크게 기여한다. 활발한 여러 파이썬 커뮤니티 안에서 전세계 여러 필드의 개발자들이 파이썬으로 개발한 라이브러리나 모듈을 직접 사용하여 그 강력함을 느껴 본 개발자라면 그 매력에서 쉽게 헤어나오기 힘들다. 필자도 그 중에 하나이다. 자바 환경에 익숙했던 필자가 처음 파이썬을 접하고, 기존에 하던 프로그래밍을 똑같이 구현하였을 때 느꼈던 파이썬의 단순함은 놀라움 그 자체였다.

파이썬은 개발 이후에 작성한 프로그램의 운영 및 유지보수에도 많은 도움을 준다. 일반적으로 소프트웨어를 개발하는 데에 들어가는 비용보다 유지보수 비용이 훨씬 더 크다. 많은 개발자들이 이 부분을 간과하기도 하지만 근래에는 운영 중인 시스템이어도 배포 주기를 최소화하면서 안정적으로 배포하기 위하여 개발자와 운영 담당자간의 의사소통과 협력, 통합, 자동화 등을 강조하는 데브옵스DevOps라는 개념이 무척 중요시되고 있으며 이러한 능력을 가진 개발자들을 많이 찾고 있는 것이 현실이다. 파이썬은 개발에 들어가는 시간을 단축하여 소프트웨어 성능을 높이는 데 기여하는 동시에 유지보수 비용까지 절감할 수 있는 효자 노릇을 톡톡히 하고 있다.

잠시만요! ▶ 유지보수 비용이 무엇을 의미하는 건가요? 데브옵스도 생소합니다.

소프트웨어 개발에는 크게 개발 단계와 유지보수 단계가 존재한다. 개발 단계에는 최초에 소프트웨어를 만들어 내는 과정으로 소프트웨어 개발을 하기 위한 요구 사항을 분석하여 설계, 개발, 테스트, 배포 단계를 거쳐 가는 일련의 과정을 말한다. 이렇게 배포 혹은 릴리즈Release된 소프트웨어는 유지보수 단계에 접어들게 된다. 이 과정에서는 안정적인 운영을 위하여 새로운 기능을 성급하게 추가하기보다는 모니터링 및 트러블 슈팅에 집중하는 단계라고 볼 수 있다.

오늘날에는 개발 단계와 운영 단계의 기한을 명확하게 분리하기보다 짧은 주기의 반복적인 배포Continuous Delivery 를 통하여 지속적으로 발전하는 소프트웨어 개발 기법이 많이 활용되고 있다. 예를 들어, 우리가 일반적으로 사용하고 있는 SNS 소프트웨어들은 대부분 개발과 운영이 공존하고 있다고 보면 되겠다. 이런 개념을 '데브옵스'라고 부른다.

3. 풀GLUE 언어

파이썬은 다양한 소프트웨어 컴포넌트들을 함께 묶어 주는 풀 역할을 하고 있다. 가령, 쉘 프로그래밍이 익숙하지 않은 개발자에게 쉘 명령어 대신 파이썬 명령어로 수행할 수 있게 하여 초보 개발자에게 C++, 자바와 같은 컴파일형 언어보다 더 높은 품질의 소프트웨어 구현을 가능하게 한다. 파이썬으로 작성한 코드는 자이썬Jython이라는 훌륭한 도구에 의해 자바 가상 머신JVM에서 실행시킬 수 있다. 다양한 플랫폼 및 미들웨어 제품들, 여러 비즈니스 도메인에 사용되는 응용 프로그램들의 실행 전처리/후처리 및 연결하는 래퍼Wrapper 프로그램으로도 그만이다.

이러한 특징으로 인해 전세계의 개발자들이 참여하여 개발하는 오픈 소스의 안정적인 개발 및 진입 장벽을 낮추는 데 파이썬이 큰 역할을 하고 있다. 이는 파이썬으로 개발 되지 않은 많은 오픈 소스 프로젝트에서 파이썬 인터페이스Interface 및 APIApplication Program Interface를 제공하고 있는 것을 통해 확인할 수 있다. 예를 들어, 요즘 빅데이터 진영에서 가장 인기 있는 오픈 소스 프로젝트인 아파치 스파크Apache Spark 프로젝트는 자바 가상 머신 상에 구동하는 함수형 언어인 스칼라Scala로 개발이 되었지만 파이썬으로도 이 멋진 플랫폼을 쉽게 사용할 수 있다. 이는 굳이 스칼라나 자바를 모르더라도 파이썬을 알고 있는 개발자들에게 스파크를 활용할 수 있는 문을 열어 주는 것이다. 오픈 소스 특성상 많은 개발자들의 참여를 유도해야 한다고 보았을 때 파이썬은 좋은 친구이자 강력한 도구이다.

소프트웨어뿐만이 아니라 하드웨어 영역에서도 파이썬은 훌륭한 커맨더Commander 역할을 하고 있다. 생산 현장이나 랩실에서 쉽게 볼 수 있는 로봇을 제어하거나, 근래에 유행하는 오픈 하드웨어인 라즈베리 파이Raspberry PI나 아두이노Arduino에서도 파이썬이 활발히 사용되고 있다. 최근에 본 2013년도 동영상에서는 파이썬을 오랫동안 사용했던 개발자가 본인의 자식들에게 나무로 만든 장난감을 만들어 주기 위해서 파이썬으로 나무를 자르는 드릴을 제어하는 모습도 볼 수 있다. 이러한 분위기는 요즘 가장 화제가 되고 있는 ICT 기술 트랜드인 사물 인터넷(IoT Internet of Things)과 직결된다. 사물 인터넷의 세계에서도 파이썬은 빼놓을 수 없는 존재이다.

4. 멀티패러다임MULTIPARADIGM

파이썬의 프로그래밍 방식은 자바처럼 제약이 많지 않다. 위에서 살펴본 'Hello, world!' 예제만을 보더라도 자바는 객체 지향 언어에 대한 문법을 지키기 위해 클래스를 생성하여 실행해야만 한다. 파이썬은 형식이 자유롭다. 위에서 살펴본 예제와 같이 원하는 명령어를 바로 실행할 수도 있고, 자바와 같이 클래스를 생성하여 모듈화하여 호출하는 객체 지향 방식으로도 개발이 가능하다. 또한 C와 같은 절차 지향적인 스타일로 개발이 가능하며 스칼라와 같이 함수형 언어 스타일로도 개발이 가능하다. 이와 같이 하나의 언어로 다양한 패러다임으로 개발이 가능한 언어는 파이썬이 유일하며 개발자가 익숙한 혹은 제품에 맞는 패러다임으로 개발하기가 타 언어에 비해 무척 수월하다.

5. 독특한 구문 블록 정의 방식, '들여쓰기'Indentation

파이썬은 타 언어에서 일반적으로 구문 블록을 표기하기 위해서 사용하는 중괄호({ })나 시작-끝 블록 대신, '들여쓰기'만을 사용한다. 앞에서도 언급하였으나 이해를 돕기 위해 아래 자바의 if-else 조건문 예제를 한 번보자.

- 자바의 if-else 조건문 예제

```
if (input>0)  {
System.out.println ("입력 값은 양수군요.") ;
} else  {
        System.out.println ("입력 값은 0 혹은 음수군요.") ;
}
```

어떤 특정 언어에 대한 경험이 있다면 위 예제는 통상적으로 볼 수 있는 if-else 구문임을 알 수 있다. 조건 부분은 소괄호(( ))로 묶여 있고, if 블록 및 else 블록은 중괄호({ })로 묶여 정의하고 있다. 그리고 위와 같이 괄호 안의 소스 코드들의 들여쓰기는 문법상 반드시 지킬 필요는 없다. 이 방식은 C/C++/C#도 모두 같은 형식이다. 심지어는 비슷한 스크립트 언어인 자바스크립트나 펄Perl에서도 마찬가지이다.

이번엔 다음 예제를 한번 보자.

- 파이썬 if-else문 예제

```
if input > 0 :
        print ("입력 값은 양수군요.")
else  :
        print ("입력 값은 0 혹은 음수군요.")
```

왠지 모르게 무언가 빠진 느낌마저 든다. if문의 조건절을 집어 넣는 소괄호나 if, else 구문의 블록을 선언하는 중괄호 모두 보이고 있지 않다. if-else문을 잘 살펴보면 첫 번째 줄 끝에 콜론(:)으로 블록 시작을 표기하고 나서는 아래 구문은 '들여쓰기'를 통해 '이 블록에 속한 구문들입니다.'라고 정의하는 것을 살펴볼 수 있다. 필자가 처음 파이썬을 접하였을 때 이 부분이 무척 낯설었다. 게다가, 같은 블록문 안에서 '들여쓰기'를 충실하게 지키지 않으면 앞에서 여러 번 살펴보았듯이 'IndentationError' 에러를 뱉어 낸다.

이와 같은 특징 덕분에 파이썬 코드는 구문 블록 정의를 위해 반드시 동일한 방식과 동일한 크기의 '들여쓰기'를 해야 하며, 이로 인해 뛰어난 가독성을 자랑한다. 다른 언어같은 경우는 중괄호 안에 묶여 있으면 들여쓰기를 충실히 지키지 않더라도 컴파일 및 실행하는데 전혀 문제가 없지만 이는 코드의 가독성을 떨어뜨리는 주범이며 문제 발생 시의 트러블 슈팅이나 유지보수에 가장 골치 아픈 원인 중에 하나라고 볼 수 있다. 하지만 파이썬은 원천적으로 이를 방지할 수 있는 특별한 장치를 넣음으로써 파이썬만의 간결함을 유지하고 더욱 돋보이게 하고 있다.

6. 동적 타이핑 및 동적 바인딩

파이썬은 변수의 동적 타이핑 및 동적 바인딩을 한다. 여기서 말하는 '동적'의 개념이 다소 생소하게 느껴질 수 있겠지만 쉽게 말하자면 변수를 선언할 때 "이 변수는 정수 타입입니다."와 같이 데이터 타입을 직접 선언할 필요가 없다. 가령 이전의 'Hello, world!' 예제에서 문자열을 's'라는 변수에 담아서 출력하는 코드를 보도록 하겠다.

```
>>> s = "Hello, world!"
>>> print(s)
Hello, world!
>>> |
```

그림 4 파이썬 문자열 변수 예제

's'라는 변수명을 보면 'String'과 같이 문자열이라고 데이터 타입을 선언하지 않고 있다. 만약 자바였다면 'Stirng s = "Hello, world!";' 형태로 데이터 타입을 변수 앞에 선언했을 것이고, 선언을 하지 않으면 컴파일 시에 에러가 발생한다. 파이썬에서는 's'라는 변수가 문자열인 것을 결정하는 순간은 해당 구문이 실행되는 순간이며 그때마다 동적으로 해당 데이터 타입을 결정해 준다.
그렇다고 해서 파이썬이 변수 타입이 없다는 의미는 아니다. 아래 실행문을 보자.

```
>>> "10" + 5
Traceback (most recent call last):
  File "<pyshell#40>", line 1, in <module>
    "10" + 5
TypeError: Can't convert 'int' object to str implicitly
```

그림 5 타입 에러 발생 예제

파이썬에서는 문자열을 표기할 때 쌍따옴표(")를 사용하며 일반 숫자는 숫자만 표기한다. 위 예제처럼 문자열 "10"과 숫자 5를 더하려고 하니 'TypeError'가 발생하는 것을 볼 수가 있다. 이러한 점을 피하기 위해서는 반드시 변수 타입을 변경해야 한다. 문자열을 숫자 타입으로 변경해서 더해보겠다. 이런 작업을 '데이터 타입 변환'이라고 부른다.

앞의 소스 코드에서 '10'을 int('10')으로 타입 변환하여 실행하면 아무 에러 없이 '15'가 출력되는 것을 볼 수 있다. 위 예제는 무척 단순한 예제이지만 프로그래밍에 있어서 타입 변환은 무척 중요한 기술이다. 가령, 텍스트파일에 있는 정수 타입 데이터를 읽어 온다고 하면 읽은 문자열을 정수 타입으로 반드시 변환해야 한다. 이와 같이 파이썬의 변수는 미리 데이터 타입을 선언할 필요가 없지만 데이터 타입에 주의해서 코딩해야 한다.

○ 파이썬의 단점

위에서 살펴보았듯이 파이썬은 독특한 특징과 함께 많은 장점을 가지고 있는 언어이다. 하지만 모든 언어가 그렇듯이 장점이 있다면 단점도 가지고 있는데 몇 가지 짚어 보겠다.

1. 성능

파이썬은 번역기 언어로 인한 제약 사항 때문에 실행 속도가 중요한 곳에서는 이슈가 될 수 있다. 아무래도 컴파일형 언어처럼 미리 바이트코드로 컴파일하여 실행되는 언어에 비해서는 실행 속도가 느릴 수밖에 없다. 실행 전에 미리 컴퓨터에서 바로 실행 가능한 머신 코드로 변경하는 컴파일형 언어들이 실행 속도에서는 이점이 있는 것이 사실이다. 또한, 앞서 언급한 동적 바인딩 역시 실행 시에 데이터 타입을 결정하기 때문에 이 또한 속도 저하의 주요 요인 중 하나로 볼 수 있다. 하지만 많은 파이썬 패키지들은 지난 수년간 최적화 과정을 거쳤으며 C나 타 언어에 비해 동등하거나 더 빠르게 실행되는 경우도 심심치 않게 확인할 수 있다. 또한, 파이썬 코드를 C 환경에서 실행할 수 있는 싸이썬Cython, 파이썬 코드를 자바 환경에서 실행할 수 있는 자이썬 등의 멋진 도구들로 인해 성능 이슈를 쉽게 극복할 수 있다. 개발 생산성이 뛰어난 파이썬으로 프로토타입 개발을 빠르게 진행하고, 속도에 이슈가 있는 부분에만 C++나 자바와 같은 타 언어로 개발을 진행하는 것이 전체 개발 속도를 고려하였을 때 좋은 개발 전략이 될 수 있다.

2. 설계 제약 사항

파이썬 언어의 설계에 대한 제약 사항도 일부 존재한다. 동적 타이핑은 좋은 면도 있지만 정적 타이핑 언어보다 테스트를 더욱 주의 깊게 해야 하며 실행 전까지는 버그를 확인할 수 있는 방법이 없기 때문에 가지는 취약점도 존재한다. 필자는 '들여쓰기'를 활용한 블록 표기 방식은 좋은 장점이라고 생각하지만 일부 개발자들에게는 불편함을 호소하는 주요인이 되는 경우도 있다. 또한 성능 개선을 위해 같은 작업을 병렬 처리하는 멀티쓰레딩Multithreading 기법으로 구현하였어도 GIL(Global Interpreter Lock)으로 인하여 동시에 단 하나의 쓰레드만이 실행되기 때문에 병렬 실행에 대한 성능 개선이 전혀 없다. 오히려 더 느릴 수도 있다. 이는 멀티프로세싱Multiprocessing 기법이나 비동기식Asynchronous 프로그래밍 기법을 통해 어느 정도 해소할 수는 있지만 꼭 알아야 할 제약 사항이라 볼 수 있다.

여러분이 만약 윈도우 운영체제를 사용하고 있다면 작업 관리자를 열어 본 경험이 있을 것이다. 작업 관리자를 열어 보면 현재 사용 중인 CPU 및 메모리와 '프로세스 Process'를 확인할 수 있다. '프로세스'란 컴퓨터에서 연속적으로 실행되고 있는 컴퓨터 프로그램을 말한다. 작업 관리자에서 [프로세스] 탭을 확인해 보면 XXX.exe와 같이 현재 구동 중인 프로세스 이름을 확인할 수 있다.

그림 6 윈도우 작업 관리자의 [프로세스] 탭 내용

운영체제의 주된 역할 중 하나는 여러 개의 프로세스 중 어느 프로세스에 CPU를 어느 정도 할당할지 결정하는 것이다. '프로세스'의 내부에는 실제로 작업을 수행하는 '쓰레드Thread'가 있다. 이러한 쓰레드 여러 개를 사용하여 동일한 작업을 분할하여 병렬적으로 수행하는 것을 바로 '멀티쓰레딩'이라고 한다. '멀티쓰레딩'은 동일한 작업을 쪼개서 동시에 수행하니, 하나의 쓰레드로 수행하는 것보다 작업 수행 시간이 줄어드는 것이 일반적이다. 하지만 파이썬으로 개발한 경우는 GIL 때문에 그렇지 않다. GIL은 Global Interpreter Lock의 약자로 동일한 작업을 여러 개의 쓰레드를 나눠서 수행하더라도 메모리에 데이터를 읽고 쓸 때 단 하나의 쓰레드만 허용하는 개념이다. 만약 이런 제약이 없다면 여러 쓰레드가 동일 데이터를 우선 순위 없이 동시에 변경하게 되고, 개발자가 예상했던 것과는 전혀 다르게 동작할 수가 있다. 그래서 이를 방지하는 개념이 데이터에 대한 잠금Lock이며 번역기 언어에서 하나의 프로세스에서 동일 자원에 대하여는 한 개의 쓰레드만 접근이 가능하게 하겠다는 개념이 바로 GIL이다. 그렇기 때문에 파이썬에서는 비록 '멀티쓰레딩'을 사용하더라도 오히려 수행 속도가 더 느릴 수 있다. 이를 개선할 수 있는 방법이 바로 '멀티프로세싱'이다. '멀티프로세싱'은 쓰레드가 아니라 프로세스를 여러 개 만드는 개념이다. 작업 관리자를 보면 동일한 작업을 여러 개의 프로세스가 수행하는 것을 볼 수 있다. 이는 수행 속도는 빠르게 할 수 있지만 서로 다른 프로세스 간의 데이터 공유라던지, 문제가 생겼을 때 트러블 슈팅에 대한 어려움 등의 제약 사항들이 존재한다. 상당히 숙련된 고급 개발 능력이 필요하다.

'비동기식 프로그래밍'은 위의 병렬 수행과는 조금 다른 개념이다. '동기식 프로그래밍'은 여러 작업이 실행될 때 반드시 순서를 지켜서 실행해야되는 개념이다. 이와는 상응되는 개념으로 '비동기식'이라 함은 자원 요청 후, 응답을 받기 전까지 무조건 대기하지 않고 다른 작업을 수행하며 응답은 나중에 받는 개념이다.

예를 들어 보겠다. 여러분이 패스트푸드점에서 햄버거를 주문하러 갔다고 해 보자. 보통, 패스트푸드점에는 줄을 서서 주문을 한 다음에 햄버거가 나오기 전까지 대기하다가 햄버거를 받고 자리로 가게 마련이다. 대기하는 순간에는 여러분은 할 수 있는 게 별로 없다. 아마도 '다른 햄버거를 먹을 걸…'하는 생각에 주문을 변경할까 고민하는 게 전부일 것이다. 여러분 뒤에 서 있는 손님은 어떨까? 여러분이 햄버거를 받아서 그 자리를 떠나가 전까지 아무것도 못하고 기다려야 할 것이다. 만약 여러분이 주문을 바꿔서 시간이 더 소요되면 아마도 뒤 손님은 기분이 상할 것이다. 손님이 도착한 순서대로 한 명씩 차례대로 일을 수행하는 방식이 전형적인 '동기식 프로그래밍'이다.

이번엔 커피숍을 가 보자. 필자는 오늘도 집 앞 커피숍에서 열심히 책을 쓰고 있다. 점심시간에 들어온 필자는 따뜻한 아메리카노 한 잔과 함께 수제 햄버거를 주문하였다. 결제를 하고 나니 영수증과 함께 동그란 벨을 하나 건네준다. 필자는 그 벨을 들고 조용한 구석 자리를 찾아 노트북을 펼치고 전원을 연결하였다. 가볍게 웹 서핑을 하고 있는 데 동그란 벨이 붉은 빛을 토하면서 울기 시작한다. 주문한 커피와 햄버거가 준비되었다. 필자는 다시 계산대로 가서 주문한 음식을 픽업해 왔다. 주문한 뒤 음식을 받아 오기 전까지 원하는 작업을 진행할 수 있었고, 필자 뒤에 도착한 손님은 필자의 커피를 준비라는 동안에도 원하는 주문을 신속하게 할 수 있다. 이처럼 시작 순서와는 상관없이 작업이 종료되는 방식이 바로 '비동기식 프로그래밍' 방식이다.

'비동기식 프로그래밍'은 더욱 효율적인 자원 관리가 가능하며 '동기식 프로그래밍'에 비해 더욱 빠르게 동작하지만 '동기식 프로그래밍'보다는 개발 난이도가 높다. 더 자세한 내용을 알고 싶다면 "https://docs.python.org/3/library/asyncio.html"을 방문해 보자.

....

3. 모바일 컴퓨팅 및 브라우저 엔진의 부족

마지막으로, 파이썬 기반의 모바일 컴퓨팅과 브라우저 엔진에 대한 부족함을 들 수 있겠다. 파이썬은 다양한 서버와 데스크톱 플랫폼상에 존재하지만 아직까지는 모바일 앱이나 게임을 개발하는 라이브러리나 프레임워크가 부족하기 때문에 파이썬 기반의 모바일 애플리케이션은 쉽게 찾아보기 힘들다. 파이썬 기반 크로스 브라우징을 지원하는 유일한 오픈 소스는 키비Kivy밖에 없는 듯하다. 또한, 자바스크립트와 같이 웹 브라우저상에서 구동되는 파이썬도 거의 볼 수가 없다. 현 수준에서는 보케Bokeh와 같이 파이썬으로 작성된 코드를 자바스크립트로 변환하여 구동되는 수준이다. 하지만 점점 더 나아지리라 기대한다.

주의하세요! ▶ **파이썬의 성능에 대한 이슈**
....
위에서 살펴본 단점들은 대부분 '성능'과 관련되었다고 볼 수 있다. 근래의 많은 파이썬 컨퍼런스에서는 속도에 대해 많은 부분이 개선이 되었고, 데이터 분석 쪽에서는 눔바Numba와 같은 도구를 이용하여 파이썬 코드의 일부를 바로 네이티브 머신 코드로 변경할 수 있는 방법을 제공하고는 있지만 파이썬의 성능 이슈는 앞으로도 계속 개선해 나가야 할 영역이라고 볼 수 있다. 그렇기 때문에 독자 여러분이 개발하려는 프로그램이 실행 속도에 무척 민감한 프로그램이라면 파이썬을 사용하는 건 다시 한번 고려해야 한다.

LEVEL 5.
EXPERT

{ CHAPTER 16 }

파일을 활용한 데이터 보관

필자가 1장에서 프로그래밍의 기본적인 작동 원리를 설명하면서 동전 세는 사람을 예로 든 적이 있었다. 동전 세는 프로그램을 작성한다면 연산 처리를 하는 CPU는 사람의 머리를, 메모리는 손을 의미하였고, 데이터는 동전이고 이 동전을 저장하는 하드디스크는 동전 주머니로 비유했었다.

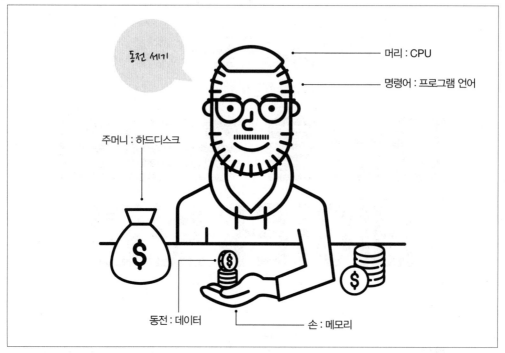

그림 16.1 동전을 세는 상황과 비교 해본 컴퓨터의 기본 동작 원리 이해

지금까지 우리가 살펴본 프로그래밍에서의 데이터는 손 위에 올라와 있던 동전과 같았다. 즉, 메모리상에 올라가 있는 데이터다. 이러한 데이터는 CPU가 무척 빠른 속도로 읽고 쓸 수 있으나, 전원이 끊기면 없어지기 때문에 휘발성을 띈다고 하였다. 하지만 우리가 만드는 프로그램의 데이터를 매번 새로 생성할 수는 없는 노릇이고, 영구적으로 저장해야 할 데이터도 분명 존재한다. 그렇기 때문에 읽고 쓰는 속도가 상대적으로 느린 하드디스크에 해당 데이터를 저장한다고 하였다. 여러분의 노트북에도 수많은 데이터가 여러 형태의 파일로 하드디스크에 저장되어 있음이 분명하다. 실제로 노트북을 부팅할 때 미리 저장되어 있는 운영체제의 파일에 의해서 부팅이 되는 것이다. 그럼 어떻게 메모리에 있는 데이터를 하드디스크로 옮길 수 있을까? 가장 쉬운 방법은 바

로 '파일'을 사용하는 것이다. 이번 장은 파일을 활용한 데이터 저장 및 읽는 방법에 대해 살펴보도록 하자(이번 장의 실습은 IDLE 기반으로 진행한다).

1. 파일에 데이터 저장하기

우리가 흔히 사용하는 '파일'에 데이터를 기록하여 여러분이 원하는 데이터를 영구적으로 저장할 수 있다. 마치 메모장에 원하는 텍스트를 작성하여 저장하는 것과 같다. 파이썬은 이런 파일을 쉽게 다루기 위해서 편리한 '파일 객체'를 제공하고 있다. 이번 절과 다음 절에서 이 파일 객체에 대해 자세히 알아보도록 하자.

먼저 파이썬 설치한 루트 경로에 파일을 저장할 폴더를 하나 만들어 보자. 필자는 'data'라는 이름의 폴더를 만들어 보았다.

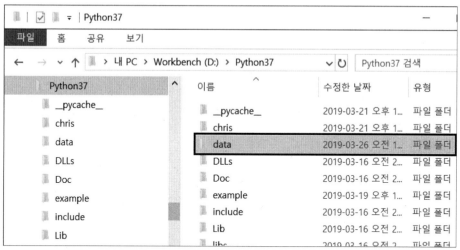

그림 16.2 파일용 폴더 생성(D:₩Python37₩data)

파일 객체를 얻는 방법은 지금까지 살펴보았던 방법과는 조금 다르다. 파이썬 기본 내장 함수인 open( ) 함수에 파일을 저장할 경로와 읽기/쓰기 모드를 설정하여 얻을 수 있다. 데이터를 쓸 파일명을 결정해 보자. 필자는 'result.txt'로 지어 보겠다. 다음 소스 코드를 실행해 보자.

```
1   >>> f = open('D:/Python37/data/result.txt', 'w')    # 파일 생성 및 객체 획득
```

open( ) 함수의 첫 번째 인자 값으로 파일 경로가 들어갔다. 파일 경로에 들어가 있는 슬래시 기호(/)의 방향에 주의하자. 그리고 파일 경로는 절대 경로와 상대 경로를 모두 지원한다. 만약 상대 경로를 사용하고 싶다면 IDLE가 실행되어 있는 경로는 파이썬 설치 루트 경로이기 때문에 아래와 같이 써도 동일한 결과를 얻을 수 있다. 보통 상대 경로의 점 기호 한 개(.)는 현재 경로, 점 기호 두 개(..)는 부모 경로를 의미한다.

```
1   >>> f = open('./data/result.txt', 'w')    # 상대 경로로 변경하여 파일 생성
```

두 번째 인자 값에는 읽기/쓰기 모드가 들어간다. 'w' 의 의미는 'write'의 약자로 파일에 데이터를 쓰는 용도로 열겠다는 의미이다.

파일 객체의 읽기/쓰기 모드에는 아래와 같은 모드들을 제공한다.

모드	설명
'r'	read. 읽기 모드 (기본 설정)
'w'	write. 쓰기 모드. 기존 파일 내용은 지우고 덮어 씀
'x'	exclusive creation. 파일이 이미 존재하면 실패함
'a'	appending. 기존 파일의 끝부분부터 내용이 추가됨
'b'	binary mode. 텍스트가 아닌 바이너리 코드로 읽고 씀
't'	text mode. 바이너리가 아닌 텍스트로 읽고 씀 (기본 설정)
'+'	reading and writing. 읽고 쓰기 위함

[표 16.1] 파일 객체 모드의 종류 및 설명

만약에 open( ) 함수 사용 시 모드 인자에 값을 넣지 않는다면 기본 설정인 'rt'가 될 것이다.
자, 그럼 조금 전에 만든 폴더 안을 방문해 보자.

그림 16.3 파일 생성 유무 확인

'result.txt'라는 이름의 파일이 생성되었다. 아직 데이터를 입력하지는 않았기 때문에 파일 크기는 0KB이다. 파일명의 확장자를 '.txt'로 선정했기 때문에 운영체제에서 텍스트 문서로 인식하고 있음을 알 수 있다. 여기서 확장자는 어떤 것을 선택해도 무관하다. 원한다면 확장자 없이도 파일을 만들 수 있다. 여러분이 기억하기 쉽고 사용하기 쉬운 것을 한 번 골라 보자. 대신 다른 용도로 알려진 확장자, 가령 그림 파일을 위한 jpg, png와 같은 확장자는 혼란을 야기하니 피하도록 하자.

파일에 내용을 입력해 보도록 하자. 조금 전에 획득한 객체에 write( ) 메소드를 활용하면 된다. 아래 소스 코드를 실행해 보자.

```
1   >>> f.write('Hello, Chris.\n')          # 상대 경로로 변경하여 파일 생성
2   14
```

첫 번째 줄에 쓰려고 하는 문자열을 보자. 평범한 문자열인 듯하나 마지막에 '\n' 문자가 눈의 띈다. 이 문자는 개행 문자로 문자열 내에 이 문자를 만나면 줄이 변경된다. 마치 글자를 쓰다가 〈Enter〉 키를 누르면 아래 줄로 내려가는 것과 같은 이치다(4장의 문자열 형 데이터를 다룰 때 잠시 언급한 내용이다).

2번째 줄에는 write( ) 메소드의 실행 결과로 '14'라는 숫자가 보인다. 이는 파일에 쓴 문자의 개수를 의미한다. 개행 문자까지 포함한 14개의 문자가 쓰여졌다는 의미다. 그럼 파일에 글자가 써졌을까? 파일을 더블클릭하여 메모장으로 열어 보자.

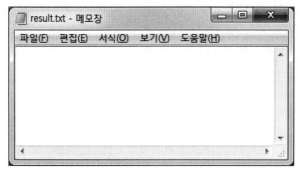

그림 16.4 result.txt 파일 내용 확인

아직 아무 데이터도 보이지 않는다. 이는 파이썬 메모리상의 파일 객체에 내용을 입력하였지만 실제 파일에는 아직 쓰지 않았다는 의미이다. 실제로 파일에 쓰여지는 순간은 파일 객체에 쓴 데이터를 실제 파일에 입력할 때 쓰인다. 이러한 행위를 영문으로는 flush라 하며 파이썬 이외의 프로그래밍 언어에서도 대부분 동일한 메커니즘을 가지고 있다. 파이썬에서는 파일 객체의 flush( ) 메소드에 의해 실제 파일에 데이터가 입력된다. 조금 전에 열었던 메모장은 종료한 뒤 아래와 같이 소스 코드를 실행해 보자.

```
1  >>> f.flush()                    # 실제 파일에 데이터 입력하기
```

그럼 다시 파일을 더블클릭하며 메모장으로 해당 파일을 열어 보자.

그림 16.5 파일 객체 flush( ) 후, result.txt 파일 내용 확인

드디어 내용이 보이기 시작한다. 하지만 아직 파일에 대한 제어가 완전히 종료된 것은 아니다. 만약 여러분이 연 파일에 대한 모든 작업을 끝내려면 반드시 파일 객체를 닫아 줘야 한다. 아래 소스 코드를 실행해 보자.

```
1  >>> f.close()          # 파일 닫기
2  >>> f.closed           # 파일을 성공적으로 닫았는 지 확인
3  True
```

첫 번째 줄의 파일 객체의 close( ) 메소드가 실행되면, 자동으로 flush( )가 수행된 다음, 파일을 닫게 된다. 이는 파일에 대한 자원의 사용을 공식적으로 해제하여 운영체제에게 더 이상 해당 파일에 손을 대지 않겠다고 선언하는 행위이며 간과하기 쉬운 중요한 행위다.

2번째 줄의 파일 객체의 closed 변수 값을 확인하면 파일의 close( ) 수행 유무를 확인할 수 있다. 결과는 참(True) 이다.

축하한다! 여러분은 파이썬으로 여러분의 운영체제에 파일을 만들어 원하는 데이터를 저장할 수 있게 되었다. 앞으로 이런 형태로 데이터를 저장하는 용도로 빈번하게 사용하게 될 것이니 잘 기억해 두기 바란다.

주의하세요! **한 번 연 파일은 반드시 닫아야 합니다. 잊지 마세요.**

다시 한번 강조하지만, 파일을 연 상태에서 정상적으로 종료하지 않고 프로그램이 종료되는 경우 얘기치 못한 오류 상황을 볼 수도 있다. 왜냐하면 해당 파일은 파이썬이 아닌 운영체제에서도 사용할 수 있기 때문이다. 잊지 말도록 하자.

잠시만요! **데이터베이스라는 용어를 들었습니다. 데이터 저장은 데이터베이스에 주로 하는 거 아닌가요?**

데이터베이스는 데이터를 어떻게 하면 효율적으로 저장하고 빠르게 검색할 수 있을까를 고민하면서 나온 일종의 소프트웨어다. 이 또한 내부적으로는 모두 파일 시스템의 특정 파일에 데이터를 쓰지만 데이터 입/출력을 위하여 특수한 방법을 제공한다. 만약 여러분이 데이터베이스에 대해서 안다면 SQL^{Structured Query Language}라는 용어를 들어 보았을 것이다. 이 SQL이 일반적인 데이터베이스의 데이터를 쓰고 읽는 도구로 사용이 된다. 우리는 이러한 SQL 대신 파이썬의 파일 객체의 메소드를 통해서 읽고 쓰는 것이라고 이해하면 되겠다. 다음 장에서 데이터베이스 관련 내용을 가볍게 다뤄 볼 것이다.

2. with문을 활용한 파일의 데이터 읽어 오기

이번에는 파일을 읽어 보도록 하자. 필자는 여러 줄의 파일을 읽어 보기 위해서 파이썬 설치 시에 파이썬 설치 루트에 있는 LICENSE.txt 파일을 읽어 보도록 하겠다.

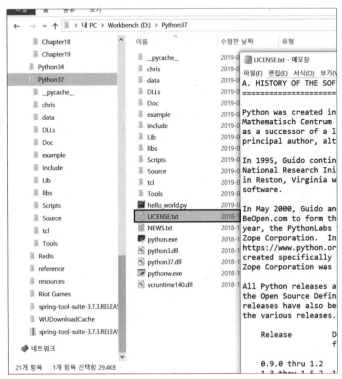

그림 16.6 읽을 파일 확인하기(D:\Python37\LICENSE.txt)

일단 파일을 열어 보자. 아래 소스 코드를 실행해 보자.

```
1  >>> license_file = open('D:/Python37/LICENSE.txt', 'rt') # 파일 열기 & 객체 획득
```

변수 license_file에 LICENSE.txt 파일을 텍스트 읽기 모드로 열어서 객체를 획득하였다.

파일의 내용을 읽는 방법 중 가장 보편적인 방법은 '줄 단위'로 읽는 것이다. readline( ) 메소드를 활용해 보자. 이 메소드는 한 줄을 읽고 다음 줄을 읽을 준비를 하는 메소드이다.

```
1  >>> license_file.readline()                    # 첫 번째 줄 읽기
2  'A. HISTORY OF THE SOFTWARE\n'
3  >>> license_file.readline()                    # 2번째 줄 읽기
4  '==============================\n'
```

동일한 메소드를 두 번 호출하였더니, 첫 번째 줄과 두 번째 줄이 출력되는 것을 확인할 수 있다. 해당 파일을 열었을 때 눈에는 보이지 않았던 개행문자(\n)까지 확인이 가능하다.

반복문을 적절하게 활용하면 파일의 내용을 쉽게 읽을 수 있을 것이다. 가령, 앞으로 5번째까지 의 줄을 출력한다면 아래와 같이 소스 코드를 작성할 수 있을 것이다.

```
1  >>> for i in range(5):                         # readline 5 번 호출하기
2          license_file.readline()
3
   '\n'
   'Python was created in the early 1990s by Guido van Rossum at
   Stichting\n'
   'Mathematisch Centrum (CWI, see http://www.cwi.nl) in the
   Netherlands\n'
   'as a successor of a language called ABC. Guido remains Python's\n'
   'principal author, although it includes many contributions from
   others.\n'
```

하지만 이런 방식은 출력문에 홑 따옴표(')와 개행문자(\n) 등이 출력 되는 등 실제 파일의 모습 과는 다소 거리가 있어 보인다. 가장 좋은 방법은 파일 객체를 바로 루프에서 호출하여 사용하는 방법이다. 아래 소스 코드를 실행해 보자.

```
1  >>> for line in license_file:
2          print(line, end='')
3
4  In 1995, Guido continued his work on Python at the Corporation for
   National Research Initiatives (CNRI, see http://www.cnri.reston.
   va.us) in Reston, Virginia where he released several versions of the
   software.
   (중략)
```

첫 번째 라인에서 파일 객체를 루프에서 활용하고 있음을 알 수 있다. 두 번째 라인에서는 각 줄의 내용을 출력하고 print( ) 함수의 기본 종료 문자인 개행문자를 end=''를 통해 제거하여 한 줄에 두 번씩 개행문자가 들어가게 되는 일을 방지하는 것을 볼 수 있다.

이후의 결과를 보면 파일에서 메모장으로 열어서 보았던 내용과 같은 내용이 끝까지 출력되는 것을 확인할 수 있다. 이런 방식이 readline( ) 메소드를 호출하는 것보다 훨씬 효율적이고 빠르며 소스 코드 역시 간결하게 만들 수 있다.

현재 파일은 끝까지 모두 읽었기 때문에 더 이상 읽을 내용이 존재하지 않는다. 만약 다시 처음부터 파일을 읽고 싶다면 어떻게 해야 할까? 이럴 땐 seek( ) 메소드를 활용하면 된다. seek( ) 메소드에는 아래와 같이 두 가지 인자 값이 존재한다.

```
f.seek(offset, from_what)
```

여기서 두 번째 인자 값의 from_what은 숫자로 0은 파일의 시작 위치, 1은 현재 위치, 2는 파일의 끝 위치를 의미한다. 옵션 인자 값이며 입력하지 않으면 0이 기본 값이다.
첫 번째 인자 값은 from_what으로부터 몇 번째 바이트로 이동할지를 결정하는 오프셋이다.
가령, seek(0,0)은 파일의 첫 라인으로 이동하라는 뜻이고, seek(−2, 2)는 파일의 끝 라인에서 2번째 전 라인으로 이동하라는 뜻이다. 아래 소스 코드를 실행해 보자.

```
1  >>> license_file.seek(0,0)                # 파일 첫 라인으로 이동
2  0
3  >>> license_file.readline()               # 현재 위치 내용 확인
4  'A. HISTORY OF THE SOFTWARE\n'
```

seek(0, 0)이 예상대로 잘 동작하는지 확인할 수 있다.
현재 파일의 위치를 알고 싶을 때는 tell( ) 메소드를 활용하면 된다. tell( ) 메소드는 현재 파일 객체의 바이트 위치를 알려 준다. 아래 소스 코드를 실행해 보자.

```
1  >>> license_file.tell()                    # 현재 파일 객체 바이트 위치 확인
2  28
3  >>> license_file.readline()
4  '============================\n'
5  >>> license_file.tell()                    # 현재 파일 객체 바이트 위치 확인
6  56
```

앞서 파일의 처음으로 이동한 다음 첫 번째 라인을 출력하고 난 다음이었기 때문에 첫 번째 줄의 tell( ) 메소드는 28을 반환하고 있다. 이 뜻은 첫 번째 라인을 읽고 난 다음의 위치가 파일 시작 위치부터 28번째 위치라는 것이다.

다시 한번 3번째 줄에서 한 줄을 출력한 뒤 다시 5번째 줄에서 tell( ) 메소드를 호출하였다. 값은 56으로, 다시 한번 출력된 값의 바이트는 28부터 55였고, 27바이트에 해당하는 내용을 출력했다는 것을 알 수 있다.

실은 초보 개발자가 바이트를 계산하면서 소스 코드를 제어하는 것은 쉽지 않은 일이다. 이는 마치 동영상을 보고 있는데, 앞 뒤로 감기 위해 정확한 시간을 알아서 값을 입력해야 하는 것과 비슷하다. 그래서 필자는 일단 파일 객체를 읽어서 리스트로 전환하여 사용하는 것을 추천한다(대신, 메모리에 동일한 내용의 객체가 중복되는 부분은 잠시 잊기로 한다).

파일 객체의 내용을 리스트로 담고 싶다면 간단하다. 파일 객체를 리스트로 타입 변환(Casting)하거나, 파일 객체의 readlines( ) 메소드의 반환 값을 활용하면 된다. 아래 소스 코드를 실행해 보자.

```
1  >>> license_list = list(license_file)       # 파일 객체를 리스트로 타입 변환
2  >>> license_list[:5]                        # 5번째 항목까지 값 확인
3  ['\n', 'Python was created in the early 1990s by Guido van Rossum
   at Stichting\n', 'Mathematisch Centrum (CWI, see http://www.cwi.nl)
   in the Netherlands\n', "as a successor of a language called ABC.
   Guido remains Python's\n", 'principal author, although it includes
   many contributions from others.\n']
```

파일 내부의 내용을 다양한 용도로 활용할 생각이라면 리스트 객체 형태로 활용하는 것도 나쁘지 않다. 파일 객체는 더 이상 사용하지 않는다면 최대한 빨리 닫아 주기 바란다.

```
1   >>> license_file.close()          # 파일 객체 닫기
```

만약 이렇게 리스트 형으로 활용할 생각이라면 파일을 리스트 객체로 변환한 다음 바로 파일 객체를 닫아서 메모리 해제 대상이 되게 유도하는 것이 좋겠다. 이런 방식을 지원하기 위해 파이썬은 with라는 예약어를 제공하고 있다. **with로 선언을 하고 file의 open( ) 메소드를 호출하면,close( )까지 함께 실행이 되는데,** 이를 파이썬에서는 문맥 관리 프로토콜(context management protocol)이라고 한다. 아래 소스 코드를 실행해 보자.

```
1   >>> with open('D:/Python37/LICENSE.txt', 'r') as f:    # with 절 선언
2           f_list = f.readlines()                         # 파일 → 리스트 변환
3
4   >>> f.closed                                           # f 종료 유무 확인
5   True
6   >>> f_list[0]                                          # 리스트 첫 번째 항목 확인
7   'A. HISTORY OF THE SOFTWARE\n'
```

첫 번째 라인에 with 예약어를 사용한 뒤 open( ) 함수를 호출해서 반환 값을 f에 할당하는 의미로 'as f'를 명시하였다. 그 뒤 익숙한 콜론 기호(:)를 통해 블록문이 실행되는 것을 암시하고 있다.

2번째 라인에서는 readlines( ) 메소드를 사용하여 파일 객체의 전체 내용을 리스트로 변환하여 f_list 변수에 넣고 있다. 이는 위에서 살펴본 타입 변환 구문과 같은 역할을 하게 된다. 이렇게 with 절 블록문에 있는 내용을 파이썬에서는 suite라고 부른다.

4번째 라인에서 조금 전에 with 절에 선언한 변수 f의 종료 유무를 확인하니 이미 종료된 것을 확인할 수 있다. with 절의 블록문 내에서 open( ) 및 suite 수행, close( )까지 모두 실행이 된 것을 알 수 있다. 6번째 라인에서 리스트에 담긴 첫 번째 항목의 값을 확인해 보았다.

이렇게 파일을 열고 닫는 영역을 최소한으로 줄여 주는 것은 좋은 습관이다. 항상 본인이 작성하는 소스 코드의 영역을 최소화하는 것이 중요하다는 것을 한 번 더 강조하겠다.

3. JSON^{JavaScript Object Notation} 활용하기

앞 3, 4절에서 살펴본 예제들은 모두 텍스트 형태의 데이터였다. 하지만 숫자로 이루어진 리스트나, 다양한 형의 데이터를 담고 있는 사전 타입 데이터를 저장하려면 어떻게 해야 할까? 이러한 데이터 구조체에 담긴 데이터를 표기하는 방법은 여러 가지가 있지만 근래에 가장 많이 사용하는 표기법은 JSON이라고 하는 표기 방법이다.

JSON은 JavaScript Object Notation의 약자로 이름에서도 알 수 있듯이 자바스크립트라는 언어의 문법 구문에서 유래된 경량의 데이터 표기법이다. 자바스크립트에서 유래는 되었지만 자바스크립트 언어의 일부는 아니다. JSON은 C 계열의 언어들(C, C++, 자바, 자바스크립트 파이썬 등)을 사용하는 다수의 프로그래머들에게 친숙한 관습을 사용하는 텍스트 형식을 띄고 있어 널리 사용되고 있으며, 필자 역시 프로젝트 수행 시 다양한 데이터 교환 방식을 JSON 토대로 표준을 만들어서 제공하고 있다.

JSON은 기본적으로 두 개의 구조를 가지고 있다.

- 이름과 값 쌍으로 이루어진 집합 타입. 파이썬에서는 사전 타입 데이터를 의미한다.
- 순서가 존재하는 값들의 리스트. 파이썬에서는 리스트 타입을 의미한다.

이 두 개의 구조는 JSON에서는 아래와 같이 객체^{Object}와 배열^{Array}로 표기할 수 있다.

- 객체(object) : 파이썬의 사전 타입 데이터와 표현 방식이 똑같다. 예) {'red': 4, 'blue': 3, 'green': 5}

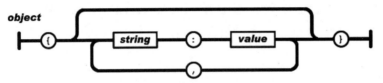

그림 16.7 JSON 객체 표기법(파이썬의 사전 타입 표기법과 동일)

- 배열(array) : 파이썬의 리스트 표현 방식과 똑같다. 예) [1, 2, 3]

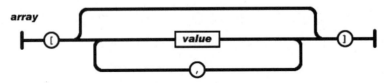

그림 16.8 JSON 객체 표기법(파이썬의 리스트 타입 표기법과 동일)

> **tip** **JSON 공식 홈페이지**
>
> JSON에 대해서 조금 더 자세히 알고 싶은 독자는 아래 링크 참고하기 바란다.
> http://www.json.org/json-ko.html

거창하게 JSON이라는 설명을 하였지만 실은 파이썬의 사전 타입 데이터와 리스트 타입 데이터 표기법과 동일함을 알 수 있다. 그렇기 때문에 파이썬 이용자들도 JSON을 사용하는 데 있어 거부감이 적을 수 밖에 없겠다.

그럼 사전 타입 데이터를 JSON 형태로 파일에 저장하는 과정을 살펴보자. 우선 아래와 같은 사전 타입 데이터를 만들어 보자.

```
1  >>> my_info = {'name':'Chris', 'job':'programmer', 'language':['KOR',
   'ENG']}
```

위 사전 타입 데이터를 JSON 형태로 출력하기 위해서는 파이썬의 사전 타입 데이터 표기법을 텍스트 형태로 전환하는 작업이 필요하다. 가령 사전 타입을 선언하기 위해 사용한 중괄호 기호({ }),

콜론 기호(:), 쉼표 기호(,) 등은 텍스트로 전환되어야만 한다. 이렇게 소스 코드를 파일에 입력할 수 있는 텍스트로 변환하는 작업을 직렬화Serializing한다고 한다. JSON 형태로 직렬화하는 메소드는 JSON 모듈의 dumps( ) 메소드이다. json 모듈을 탑재한 다음, my_info 사전 타입 데이터를 직렬화 해 보자.

```
1  >>> import json              # json 모듈 호출
2  >>> json.dumps(my_info)      # my_info 직렬화 수행
3  '{"language": ["KOR", "ENG"], "job": "programmer", "name": "Chris"}'
```

마지막 줄에서 기존의 사전 타입 데이터인 my_info가 JSON 형태의 텍스트 문자열로 직렬화된 것을 확인할 수 있다. 사전 타입은 데이터의 순서가 없기 때문에 입력할 때와는 다른 순서로 출력이 되었다.

만약 직렬화 및 파일에 입력을 동시에 실행할 생각이면 dump( ) 메소드를 사용하면 된다. with 절을 활용하여 파일을 하나 연 다음에 JSON으로 직렬화된 사전 타입 데이터를 파일에 입력해 보자. 필자는 my_info.json이라는 이름의 파일을 data 폴더 밑에 만들어 보겠다. 파일 모드는 쓰기 모드(w)로 열고, f라는 변수로 객체를 대입한 뒤 json.dump( ) 메소드를 호출하면 된다.

```
1  >>> with open('./data/my_info.json', 'w') as f:   # 파일 객체 획득
2          json.dump(my_info, f)                      # JSON 데이터 파일 입력
```

첫 번째 줄에서 필자가 원하는 상대 경로에 'my_info.json'이라는 파일을 생성하여 변수 f에 대입하고 있다.
2번째 줄은 with절의 suite으로 파이썬 사전 타입 데이터 my_info를 직렬화하여 파일 f에 입력하는 과정을 기술하고 있다. 이 suite는 파일이 open( )된 다음 수행되고 수행된 직후에 flush( ) 및 close( )가 수행된다.

생각보다 단순하다. 실제로 생성된 파일을 더블클릭하여 메모장으로 열어 보자.

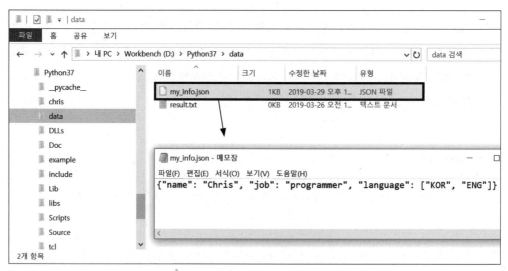

그림 16.9 JSON 형태로 저장된 파일 내용 확인(D:₩Python37₩data₩my_info.json)

파일에 잘 입력되어 있는 것을 확인할 수 있다.

이렇게 저장된 JSON 데이터는 어떻게 읽어올 수 있을까? 이때는 직렬화와 반대 작업인 역직렬화 작업이 수행이 되어야 하고, json.load( ) 함수를 통해 실행할 수 있다. 아래 소스 코드를 실행해 보자.

```
1  >>> with open('./data/my_info.json', 'r') as f:        # 파일 객체 획득
2          new_info = json.load(f)                         # JSON 역직렬화
3
4  >>> new_info                                            # 객체 내용 확인
5  {'language': ['KOR', 'ENG'], 'job': 'programmer', 'name': 'Chris'}
```

첫 번째 줄에서는 상대 경로를 활용하여 조금 전에 만든 파일을 읽기 모드로 오픈하여 객체를 변수 f에 대입하였다.

2번째 줄에서는 json.load( ) 메소드를 활용하여 인자 값에 위 파일 객체를 집어 넣음으로써 파일 객체의 내용을 다시 파이썬 객체로 변환하는 과정을 기술하고 있다.

4번째 줄에서는 JSON 형태로 저장되어 있는 파일 데이터를 해석한 객체의 내용을 확인하였다.

처음에 만들었던 사전 타입 데이터가 출력되는 것을 확인할 수 있다.

이런 방식으로 여러분이 만든 프로그램의 데이터를 JSON 포맷에 맞추어 파일에 손쉽게 읽고 쓸 수 있다. 앞으로도 자주 활용하게 될 것이니 꼭 기억해 두기 바란다.

4. JSON으로 여러 한글 데이터 저장하기

한 가지 더 실습해 보자. 지난 7장 3절의 '내가 읽은 책 목록 만들기' 실습 문제를 가져와 보자. 책 목록은 아래와 같다.

제목	출판연도	출판사	쪽수	추천 유무
개발자의 코드	2013.02.28	A	200	X
클린 코드	2010.03.04	B	584	O
빅데이터 마케팅	2014.07.02	A	296	O
구글드	2010.02.10	B	526	X
강의력	2013.12.12	A	248	O

[표 16.2] 내가 읽은 책 목록

아래와 같이 해당 목록을 books라는 리스트에 담아 보자(소스 코드 7-6에 나오는 파일을 활용하자(224 페이지)). 차례대로 실행해 보자.

```
1  >>> books = list()          # 책 목록 선언
2  >>>
3  >>> # 책 목록 만들기
4  >>> books.append({'제목':'개발자의 코드', '출판연도':'2013.02.28', '출판
   사':'A', '쪽수':200, '추천 유무':False})
5  >>> books.append({'제목':'클린 코드', '출판연도':'2013.03.04', '출판
   사':'B', '쪽수':584, '추천 유무':True})
6  >>> books.append({'제목':'빅데이터 마케팅', '출판연도':'2014.07.02', '출판
   사':'A', '쪽수':296, '추천 유무':True})
```

```
7  >>> books.append({'제목':'구글드', '출판연도':'2010.02.10', '출판사':'B',
   '쪽수':526, '추천 유무':False})
8  >>> books.append({'제목':'강의력', '출판연도':'2013.12.12', '출판사':'A',
   '쪽수':248, '추천 유무':True})
9  >>>
```

각 줄의 데이터를 사전 타입 데이터에 담은 뒤, 리스트 타입 변수인 books에 담고 있다. books에 담은 데이터를 출력해 보자.

```
1  >>> for book in books:          # 책 한 권씩 꺼내기 위한 루프 선언
2          print(book)             # 책 한 권 데이터 출력

   {'출판사': 'A', '출판연도': '2013.02.28', '추천 유무': False, '제목': '개발
   자의 코드', '쪽수': 200}
   {'출판사': 'B', '출판연도': '2013.03.04', '추천 유무': True, '제목': '클린 코
   드', '쪽수': 584}
   {'출판사': 'A', '출판연도': '2014.07.02', '추천 유무': True, '제목': '빅데이
   터 마케팅', '쪽수': 296}
   {'출판사': 'B', '출판연도': '2010.02.10', '추천 유무': False, '제목': '구글
   드', '쪽수': 526}
   {'출판사': 'A', '출판연도': '2013.12.12', '추천 유무': True, '제목': '강의
   력', '쪽수': 248}
   >>>
```

5개의 책에 대한 정보가 차례대로 들어간 것을 볼 수 있다. 조금 더 깊이 들여다 보니 한 책에 대한 항목 값들이 생성 당시의 순서와 다르게 들어가 있는 것을 볼 수 있다. 이는 사전 타입 데이터가 항목 간의 순서를 보장하지 않기 때문이니 놀라지 말자. 참고로 순서가 중요하다면 일반 사전 타입이 아니라 순서가 보장되는 OrderedDict 클래스를 활용할 수도 있다.

이렇게 저장된 books 변수를 './data/my_books.json' 파일에 저장해 보자.

```
1   >>> import json                                    # json 모듈 탑재
2   >>> with open('./data/my_books.json', 'w') as f:    # 파일 객체 획득
3           json.dump(books, f)                         # JSON 데이터 파일 입력
```

첫 번째 줄에서 json 모듈을 탑재하였다(기존에 수행했다면 다시 수행할 필요는 없다).

2번째 줄에서 with절을 활용하여 파일을 연 다음 3번째 줄에서 json.dump( ) 함수를 활용하여 해당 파일에 변수 books의 데이터를 입력하였다.

그럼 해당 파일을 한번 열어 보자. 필자의 경로는 'D:₩Python37₩data₩my_books.json'이다.

그림 16.10 저장된 파일 열어보기(D:₩Python37₩data₩my_books.json)

앗! 무언가 이상하다. 데이터는 들어가 있는데 이상한 문자들이 보인다. 이 문자들은 실은 미국 내의 기술 표준을 제정하는 표준 협회인 ANSI에서 제시한 표준 코드 체계인 ASCII를 따르는 문자들이다. 한글을 그대로 저장하면 문제가 될 수 있기 때문에 일반적으로 이런 코드 체계를 사용하고 있다.

이 파일을 그대로 다시 읽은 다음 한 줄 한 줄 출력해 보자.

```
1   >>> with open('./data/my_books.json', 'r') as f:        # 파일 객체 획득
2           new_books = json.load(f)                          # JSON 역직렬화
3
4   >>> for book in new_books:                                # 책 목록 루프
5           print(book)                                       # 책 정보 출력하기


    {'출판사': 'A', '출판연도': '2013.02.28', '추천 유무': False, '제목': '개발
자의 코드', '쪽수': 200}
    {'출판사': 'B', '출판연도': '2013.03.04', '추천 유무': True, '제목': '클린 코
드', '쪽수': 584}
    {'출판사': 'A', '출판연도': '2014.07.02', '추천 유무': True, '제목': '빅데이터 마
케팅', '쪽수': 296}
    {'출판사': 'B', '출판연도': '2010.02.10', '추천 유무': False, '제목': '구글드',
'쪽수': 526}
    {'출판사': 'A', '출판연도': '2013.12.12', '추천 유무': True, '제목': '강의력',
'쪽수': 248}
```

첫 번째 줄에서 해당 파일을 연 다음, 2번째 줄에서 변수 new_books에 집어 넣고 4번째 ~ 5번째 줄에서 해당 변수의 값을 하나 하나씩 출력해 보았다. 결과는 처음에 입력한 한글과 같은 것을 알 수 있다.

만약 파일로 저장한 내용이 ASCII 코드가 아니라 한글로 저장을 하고 싶다면 방법이 있다. 아래와 같이 json.dump( ) 함수 호출 시 인자 값에 옵션을 주면 된다. 새 파일 my_books_kor.json에 저장해 보자.

```
1   >>> with open('./data/my_books_kor.json', 'w') as f:    # 파일 객체 획득
2           json.dump(books, f, ensure_ascii=False)          # JSON 데이터 파일 입력
```

2번째 줄에 json.dump( ) 함수에 ensure_ascii=False 옵션 인자 값이 추가되었다. 이는 ASCII의 코드로 입력하지 않겠다는 의미다.

해당 파일을 열어 보자. 필자의 경로는 'D:₩Python37₩data₩my_books_kor.json'이다.

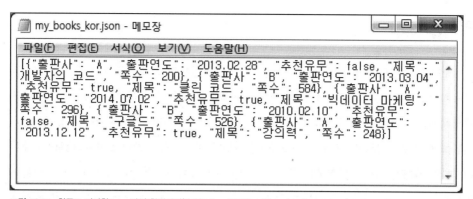

그림 16.11 한글로 저장한 json 파일 확인하기(D:\Python37\data\my_books_kor.json)

한글로 잘 저장되는 것을 확인할 수 있다! 우리나라에서 흔히 고민해 보는 문제니 참고하기 바란다. 군이 파일의 내용을 한글로 확인할 필요가 없다면 ASCII 코드로 저장하는 것이 더 안전하다.

---

tip **JSON의 인기**

현재 전세계에서 사용하는 데이터 포맷 중 가장 인기가 좋은 포맷이 바로 JSON이다. 예전에는 웹 애플리케이션의 데이터를 주고받을 때 주로 사용하였지만 근래에는 JSON 형태의 데이터를 바로 데이터베이스에 저장 하는 기술이 확산되고 있으며 JSON 내의 데이터에도 색인[Index]를 붙여서 쉽게 조회하고 빠르게 응답하는 기술들이 보편화되고 있다. 이러한 이유로 필자 역시 현재 수행하고 있는 과제의 데이터 저장을 위하여 JSON 필드를 제공하고 있는 오픈 소스 데이터베이스를 사용하고 있다. 앞으로 어떤 소스 코드를 작성하게 되더라도 JSON은 반드시 만나게 될 것이라 장담한다. 처음에는 생소하겠지만 어렵지 않은 개념이니 꼭 기억해 두기 바란다.

5. Wrap-up

이번 장에서는 메모리 상의 휘발성 데이터를 영구적으로 저장하기 위해 가장 기초적인 방법인 파일을 활용하는 방법에 대해서 살펴보았다. 이로써 여러분은 여러분이 작성한 소스 코드의 산출물을 운영체제의 파일 형태로 저장하고 읽어 오는 방법을 알게 되었다. 또한 JSON이라는 데이터 표기법을 배워 보고, JSON 형태로 직렬화하여 파일에 저장하거나 반대로 파일의 JSON 데이터를 해석하여 파이썬 객체로 불러오는 과정까지 실습해 보았다. 이 정도의 테크닉으로도 충분히 다양한 형태의 데이터를 원하는 위치에 저장할 수 있으며, 그리고 이 간단한 테크닉이 현재 전세계에서 가장 많이 사용하는 데이터 포맷 중 하나라는 사실을 기억하자.

다음 장에서는 실무에서 가장 많이 사용하는 데이터 저장소인 데이터베이스를 활용하는 방법을 살펴보자.

{ CHAPTER 17 }

데이터베이스 프로그래밍 맛보기

지난 장에서 우리는 메모리의 휘발성 데이터를 영구적으로 저장하기 위해서 파일에 원하는 데이터를 저장하는 방법에 대해서 알아보았다. 하지만 이런 방법이 최선일까?

주머니에 있는 동전을 세는 방법에 대해 다시 한번 생각해 보자. 500원짜리 동전, 100원짜리 동전, 10원짜리 동전들이 한 주머니에 들어 있다. 동전들은 서로 크기가 다르기 때문에 손가락 끝이 예민한 사람이라면 각 동전들을 쉽게 구분해서 꺼낼 수 있을 것이다. 가령 주머니에 있는 500원짜리 동전을 꺼내라고 하면 여러 동전 중 500원짜리 동전만 꺼내는 것이다. 하지만 이는 그리 쉬운 일이 아니다. 500원짜리 동전이 주머니에 있는 것도 알기 힘들거니와 손끝의 감각만으로 동전의 종류를 헤아리는 것도 쉬운 일이 아니다.

앞 장에서 메모리의 데이터를 저장하기 위해 제시한 파일도 마찬가지다. 프로그래밍을 통한 데이터 저장은 생각할 필요도 없다. 여러분이 만약 문서 작업을 했다고 가정하자. 필자의 책을 읽으면서 정리한 내용을 텍스트 파일 형태로 저장할 수도 있고, 강의를 듣는 도중에 필기한 내용들을 담은 워드 파일도 있을 것이다. 혹은 파이썬 스터디 그룹에 참여하면서 내가 배운 내용을 전달하기 위해서 만든 프레젠테이션 파일도 있을 것이다. 이 파일들을 나름대로 규칙을 정해서 폴더를 만들고 체계적으로 정리한다 하더라도 이런 파일이 하나둘씩 쌓이다 보면 나중에 내가 만든 파일이 어디 있는지 기억하지 못하고 폴더를 여기저기 뒤지는 것은 비일비재한 일이다. 혹자는 기억할 수도 있는 것이 아니냐고 반문할 수 있겠지만 인간은 망각의 동물이고, 잊지 않기 위해서 어디엔가 기록하지 않는 이상 오래전에 만든 파일을 바로 찾는 것은 쉽지 않은 일이다.

컴퓨터 내에 데이터를 저장하는 데에도 위와 같은 고민이 많았다. 어떻게 하면 데이터를 효율적으로 저장하고 쉽게 찾을 수 있을까 하는 고민 속에서 탄생한 소프트웨어가 바로 데이터베이스 Database다. 이 데이터베이스를 관리하는 시스템을 우리는 DBMS DataBase Management System라고 부른다. 이를 간단하게 개념으로 설명하자면 아래 그림과 같다.

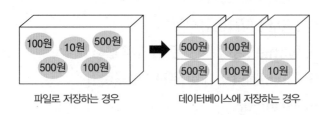

파일로 저장하는 경우   데이터베이스에 저장하는 경우

그림 17.1 데이터를 저장하는 방식에 대한 개념 설명

실무 환경에서 가장 널리 알려진 상용 데이터베이스는 오라클^{Oracle}이다. 고가이지만 대체할 수 없는 성능과 다양한 기능을 제공함으로써 독보적인 위치를 장악하고 있으며 기업에서 일하는 대부분의 개발자들이 오라클을 경험해 보았다고 해도 과언이 아닐 것이다. 소프트웨어를 구매하지 않아도 사용할 수 있는 오픈 소스 데이터베이스 소프트웨어로는 마이에스큐엘^{MySQL}, 포스트그레스큐엘^{PostgreSQL}, 마리아디비^{MariaDB} 등이 있다. 파이썬 진영에서는 파이썬 설치 시에 자동으로 설치되는 에스큐엘라이트3^{SQLite3}가 있다. 이외에도 데이터베이스는 저장 위치(디스크, 메모리)나 저장 포맷 등에 따라 다양한 종류로 구분이 분류가 된다. 위에서 언급한 데이터베이스들은 모두 일반적인 용도로 디스크에 데이터를 저장하고, 데이터 간의 관계를 중심으로 데이터를 저장하는 관계형^{Relational} 데이터베이스다. 필자가 이번 장에서 언급하는 데이터베이스도 기본적으로 이 관계형 데이터베이스를 말한다.

이번 장에서는 이러한 데이터베이스를 활용하여 어떻게 프로그램을 만들 수 있는지 가볍게 살펴보도록 하겠다.

1. 데이터베이스 제어를 위한 언어, SQL Structured Query Language

본 장의 실습을 시작하기 전에 SQL에 대한 개념부터 짚어 보자. 파이썬에 내장되어 있는 데이터베이스 이름이 SQLite3이였다. 이는 SQL과 Lite(가벼운)의 합성어로 볼 수 있으며 경량의 SQL을 실행시킬 수 있는 데이터베이스를 강조하기 위한 이름으로 유추할 수 있다.

SQL은 데이터베이스를 제어하기 위한 특정한 명령어들의 집합이다. 파이썬과는 특별히 관계가 없다. 1970년대에 IBM은 배우기 쉬우면서도 데이터베이스의 데이터를 자유롭게 제어할 수 있는 언어인 SQL을 개발하였다. 이 SQL은 우리가 일상 생활에서 사용하는 자연어와 무척 닮았고, 컴퓨터 프로그래밍을 배우지 않은 사람이라도 거부감 없이 쉽게 사용할 수 있다. SQL의 인기는 식을 줄을 몰랐고, 1980년에 오라클이 세계 최초의 상용 SQL 시스템을 발표하게 되었다. 이 시스템은 엄청난 성공을 얻었고, SQL을 중심으로 거대한 데이터베이스 시장이 생기기 시작하였다. 현재에 진행되는 모든 소프트웨어 프로젝트에서는 초반에 어떠한 데이터베이스를 사용할지에 대해 심사 숙고하여 결정하게 된다. 어떤 데이터베이스를 사용하느냐에 따라서 소스 코드와 개발 및 운영 환경에 지대한 영향을 미치기 때문이다(물론 예산에도 크게 영향을 미친다). 만약 여러분이 처음으로 소프트웨어 개발을 하는 회사에 들어간다면 십중팔구 SQL을 통해서 데이터베이스의 데이터를 활용하는 방법을 배우게 될 것이라 장담한다.

우리가 실행할 SQL문이 어떻게 생겼는지 가볍게 살펴보도록 하자. 지금은 문법에 크게 신경 쓰지 말자.

```
1   CREATE TABLE my_books (title text, publisher text, pages integer)

2   INSERT INTO my_books VALUES ('개발자의 코드','A', 200)

3   SELECT title, publisher FROM my_books WHERE pages > 300
```

얼핏 보면 문법이 잘못된 문장처럼 보인다. 하나씩 해석해 보도록 하겠다.

첫 번째 명령문은 테이블을 생성하는 SQL문이다. 테이블이 무엇인지는 다음 절에서 알 수 있다. 해당 SQL문을 해석하면 아래와 같다.

'my_books' 이름으로 테이블을 만들고, 컬럼은 text형인 title, publisher, 정수 타입인 pages를 집어 넣는다.

두 번째 SQL문은 데이터를 입력하는 SQL문이다. 해석해 보자.

'my_books' 테이블에 '개발자의 코드', 'A', 200 값을 하나의 행에 집어 넣는다.

세 번째 SQL문은 데이터를 조회하는 SQL문이다. 해석해 보자.

'my_books' 테이블에서 페이지수(pages)가 300이 넘는 책의 제목(title)과 출판사(publisher)를 조회한다.

생각보다 어렵지 않다. 참고로 SQL문은 대소문자를 구분하지 않으나, SQL 문법상 반드시 지켜야 하는 문자는 대문자로 표기하였고 테이블 이름이나 컬럼명 등과 같이 경우에 따라 변경되는 문자들은 소문자로 표기하였다. SQL을 이해하는 데 도움이 되기 바란다.

지금 당장 SQL문을 완벽하게 이해할 필요는 없다. 소스 코드를 하나씩 실행하면서 데이터베이스 프로그래밍을 어떻게 하는지 감을 잡는 것을 목표로 해 보자. 자, 이제 코딩을 해 보자.

2. 테이블 생성하기 CREATE TABLE

이번 절에서 살펴볼 데이터베이스는 파이썬에 표준 라이브러리로 내장되어 있는 에스큐엘라이트3다. 필자는 영문명인 SQLite3로 표기하도록 하겠다. 일반적으로 데이터베이스를 사용한다고 하면 데이터베이스가 설치되어 있는 서버가 따로 있기 마련이다. 하지만 SQLite3는 라이브러리 형태로 파이썬에 내장되어 있기 때문에 일반적인 파이썬 모듈 호출(import)하듯이 사용할 수 있다. 그리고 일반적으로 데이터베이스를 사용하기 위해서는 데이터베이스만 관리하는 DBA(DataBase Administrator)가 많은 일을 해야 하지만 SQLite3는 그러한 작업들이 필요없다. 그렇기 때문에 데이터베이스 프로그래밍을 가볍게 시작하기에는 더할 나위 없이 좋은 데이터베이스다. 이렇게 만들어진 데이터베이스 내의 데이터들은 추후에 오라클이나 포스트그레스큐엘과 같은 데이터베이스에 집어 넣을 수도 있다.

이번 장의 실습을 위하여 저장할 데이터를 정해 보자. 지난 16장에서 파일에 저장하였던 책 목록을 그대로 활용해 보자. 데이터는 아래와 같다.

제목 (title)	출판연도 (published_date)	출판사 (publisher)	쪽수 (pages)	추천 유무 (recommendation)
개발자의 코드	2013.02.28	A	200	X
클린 코드	2010.03.04	B	584	O
빅데이터 마케팅	2014.07.02	A	296	O
구글드	2010.02.10	B	526	X
강의력	2013.12.12	A	248	O

[표 17.1] 내가 읽은 책 목록

데이터베이스 프로그래밍을 하기 위해서는 몇 가지 용어를 이해하고 있을 필요가 있다. 아래 용어들을 살펴보자.

- SQL^{Structured Query Language} : 데이터베이스에 명령을 내리기 위한 언어. 파이썬과는 무관하며 어떤 데이터베이스든 데이터를 저장하기 위한 공간을 만들거나 데이터의 CRUD(Create(생성), Read(조회), Update(수정), Delete(삭제))를 하기 위한 방법 등을 제공한다.
- 커넥션^{Connection} : 데이터베이스와 연결하는 주체
- 커서^{Cursor} : SQL을 수행하는 주체
- 테이블^{Table} : 행과 열로 이루어진 정렬된 데이터의 집합. 데이터를 저장하기 위해서는 테이블이 반드시 존재해야 한다(예: my_books 테이블).
- 열(컬럼^{Column}) : 테이블의 열. 열을 정의 하기 위해 컬럼명이 필요하다(예: 제목, 출판연도, 출판사 등).
- 행(로우^{Row}) : 한 행은 한개의 데이터를 의미한다. 데이터가 늘어나면 행이 추가된다(예: 1권의 책에 대한 데이터).

먼저 실습 환경을 준비하기 위해 14장에서 설치하였던 파이참을 실행해 보자. 'Chapter17'이라는 이름으로 폴더를 만든 다음 'my_books_in_db.py'라는 파이썬 파일을 하나 만들어 보자(만드는 방법이 기억나지 않는 다면 14장을 참고하기 바란다).

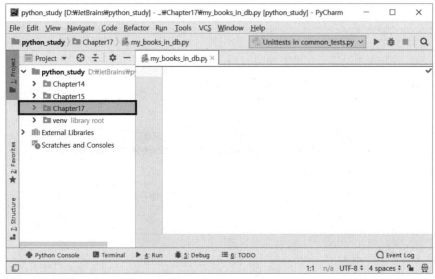

그림 17.2 테이블 생성용 파이썬 파일 만들기(Chapeter17\my_books_in_db.py)

그럼 실제로 데이터를 넣어 보도록 하자.

SQLite3는 아래와 같이 간단한 import문을 통해 파이썬에 탑재할 수 있다. 소스 코드 편집 창에
아래 소스 코드를 입력해 보자.

```
1   import sqlite3                          # SQLite3 탑재
```

테이블을 생성하기 위한 함수를 하나 만들어 보자. 이름은 'create_table'이다.

```
1   # 테이블 생성용 함수
2   def create_table():
```

모든 데이터베이스는 사용하기 전에 반드시 연결해야 한다. 아래와 같이 sqlite3 모듈의 커넥션
객체를 생성하도록 하자. 인자 값으로 들어간 'my_books.db'가 바로 데이터가 저장될 데이터베
이스 파일의 이름이다.

```
1   conn = sqlite3.connect('my_books.db')      # 데이터베이스 커넥션 생성
```

커넥션 객체를 생성하였다면 다음 단계는 커서 객체를 확보해야 한다. 이 커서는 앞으로 실행할
데이터베이스의 데이터를 가져오기 위한 언어인 SQL을 실행하기 위해 반드시 필요하다. 아래 소
스 코드를 통해 커서를 확보할 수 있다.

```
1   cur = conn.cursor()                        # 커서 확보
```

이제 SQL을 실행할 준비가 끝났다. 이번 절에서 실행할 SQL문은 데이터를 저장할 테이블을 생
성하는 SQL이다. 소스 편집 창에 입력하기 전에 SQL문의 의미를 먼저 파악해 보자.

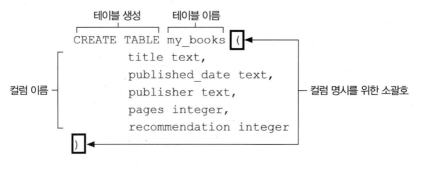

그림 17.3 테이블 생성을 위한 SQL문(CREATE TABLE)

위 SQL문은 설명을 쉽게 하기 위해 여러 줄로 펼쳐 놓았지만 한 줄에 다 집어 넣어도 상관없다. SQL문의 형태는 'CREATE TABLE {테이블명} (컬럼 들)'로 볼 수 있다. 대문자와 중괄호는 SQL 문법이며 나머지 소문자들은 경우에 따라 변경이 가능한 문자들이다.

첫 번째 줄에서 my_books라는 테이블을 만들기 위해 CREATE TABLE이라는 명령문으로 시작하고 있다. 테이블명 뒤에는 이 테이블의 열을 정의하기 위한 컬럼들을 정의하기 위해 중괄호가 열리고 있다. 그 아래로 5개의 컬럼들이 명시되어 있다. 컬럼들을 조금 더 자세히 보자.

```
title text,
published_date text,
publisher text,
pages integer,
recommendation integer
```

첫 번째 컬럼은 책의 제목을 저장하기 위한 컬럼인 'title'이다. 'title' 우측에 'text'라는 문자는 컬럼의 데이터 타입을 얘기한다. 데이터베이스 역시 파이썬과 마찬가지로 컬럼들에 저장될 데이터의 데이터 타입을 가지고 있다. SQLite3의 문자열 타입의 데이터타입은 'text'형이다. 이외에도 숫자인 경우는 'integer', 실수인 경우는 'real' 등이 있다. 4번째 컬럼은 쪽수를 담기 위한 컬럼으로 이름을 'pages'로 명시하였다. 쪽수는 숫자임으로 'integer'형으로 컬럼형을 정의하였다. 마지막 컬럼은 책의 추천 유무를 저장하기 위한 참/거짓의 논리 타입이 저장되어야 하나 SQLite3는 논리 타입을 제공하고 있지 않고, integer로 명시하여 거짓인 경우 0을, 참인 경우 1을 저장한다. 컬럼

이 여러 개인 경우 쉼표 기호(,)를 통해 컬럼들을 구분하고 있는 것도 기억하기 바란다.

자, 그럼 이 SQL문을 실제로 실행해 보자. SQL문의 실행은 앞서 확보한 커서의 메소드인 execute( )를 통하여 할 수 있다. 위 SQL문을 하나의 문자열로 생각하고 execute( ) 함수의 인자 값으로 집어 넣는다.

```
1    # my_books 테이블 생성
2    cur.execute('''CREATE TABLE my_books (
3                        title text,
4                        published_date text,
5                        publisher text,
6                        pages integer,
7                        recommendation integer
8                )'''
9    )
```

2번째 줄의 execute( ) 함수의 인자 값에 여러 줄의 문자열을 넣기 위하여 홑따옴표 세 개의 기호가 시작되는 것을 볼 수 있다. 참고로 함수나 클래스의 내용을 설명하기 위해 집어 넣는 주석은 주로 쌍따옴표 세 개의 쌍(""" """)으로 표기하나, 이처럼 주석이 아닌 실제 문자열로 사용하는 경우에는 홑따옴표 세 개의 쌍(''' ''')을 일반적으로 사용한다.

8번째 줄에서 SQL문이 종료한다. 초보 개발자들이 잘 실수 하는 부분이 문자열의 종료를 의미하는 홑따옴표 세 개의 기호나, 컬럼 명들을 집어 넣기 위해 시작한 중괄호를 닫지 않는 경우가 많다. 특히, SQL문을 파이썬 소스 코드에 집어 넣다 보니 쉽게 실수할 수 있다. 주의하도록 하자. 필자는 보통 중괄호를 시작하면 바로 닫은 다음, 중괄호 사이에 커서를 옮겨서 내용을 집어 넣는 형태로 소스 코드를 작성하여 실수를 줄이려고 노력한다. 물론, 파이참과 같은 개발도구가 이런 부분의 실수가 없도록 여러 방면에서 도와주는 것은 덤이다.

마지막으로 가장 중요한 작업이 남았다. 조금 전에 실행한 SQL은 실제로 데이터베이스에 반영이 되기 전이다. 데이터베이스 반영을 하기 위해서는 반드시 커넥션 객체에서 commit( ) 메소드를 통해 데이터베이스에 반영하는 작업이 필요하다(16장에서 본 파일 객체의 메소드인 flush( )와 유사하다). 반영이 끝났으면 커넥션 객체를 닫아 줌으로써 이번 작업을 종료하겠다. 커넥션을 닫는 것도 잊지 말아야 할 중요한 명령문이다.

```
1      conn.commit()              # 데이터베이스 반영
2      conn.close()               # 커넥션 닫기
```

함수의 정의가 끝났다. 해당 함수를 실행하는 명령문을 추가하자. 해당 파일을 파이참으로 실행하는 경우에만 실행될 수 있도록 __name__ 변수가 __main__임을 확인하는 if 문을 추가하자. 이렇게 하면 파이썬 소스 코드 내의 다른 파일에서 해당 패키지가 호출되는 경우에는 해당 함수가 호출되지 않을 것이다.

```
1  if __name__ == "__main__":         # 외부에서 호출 시
2      create_table()                 # 테이블 생성 함수 호출
```

지금까지 작성한 소스 코드를 모으면 아래와 같다.

[소스 코드 17-1] my_books_in_db.py

```
1    import sqlite3   # SQLite3 탑재
2
3
4    # 테이블 생성용 함수
5    def create_table():
6        conn = sqlite3.connect('my_books.db')   # 데이터베이스 커넥션 생성
7
8        cur = conn.cursor()   # 커서 확보
9
10       # my_books 테이블 생성
11       cur.execute('''CREATE TABLE my_books (
12                       title text,
13                       published_date text,
14                       publisher text,
```

```
15                              pages integer,
16                              recommendation integer
17                    )'''
18       )
19
20       conn.commit()          # 데이터베이스 반영
21
22       conn.close()           # 커넥션 닫기
23
24   if __name__ == "__main__":                     # 외부에서 호출 시
25       create_table()                             # 테이블 생성 함수 호출
```

그럼 이제 소스 코드를 실행해 보자. 〈Ctrl〉+〈Shift〉+〈F10〉키를 눌러서 작성하는 소스 코드를
실행해 보자.

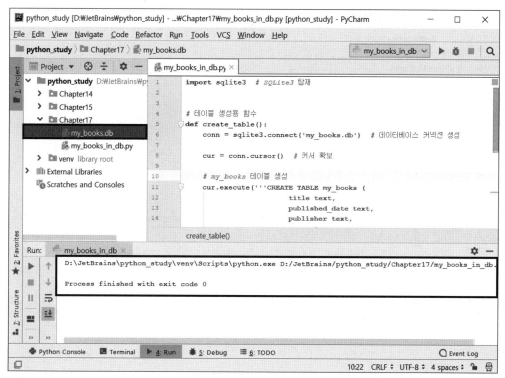

그림 17.4 테이블 생성용 함수 실행 결과

잘 실행이 되었다. 좌측의 프로젝트 창을 보니 안 보이던 파일 'my_books.db'가 생겼다! 이 녀석이 앞으로 우리가 만들 데이터가 저장될 데이터베이스 저장용 파일이 된다. 이제 우리가 만든 데이터베이스와 테이블 'my_books'에 데이터를 집어 넣어 보자!

3. 데이터 입력하기^{INSERT}

파이썬 파일을 하나 더 만들자. 이름은 'insert.py'이다.

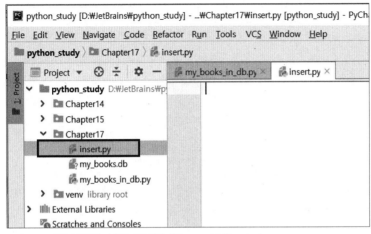

그림 17.5 데이터 입력용 파이썬 파일 만들기(Chapeter17₩insert.py)

sqlite3 모듈을 탑재한 뒤, insert_books( )라는 함수를 만들어 보자. 그리고 앞 절과 같이 'my_books.db' 데이터베이스의 커넥션을 생성한 뒤 커서를 확보하자. 소스 코드는 아래와 같다.

```
1   import sqlite3   # SQLite3 탑재
2
3
4   # 데이터 입력 함수
5   def insert_books():
6       conn = sqlite3.connect('my_books.db')        # 데이터베이스 커넥션 생성
7       cur = conn.cursor()                          # 커서 확보
```

표 17.1의 첫 번째 줄에 있는 책 한 개의 정보를 입력해 보자. SQL문은 아래와 같다.

그림 17.6 데이터 입력을 위한 SQL문(INSERT문)

이번에도 대문자와 중괄호는 SQL문법상 반드시 넣어야 할 구문이며 소문자와 소괄호 안의 값은
변경이 가능한 문자들이다.

입력을 하기 위한 SQL문은 'INSERT INTO'로 시작한다. 'INSERT INTO' 뒤에는 데이터를
입력할 테이블 이름인 'my_books'를 집어 넣는다. 다음은 'VALUES'로 실제로 집어 넣을 값들을
위한 구문이다. 이후 소괄호 기호의 쌍 안에 컬럼 순서에 맞춰서 넣어야 할 값들을 순서대로 집어
넣는다. 문자열 타입 데이터는 홑따옴표 기호(' ')로 감싸져 있으며, 숫자들은 값만이 들어가 있는
것을 확인할 수 있다. 튜플 타입 데이터를 만드는 것과 무척 닮았다.

그럼 이 SQL을 파이썬 소스 코드에 집어 넣어 보자.

```
1    # 데이터 입력
2    cur.execute("INSERT INTO my_books VALUES ('개발자의 코드',
     '2013.02. 28','A', 200, 0)")
```

SQL을 수행하기 위해서 커서 객체를 담고 있는 cur 변수에 execute( ) 메소드를 호출한다. SQL
문을 인자 값에 그대로 집어 넣었다.

이렇게 SQL문을 실제 값과 함께 작성하여 집어 넣어도 실행이 잘 되지만 매번 이런 식으로 데이
터를 SQL문과 조합하여 만든 문자열을 집어 넣는 것은 무척 비효율적인 일이다. 일단 'INSERT
INTO'와 같은 문자열을 계속 타이핑하게 되며, 이러한 문자열을 만들 때마다 객체가 새로 생성
되어 파이썬 내부적으로도 쓸데없는 손실이 발생하게 된다. 그래서 일반적으로는 SQL문 하나를
문자열로 정의하고, 데이터 값은 매번 대입하는 형태로 SQL문을 실행하게 된다. 이 방식을 아래
소스 코드와 함께 살펴보자.

```
1    # 데이터 입력 SQL
2    insert_sql = 'INSERT INTO my_books VALUES (?, ?, ?, ?, ?)'
3
4    # 튜플을 이용한 데이터 입력
5    cur.execute(insert_sql, ('클린 코드', '2010.03.04','B', 584, 1))
```

2번째 줄에서 데이터 입력을 위한 SQL문을 정의하였다. 컬럼 부분에는 값을 대입하기 위하여 각 컬럼에 대응되는 물음표 기호(?)를 입력하였다. 앞으로 이 자리에 실제 값을 집어 넣을 것이다. 5번째 줄에서 표 17.1의 2번째 줄의 데이터를 입력하고 있다. 커서의 메소드 execute( ) 함수의 인자 값이 변경된 것을 볼 수 있다. 첫 번째 인자 값은 위에서 정의한 SQL문이며, 2번째 인자 값에는 각 컬럼에 집어 넣을 데이터를 튜플 타입으로 입력하였다. 이렇게 되면 SQL이 실행될 때 SQL문의 물음표 기호(?)에 각 데이터가 대입되어 실행된다.

이번에는 여러 데이터를 집어 넣어 보자. 표 17.1에서 아직 입력하지 않은 3번째 ~ 5번째 줄의 책 정보를 한 번에 집어 넣어 보겠다. 아래 소스 코드를 살펴보자.

```
1    # 책의 정보를 담고 있는 튜플들의 리스트
2    books = [
3        ('빅데이터 마케팅', '2014.07.02','A', 296, 1),
4        ('구글드', '2010.02.10','B', 526, 0),
5        ('강의력', '2013.12.12','A', 248, 1)
6    ]
7
8    # 여러 데이터 입력
9    cur.executemany(insert_sql, books)
```

2번째 줄에서 'books'라는 변수로 리스트 타입 데이터를 정의하기 시작한다. 3번째 ~ 5번째 줄에서 각 줄에 튜플 타입 데이터를 하나씩 집어 넣었다. 6번째 줄에서 리스트 타입 데이터의 종료를 의미하는 대괄호 기호를 잊지 말자. 리스트 타입 변수인 books는 세 개의 튜플 타입 데이터를 아이템으로 갖는 리스트가 될 것이다.

9번째 줄을 자세히 보자. SQL을 호출하기 위해 호출한 메소드의 이름이 변경이 되었다. 커서 객체의 executemany( ) 함수가 바로 그것이다. 여러 데이터를 실행할 때는 executemany( ) 함수를 호출해야 하며 첫 번째 인자 값으로는 SQL문을 집어 넣고, 2번째 인자 값에 여러 데이터를 담고 있는 리스트 데이터를 집어 넣으면 된다. 우리의 예제는 위에서 정의한 books 변수가 바로 집어 넣을 세 줄의 데이터인 것이다.

자, 그럼 이제까지 입력한 5개의 데이터를 데이터베이스에 반영하자. 커서의 commit( ) 함수를 호출한다. 그리고 커넥션도 닫아 주자.

```
1    conn.commit()              # 데이터베이스 반영
2    conn.close()               # 커넥션 닫기
```

함수 정의는 끝났다. 이 함수를 호출하는 명령문을 넣어 보자.

```
1  if __name__ == "__main__":          # 외부에서 호출 시
2      insert_books()                   # 데이터 입력 함수 호출
```

좋다. 준비가 끝났다. 전체 소스 코드를 다시 한번 살펴보자.

[소스 코드 17-2] insert.py

```
1    import sqlite3              # SQLite3 탑재
2
3
4    # 데이터 입력 함수
5    def insert_books():
6        conn = sqlite3.connect('my_books.db')      # 데이터베이스 커넥션 생성
7        cur = conn.cursor()                        # 커서 확보
8
```

```
9        # 데이터 입력
10       cur.execute("INSERT INTO my_books VALUES ('개발자의 코드',
     '2013.02. 28','A', 200, 0)")

11

12       # 데이터 입력 SQL
13       insert_sql = 'INSERT INTO my_books VALUES (?, ?, ?, ?, ?)'

14

15       # 튜플을 이용한 데이터 입력
16       cur.execute(insert_sql, ('클린 코드', '2010.03.04','B', 584, 1))

17

18       # 책의 정보를 담고 있는 튜플들의 리스트
19       books = [
20           ('빅데이터 마케팅', '2014.07.02','A', 296, 1),
21           ('구글드', '2010.02.10','B', 526, 0),
22           ('강의력', '2013.12.12','A', 248, 1)
23       ]

24

25       # 여러 데이터 입력
26       cur.executemany(insert_sql, books)

27

28       conn.commit()        # 데이터베이스 반영

29

30       conn.close()         # 커넥션 닫기

31

32  if __name__ == "__main__":              # 외부에서 호출 시
33      insert_books()                       # 데이터 입력 함수 호출
```

소스 코드를 실행해 보자. 〈Ctrl〉+〈Shift〉+〈F10〉키를 눌러서 소스 코드를 실행해 보자.

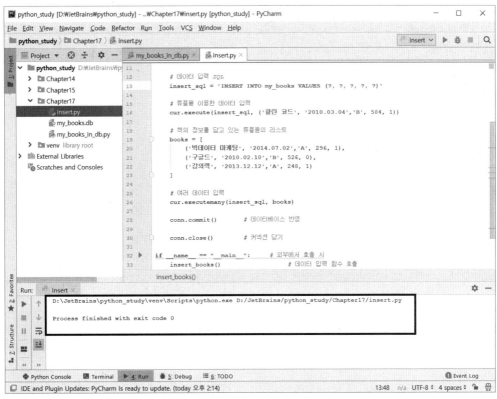

그림 17.7 데이터 입력 함수 실행 결과

파이썬 소스 코드 실행 결과 창을 보니 별 문제 없이 잘 실행된 것을 확인할 수 있다.
이제 값을 확인해 보자.

4. 데이터 조회하기^{SELECT}

데이터를 조회하는 방법은 무척 다양하다. 전체 데이터나 일부 데이터를 조회하거나 특정 조건에
맞는 데이터만을 조회할 수도 있다. 하나씩 살펴보자.

소스 코드 작성을 위한 파이썬 파일을 하나 만들자. 이번엔 'select.py'라는 이름으로 만들어 보자.

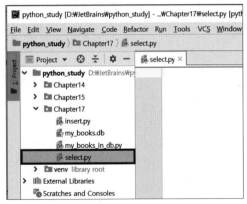

그림 17.8 데이터 조회용 파이썬 파일 만들기(Chapeter17₩select.py)

일단 sqlite3 모듈을 탑재하자. 이제 익숙해졌으리라 본다.

```
1    import sqlite3              # SQLite3 탑재
```

앞으로 네 개의 함수를 만들어 볼 것이다.

4.1 전체 조회용 함수

일단 소스 코드부터 작성해 보자. 아래와 같이 'select_all_books( )'라는 함수를 하나 만들어 보자.

[소스 코드 17-3] select.py(1)

```
1    # 전체 조회용 함수
2    def select_all_books():
3        conn = sqlite3.connect('my_books.db')      # 데이터베이스 커넥션 생성
4        cur = conn.cursor()                        # 커서 확보
5
6        cur.execute('SELECT * FROM my_books')      # 조회용 SQL 실행
7
8        print('[1] 전체 데이터 출력하기')
```

```
9        books = cur.fetchall()                    # 조회한 데이터 불러오기
10
11       for book in books:                        # 데이터 출력하기
12           print(book)
13
14       conn.close()                              # 커넥션 닫기
```

2번째 줄에서 select_all_books( )라는 이름의 함수를 정의하기 시작하였다. 커넥션을 만들고 커서를 확보한 다음 6번째 줄에서 조회용 SQL을 실행하였다.

execute( ) 함수의 인자 값으로 들어 간 것이 바로 조회용 SQL인 SELECT문이다. 조금 더 자세히 들여다 보자.

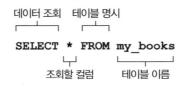

그림 17.9 데이터 조회를 위한 SQL문(SELECT문)

데이터를 조회하기 위해 'SELECT'로 SQL문이 시작된다. 그 다음에는 테이블 생성 시 명시한 컬럼 명들이 위치한다. 이번 SQL문에서 보이는 별표 기호(*)는 모든 컬럼을 가져오겠다는 뜻이다. 'FROM'절 뒤에는 데이터를 가져올 테이블 이름이 위치한다.

9번째 줄을 보자. 조회용 SQL문이 실행된 다음 커서의 메소드인 fetchall( )을 호출하고 있다. fetch라는 영문은 한글로 '가져온다'라는 뜻이다. 이 메소드는 조회한 데이터를 모두 가져오겠다는 의미로 사용된다. 반환 값은 리스트 타입 데이터가 될 것이다.

11번째 ~ 12번째 줄에서는 가져온 데이터를 출력하여 확인을 하고 있다. 14번째 줄에서는 커넥션을 닫고 있다. 이번 SQL문은 조회이기 때문에 데이터베이스에 값을 반영할 필요가 없어서 commit( ) 함수를 호출하지 않았다.

함수 정의가 끝났다. 해당 함수를 호출하는 명령문을 집어 넣자.

```
1   if __name__ == "__main__":              # 외부에서 호출 시
2       select_all_books()                   # 전체 조회용 함수 호출
3       print('=========================================')
```

본 파일에는 함수가 세 개 구현될 것이다. 출력 결과 구분을 위하여 아래 출력문 하나를 넣어 보았다.

이제 소스를 실행해 보자. 〈Ctrl〉+〈Shift〉+〈F10〉키를 눌러 보자.

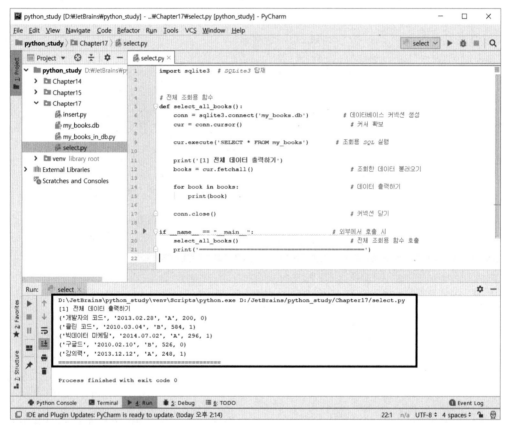

그림 17.10 전체 조회용 함수 실행 결과

드디어! 우리가 입력하였던 데이터를 조회하였다! 이 데이터는 결국 'my_books.db' 파일에 저장되어 있는 데이터베이스의 'my_books' 테이블의 모든 데이터이다.

4.2 일부 조회용 함수

이번에는 전체 데이터 중 일부만을 가져와 보자. 아래와 같이 함수 하나를 더 만들어 보자. 함수 이름은 'select_some_books( )'이다. 매개변수에 가져올 데이터의 개수를 넣기 위해 number를 넣었다. 굵은 글씨에 집중하자.

[소스 코드 17-4] select.py(2)

```
1   # 일부 조회용 함수
2   def select_some_books(number):
3       conn = sqlite3.connect('my_books.db')       # 데이터베이스 커넥션 생성
4       cur = conn.cursor()                          # 커서 확보
5
6       cur.execute('SELECT * FROM my_books')        # 조회용 SQL 실행
7
8       print('[2] 데이터 일부 출력하기')
9       books = cur.fetchmany(number)                # 조회한 데이터 일부 불러오기
10
11      for book in books:                           # 데이터 출력하기
12          print(book)
13
14      conn.close()                                 # 커넥션 닫기
15
16  if __name__ == "__main__":                       # 외부에서 호출 시
17      select_some_books(3)                         # 일부 조회용 함수 호출
18      print('==========================================')
```

2번째 줄에 새로운 함수를 정의하였고, 매개변수 number를 집어 넣었다.

9번째 줄에 새로운 커서의 메소드인 fetchmany( )가 보인다. 인자 값으로는 가져올 데이터의 행

수를 숫자로 집어 넣으면 된다. 이번에는 매개변수 number를 집어 넣었다. 나머지 소스 코드는 앞에서 작성한 코드와 같다. 함수 정의문이 끝난 다음 17번째 줄에서 해당 함수를 호출하였다. 인자 값으로 3을 넣어서 세 줄만 출력해 보자.

〈Ctrl〉+〈Shift〉+〈F10〉키를 눌러서 다시 실행해 보자. 참고로 〈Shift〉+〈F10〉키를 누르면 바로 전에 실행된 파일이 실행되므로 같은 파일을 계속 실행한다면 〈Shift〉+〈F10〉키를 눌러도 된다.

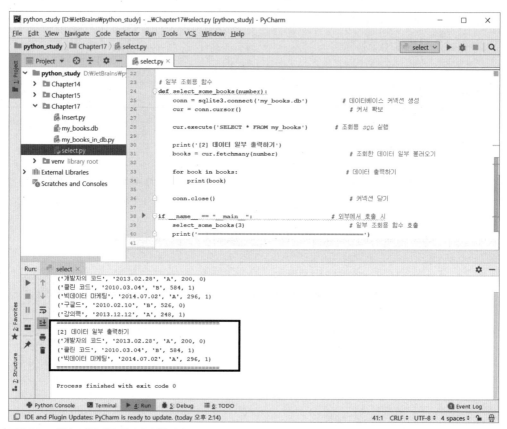

그림 17.11 일부 조회용 함수 추가 후 실행 결과

4.3 한 개 조회용 함수

실행 결과에 앞서 만든 함수와 함께 값이 출력되고 있다. 전체 데이터 중 함수의 인자 값으로 넘겨 준 3에 의해 세 개의 데이터만이 출력된 것을 확인할 수 있다.

간혹 해당 테이블에 데이터가 존재하는지 확인하기 위해 한 개의 데이터만을 가져오는 경우가 있다. 이는 데이터 확인을 하는 용도도 있지만 많은 데이터를 가져오기 전에 미리 데이터가 내가 예상한 데이터가 맞는지 확인하거나 해당 테이블의 존재, 컬럼 확인 등의 목적에도 사용한다. 한 개의 데이터만을 가져오는 함수도 하나 만들어 보자. 함수 이름은 'select_one_book( )'으로 해 보자. 소스 코드는 다음과 같다.

[소스 코드 17-5] select.py(3)

```
1    # 1개 조회용 함수
2    def select_one_book():
3        conn = sqlite3.connect('my_books.db')      # 데이터베이스 커넥션 생성
4        cur = conn.cursor()                         # 커서 확보
5
6        cur.execute('SELECT * FROM my_books')       # 조회용 SQL 실행
7
8        print('[3] 1개 데이터 출력하기')
9        print(cur.fetchone())                       # 데이터 한개 출력하기
10
11       conn.close()                                # 커넥션 닫기
12
13   if __name__ == "__main__":                      # 외부에서 호출 시
14       select_one_book()                           # 1개 조회용 함수 호출
15       print('=============================================')
```

2번째 줄에서 새로운 함수인 select_one_book( )을 선언하였다. 9번째 줄에서는 print( )문 인자 값으로 들어가있는 명령문을 살펴보자. 커서의 메소드인 fetchone( )이다. 이는 한 줄의 데이터만을 반환한다. 이 값을 바로 출력하고 있다. 나머지 소스는 앞 소스와 동일하다.

〈Ctrl〉+〈Shift〉+〈F10〉키 혹은 〈Shift〉+〈F10〉키를 눌러서 해당 파일을 다시 실행해 보자.

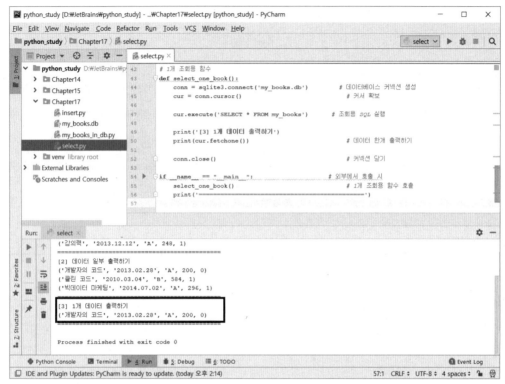

그림 17.12 1개 조회용 함수 추가 후 실행 결과

하나의 데이터만이 출력된 것을 확인할 수 있다.

4.4 특정 조건에 맞는 조회용 함수

마지막으로 SQL문을 사용해서 일부 데이터를 필터링하여 데이터를 조회해 보자. 필자는 현재 들어가 있는 5개의 책 중 페이지가 300페이지가 넘는 책을 찾고 싶다. 해당 함수를 하나 만들어 보자. 함수 이름은 find_big_books( )로 해 보겠다. 굵은 글씨를 주의해서 보자.

```
1    # 쪽수 많은 책 조회용 함수
2    def find_big_books():
3        conn = sqlite3.connect('my_books.db')          # 데이터베이스 커넥션 생성
4        cur = conn.cursor()                            # 커서 확보
5
6        # 조회용 SQL 실행 (300 쪽이 넘는 책의 제목과 쪽수를 출력하라)
7        cur.execute('SELECT title, pages FROM my_books WHERE pages >
     300')
8
9        print('[4] 페이지 많은 책 출력하기')
10       books = cur.fetchall()                         # 조회한 데이터 불러오기
11
12       for book in books:                             # 데이터 출력하기
13           print(book)
14
15       conn.close()                                   # 커넥션 닫기
16
17   if __name__ == "__main__":                         # 외부에서 호출 시
18       find_big_books()                               # 쪽수 많은 책 조회용 함수 호출
19       print('=============================================')
```

2번째 줄에서 새로운 함수 find_big_books( ) 함수를 선언하였다. 이번 소스 코드의 핵심은 7번째 줄이다. SQL문이 수정되었다. SQL문을 조금 더 자세히 들여다 보자.

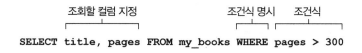

그림 17.13 조건 절(WHERE)이 포함된 SQL문(SELECT)

SELECT절에 들어가 있던 별표 기호(*) 대신 테이블의 컬럼 이름이 명시되었다. 그리고 테이블 명 'my_books' 뒤에 'WHERE'절이 보인다. 해당 테이블의 값에 어떤 기준을 주어 필터링을 하는 경우 'WHERE'절을 사용하게 된다. 'WHERE' 문구 뒤에는 조건식이 들어온다. 해당 조건은

pages 컬럼에 들어 있는 값이 300을 초과하는 경우를 나타내고 있다. 그래서 이 SQL문을 해석하면 다음과 같다.

300 쪽이 넘는 책의 제목과 쪽수를 출력하라

조건은 여러 개가 될 수도 있다. 만약 쪽수가 300이 넘고 추천을 하고자 하는 책만을 추출하고 싶다면 조건문은 'pages 〉300 and recommendation = 0'이 될 것이다. 만약 쪽수가 300이 넘는 책과 쪽수와는 상관없이 추천을 하고 싶은 책을 추출하고 싶다면 조건문은 'pages 〉300 or recommendation = 0'가 될 것이다. 이 방식은 if 문의 논리식을 표현할 때와 무척 닮았다.

〈Ctrl〉+〈Shift〉+〈F10〉키 혹은 〈Shift〉+〈F10〉키를 눌러서 해당 소스를 실행해 보자.

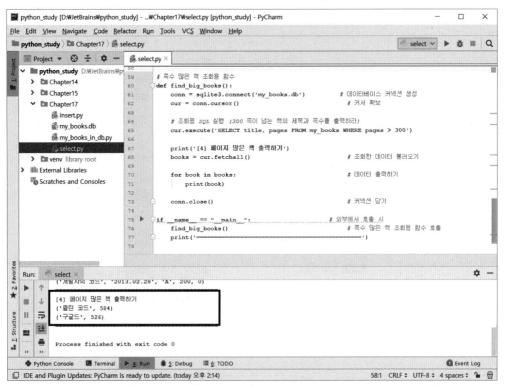

그림 17.14 쪽수 많은 책 조회용 함수 추가 후 실행 결과

실행 결과를 확인해 보니 300 페이지가 넘는 책 두 권의 제목과 쪽수가 표기되는 것을 확인할 수 있다!

이번 절에서 여러 형태의 조회용 SQL문을 실행 해 보았다. 똑같은 데이터를 집어 넣어도 다양한 조건이나 함수를 통하여 반환되는 데이터의 모습이 달라지는 것을 확인할 수 있었다. 데이터베이스에 값을 저장하여 조회하는 방식에 대해 이해할 수 있었다.

5. 데이터 수정하기^{UPDATE}

이번에는 데이터를 수정해 보자. 새 파이썬 파일을 만들자. 이번 파일의 이름은 'update.py'다.

소스 코드부터 작성하자. sqlite3 모듈을 탑재하고 바로 전 절에서 만든 조회용 함수 하나를 탑재한다. 그런 다음 'update_books( )'라는 함수를 만들어 보자. 필자는 기존에 추천하지 않았던 '개발자의 코드'라는 책을 추천하는 소스 코드를 작성해 보겠다.

[소스 코드 17-7] update.py

```
1    import sqlite3                                   # sqlite3 모듈 탑재
2    from Chapter17.select import select_one_book    # 데이터 조회용 함수 탑재
3
4    # 데이터 수정용 함수
5    def update_books():
6        conn = sqlite3.connect('my_books.db')        # 데이터베이스 커넥션 생성
7        cur = conn.cursor()                                    # 커서 확보
8
9        # 데이터 수정 SQL ( 제목이 ? 인 책의 추천 유무를 ? 로 변경하라 )
10       update_sql = 'UPDATE my_books SET recommendation=? WHERE
     title=?'
11
12       # 수정 SQL 실행
13       cur.execute(update_sql, (1, '개발자의 코드'))
14
```

```
15      conn.commit()                                    # 데이터베이스 반영
16      conn.close()                                     # 커넥션 닫기
17
18  if __name__ == "__main__":                           # 외부에서 호출 시
19      select_one_book()
20      update_books()                                   # 데이터 수정 함수 호출
21      print('[데이터 수정 완료] =================== ')
22      select_one_book()
```

첫 번째 줄에서는 sqlite3 모듈을 탑재하고 2번째 줄에서 앞 절의 모듈 하나를 탑재하였다. 5번째 줄에서는 update_books( )라는 함수를 새로 정의하였다. 10번째 줄에는 데이터 조회를 위한 SQL문을 위한 문자열을 정의하고 있다. SQL문을 자세히 살펴보자.

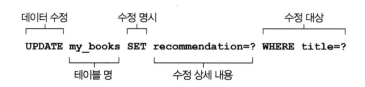

그림 17.15 데이터 수정을 위한 SQL문(UPDATE)

수정 SQL문은 UPDATE로 시작한다. 대상 테이블명을 입력한 후 SET절에서는 수정할 내용을 보여 주고 있다. recommendation 컬럼의 값을 변경하려고 한다. 이후의 WHERE절에서는 수정할 대상을 선택할 조건을 기입한다.

13번째 줄에서 위 SQL문을 실행하고 있다. 커서의 메소드 execute( )의 첫 번째 인자 값으로는 SQL문이 위치하고 두 번째 인자 값에 SQL문의 물음표 기호(?)에 들어갈 값이 차례대로 들어온다. 결국 이 SQL문은 아래와 같이 해석이 되겠다.

제목이 '개발자의 코드'인 책의 추천 유무를 참(1)으로 변경한다.

15번째 라인에서는 변동 사항을 데이터베이스에 반영하고 있다. 19번째 ~ 22번째 줄의 소스 코드에서 기존 테이블의 값을 확인한 뒤 위에서 정의한 함수를 호출하고 값을 다시 확인해 보았다.

이제 소스 코드를 실행해 보자. 실행 단축키는 〈Ctrl〉+〈Shift〉+〈F10〉키이다.

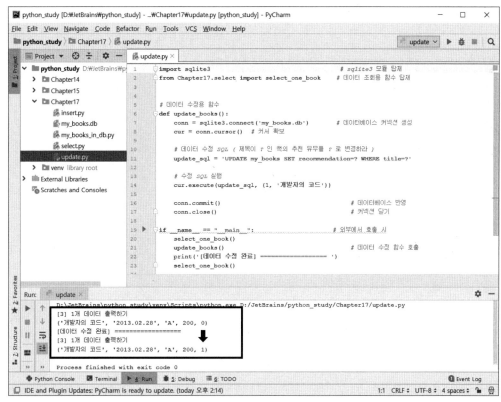

그림 17.16 데이터 수정용 함수 실행 결과

소스 실행 결과를 확인해 보니 기존의 거짓(0)이었던 값이 참(1)으로 변경된 것을 확인할 수 있다.

6. 데이터 삭제하기^{DELETE}

마지막으로 데이터를 삭제하겠다. 이번에는 'delete.py'라는 이름으로 파이썬 파일을 만들어 보자.

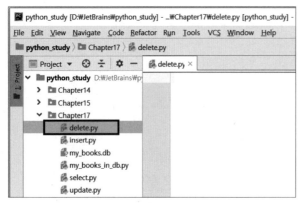

그림 17.17 데이터 삭제용 파일 만들기(Chapter17₩delete.py)

앞 절과 마찬가지로 함수를 하나 정의할 것이다. 함수 이름은 delete_books( )이다. 아래와 같이 소스 코드를 작성해 보자. 필자는 출판사가 'A'인 책을 모두 삭제하고자 한다.

[**소스 코드 17-8**] Chapter17₩delete.py

```
1    import sqlite3                                  # sqlite3 모듈 탑재
2    from Chapter17.select import select_all_books   # 데이터 조회용 함수 탑재
3
4
5    # 데이터 삭제용 함수
6    def delete_books():
7        conn = sqlite3.connect('my_books.db')       # 데이터베이스 커넥션 생성
8        cur = conn.cursor()                          # 커서 확보
9
10       # 데이터 삭제 SQL ( 출판사가 ? 인 책을 삭제하라 )
11       delete_sql = 'DELETE FROM my_books WHERE publisher=?'
12
13       # 수정 SQL 실행
14       cur.execute(delete_sql, 'A')
15
```

```
16      conn.commit()                              # 데이터베이스 반영
17      conn.close()                               # 커넥션 닫기
18
19  if __name__ == "__main__":                     # 외부에서 호출 시
20      select_all_books()                         # 테이블 전체 데이터 확인
21      delete_books()                             # 데이터 삭제 함수 호출
22      print('[데이터 삭제 완료] ================== ')
23      select_all_books()                         # 테이블 전체 데이터 확인
```

2번째 줄에 테이블의 전체 데이터를 조회하기 위한 함수를 탑재하였다. 해당 함수는 데이터를 삭제하기 전과 후에 호출하여 값을 비교하는 데 사용할 예정이다. 6번째 줄에서 delete_books( )라는 이름의 함수를 정의하기 시작한다.

11번째는 데이터 삭제용 SQL문을 위한 문자열을 정의하고 있다. 조금 더 자세히 살펴보자.

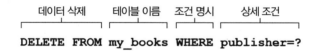

그림 17.18 데이터 삭제용 SQL문(DELETE)

데이터 삭제를 위한 SQL문은 'DELETE FROM'으로 시작한다. 이후에는 삭제 대상 데이터가 들어있는 테이블의 이름을 집어 넣는다. 이후에는 삭제를 할 데이터를 추출하기 위한 조건이 명시된다. 이 조건이 들어가지 않으면 테이블 안의 모든 데이터가 삭제되니 주의하기 바란다. 이런 실수를 범하는 경우가 무척 흔하다.

14번째 줄에서 위에서 정의한 SQL문을 실행하고 있다. execute( ) 메소드의 첫 번째 인자 값에는 SQL문이 들어갔고, 2번째 인자 값에는 SQL문의 물음표 기호(?)에 집어 넣을 값이 위치한다. 이번에는 물음표가 한 개였기 때문에 값이 하나만 들어갔다. 이 SQL은 결국 다음과 같이 해석 되어 실행이 될 것이다.

출판사(publisher)가 'A'인 책을 모두 삭제한다.

함수 정의가 끝난 후 20번째 줄에서 테이블의 데이터를 조회한 후 21번째 줄에서 삭제용 함수를 호출한다. 23번째 줄에서 다시 테이블의 데이터를 조회하고 있다.

그럼 실행해 보자. 〈Ctrl〉+〈Shift〉+〈F10〉키를 눌러 보자. 이제 많이 익숙해졌으리라 믿는다.

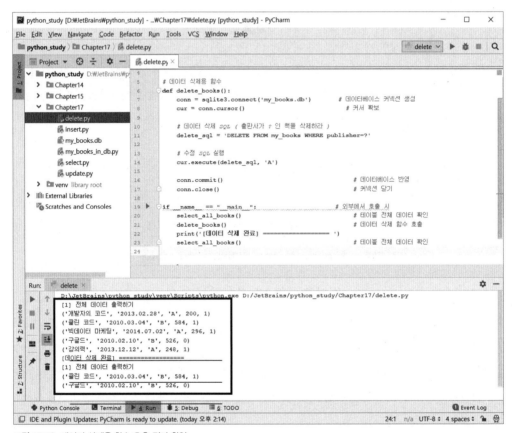

그림 17.19 데이터 삭제용 함수 호출 결과 확인

출력 결과를 확인해 보니 다섯 개의 데이터 중 출판사 데이터가 'A' 였던 세 개의 데이터가 삭제된 후 두 개의 데이터만이 출력되는 것을 확인할 수 있다.

7. with문으로 컨택스트 관리 적용하기

지금까지 테이블을 생성한 뒤 원하는 데이터를 CRUD(Create, Read, Update, Delete)하는 과정에서 몇 가지 소스 코드를 작성해 보았다. 그런데 현재 작성한 코드는 실은 문제가 있는 코드다. 또한 반복해서 작성하는 소스 코드들이 존재했었다. 지난 〈17장 5절. 데이터 수정하기〉에서 작성한 소스 코드를 다시 한번 살펴보자. 특히 굵은 글씨로 표기한 소스 코드에 주목하기 바란다.

[소스 코드 17-9] update.py

```
1   import sqlite3                                    # sqlite3 모듈 탑재
2   from Chapter17.select import select_one_book      # 데이터 조회용 함수 탑재
3
4   # 데이터 수정용 함수
5   def update_books():
6       conn = sqlite3.connect('my_books.db')          # 데이터베이스 커넥션 생성
7       cur = conn.cursor()                            # 커서 확보
8
9       # 데이터 수정 SQL ( 제목이 ? 인 책의 추천 유무를 ? 로 변경하라 )
10      update_sql = 'UPDATE my_books SET recommendation=? WHERE title=?'
11
12      # 수정 SQL 실행
13      cur.execute(update_sql, (0, '클린 코드'))
14
15      conn.commit()                                  # 데이터베이스 반영
16      conn.close()                                   # 커넥션 닫기
17
18  if __name__ == "__main__":                         # 외부에서 호출 시
19      select_one_book()
20      update_books()                                 # 데이터 수정 함수 호출
21      print('[데이터 수정 완료] ================= ')
22      select_one_book()
23
```

데이터 수정을 위한 소스 코드인 9번째 줄 ~13번째를 위해 6번째 줄에서는 커넥션을 생성하고, 7번째 줄에서 커서를 확보한 뒤, 15번째 줄에서는 데이터베이스에 반영하기 위해 commit()을 호출한 뒤, 16번째 줄에서는 커넥션을 close() 하면서 사용하던 자원을 해제하고 있다(참고로 13번째 줄의 업데이트 대상 데이터 변경을 위해 값을 수정하였다).

모든 소스 코드가 정상적으로 실행되면 별 문제가 없는 소스 코드이지만, 만약 업데이트하는 과정에서 예외 상황이 발생하여 소스 코드가 진행이 되지 않는다면 15번째, 16번째 줄까지 실행되지 않아서 자원을 해제하지 못하는 상황이 발생할 수 있는 소스 코드다.

이를 방지하기 위해서 〈13장〉에서 배운 try-except-finally 블록을 사용할 수 있다. 이를 적용한 소스 코드를 한번 살펴보자. 굵은 글씨가 추가된 소스 코드다.

[소스 코드 17-10] update_try.py

```
1    import sqlite3                                      # sqlite3 모듈 탑재
2    from Chapter17.select import select_one_book        # 데이터 조회용 함수 탑재
3
4
5    # 데이터 수정용 함수
6    def update_books():
7        conn = None
8
9        # 업데이트를 위한 try문 선언
10       try:
11
12           conn = sqlite3.connect('my_books.db')       # 데이터베이스 커넥션 생성
13           cur = conn.cursor()                         # 커서 확보
15
16           # 데이터 삭제 SQL ( 제목이 ? 인 책의 추천 유무를 ? 로 변경하라 )
17           update_sql = 'UPDATE my_books SET recommendation=? WHERE title=?'
18
19           # 수정 SQL 실행
20           cur.execute(update_sql, (0, '클린 코드'))
21
22           conn.commit()                               # 데이터베이스 반영 (커밋)
```

```
23
24        # 예외 처리를 위한 except문 선언
25        except:
26
27            print  ("예외 상황 발생")
28            conn.rollback()                          # 데이터베이스 원복 (롤백)
29
30        # 정상 및 예외 처리 후 자원 해제를 위한 finally문 선언
31        finally:
32
33            if conn:                                 # 커넥션 확보 유무 확인
34            conn.close()                             # 커넥션 닫기
35
36  if __name__ == "__main__":                         # 외부에서 호출 시
37      select_one_book()
38      update_books()                                 # 데이터 수정 함수 호출
39      print('[데이터 수정 완료] ================= ')
40      select_one_book()
41
```

7번째 줄에 conn 변수에 None을 대입하여 커넥션을 넣기 위한 빈 변수를 하나 만든다. try 블록문 밖에서도 호출할 수 있게 먼저 선언하였다.

10번째 줄에서 try 블록문을 시작하고 있다. 블록문 안에는 업데이트가 정상 수행되었을 때 실행하는 소스 코드를 집어 넣는다. 자원 해제를 위해 호출하는 close()는 넣지 않는다.

24번째 줄에서 except 블록문을 시작하고 있다. 위에서 선언한 try 블록문 안에서 예외 상황이 벌어지면 이 블록문이 실행될 것이다. except 블록문을 정의하는 방법도 다양하지만, 이번 예제에서는 간단하게 개념만 설명하기 위해 예외 상황이 발생했다는 메세지를 26번째 줄에서 구현하였다.

27번째 줄에서 처음 보는 커넥션 메소드 rollback()이 등장했다. rollback()은 commit()과 반대되는 개념으로 업데이트 구문이 실행되었지만, 실행되기 전으로 원복하겠다는 의미다. rollback()의 개념은 데이터베이스 프로그래밍에서 굉장히 중요한 개념이다. commit()이 있는 소스 코드에는 반드시 예외 상황 시에 rollback()하는 소스 코드가 포함되어야 한다.

30번째 줄에서 finally 블록문을 시작한다. try 블록문이 정상으로 실행되었거나, 예외 상황이 발생하여 except 블록문이 실행되더라도, finally 블록문은 항상 호출이 된다.

32번째 줄을 보니 conn 객체가 존재하는지 묻고 있다. 이는 12번째 줄에서 커넥션을 생성할 때 에러가 나는 경우를 확인하기 위함이다. 커넥션을 생성하다가 에러가 나는 경우는 매우 빈번하다. 가령 접속 인증 정보를 잘못 집어 넣을 수도 있고, 데이터베이스가 과부하에 걸려 커넥션 생성을 허용하지 않는 경우도 있다. 만약 12번째 줄의 커넥션 생성이 성공하였다면 33번째 줄이 실행되면서 열린 커넥션을 닫으면서 자원을 정상 해제할 것이다.

그럼 실행해 보자. 〈Ctrl〉+〈Shift〉+〈F10〉키를 눌러 보자. 클린 코드의 추천 유무가 1에서 0으로 잘 바뀐 것을 확인할 수 있다.

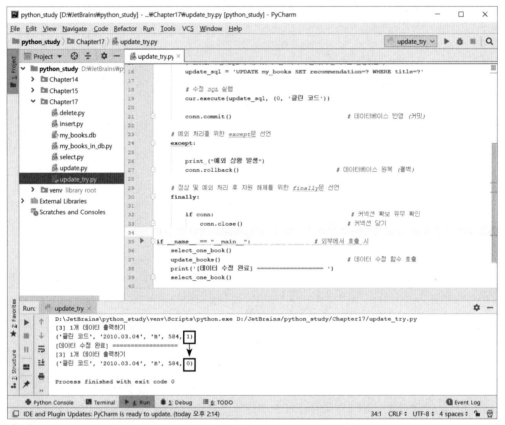

그림 17.20 try-except-finally를 반영한 업데이트 실행 결과 확인

하지만 여전히 소스 코드가 복잡하고 실수할 여지가 많아 보인다. except 블록문에서도 어떤 예외 상황이 발생했는지 출력도 해야 될 것이며, except 문이나 finally 문도 결국 계속 반복되는 소스 코드이다 보니 갑자기 이런 생각이 든다.

'정말 이런 소스 코드를 매번 작성해야 되는 걸까?'

이쯤되면 무언가 open()해서 close()했던 소스 코드가 기억나지 않을까 싶다. 바로 지난 〈16장〉에서 파일에 데이터를 쓰거나 읽어 오기 위해 파일을 열고 닫았던 것이다. 그리고 〈16장 2절〉에서 봤던 with문을 떠오른다면, 필자의 의도를 제대로 파악한 것이다.

파이썬의 가장 독특한 기능 중 하나가 with문을 활용한 콘텍스트 관리(Context Management) 방식이다. with문을 사용하면 파일을 열고 닫는 것처럼 데이터베이스 커넥션을 생성하여 커밋/롤백한 뒤 해제하는 것까지 모두 한꺼번에 해결할 수 있다.

그럼 이 콘텍스 관리 기법을 적용하여 with문을 사용한 소스 코드를 살펴보자. 굵은 글씨가 추가된 부분이다.

[소스 코드 17-11] update_with.py

```
1   import sqlite3                                    # sqlite3 모듈 탑재
2   from Chapter17.select import select_one_book      # 데이터 조회용 함수 탑재
3
4
5   # 데이터 수정용 함수
6   def update_books():
7       # with문으로 컨택스트 관리 적용
8       with sqlite3.connect('my_books.db') as conn:  # 데이터베이스 커넥션 생성
9
10          cur = conn.cursor()                       # 커서 확보
11
12          # 데이터 수정 SQL ( 제목이 ? 인 책의 추천 유무를 ? 로 변경하라 )
13          update_sql = 'UPDATE my_books SET recommendation=? WHERE title=?'
14
```

```
15          # 수정 SQL 실행
16          cur.execute(update_sql, (1, '클린 코드'))          # 추천 유무 1로 다시 변경
17
18   if __name__ == "__main__":                               # 외부에서 호출 시
19          select_one_book()
20          update_books()                                    # 데이터 수정 함수 호출
21          print('[데이터 수정 완료] =================== ')
22          select_one_book()
23
```

얼핏 보더라도 소스 코드가 무척 간결해졌다!

8번째 줄에서느 with문을 시작하고 있다. 커넥션을 생성하면서 해당 객체를 conn에 담고 있다.

10 ~ 16 번째 줄의 소스 코드를 보니 앞에서 작성했던 try – except – finally 에 작성한 코드들이 많이 사라졌다. 예외 상황 처리를 위한 소스 코드나 커넥션 생성 유무를 확인하여 커넥션을 닫았던 소스 코드가 보이지 않는다. 왜냐하면 with문으로 시작하는 경우, 이런 부분을 모두 대신 해주기 때문이다.

그럼 〈Ctrl〉+〈Shift〉+〈F10〉키를 눌러서 실행해 보자. "클린 코드" 책의 추천 유무가 다시 1로 변경 된 것을 확인할 수 있다.

> **tip** **어쩔 수 없이 추가해야 하는 코드, 보일러플레이트^{Boilerplate} 코드**
>
> 커넥션을 열고 닫고 예외 처리를 하기 위해 여러분 의사와 상관없이 항상 작성해야 하는 소스 코드를 보통 보일러플레이트 코드라고 한다. 보일러플레이트는 한국어로 번역할때 상용구, 표준 양식 등으로도 번역되며, 행사 코드라고 부르는 사람도 있다. 여기서 사용하는 with 문이 이러한 보일러플레이트 코드를 줄여 주는 역할을 한다.

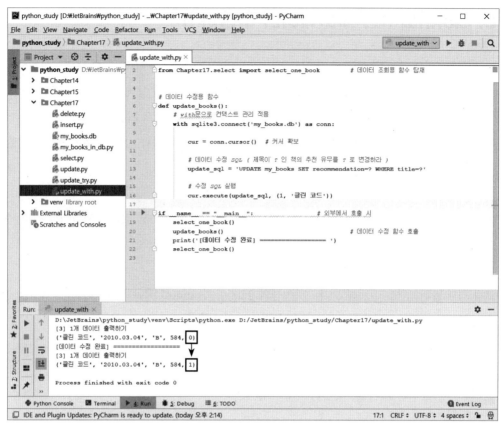

그림 17.21 with문을 반영한 업데이트 실행 결과 확인

굉장히 번거롭고 실수할 수 있는 소스 코드를 with문을 사용하여 훨씬 깔끔하면서도 좋은 소스 코드로 작성할 수 있었다. 많은 개발자가 겪는 반복 작업을 줄여 주기 위해서 콘텍스트 관리 기능을 추가한 파이썬 코어 개발자들의 노력이 빛을 발하는 순간이다.

앞에서 작성했던 소스 코드들을 with문을 반영하는 방법으로 수정하면서 더 익숙해지기 바란다. 그리고 앞으로 데이터베이스 관련 소스 코드를 작성할 때 반드시 with문을 사용하기 바란다.

8. 데이터베이스 네비게이터 활용하기

지금까지 우리는 데이터베이스에 테이블을 만들고 원하는 데이터를 입력, 조회, 수정, 삭제하는 과정을 경험해 보았다. 그리고 이 결과를 콘솔에 출력하는 출력문을 통해 확인했었다. 하지만 데이터베이스를 활용한 프로그래밍은 결과를 그때그때 출력하는 방법으로는 효율적인 개발이 어렵다. 그렇기에 일반적으로 실무 개발 환경에서는 데이터베이스를 시각적으로 조회하거나 수정할 수 있는 도구를 활용하기 마련이다.

이런 도구는 여러 가지가 있지만, 우리는 현재 개발환경으로 사용하고 있는 파이참에서 쉽게 사용할 수 있는 '데이터베이스 네비게이터Database Navigator' 플러그인을 사용하려고 한다.

그럼 일단 플러그인을 설치해 보자. 파이참의 [File] − [Settings] 메뉴를 클릭하거나, 〈Ctrl〉 + 〈Alt〉 + 〈S〉 키를 눌러서 설정 화면을 열어 보자.

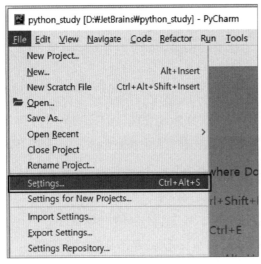

그림 17.22 파이참 설정 화면 열기(〈Ctrl〉 + 〈Alt〉 + 〈S〉 키)

설정 화면의 [Plugins] 메뉴의 [Marketplace] 탭에서 'database'로 검색해 보자. 좌측 상단 첫 번째 항목으로 'Database Navigator'를 보게 될 것이다. [Install] 버튼을 클릭하여 설치를 시작하자.

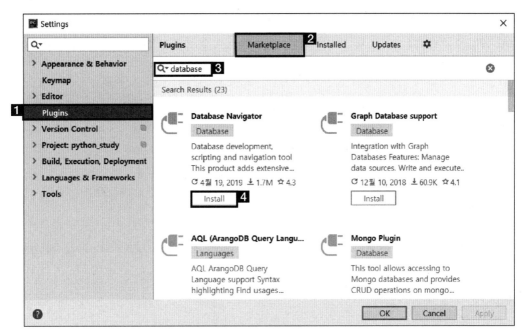

그림 17.23 '데이터베이스 네비게이터' 플러그인 찾기

설치가 완료되면, [Install] 버튼이 [Restart IDE] 로 바뀐다. [Restart IDE]를 클릭하여 IDE를 재시작하여 플러그인 적용해 보자. 파이참 재시작 확인 창이 뜨면 [Restart] 버튼을 클릭한다.

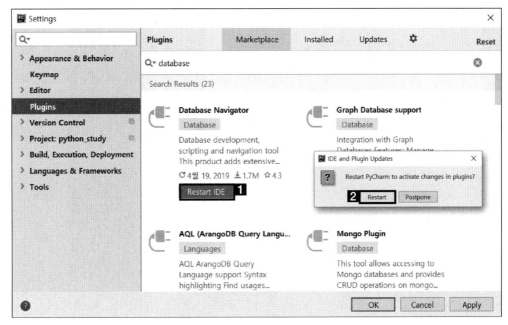

그림 17.24 IDE 재시작하기

파이참이 재시작되면 아래와 같이 자동으로 sqlite 파일을 등록하는 창이 나온다. 하지만 경우에 따라서 나오지 않을수도 있으니 우리는 수동으로 넣는 방법을 알아 볼 것이다. 원한다면 [Create] 버튼을 클릭하여 자동으로 추가할 수 있다.

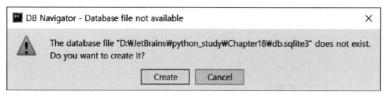

그림 17.25 sqlite 파일 자동 등록 창

파이참이 정상적으로 시작되면 상단 메뉴에 [DB Navigator]와 좌측 패널의 [Project] 하단에 [DB Browser]가 생긴 것을 확인할 수 있다. DB 관련 정보들을 확인할 수 있는 창이다. [DB Browser]를 클릭해 보자.

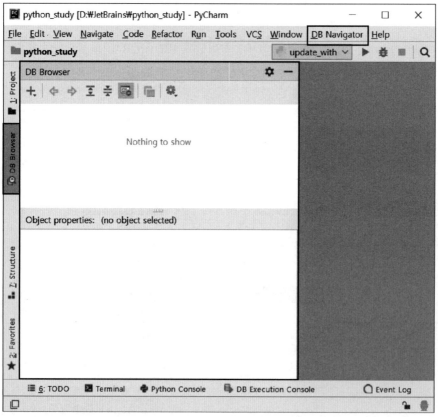

그림 17.26 [DB Browser] 열기

좌측 상단의 [+] 버튼을 클릭하여, SQLite 커넥션을 하나 추가해 보자.

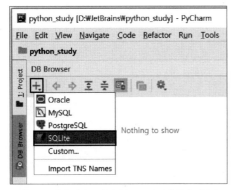

그림 17.27 [+] 버튼 클릭하여 'SQLite' 커넥션 추가하기

이제 이번 장에서 실습했던 데이터베이스 파일을 지정해 보자. 필자의 데이터베이스 파일 경로는 다음과 같다.

D:\JetBrains\python_study\Chapter17\my_books.db

데이터베이스 파일과 접속이 잘되는지 확인하기 위해서 [Test Connection] 버튼을 클릭해 보자.

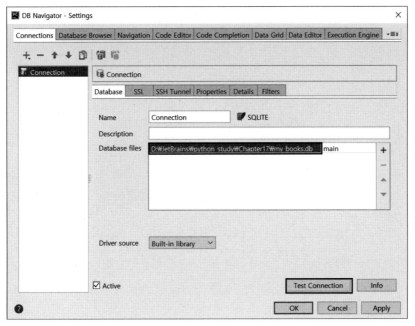

그림 17.28 데이터베이스 파일 등록 및 접속 확인하기

파일 선택을 잘 했다면 아래와 같이 "Connection to 'Connection' was successful." 메시지와 함께 접속이 잘 되었다는 메시지가 출력된다. 참고로 메시지 중간의 'Connection'은 상단 이미지의 Connection name에 입력된 값이다. 커넥션이 여러 개인 경우 이 값으로 구분하며, 원한다면 자유롭게 바꿔도 된다. [OK] 버튼을 클릭하자.

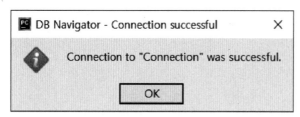

그림 17.29 접속 성공 메시지 확인하기

하단에 [OK] 버튼을 클릭하여 설정 창을 닫자.

그림 17.30 최종 반영 설정 창 닫기

좌측 DB Brower에 'Connection' 데이터베이스가 생긴 것을 확인할 수 있다. [Connection] −
[Schemas] − [main] − [Tables] − [my_books] 를 찾아가 보자. 'Schema'와 'Tables'옆의 '(1)' 숫
자는 스키마와 테이블이 각각 하나씩 존재한다는 의미다. 'my_books'를 찾아 해당 항목에서 [마
우스 더블 클릭]을 해 보자.

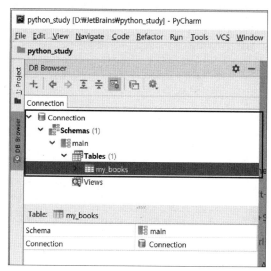

그림 17.31 [my_books] 테이블 [마우스 더블 클릭] 하기

데이터 필터 창이 뜨면서 현재 테이블의 데이터 중 일부 데이터만 볼 것인지 묻는다. 필자는 필터
없이 모든 데이터를 출력하게 할 것이므로 우측 하단의 [No Filter] 버튼을 클릭해 보자.

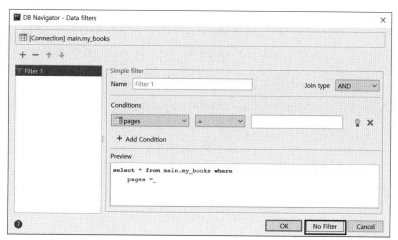

그림 17.32 필터 설정 넘어가기

메인 창에 지난 절에서 마지막으로 실습했을 때 확인했던 데이터가 마치 엑셀에서 보는 것처럼 익숙한 테이블 형태로 출력되는 것을 확인할 수 있다.

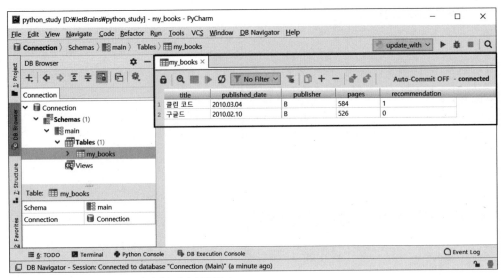

그림 17.33 메인 창에서 'my_books' 테이블 데이터 확인하기

축하한다!! 지금까지 눈에 보이지 않던 데이터베이스에 저장된 'my_books' 데이터를 눈으로 쉽게 확인할 수 있게 되었다!

만약 여러분이 데이터베이스의 데이터를 추가/수정/삭제하는 소스 코드를 작성하여 실행하면 이 '데이터베이스 네비게이터' 플러그인으로 정상 실행 유무를 쉽게 확인할 수 있을 것이다. 또한 데이터 자체를 직접 가공할 수도 있다. 가령 상단의 [+] 버튼으로 데이터 항목을 추가할 수 있으며, 기존 데이터 항목을 선택한 뒤 [−] 버튼을 클릭하면 삭제할 수 있다. 데이터를 수정하면 실제로 반영 완료를 하기 위해 [−] 버튼 우측에 위치한 [Commit] 버튼을 클릭해야 하며, 다시 원상태로 복구하고 싶다면 [Rollback] 버튼을 클릭하면 된다. 여러분이 직접 데이터를 추가하거나 삭제해 보고, 커밋이나 롤백을 자유롭게 해 보자.

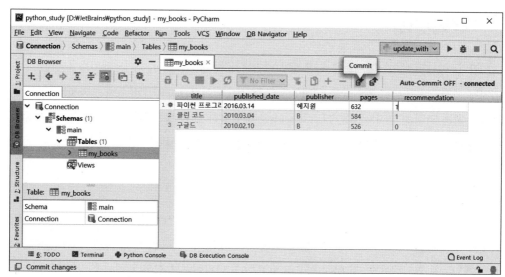

그림 17.34 데이터 추가 후 커밋하기

이외에도 소스 코드에 SQL을 집어 넣기 전에 미리 SQL을 작성하여 실행할 수도 있으며, 테이블 생성/수정/추가나 이외의 데이터베이스 기능들을 손쉽게 사용할 수 있는 기능을 제공한다. 더 자세한 설명을 확인하고 싶다면 다음 공식 문서에서 확인해 보기 바란다.

https://plugins.jetbrains.com/plugin/1800-database-navigator

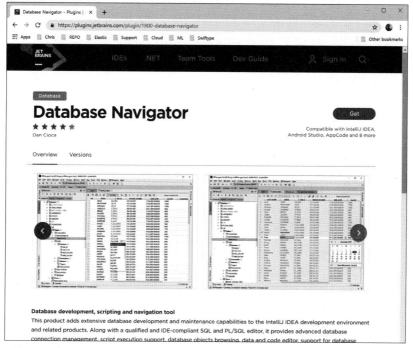

그림 17.35 데이터베이스 네비게이터 플러그인 공식 문서

9. Wrap-up

축하한다! 이로써 데이터베이스를 사용하여 데이터를 저장하기 위한 데이터베이스를 만든 다음 데이터 포맷과 일치하는 테이블을 생성한 뒤, 원하는 데이터를 CRUD(Create, Read, Update, Delete)하는 과정을 살펴보았다. 그리고 with문을 활용한 콘텍스트 관리 기능을 적용하여 예외 처리와 함께 데이터베이스에 반영하려고 하는 내용을 되돌리는 롤백Rollback을 간결하면서도 쉽게 구현할 수 있는 방법을 살펴 보았다.

실은 데이터베이스 프로그래밍과 관련된 영역은 무척이나 넓다. 이번 장에서 실습한 소스 코드도 실무에서 사용하기에는 위험 요소가 많다. 또한 여러 방면의 테스트 코드를 통해 해당 함수들이 잘 수행되는지 확인해야 할 것이다. 참고로 SQL문의 다양한 사용법이나 테이블 간의 관계를 설 정하고 데이터 검색을 빠르게 하기 위한 색인Index 등은 이 책에서 다루기에는 양이 너무 많고 목 적에도 부합되지 않는다고 생각한다.

필자는 독자 여러분들이 이번 장을 통해서 데이터베이스 프로그래밍이 어떤 것인지 가볍게 이해 하기만 하더라도 큰 도움이 될 것이라 생각한다.

다음 장에서는 웹 애플리케이션을 만드는 과정을 가볍게 확인해 보자!

{CHAPTER 18}

웹 프로그래밍 맛보기

지난 장에서 우리는 데이터를 어떻게 영구적으로 저장하는지 알아보았다. 그럼 이렇게 저장된 데이터는 어떻게 활용될까? 필자가 읽었던 책의 목록을 쉽게 볼 수 있는 방법은 무엇일까? 매번 파이썬 소스 코드로 데이터를 불러와서 볼 수 없는 노릇이거니와 이 데이터를 프로그래밍을 전혀 보지 않는 사람에게 보여 주려고 한다면 이제는 다른 방법을 찾아야 할 것이다.

아마도 가장 흔한 방법은 웹 브라우저를 활용한 UI^{User Interface}를 활용하는 것이다. 대부분 스마트폰을 사용하는 근래에 웹 브라우저는 언제 어디에서나 접근할 수 있는 좋은 플랫폼이다. 필자가 가장 선호하는 웹 브라우저는 구글의 크롬이며 이외에도 인터넷 익스플로러, 사파리나 넷스케이프 등이 존재한다.

우리가 웹 브라우저를 통해 접근할 수 있는 프로그램을 웹 애플리케이션^{Web Application}이라고 부르며 이러한 웹 애플리케이션을 개발하는 방법은 수도 없이 많다. 파이썬 세계에서는 이러한 웹 애플리케이션 개발을 위하여 훌륭한 웹 프레임워크를 제공하고 있다. 근래에 가장 인기가 많고 고수준의 웹 애플리케이션을 쉽고 빠르게 개발할 수 있게 도와주는 파이썬 기반의 프레임워크가 바로 장고^{Django}다. 이번 장에서는 장고를 어떻게 설치하고 사용할 수 있는지 살펴보고, 간단한 메세지를 웹 브라우저에 출력하는 과정을 실습하면서 기초적인 웹 프로그래밍을 경험해 보기로 한다. 시작해 보자.

1. 파이썬의 웹 프레임워크, 장고^{Django}

웹 애플리케이션을 개발하는 방식 중 가장 널리 사용되고 있는 방식이 MVC 방식이다. MVC는 모델^{Model} – 뷰^{View} – 컨트롤러^{Controller}의 앞글자를 합쳐서 만든 언어로, 웹 애플리케이션을 구성하고 있는 소스들의 특성들을 구분하여 명확한 역할을 나누어 개발하는 방식을 말한다. 여기서 모델은 애플리케이션의 데이터 영역을 담당하고, 뷰는 사용자가 직접 애플리케이션을 사용하게 하는 화면 UI 영역을 담당하며 컨트롤러는 뷰를 통해서 받은 요청을 비즈니스 로직과 잘 연계하여 다시 응답을 주는 역할을 담당한다. 이 관계를 간단하게 도식화하자면 다음과 같다.

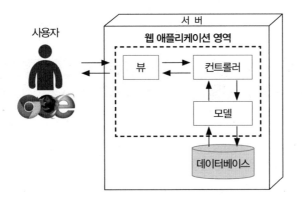

그림 18.1 MVC(모델–뷰–컨트롤러) 웹 애플리케이션 개발 방식 개념

이 MVC 패턴의 웹 애플리케이션 개발 방식은 현재 가장 많이 사용되고 있는 방식으로 어느 정도 규모가 있는 프로젝트라면 대부분 사용하고 있을 것이다. 장고는 이런 MVC 방식의 웹 애플리케이션의 개발을 빠르고 쉽게 도와주는 프레임워크이다. 프레임워크란 일종의 반제품 형태의 소프트웨어로 소스 코드 개발에 대한 틀을 제공해 주고 있으며 이 방식을 잘 준수하면 초보 개발자라도 MVC 방식의 장점을 취할 수 있겠다. MVC 패턴을 통해 사용자 인터페이스와 비즈니스 로직, 모델 등이 분리가 되면 사용자에 보여 주는 부분과 그렇지 않은 부분의 소스 코드가 명확하게 분리가 되며 서로 영향을 미치지 않고 개발 및 유지보수할 수 있는 애플리케이션을 만들 수 있다.

장고의 공식 웹 페이지를 방문해 보자. 웹 사이트의 링크는 아래와 같다.

https://www.djangoproject.com/

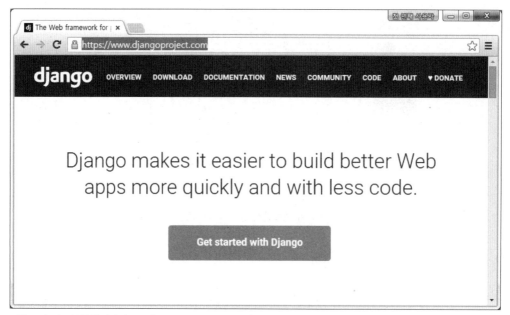

그림 18.2 장고 공식 웹 사이트(https://www.djangoproject.com/)

장고는 더 좋은 웹 애플리케이션을 조금 더 빠르고 적은 코드를 가지고 쉽게 개발할 수 있다는 메세지가 눈에 보인다. 필자의 생각에는 장고가 모든 웹 프레임워크를 장악하는 유일한 표준이 되기는 쉽지 않겠지만 파이썬 세계에서는 웹 애플리케이션 개발에 있어 가장 중요한 위치에 있다고 생각한다. 또한 다양한 비즈니스 영역과 특히 빠르게 웹 애플리케이션을 개발하고 사용자의 반응에 따라 유연성 있게 수정하여 반영해야 하는 스타트업 회사들에게는 더할 나위 없이 좋은 도구임에는 틀림이 없다. 그리고 파이썬 기반이니 파이썬만의 장점을 고스란히 가지고 있는 것도 장점이다.

만약 초보 개발자에게 처음으로 웹 애플리케이션을 개발하는데 있어서 가장 좋은 방법이 무엇이냐는 질문을 받는다면 많은 사람들이 장고라고 말 할 것이다. 그럼 이런 장고를 활용하여 어떻게 웹 애플리케이션을 개발할 수 있는지 살펴보자.

2. 장고 설치하기

장고는 파이썬 기반의 써드 파티(3rd-party) 패키지다. 이는 파이썬에 내장되어 있는 패키지가 아니라는 뜻이며, 사용하기 위해서는 반드시 설치를 해야 한다. 장고를 설치하는 방식은 여러 가지가 있지만 우리는 파이참이라는 훌륭한 개발 도구가 있기 때문에 파이참을 활용하여 장고 패키지를 설치하는 방법을 소개하겠다.

파이참을 구동시키고 좌측 상단의 [File] - [Settings] 메뉴를 클릭하거나 〈Ctrl〉+〈Alt〉+〈S〉키를 동시에 눌러서 'Settings' 화면을 열어 보자.

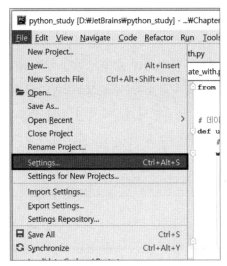

그림 18.3 파이참 설정 화면 열기

'Settings' 화면이 열리면 좌측에 [Project: python_study] - [Project Interpreter] 메뉴를 클릭한다. 우측 화면을 보면 상단에 'Project Interpreter'에는 본인 환경에 설치되어 있는 파이썬 실행 파일의 경로가 보이며 하단의 흰 박스 안에는 현재 설치되어 있는 패키지들이 눈에 보인다. 우측에 더하기 기호(+)를 클릭하거나, 〈Alt〉 + 〈Insert〉 키를 눌러 보자.

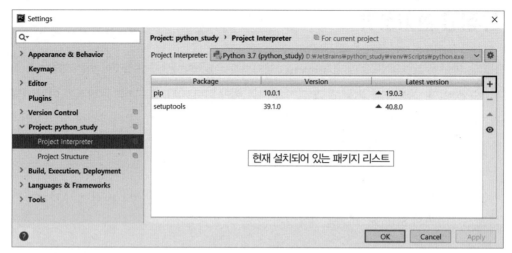

그림 18.4 [세팅 창] – [Project:python_study] – [Project Interpreter] 선택 화면

'Available Packages' 창이 뜬다. 설치 가능한 패키지들 리스트가 보이는 곳이다. 상단 검색 창에 'Django'를 입력해 보자. 'Django'로 시작되는 많은 패키지들이 좌측에 이름순으로 정렬되어 보인다. 그중 가장 위에 위치한 'Django'를 선택해 보자. 우측에 해당 패키지에 대한 상세 설명과 버전 정보를 확인할 수 있다.

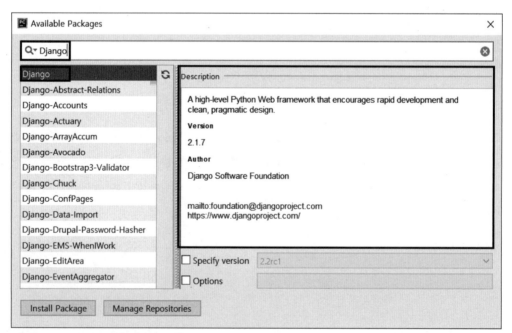

그림 18.5 'Available Pacakges' 창에서 'Django' 패키지 찾기

필자가 설치 할 버전은 2.1.7 버전이다. 만약 여러분이 검색했을 때 더 상위 버전이 보인다면 이 책의 실습 버전인 2.1.7 버전을 선택해야 한다. 상세 설명 창 하단에 'Specify version' 텍스트 박스에 체크를 하고 우측 리스트 박스에서 '2.1.7'를 선택하기 바란다('그림 18.6' 참고).

장고 1.9 버전 선택이 완료되었다면 좌측 하단의 [Install Package] 버튼을 클릭하자.

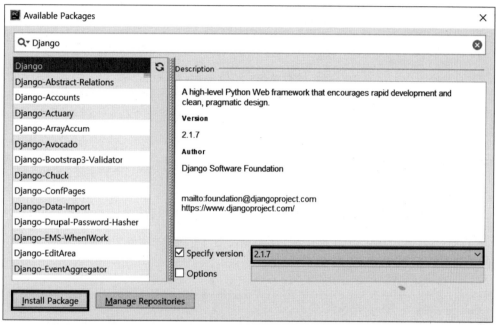

그림 18.6 'Available Pacakges' 창에서 'Django' 설치 버전 선택 후 [Install Package] 버튼 클릭

조금 전에 좌측에 선택하였던 'Django' 우측에 (installing)이라는 파란 글씨가 생겼고 진행 중이라는 뜻의 동그란 아이콘이 동작하는 것을 볼 수 있다.

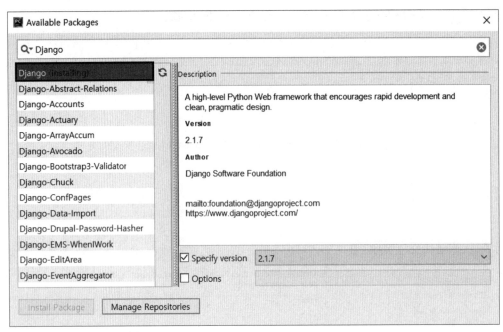

그림 18.7 'Django' 설치 중인 화면

눈썰미가 좋은 독자라면 팝업으로 떠 있는 'Available Packages' 아래 쪽에 깔려 있는 파이참 본 창의 하단에도 프로그레스 바가 보이면서 Django가 설치 중이라는 것을 확인할 수 있다.

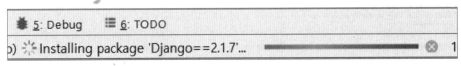

그림 18.8 파이참 메인 창 하단의 'Django' 패키지 설치 중을 나타내는 프로그래스 바 확인

설치가 완료되면 하단의 초록색 창에서 장고 패키지가 성공적으로 설치되었다는 의미로 "Package 'Django' installed successfully"라는 메세지를 확인할 수 있다. 해당 메세지가 확인되었 다면 우측 상단의 [X] 버튼을 클릭하여 해당 창을 닫도록 하자.

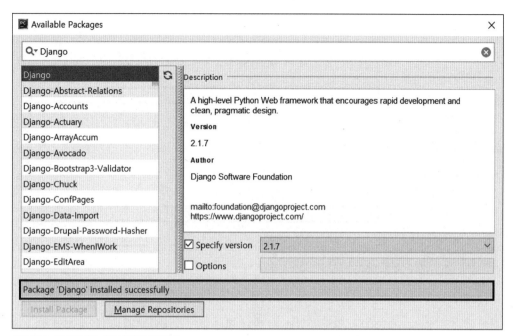

그림 18.9 장고 패키지 성공 메시지 확인하기

'Settings' 창으로 돌아와 보니 우측 패키지 리스트에 새로 설치한 Django 패키지를 확인할 수 있다. 리스트 하단에는 조금 전에 본 동일한 메세지로 장고 패키지 설치가 성공적이었다는 메세지를 다시 확인할 수 있다. 하단의 [OK] 버튼을 클릭하여 'Settings' 창을 닫도록 하자.

잠시만요! ▶ **같이 설치된 pytz 모듈은 무엇인가요?**

pytz 모듈은 타임존 패키지인데, Django가 국제화 관련 기능 구현을 위해 타임존 패키지가 필요했던 것으로 보인다. 최신 버전 Django를 설치하면 자동으로 설치되니 참고하기 바란다.

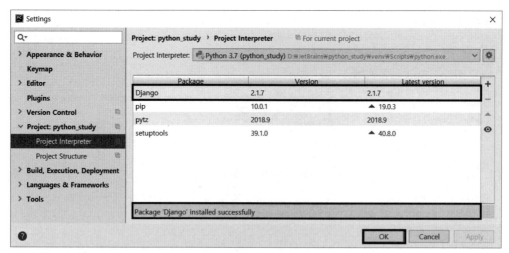

그림 18.10 설치된 패키지 리스트에 장고 추가된 것 확인하기

파이참 메인 창으로 돌아왔다. 얼핏 보았을 때 바뀐 것은 없어 보인다. 대신 하단에 보면 장고 패키지가 성공적으로 설치되었다는 메세지를 다시 한번 확인할 수 있다.

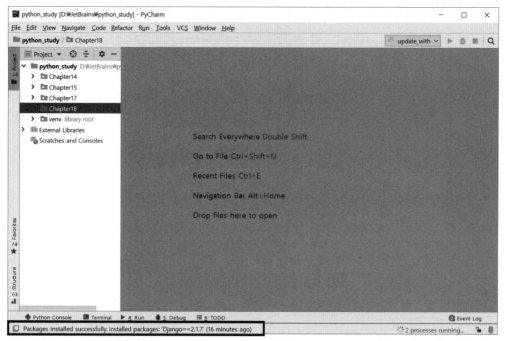

그림 18.11 장고 설치 완료 화면

장고 설치가 완료되었다. 그리 어렵지 않다. 그럼 이제 장고 웹 애플리케이션을 만들기 위한 프로젝트를 만들어 보자.

---

3. 장고 서버 구동하기

장고 설치가 완료 되었으니 이제 웹 애플리케이션을 위한 프로젝트를 만들어 보겠다. 장고는 기본적으로 윈도우 커맨드상의 콘솔상에서 장고를 위한 기본 프로젝트 폴더 및 파일들을 생성하고 있다. 우리는 파이참을 통해서 같은 작업을 해 보도록 하자.

파이참의 메뉴에서 [View] - [Tool Windows] - [Terminal]을 클릭하거나 〈Alt〉+〈F12〉키를 눌러서 'Termianl' 창을 열어 보자.

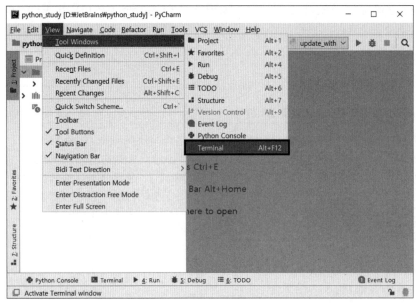

그림 18.12 파이참 터미널 창 열기

파이참 메인 창 하단에 터미널 창이 등장하였다. 하단의 바에 탭 형태로 'Terminal'이 추가된 것
도 보인다. 현재 실행된 위치는 파이참 프로젝트의 위치인 'D:₩JetBrains₩python_study'이다.
참고로 좌측의 [+] 버튼은 새로운 터미널을 열 때 사용하고, [X] 버튼은 터미널을 종료할 때 사용
한다.

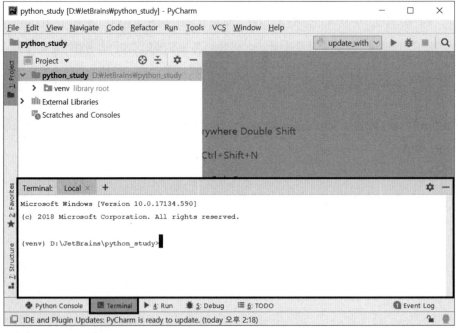

그림 18.13 터미널 창 열기

장고가 잘 설치되었는지 명령어를 통해 확인해 보자. 아래 명령어를 입력해 보자.

D:\JetBrains\python_study> **python –c "import django; print(django.get_version())"**

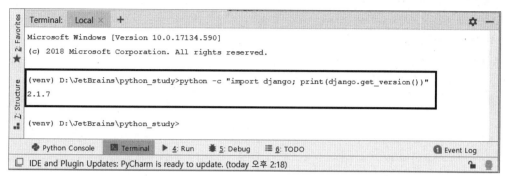

그림 18.14 설치된 장고 버전 확인하기

'2.1.4'가 출력되는 것을 확인할 수 있다. 장고 2.1.4 버전이 잘 설치된 것을 확인할 수 있다. 이제 웹 프로젝트를 만들어 보자. 웹 프로젝트의 이름은 이번 장의 실습 프로젝트를 의미하는 뜻으로 'Chapter18'이라고 지어 보겠다. 아래 명령어를 실행해 보자.

D:\JetBrains\python_study> **django-admin startproject Chapter18**

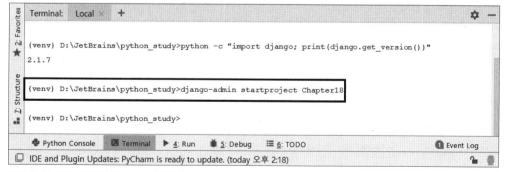

그림 18.15 장고 프로젝트 'Chapter18' 만들기

좌측 프로젝트 창에 'python_study'를 선택해 보자. 'Chapter18'의 폴더가 보인다! 바로 보이지 않는 다면 'python_study'를 더블클릭하자. 트리 폴더 구조를 하나씩 열어서 파일들을 확인해 보자.

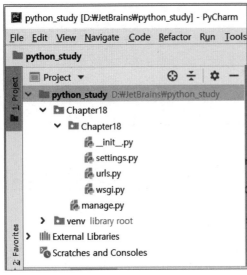

그림 18.16 생성된 'Chapter18' 폴더 확인하기

현 시점에 파일들이 무슨 역할을 하는지 자세히 알 필요는 없다. 필요할 때 설명하기로 하자. 한 가지 주의할 것이 Chapter18이라는 폴더가 두 개 보이는 부분이다. 상위 Chapter18은 웹 애플리 케이션의 최상위 폴더를 의미하는 루트root 폴더이다. 이 폴더 아래에 있는 manage.py 파일이 장 고 기반의 웹 애플리케이션을 구동시켜 주는 중요한 역할을 하는 파일이다. Chapter18 폴더 밑에 있는 Chapter18은 실제 Chapter18이라는 웹 프로젝트의 주요한 설정 파일들이 들어 있는 파이 썬 패키지인 셈이다. '__init__.py' 파일이 해당 폴더가 파이썬 패키지라는 것을 말해 주고 있다. 헷갈리지 않도록 하자.

그림 일단 웹 서버가 잘 동작하는지 확인해 보자. 아래 명령어를 실행해 보자. 웹 프로젝트 루트 폴더인 Chapter18로 이동을 하기 위해 'cd' 명령어를 사용한 뒤, 웹 서버를 구동한다.

D:\JetBrains\python_study> **cd Chapter18**
D:\JetBrains\python_study\Chapter18> **python manage.py runserver**

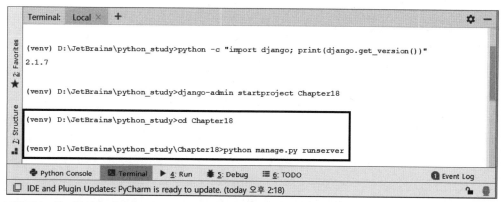

그림 18.17 장고 웹 서버 구동하기

서버가 구동이 되면서 콘솔상에 로그가 출력되고 있다. 마지막에서 2번째 줄을 확인해 보자.

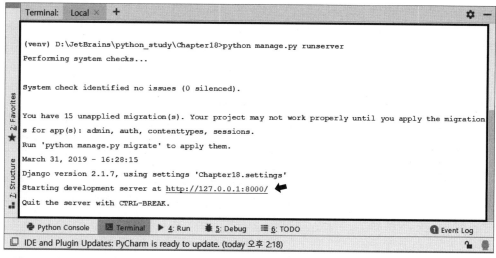

그림 18.18 장고 웹 서버 구동 완료

웹 애플리케이션의 주소를 뜻하는 URL이 보이고 있다. 선호하는 웹 브라우저를 열어서 주소 창에 아래 URL을 입력해 보자. 127.0.0.1은 본인 노트북의 인터넷 주소를 나타내며 8000은 본인 노트북에서 웹 서비스를 하기 위해 필요한 포트 정보다.

http://127.0.0.1:8000/

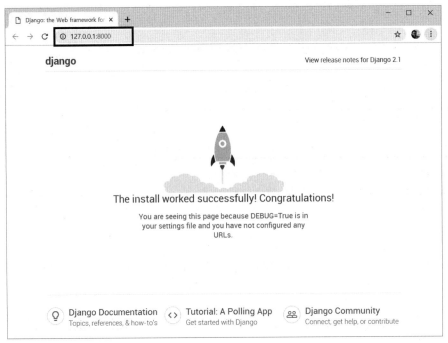

그림 18.19 웹 브라우저로 http://127.0.0.1:8000/ 접속해 보기

축하한다~! "The install worked successfully! Congratulations!" 메세지와 함께 서버가 정상 구동되는 것을 확인할 수 있다. 여러분이 만든 웹 서버가 여러분의 노트북에서 구동이 되었고, 웹 브라우저를 통해서 접속이 가능한 환경을 구축하였다. 해당 웹 서버를 구동하기 위해서 지금까지 개발자가 소스 코드를 작성한 것은 하나도 없다. 장고 프레임워크를 통해 실행한 몇 가지 명령문을 통해서 필요한 소스 코드들이 생성이 되었고 서버 실행까지 된 것이다. 생각보다 너무 간단하지 않은가?

웹 프로그래밍을 처음 하는 개발자라면 지금까지의 과정이 얼마나 단순한 작업이었는지 체감하기 어려울 듯하다. 만약 여러분이 자바로 웹 애플리케이션을 개발한다고 가정하면 일단 여러분은 자바로 작성한 소스 코드를 웹 애플리케이션 구조로 패키징 한 다음에 패키징한 파일을 적재할 웹 애플리케이션 서버를 구해야만 한다. 해당 웹 애플리케이션 서버에 패키징한 파일을 적재하는 과정도 그리 쉽지만은 않다.

다음 실습을 위해 터미널 창에서 〈Ctrl〉 + 〈Break〉 키를 눌러서 서버를 종료하자(〈Break〉키가 없는 키보드인 경우 〈Ctrl〉 + 〈C〉 키를 누르면 종료된다).

4. 장고로 Hello, world 출력하기

좋다. 이제 우리가 원하는 내용을 웹 브라우저에 출력해 보자!

장고에서는 지금과 같이 웹 프로젝트를 만들면 하위에 여러 애플리케이션을 만들 수가 있다. 해당 애플리케이션은 다른 URL로 호출이 가능하다. 필자는 'hello'라는 애플리케이션을 만들어 보겠다. 터미널 창에서 아래 명령어를 실행해 보자.

D:\JetBrains\python_study\Chapter18> **python manage.py startapp hello**

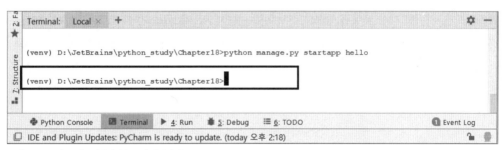

그림 18.20 장고 애플리케이션 'hello' 생성하기

실행이 잘 되었다면 좌측 프로젝트 창에 'hello'라는 폴더가 루트 폴더인 'Chapter18' 아래에 생긴 것을 확인할 수 있다.

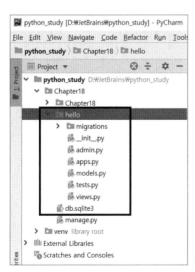

그림 18.21 'hello' 애플리케이션 폴더 확인하기

흥미로운 파일들이 여러 개 생겼다. 지금 당장 다 이해하기 어려우니 필요할 때 하나씩 설명하도록 하겠다.

여러분은 HTTP라는 용어를 들어 보았는가? 앞으로 작성할 소스 코드를 이해하기 위해서는 HTTP의 개념을 알아야 한다. HTTP는 HyperText Transfer Protocol의 약자로써 웹 브라우저와 서버 간의 데이터를 주고 받기 위한 일종의 규약이다. 우리가 매일같이 웹 브라우저 주소창에 http://로 시작하는 것이 이 규약으로 데이터를 전송하겠다는 뜻이다. 사용자가 웹 브라우저를 통해 서버에 전달하는 데이터를 HTTP에서는 '요청Request'이라고 부른다. 이 요청을 받아서 서버가 어떤 작업을 한 다음, 사용자가 요청한 데이터를 되돌려주는 행위를 HTTP에서는 '응답Response'이라고 부른다. 예를 들어서 여러분이 어떤 웹 페이지에 로그인을 하기 위해서 아이디와 패스워드를 입력한 다음 버튼을 클릭하면 서버로 아이디와 패스워드가 HTTP에 약속한 형태로 데이터를 '요청'하게 되며 서버는 로그인 성공 및 실패 여부를 확인하여 사용자에게 되돌려주는 '응답'을 하게 된다.

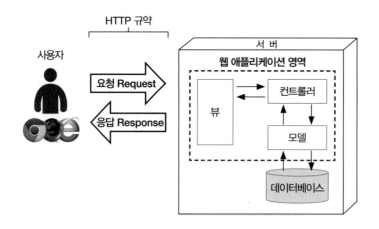

그림 18.22 HTTP 규약에 의한 요청과 응답의 개념

HTTP 규약의 내용을 모두 이해하는 데에는 시간이 다소 걸린다. 지금은 이 정도만 이해하도록 하자.

자, 그럼 소스 코드를 작성해 보자. 일단 웹 브라우저에 보여지는 부분을 담당하는 뷰 역할을 수행할 'views.py'을 열어 보자. 입력되어 있는 import문은 삭제하고 아래 소스 코드를 입력 해 보자.

```
1   from django.http import HttpResponse          # 응답 모듈 탑재
2
3
4   def index(request):                            # 초기 화면을 위한 함수 정의
5       # 응답 문자열 객체 반환
6       return HttpResponse("Hello, world. Let's django!!")
```

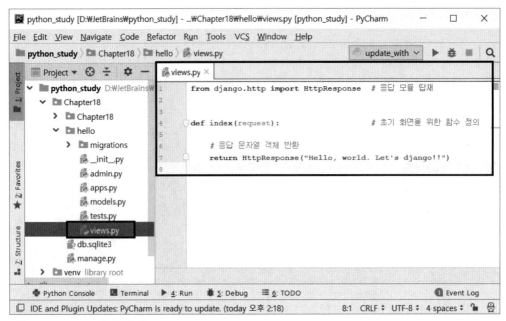

그림 18.24 views.py 파일 수정하기

첫 번째 줄에서 장고에서 제공하는 http 모듈의 응답용 객체인 HttpResponse를 탑재하고 있다. 4번째 줄에서 index( ) 함수를 정의하고 있다. 매개 변수에 보이는 request는 사용자로부터 전달받은 요청 객체로 볼 수 있다. 6번째 줄에는 응답 객체를 인스턴스화하여 반환하고 있다. HttpResponse 객체의 인자 값으로는 출력할 문자열이 위치한다. 웹 브라우저에 출력될 녀석이다.

이제 해당 뷰를 호출할 때 사용할 주소 설정을 위한 작업을 하자. hello 폴더 밑에 'urls.py'라는 파이썬 파일을 만들고 아래 소스 코드를 입력하자.

```python
1  from django.urls import path          # path 모듈 탑재
2  from . import views                    # views 모듈 탑재
3
4  # url 패턴 추가
5  urlpatterns = [
6      path('', views.index, name='index'),
7  ]
```

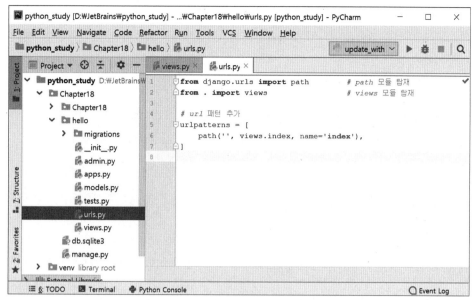

그림 18.25 주소 추가를 위한 파이썬 파일 추가하기(Chapter18\hello\urls.py)

첫 번째 줄에서 path 모듈을 탑재하고 있다. 2번째 줄에서는 조금 전에 우리가 만든 views 모듈을 탑재하고 있다. from절에 보니 점 기호(.)가 보인다. 이 뜻은 현재 파일이 작성되고 있는 위치를 뜻한다.

5번째 줄에서는 앞으로 hello에 추가될 주소들을 담기 위한 리스트 타입 변수인 urlpatterns를 선언하였다. 6번째 줄에 실제 url이 추가되었다. 이 줄을 조금 더 자세히 살펴보자.

```
path('', views.index, name='index'),
```

장고 2.0에서 추가된 path( ) 함수가 호출이 되었다. 과거에는 url( ) 함수를 사용하였으나, 더 사용하기 편하고 실수가 적은 path( )를 새로 제공하는 것으로 보인다.

첫 번째 인자 값에는 URL 패턴을 담고 있는 문자열 정보가 들어간다. 현재 홑따옴표 2개를 사용하여 아무 정보도 넣지 않은 것은 루트 경로를 의미한다.

2번째 인자 값에는 앞서 작성한 views.py 모듈의 함수 이름을 집어 넣고 있다. 3번째 인자 값은 옵션으로 함수명과 다르게 이름을 지정하고 싶은 경우 사용한다. 위 예제처럼 함수명과 이름이 같으면 군이 표기할 필요는 없으나 필자는 명시적으로 표현해 봤다.

7번째 줄에 리스트 타입 변수 urlpatterns의 리스트를 닫고 있다.

자, 이제 이 URL을 실제 웹 서버와 연결하는 작업을 해 보겠다. 이번엔 Chapter18 패키지(하위 폴더)의 urls.py 파일을 열어 보겠다(Chapter18₩Chapter18₩urls.py). 이미 생성된 해당 파일의 두 곳을 수정하겠다.

17번째 줄의 import절에 include 함수를 탑재하자. ', include'를 명령문 끝에 추가하면 된다. 20번째 줄에 조금 전에 만든 urls 모듈을 연결하는 url을 삽입하자. 삽입할 url은 다음과 같다.

```
path('hello/', include('hello.urls')),
```

첫 번째 인자 값에 정규식이 보인다. 'hello/'로 시작하는 주소가 대입되겠다. 2번째 인자 값에는 앞서 hello 패키지 밑에 작성한 urls.py 패키지를 추가하기 위한 함수로 include( )가 호출이 되었다. 인자 값에는 패키지명인 'hello.urls'가 대입되었다.

소스 코드는 아래와 같다. 추가된 소스 코드에 네모 박스로 표기하였다.

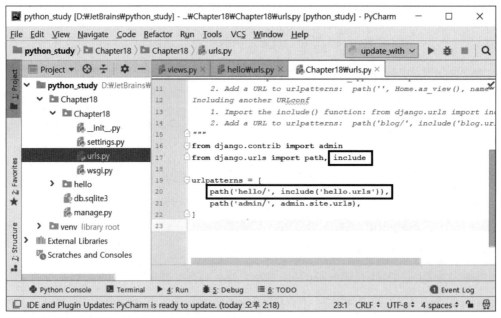

그림 18.26 Chapter18₩Chapter18₩urls.py 수정하기

이제 모든 준비가 끝났다. 두 개의 파일을 수정하고 한 개의 파일을 생성하였다. 세 개 파일을 모두 펼쳐서 다시 한번 그림으로 정리해 보자(참고로, 해당 파일의 탭을 드래그하여 파이참 영역 밖으로 드롭하면 창이 분리된다).

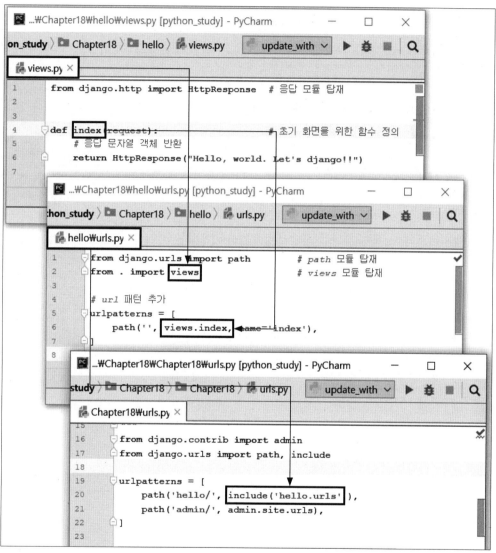

그림 18.27 뷰와 urls 파일들 관계 정리하기

이름을 호출할 때 오타가 나지 않도록 주의하자.

이제 터미널 창에서 장고 서버를 구동해 보자. 구동 명령어는 기존과 같다.

D:\JetBrains\python_study\Chapter18> **python manage.py runserver**

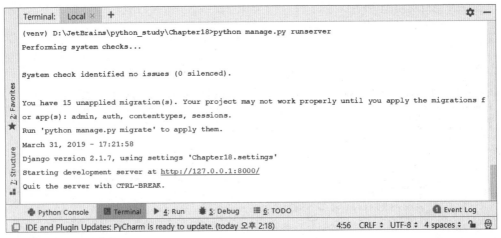

그림 18.28 서버 재실행하기

이제 웹 브라우저를 실행해서 주소 창에 아래와 같이 입력해 보자.

http://127.0.0.1:8000/hello/

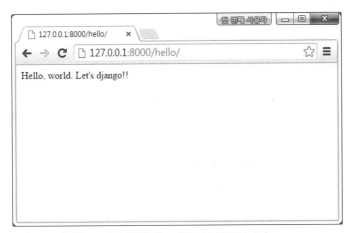

그림 18.29 추가한 URL 결과 확인하기(http://127.0.0.1:8000/hello/)

뷰 파일(views.py)에 입력하였던 문자열이 웹 브라우저에 출력되었다! 이제 여러분은 원하는 내용을 웹 브라우저에 출력하는 가장 기초적인 방법을 알게 되었다.

5. 창고로 데이터베이스 활용하기

지난 절에서 우리는 간단하게 원하는 텍스트를 웹 브라우저에 출력하는 실습을 해 보았다. 하지만 여러분도 잘 알다시피 웹 애플리케이션은 이리 간단하지만은 않다.

보통 웹 애플리케이션은 데이터를 입력/수정하고 다시 출력하는 과정의 반복이며, 영구적으로 데이터를 저장하기 위해 일반적으로 데이터베이스를 활용하기 마련이다. 그리고 이번 장의 서두에서 언급했듯이 MVC 방식으로 웹 애플리케이션 개발을 도와주는 창고에서는 모델이 데이터 영역을 담당하고 있다. 서두에 보았던 도식을 다시 한번 살펴보자.

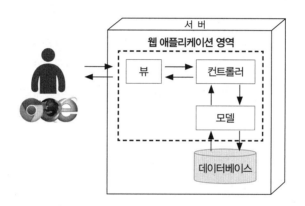

그림 18.30 MVC(모델-뷰-컨트롤러) 웹 애플리케이션 개발 방식 개념

그럼 이번 절에서는 모델을 활용하여 어떤 식으로 데이터베이스와 연계하여 사용할 수 있는지 확인해 보겠다. 데이터베이스는 여러 종류가 있지만, 지난 장에서 다뤘고 기본적으로 창고에 설정되어 있는 파이썬 내장 데이터베이스인 SQLite3를 사용하겠다.

실습할 애플리케이션은 아주 단순하다. 현재 조회하고 있는 화면의 조회 수를 저장하고, 새로 고침 하거나 다른 사람이 방문하면 조회 수가 증가하는 것을 확인할 수 있는 단순한 텍스트를 출력하는 웹 페이지를 만들어 보자.

지난절에서 'hello' 앱을 만든 방법을 기억해 보자. 필자는 이번 애플리케이션 이름을 'page'라고 지어 보겠다. 터미널 창에서 아래 명령어를 실행해 보자(지난 절에서 구동한 서버가 아직 실행 중이면 〈Ctrl〉+〈Break〉 혹은 〈Ctrl〉+〈C〉 키를 눌러서 서버 실행을 종료한다).

D:₩JetBrains₩python_study₩Chapter18〉 python manage.py startapp page

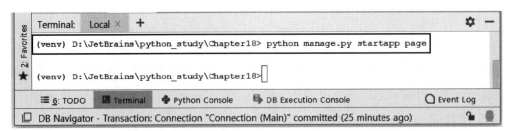

그림 18.31 장고에 신규 'page' 앱 생성하기

실행이 잘 되었다면, 좌측 프로젝트 창에 'page'라는 폴더가 생긴 것을 확인할 수 있다. 그리고 눈치가 빠른 독자라면 db.sqlite3 파일이 자동으로 생긴 것도 확인할 수 있다. 이는 장고에 기본으로 설정되어 있는 SQLite3가 장고 서버가 구동하면서 데이터베이스 파일이 자동으로 생성된 것이다.

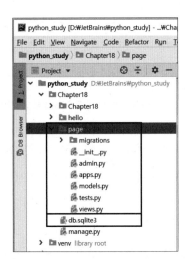

그림 18.32 'page' 애플리케이션 폴더 및 SQLite3 데이터베이스 파일 확인하기

잠시만요! ▶ SQLite3 기본 설정은 어디에서 찾을 수 있나요?

좋은 질문이다. Chapter18/settings.py 파일을 열면 아래 설정을 쉽게 찾을 수 있다.

```
DATABASES = {
    'default': {
        'ENGINE': 'django.db.backends.sqlite3',
        'NAME': os.path.join(BASE_DIR, 'db.sqlite3'),
    }
}
```

좋다. 그럼 우리의 최초 모델을 만들어 보자! 'page/model.py'를 열고 아래와 같이 입력한다.

```
1  from django.db import models                    # 모델 모듈 탑재
2
3
4  class Visit(models.Model):                       # Visit 모델 선언
5      count = models.IntegerField(default=0)       # 접속 횟수 저장 변수 선언
6
```

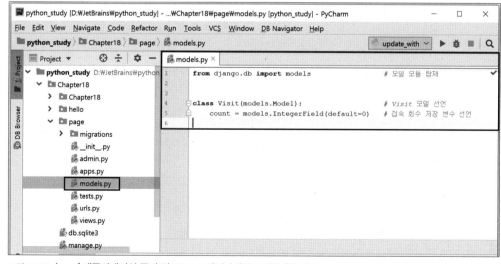

그림 18.33 'page' 애플리케이션 폴더 및 SQLite3 데이터베이스 파일 확인하기

첫 번째 줄은 장고 db 패키지의 모델 클래스를 가지고 있는 models 모듈을 탑재한다.

4번째 줄에서 우리가 원하는 모델 클래스를 정의한다. 필자는 'Visit'으로 이름을 정했고, 인자 값에 models.Model을 넣어서 해당 클래스가 모델 클래스의 자식 클래스라는 것을 정의한다. 클래스 이름은 첫 글자가 대문자인 낙타 표기법으로 표기하는 것을 다시 한번 기억하자(상속 개념이 잘 기억나지 않는다면 9장 6절을 다시 참고하기 바란다).

5번째 줄에는 Visit 클래스의 클래스 변수로 count 변수를 선언하고 있다. models.IntegerField는 정수 타입을 선언하겠다는 뜻이며, 인수로 기본 값이 0이라고 설정하고 있다. 물론 문자열을 저장하는 TextField나 논리 데이터 타입을 저장하기 위한 BoolField 등도 제공한다. 장고 모델에서 제공하는 모든 필드 타입은 다음 링크에서 확인할 수 있다.

https://docs.djangoproject.com/en/2.1/ref/models/fields/#field-types.

이제 Visit 모델을 데이터베이스에 반영할 차례이다. 장고는 기본적으로 어드민 기능을 포함한 여러 기본 기능을 제공하는데, 우리가 실습할 때는 사용할 필요가 없기 때문에 이러한 기본 설정 내용을 주석 처리하여 비활성화하고 우리가 새로 만든 'page' 앱을 추가하는 방식으로 진행하겠다.

일단 'Chapter18/urls.py' 파일을 열어서 아래와 같이 21번째 줄에 'admin' 설정을 주석 처리하자. 그리고 바로 22번째 줄에 'page' 설정을 추가해 보자.

```
21   # path('admin/', admin.site.urls),
22   path ('page/', include('page.urls')),
```

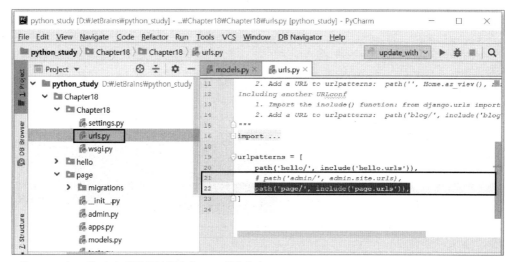

그림 18.34 urls.py에 admin 설정 주석 처리 후 page 설정 추가

그리고 이제 우리가 만든 'page' 앱을 프로젝트 Chapter18에 설치된 앱으로 등록해야 한다. 'Chapter18/settings.py' 파일을 열어서 아래와 같이 'INSTALLED_APPS' 설정 부분을 찾아 보자. 아래와 같이 기존에 등록되어 있는 앱 설정은 주석 처리하고, 리스트의 첫 번째 항목으로 'page' 앱을 등록한다.

```
34    'page.apps.PageConfig'
35    # 'django.contrib.admin',
36    # 'django.contrib.auth',
37    # 'django.contrib.contenttypes',
38    # 'django.contrib.sessions',
39    # 'django.contrib.messages',
40    # 'django.contrib.staticfiles',
```

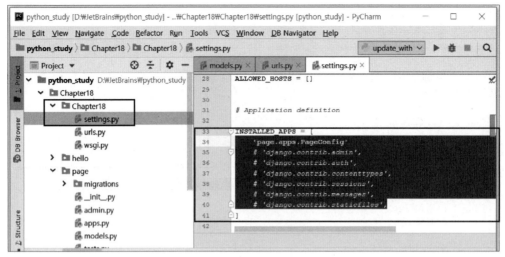

그림 18.35 Chapter18/setting.py에서 INSTALLED_APPS 설정하기

여기서 등록한 'page.apps.PageConfig'는 'page' 앱을 만들었을 때 자동으로 생성되는 클래스 경로 및 이름이다. 해당 클래스는 'page/apps.py' 파일에서 찾을 수 있다. 참고로 클래스에 명시된 'name' 변수의 값 'page'가 이 앱의 이름이다.

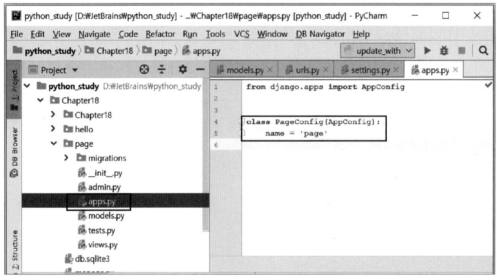

그림 18.36 PageConfig 클래스 확인하기

좋다. 이제 우리가 만든 앱인 'page'의 모델이 추가되었다는 것을 장고에 알려 줄 차례다. 터미널에서 아래 명령어를 실행해 보자.

D:₩JetBrains₩python_study₩Chapter18〉python manage.py makemigrations page

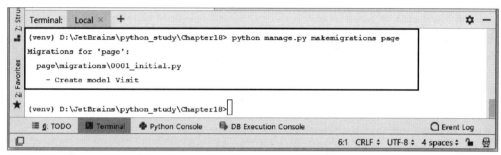

그림 18.37 page에 추가된 모델 장고에 알리기(python manage.py makemigrations page)

우리가 만든 'Visit' 모델이 생성되었다는 메시지인 "Create model Visit"이 출력되었다!

이제 〈그림 18.34〉에서 Chapter18/urls.py에 추가한 'page' 설정을 위하여 page/urls.py 파일을 추가해 보자. 좌측 프로젝트 뷰에서 'page' 폴더에 [마우스 오른쪽 클릭] – [New] – [Python File]을 클릭하여 'urls.py'를 입력하고 신규 파이썬 파일을 만들어 보자.

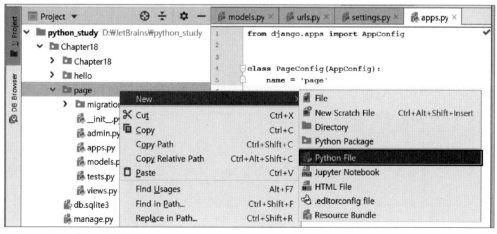

그림 18.38 'page/urls.py' 생성하기

생성이 되었으면, 아래 소스 코드를 추가한다.

```
1    from django.urls import path          # path 모듈 탑재
2    from . import view                    # views 모듈 탑재
3
4    # url 패턴 추가
5    urlpatterns = [
6        path('', views.show_count, name='show_count'),
7    ]
8
```

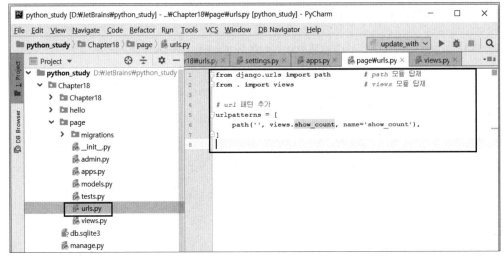

그림 18.39 'page/urls.py' 수정하기

첫번째 줄에서 'path' 모듈을 탑재한다.

2번째 줄에서 'page' 앱의 'views' 모듈을 탑재한다.

5번째 ~ 7번째 줄에서 'views.py'에 앞으로 선언할 'show_count' 함수를 호출하는 설정을 추가한다.

자, 이제 'page/urls.py'에 추가한 'views.show_count' 함수를 정의해 보자. 'page/views.py'를 열어서 기존 소스 코드를 모두 삭제한 후 아래 소스 코드로 수정한다.

```
1    from django.http import HttpResponse          # 응답 모듈 탑재
2    from . import models                          # 모델 탑재
3
4
5    def show_count(request):                      # 접속 횟수 출력을 위한 함수 정의
6
7      if models.Visit.objects.count() == 0:       # 데이터 최초 입력 유무 확인
8      visit = models.Visit()                      # 데이터 레코드 추가를 위한 객체 생성
9        visit.save()                              # 데이터 레코드 테이블 입력
10
11     last = models.Visit.objects.last()          # 데이터 레코드 조회
12     last.count = last.count +1                  # count 1 증가
13     last.save()                                 # 수정 데이터 반영
14
15     # 응답 문자열 객체 반환
16     return HttpResponse("Visit count is >> " + str(last.count))
17
```

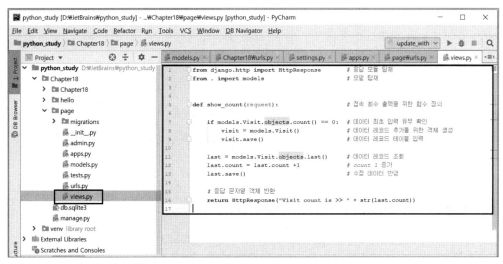

그림 18.40 'page/views.py' 수정하기

코드가 다소 길지만 하나씩 천천히 살펴보도록 하자.

첫번째 줄에서 응답 모듈을 탑재한다.

2번째 줄에서 우리가 만든 'Visit' 모델을 호출하기 위한 'page' 앱의 'models' 모듈을 탑재한다.

5번째 줄에서 접속 횟수를 출력하기 위한 'show_count' 함수를 선언한다.

7번째~9번째 줄이 중요한 부분이다. 우리가 만들 페이지는 호출을 할 때마다 조회 수가 올라가야 하기 때문에 기존에 데이터가 있다면 기존 데이터에 값을 더해야 하며, 값이 없는 경우 초기 값을 넣어 주어야 한다. 이 부분이 기존에 데이터가 있는지 없는지 확인한 뒤, 없으면 초기 값을 넣어 주는 부분이다.

7번째 줄의 if 문에 흥미로운 소스 코드가 보인다. 바로 'models.Visit.objects.count()'이다. 장고의 모델은 클래스명에 'objects'를 호출하면 테이블에 들어 있는 데이터를 호출할 수 있는 방법을 제공한다. 이 objects의 내장 메소드인 count() 함수를 호출하면 현재 테이블에 저장되어 있는 데이터 레코드의 개수를 확인할 수 있다. 이 값이 0이라는 것은 데이터가 없다는 뜻이며, 초기 데이터 레코드를 입력할 필요가 있다는 것을 의미한다.

8번째 줄에서 Visit 클래스의 객체를 생성하여 visit 변수에 대입하고 있는 것을 볼 수 있다. 모델의 객체는 테이블에 추가될 하나의 레코드가 되는 것이다.

9번째 줄에서는 생성된 객체의 save() 메소드를 호출하여 실제로 데이터를 저장하고 있다. Visit 모델 클래스의 count 변수의 기본 값이 0임을 다시 떠올려 보자.

11번째~13번째 줄은 count 변수의 값에 1을 더하여 다시 저장하는 부분이다.

11번째 줄에서는 'models.Visit.objects'의 last() 메소드를 호출하여, 현재 테이블에 저장되어 있는 마지막 레코드를 반환하고 있다. 이번 절에서 구현할 레코드는 하나만 있으면 되기 때문에 last() 메소드를 사용하였다.

12번째 줄에서는 기존 count 값에 1을 더해서 다시 count에 저장하고 있다.

13번째 줄에서 수정된 객체를 다시 저장하고 있다. 최초 레코드를 입력할 때 사용한 save() 메소드를 호출하고 있다.

16번째 줄에서는 last 객체의 count 변수를 문자열에 합쳐서 응답 객체로 반환하고 있다. 해당 함수를 호출하면 증가된 값을 웹 브라우저로 확인할 수 있다.

잠시만요! ▶ **장고 모델에서 사용할 수 있는 메소드들은 어떤 것이 있나요?**

위에서 살펴본 count(), last(), save() 이외에도 전체 데이터를 조회(all())하거나, 특정 데이터만 검색(filter())하거나, 제외(exclude())하거나 삭제(delete())하는 등 다양한 메소드를 제공하고 있다. 자세한 사항은 아래 공식 문서의 내용을 참고해 보자. 한 가지 주의할 점은 설치한 장고 버전에 맞는 문서를 참고하는 것이다. 우리가 설치한 버전은 2.1.7이니 2.1대 버전 문서 링크를 참고한다.

https://docs.djangoproject.com/en/2.1/topics/db/queries/#retrieving-objects

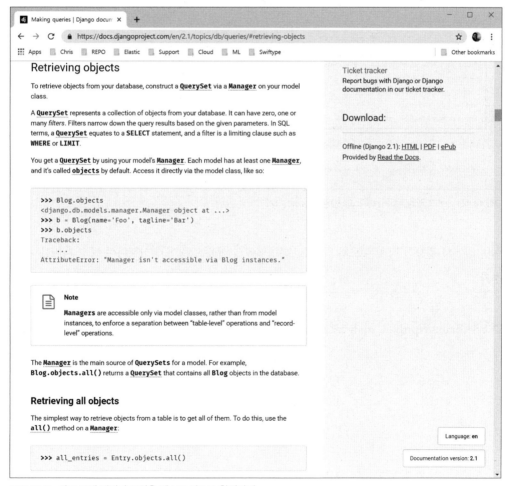

그림 18.41 장고 모델 데이터 조회용 메소드 리스트 확인하기

여기서 중요한 부분을 하나 짚고 넘어가겠다 조금 전에 'views.py'에 구현한 소스 코드는 MVC(모델-뷰-컨트롤러) 영역 중 어느 부분을 담당하고 있을까? 파일 이름을 보았을 때, 얼핏 뷰 영역을 담당할 것이고 생각할 수도 있다. 하지만 소스 코드를 잘 살펴보면 모델 영역의 'visit' 모델을 호출하여 상황에 따라 데이터를 제어(Control)하고 사용자에게 원하는 정보를 전달하고 있는 역할을 하고 있음을 알 수 있다. 이렇듯 장고에서는 views.py 파일이 컨트롤러 영역을 담당하고 있다. 이 부분을 꼭 기억하도록 하자. 아쉽게도 이번 장에서는 뷰 영역을 담당하고 있는 템플릿은 다루지 않을 예정이다.

자, 이제 필요한 소스 코드 작성은 끝났다. 우리가 만든 'Visit' 모델을 데이터베이스에 반영(migrate)해 보자. 터미널에서 아래 명령어를 호출한다.

D:\JetBrains\python_study\Chapter18〉 python manage.py migrate

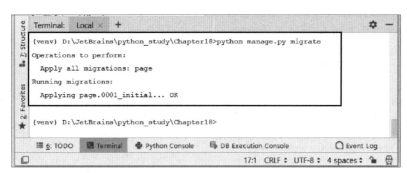

그림 18.42 Visit 모델을 데이터베이스에 반영(migrate)하기

이번 절에서 필요한 작업은 모두 끝났다. 터미널에서 아래 명령어를 실행하여 장고 서버를 구동하자.

D:\JetBrains\python_study\Chapter18〉 python manage.py runserver

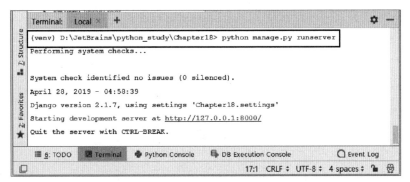

그림 18.43 장고 서버 구동하기

선호하는 웹 브라우저를 띄워서 아래 URL을 호출해보자. 방문한 횟수가 1이라고 출력된다.

http://127.0.0.1:8000/page/

그림 18.44 http://127.0.0.1:8000/page/ 방문하기

〈F5〉 키를 여러 번 눌러서 웹 브라우저를 새로고침해 보자. 카운트 숫자가 증가하는 것을 알 수 있다.

그림 18.45 여러 번 새로고침한 결과 확인하기

이번에 새로운 웹 브라우저를 열어서 http://127.0.0.1:8000/page/에 접속해 보자. 마지막으로 조회한 값에 이어서 증가하는 것을 확인할 수 있다.

그림 18.46 새 창에서 확인한 결과

이번에는 장고 서버를 재시작해도 값이 유지되는지 확인해 보자. 터미널 창에서 〈Ctrl〉 + 〈Break〉 혹은 〈Ctrl〉 + 〈C〉 키를 눌러서 서버를 종료해 보자.

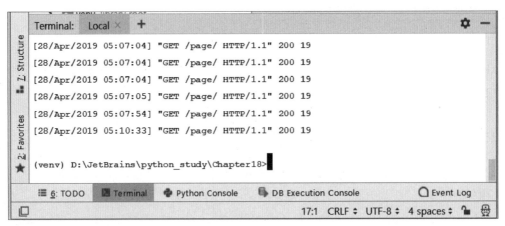

그림 18.47 장고 서버 종료하기

웹 브라우저를 새로고침해서 장고 서버가 확실히 종료가 되었는지 확인해 보자.

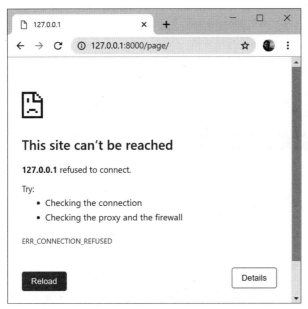

그림 18.48 웹 브라우저 새로고침하여 장고 서버 종료 여부 확인하기

다시 장고 서버를 터미널 창에서 실행한 뒤 웹 브라우저를 새로고침해 보자. 숫자가 끊기지 않고 이어지는 것을 확인할 수 있다.

D:\JetBrains\python_study\Chapter18> python manage.py runserver

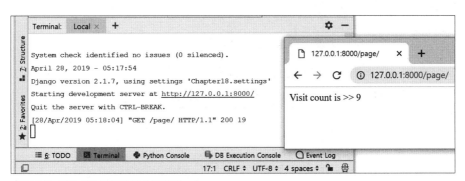

그림 18.49 장고 서버 재구동 후 숫자 확인

원하는 대로 동작하는 것을 확인할 수 있다!! 데이터베이스 값이 잘 저장되었고, 장고 서버의 재구동 유무와 상관없이 값이 유지되는 것을 알 수 있다. 마지막으로 앞 장에서 사용한 '데이터베이스 네비게이터'를 통해 값이 어떻게 저장되어 있는지 확인해 보자.

좌측 패널의 'DB Browser'를 열어서 [+] 키로 신규 커넥션을 추가해 보자.

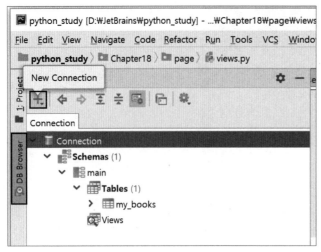

그림 18.50 DB 커넥션 추가하기

'SQLite'를 선택한 뒤 아래와 같이 데이터베이스 파일을 설정해 보자. 필자는 앞 장에서 만든 커넥션과 구분하기 위해 커넥션 이름을 'Connection (page)'로 설정하고 데이터베이스 파일은 'D:₩JetBrains₩python_study₩Chapter18₩db.sqlite3'으로 설정하였다.

[OK] 버튼을 클릭하여 추가 커넥션 설정을 완료한다.

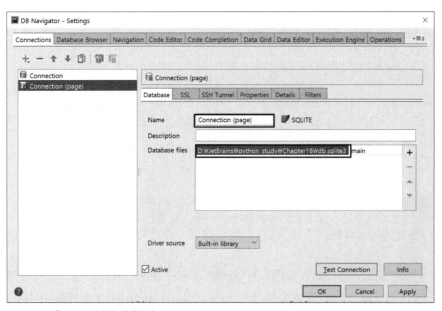

그림 18.51 추가 DB 커넥션 설정하기

'DB Browser'의 [Connection (page)]를 클릭하여 'page_visit' 테이블을 찾아보자. 이 테이블 이름은 앱 이름(page)과 모델 이름(visit)의 조합으로 자동 생성된다. 'page_visit'에서 [마우스 더블클릭]하여 [No filter] 버튼을 클릭해 보자. 아래와 같이 count 숫자가 마지막으로 웹 브라우저에서 확인한 값이 들어가 있는 것을 확인할 수 있다.

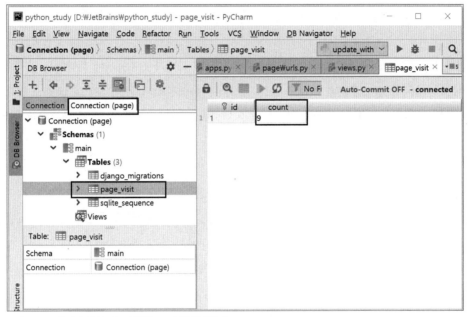

그림 18.52 데이터베이스에 저장된 'count' 값 확인하기

이외에도 자동으로 생성된 id 값을 확인할 수 있는데, 장고의 모델은 각 레코드의 id를 자동으로 생성하여 할당해 주는 것을 알 수 있다. 우리가 만든 모델을 위한 테이블도 있지만 마이그레이션 이력을 저장하기 위한 테이블(django_migrations)과 각 테이블의 id 값을 자동 생성하기 위해 필요한 테이블(sqlite_sequence)의 값도 확인할 수 있다. 무슨 값이 들어 있는지 자유롭게 탐색해 보기 바란다.

축하한다!! 여러분은 이제 장고와 데이터베이스를 연계하여 특정 데이터를 입력/수정/조회하는 방법을 알아 보았다!! 파이썬 장고로 개발하는 웹 애플리케이션에 대한 기본적인 감을 잡을 것으로 기대한다.

6. Wrap-up

이번 장에서는 파이썬의 웹 애플리케이션 프레임워크인 장고에 대해서 알아보았다. 그리고 장고를 사용하기 위한 모듈을 설치해 보았고 장고의 첫 프로젝트와 애플리케이션을 만들어 보았다. 더불어 MVC 패턴이나 HTTP 프로토콜의 아주 간단한 기초 정보에 대해 경험해 보았다. 본인 장비에 직접 웹 서버를 구동하여 접속해 보는 경험이 무척 흥미진진하지 않았을까 싶다.

이번 장에서 장고와 함께 작성한 소스 코드는 MVC 패턴의 모델과 컨트롤러에 해당하는 영역으로, 눈에 보여지는 뷰 영역은 다루지 않고 소스 코드와 이를 호출하기 위한 URL 관련 소스 코드만을 수정하여 Hello, world를 출력해 본 뒤, 아주 간단한 페이지 조회수 출력 웹 애플리케이션을 작성해 보았다.

욕심 같아서는 뷰 영역을 담당하는 템플릿을 포함하여 조금 더 깊은 내용을 다루고 싶지만, 파이썬 입문자용 책으로는 지금까지 다룬 내용도 만만치 않을 것이라고 결론을 지었다. 장고를 사용하여 웹 프로그래밍을 제대로 한번 배워 보고 싶다면 서점에서 관련 책을 찾아보거나 인터넷 강의를 참고하기 바란다. "파이썬 웹 프로그래밍"으로 찾아보면 된다. 또한, 장고 말고도 다양한 파이썬 웹 프레임워크가 있지만, 그중에서도 경량 웹 프레임워크로 유명한 플라스크(Flask)가 있다. 두 프레임워크의 차이점을 찾아보고 본인의 용도에 맞는 프레임워크를 선택해 보기 바란다.

다음 장에서는 주제를 조금 바꿔서 파이썬으로 데이터 분석 과정을 가볍게 살펴보기로 하자!

잠시만요! ▶ **책 추천 좀 해 주세요!**

파이썬 웹 프로그래밍 관련 책은 쉽게 찾아볼 수 있으며, 그 중에서 장고와 플라스크가 주를 이룬다. 여러가지 책이 있지만, 필자는 아래 책들을 추천한다.

- 장고 번역서 : Two Scoops of Django – 모범 사례로 배우는 Django(장고) 테크닉(인사이트, 김승진 옮김)
- 장고 국내서 : 파이썬 웹 프로그래밍 – Django 장고로 배우는 쉽고 빠른 웹 개발(개정판)(한빛미디어, 김석훈 지음)
- 장고/플라스크 번역서 : RESTful 파이썬 웹 서비스 제작 – 장고, 플라스크, 토네이도와 함께 하는 RESful 웹 서비스(에이콘출판사, 이승준 옮김)
- 플라스크 국내서 : 깔끔한 파이썬 탄탄한 백엔드(비제이퍼블릭, 송은우 지음)

{ CHAPTER 19 }

파이썬으로 해 보는 데이터 분석 맛보기

1. 과학계 프로그램 언어의 절대 강자, 파이썬
2. 데이터 분석을 위한 환경의 모든 것, 아나콘다^{Anaconda}
3. 웹 브라우저 기반 대화형 개발 환경, 쥬피터 노트북^{Jupyter Notebook}
4. 데이터 분석 모듈 소개 - 넘파이^{NumPy}, 판다스^{Pandas}, 매트플랏립^{Matplotlib}
5. 데이터 분석 실습하기
6. Wrap-up

파이썬은 다른 언어에 비해서 무척 범용적인 목적으로 사용되고 있으며 근래에 유행하고 있는 빅데이터 플랫폼을 통한 데이터 분석에 대한 니즈^{Needs}가 많아지면서 파이썬이 데이터 분석 도구로서 재조명받고 있다. 필자도 실은 실무에서 데이터 분석 관련 프로젝트를 맡게 되면서 파이썬 세계에 본격적으로 발을 들여 놓았다.

이번 장에서는 데이터 분석에서의 파이썬의 가능성에 대해서 살펴보고 데이터 분석용으로 즐겨 사용하는 몇 가지 패키지 모듈을 사용하여 실제 데이터 분석을 실습하는 시간을 갖도록 하겠다.

1. 과학계 프로그램 언어의 절대 강자. 파이썬

과학계에서 파이썬의 약진은 주목할만 하다. 컴퓨터에 대한 기초 지식이 없는 학자들이나 연구자들도 파이썬을 잘 활용하고 있다. 이렇게 된 이유가 무엇일까? '**파이썬은 쉽다**'라는 것 이외에도 여러 원인이 있을 수 있다. 몇 가지 살펴보자.

우선 과학계에서 활용할 수 있는 수학, 통계, 도식화 등을 위한 강력하고 환상적인 라이브러리들이 존재한다. 기본 다차원 배열 패키지 넘파이^{NumPy}, 과학 컴퓨팅을 위한 기초 라이브러리를 제공하는 싸이파이^{SciPy}, 다양한 2차원 그래프를 제공하는 매트플랏립^{Matplotlib}, 데이터프레임^{dataFrame}이라는 독특한 자료구조와 함께 데이터 분석을 쉽게 해 주는 판다스^{pandas}, 기계학습의 다양한 라이브러리들을 제공하는 싸이킷-런^{scikit-learn} 등 다양한 방면에 성숙도 높은 라이브러리들이 현 시점에도 활발하게 활용되고 있으며 여러 개발자들의 뜨거운 관심 속에서 빠르게 성장 및 확산되고 있다. 연구실에서 주로 사용하는 고가의 매트랩^{Matlab}이나 랩뷰^{LabView} 등의 상용 소프트웨어에서 제공하는 대부분의 기능들이 앞서 언급한 라이브러리들로 처리가 가능하다.

그림 19.1 싸이파이 공식 홈페이지(scipy.org)

특히 주목할만한 파이썬 도구는 쥬피터 노트북 Jupyter Notebook이다. 과거에는 아이파이썬 노트북 iPython Notebook으로 불렸다. 이는 웹 브라우저상에서 파이썬 실행 환경을 구동하여 코드를 바로 바로 실행시킬 수 있는 상호적 개발 환경을 제공한다. 이는 단순히 코드를 쉽게 실행할 수 있다는 장점 이외에 코드 실행 결과까지 모두 저장이 가능하다! 가령 기존에 엑셀을 이용하여 작업을 하던 랩실의 연구자가 있다고 해 보자. 그(녀)는 엑셀에 그가 모은 데이터를 테이블 형태로 복사 및 붙여 넣기를 한 다음에 여러 엑셀 기능들을 사용하여 합계나 평균, 중간값 등을 계산하고 이해하기 쉽게 그래프를 그려서 데이터를 시각화할 것이다. 그리고 랩실 동료에게 이 엑셀 파일을 공유할 것이다. 엑셀 파일을 공유 받은 동료가 파일을 작성한 동료의 작업 과정을 확인할 수 있는 방법은 직접 작업자에게 묻는수 밖에 없을 것이다. 하지만 쥬피터는 모든 과정에 대한 코드 및 실행 결과를 포함한 상태에서 공유가 가능하며, 공유 받은 파일 상에서 원하는 인자 값을 바꾸거나 코드를 변경하는 작업이 가능하다. 아래 링크는 쥬피터의 공식 웹 사이트다.

https://jupyter.org

그림 19.2 쥬피터 공식 웹 홈페이지(https://jupyter.org)

tip **아이파이썬 노트북의 새 이름, 쥬피터**

2015년, 아이파이썬 노트북은 쥬피터Jupyter라는 이름으로 프로젝트명이 변경이 되었으며 더 이상 아이파이썬 노트북이라는 명칭은 사용하고 있지 않다. 명칭이 변경된 이유는 쥬피터의 미래 모습이 파이썬 뿐만이 아니라 다양한 언어들을 함께 사용할 수 있는 형태의 개발 도구로 성장하고 있기 때문이다. 가령 본인이 하는 프로젝트를 진행하는데 파이썬도 사용하고 루비Ruby나 펄Perl, 고Go와 같은 다른 프로그래밍 언어를 함께 쓴다고 가정해 보자. 우선 본인의 개발 환경에 모든 언어의 실행 환경을 설치해야 한다. 또한, 언어에 따라서 개발 도구들도 상이할 수 있다. 쥬피터는 이런 설치 필요없이 쥬피터에서 제공하는 웹 환경에서 쥬피터에 내장되어 있는 각 언어의 실행 환경(커널)들을 활용하여 위 언어들에 대한 개발을 동일 환경에서 모두 수행이 가능하다. 필자가 처음 쥬피터의 전신인 아이파이썬 노트북을 접했을 때의 기분을 잊지 못하겠다. 앞으로 오랫동안 사용할 강력한 최신식 무기를 발견한 느낌이었다. 쥬피터에서 개발이 가능한 언어 리스트를 확인하고 싶다면 아래 링크를 방문해 보자.

https://github.com/jupyter/jupyter/wiki/Jupyter-kernels

기존 사이트에도 여전히 참고 자료가 많으니 참고하기 바란다.

- 기존 사이트 : http://ipython.org/notebook.html
- 신규 사이트 : https://jupyter.org/

파이썬의 다양한 오픈 소스 라이브러리들의 발전에는 여러 단체의 전폭적인 지지 및 지원도 큰 영향을 미치고 있다. 특히 데이터 분석 분야에서는 데이터 분석을 위한 다양한 기술 및 교육을 제공하는 회사인 컨티넘 애널리틱스CONTINUUM ANALYTICS, 과학 컴퓨팅 솔루션 및 컨설팅, 교육을 제공하는 회사인 엔써트ENTHOUGHT, 파이썬을 활용한 다양한 과학계 프로젝트의 지속적인 발전을 지원하는 비영리 단체인 넘포커스NumFOCUS 등이 있다. 이외에도 마이크로소프트, 구글 등의 파이썬을 활용하는 많은 회사에서 파이썬 컨퍼런스 등에 스폰서링에 적극적으로 동참하고 있다. 2019년 클리브랜드에서 개최 될 가장 큰 규모의 파이썬 컨퍼런스인 파이콘PyCon 스폰서 리스트를 보면 인스타그램, 페이스북, 구글, 젯브레인, 슬랙, 헤로쿠, 세일즈포스, AWS, 엘라스틱, 옐프 등 수많은 업체들이 참여한 것을 볼 수 있다.

이번에는 넘포커스에서 지원하고 있는 주요 단체 중 하나인 소프트웨어 카펜트리Software Carpentry를 한 번 보자. 이 단체는 과학자, 연구자들에게 기본적인 소프트웨어 기술을 가르치기 위한 자원 봉사자들로 만들어진 비영리 단체이다. 이들은 한 해에 100회가 넘는 워크샵을 개최하고, 교육 콘텐츠를 개발 및 관리하며 강사 양성 프로그램을 운영하고 있다. 어느 누구든 워크샵을 요청하거나 개최 주최자가 될 수 있으며, 강사가 되거나 이 단체를 후원할 수 있다. 위에서 말한 기본적인 소프트웨어 기술을 무엇을 의미할까? 흥미롭게도 이들이 가르치려고 하는 부분은 코드를 작성한 소스의 버전 관리, 쉘 작성 기법, 테스팅 기법, 정규식 표현식, 데이터베이스 및 자동화와 같은 기술들이다. 과학자들이나 연구자들이 쉽게 배우기는 힘들지만 소프트웨어를 활용하기 위해서는 반드시 알아야 할 개념 및 기술들이다. 소프트웨어 카펜트리에 더 관심이 있다면 아래 링크를 방문해 보자.

http://software-carpentry.org/index.html

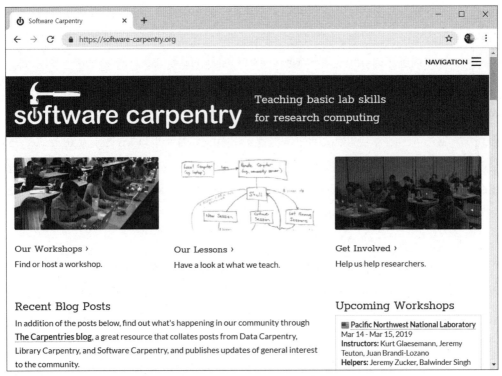

그림 19.3 소프트웨어 카펜트리 홈페이지(http://software-carpentry.org/index.html)

자, 그럼 이제 데이터 분석을 직접 해 보자!

2. 데이터 분석을 위한 환경의 모든 것, 아나콘다^{Anaconda}

이번 장에서는 데이터 분석을 위해 파이썬이 기본적으로 내장하고 있지 않은 다양한 외부 라이브러리(써드 파티(3rd-party) 라이브러리)를 사용할 예정이다. 특히 쥬피터 노트북은 꼭 경험해야만 한다. 하지만 매번 해당 라이브러리의 경로를 찾아서 설치해야 하는 번거로움을 최소화하고자 한다. 게다가 파이썬은 버전 2.X와 3.X 버전이 공존하고 있기 때문에 라이브러리 간의 의존성 관리, 즉 버전에 따른 제약 등을 모두 찾아서 해결하는 건 다소 낭비라고 생각한다. 이 문제는 사실은 데이터 분석뿐만이 아니라 파이썬으로 수행하는 모든 프로젝트에서 항상 해결해야 할 골칫거리 중 하나이다.

이번 장에서는 이러한 것들을 한 번에 해결할 수 있는 마법의 지팡이를 여러분께 소개하겠다. 이 지팡이의 이름은 바로 남미의 큰 뱀을 뜻하는 '아나콘다Anaconda'이다. 파이썬이 '비단뱀'을 뜻하니, 아나콘다 이름도 무척 그럴듯하다. 아래 링크를 방문하여 아나콘다를 설치해 보자. 왼쪽 중간의 'DOWNLOAD' 버튼을 클릭하자. 참고로 Anaconda는 무료 오픈 소스 버전을 Distribution이라 부르고, 상용 솔루션은 Enterprise로 구분하고 있다. 우리가 다운로드 받을 버전은 Distribution 버전이다.

https://www.anaconda.com/distribution/

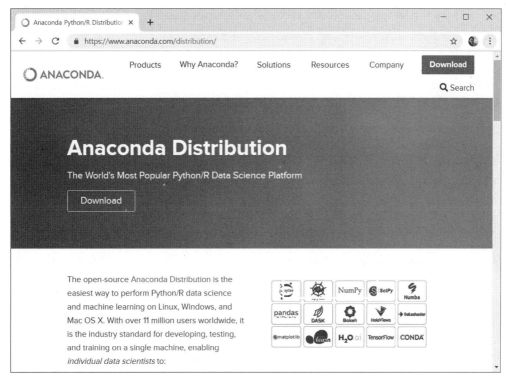

그림 19.4 아나콘다 설치를 위한 초기 웹 페이지

다음 화면이 나타나면 본인의 운영체제에 맞는 버전을 다운로드하기 위해 화면 상단의 운영체제를 클릭해 보자. 현재 윈도우, 맥 OS, 리눅스를 지원하고 있다. 필자의 노트북은 윈도우이니 Windows를 클릭하겠다.

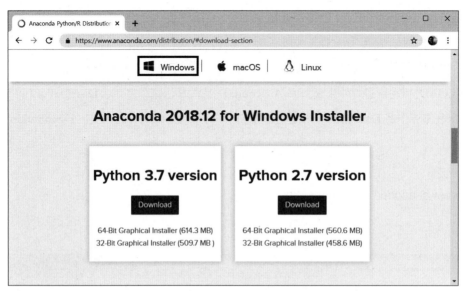

그림 19.5 윈도우 운영체제 선택하기(https://www.anaconda.com/distribution/#download-section)

파이썬 버전과 윈도우 운영체제 비트수에 따른 인스톨러를 선택할 수 있다. 이 책은 3.7 기준으로 작성되었으니, 파이썬 3.7을 지원하는 최신 버전을 설치해 보자. Python 3.7 version 박스 안에 있는 [64-Bit Graphical Installer] 링크를 클릭하면, 아나콘다 최신 버전인 Anaconda3 2018.12 이 다운로드 된다. 크롬을 쓴다면 좌측 하단에 다운로드 중인 파일을 확인할 수 있다.

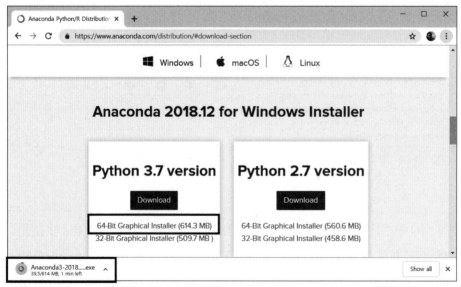

그림 19.6 아나콘다 다운로드 버전 선택하기(https://www.continuum.io/downloads#_windows)

다운로드가 완료되면 해당 파일을 실행해 보자.

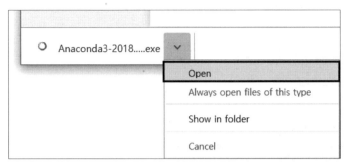

그림 19.7 완료된 다운로드 파일 실행하기

아나콘다 설치 마법사의 초기 설치 화면이 등장한다. 필자가 설치하려는 버전은 아나콘다3의 2018.12 버전이다. [Next] 버튼을 클릭한다.

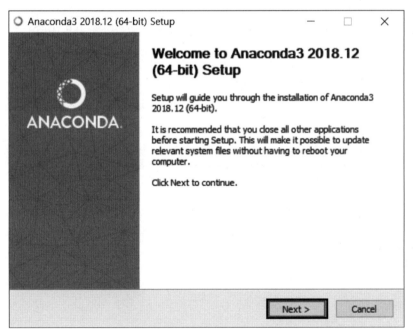

그림 19.8 아나콘다 설치 마법사 시작하기

라이선스 동의 창이 뜬다. [I agree] 버튼을 클릭한다.

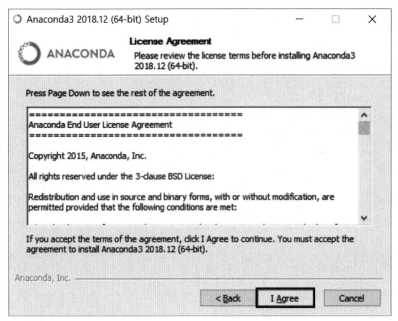

그림 19.9 라이선스 동의하기

다음은 설치 타입을 선택하는 창이다. 옵션에 따라 현재 운영체제에 로그인한 사용자만이 쓸 것인지, 전체 사용자가 모두 사용할 수 있는지 선택할 수 있다. 설치 추천 사항인 'Just Me (recommended)'의 라디오 버튼을 선택하고 [Next] 버튼을 클릭한다.

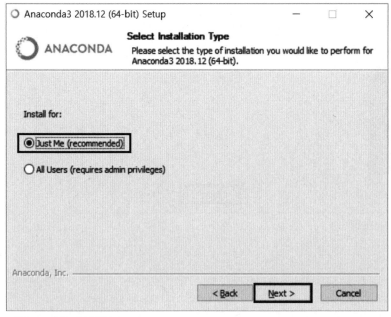

그림 19.10 설치 타입 선택하기

설치 경로를 선택하는 창이다. 원하는 위치를 선택하여 설치해 보자. 필자는 개발을 위한 환경은 모두 D 드라이브에 설치하고 있다. 그래서 'D:\Anaconda3'에 설치해 보겠다. 경로를 선택한 뒤 [Next] 버튼을 클릭한다.

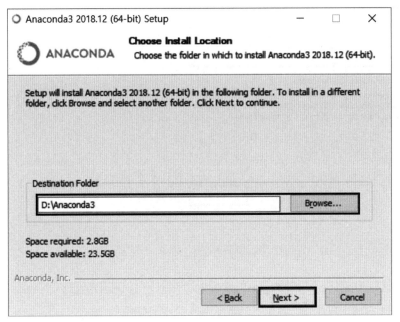

그림 19.11 설치 경로 선택하기

설치 옵션을 선택할 수 있다. 두 가지 옵션이 있다.

첫 번째 옵션은 아나콘다의 실행 파일을 환경변수에 추가 여부를 묻고 있다. 파이썬 설치 시에도 비슷한 옵션이 있었다. 이 옵션에 체크를 하면 앞으로 실행되는 파이썬 실행 파일은 아나콘다에서 설치된 파일을 사용하게 된다. 필자는 해당 옵션을 체크해 보겠다.

두 번째 옵션은 설치하는 노트북의 파이썬 기본 실행 환경을 아나콘다의 파이썬으로 지정할 것을 묻고 있다. 이렇게 되면 앞서 설치한 파이참이나 기타 개발 환경에서 파이썬 실행 환경을 찾을 때 아나콘다의 그것을 찾게 될 것이다. 필자는 개발 환경을 구축할 때 전체 시스템에 영향을 줄만한 설정은 하지 않는 것이 좋다고 생각한다. 이미 존재하는 개발 도구나 앞으로 설치하는 개발 도구와 충돌이 날 가능성이 높기 때문이다. 그래서 선택하지 않았다.

옵션 선택이 끝났으면 [Install] 버튼을 클릭하여 설치를 시작해 보자!

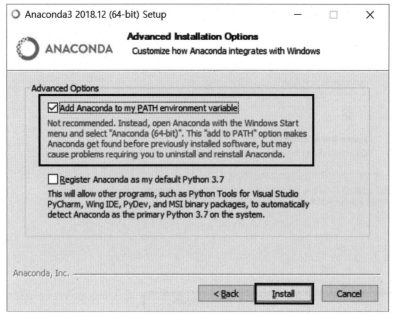

그림 19.12 설치 옵션 선택하기

본인의 컴퓨터 환경마다 다르겠지만 다양한 모듈이나 라이브러리가 설치되기 때문에 다소 설치시간이 긴 편이다. 설치 진행 상황은 중간의 프로그레스 바를 통해 확인할 수 있다.

그림 19.13 설치 진행 상황 확인하기

설치가 완료되었다. [Next] 버튼이 활성되었다면 버튼을 눌러 보자.

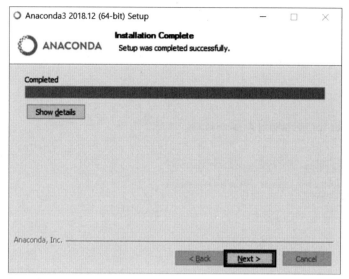

그림 19.14 설치 완료 확인하기

아나콘다의 파트너사인 마이크로소프트의 개발 도구인 비주얼 스튜디오 코드를 설치 유무를 확인하는 창이 뜬다. [Skip] 버튼을 눌러서 넘어가도록 하자.

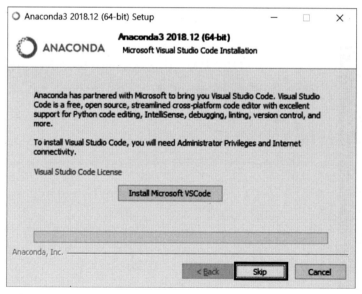

그림 19.15 마이크로소프트 VSCode 설치 Skip 하기

"Thanks for installing Anaconda3!"라는 메세지와 함께 설치 마법사 최종 화면이 뜬다. 중간에 기본으로 체크되어 있는 체크 박스 2개는 아나콘다 클라우드와 아나콘다 사용법을 소개하는 정보를 보는지 묻는 설정이다. 필자는 체크를 해제하였다. 마지막으로 [Finish] 버튼을 클릭하여 설치 마법사를 종료하자.

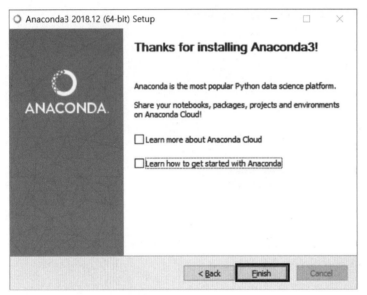

그림 19.16 설치 마법사 종료하기

설치가 잘 되었는지 확인해 보자. [윈도우] 키를 눌러서 새로 생긴 메뉴를 확인해 보자. 'Anaconda3 (64-bit)'이라는 이름의 폴더와 함께 여러 메뉴가 생성된 것을 확인할 수 있다. 쥬피터 노트북을 실행해 보자. 'Jupyter Notebook' 메뉴를 클릭한다.

그림 19.17 아나콘다 메뉴 확인 및 쥬피터 노트북 실행하기

윈도우 콘솔창이 뜬다. 콘솔창의 이름은 'Jupyter Notebook'이다. 쥬피터 노트북은 기본적으로 웹 애플리케이션이다. 이 콘솔창이 바로 서버 역할을 하며 웹 브라우저에서 이 서버와의 통신을 통해 쥬피터 노트북의 기능들을 수행한다.

그림 19.18 쥬피터 노트북 서버용 윈도우 콘솔창 확인하기

윈도우 콘솔창이 나타남과 동시에 웹 브라우저가 실행되면서 'http://localhost:8888/tree'라는 주소로 접속하게 된다. 쥬피터 노트북의 홈 초기 화면이 등장한다! 주소에 보이는 'locahost'는 여러분이 사용하고 있는 노트북을 의미한다.

그림 19.19 쥬피터 노트북 초기 화면 확인하기(http://localhost:8888/tree)

현재 화면은 쥬피터 노트북의 리스트를 확인할 수 있는 홈 화면이다. 하지만 쥬피터 노트북을 처음 실행하였는데도 아래 쪽에 많은 폴더들이 눈에 들어온다. 왠지 낯설지 않는 폴더들이다. 실은 쥬피터 노트북을 처음 실행하면 현재 윈도우에 로그인한 사용자의 폴더를 홈 화면의 루트root 폴더로 지정하고 있다. 필자의 노트북의 사용자 폴더의 위치는 아래와 같다.

C:₩Users₩chris

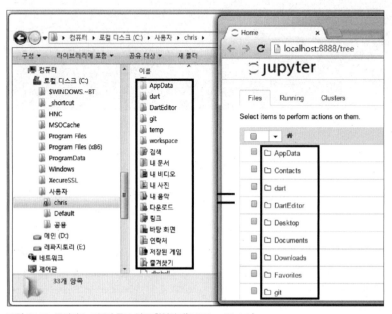

그림 19.20 쥬피터 노트북의 루트 경로 확인하기(C:₩Users₩chris)

원활한 실습을 위하여 우리가 원하는 위치로 쥬피터 노트북의 루트 경로를 변경해 보자. [윈도우] 키를 누른 뒤 [Jupyter Notebook] 바로가기 메뉴에서 [마우스 오른쪽 버튼 클릭] - [자세히] - [파일 위치 열기]로 바로가기 파일이 있는 곳으로 이동한다. 그러고나서 [Jupyter Notebook] 파일에서 [마우스 오른쪽 버튼 클릭] - [속성] 메뉴를 클릭해 보자.

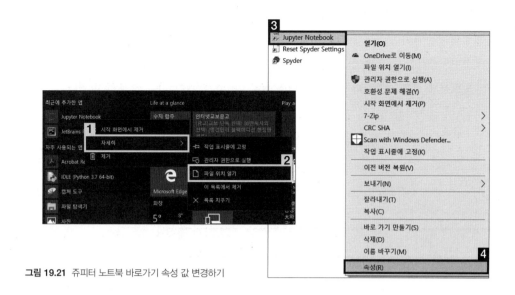

그림 19.21 쥬피터 노트북 바로가기 속성 값 변경하기

그림 19.22 루트 경로 변경을 위한 명령문 추가하기

대상(T) 필드에 쥬피터 노트북 실행을 위한 명령문이 위치하고 있다.

"%USERPROFILE%/"를 변경하여 루트 경로를 변경하는 문구를 추가해 주자. 필자는 'D:\Anaconda3\jupyter'로 설정해 보겠다. 일단 해당 폴더가 존재하지 않으니 먼저 폴더를 생성해 주자. 오타가 나지 않도록 주의한다. 그런 다음 "%USERPROFILE%/"를 "D:\Anaconda3\jupyter"로 바꾸고, 아래 명령문을 대상 필드 끝 부분에 추가한 뒤 [확인] 버튼을 클릭하자.

조금 전에 실행한 쥬피터 노트북 윈도우 콘솔창을 닫고 다시 쥬피터 노트북을 실행해 보자. 잘 실행이 되었다면 깨끗한 홈 화면이 등장하게 될 것이다. 리스트에는 'The notebook list is empty'라는 메세지와 함께 현재 저장되어 있는 쥬피터 노트북 파일이 없다는 것을 알려 주고 있다.

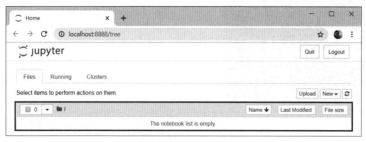

그림 19.23 비어 있는 쥬피터 노트북 환경 확인하기

좋다! 쥬피터 노트북을 사용할 준비는 끝났다. 이제 실제로 사용해 보자.

3. 웹 브라우저 기반 대화형 개발 환경, 쥬피터 노트북Jupyter Notebook

조금 전 화면은 쥬피터 노트북의 홈 화면으로 쥬피터 노트북들의 리스트를 보여 주고, 현재 상태 등을 확인할 수 있는 창이었다. 그럼 이제 우리만의 쥬피터 노트북을 만들어 보자. 쥬피터 노트북 초기 화면 우측에 [New] 버튼을 클릭하면 여러 메뉴가 등장한다. 가장 아래 쪽에 위치한 'Python3'를 클릭해 보자.

그림 19.24 쥬피터 노트북 생성하기

웹 브라우저에 새 탭이 생기면서 신규 노트북이 생성이 되었다. 메뉴와 여러 버튼이 눈에 보인다. 쥬피터 노트북의 이름부터 지어 보자. 쥬피터 노트북을 처음 만들었으니 노트북 이름은 hello_jupyter로 지어 보자. 상단의 'Jupyter' 로고 우측에 있는 'Untitled'를 클릭한다.

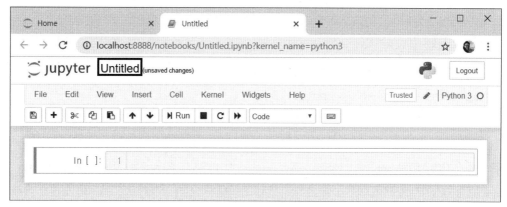

그림 19.25 쥬피터 노트북 초기 화면

'Rename Notebook' 이름의 팝업 창이 뜬다. 텍스트 박스에 'hello_jupyter'라고 쓴 뒤 [Rename] 버튼을 클릭해 보자.

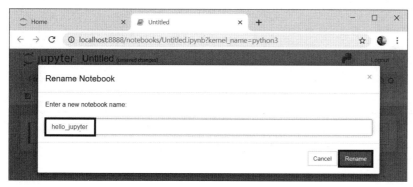

그림 19.26 노트북 이름 변경하기(untitled → hello_jupyter)

이름이 변경되면서 쥬피터 노트북의 주소 역시 변경된 것을 확인할 수 있다. 필자의 쥬피터 노트북 주소는 아래와 같다.

http://localhost:8888/notebooks/hello_jupyter.ipynb

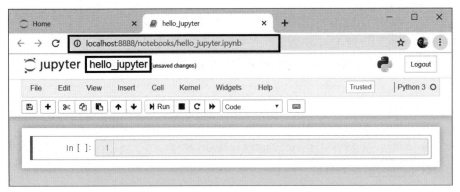

그림 19.27 쥬피터 노트북 변경된 이름 및 주소 확인하기

웹 브라우저의 탭에서 처음에 실행했던 홈 화면을 잠시 가 보자. 조금 전에 이름을 변경한 hello_jupyter.ipynb라는 항목이 리스트에 보이는 것을 확인할 수 있다. 이때 이름 좌측의 노트북 아이콘이 초록색인데, 이는 해당 쥬피터 노트북이 실행 중임을 나타내는 것이다. 같은 의미로 우측 끝에 'Running'이라는 초록색이 보일 것이다.

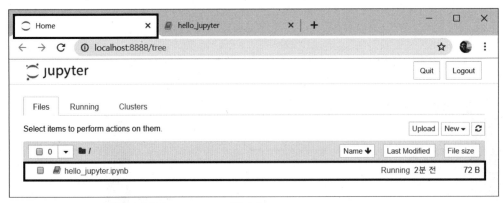

그림 19.28 쥬피터 노트북 홈 화면에서 hello_jupyter.ipynb 확인하기

확장자 명을 잠깐 살펴보자. '.ipynb'은 처음 보는 확장자이다. 이 확장자는 쥬피터 노트북의 전신인 아이파이썬 노트북의 약자들의 조합이다(ipynb = IPYthon NoteBook).

다시 웹 브라우저의 탭을 변경하여 쥬피터 노트북으로 이동하자. 소스 코드를 한 줄 작성해 보겠다. 이번에도 Hello, world!를 출력해 보자. 다음과 같이 메인 창에 보이는 텍스트 창에 아래 소스 코드를 입력한 뒤, 상단의 ▶ 버튼을 클릭 혹은 〈Shift〉+〈Enter〉 키를 눌러 보자.

```
print('Hello, world!')
```

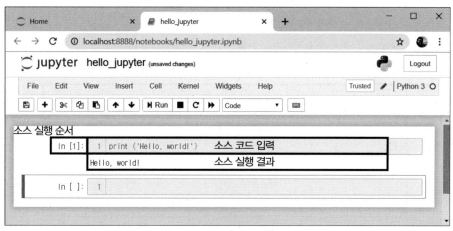

그림 19.29 Hello, world! 출력하기

축하한다! 여러분이 처음으로 만든 쥬피터 노트북에서 파이썬 소스 코드의 실행 결과를 확인하였다. 소스 코드를 타이핑할 때 여는 소괄호 기호(( )나 홑따옴표 기호(')를 누를 경우 자동으로 쌍이 입력되는 코드 도우미 기능을 경험하였을 것이다. 또한 눈으로 소스 코드를 보았을 때 파이썬 명령문과 기호, 문자열 등의 글자 색이 다른 것을 알 수 있다. 소스 코드를 읽기 수월하다. 소스 입력 창 좌측에 대괄호 기호([ ])가 비어 있다가 '1'이라는 숫자가 나타나고 있다. 이는 쥬피터 노트북 내에서 해당 소스가 실행된 순서를 의미한다. 소스 입력 창에서 〈Enter〉 키만을 누르면 소스 코드를 여러 줄 작성이 가능하고, 〈Shift〉+〈Enter〉 키를 함께 누르면 해당 소스 코드가 실행되면서 실행 결과 밑에 새로운 소스 입력 창이 생긴 것을 확인할 수 있다. 현재 여러분은 처음으로 한 창에서 소스 코드와 실행 결과를 한 눈에 보고 있는 것이다.

내친김에 여러 줄짜리 소스 코드를 하나 작성해 보자. 숫자 0부터 9까지 한 줄씩 출력하는 for문을 입력해 보자. 아래 소스 코드 입력이 끝났으면 〈Shift〉+〈Enter〉 키를 눌러서 해당 소스 코드를 실행해 보자.

```
1  for x in range(10):
2      print(x)
```

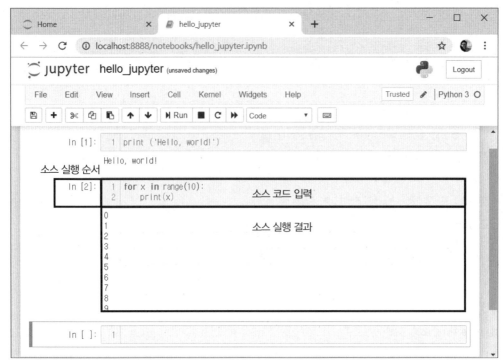

그림 19.30 두 번째 소스 코드 작성 및 실행하기

생각보다 무척 쉽게 소스 코드가 실행이 된다. 소스 입력 창 좌측에는 소스 코드 실행 순서를 뜻하는 숫자 2가 대괄호 기호([ ])에 추가된 것을 확인할 수 있다. 소스 입력 창에는 조금 전 for문이 입력되었고, 소스 실행 결과에 0부터 9까지 출력된 것을 확인할 수 있다.

앞서 쥬피터 노트북을 소개할 때 소스 코드의 입력 값과 출력 값을 모두 저장하며 코드의 상태를 하나의 파일로 저장한다는 언급이 있었다. 이 부분의 의미를 확인해 보자. 현재 실행 중인 쥬피터 노트북 탭을 닫아 보자. 탭의 종료 버튼을 클릭한다.

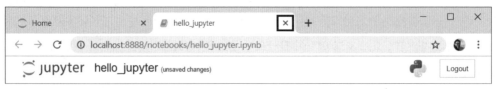

그림 19.31 쥬피터 노트북 탭 종료하기

다시 'Home' 탭으로 가서 'hello_jupyter.ipynb' 상태를 확인해 보자. 아직도 'Running' 중이다. 탭은 닫았어도 해당 쥬피터 노트북에 대한 실행 환경(커널)은 아직도 실행 중인 것을 확인할 수 있다. 쥬피터 노트북의 웹 브라우저는 단지 사용자를 위한 인터페이스만을 제공하고, 실제 실행은 서버에서 실행되는 것을 알 수 있다. 해당 쥬피터 노트북을 종료시켜 보자. 'hello_jupyter. ipynb' 항목에 좌측에 보면 선택을 할 수 있는 체크 박스가 있다. 체크를 하면 상단에 보이지 않던 버튼이 몇 개 생긴다! [Shutdown] 버튼을 클릭하여 해당 쥬피터 노트북을 종료하자. [Shutdown] 버튼 우측의 쓰레기통 아이콘은 선택한 쥬피터 노트북을 삭제하는 버튼이니 조심하기 바란다.

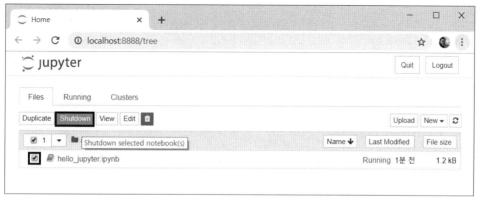

그림 19.32 쥬피터 노트북 종료하기

종료가 되었으면 'hello_jupyter.ipynb' 좌측의 노트북 아이콘 색이 초록색에서 회색으로 변경된 것을 확인할 수 있다.

그림 19.33 쥬피터 노트북 종료 상태 확인하기

노트북 이름을 클릭하여 노트북을 다시 실행해 보자.

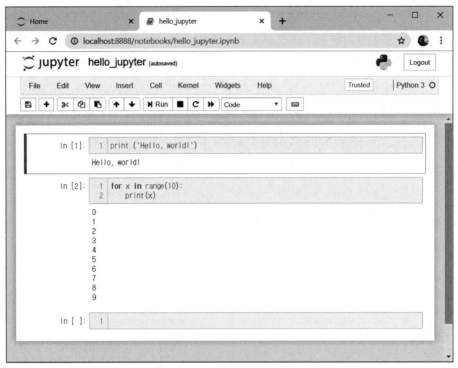

그림 19.34 쥬피터 노트북 다시 실행 해보기(hello_jupyter.ipnyb)

종료하기 전의 노트북이 그대로 호출이 되었다! 더 놀라운 것은 소스 코드의 실행 결과까지 그대로 출력되고 있는 점이다. 지금 작성해 본 단순한 소스 코드에서는 크게 놀랄 부분이 아닐 수 있겠지만 연구실에서 실행한 복잡한 알고리즘의 결과였다면 어땠을까? 해당 소스 코드를 직접 구현한 사람이 아니고서는 구현 과정을 차례대로 확인하는 것이 쉬운 일은 아니다. 직접 구현한 사람이어도 과거에 개발했던 모든 과정을 기억하는 것은 불가능한 일이다.

---

tip 쥬피터 노트북 학습 동영상

쥬피터 노트북의 사용법에 대해 조금 더 깊이 공부하고 싶은 독자 여러분에게 유튜브 링크를 공유한다. 쥬피터 버전(아이파이썬 3)을 기준으로 작성된 것은 아래 링크들이 유일해 보인다. 참고하기 바란다.

1. Introduction – Jupyter Tutorial (IPython 3) : https://youtu.be/Rc4JQWowG5I
2. Markdown & LaTeX – Jupyter Tutorial (IPython 3) : https://youtu.be/–F4WS8o–G2A
3. Python 3 – Jupyter Tutorial (IPython 3) : https://youtu.be/1I2Bz0qbMsc

4. 데이터 분석 모듈 소개 – 넘파이^{NumPy}, 판다스^{Pandas}, 매트플랏립^{Matplotlib}

데이터 분석의 과정은 생각보다 무척 복잡하다. 일단 분석할 데이터를 수집한 뒤 정제하는 작업이 필요하다. 수집한 데이터 중 일부 데이터는 누락되었거나 지나치게 크거나 낮은 이상 데이터가 있을 수 있다. 이런 데이터를 노이즈^{Noise} 데이터라고도 부른다. 노이즈 데이터를 제거하거나다른 데이터로 변경하는 작업을 통해 데이터를 분석이 가능한 수준으로 만들어 준다. 이런 과정들은 분석을 위한 준비 단계이지만 데이터 분석을 하는 엔지니어들이 가장 많은 시간을 할애하는곳이다. 이렇게 정제된 데이터를 가지고 데이터 분석가들은 다양한 방식으로 데이터를 시각화하여 이해하기 쉽게 해 준다. 이러한 과정 속에는 데이터의 패턴을 추출해 내기 위하여 패턴 인식이나 머신러닝 기술 등이 활용되고 있다. 이를 통해 우리는 새로운 가치를 창출해 낸다. 그리고 이렇게 얻어진 가치를 기반으로 다시 데이터 분석의 프로세스를 반복하게 된다.

여러분은 서울에서 운행되고 있는 심야 야간 버스, 일명 올빼미 버스를 알고 있는가? 이 올빼미버스의 노선을 선정할 때 이러한 데이터 분석 기술이 큰 역할을 하였다. 여기서 활용하였던 데이터는 통신사에서 확보한 개인의 위치 데이터였다. 심야 시간에 집이 아닌 지역에 있는 스마트폰사용자의 위치 데이터를 수집하여 데이터가 많은 위치에 버스 노선의 정류장이 선정되었고, 성공적인 데이터 분석 사례로 소개되고 있다.

본 책에서 이러한 내용들을 모두 다룰 수 없을 것이다. 그래서 필자는 데이터 수집 및 정제하는과정은 파이썬으로 데이터 셋을 가상으로 만드는 것으로 대체하고자 한다. 그리고 가상으로 만든데이터로 데이터를 시각화하는 방법을 실습하는 걸로 진행하고자 한다. 먼저 파이썬의 데이터 분석에서 빠질 수 없는 몇 가지 모듈을 소개하고자 한다.

4.1 과학적 컴퓨팅의 기초적인 패키지, 넘파이^{NumPy}

파이썬으로 데이터 분석을 하기 위한 가장 기초적인 기능들을 제공한다. 넘파이의 강력한 N 차원의 배열 객체는 다양한 형태로 사용이 가능하며 데이터를 정교하게 제어할 수 있는 다양한 함수들을 제공하고 있다. 본 실습에서는 난수를 발생하여 데이터 셋을 만드는 용도로 활용된다. 넘파이의 공식 홈페이지는 아래 링크를 통해 방문할 수 있다.

http://www.numpy.org/

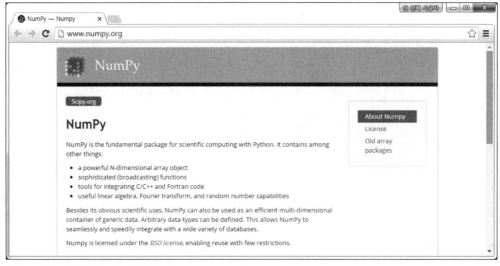

그림 19.35 넘파이 공식 홈페이지 링크(http://www.numpy.org/)

4.2 파이썬 데이터 분석 라이브러리, 판다스^{Pandas}

판다스는 고성능의 쉽게 사용할 수 있는 데이터 구조인 시리즈^{Series}, 데이터프레임^{DataFrame} 등을 제공하고 있으며 데이터 분석을 위한 다양한 도구를 제공한다. 특히 데이터프레임은 마치 엑셀과 흡사한 형태의 데이터를 다룰 수 있게 해 주며, 엑셀 파일이나 CSV 파일 등의 여러 데이터를 읽고 쓰는 다양한 함수를 제공하고 있고 해당 데이터를 쉽게 시각화하는 함수들도 다수 가지고 있다. 이번 장에서는 넘파이로 만들어진 배열 형태의 데이터를 원하는 형태로 가공하여 데이터프레임을 만든 다음, 시각화를 지시하는 용도로 사용이 된다. 판다스 공식 홈페이지 링크는 아래와 같다.

http://pandas.pydata.org/

그림 19.36 판다스 공식 홈페이지 링크(http://pandas.pydata.org/)

4.3 데이터 시각화 라이브러리, 매트플랏립^{Matplotlib}

매트플랏립은 다양한 형태의 그래프를 그려 주는 라이브러리다. 선형 그래프, 막대 그래프, 히스토그램, 파이 그래프 등 다양한 형태의 그래프를 그릴 수 있으며 쥬피터 노트북 등을 통해 소스코드와 실행 결과를 바로 출력할 수 있는 기능을 제공하고 있다. 이 장에서는 판다스의 데이터프레임으로 구조화된 데이터를 여러 형태의 그래프로 그려 주는 역할을 한다. 매트플랏립의 공식 홈페이지는 아래와 같다.

http://matplotlib.org/

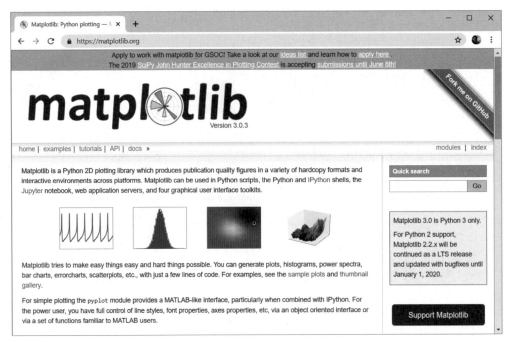

그림 19.37 매트플랏립 공식 홈페이지 링크(http://matplotlib.org/)

5. 데이터 분석 실습하기

자, 그럼 쥬피터 노트북을 활용하여 데이터 분석을 한번 실습해 보자. 먼저 새 쥬피터 노트북을 만들어 보자. 쥬피터 홈페이지에서 새 쥬피터 노트북을 만들자. 이름은 '19장) 데이터 분석 실습' 이라고 지어 보자(생성 및 이름을 수정하는 부분은 3절의 시작에서 설명하였다).

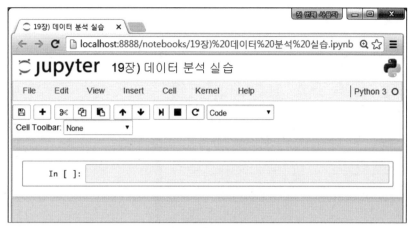

그림 19.38 새 쥬피터 노트북 생성하기(19장 데이터 분석 실습)

쥬피터 노트북에 소스 코드에 입력하는 주석 이외에 기술하고자 하는 내용을 넣을 수 있는 기능을 제공한다. 상단에 메뉴 중간쯤에 'Code'로 적혀있는 리스트 박스를 열어서 'Markdown'으로 변경한 뒤, 아래와 같이 타이핑을 해 보자.

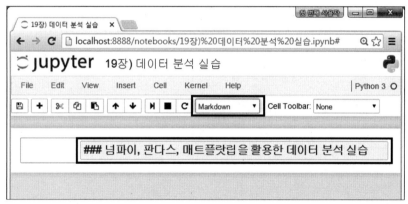

그림 19.39 Mardown으로 설명 집어넣기

글자 앞에 샵 기호(#)는 굵은 글씨를 나타날 때 사용하는 특수 기호이다. 샵 기호가 적을수록 숫자가 커진다. 필자는 샵 기호 세 개를 사용한 뒤, ⟨Shift⟩+⟨Enter⟩ 키를 눌러 보았다.

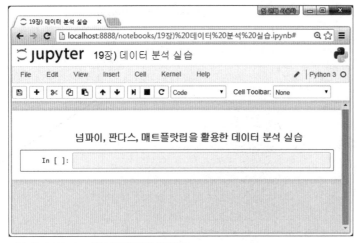

그림 19.40 Mardown으로 입력한 내용 확인하기

이제 소스 코드를 작성해 보자. 먼저 필요한 모듈들을 탑재해 보자. 아래의 소스 코드를 입력한 뒤, ⟨Shift⟩+⟨Enter⟩ 키를 눌러 보자.

```
1   # 그래프를 바로 보기 위한 명령어
2   %matplotlib inline
3
4   import numpy as np        # 넘파이 탑재
5   import pandas as pd       # 판다스 탑재
6   import matplotlib         # 매트플랏립 탑재
```

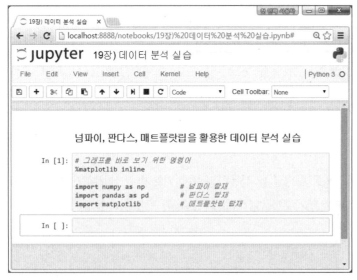

그림 19.41 모듈 탑재하기

쥬피터 노트북에서는 셀 단위로 줄 번호를 출력할 수 있다. 셀을 선택 한 상태에서 〈Esc〉키 혹은 〈Ctrl〉+〈M〉키를 클릭한 다음, 〈L〉 키를 눌러 보자.

넘파이, 판다스, 매트플랏립을 활용한 데이터 분석 실습

```
In [1]:   1  # 그래프를 바로 보기 위한 명령어
          2  %matplotlib inline
          3
          4  import numpy as np          # 넘파이 탑재
          5  import pandas as pd         # 판다스 탑재
          6  import matplotlib          # 매트플랏립 탑재
```

그림 19.42 라인 번호 출력하기

다시 제거하려면 〈L〉 키를 누르면 된다.

2번째 줄에 있는 명령문은 쥬피터 노트북에서 실행 결과에 매트플랏립으로 출력한 그래프를 바로 보여주기 위한 특수 명령어이다. 이 명령어가 있어야만 쥬피터 노트북에서 소스 코드 실행 시에 바로바로 그래프를 확인할 수 있다.

4 ~ 6번째 줄에서는 이번 실습에서 사용할 써드 파티 모듈들을 탑재하고 있다. 만약 우리가 아나콘다를 사용하고 있지 않다면 해당 모듈을 모두 직접 설치해야 사용할 수 있을 것이다.

이제 데이터를 만들어 볼 것이다. 넘파이의 난수를 발생시키는 random 모듈에서 N개의 난수를 발생시키는 rand( ) 함수를 활용하여 50개의 난수를 발생시켜 보자. 아래 소스 코드를 입력한 다음 〈Shift〉+〈Enter〉 키를 눌러 해당 셀의 소스 코드를 실행해 보자.

```
1  # 50개의 난수로 이루어진 데이터 생성
2  data = np.random.rand(50)
3  data
```

2번째 줄에서 변수 data에 np.random.rand(50) 함수를 사용하여 50개의 난수를 발생시켰다. 3번째 줄에서는 해당 변수명만을 입력하였다. 쥬피터 노트북에서는 변수명을 입력하는 것만으로도 데이터의 값을 확인할 수 있다. 아래 출력 결과를 보니 무작위로 50개의 실수가 넘파이의 배열 객체로 저장된 것을 확인할 수 있다.

```
In [2]:    1  # 50개의 난수로 이루어진 데이터 생성
           2  data = np.random.rand(50)
           3  data

Out[2]: array([ 0.29387769,  0.49650012,  0.87824758,  0.43361708,  0.28674701,
                0.53546746,  0.61170403,  0.51557982,  0.19949116,  0.09640993,
                0.83869634,  0.59339135,  0.69656381,  0.24596297,  0.9389731 ,
                0.36831991,  0.06893681,  0.97915063,  0.39436394,  0.65967422,
                0.37624092,  0.09319449,  0.7290395 ,  0.06368027,  0.96113904,
                0.11093567,  0.11347535,  0.89439363,  0.24952142,  0.0404693 ,
                0.10816925,  0.94340765,  0.9701938 ,  0.14611896,  0.10285994,
                0.47951877,  0.56726026,  0.14459058,  0.86795863,  0.93423658,
                0.61790942,  0.29184972,  0.89061853,  0.63110222,  0.97254618,
                0.4345744 ,  0.75166429,  0.27384955,  0.41068527,  0.29840228])
```

그림 19.43 100개 난수 발생

이렇게 발생된 데이터를 판다스의 시리즈형 데이터로 변환해 보자. 다음 소스 코드를 입력한 다음, 〈Shift〉+〈Enter〉 키로 실행해 보자.

```
1   # 판다스 시리즈형 데이터로 변환
2   seri = pd.Series(data)
3   seri
```

```
In [3]:    1  # 판다스 시리즈형 데이터로 변환
           2  seri = pd.Series(data)
           3  seri

Out[3]: 0     0.293878
        1     0.496500
        2     0.878248
        3     0.433617
        4     0.286747
        5     0.535467
        6     0.611704
        7     0.515580
        8     0.199491
        9     0.096410
        10    0.838696
        11    0.593391
        12    0.696564
        13    0.245963
        14    0.938973
        15    0.368320
```

그림 19.44 판다스 시리즈 데이터 만들기

2번째 줄에서 판다스의 시리즈(Series) 객체를 생성하는 것을 볼 수 있다. 인자 값으로는 넘파이 배열이 위치하고 있다. 3번째 줄에서 판다스의 시리즈 객체를 저장한 seri 변수의 값을 확인해 보았다. 출력 결과 좌측에 0부터 49까지의 50개의 인덱스가 위치한 데이터가 보이는 것을 확인할 수 있다.

자, 그럼 이 배열에 들어가 있는 데이터를 선형 그래프로 그려 보자. 아래 소스 코드를 입력한 뒤, 〈Shift〉+〈Enter〉 키를 눌러서 실행해 보자(실행하는 키의 설명은 앞으로 생략하겠다).

```
1  # 선형 그래프 그리기
2  seri.plot()
```

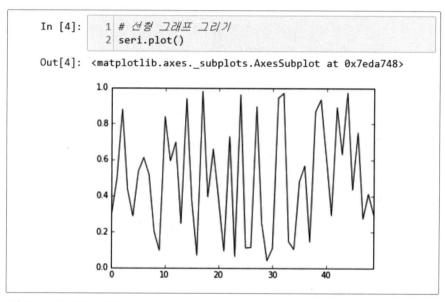

그림 19.45 선형 그래프 그리기

축하한다! 드디어 파이썬으로 여러분이 생성한 데이터의 선형 그래프를 그리게 되었다. 소스 코드는 무척 단순하다. 2번째 줄에서 판다스의 시리즈 객체의 메소드인 plot( ) 함수를 호출한 것 뿐이다. 그래프의 X축은 0부터 49까지의 인덱스를 보여 주고 있고, Y축은 값이다.

그런데 그래프가 너무 투박해 보인다. 그래프의 스타일을 바꿔 보자. 아래 소스 코드를 입력한 뒤, 실행해 보자.

```
1    # 그래프 스타일 변경하기
2    matplotlib.style.use('ggplot')
3    # 선형 그래프 다시 그리기
4    seri.plot()
```

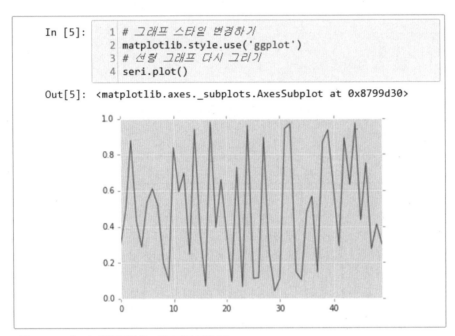

그림 19.46 그래프 스타일 변경한 후 그래프 다시 그려보기

그래프가 모양새가 더 나아졌다. 2번째 줄의 명령어가 매트플랏립의 스타일을 변경해 주는 명령어이다. 인자 값으로 들어간 'ggplot'은 데이터 분석 세계에서 가장 많이 사용되고 있는 R이라는 오픈 소스의 그래프 스타일을 가져오기 위함이다. 4번째 줄에서는 그래프를 다시 호출하고 있다.

이번에는 데이터를 바꿔 보도록 하자. 세 개의 난수로 이루어진 리스트를 10개 만들어 보자. 이번에도 넘파이의 함수를 사용하였다. 다음 소스 코드를 실행해 보자.

```
1   # 데이터 세트 만들기 (3개의 난수로 이루어진 10개의 배열)
2   data_set = np.random.rand(10, 3)
3   data_set
```

2번째 줄의 난수 발생 함수의 인자 값이 하나 더 추가되었다. 10개의 데이터를 만들되, 세 개의 쌍으로 만들라는 의미다. 3번째 줄에서 데이터 세트의 값을 확인해 보니 의도대로 잘 생성되었다.

```
In [6]:    1  # 데이터 세트 만들기 (3개의 난수로 이루어진 10개의 배열)
           2  data_set = np.random.rand(10, 3)
           3  data_set

Out[6]: array([[ 0.45292555,  0.76637542,  0.3484985 ],
               [ 0.4732275 ,  0.42391053,  0.67517585],
               [ 0.53671189,  0.33263601,  0.1607536 ],
               [ 0.39626963,  0.63025971,  0.01206936],
               [ 0.80910241,  0.40626577,  0.12389642],
               [ 0.20688124,  0.06395005,  0.78978214],
               [ 0.69169985,  0.78550963,  0.91820269],
               [ 0.53614928,  0.57690378,  0.63476884],
               [ 0.64508924,  0.93717926,  0.82153882],
               [ 0.09519974,  0.75229352,  0.02720953]])
```

그림 19.47 신규 데이터 세트 만들기

이번에는 판다스의 데이터프레임(DataFrame)을 만들어 보겠다. 아래 소스 코드를 실행해 보자.

```
1   # 데이터프레임 만들기
2   df = pd.DataFrame(data_set, columns=['A', 'B', 'C'])
3   df
```

```
In [7]:   1   # 데이터프레임 만들기
          2   df = pd.DataFrame(data_set, columns=['A', 'B', 'C'])
          3   df
```

Out [7]:

	A	B	C
0	0.590404	0.749705	0.931787
1	0.528864	0.022574	0.809739
2	0.968861	0.806482	0.162043
3	0.803504	0.347486	0.661960
4	0.354915	0.318293	0.395643
5	0.208513	0.968388	0.670820
6	0.816845	0.643418	0.396857
7	0.945377	0.616037	0.781601
8	0.004493	0.140718	0.683167
9	0.880024	0.669917	0.559948

그림 19.48 판다스 데이터프레임 만들기

2번째 줄에서 판다스의 DataFrame 객체를 만들고 있다. 첫 번째 인자 값으로는 위에서 만든 데이터 세트를 넣었고, 2번째 키워드 인자 값으로 컬럼(열)에 대한 이름을 지정해 주고 있다. 3번째 줄에서 값을 확인해 보았더니 흥미로운 데이터 셋을 확인할 수 있다.

앞에서 생성한 넘파이의 배열은 인덱스나 컬럼 개념이 없는 데이터 구조이다. 하지만 판다스의 데이터프레임을 보니 열을 의미하는 컬럼에 조금 전에 인자 값으로 넘겨 받은 'A', 'B', 'C'가 세팅이 되었으며, 행을 의미하는 인덱스에 0부터 9까지 10개의 데이터가 위치하고 있는 것을 확인할 수 있다. 앞으로 이 컬럼과 인덱스에 의해서 다양한 방식으로 데이터를 조회할 수 있게 되었다.

이제 이 데이터프레임의 선형 그래프를 그려 보자. 아래 소스 코드를 실행해 보자.

```
1   # 선형 그래프 그리기
2   df.plot()
```

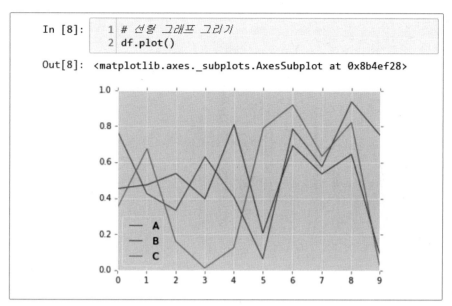

```
In [8]:    1  # 선형 그래프 그리기
           2  df.plot()

Out[8]:  <matplotlib.axes._subplots.AxesSubplot at 0x8b4ef28>
```

그림 19.49 데이터프레임 선형 그래프 그리기

오! 제법 그럴싸한 그래프가 출력이 되었다. 명령어는 앞서 본 명령어와 같다. 2번째 줄에서 데이터프레임의 내장 메소드인 plot( ) 함수를 호출한 것뿐이다. 그래프를 확인해 보니 컬럼명인 A, B, C에 대한 범례가 좌측 하단에 위치하고 있고, 해당 색에 맞는 선형 그래프가 동시에 출력되고 있음을 확인할 수 있다.

이번에는 막대 그래프를 그려 보자. 아래 소스 코드를 실행해 보자. plot( ) 함수의 인자 값에 kind라는 키워드 인자 값이 들어 갔으며 값은 막대 그래프를 의미하는 'bar'를 집어 넣었다.

```
1  # 막대 그래프 그리기
2  df.plot(kind='bar')
```

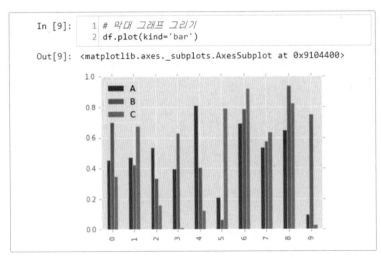

```
In [9]:    1 # 막대 그래프 그리기
           2 df.plot(kind='bar')
```

Out[9]: <matplotlib.axes._subplots.AxesSubplot at 0x9104400>

그림 19.50 막대 그래프 생성하기

출력 결과를 보니 좌측 상단에 세 개의 범례가 보이고, 10개의 데이터 셋이 세 개씩 묶여서 막대 그래프로 표현되고 있다.

혹자는 이 그래프를 옆으로 보고 싶을 수도 있겠다. 이번에는 plot( ) 함수의 키워드 인자 값에 kind='barh'를 입력하자. 위에서 입력한 'bar'의 수평horizontal 버전이다. 아래 소스 코드를 실행해 보자.

```
1    # 옆으로 누운 막대 그래프 그리기
2    df.plot(kind='barh')
```

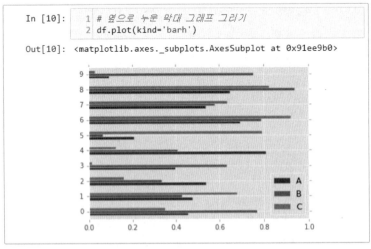

```
In [10]:   1 # 옆으로 누운 막대 그래프 그리기
           2 df.plot(kind='barh')
```

Out[10]: <matplotlib.axes._subplots.AxesSubplot at 0x91ee9b0>

그림 19.51 옆으로 누운 막대 그래프 그리기

위 그래프가 수평으로 배치되어 출력되는 것을 확인할 수 있다.

이번에는 세 개의 값을 영역 형태로 표현해 보자. 이번 그래프의 kind 키워드의 인자 값은 'area'
이다. 아래 소스 코드를 실행해 보자.

```
1   # 누적 영역 그래프 그리기
2   df.plot(kind='area')
```

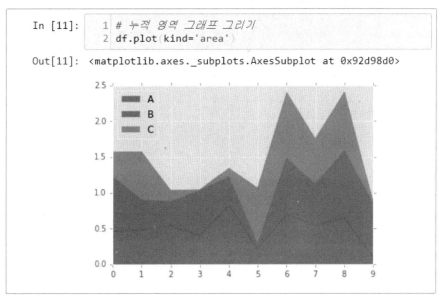

그림 19.52 누적 영역 그래프 그리기

영역 형태로 그래프가 표기되고 있다. 누적 형태이기 때문에 가장 위쪽에 있는 C의 Y축 값은 A,
B, C의 값을 더한 값이 표현되고 있다. 만약에 누적 형태가 아닌 겹치는 형태로 표현하고 싶다면
plot( ) 함수에 새로운 키워드 인자 값인 stacked를 추가하여 False로 세팅하면 된다. 아래 소스
코드를 추가하고 실행해 보자.

```
1   # 누적되지 않은 영역 그래프 그리기
2   df.plot(kind='area', stacked=False)
```

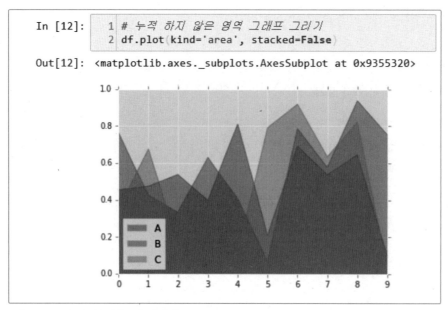

```
In [12]:    1  # 누적 하지 않은 영역 그래프 그리기
            2  df.plot(kind='area', stacked=False)

Out[12]:    <matplotlib.axes._subplots.AxesSubplot at 0x9355320>
```

그림 19.53 누적되지 않은 영역 그래프 그리기

그래프가 반투명 형태로 겹치는 영역까지 표현이 되고 있다.

마지막으로 파이 그래프를 하나 그려 보자. 데이터를 바꾸겠다. 아래와 같이 5개의 난수를 발생시킨 다음 판다스의 시리즈 객체를 생성한 뒤, 파이 그래프를 그려 보자.

```
1  # 파이 그래프를 위한 5개의 난수 발생 및 데이터프레임 생성
2  seri2 = pd.Series(np.random.rand(5), index=['a', 'b', 'c', 'd',
   'e'], name='series')
3  seri2.plot(kind='pie', autopct='%.2f', figsize=(7,7))
```

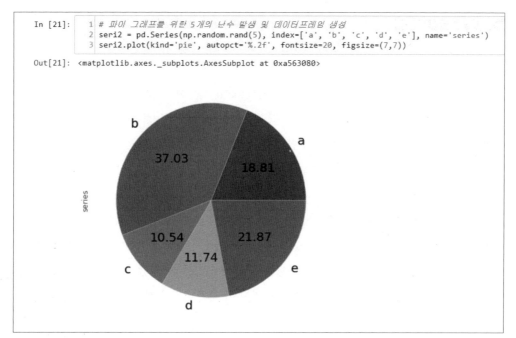

```
In [21]:  1  # 파이 그래프를 위한 5개의 난수 발생 및 데이터프레임 생성
          2  seri2 = pd.Series(np.random.rand(5), index=['a', 'b', 'c', 'd', 'e'], name='series')
          3  seri2.plot(kind='pie', autopct='%.2f', fontsize=20, figsize=(7,7))

Out[21]:  <matplotlib.axes._subplots.AxesSubplot at 0xa563080>
```

그림 19.54 파이 그래프 그리기

3번째 줄의 plot( ) 함수에 여러 개의 키워드 인자 값이 보이고 있다. kind에는 'pie'를 대입하여 파이 그래프를 그리겠다고 명시하였다. autopct 변수에는 실수 타입 소수점 두 자리수까지 해당 파이 영역의 값을 출력하라는 의미에서 '%.2f'를 대입하였다. fontsize는 말 그대로 글자 크기다. 20으로 주어서 기본 값보다 키웠다. figsize는 파이 그래프 크기의 X축, Y축의 크기를 나타낸다. 그래프를 그려보니 5개의 난수로 만들어진 파이 그래프를 눈으로 확인할 수 있다.

이렇게 세 개의 외부 모듈인 넘파이, 판다스, 매트플랏립을 가지고 다양한 형태의 그래프를 그려 보았다. 자세히 살펴보지는 못했지만 다양한 함수나 옵션 값을 지정하여 원하는 형태의 그래프를 그릴 수 있다는 가능성을 확인하는 것만으로도 이번 장의 목표는 달성되었다고 볼 수 있겠다. 아쉽지만 데이터 분석 실습은 여기까지만 진행하겠다.

6. Wrap-up

이번 장을 통하여 우리는 데이터 분석에서의 파이썬의 약진에 대해 살펴보고, 왜 데이터 분석에서 파이썬이 인기가 좋은지 확인해 보았다. 이어서 데이터 분석을 위해 필요한 도구인 아나콘다를 설치하여 데이터 분석 환경을 구성하였으며 그중에서도 쥬피터 노트북을 실행하여 간단한 사용법을 익혔고 넘파이, 판다스, 매트플랏립과 같은 써드 파티 모듈을 활용하여 여러 가지 데이터를 생성한 뒤 시각화까지 하는 것을 실습해 보았다.

데이터 분석의 영역은 무척 넓다. 파이썬을 가지고 데이터 분석을 하는 과정을 책으로 옮기려면 이번 장의 내용으로는 턱도 없이 모자라겠지만 파이썬 입문자 입장에서 파이썬을 가지고 수행하는 데이터 분석이 어떤 것인지 가볍게 살펴보는 정도로는 충분하지 않았나 싶다. 더 상세한 설명은 아쉽지만 다음 기회에 진행하도록 하겠다. 여기서 이 책의 마지막 챕터를 마무리하겠다.

잠시만요! ▶ **데이터 분석 책 추천 부탁드립니다.**

....

근래에 서점에서 파이썬을 활용한 데이터 분석 책을 쉽게 찾아볼 수 있다. 그중 가장 추천하는 책은 "파이썬 라이브러리를 활용한 데이터 분석(수정보완판, 한빛미디어, 김영근 옮김)"이다. 필자가 앞서 설명한 데이터 분석에서 인기가 많은 라이브러리들을 꽤 깊은 수준까지 다루고 있다. 또한, 책의 본 저자는 판다스의 창시자인 웨스 맥키니이다. 파이썬 데이터 분석을 위한 필독서라고 볼 수 있다.

이외에 각 라이브러리 별로도 책이 세분화되어 있기는 한데, 그중 몇가지 책을 추천하니 참고하기 바란다.

- 판다스 입문: Do it! 데이터 분석을 위한 판다스 입문(이지스퍼블리싱, 김영하 옮김)
- 판다스 초/중급: 손에 잡히는 판다스(비제이퍼블릭, 문용준 지음)
- 쥬피터 노트북 활용: 파이썬 JUPYTER NOTEBOOK 실전 입문(터닝포인트, 원인재 옮김/조인석 감수)

드디어 파이썬 프로그래밍으로의 여행이 마무리가 되었다. 필자와의 동행이 어떠했는가? 필자의 계획대로 잘 따라와 주었다면 기본적인 파이썬 프로그래밍에 대한 문법을 익힘과 동시에 어떻게 소스 코드를 작성해야 하는지 감을 잡았으리라 생각한다. 또한 이 책에는 설명되지 않았던 것 중에 궁금한 점들을 파이썬 공식 웹 사이트의 매뉴얼을 통해서 찾는 방법도 알게 되었을 것이다. 필자는 이 책에서 처음 프로그래밍을 시작하는 독자들을 기준으로 작성하였기 때문에 실제로 무언가를 구현하기 위해서는 별도로 필요한 지식들이 분명 있을 것이다. 스스로 찾아서 해결해 보는 재미도 느끼기 바란다.

책의 후반부로 갈수록 생각보다 난이도가 올라갔을 수도 있다. 로깅이나 에러 처리, 단위테스트 등을 어떻게 하는지 어렴풋이 알게 되었지만 왜 해야 하는지 가슴에 와 닿지 않을 수도 있으리라 생각한다. 이러한 프로그래밍 기법들은 더 나은 소프트웨어 개발을 하기 위해 필요한 것들이고, 경험이 쌓이면 쌓일수록 왜 필요한지 알게 될 것이니 걱정하지 말자. 이런 것이 있었다는 것만 기억하고, 필요하다면 다시 펼쳐 볼 수 있는 책이 되었으면 한다.

파이썬은 정말 범용적인 목적으로 사용이 되고 있지만 아마도 여러분은 파이썬으로 웹 애플리케이션이나 데이터 분석 관련된 업무를 수행하지 않을까 싶다. 그래서 아주 기초적인 부분이지만 맛보기 프로젝트들을 통하여 어떤식으로 웹 애플리케이션을 개발할 수 있는지, 데이터 분석이 어떤 것인지 설명해 보았다. 욕심 같아서는 더욱 깊은 내용을 다루고 싶었으나 이 책의 목적에는 다소 부합되지 않아 생략하게 되었다. 이런 부분들은 훗날 다른 책을 통해 집필할 생각이다. 그때 한 단계 깊은 내용으로 여러분과 다시 만나게 되길 바란다.

필자가 이 책을 집필하기로 한 것은 필자의 파이썬에 대한 전문성을 확보하고자 함이 시발점이었고, 프로그래밍을 한 번도 해 보지 못했지만 배워 보고 싶은 독자들에게 십수년간의 실무를 바탕으로 내실 있는 책을 만들어서 도움을 주고 싶었기 때문이다. 첫 번째는 목표는 확실히 달성하였다. 두 번째 목표 역시 잘 달성되기를 바란다.

좀 거창할 수 있겠지만 필자는 대한민국의 소프트웨어 엔지니어로써 진정한 IT 강국으로 거듭나는 데 기여하고 싶다. 영어의 부담 때문에 기술을 배우는 데 어려움을 겪는 분들을 돕고, 실무 현장에서도 더 나은 개발 환경과 문화를 만들어 가는 데 노력하고 있다. 이 책을 읽는 여러분과도 멋진 소프트웨어를 개발하는 동료로써 좋은 인연이 되었으면 한다.

책의 서문에서도 언급하였지만 필자와 대화를 나누고자 하는 분들은 아래 링크로 언제든지 연락하기 바란다. 책에 대한 의견이나 질책도 좋고, 책과는 관계 없지만 프로그래머가 되고자 하는 분들의 고민도 좋다. 필자도 여러분 덕분에 좋은 공부를 할 수 있어서 무척 기쁘다. 고마움을 전한다.

다시 만나게 되기를 진심으로 바란다.

https://www.facebook.com/pythonmento

부록

부록 1. 프로그래밍 언어의 종류와 특징

프로그래밍 언어는 CPU에게 명령을 내리기 위해 사용하는 언어이다. CPU가 바로 이해할 수 있는 코드는 이진 코드, 즉 0과 1밖에 없다. 0과 1로만 이루어진 코드가 바로, 머신 코드 혹은 기계어라고 불린다. 만약 여러분에게 컴퓨터에게 '2 + 4'를 수행하는 명령어를 0과 1로만 표현해 보라고 하면 어떨까? 아마 할 수 있는 사람도 없거니와 그 어느 누구도 그런 따분한 작업을 계속 하고 싶어 하지 않을 것이다. 그렇기 때문에 사람들은 사람이 알아볼 수 있는 언어를 활용하여 프로그래밍 언어를 만들기 시작했다. 그렇게 탄생한 언어가 바로 어셈블리Assembly다.

어셈블리는 기존의 이진 코드가 아닌 사람이 읽을 수 있는 여러 '부호'를 활용하여 프로그래밍을 한다. 가령, 'ADD 1, 1, 20' 형태로 작업할 내용과 결과를 쓸 메모리 위치를 함께 표기하는 방식이다. 이렇게 어셈블리어로 작성된 코드는 어셈블러Assembler라고 하는 변환기에 의해 머신 코드로 바뀌어 실행된다. 하지만 여전히 쉽고 빠르게 프로그램을 만들 수는 없을 것이다. 이러한 수준의 언어를 저수준 프로그래밍 언어Low-level Programming Language라고 부른다.

사람들은 매일 같이 사용하고 있는 사람의 언어와 유사한 언어로 프로그래밍을 하고 싶었다. '만약 어떤 경우에~'라는 명령어를 내리기 위해서 'if' 문을 사용하였고, 루프를 돌리고 싶을 땐 'for' 문을, 조건에 따라 루프를 돌리기 위해서 'while' 문을 사용하기 시작하였다. 이런 방식으로 탄생된 언어들이 바로 포트란FORTRAN, 코볼COBOL, 파스칼PASCAL이고, 이들을 시작으로 C, C++, 자바Java, 파이썬Python 등으로 발전하여 컴퓨터의 발전에 큰 기여를 하게 된다. 이러한 프로그램 언어들을 고수준 프로그래밍 언어High-level Programming Language라고 부른다. 앞서 어셈블리에도 머신 코드로 바꿔 주는 변환기인 어셈블러가 있다고 하였다. 고수준 프로그램 언어들을 머신 코드로 바꿔 주는 변환기들이 바로 컴파일러Complier와 번역기Interpreter라는 녀석들이다. 이렇게 프로그래밍 언어는 크게 두 영역으로 나눌 수 있다.

1. 컴파일 언어Complied Language

컴파일 언어는 작성된 코드를 컴파일러를 거쳐서 머신 코드가 담긴 파일로 변경한 뒤 실행이 가능해지는 언어들을 일컫는다. C, C++, 자바 등이 이 범주에 속한다.

1) C++의 컴파일 및 실행
아래 그림은 C++인 경우의 컴파일 과정을 보여 주고 있다.

그림 1. C++의 컴파일 및 실행

CPP 의 확장자를 가진 소스 코드가 컴파일러에 의해 컴퓨터에서 실행아 가능한 EXE 파일로 변경이 되었다. 이 EXE 파일은 컴퓨터에서 바로 실행이 가능하다.

2) 자바의 컴파일 및 실행 과정
자바 같은 경우도 컴파일 언어로 분류되지만 한 가지 과정을 더 거친다. 이번에도 그림을 먼저 살펴보자.

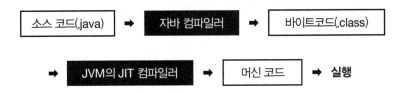

그림 2. 자바의 컴파일 및 실행 과정

자바의 자바 컴파일러 javac를 통해 컴파일된 코드는 머신 코드로 바로 바뀌는 것이 아니라 .class 라는 확장자를 가지는 바이트코드Bytecode로 변경이 된다. 이 바이트코드는 다시 자바 가상 환경인 JVMJavaVirtual Machine 안의 JITJust-In-Time 컴파일러를 통해 머신 코드로 변경이 되고, 자바 가상 환경 위에서 실행이 된다. 이와 비슷한 언어로는 C#이 있을 것이고, C#인 경우에는 JVM의 역할을 .Net Framework가 대신한다고 보면 된다.

결국 컴파일 언어는 실행하기 위해 중간 단계의 파일이 필요하다는 점만 기억하면 되겠다.

2. 인터프리터 언어^{Interpreted Language}

인터프리터 언어는 내가 작성한 코드를 중간 컴파일 과정 없이 바로 실행시킬 수 있는 언어라고 이해하면 된다. 아래 그림을 함께 살펴보자.

그림 3. 인터프리터 언어의 실행 과정

컴파일 언어보다 훨씬 단순하다. 소스 코드를 작성하면 실행 준비가 완료된다. 이 소스 코드는 인터프리터에 의해 머신 코드로 번역이 되는 동시에 실행이 된다.

이러한 언어들을 다른 말로 스크립팅 프로그래밍 언어라고도 한다. 스크립팅 프로그래밍 언어는 연극에서 배우들의 연기를 하나하나 기술한 '스크립트'와 같이 사람이 컴퓨터의 동작을 스크립트 언어로 작성을 하고 나면 번역기를 포함하고 있는 가상 환경 VM에 의해 컴퓨터에서 바로 실행 되는 언어를 말한다. 예를 들면 한국에서 중요한 행사가 있을 때 외국인 연사가 영어로 발표하는 내용을 동시통역을 통해 한국어로 바꿔 준다고 볼 수 있다. 이때 영어는 앞서 언급한 스크립팅 언어이고 한국어는 머신 코드의 위치와 같다고 볼 수 있겠다. 잘 알려진 스크립팅 프로그래밍 언어로는 유닉스 운영 체제에서 돌아가는 Bash, 일반적으로 웹 브라우저에서 구동되는 자바스크립트^{JavaScript}, 마이크로소프트사의 비주얼 베이직^{Visual Basic} 등이 있겠다. 파이썬 역시 대표적인 스크립팅 프로그래밍 언어라고 할 수 있다.

3. 컴파일 언어와 인터프리터 언어의 특징

그렇다면 컴파일 언어와 인터프리터 언어의 차이점은 어떤 것이 있을까? 대표적인 컴파일 언어인 자바와 대표적인 인터프리터 언어인 파이썬을 가지고 비교해 보자.

일반적으로 컴파일 언어에는 소스 코드 작성을 위한 제약사항이 인터프리터 언어보다 더 많다. 가령 자바 같은 경우는 변수를 선언할 때 변수의 데이터 타입을 명확하게 기술해야 한다. 숫자인 경우에도 데이터 타입에 따라 허용하는 범위를 엄격하게 제안하고 있다. 하지만 파이썬 같은 경우는 전혀 기술하지 않는다. 변수를 변수라고 선언하지도 않는다(자바스크립트는 var라도 표기한다). 파이썬에서 해당 변수의 데이터 타입을 결정하는 순간은 소스 코드가 번역기에 의해 실행이 되는 순간이다. 이를 동적 타이핑이라고 한다. 그럼 둘 중에 어떤 것이 더 좋은 것일까?

상식적인 수준으로만 생각해 보자. 컴파일 언어는 내가 사용해야 하는 변수의 데이터 타입 및 허용 범위를 명확히 알아야 하고 각종 문법에 따른 제약 사항 등을 명확하게 알아야 하므로 인터프리터 언어에 비해서 배울 것이 더 많다. 그래서 많은 사람들이 파이썬이나 자바스크립트가 컴파일 언어인 자바나 C, C++보다 초보자가 배우기 쉽다는 표현을 하는 것이다. 개발 생산성(속도)도 상대적으로 더 좋다. 하지만 인터프리터 언어는 이런 동적 타이핑으로 인하여 잃는 것도 많다. 가령 소스 코드가 실행되기 전까지는 소스 코드의 버그를 인지하기 쉽지 않다. 물론 이를 지원하는 개발 도구들이 존재하긴 하나, 컴파일 언어에 비해서는 오류를 인지하는 시점이 늦다. 이는 테스트 코드가 각 변수의 타입을 확인하는 등의 더욱 정교한 테스트 기법을 요구하며, 문제가 생겼을 때 원인을 찾기 위한 트러블 슈팅 과정이 더 길어질 수 있다는 것을 의미한다. 일반적으로 컴파일 언어가 디버깅 작업이 훨씬 수월하다.

실행 속도는 어떨까? 컴파일 언어는 말 그대로 컴파일을 한 뒤 생성된 파일에 의해 프로그램이 실행된다. 머신 코드에 더 가까운 파일이 실행되는 만큼 속도가 더 빠르다. 하지만 인터프리터 언어는 실행 시에 번역기에 의해 번역이 되고 실행이 된다. 컴파일 언어에 비해 상대적으로 느릴 수밖에 없다. 일반적으로 실행 속도 관련해서는 C, C++ > Java > Python 순으로 실행 속도가 느려진다. 그래서 연산 속도나 실행 속도에 민감한 프로그램이라면 인터프리터 언어로 개발하지 않는다. 혹시 개발을 하더라도 컨셉을 확인하기 위한 초기 프로그램에 대해서만 인터프리터 언어로 개발한 다음, 성능상 이슈가 있으면 컴파일 언어로 변경하는 작업을 수행한다.

4. 나에게 맞는 프로그래밍 언어 선택

그럼 무슨 언어를 선택해야 하는가? 어떤 언어가 가장 좋은 언어인가?

세상에 가장 좋은 프로그래밍 언어라는 것은 존재하지 않는다. 모두 장단점이 있고 용도가 다를 뿐이다. 또한 본인에게 익숙한 언어인지 아닌지와 배우기 쉬운지 어려운지 정도로 갈리겠다. 그리고 어느 정도 수준에 다다르면(최소한 한 가지 언어에 대해서 마스터한다면) 프로그래밍 언어는 그저 함께 일하는 개발자들과 소통하기 위한 도구가 될 것이다. 다른 언어를 배우는 것은 처음보다 훨씬 수월하게 된다.

만약 여러분이 처음으로 프로그래밍을 배우는 독자라면 필자는 파이썬을 강력하게 추천하는 바이다. 배우기도 쉽고 강력한 객체 지향 언어로써의 매력을 느낄 수 있는 언어이다. 그리고 다른 언어에 비해 범용적인 목적으로 널리 사용이 되고 있다. 그런 사유로 필자는 이 책을 집필한 것이다.

다음 그림에는 다양한 프로그래밍 언어에 대한 역사를 한눈에 볼 수 있는 이미지를 볼 수 있다. 여러분이 필자와 함께 살펴본 파이썬과 또 다시 공부해 보고 싶은 언어의 역사가 어떻게 되어 있고, 어떤 언어에 의해 파생이 되었는지 확인해 보기 바란다. 파생이 되었다 함은 앞 언어의 특징을 어느 정도 물려 받았다고 볼 수 있겠다.

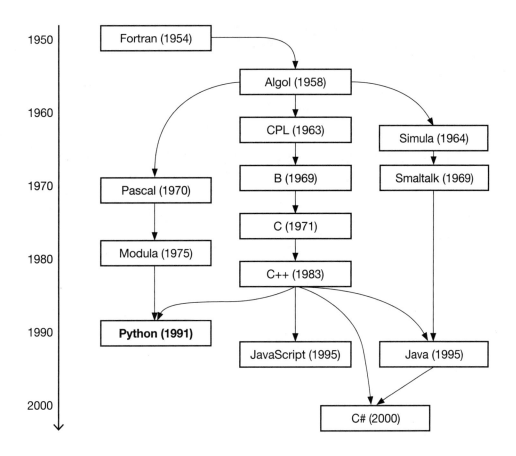

그림 4. 프로그래밍 언어의 발전사

파이썬은 이 책으로 공부하였지만 다른 언어에 대해서도 궁금한 분들이 많을 것이다. 책을 사서 공부하는 방법도 있지만 근래에는 학습에 도움을 주는 여러 웹 사이트들이 존재한다. 이 내용은 부록 3을 통해 확인해 보자.

부록 2. 다양한 파이썬 개발 도구

개발 환경을 구축하는 것은 독자 여러분의 개발 생산성, 즉 개발을 더욱 빠르게 할 수 있는 도구를 설치하는 과정이다. 물론 모든 프로그래밍을 메모장과 같은 텍스트 에디터로도 할 수 있지만 여러 방면에서 불편한 점이 한두 가지가 아니다. 과거에는 이런 텍스트 에디터로 개발을 하는 것을 신성하게 여기는 시절이 있었다. 필자도 비슷한 경험을 한 적이 있지만 다양하고 편리한 여러 도구들을 경험하게 되면 그런 고집을 피우는 것이 본인의 개발 생산성을 크게 해치는 것이라는 것을 알 수 있다.

이 책에서는 파이썬 설치 시 포함되어 있는 IDLE로 모든 예제를 실행해 보았다. 물론 IDLE 역시 훌륭한 개발 도구이지만 무언가 부족한 느낌이다. 실행 결과를 함께 저장한다든지, 명령어 프롬프트보다는 조금이라도 더 편한 환경에서 개발하고 싶은 욕구가 개발을 조금이라도 해본 사람이라면 누구라도 가지고 있다.

실제로 여러 개발자가 함께 협업해야 하는 어느 정도 규모가 있는 프로젝트에서는 다양한 기능을 제공하는 개발 환경을 필요로 한다. 가령 소스 코드에 대한 버전 관리를 위해 버전 관리 시스템과 연계를 한다던지, 개발 일정 및 작업자 할당 등의 작업들을 함께 진행한다던지, 버그나 이슈들을 추적할 수 있는 시스템과 소스 코드를 연계한다던지 등의 프로그램을 개발하기 위해 필요한 다양한 시스템들과 통합된 형태의 개발 환경을 제공하여 프로젝트 전체의 개발 환경을 표준화하고 생산성을 극대화하며 품질 또한 상향 평준화시켜야 하는 경우가 많다. 대부분의 전문적인 개발 프로젝트에서는 반드시 필요한 존재이다.

몇 가지 개발 도구에 대해서 간단하게 살펴보자.

1. 그 자체만으로도 훌륭한 파이참PyCharm

Chapter14에서 소개하였던 파이썬 세계에서 가장 유명한 통합 개발 환경(IDE Integrated Development Environment)은 파이참이다. 공식 홈페이지 링크는 아래와 같다.

https://www.jetbrains.com/pycharm/

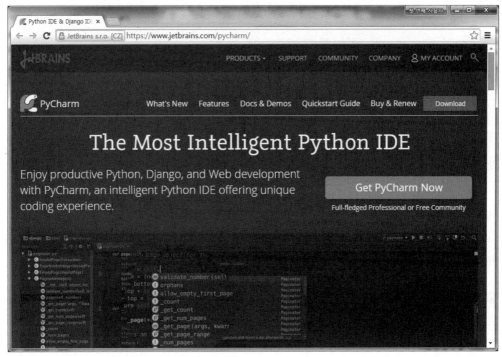

그림 1. 파이참 공식 홈페이 링크(https://www.jetbrains.com/pycharm/)

파이참을 제공하는 회사 제트브레인즈JetBRAINS는 잘 알려진 자바 통합 개발 환경인 인텔리제이IntelliJ IDEA를 공급하는 회사이기도 하다. 소스 코드 작성을 위해 훌륭한 보조 도구이며 소스 코드 품질을 향상시키기 위해 여러 가지 기능들을 제공해 주고 있다. 좌측의 네 가지 토픽을 하나씩 클릭해 보면 우측에 간단한 실행 예제를 보여 주고 있어 이해하는데 도움이 된다.

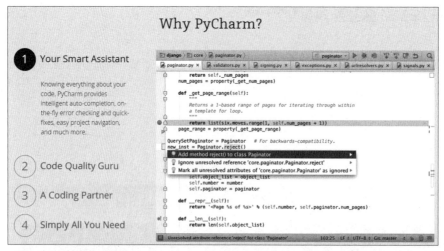

그림 2. 파이참의 특징 살펴보기

파이참은 상용으로 제공되는 만큼 문서화가 무척 잘 되어 있다. 한번 사용해 보고 싶은 독자들은 아래 링크에 있는 공식 튜토리얼 문서를 참고하기 바란다.

http://confluence.jetbrains.com/display/PYH/PyCharm+Tutorials

그림 3. 파이참 공식 튜토리얼 링크(http://confluence.jetbrains.com/display/PYH/PyCharm+Tutorials)

2. 이클립스 플러그인 파이데브^{PyDev}

두 번째로 살펴볼 개발 환경은 자바 개발 도구로 널리 알려진 이클립스의 플러그인으로 제공되는 파이데브이다. 이클립스는 초기에 IBM이 2000년대 초반에 집중적으로 투자한 오픈 소스 프로젝트로 시작하여 자바의 획기적인 발전에 큰 기여를 한 통합 개발 도구이며 현재에도 위에서 잠시 언급한 인텔리제이와 함께 가장 많이 사용되고 있는 도구이다. 만약 여러분이 자바와 파이썬을 함께 사용하는 프로젝트를 하고 있다면 파이데브만한 것이 없을 듯 하다. 파이데브 공식 홈페이지를 방문해 보자.

http://pydev.org/

그림 4. 파이데브 공식 홈페이지(http://pydev.org/)

이클립스는 그 자체도 자바로 개발한 소프트웨어이다. 그렇기 때문에 이클립스 실행을 위해서는 자바 실행 환경이 설치되어 있어야 하며 파이데브가 이클립스 플러그인 형태이기 때문에 이클립스 또한 설치가 되어 있어야 한다. 이클립스를 사용해 본 경험이 없는 독자라면 설치 과정부터 다소 복잡할 수 있지만 이클립스에 어느 정도 익숙해져 있고 플러그인 설치가 가능한 분이라는 가정 하에 관심 있는 독자라면 아래 업데이트 링크를 통해 사용해 보기 바란다.

http://pydev.org/updates

설치는 안해 봤지만 어떤 기능들이 있는지 궁금해 하는 독자들이 있을 거라 생각 된다. 고맙게도 공식 홈페이지에 다양한 기능에 대한 스크린 샷을 제공하고 있다. 아래 링크를 통해 대표적인 기능들에 대해 확인해 보기 바란다.

http://pydev.org/screenshots.html

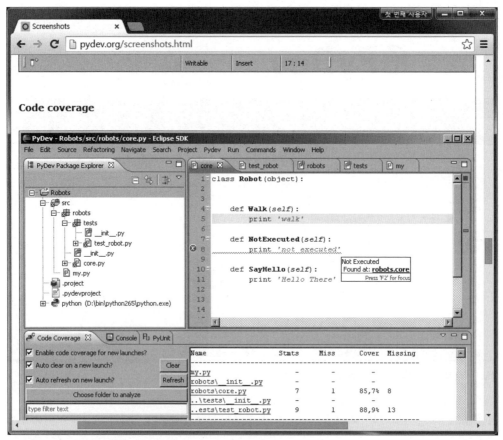

그림 5. 파이데브 주요 기능에 대한 스크린샷 확인하기(http://pydev.org/screenshots.html)

3. 비쥬얼 스튜디오를 위한 파이썬 도구 Python Tools for Visual Studio

마이크로소프트사의 C, C++, VC++ 등을 개발하기 위해 제공되는 비쥬얼 스튜디오 Visual Studio 역시 파이썬을 쉽게 개발할 수 있는 기능을 기본으로 제공하고 있다. 관심 있는 독자들은 다음 링크를 확인하기 바란다.

https://www.visualstudio.com/en-us/features/python-vs.aspx

그림 6. 비쥬얼 스튜디오의 파이썬 개발 도구 소개 링크(https://www.visualstudio.com/en-us/features/python-vs.aspx)

이외에도 파이썬을 개발할 수 있는 도구는 Vim, Sublime Text, Atom, Spyder, Emacs 등이 있다. 하지만 개발 환경에 대한 소개는 이 정도면 충분하다고 생각한다. 본인이 이미 익숙한 개발 환경이 있다면 해당 개발 환경으로 파이썬 개발이 가능한지 확인해 보기 바란다.

---

tip **새로운 IDE 강자, Visual Studio Code**

최근에 비쥬얼 스튜디오의 오픈 소스 프로그래밍 편집기인 비쥬얼 스튜디오 코드가 인기를 끌고 있다. 다음 링크도 확인해 보기 바란다.

- https://code.visualstudio.com/

부록 3. 파이썬 학습 사이트

파이썬을 책으로도 배울 수 있지만 온라인으로 공개되어 있는 좋은 강좌들이나 프로그래밍 사이트들이 있다. 필자도 처음 파이썬을 접할 때 많이 활용한 기억이 있다. 그중에 몇 가지를 소개하고자 한다.

1. 동영상 천국, 유튜브^{Youtube}

유튜브는 설명이 필요 없는 동영상 공유 사이트다. 파이썬을 비롯한 다양한 프로그래밍 언어에 대한 학습 동영상을 쉽게 찾아볼 수 있다.

'파이썬 프로그래밍'을 키워드로 검색을 해 보면 다양한 무료 강좌를 찾아볼 수 있다.

필자는 MIT의 컴퓨터 과학을 가르치기 위해 파이썬을 활용한 강좌를 추천하고 싶다. 해당 강좌는 파이썬 프로그래밍을 가르치기보다는 컴퓨터 과학의 이론에 초점을 맞춘 강의이며 컴퓨터와 대화하기 위한 도구로 파이썬을 활용하고 있다. 한글 자막까지 제공하고 있으니 금상첨화이다. 아래 링크를 통해 해당 동영상을 찾아볼 수 있다.

https://www.youtube.com/playlist?list=PL57FCE46F714A03BC

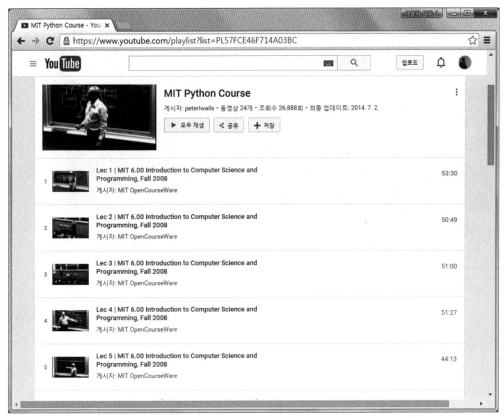

그림 1. MIT 파이썬을 활용한 컴퓨터 과학 강좌 플레이 리스트

2. MOOC^{Massive Open Online Course}의 대명사, edX

근래에는 온라인 공개 수업 형태로 전세계의 유명한 학교에서의 강의를 쉽게 접할 수 있으며 청강뿐만이 아니라 강의에 직접 참여할 수 있다. 이런 온라인 공개수업을 통칭하여 MOOC라고 한다. 필자도 올해 파이썬을 활용한 빅데이터 분석 관련 강의를 두 개 이수하였었다. 여러 MOOC 중 IT 영역에서 가장 인기 있는 사이트가 바로 edX다. edX에서는 MIT나 하버드, UC 버클리와 같이 이름만 들어도 명성이 자자한 곳의 강의를 쉽게 접할 수가 있다.

edX는 아래 링크를 통해 접속할 수 있다.

https://www.edx.org/

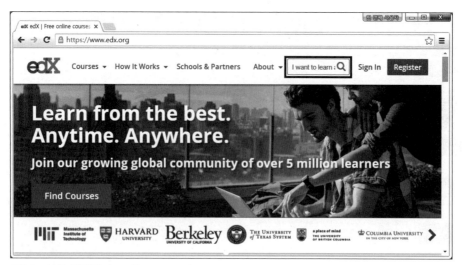

그림 2. edX 홈페이지 링크(https://www.edx.org)

상단의 검색 창에 Python을 입력하면 다음 화면과 같이 다양한 강좌들을 확인할 수 있다. MIT나 하버드에서 진행되는 파이썬 강좌를 집에 앉아서 따뜻한 커피 한 잔과 함께 편하게 참여할 수 있다는 것만으로도 충분히 매력적이다. 하지만 대부분 영어로 강의가 이루어져 있다. 간혹 한글 자막이 있는 강의를 찾을 수도 있으니 참고하기 바란다.

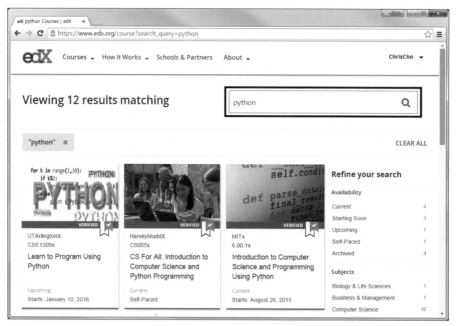

그림 3. edX의 Python 관련 강좌 리스트

edX 이외에도 코세라(https://www.coursera.org/), 유다시티(https://www.udacity.com/), 칸 아카데미(https://www.khanacademy.org/) 등이 있으니 관심 있는 분들은 방문해 보기 바란다.

3. 마이크로소프트의 가상 아카데미, mva

영어가 부담스러운 사람에게 좋은 소식이 있다. 마이크로소프트에서는 본인들의 기술 이외에도 인기가 많은 기술에 대한 온라인 아카데미를 운영하고 있다. 공식 이름은 Microsoft Virtual Academy이다. 아래 링크를 통해 접속할 수 있다.

https://mva.microsoft.com

그림 4. Microsoft Virtual Academy 홈페이지 링크(https://mva.microsoft.com)

상단의 검색 아이콘을 눌러서 'python'을 입력해 보자. 다음과 같이 파이썬과 관련된 강좌들이 눈에 보인다. 리스트의 첫 번째 강좌는 마이크로소프트의 강력한 개발 도구인 Visual Studio의 파이썬 툴인 PTVS 관련 강좌이다. 두 번째 강좌는 파이썬을 사용한 프로그래밍 소개이다. 두 번째 강좌를 클릭해 보자.

그림 5. 파이썬 관련 강좌 확인 후 파이썬을 사용한 프로그래밍 소개 선택하기

영상의 우측 하단을 살펴보면 CC라는 동그란 버튼이 보인다. 이 버튼을 누르면 하단에 친절한 한글 자막을 확인할 수 있다. 모든 콘텐츠가 한글로 제공되고 있으니 배우는데 큰 어려움이 없으리라 생각된다.

그림 6. 파이썬 강좌 링크(https://mva.microsoft.com/ko/training-courses/python--8360?l=CrrhO0O8_6204984382)

4. 강좌와 코딩을 한 번에, 코드카데미

강좌를 듣기보다는 소스 코딩을 직접 해 보는 걸 선호한다면 코드카데미를 추천한다. 공식 링크는
아래와 같다. 구글 계정이나 페이스북 계정이 있다면 쉽게 계정을 생성하여 로그인할 수 있다.

https://www.codecademy.com/

그림 7. 코드 아카데미 홈페이지 링크(https://www.codecademy.com/)

로그인 후 Language Skills 카테고리에 가보면 여러 언어들이 보이는데 2번째 줄 중간이 바로 파
이썬이다. 클릭해 보자.

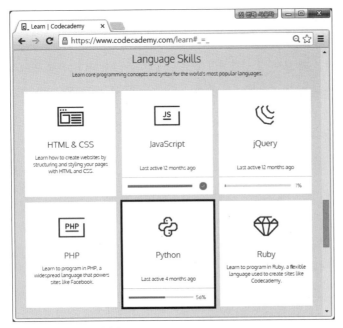

그림 8. 파이썬 강좌 선택하기

파이썬 소스 코딩을 하기 위해서 파이썬을 설치할 필요 없이 웹 브라우저 상으로 소스 코드를 작성하여 실행 결과까지 확인할 수 있다. 좌측은 설명 및 문제, 가운데가 소스 코드 작성 창, 우측 상단의 검은 박스가 소스 실행 결과 확인 창이다.

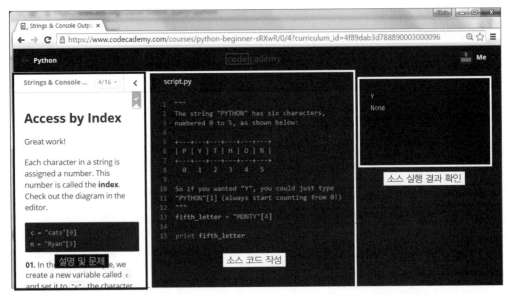

그림 9. 파이썬 강좌 수행하기

5. 다양한 문제를 풀어 보자, 해커랭크

어느 정도 파이썬에 익숙해지면 강좌보다는 재미있는 문제를 풀어 보는 것도 좋겠다. 필자는 해커랭크라는 곳을 좋아한다. 아래 링크를 통해 방문할 수 있다. 이 곳 역시 구글 계정이나 페이스북 계정, 깃허브 계정 등으로 쉽게 접속할 수 있다.

https://www.hackerrank.com

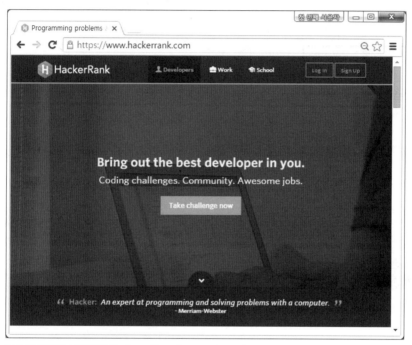

그림 10. 해커랭크 홈페이지 링크(https://www.hackerrank.com/)

로그인한 뒤, 상단에 'Domains' 메뉴를 클릭하면 좌측 하단 쯤에 'Python' 도메인 영역을 찾을 수가 있다. [Chose Domain] 버튼을 눌러서 입장해 보자.

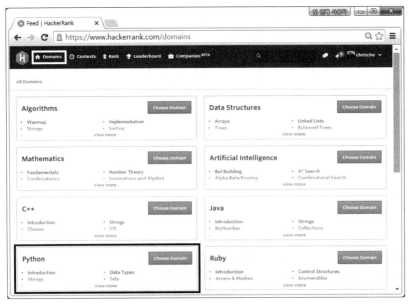

그림 11. 파이썬 도메인 선택하기

좌측에 서브 도메인 리스트가 뜨며 비슷한 영역의 문제들을 선택할 수 있다. 원하는 문제를 하나 골라 보자. 필자는 Math 서브 도메인의 Triangle Quest를 선택해 보았다.

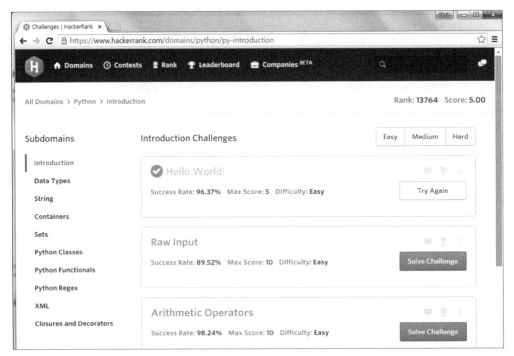

그림 12. 원하는 문제 선택하기

다음과 같이 해당 문제에 대한 설명과 입/출력 값에 대한 정의, 샘플 입력 및 출력 결과, 제약 사항들을 제공하고 있다.

Triangle Quest

Authored by shashank21j on *Apr 21 2015*

Problem	.	Submissions	Leaderboard	Discussions

Problem Statement

You are given a positive integer N. You have to print a numerical triangle of height $N-1$ as shown below:

```
1
22
333
4444
55555
......
```

Can you do it using only **arithmetic operations, a single for loop and print statement**?

You can't take more than two lines; the first line (for - statement) is already written for you. You have to complete the print statement.

Note Using anything related to strings will give a score of 0.

Input Format
Given N in the first line.

Constraints
$1 \leq N \leq 9$

Output Format
Print $N-1$ lines as explained above.

Sample Input

```
5
```

Sample Output

```
1
22
333
4444
```

그림 13. 문제 확인하기

문제 하단에 보면 'Current Buffer' 영역에 소스 코드를 작성할 수 있다. 우측 상단에서 원하는 프로그래밍 언어를 선택한 뒤 소스 코드를 작성하고, 우측 하단에 [Submit Code]를 클릭하면 확인할 수 있다.

그림 14. 선호하는 언어를 선택하여 소스 코드를 입력하는 창

이외에도 파이썬을 배울 수 있는 곳은 무척이나 많다. 하지만 너무 여러 곳에서 공부할 필요는 없어 보인다. 본인 성향에 맞는 곳을 찾아서 독파할 수 있도록 노력하는 것이 더 큰 효과를 가져 다 줄 것이다. 파이썬을 더욱 재미있게 배우는 데 도움이 되었으면 한다.

잠시만요! ▶ **국내에서 운영하는 교육 서비스는 없나요?**

이 책의 초판을 집필할 당시만 하더라도 이렇다할 국내 서비스가 없었지만, 현재 잘 알려진 국내 서비스가 있다. 바로, 인프런(https://www.inflearn.com/)이다. 모든 자료가 한국어로 되어 있고, 강의도 한국인 강사들이 주를 이루고 있다. 무료 강의도 많으니, 꼭 한번 방문해보기 바란다.

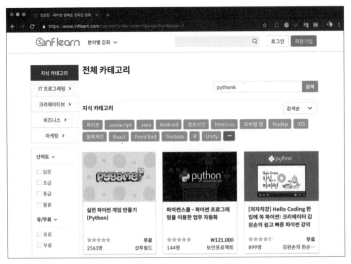

그림 15. 인프런 홈페이지 Python 검색 결과

부록 4. 파이썬 표준 라이브러리 리스트

본 책은 프로그래밍 입문자를 대상으로 기본적인 파이썬의 문법 위주로 구성이 되었으며, 아쉽게도 다양한 라이브러리에 대한 내용은 수록이 되어 있지 않다. 하지만 필자 생각에는 이런 매뉴얼과 유사한 라이브러리 사용법 설명을 한글로 옮기는 작업이 굳이 필요할까 하는 생각이 많다. 어느 정도 성숙한 개발자가 되려면, 비단 영어가 익숙하지 않다고 하더라도 라이브러리의 사용법에 대한 매뉴얼은 읽을 수 있어야 하며, 본인의 소스 코드에 활용할 수 있어야 한다.

파이썬 공식 홈페이지에는 파이썬에서 "The Python Standard Library"라는 제목의 방대한 양의 매뉴얼을 제공하고 있다. 이 매뉴얼에는 파이썬 언어에 대한 정확한 문법과 의미에 대해서 기재하였으며, 라이브러리 참조 매뉴얼에서는 파이썬에 포함된 표준 라이브러리에 대해서 상세하게 묘사하고 있다

파이썬 표준 라이브러리의 종류는 무척이나 다양하다. 제목만을 나열해도 꽤 긴 리스트가 된다. 이 라이브러리에는 본문에서도 수 차례 언급하였던 내장 모듈인 built-in 모듈을 활용하여 파일 입/출력과 같은 시스템 기능에 접근할 수 있게 해 주며, 파이썬으로 작성이 된 다양한 모듈들은 우리가 매일 프로그래밍을 하면서 부딪히는 문제들을 해결하는 표준화된 해결책을 제공해 주고 있다. 어떤 모듈들은 플랫폼에 종속적이지 않은 API를 통해 자유롭게 확장할 수 있도록 설계되기도 하였다.

자, 그럼 파이썬 표준 라이브러리의 매뉴얼을 방문해 보자. 다음 링크를 통해 전체 리스트 및 링크를 확인할 수 있다.

https://docs.python.org/3.7/library/index.html

위 링크에서 확인이 가능한 라이브러리 목차를 살펴보자. 관심 있는 라이브러리는 위 링크를 통해서 접근하면 된다. 참고하기 바란다.

- o 20.6. xml.dom — The Document Object Model API (DOM API)
- o 20.7. xml.dom.minidom — Minimal DOM implementation (Minimal DOM 구현체)
- o 20.8. xml.dom.pulldom — Support for building partial DOM trees (부분 DOM 트리 구축)
- o 20.9. xml.sax — Support for SAX2 parsers (SAX2 파서 지원)
- o 20.10. xml.sax.handler — Base classes for SAX handlers (SAX 핸들러 베이스 클래스)
- o 20.11. xml.sax.saxutils — SAX Utilities (SAX 유틸리티)
- o 20.12. xml.sax.xmlreader — Interface for XML parsers (XML 파서 인터페이스)
- o 20.13. xml.parsers.expat — Fast XML parsing using Expat (Expat을 사용한 빠른 XML 파싱)

- **21. Internet Protocols and Support – 인터넷 프로토콜**
  - o 21.1. webbrowser — Convenient Web-browser controller (편리한 웹브라우저 컨트롤러)
  - o 21.2. cgi — Common Gateway Interface support (CGI 지원)
  - o 21.3. cgitb — Traceback manager for CGI scripts (CGI 스크립트의 트레이스백 매니저)
  - o 21.4. wsgiref — WSGI Utilities and Reference Implementation (WSGI 유틸리티 및 참조 구현체)
  - o 21.5. urllib — URL handling modules (URL 제어 모듈)
  - o 21.6. urllib.request — Extensible library for opening URLs (요청 클래스)
  - o 21.7. urllib.response — Response classes used by urllib (응답 클래스)
  - o 21.8. urllib.parse — Parse URLs into components (컴포넌트 내에 URL 파싱)
  - o 21.9. urllib.error — Exception classes raised by urllib.request (urllib.request에 의한 예외 클래스)
  - o 21.10. urllib.robotparser — Parser for robots.txt (robots.txt 파서)
  - o 21.11. http — HTTP modules (HTTP 모듈)
  - o 21.12. http.client — HTTP protocol client (HTTP 프로토콜 클라이언트)
  - o 21.13. ftplib — FTP protocol client (FTP 프로토콜 클라이언트)
  - o 21.14. poplib — POP3 protocol client (POP3 프로토콜 클라이언트)
  - o 21.15. imaplib — IMAP4 protocol client (IMAP4 프로토콜 클라이언트)
  - o 21.16. nntplib — NNTP protocol client (NNTP 프로토콜 클라이언트)
  - o 21.17. smtplib — SMTP protocol client (SMTP 프로토콜 클라이언트)
  - o 21.18. smtpd — SMTP Server (SMTP 서버)
  - o 21.19. telnetlib — Telnet client (텔넷 클라이언트)
  - o 21.20. uuid — UUID objects according to RFC 4122 (UUID 객체)
  - o 21.21. socketserver — A framework for network servers (네트워크 서버 프레임워크)

- **26. Development Tools – 개발 도구**
  - o 26.1. pydoc — Documentation generator and online help system (문서 생성 및 온라인 핼프 시스템)
  - o 26.2. doctest — Test interactive Python examples (인터렉티브 파이써너 예제 테스트)
  - o 26.3. unittest — Unit testing framework (단위테스트 프레임워크)
  - o 26.4. unittest.mock — mock object library (목 객체 라이브러리)
  - o 26.5. unittest.mock — mock object library example (목 객체 라이브러리 예제)
  - o 26.6. 2to3 – Automated Python 2 to 3 code translation (파이썬 2 → 파이썬 3 자동 변환)
  - o 26.7. test — Regression tests package for Python (파이썬 회귀 테스트 패키지)
  - o 26.8. test.support — Utilities for the Python test suite (파이썬 테스트 suite 유틸리티)
- **27. Debugging and Profiling – 디버깅 및 프로파일링**
  - o 27.1. bdb — Debugger framework (디버거 프레임워크)
  - o 27.2. faulthandler — Dump the Python traceback (파이썬 트레이스백 덤프)
  - o 27.3. pdb — The Python Debugger (파이썬 디버거)
  - o 27.4. The Python Profilers (파이썬 프로파일러)
  - o 27.5. timeit — Measure execution time of small code snippets (코드 수행 속도 측정)
  - o 27.6. trace — Trace or track Python statement execution (파이썬 주석 실행 추적)
  - o 27.7. tracemalloc — Trace memory allocations (메모리 할당 추적)
- **28. Software Packaging and Distribution – 소프트웨어 패키징 및 배포**
  - o 28.1. distutils — Building and installing Python modules (파이썬 모듈 생성 및 설치)
  - o 28.2. ensurepip — Bootstrapping the pip installer (pip 인스톨러 부트스트랩핑)
  - o 28.3. venv — Creation of virtual environments (가상 환경 생성)
- **29. Python Runtime Services – 파이썬 런타임 서비스**
  - o 29.1. sys — System-specific parameters and functions (시스템 인자 및 함수)
  - o 29.2. sysconfig — Provide access to Python's configuration information (파이썬 설정 정보)
  - o 29.3. builtins — Built-in objects (내장 객체)
  - o 29.4. __main__ — Top-level script environment (최상위 스크립트 환경)
  - o 29.5. warnings — Warning control (Warning 제어)
  - o 29.6. contextlib — Utilities for with-statement contexts (with-구문 콘텍스트 유틸리티)
  - o 29.7. abc — Abstract Base Classes (추상 베이스 클래스)
  - o 29.8. atexit — Exit handlers (종료 핸들러)
  - o 29.9. traceback — Print or retrieve a stack traceback (스택 트레이스백 출력 혹은 획득)

인 덱 스